漢雅文叢

實證唯心論 **3**
目的論篇

目的與存在

實證唯心論與目的論

吳　旳　著

商務印書館

本書由嘉禮堂文教基金會贊助出版

目的與存在 —— 實證唯心論與目的論

作　　者：吳　虻

責任編輯：吳佰乘

封面設計：涂　慧

出　　版：商務印書館 (香港) 有限公司

　　　　　香港筲箕灣耀興道 3 號東滙廣場 8 樓

　　　　　http://www.commercialpress.com.hk

發　　行：香港聯合書刊物流有限公司

　　　　　香港新界荃灣德士古道 220–248 號荃灣工業中心 16 樓

印　　刷：美雅印刷製本有限公司

　　　　　九龍觀塘榮業街 6 號海濱工業大廈 4 樓 A

版　　次：2021 年 12 月第 1 版第 1 次印刷

　　　　　© 2021 商務印書館 (香港) 有限公司

　　　　　ISBN 978 962 07 6671 8

　　　　　Printed in Hong Kong

新　序

一個寫在封面的理念：目的與存在

「目的與存在」涵三義：一、開出「目的」與「存在」，二、「從目的證存在」與「從存在證目的」，三、「目的（知）」與「存在（行）」知行合一。

一、

《目的與存在》全書文稿重閱一遍畢，超過五十萬字。這未免太多。若分編為三書，《目的與體性》，《目的與體用》，《目的與性相》，每本二十萬字或較好。有幾篇長文，像〈唯心論與現代中國哲學〉（五萬多字），還可以加進去。

將五十萬字的文章集結一起，既艱難自己，又艱難讀者，這固有義理結構的需要，亦與現實緣起有關。三年前，本人任客座教授的杭州中國美術學院研究生處提議我出書。我甚感意外。十多年來每年春秋兩期在美院向研究生講授我的「實證唯心論」，既可是加布里埃爾·

馬塞爾（Gabriel Marcel）說的「高峰體驗」，又可謂險象叢生。雖然很得到學生和聽課老師的回應，但說到出哲學書呵⋯⋯。我感覺好運氣真的回來了，回來中國了。便盡量把相關文章收攏成體系，顧不得篇幅過大了。大學出版社精心排印設計，俊朗典雅的三款封面只能選一款，封面上印了書中一些句子，連我自己看了都眼前一亮，領會到「繪事而後素」、裝潢的威力。而選句子的那位朋友，他的眼光怎麼那麼銳利。忙了一年多，處長發電郵給我：正要上印刷機，⋯⋯。我終於放下心頭大石。這部全是觀念的沉重的書，留着沉重自己，不必艱難別人了。

二、

說到艱難，很多年前，本人應香港中文大學學生會邀約，寫中大建校四十週年感言。[1] 文章最後寫到：齊克果有一天在花園獨坐，想道：人人都盡力把人生弄得輕鬆，或者需要有人把它重新弄得艱難，「我就是這個人！」齊克果是歐洲第一代存在主義者，他開始意識到人類將很快進入淺薄的理智時代，抹平一切。人們逐漸喪失「驚怖意識」（西方）、「苦業意識」（印度），以至「憂患意識」（中國）這些創造文明的根源動力。在這裏，「專家沒有靈魂，縱欲者沒有心肝，這個怪物幻想着自己已達到前所未有的文明程度。」馬克斯韋伯（Max Weber）驚告一個「現代化的理性禁錮」正在出現：

> 沒有人知道將來會是誰在這鐵籠裏生活，沒人知道在這驚人的大發展的終點會不會有全新的先知出現，沒人知道會不會有一個老觀念和舊理想的偉大再生，如果沒有，

---

1 參閱本書第二輯之〈一個寫在校門的理念：香港中文大學〉。

也沒人知道在某種驟發的妄自尊大情緒掩飾下會不會產生一種機械的麻木僵化。[2]

我們已經知道有一種趨勢正在把人類帶引到這種現代性鐵籠裏生活。在此之前，世上已有形形色色的牢獄，禁錮我們的身心。我們又知道過去的一百年已經有全新的先知出現，亦知道戴着假面具的偽先知和他的戴着假面具的真假門徒已經用完最後晚餐，其後續事件正一幕幕在我們眼前上演。與此同時，我們知道在某種驟發的妄自尊大情緒掩飾下產生一種機械的麻木僵化 —— 讓沒人覺察「沒有人知道」成為永恆。在沒人覺察「沒有人知道」到來之前，我們必須知道這一切都已經發生，這驚人的大發展的終點彷彿已經來臨。我們唯一未知的是：在向先知的迷信和向物的迷信雙雙幻滅之後，「會不會有一個老觀念和舊理想的偉大再生」，以及，我們自己是否與這個再生關連。

三、

日前看到漢雅軒張頌仁先生《三個藝術世界》裏面的這段文字：

> 西方帝國主義最牢不可拔、最具深遠效果的成就乃是掌握歷史的發言權以及對行使發言權的權力。從這角度看中國歷史，最大的歷史諷刺，可能是共產主義革命不自覺地為西方完成了明朝以來歐洲傳教士和後來以軍事做後盾的貿易商隊一直追求的任務，這個任務是要把中國吸納到西方的歷史敍述中，最終引致潛移默化的投誠。例如時下學界爭相參照希臘、羅馬思想來研究中國文化歷史。雖然

2　馬克斯・韋伯撰，于曉、陳維鋼譯：《新教倫理與資本主義精神》（香港：三聯書店，1987 年），頁 143。

　　打開了視野，卻往往由於底線不定，以致主客暗被易位，
還在心底慶幸找到真理依歸，不管自以為如何「現代」，最
終中國還是被調整到一種西歐的想像邏輯作為主流參照，
而這個邏輯基本上跟自己的直覺、固有的歷史文化感知是
脫節的。[3]

　　這裏所說，可是道破中國百年病變之根，以及兩代知識分子的憂
患。令人沮喪的是，正是這兩代知識分子，背棄自己的直覺和固有的
歷史文化之感知，合力將中國綁架到西方的歷史敘述中，最終達致無
條件投誠。而諷刺的是，正如上節所言，西方的有識之士此時正在其
歷史敘述中，發現「一種西歐的想像邏輯」，一種根深蒂固的實在論的
決定論，一個「非此即彼」的「咒」，經過二百年「現代化」的「解咒」（韋
伯），而今又將此「解咒」實在論化，錘鍊成為「現代解咒」（「解放」）
之咒，而再次呼救。

　　我想說的是，雖然爭奪話語權的慘痛經驗還在繼續蔓延，「黑格爾
的話看來要被證實：歐洲人進行了環球航行，對他們來說，世界是一
個球體。凡是尚未落入他們控制的，不是不值得費心，就是注定要落
入它控制。」[4] 但我們仍然選擇相信「有一個老中國觀念和儒道理想的
偉大再生」，只需我們把自己與這個再生相關連。幾乎在我的所有哲學
敘述中，特別是在這部《目的與存在》中，都毫不例外地把西方哲學帶
入中國哲學，作觀念參照 ──

　　　初看這是援西方哲學入中國哲學，再看是以中國哲
學確定西方哲學觀念之意義與定位，而中西互證，同時成

3　見張頌仁撰《《三個藝術世界》・前序》。張頌仁、高士明主編：《三個藝術世界》（香
　港：宏亞出版有限公司，漢雅項目，2015 年），頁 11。
4　卡爾・雅斯培撰，魏楚雄、俞新天譯：《歷史的起源與目標》（北京：華廈出版社，
　1989 年），頁 90。

　　就中國哲學智慧之系統性、普世性，與西方哲學之擺脫虛
妄、走向實踐的實證。[5]

　　把西方主流哲學（主要是康德的批判哲學）帶到中國哲學，是不僅
要消化西方哲學——既以西方哲學觀念重新審視中國哲學原有觀念，
同時以中國哲學確定各個西方哲學觀念之意義與定位，且順此消化，
深切發現西方哲學長久以來因存有論誤置而產生的虛妄。這個虛妄連
同這個虛妄的反動，一起構作全新的西方現代意識型態。這個思想病
毒源於西歐，爆發於俄國，傳播到日本，由留俄、留日的中國留學生
感染攜帶回國，集中在北京大學，擴散至廣州，本來據說可防可控，
但中國欠缺先知主義傳統，對之全無免疫力，加上其他種種因素，中
國遂落入偽先知之改造人類工程和總體社會規劃之中。無需「主客暗
被易位」，這個全新神聖家族鑼鼓喧天地登上中國神壇，俯視三千年古
國炎黃子孫，並以救世的名義，反哺解放歐美西方。炎黃子孫於是歡
樂到只剩下歡樂了。這個西方實在論的形上學錯置以及錯置之錯置，
先知主義以及反先知之全知主義之反動，所合力構作的現代虛妄，不
僅征服兩代中國知識分子，更欲「主客暗被易位」反哺西方。這種怪象
或曰「文化之亂世」[6]，足證現代中國已全面進入一個不可理喻的時代。
然則現代中國知識分子之奉「純否定」的偽先知為師，顛倒目的與存
在，從根上壞起，以至學術、文化、民族生命一齊崩塌，實難辭其咎，
以他們寧信最陌生的西方的想像邏輯，而背棄自己的直覺、固有的歷
史文化感知故。但另一方面亦暴露中國思想長期軟罷無力，在重視實
證相應的同時，不能拉開兩極距離，拉出超越性、緊張性，而文化意
識實需要此超越性、緊張性。此在個人品格上，歷來儒門有「誠至無
生死，狂狷是也。媚世求生，汨真性情，鄉愿是也」之辨。無論怎樣陌

5　見本書〈原序：浩浩狂瀾翻到底，更無涓滴不朝宗〉。
6　同註 3，高士明撰：〈後序：「中國當代」的歷史建構〉，頁 461。

生、神魔莫辨,亦不允許把人類放置到實驗場,重新改造,等待收編。
這就是我們的底線。由此底線,在學術上進一步可做的,便是上文所
言,可以援西方哲學入中國哲學,以中國哲學確定西方哲學觀念之意
義與定位;亦可以援中國哲學入西方哲學,以西方哲學確定中國哲學
觀念之意義與定位;而中西互證,共同抗禦西方實在論傳統與先知主
義傳統在現代變異而虛妄造作的各種意識型態。牟宗三先生在其自傳
《五十自述》的〈序〉中,鄭重說出他對學術生命的期望:「學術生命之
暢通象徵文化生命之順適,文化生命之順適象徵民族生命之健旺,民
族生命之健旺象徵民族魔難之化解。無施不報,無往不復,世事寧有
偶發者乎?」[7] 此亦本書「目的與存在」所涵三義之所據所望。

「實證唯心論」三書(《實證與唯心》、《玄理與性理》、《目的與存
在》)之述作全出於實感(常識常性常道之存在實感)、直覺(感觸直覺
與反思直覺)、歷史文化之感知(歷史知識之敘述、情感敘述、道德敘
述,以及學術敘述之「學而時習之」),以期「證能證所證心」、「證苦證
悲證覺」,全是為己之學;不意遭逢此時代,不能不留下幾句證言。感
謝漢雅精舍贊助此三書之出版。內子秀真為三書的排稿付出了大量的
精力,張文聰同學幫助覆核了一些註文。當然最後要感激的,是「實
證唯心論」三書在香港得以出版(《目的與存在》)與再版(《實證與唯
心》、《玄理與性理》)。

　　　　　　　　　　　　2021 年 7 月,吳甿序於堅尼地城必照樓

7　牟宗三撰:《五十自述・序》(台北:鵝湖出版社,1988 年),頁 2。

原　序

浩浩狂瀾翻到底，
更無涓滴不朝宗
──《目的與存在 ── 實證唯心論與目的論》序言

　　本人三十年來只講一家哲學，曰「實證唯心論」。迄今得書三部，《實證與唯心》（2001 年）為實證唯心論之綱要導論篇，《玄理與性理》（2002 年）為實證唯心論之理學篇，本書《目的與存在》（2019 年）則為實證唯心論之目的論篇。

　　三年前為本人的哲學論文選集寫序，取禪詩「出原便遇打頭風，不與尋常逝水同」兩句為序言之標題。今寫本書之序，便想到禪詩的後兩句「浩浩狂瀾翻到底，更無涓滴肯朝東」。此禪詩之意，謂論道必逆流而上，徹法源底，不可逐隨尋常逝水向東流之浪花飛沫。今易二字，為「浩浩狂瀾翻到底，更無涓滴不朝宗」以為本序標題，是即此「逆流而上，徹法源底，不隨波逐沫」而進一言，謂：「逆流而上，徹法源底」與「若決江河，沛然莫之能禦」不二；唯「逆流而上，徹法源底」能「若決江河，沛然莫之能禦」，亦唯「若決江河，沛然莫之能禦」能「逆流而上，徹法源底」。此之謂大逆大順，順之則生天生地，逆之則成聖成賢；順逆皆出於一心之誠，唯心實證。理會至此，則「雲門三句」

之「涵蓋乾坤，截斷眾流，隨波逐浪」可得正解。佛門居士歐陽竟無於所刻《中庸讀》叙中，引象山大人詩而歎曰：「嗟乎象山，天下大亂，孔孟將亡，吾烏得其人，而旦暮遇之！」又於其遺文中留言：「誠至無生死，狂狷是也。媚世求生，泊真性情，鄉愿是也。國以鄉愿亡，以狂狷存。」[1] 此以寂滅為宗的之佛門人物呼喚儒家，堅拒泊沒真性情之言。以維護真性情、實踐真性情為宗旨的儒門在世者，在這個時代，又豈能沉默。回顧民國以來，凡體會中國文化發展之歷史動脈、把握時代之中心課題，以開濶而深切的眼光，誠摯中肯地談論文化問題、思想問題、學術問題，以至政治問題者，大體皆儒門人物。民初梁啟超、梁漱溟、熊十力下來，以至本人親炙的唐、牟、徐諸師就是其中之典範。典範不會因漸遠而模糊，只會日久而通明。

一、從「一心開二門」轉說「合二門於一心」，從「現象與物自身」轉說「目的與存在」

黃振華教授當年在紀念牟先生的悼文裏指出，牟宗三先生的哲學思想對當代乃至未來中國哲學的深遠影響，集中在兩方面：

> 一是牟先生主張學習哲學必須作到「一心開二門」，二是牟先生主張學習哲學必須講求中西哲學之會通。「一心開二門」，是所有哲學的共同模型，此即是說，學習哲學必須到達「一心開二門」的境界。如果不能達到這種境界，則其情形可能有二：一是哲學只停留在形而上的世界，而不能落實到現象世界，這樣的哲學只是「清談」，也就是「空談」。反之，如果哲學只停留在現象世界，而不能上達到形而上世界，則這樣的哲學只是科學，而不

1　見賀麟著：《當代中國哲學》（上海：勝利出版社，1945 年），頁 8-9。

是哲學。就第二方面來說，（……）如何消化西方的文化呢？牟先生有極精闢的見解，他說：「消化康德就是消化西方」。[2]

　　本人從牟先生學習哲學，所得所悟確如黃教授所言。唯自始在牟先生多年講「一心開二門」、「兩層存有論」之後，轉講「攝二門於一心」，轉講「執的存有層」與「無執的存有層」兩層統一於判斷力（反思判斷與決定判斷）；從而將「現象與物自身」轉說為「自然目的與自由目的」之綜攝歸向於「終極目的」，以回應西方獨斷的實在論之決定論或獨斷的不可知論之相對主義。為此，再從批判哲學而進入黑格爾的精神現象學、歷史哲學、法哲學，而發現整體歷史主義常以客觀精神之名義吞沒個人意志，剝奪主觀精神對異化了的客觀精神之批判，也就是剝奪了真正的客觀精神（互為主觀之精神）對外在化了的、非互為主觀的、非辯證的客觀精神之批判。由是有上世紀歐陸存在主義之喚醒個人意志，以主觀意識為最後存有唯一可能之實證；另有分析哲學之「語言轉向」，以認知語言為唯一合法語言（以此將神學和形上學逐出合法的語言世界），後又轉以語境學、語用學取代語意學，以語言主體之意向為依歸，重說今日之言意之辨。現代哲學如是逐一否定外在的，或超越的、或先在的元論實在論之論述傳統，西方哲學走完其自我批判之最後一步。由西方哲學之近代發展，西方哲學反省其論述之異己化，而要求「語言轉向」，我們可即此而進言「語言轉向之轉向」，返回到言說主體之純粹意向之轉為定性意向（包括反思判斷之意向與決定性判斷之意向）之「道樞」，即「道樞」言「即寂即感」、言一始終內外之交中之生生之性，藉此「寂感真幾」之證自證，重證中國心性論哲學之實證存有之路。此原是中國哲學百折不撓之正路，到近代卻被

2　黃振華撰：〈一位開拓中國文化新路的哲學家 —— 悼念牟宗三先生〉，收入《牟宗三先生紀念集》（台北：東方人文學術研究基金會，1996 年），頁 82-83。

國人自己遺忘了。今藉西方哲學之轉向，重新發現中國哲學之道路。自儒道典範建立，兩漢建制，確立道統（核心價值秩序），到魏晉則是方法學全面自覺的時代。回顧魏晉玄學之才性四本、言意之辨，以及貴無、崇有、獨化之論，以觀意義之幾與存在之幾，表象的行動與根源的行動，終極目的與本質目的，自然與名教，在其自己與對其自己，道德目的與自然目的之同、異、離、合；藉此同、異、離、合，重證中國哲學體用觀，從體用不二說到兩極歸宗之活動的自我實現的結構的目的論，以此目的論之系統論述，區分儒道釋三教；又即此區分，調適上遂，重解朱陸之辯之於「能然、必然、當然、自然」之四理悉備，再即四理說實然與應然，重釋中庸之「誠」與孟子之「盡心知性知天」，王陽明之「心意知物」、「知行合一」，以透視在反思判斷與實踐的目的論論述中，天道、終極目的之既超越而內在的存有論性格；在方法學上徹底將西方之二元實在論，區分於中國思想之「兩極歸宗」論，由「兩極歸宗」而言目的論，言合「自然目的」與「自由目的」於歸向「最高善」此一終極目的，言「二與一為三，即三而一，即一而三」，言生命存在之自我定位、自我實現之辯證的徹底唯心論之存有論；或曰一活動論的自我實現、自我體現的整體性結構的目的論（或曰本體宇宙論）。而這自我實現、自我體現的目的論所成就所實現的，唯是此存在的感通者之「寂感真幾」，此反思判斷者之反思活動，因而亦就是一「知行合一」、依「最高善」之概念而實踐之實踐者，「仁者，人也」之「仁者」，「誠者物之終始」之「誠者」。

　　以上所言，是貫穿全書的一條基本的思想路線，也是本人學習哲學、「學而時習之，不亦說乎？」之學習方法。

二、易地講學，平章中西，激揚古今

　　2018 年，乃唐君毅先生逝世四十週年。台灣《鵝湖學誌》來函詢問可有論文發表，遂將幾年前出席「紀念唐牟誕生百週年國際學術會

議」（會議並無論文結集出版）的論文，稍作訂正，交付發表。論文不具名由兩位隱名學者評審。所得意見為：

> 本文以目的論角度論述唐君毅先生《生命存在與心靈九境》一書中對於心靈九境之探討，見全文論述文氣磅礡，掌握清晰，對於唐先生思想之研究可說是貢獻非凡。尤其該文以儒家不論「有、無」而強調體用相即之格局，再再彰顯出儒家以生命存在當下道德實踐之天德流行境，正是當代新儒家標舉道德主體自覺價值及上接陸王孔孟正宗心法之所在。

> 而作者以感通之遍在，天德之流行說明一切生命存在之活動直接指向一種天德生生意識之目的所在，此觀點對於當代強調解構虛無之時代潮流風潮而言，不失為一警醒時代心靈回歸整體精神存在之重要論述。唯頁七提到「絕對唯心的仁學目的論」一說需進一步論證說明以釋眾疑以竟全功。（其一）

> 〈目的、體用與性相──從目的論看唐君毅「心靈九境」之系統性格〉一文，篇幅不大，然而，作者扣緊「目的論」之旨趣以深入闡述、剖析唐先生晚年鉅構《生命存在與心靈境界》一書，其間勝義紛陳，具相當學術上之創獲；值得肯定、推許。文中以唐先生素所重視、強調之「感通」以言「仁」，尤為探驪得珠之言。其他之勝義不勝枚舉，茲從略。（其二）

看後甚感慨。平日講課寫文，內心厭惡「邪甜俗賴，淒迷瑣碎」，難得兩位隱名的台灣學者從義理文風看出來了。猶記 2010 年 10 月在「紀念朱子誕生 880 年武夷山朱子學學術會議」提交匆匆寫成的〈目的論與朱子「體用也定」、「理先氣後」義的衡定〉一文，大會臨時改為主

題報告。閉幕禮上，大會主持人總結時說「想不到從香港來的學者帶來了新的方法、新的觀點」。

我於是想到易地講學、易義而教的問題。在一個地方久了，或一個人的思想在原地停留久了，形成氛圍，氛圍欠缺流動，日漸封閉化，就是習氣。所有「邪甜俗賴，淒迷瑣碎」皆菌附於習氣。漢代獨尊儒術，是在暴秦焚書坑儒之後，繼絕學，垂典範，一道同風，並無迫害他家之意，更無燒殺他家之行；道家、法家、雜家、諸子百家何曾受了迫害？而有兩漢之盛。漢末到底陷於習氣，魏晉即有玄學之越名教而尚自然，衝破習氣，光復典範，會通孔老；更一貫地全無遮攔，直至大講「緣起性空」、「情有理無」的印度佛教傳入本來主講「緣起性有」、「命日降，性日成」、「理氣性情」的中國，如入無人之境，開始全國性易義教化之時代，歷隋唐而到宋初。世傳王安石嘗問張文定曰：「孔子去世百年生孟子，亞聖絕後無人，何也？」文定曰：「儒門淡薄，收拾不住，皆歸釋氏耳。」[3]（案：據湯用彤氏之佛教史，魏晉以至隋唐各代其立國之本，今所謂核心價值以及典章制度仍以儒學為根本，以唯儒學能建政立制，客觀化目的世界的位分之等、理一分殊。「皆歸釋氏」云云，只算是從個人生命之調整待治之察識上立言，無關乎體經論史。）是見中國人素欠宗教排他性，對外來思想常抱「有朋自遠方來」之心理，又常持省察實證的好奇的態度；故佛教之入中國，國人待之如迎賓客（直至現代，則國人之待西方學說，可謂趨之若鶩，奉為神明），何曾拒之門外。當然前題是「文化」而不是「征服」。佛教雖異於儒家之以道德關懷為中心之凡合理的都歸於存有、凡不合理的都歸於不存有之終極存有目的論，又異於道家之以觀照為中心之終極無目的以全有一切目的論，而持清靜（還滅）為中心之精審理智主義之終極滅度目的論；然佛教之為「實踐的實證宗教」則與儒、道二家無異。佛教本亦如道家，

3　陳善撰：〈儒釋迭為盛衰〉，《捫虱新話》上冊第十卷（上海：商務印書館，1920 年），據《儒學警悟》本校印。

反對將本由人的反思判斷所撐開的形上、形下兩界實在論化。唯道家是「常無欲以觀其妙，常有欲以觀其徼」地玄化、活化兩界，以配合生命之歸向終極目的，與儒家合演天德流行。佛教則是「煩惱即菩提」、「無無明亦無無明盡」地滅度，歸於理寂不起、一體平鋪。所謂兩界以至終極目的之「成佛」，依還原法而還原為「緣起」，為「無自性」，為「性空唯名」，如幻似化。此一方面回應世人之生命感受（由苦感、業感而求捨離），一方又因之而轉出即世間出世間之智慧（煩惱即菩提），而歸於精審理智主義之無生法忍、「如是如是」。一切佛門喧鬧顯赫，不過如此、亦應如此。到宋代儒學復興，佛教自身亦歸於式微，唯仍保留於民間信仰與學術領域，不至於如在其發源地之印度於十二世紀已「絕跡」。傳統思想喜云「邦猶舊邦，其命維新」。從好的方面說，自信心夠強，儒道釋三教日常對話，易義而教，「不亦說乎？」以此為樂、為常態，在歷史上沒有宗教戰爭、宗教迫害（皇帝基於政治理由之辟佛固有之，但亦從未至殺戮佛教徒。歷代皇帝好佛好道者居多，罕聞有好儒者），宜於各教共和；從壞的方面說，就國民性而言，因素淡於宗教，欠缺激越的信仰、燃燒大地的狂熱，亦因此欠缺對魔性、集體非理性之深度理解。這種欠缺，導致二十世紀面對現代化「解咒」（韋伯概念）而陷於內鬥的西方所輸出之符咒式意識型態（《開放的社會及其敵人》的作者卡爾・波柏（Karl Raimind Popper）所言之「偽先知」）時，不能作有效回應；真偽不分、神魔莫辨，終釀成亙古未見之大悲劇；而易義講學、易地而教變態為唯以西方意識型態為教，中國原有以儒家為主的歷史文化淪為被批判待收編的斷爛朝服；一切反主為奴，反客為神；再無易地講學，易義教化之交流對話可言。直待新時代來臨。

三、本書要旨

《目的與存在》分三輯。第一輯「目的與體性」收論文十一篇，着重從體性學角度看目的性原則（涵終極目的與合目的性原則）之建立，

如何使一存在者獲得自我否定、自我超越,「性猶自性,其命維新」之特權;而這既超越而內在的,自我發現、自我實現的目的性,一旦自覺,即成為其生命存在的整體結構之活動中心;同時是個體、眾體,以至全體之區分與認同之最後辨識,以及人物之在並對其自己 (thing in and for it-self) 所依之唯一真實根據。康德在第一批判(《純粹理性之批判》)所遺留的「物自身」(thing in it-self,真我,自然目的與存在之基底)問題,第二批判(《實踐理性之批判》)所遺留的「自由意志」(自由目的與主體性)問題,第三批判(《判斷力之批判》)所遺留的「合目的性原則」(自然目的與自由目的統合於終極目的,何謂終極目的?何謂合目的?道德是如何可能的,美是如何可能的,圓善是如何可能的?)問題;黑格爾精神現象學的絕對知識、歷史理性;存在主義者的「現象與意向」、「存在與存有」之兩極之收攝聚變於「(未來)——過去——現在——(未來)」之「此在」之「站出來」;以至西方現代哲學之「語言轉向」,以「意義」取代「存在」,而最後歸於「語用」(唯用)……。整部西方哲學的近代腳步不可謂不離其傳統軸心漸行漸遠,一直沿康德哲學之人學轉向,即人學證存在於活動,即活動證意向,即意向證目的,即目的意向證性分之不容已;在長久向外尋找存在真實而不得之後,發現存在之真實(本體)原來就在這尋找自身——尋找者主體精神之意向性活動,即是其自身及其世界存在之呈現原則與實踐之起點。這裏說西方哲學自覺或不自覺地歸向於目的論,然而各家目的論之目的義,可以全不相同。自中西哲學比較而言,雖可謂近代西方哲學日漸趨向於中國心性論,其中種種思辨環節,層迭交錯之哲學概念,經過疏理,可重新組合化約於中國哲學儒、道、釋三教之目的性概念之下,批判地成為以終極目的攝道德目的與自然目的之人學體性學——「所過者化,所存者神」之自我實現人在宇宙中的自我定位的存有論,並宣稱「命日降,性日成」、「寂天寞地必有事焉」、「無聲無臭獨知時,此是乾坤萬有基」種種存在的實感共證。初看這是援西方哲學入中國哲學,再看是以中國哲學確定西方哲學觀念之意義與

定位，而中西互證，同時成就中國哲學智慧之系統性、普世性，與西方哲學之擺脫虛妄、走向實踐的實證。

　　第二輯「目的與歷史文化 —— 理一分殊與歷史的起源與目的」收論文八篇，着重從體用學角度，論終極目的的自覺或超自覺所凝聚的民族生命之體之性，表現而為此民族歷史文化之用，亦可隨時轉為以終極目的所凝聚的絕對精神為體，以道德目的攝自然目的所凝聚的民族歷史文化之開展為用；而理一分殊，互為體用；既為一民族歷史文化之「目的 —— 歷程」之理一分殊，互為體用；又為世界各民族歷史文化之理一分殊，互為體用。目的性既透露人（個人與民族）在宇宙中之自我定位，亦就構成了「歷史之起源與目的」，由是上世紀德哲雅斯培有「軸心期文明」之說。軸心期文明發展至今日，進入現代科技支配一切削平一切的「間歇期」，亦即超越的目的性意識漸趨麻木，而平面化為一堆物量。未來人類到底是走向自我實現，或走向自我疏離、失去真實存在，是雅氏遺留的問題。我們接着要問「後軸心時期人類之命運與中國文化之前途」之相關問題，如：「後軸心與新軸心」、「軸心與普世」、「歷史終結論與開放的歷史」、「如何判斷人在宇宙中之自我定位」、「內聖與外王」、「後軸心時期人類文化之相處之道」等等。

　　第三輯「目的與生命美學 —— 藝術生態學中的無目的與目的」收論文三篇。長文〈玄學與藝術生態學〉乃當時根據 2004 年 6 月在中國美術學院連續三天的演講稿寫成。從魏晉「才性四本」、「言意之辨」論證才與性、言與意之同、異、離、合，確立中國思想最重要一對範疇，即所謂「體用」觀，這種體用觀非常突顯主體體性學之思想特色，並趨向於相信「本體與表現」、「本體與工夫」不二。這種覺悟於玄學的即「有」言「無」，即「有」「無」言「玄」，即「玄」言「寂照同時」、「寂感同時」，言「攝存在於活動」、「即存在即活動」；再即「即存在即活動」言「意向」，即「意向」言「存在之幾」。這種「縱貫而橫說」的玄學體用觀，與儒家實踐的實在論的即心言性，即性言命，言「命日降，性日

成」的「縱貫而縱說」的體用觀，兩者結合，而為即表現見體性，即體
性證實在，即實在言本體，即本體說工夫，即工夫觀意向，即意向知
人在宇宙中之自我定位，「存在之幾」不離「意義之幾」；即「意義之幾」
「存在之幾」言「寂感真幾」、言「斯人千古不磨心」、言「十字打開」，
言亦縱亦橫且有序、體用不一不二之體用觀。從此，這種體用觀成為
中國哲學最主流最有生命力之哲學方法。這種體用觀的最大特色，在
其是反思的，因而是以目的論為中心的，故其「本體目的」雖在時序上
屬「未來」而為未實現之目的因，在存有義上卻是已在之本體，是「先
天而天弗違」之創造因，涵形式因、動力因，以及由與以上諸因相對
待而自「無」顯「有」之材質因，即此四因而說用。說體，這整個活動
之中心與目的性之在其自己就是體；說用，這整個活動之每一環節與
每一歷程就是用；體用不一不二；善始者智，善終者聖。就「學」而言，
則為一自我實現的本體目的論之生命生態學，或曰一自我實現的生命
生態學之本體目的論。這自我實現的本體目的論之實踐者（廣義的實
踐分力行與體驗觀照。力行是縱貫的即體之用，觀照是凌虛的離體之
用。[4] 狹義的實踐即力行，力行者知行本一。）其生命存在之每一結構
學之目的或歷程目的之每次實現，意味着此一生命存在之結構之特定
目的或歷程目的（環節）之由「有」而歸「無」（以已實現故），由「懸」、
「縛」而歸「解」、「放」（以頓然無牽掛、無目的故）；唯以實踐故，更
高的，或新的理想目的降臨，帶來新的破裂，新的實踐和新的「無 ──
有 ── 玄」，周而復始。當生命置身於有而能無、無而復有之「存在之
幾」、「意義之幾」，意志復歸為純粹意志，「能然」、「必然」、「當然」、
「自然」，四理悉備（朱子答弟子問「理有能然、必然、當然、自然」，
曰：「此意甚備，但要見所當然，是切要處。」唐君毅釋曰：「要之，理
是指一去有所然，必有所生，而非指已有之實然，此為宋明儒凡言理

4　此「即體之用」、「離體之用」借用王船山語，唯與船山舊義不同。參閱本人著：《玄
　　理與性理》（香港：經要文化出版有限公司，2002 年），頁 42。

者之公義。」⁵），而為一「去有所然，以有所生」之「命日降，性日成」之「生生」之生命；而有所謂「可欲之謂善，有諸己之謂信，充實之謂美，充實而有光輝之謂大，大而化之謂聖，聖而不可知之之謂神。」（孟子）之終極合目的（合自然目的、道德目的於終極目的而無目的）之不同境界，代表生命之在並對其自己之生生之創造。生命之自內而向外向上充擴之自我實現，以可欲始，以不可知終。此為實踐的即體之用之即有限而無限。此時無暇反顧，可謂「天地間只有個感與應而已，更有甚事」（程明道）。及感應而至於有感於天地之為如此（而非如彼）之天地，究依如何之感應者之心靈、如何之實踐工夫所至，而感應為如此（而非如彼）之天地，而欲反觀反照之，如是有「生命境界」之自天地間之感應之無限中界限而出之離體之用之觀照，此亦呼應於人在宇宙中之自我定位；而人在世間的種種活動，都可視為自覺或不自覺地在其所置身之生命境界中躍動，而生生不息，所在境界亦在感應中開合轉進，定在而不定在。在無限與有限（自界限）、縱貫與凌虛、有向與無向、即體與離體（其關係亦正所謂「此兩者同出而異門，同謂之玄。玄之又玄，眾妙之門」）之同異離合，定而不定、依而復即之際，發現這整個是一「宇宙不曾限隔人，人自限隔宇宙」的人為的意義生死場。人作為自然之最後目的者，為自然立法，同時即把自我定在為這個宇宙意義網之結網者、撒網者。人為着把意義帶給這個世界，他發現了語言，發現構築語言可以使精神活動定在，同化人的自我，同化我與他人，同化人與外在世界，同化目的與歷程、過去與未來，以至同化言與不言，在同化中體會存在；但同時語言使這一切命題化，決定化、概念化，隨即失去真實的生命存在。他嘗試逃避語言，為此求助於語言，以語言中止語言，在語言與語言的對抗對消中，有望衝決文字障、命題網，歸復存在的實感實應。為此，他發現了藝術。藝術是唯一可以逃避語言（概念）的語言，要訣在藝術把「以意義之呈現為

5　見唐君毅著：《中國哲學原論》全集版，〈原性篇〉（台北：台灣學生書局），頁81。

目的」轉為「以意義之隱蔽為目的」；攝義歸境，攝活動於意象：

> 　　這無目的，似有意而無意，似有言而無言的如是者，
> 含攝一切曾經發生及被中止之意義言說，而今成為最後
> 唯一可能，作最後如是隱蔽和呈現 —— 這樣，她成為肇
> 始者、第一因，成為開啟一切意義言說之可能的「第一存
> 在」，成為「文物 —— 文本」(Our Own Heritage)，成為「精
> 神 —— 存在 —— 意義 —— 符號 ——」之觸發者和礦藏。
> 她等待發現者和他的發掘、考古、沉迷之能力，以及「緣
> 分」：他和她或者一觸即發，開始意義世界的復活、重建
> 和生長；或者「嗒然若喪」，卸下意義世界之沉重；或者
> 意義之呈現與隱蔽交相閃動互倚，而為「意義美」生態，
> 同時即是藝術生態。(〈玄學與藝術生態學〉)

　　這藝術生態之常態發展到現代藝術，反轉過來，專以藝術生態之
中止或叛逆，來作藝術創作的新起點。藝術原以「意義之隱蔽」、「無
聽之以耳，而聽之以心；無聽之以心，而聽之以氣」為特質。當發現世
界無聲，世人無心，唯氣是從而無氣；一切無決定、無意向、無定義，
如是無所可隱蔽，現代藝術遂以無所可隱蔽之隱蔽為其特質，而逆反
於原來的藝術生態。或另說為現代藝術唯以傳統藝術生態之隱蔽、否
定，為新藝術之進路、起點，亦即以否定「意義之隱蔽」為藝術原則之
姿態，堅持把藝術之為意義隱蔽者之道路走到底，唯此時所隱蔽、所
否定者是作為意義隱蔽者之藝術生態，而為「隱蔽之隱蔽」。藝術史原
是一部意義之隱蔽、收藏，以及隱蔽之隱蔽、收藏與發掘、披露或解
讀之歷史藝術 (再沒有一種歷史解讀有如藝術史解讀這麼藝術的了)；
現代藝術則是逆反藝術歷史與挑戰歷史藝術之藝術。原為逃避概念語
言，而有藝術；而今逆轉，逃離藝術，無目的地拒絕合目的，以拷逼
審思者放棄原有目的，痛苦而迷茫，急尋新的超越目的。該輯另一長

文〈目的論與生命境界〉乃據 2018 年 12 月在南京師範大學美術學院之演講稿整理而成。從康德美學屬主觀目的論美學而窮其極，即人之主觀之為主觀之終極處而排除任何後天之特殊目的，自我超越的還原為無目的之純粹我（一超感觸之基體我），無意無必無固無我，寂天寞地必有事焉，而一觸即發，更為所觸動而呈現之者直覺其內在目的，判斷其存在之形式（必涉及內容）是否合目的；此則從主觀目的而超越的還原至絕對目的，即絕對目的說人之所以為人之普遍目的、互為主觀之客觀目的，以及即此而發現的物物存在之目的；此不啻為天地立心，為生民立命，為萬物立性。這真是「無聲無臭獨知時，便是乾坤萬有基」，人通過體驗為世界存在之發現者、照明者、立法者，同時即自證「人」是世界存在之最高目的。由人的自我還原之一一所歷所感，九轉還丹，唯中途在乍有還無、類與不類之間，生命體會一種無目的與目的、超越與定在之際之自由──美的自由，此則可發展為一生命境界論美學，此中國心性論人學所必涵。這自我實現的本體目的論之實踐者（廣義），一旦將其自身之目的性投射於對象而意象化，並藉中介物（如青銅木石管弦丹青）力行表現並觀照其自我實現之本體目的論的存在生態，「既聽之以耳，又聽之以心；既聽之以心，又聽之以氣」，此則為藝術。

　　以上是本書分三輯，每輯要旨。雖然，體用論、體相論原必「依而復即」於體性論，即三而一，即一而三。今體性論特標目的性，由是體用論、體相論亦以目的性為中心，以觀其體其用其相之目的與無目的之合目的性，及其所啟動的存在之「有 ── 無 ── 玄」。全書名「目的與存在」者，證凡實踐之為實踐之本義，乃謂其必在一理想目的之方向中，在活動中，攝存有於活動，證活動於目的方向，由目的性活動反證存有（存有即同一性），以存在即在不斷變異與自我否定、自我超越中，唯憑藉其所依從之目的性活動，自證為同一者，為存有。最後欲實現的目的、終極目的，唯是那提供存在之終極目的的提供者──判斷力之反思判斷之生生。「成為反思者！成為感通者！成為自由！」

就是人的本體屬性。體性既立，體用、體相一根而發，心意知物，理一分殊而不容已；知行合一，是「斯人千古不磨心」之寂感真幾。以有心義故，一切法得成！

2004 年 6 月，一個早到的炎熱的夏天。我初次來杭州，在西子湖畔赫然發現那青磚砌建的中國美術學院南山校舍。校門正面端放着創校校長蔡元培題寫的「國立藝術院」巨大碑石。兩行茂密修竹縱列成陣，透着颯爽清幽。一股俊朗軒昂、端莊蘊藉的書院氣味，沁人心肺。我於是知道「命日降，性日成」，「（人的）全部稟賦，是終究要充分地並且合目的地發揮出來的」（康德〈一個世界公民觀點之下的普遍歷史觀念〉）。無人可以阻止這個歷史理性的由「理性事實」成為「現前事實」。那回，我連續三天在學術報告廳作〈玄學與藝術生態學〉演講，接着油畫系挽留又講了七天。自此以後，我跟中國美院結的緣便就解不開了。我成了研究生處的客座教授，由每年來一趟，到每學期來一趟。我進入「易地講學」的奇妙體會，有時候，是甚至比與其他國家學者對話，來得更陌生，更驚喜。我結識了最誠摯，最有才華的老師、同學。每次來杭州，我與內子都沐浴在美院給我們的呵護和照拂之中；甚至孔子廟旁的文物店、書畫城，西湖岸邊的垂柳飛絮，清河坊的橫街窄巷，也都在呵護照拂着我們。

感謝研究生處的提議和催促，中國美術學院出版社的熱誠，讓這部書得以在南宋舊都面世。這真在我的意料之外，一如我寫這篇序文之時，在世人意料之外，卻全體被拋入「目的與存在」之「高峰體驗」（馬塞爾概念），屏息凝視，見證「中國精神」如何出奇真實悸動閃爍錯落在這樣一個漫長的香港盛夏。

2019 年 8 月，吳甿謹記

目　錄

第五章 「反思判斷」與「一心開二門」
—— 牟宗三先生所提哲學共同模型之再省察

第六章 目的論與朱子「體用也定」、「理先氣後」義之衡定
—— 一個反思判斷的詮釋

第十章 康德、牟宗三「物自身」問題之回顧與哲學省察
—— 從「現象與物自身」到「目的與存在」

第十一章 「性向善論」與「性善論」
—— 目的論與即生言性、即理言性、即心言性
（以唐君毅《中國哲學原論》為中心之還原與開展）

第二輯　目的與歷史文化
—— 理一分殊與歷史的起源與目的

第十二章　契約的? 或神聖的?
—— 從文化存有論之契約論和理念論看唐君毅先生之
永恆國家觀

第十三章　從「軸心」說看中國文化之命運與人類之前途

——紀念〈中國文化宣言〉發表五十週年

第十四章　證示生命的學問

——從現代文明之斷裂，看牟宗三「生命的學問」之意義

第三輯　目的與生命美學
—— 藝術生態學中的無目的與目的

第十八章　目的論與生命心靈境界

第十九章　玄學與藝術生態學

第二十章　無為廣闊新天地，擊壤之歌彌足珍

附錄

目的與體性

——人學體性學中的目的論判斷

第一章

自主性之後

── 從中西自主性思想看道家「雙向排拒」所開
啟之自主之門

「自主性」問題實即「自由」（非「他由」）和「個體性」（「我」）問題，即一個體在自由狀態中選擇自我存在之存在性。單說「自由」，兼指主、客觀自由，既可指內在的人性說，如說「自由意志」，又可指人與其他存在之關係不是隸屬關係，如說「自由權利」。說「自主性」則偏向於表示有一「個體」其存在不受其他存在者支配，這「異己存在」包括他人、特殊勢力，以至特殊之信念，或僅僅是氣性之限制，而不包括人的自我意識、意志；因這「自主者」原就須有意志、自我意識，並在自覺之中，始可得這「自主性」。此外，「自主性」概念還涉及「實體」、「同一性」、「行動中心 ── 主體」、「獨立 ── 不相隸屬」、「在己並為己存有」等概念在特定歷史文化之意義。今討論道家的「自主性」，我們亦不能不把此概念先放在歷史文化之傳統意理中作一方法論的考察，從西方的「自主性」、儒家的「自主性」說起，從而突顯道家「自主性」的特殊指向。

「自主性之後」的「後」，是後設學（metacognition）的後，即自主

性的存在的根源之說明,或曰預設也。

一、古希臘「主 —— 奴」關係中的自主性

古希臘的「自主性」觀念,最早當由其時為奴隸制社會之「主 —— 奴」關係所觸發。雅典四十萬人口中,佔大多數的二十五萬人是奴隸,餘下的十五萬人,只有部分人是「自由民」,即有政治權利、有「自主性」、有資格與「同等人」共同組織屬於他們的「城邦」,共同對抗「非城邦」,以便繼續維持行使「自由民」對其「財產」的主人統治身分。那佔大多數人口的「奴隸」,只是使「主人」真正「成為主人」、「城邦」真正「成為城邦」的「財產因」。奴隸雖是「有生命的東西」,「有生命的財產」,但卻「不能算作城邦的一個部分」:

> 城邦需要財產,但財產卻並不能算作城邦的一個部分。所謂財產,甚至連若干有生命的東西也包括在內(例如奴隸)。[1]

這佔人口大多數的「有生命的財產」的較高的存在意義,是奴隸可以「按照人的意志或命令而自動進行工作」,而優於無生命的工具。硬心腸的亞里士多德說得非常明白:

> 工具有各種各樣的,有有生命的,有無生命的;對於一個航海者來說,舵是他的無生命的工具,而船頭守望人是他的有生命的工具 —— 在每一專業中,凡從屬的人們都可算作(如業主或匠師完成他的工作的)工具。這樣,「財產」(所用物 = 所有物)就可說是所有這些工具的

1　亞里士多德撰,吳壽彭中譯:《政治學》(北京:商務印書館,1981 年),頁 370。

總和。每一筆財產（所有物）就都是謀生「所用的一件工具」，奴隸，於是也就是一筆有生命的財產；一切從屬的人們可算是優先於其他（無生命的）工具的（有生命的）工具。（……）倘使每一無生命的工具都能按照人的意志或命令而自動進行工作，（……）則奴隸主也可放棄奴隸。[2]

奴隸只是有生命、因而有現實意志、有自我意識的去按照「主人」的意志或命令，支配其他無生命的工具的「活工具」。若「自動機」被發明了，至少「機器」被發明了，奴隸這活工具就逐漸失去價值，這時「主人」可以放棄奴隸 —— 或讓他們在城邦消滅，或視他們等同於無生命的工具。

但不幸／幸好雅典當時（直至而今）尚未發明自動機，織布的梭不能自動地穿梭織布，每一琴弦亦不能自動彈鳴，奴隸幸得保有他的優先於無生命的「活工具」價值（這「活工具」價值在近代工業機器文明中命運堪虞，前景更是一片灰暗）；同樣幸運／不幸的是，作為這佔有大多數人口的有生命的工具（財產）的「主人」也就不能不繼續其主人的職責：成為隸屬於他的奴隸們的主人，發號施令，使你的意志成為他們的現實意志之上的絕對意志，從而令奴隸成為在本性上不屬於自己的人格而只隸屬於主人；亦即使奴隸成為奴隸，主人成為主人！

亞里士多德說得明白：

主人僅僅是奴隸的主人，然而主人不屬於奴隸，而奴隸不僅是主人的奴隸，並且全部地歸屬於主人。於是我們可以明瞭奴隸的性質和他的本分了：任何人在本性上不屬於自己的人格而從屬於別人，則自然而為奴隸，任何人既然成為一筆財產，就應當成為別人的所有物；這筆財產就

2　同註 1，頁 11-12。

在生活行為上被當作一件工具，這種工具是和他的所有者可以分離的。

　　那麼，世上是否天然的就存在着這樣的奴隸呢？對於這樣的人，被人奴役恰好就是他的本分、是合法的制度呢？還是違反了自然呢？這個問題，無論依照理智或根據事實都不難予以解答。世上有統治和被統治的區分，這不僅事屬必需，實際上也是有益的。有些人一出生就注定是被統治者，另外一些人則注定將是統治者。[3]

　　硬心腸的哲學家不僅視奴隸為活工具，更視主人為「僅僅是奴隸的主人，然而主人不屬於奴隸，而奴隸不僅是主人的奴隸，並且全部地歸屬於主人」，這樣的一種完全佔有奴隸，而自己無所服從歸屬、無人可為之作主，成為靈魂孤兒，任憑意氣為之作主的「絕對主人」存在狀態。

　　亞里士多德的硬心腸秉承自他的老師、著名軟心腸的柏拉圖，而柏拉圖的軟心腸據說秉承自蘇格拉底，但蘇格拉底有一副異常軟弱而剛硬的心腸，他把「主人」賦予雙重定義：主人既是統治外在於他的奴隸的完全「主人」，又須是內在於他自己的感性、氣質之性的「主人」。如是，「主人」意謂雙重「勝利者」和「支配者」，而「奴隸」意謂雙重「失敗者」、「被支配者」——既是對外之失敗者，又是自內的失敗者，無論是「天生的奴隸」、或將被「送去當奴隸」。西方思想的第一代「先知」[4]如是說：

　　　　（伊里亞的客人）：（……）對於那些沒有男子氣慨的

3　同註 1，頁 13-14。

4　卡爾・波柏（Karl R.Popper）撰，莊文瑞譯：《開放的社會及其敵人》（台北：桂冠圖書，1993 年）。原書名曾擬為《偽先知：柏拉圖 ── 亞里士多德 ── 黑格爾 ── 馬克思》。

人，對於那些沒有道德情操的人，必須以暴力把他們送到邪惡、蠻橫、沒有公義的地方去，或處以死刑，或處以流放，以最大的恥辱來懲罰他們罪惡的本性。（蘇格拉底）：一般都是這麼說的。（伊里亞的客人）：但是對於那些沉迷於愚昧無知低級趣味之中的人們，她（「君主學」）恭敬地把他們送去當奴隸。（蘇格拉底）：非常正確。[5]

令我們關注的不是他們三位誰的心腸最硬，而是他們都一致認為這兩種定義的「主人」：既是一個奴隸主、奴隸靈魂的佔有者，又是一個秉具道德情操、擺脫低級趣味的人格自主者；兩者之為「主人」是一致的，因為都顯示為「強者」、「征服者」、「勝利者」。同義，兩種意義之「奴隸」亦是一致的，無論在外之為被統治者，或在個人人格內部之為被統治者，都顯示為「待治者」、「無目的者」—— 故當一個主人的人格出現顛覆，要受「城邦人格」重新裁判，裁定其喪失「主人」身分，則須處以死刑、流放，或送去做奴隸，使其如實地成為喪失自主性者、被統治者。

然而，依這樣的理論，一個擁有「男子氣慨」、「道德情操」，擺脫愚昧的「人格的勝利者」、「智者」，依理應該當「主人」、「統治者」，使其如實地成為「強者」、「征服者」。柏拉圖的「理想國」便是這樣說的。問題是，他們沒有說明，「人格自主者」、「勝利者」到底是根據甚麼「原則」，使到他們一方面顯示「男子氣慨」（奴役他人）並以之建立屬於他自己的人格，成為「主人」、「自主者」（自我奴役）？除非訴諸宿命，上引亞氏之言正是這樣。

由「個體」、「自我」，結合城邦政治之「主 —— 奴」對立結構，古希臘哲學之「自主性」思想延續這種程式：

5　柏拉圖：《政治家篇》，收入《柏拉圖全集》第三卷（北京：人民出版社，2003 年），頁 170。

自主性＝奴隸的統治者、「我」、「主人」＝自身的統治者：「目的者」。

無自主性＝奴隸＝被統治者、「他」：「工具者」。

這個「主──奴」格式一直深植在西方社會生活之人格結構裏。在後來的羅馬法家庭內部結構亦採取同樣模式。黑格爾講到在羅馬法裏這個「主──奴」結構在倫理的最內部和最敏感環節之家庭生活中的地位：

> 羅馬時代，子女處於奴隸地位，這是羅馬立法的一大污點。倫理在其最內部和最姣嫩的生命中所受的這種侮辱，是了解羅馬人在世界歷史上的地位以及他們的法律形式主義傾向的一個最重要關鍵。[6]
>
> 根據羅馬法，父親可以把兒子出賣，如果兒子被人釋放而獲得自由，他又重新處在父權之下。只有在他第三次從奴役中被釋放而獲得自由之後，他才算是實際上自由的人。[7]

二、「主──奴」結構之歷史中沒有主人，只有奴隸

古希臘哲學的重心在自然哲學，關心的是自然世界的「存在」問題。亦因此發現自然世界有其內在規律，人若掌握自然世界之規律，人即可成為自然世界的「主人」，而自然世界只能匍伏於人的「意志＋知識」的權力之下，一如奴隸之匍伏在主人的腳下。然而，人對於自

6　黑格爾撰，范揚、張企泰譯：《法哲學原理》（北京：商務印書館，1982 年），頁 188-189。

7　同上註，頁 192。

然世界的「知識」有限，一如人對自身作為自然對象之知識有限；是則人能否真成為自然的「主人」實屬可疑，正如人能否真成為自身的「主人」那般可疑。即此而言，人對自然稱「主人」、對自身稱「主人」，反不及對「奴隸」而稱「主人」來得穩靠 —— 因為支配奴隸不必靠對之之知識，只需要權力；若奴隸之表現不符主人對之之知識，主人令之符合即可，甚至可使其不存在來符合主人對之之知識（對之之概念）。

　　主人對奴隸的控制，比人對自然世界的控制，來得穩靠，其最終的竅訣，在大自然沒有意識、沒有意志、沒有「人格」，因而不受恐嚇屈折；而奴隸有意識、有「意志」、有「人格」，因而可以屈折之成為「奴隸人格」—— 逃避自由、逃避自主！一如他們的「主人」。

　　人只可對奴隸而稱主人，此意味着：人或「成為奴隸的主人，以奴役奴隸同時奴役自我」，或「成為自我的主人，以奴役自我和同時奴役奴隸」；而最可怕者，要算「一旦昔日奴隸成為主人，將加倍奴役奴隸和虐待昔日主人」（古代的僭主統治是如此，現代的極權統治更是如此）。西方人突然明白：這種「主 —— 奴」關係最後不會有「主人」（「主人」這裏意謂真正的自由自主者，從而不會奴役他人、奴役自己）：因為沒有人可以宣說他有自由、有自主性。「自由民」宣稱他有自由、有自主性，那只是因為他「宣稱」他是「自由民」。「主 —— 奴」結構令歷史向僭主政治和革命黨政治開放，好讓他們結束「歷史」或製造「歷史」，好讓歷史「有歷史」—— 以有革命故有歷史；最後，令西方人鄙視歷史，轉向宗教，並順手把歷史宗教化，使歷史服從「伊甸園 —— 失樂園 —— 復樂園」之模式，以歷史終結論之模式，將歷史哲學轉為宗教。

三、由「主 —— 奴」到「神 —— 人」：主人的尋找

　　人不可對自然世界而稱主人，甚至不可對自身（body）而稱主人（因自然世界和「他的肉身」本無意志、無人格故），人只可對隸屬於他的奴隸而稱主人（因奴隸本有意志、有人格故），如是，主人是虛假的

（有待的、待認證的），奴隸是真實的（現成的、實際的）。主人需要現實上的奴隸，而現實上的奴隸不需要主人——奴隸只需要恐懼和逃避自由。當西方人明白這一點，他們結束的不是「主——奴」結構，而是相反，將「主——奴」結構神聖化。他們繼續崇拜歷史中的英雄／「主人」，但開始把英雄還原為「奴隸」——歷史的奴隸。唯一「真主」在歷史之外，祂是「超級絕對主人」，在祂面前，人人都是「罪人」、「奴隸」，人人平等。「絕對主人」愛每個罪人、奴隸，甚至派遣獨生子作奴隸的奴隸，為罪人贖罪。而「暫時成為主人的奴隸」卻把神之子送上十字架，再次證明這裏只有奴隸，「成為主人的昔日奴隸」是最可怕的奴隸。只有唯一「真主」（真正主人），祂才可能成為「綜和者」、「統一者」。在西方人格世界裏，除了上帝，沒有真正的自主者，只有各種被命運決定者，包括「神之子」耶穌之為被決定者——為被其父君所逐之罪民贖罪上十字架、繼而復活之命運所決定。唯一超級「絕對自主者」只有上帝。但祂在歷史之外。

　　直到十六世紀新教領袖馬丁・路德，他反對教會，並非反對此「主——奴」、「神——人」關係，相反，是為捍衛此神聖關係。教會售賣贖罪卷有如僭主所為，以錢代罪把「神——人」關係對等化，等於侵蝕唯一真主的絕對權威，也同時敗壞了人對神的無條件服從。馬丁・路德要捍衛的，除了上帝的絕對主人權威外，還有人作為上帝的絕對奴僕身分。他在《論自由意志為奴隸》（*De Servo Arbitrio*）[8] 一書中直言反對耶教以外的獨立哲學、反對人為上帝之奴僕以外的自由意志。人的「自主性」除了「自主」為上帝的奴僕以外，還能「自主」背棄上帝嗎？馬丁・路德的忠實追隨者加爾文教派高舉路德「人無自由意志，一切由神安排」的教義，更強化基督教的信仰主義：上帝的絕對權威無容置疑，而同樣無容置疑的，是人的「信仰的權威性」（路德語），亦

8　參閱馬丁路德撰：《論意志的捆綁》，收入路德文集中文版編輯委員會編：《路德文集・改革運動文獻》第二卷（上海：三聯書店，2005 年）。

即人自覺為上帝的絕對奴僕的權威性。二百年後的有神論存在主義者齊克果，以亞伯拉罕向神奉獻獨生子為例，說「信仰就是無條件」，亦是此義。「輕視自己的人，在上帝那裏就受到尊重。」[9] 自主就是自主於由神作主。韋伯（Max Weber）說由新教倫理「轉出」現代資本主義精神，其中關鍵，即由此自視為上帝的奴僕的「自主性」，製造出一個禁欲使命的天職的入世主義。[10]

　　盧梭的名句：「人生而自由，但卻無往而不在枷鎖之中。自以為是其他一切的主人，反而比其他一切更奴隸。」（《社會契約論》I）[11] 有人說在西方盧梭第一次叫出「人有自由」，其實盧梭一如他所在的傳統，說「人無自由」。現實的人中沒有「自由人」，社會契約就是社會行為規範的最後根據。此說觸發康德對人的「自主性」的思考，後來卻被黑格爾指為鄙陋。

四、自主性的苦旅 —— 批判時代自主性之命運

　　依批判哲學的一貫的方法，康德有關思考可理解為「人的自主性如何是可能的？」我們慶幸康德擺脫「主 —— 奴」結構之際，康德繼續深化和準確示現這漫長的西方「自主性」的苦旅。下面，我們藉黑格爾總結康德有關人性論的一段文字，看「主 —— 奴」結構在批判哲學裏所達到的前所未有的緊張和轉向內在化。黑格爾這樣批評康德：

> 康德底實踐理性是普遍性底能力，亦即排拒的能力
> （吳案：指對特殊性、感性之排拒），動機是敬畏；在恐懼

9　路德維希・安德列斯・費爾巴哈 (Ludwig Andreas von Feuerbach) 撰，榮震華、李金山中譯：《費爾巴哈哲學著作選集》下冊（香港：三聯書店，2005 年），頁 53。

10　參閱吳汝鈞著：《實證與唯心》下冊，第十章〈超政治與政治〉（香港：經要文化出版有限公司，2001 年）。

11　盧梭撰，何兆武中譯：《社會契約論》（北京：商務印書館，2003 年），頁 7。

中壓制這個被排拒者（吳案：指個體特殊性、感性）——
一種解體（案：指內在的排拒）；被排拒者並非一被揚棄
者，而是一被分開而仍存在者（吳案：即理性我與感性我
在這裏被安排為非辯證的、無前途的矛盾對立）。命令固
然是主觀的，即人類底法則（吳案：即命令來自理性），但
卻是一種與其他存在於人類之內者（吳案：指個體特殊性、
感性）相抵牾的法則，即一支配的法則；它只下命令，敬
畏推動行為。但敬畏是行為所依據的原則之反面（吳案：
依黑格爾這裏所言，在康德敬畏既非理性當身，而屬感性，
則便只能是道德法則之反面，卻成為道德行為的動機、推
動者）；原則是普遍性，敬畏則不是普遍性。對於敬畏而
言，命令始終是一既與者。（吳案：敬畏之為敬畏，即感性
對一由理性所加之無條件命令之畏懼。如是，服從道德法
則是基於個人的畏懼之情感。此則成道德之二律背反。）[12]

在這裏，「實踐理性」是康德人性論中的「主」，而「感性」、「個人
特性」是其人性論中的「奴」；「主人」只管下「命令」，「奴隸」依「敬畏」
行事。……康德令兩者在同一主體內鬥爭不已，黑格爾遂決定轉向求
助於客觀精神。

五、儒家人格主義「目的——歷程」中的自主性

中國傳統思想有關「自律道德如何可能？」的思考中，我們發現這
裏沒有「主——奴」結構的影子。中國思想從來欠缺「主——奴」結
構（外緣地說，或由於歷史中國從未出現「奴隸社會」，與歐洲歷史迥

12　同註 10，《實證與唯心》下冊，第六章〈歷史理念中的自由與道德〉（香港：經要文
　　化出版有限公司，2001 年），頁 244-245。

異 [13]），尤以儒、道兩家為然。中國思想欠缺「主 —— 奴」結構，為此要付出代價，這代價便是中國人格結構欠缺一種由「主 —— 奴」結構養成的悲劇性的「緊張性」。韋伯這樣描述儒家倫理所欠缺的這種「緊張性」：

> （儒家倫理）從未出現與「世界」的緊張關係，因為就目前所知，（儒家思想裏）從未出現一位超越現世的上帝作為道德先知來提出倫理要求，也沒有出現精神替代物來發出召喚，以令堅決而忠實履行之。[14]
>
> 儒家倫理中，自然與神祇、倫理期望與人性缺陷、罪惡意識與得救欲求、今世行事與來世補償，以及宗教責任與社會政治現實之間，任何緊張性都不存在。[15]

認識儒家倫理的人，都知道在儒家的世界裏，確實沒有那位超越現世的上帝作為創世者設計一切，甚至也可以說沒有出現很高地位的

13　中國社會從未出現「奴隸社會」，封建制在秦統一天下後即結束，秦漢以後直到清朝一直為中央集權或曰君主專制，或西方人（包括馬克思）無以名之「亞細亞方式」，這向來是史學界的共識。早年內地學者趙錫元〈試論殷代的主要生產者「眾」和「大眾」的社會身分〉一文指出商代的主要生產者「眾」是自由農民而不是奴隸。（此文載《東北人民大學人文科學學報》1956 年第四期）。李鴻哲的〈「奴隸社會」是否社會發展必經階段？〉不僅反對中國曾出現所謂「奴隸社會」，更指出古代各國中，奴隸制只在地中海沿岸少數國家如腓尼基、希臘的雅典、迦太基和布匿戰爭後的羅馬出現，並非社會發展的必經階段。（此文載《山東大學學報》1957 年第十期）。在改革開放前國內的學校教育和歷史書裏指稱中國古代商周是奴隸社會，春秋以後是封建社會。直至 2013 年 10 月重新出版發行的馮契（1915-1995）在二十世紀九十年代出版的「名著」《中國哲學通史簡編》（北京，三聯書店）仍以春秋時還是奴隸制，「春秋末期，奴隸制逐漸崩潰，代之而起的是封建制」，「儒家原來主張復古，恢復西周的禮制，代表了沒落奴隸主階級的利益。」為說（頁 106）。這明顯違反一般學術常識以及當前國內學界以至官方政策的立場（難道在全世界建立「孔子學院」是在推行奴隸主義？）自稱中國人而偏要無中生有地抹黑中國歷史，實在令人費解。

14　Max Weber. *Religion of China* (Edited by Hans H. Gerth with an Introduction by C.K. Yang.) (New York: 1951), pp.229-230.

15　同上註，頁 235-236。

精神替代物發號施令並強制執行;儒家因此不會體會「主 —— 奴」的緊張性,以至「為奴隸的主人」與「為主人的奴隸」的「緊張性」,從而不曾由此「緊張性」轉出現代「人權」觀念 —— 從「客體化的人」說「人的權利」(此雖然不同於現代極權政治之剝奪人權,而只從吃飯、生存說人權),也就不曾借助上帝這個絕對先知或其他超越的精神替代物,鍛造「使命」、「天職」觀念,將人的「自主性」完全提昇/委託於「成為上帝的選民」這唯一意願之下,建構全體成員受控的這樣一個「現代資本主義社會」或「現代社會主義」:

> 這種禁欲主義(指新教倫理)最明顯一致的目標,就是對生活作息進行監督,並賦予有方法論基礎的組織。它的典型代表就是「選民」,而它的典型結果,就是使社會關係變成理性化、功能化的組織。[16]

這就是韋伯的著名理論:說中國沒有出現資本主義是因為儒家的「自主性」欠缺緊張,沒有新教清教徒那份遙想上帝這「唯一的主」而思「我如何做才能被選作神的奴僕」所形成的「實現終生目的:成為上帝的工具」之意義結構。說儒家「自主性」中欠缺「神 —— 我」結構之緊張性,這是不錯的,甚至可以說是相當深刻的一個發現;但認識儒家倫理的人都知道,這並不等於儒家「自主性」欠缺本身的緊張性,或儒家的道德主體被視為現實地強大到從未遭遇嚴重抗拒,以至失去表現其強大和緊張性的機會。

儒家對道德主體的體會確實不允許其將此道德主體知識化(外在對象化)或「超智化」(神秘化),因而亦難於接受將自我置身於一「精神替代物」的權威之下,在韋伯所稱的「緊張性」中,在驚怖中,完

---

16 馬克斯・韋伯撰:《經濟與社會》,頁 556,轉引自邁克爾・普西 (Michael Pusey) 撰,廖仁義譯:《哈伯馬斯》(台北:桂冠圖書公司,1989 年),頁 57。

全自主地捨棄「自主性」，歸依大主，由最高神攝收，不再緊張。在道德生活裏，明顯地，儒家的「自主性」貫徹始終，而憂患及緊張性亦貫徹始終。「善始者智，善終者聖」。儒家自主性的內在緊張，不是「主 ── 奴」或「神 ── 我」的二元論緊張，而是「仁 ── 不仁」、「盡心 ── 知性 ── 知天」、「體 ── 用」、「本 ── 末」、「大體 ── 小體」、「翕 ── 辟」、「終 ── 始」、「理一 ── 分殊」、「天 ── 人」、「道 ── 心」、「經 ── 權」、「兩極 ── 歸宗」的機體論的、方向論的、實踐論的緊張，亦即「兩極論的而非二元論的緊張」。就「緊張」之語意原指一精神品格而言，儒家自主性的「兩極論緊張」屬最內在的自我揚棄，而為最緊張的「人格緊張」：徹底的人格主義、徹底的唯心論的、方向論的、實在活動論的「存在的緊張」。所有重要的近現代存在主義哲學家都在言說這種「人格主義」的「存在緊張」。對西方人來說，這種陌生的遲來的「人格緊張」徹底改變了他們對自己的宗教文化的評估；在西方現代思想裏，成為拒絕其先知主義傳統以及由先知主義而來的極權主義、恐怖主義，但又不欲甘於平庸主義的新哲學底方法論。

六、自主性之自欺與自救之路

俄國當代最重要的哲學家、末世論者尼古拉・別爾加耶夫（Nikolai Berdyaev），在《論人的奴役與自由》中，很費力但很果斷的指出西方之權威宗教人格、現代極權主義人格，其人格結構如何將人的本質向外拋出，認受異化物之奴役而自以為「自主」：

> 外化着的意識、異化着的意識總是奴性的意識。如果上帝是主人，那麼人就是奴隸；如果教會是主人，那麼人就是奴隸；如果國家是主人，那麼人就是奴隸；（……）奴

役的根源永遠是客體化，即外化和異化。¹⁷

　　奴役的世界是精神與自己異化的世界。外化是奴役的
根源。自由就是內化。奴役總是意味着異化，意味着人的
本質的向外拋出。（……）唯物主義哲學就是使人的奴役
合法化。¹⁸

　　「人的奴役合法化」的結果，是連韋伯所稱的新教倫理的那種「人的本質向外拋出」的「緊張性」亦不復存在，而只有奴役存在。自某義而言，西方現代主義（資本主義）正是通過外化、客觀化、法治化來消除這種緊張 —— 使之非人格化，制度化、平庸化、世俗化，一切緊張都停留為多元論社會的外部的對抗、以及化質為量的衡定。極權主義則將此「人格的緊張」工具化，成為達到徹底反人性、反人格的普遍主義，同時化為為現實權力中心所利用的喪失緊張性的馴服工具。

　　別爾加耶夫一面說「自由就是內化」，一面說「一元論是人的奴役的哲學根源」。¹⁹ 這完全暴露別爾加耶夫的西方實在論傳統因對現代極權主義厭惡而發生的哲學混亂。別爾加耶夫想說的其實只是一種「獨斷論的一元論」，這種「一元論」一直在西方被異化、客體化為「理型」（理想國）、「神」、「物／生產力」等，成為奴役的標誌。但對西方思想而言，解咒之途亦正基於此，即把被客體化的這一切收歸主體，同時即將之內在化而活動化 ——「心」化。但別爾加耶夫尋找不到他的哲學語言，他只能懼怕一元論。而其憧憬的多元論是這樣的：

　　　個性和自由是與多元論相關的，準確地說，個性和自

17　尼古拉・別爾加耶夫撰，張百春譯：《論人的奴役與自由》（北京：中國城市出版社，2002 年），頁 67。
18　同上註，頁 66。
19　同註 17，頁 75。

由表面上接受多元論的形式，在裏面則可能意味着具體的普遍主義。良心不可能在某種普遍的統一之中擁有自己的中心，它不能被異化，它始終處在個性的深處。在個性深處的良心完全不意味着個性在自身的封閉和自我中心，相反，它要求從裏面展開，而不是在外面展開，它要求用具體的普遍內容在裏面充實。但個性的這具體 —— 普遍內容永遠也不意謂須把自己的良心和意識置於社會、國家、民族、階級、黨派以及作為社會建制的教會之中。「聚和性」一詞的唯一可接受和非奴性的含義，就是把它理解為個性內在的、具體的普遍主義，而不是良心向某個外在集體的異化。只有這樣的人才是自由的，他不允許自己的良心和自己的判斷異化和向外拋。[20]

這種思想在「內在」方面很接近儒家，但在「超越」方面，別爾耶夫寧願將之原封不動地留給上帝；人應與上帝單獨交往，作直接的個性的相遇、接受上帝召喚。這有似戈特弗里德·威廉·萊布尼茨（Gottfried Wilhelm Leibniz）的一神論的多元論。儒家中的有神論者亦有相類之思想，但非正宗。在歷史存有層方面，儒家無懼於人的本質的向外拋出，把自己的良心向客觀事務實在存在化、終始條理地開展一在「目的 —— 手段」結構中自我揚棄的，在異化中步步落實、步步歸復、步步拋出，步步憂患的「目的者」之自我實現的道路，自主地選擇每步異化環節，以自我為手段實現自我的理想目的。儒家這種入世的個人主義和道德主義，可以理解為最有內在緊張的人格主義，其緊張性不惶多讓於黑格爾所描述的康德那瀕臨絕望的道德主體，如上文所提；又可以理解為絕對唯心論的，因而超越層與歷史存有層皆在「心」的活動中被綜和、被超越，從而欠缺二元論的對抗性緊張，如韋

20 同註 17，頁 76。

伯特別要指出的。但對別爾加耶夫而言，儒家這樣義無反顧地將主體性向外拋出，在精神異化物上尋找自主性之客觀化的證明，實證自主性和歸復主體性，這對於自由主體未免太沉重、太緊張，太無了期；有違末世論「基督二次來臨，那時會有新天新地，會有自由王國」之「歷史終結論」。[21] 相比於歷史終結論之末世，儒家這條路太艱難。連批評儒家倫理欠缺緊張性的韋伯，也看到儒家這條路的特別艱難性，或者是現在看來，最理性、最合「現代性」的緊張性：

> 儒家倫理中沒有救贖觀念，沒有從靈魂轉移或來世懲罰中得救的欲望。儒者肯定生命，故並不希求從生命中解脫；亦不希求從社會或世界中解脫，因為世界與社會亦是儒家視為當然而加以肯定的。於是，儒者唯有通過自我克制、戰戰兢兢地面對這個世界。[22]

七、儒家人格主義自主性之現代危機

儒家倫理將自主性向着一現世的理性秩序，亦即以「合理性」為實踐之最高原則，如是排除了所有「咒術」之可能性。韋伯謂儒家倫理因欠緊張性故不能轉出現代資本主義所需之「工具主義」（自視為工具並視一切為工具，世界非神靈化〔despirited〕，倫理價值平面化，唯一目的是「自主」地聽命先知，成為選民與「工具理性」〔工具義之合理性：禁欲、天職、自律、秩序以及「精審原則」等〕）。這是對的，因韋伯認為由「中古」到「現代」是一種「解咒」，儒家傳統不曾為中國社會提供如西方中古長達一千五百年所累積的宗教符號體系，亦沒有多少離開

21　同註 17，全書結束語，頁 317。別爾加耶夫所反對的極權主義亦是「歷史終結論」。其實極權主義正是西方思維最忠實的變態反映，即韋伯所謂「宗教先知」的革命化變態。

22　同註 14，頁 156-157。

實踐實證的「精神替代物」或「宗教先知」、「革命者」對他們發號施令，故在「共產革命先知」來華之前，「中國人的靈魂從來沒有被一位宗教先知加以革命化」韋伯如是說[23]。……有韋伯信徒今天仍迷信「神 —— 人」緊張性是進入「現代」的唯一道路，不久前仍在北京說：「現在，是否作為先知預言式的火星，正在點燃中國現代化之火呢？」[24]

　　儒家「內在緊張」的人格主義確實長期阻隔了「中國人的靈魂被宗教先知加以革命化」，故中國沒有宗教戰爭，沒有宗教狂熱，甚至沒有「革命」，令崇拜革命的歷史學家憤怒……。儒家在二十世紀的失敗，原因很多。當時一位基督教神學家趙紫宸即痛心疾首，這樣評論所謂「五・四」新文化運動：

> 　　舊倫理拋卻了，連舊倫理的精神也拋棄了。忠孝節義等德行，被進化式的天演學打倒了，連忠孝節義背後的毅力、決心、奮鬥、眼淚、熱血，都淘汰了。（今日）中國人最大的禍害是中國人自己。[25]

　　儒家「兩極歸宗」的人格主義，[26] 既主「體用一如」，今「舊用」不合時宜了，無守者乘機把「體」也給「淘汰」了。這種人格主義徹底開放，有事只會「反求諸己」，「全無遮攔」（唐君毅語），浸至容忍「以西學（唯神論之現代之反動之唯物論）為體，以中學（人格主義）為用」，掏空自己。[27] 趙紫宸在文章裏的意思大概是：與其讓「對治」之所對的

23　同註 14，頁 77。
24　見弗蘭克・弗林：〈韋伯、哈貝馬斯與中國宗教研究〉，此文收入湯一介主編：《中國宗教：過去與現在》（北京：北京大學出版社，1992 年）。
25　引自汪維藩：〈人格與精神的召喚〉，收入湯一介主編《中國宗教：過去與現在》，頁 17。另參閱吳甿《實證與唯心》中〈超政治與政治〉一文。
26　參閱吳甿《實證與唯心》中〈兩極歸宗〉與道德理想主義〉等文。
27　直至最近仍有人宣揚「以西學（物質文明）為體，以中學（精神文明）為用」，借別爾加耶夫的話，就是公然的「人的奴役合法化」。

異化物（所謂「物質文明」）為「體」，不如讓「自主」之超越的異化體「神」為「體」為「主」——如是必須使「體」「用」分離，拉出「神——我」二元論之「緊張性」。趙紫宸將耶穌和中國聖賢並列為「天子」（上帝的兒子），把「上帝」比作儒家的「天」；另一位神學家徐寶謙則「走出這一困境」，通過比較王陽明和耶穌，明確指出兩者的不同：

> 陽明與耶穌，有一點是根本不同的，即所謂自力與他力的問題。（……）世上的人都是罪人，欲求救度，必須有超自然超人的力。人之不能自救，正如人之不能自舉其身一樣。[28]

儒家是「自主」、「自力」，並認為人之自救只需提撕自心，正無需自舉其身。然能否「依體起用」？又「體」被掏空了，「力」被用來自殘自毀了，又當如何？耶教是「他主」、「他力」，然「他主」「他力」仍須通過「自主」「自力」方可現行，雖在現行中亦可漸忘「自主」、「自力」，以至於「忘卻小我」、「自我犧牲」。謝扶雅先生如是說：

> 宗教心白熱化，必定要「自我犧牲」。（……）宗教信仰者把自己奉獻給大宇宙的大靈，忘卻小我。[29]

但宗教狂熱亦可因此而起。狂熱中許多純真孩子正是這樣犧牲的；在「革命先知」的國度，國民都是這樣奉獻的。「先知」和「偽先知」的識別，正所謂道高三尺，魔高一丈。可靠的辦法倒是拒絕一切，信任良心，注意曾經歷史証明的真理，以及驗證自己的判斷力；而判斷

28　引自汪維藩：〈人格與精神的召喚〉，收入湯一介主編：《中國宗教：過去與現在》（北京：北京大學出版社，1992 年），頁 50。
29　同註 28，頁 53。

力之尋獲，在康德是一個謎，在中國思想則涉及工夫論。

　　總之，西方的先知主義，無論「有神論」或「無神論」（無神論的先知主義竊用科學符號而為「現代先知主義」）都看到了中國人格主義的「體 ── 用」之「體」此時已被淘空，成了個「虛無」，「主體」成了「無主」、「無體」，成了個「求助者」、「求救者」；「憂患意識」轉為「驚怖意識」或「苦業意識」。西方先知主義者努力於令中國原來人格主義「工夫所至即是本體」的「兩極歸宗」結構轉為「二元論」的「神（或顛倒為「生產力」、「歷史規律」）── 我」結構。與此同時，南京支那內學院則直說「法相唯識」，歸於境識俱泯、我法二空。熊十力則「誓改造新唯識論，以救其失」，即用證體，即幻證真，即「神無方而易無體」證大易之「乾元性海」，體用一如。但無論今文經學、古文經學，天演論與實用主義，基督教或「唯識論」和「新唯識論」都不能阻止革命……。

八、文化之原罪 ── 道家的批判

　　現在，姑勿論革命先知又如何徹底失敗了，儒家已經暴露了面對「先知主義」的軟弱性，這種軟弱性正來自其人格主義的內在緊張。雖然所有理想人格主義者在現實上經常感受深切的軟弱性，但在儒家，自從孔孟剛陽時代過去以後，這種軟弱性似乎已成為世俗儒者的外顯標誌；又或因回應佛教，終至發展為宋明理學的「剛陰」（牟宗三語）的性格。此後每下愈況。因為吊詭的是，越是理想人格主義者，在「反求諸己」和「體用一如」的緊張中，當其越是自覺為自主者、強者，越是陷入自己所立之法則和道德兩難的自訟中，結果是自我虛耗，失去應有的對外的抗爭力；個人如是，集團亦往往如是。又，一個理想人格主義者，當其自覺為自主者、立法者和終極目的之實踐者時，即令自己和自己所在的世界一俱成為此目的之手段工具；而一旦思及此，人即令自己不能再成為此目的之自然合目的之手段工具，而唯成為破裂者、自我虛耗者、總是緊張者，而終於躊躇不前，無抉擇因而無行動。

　　這是典型的「文化之過」。齊克果說：人類的生活變得越來越輕鬆，精神的存在被現代科技文明系統地簡化、輕鬆化。需要有一個人來把事情再弄得艱難──「我就是這個人。」(《非科學的附筆結語》)中國儒者正不忘把事情時常弄得艱難──他要背負全世界，結果增加了世界的沉重。身為牧師世家之後人，尼采 (Friedrich Nietzsche) 以病軀為觸發點，譴責層積的「文化」沉重到使人類生命日趨懦弱、退化。公共生活模式、普遍價值經常癱瘓人的特殊生命之強度和敏感性。因此，需要一次「虛無主義」：「在我們能找出這些『價值』的真正價值何在之前，必須經驗虛無主義──因此我們需要價值重估。」「只有我才握有真理的標準。我是唯一的裁判者。」他禮頌戴奧尼索斯酒神能忠於生命、依靠直觀返回「本原」，回到「文化之先」；從「愛你的仇敵」返回，學會「愛你自己」；從「跟從先知」返回，學會「跟從自己」，以及──「學會笑」。[30]

　　眾所周知，儒家的聖人孔子原是很能把事情弄得艱難，以至「子釣而不網，弋不射宿」，卻又很能返回「虛無」，「繪事後素」，「吾有知乎哉？無知也。有鄙夫問於我，空空如也。」「毋意，毋必，毋固，毋我。」故很會「笑」，「發憤忘食，樂以忘憂，不知老之將至」；又有見及「文化之過」，而援「質」救之，而曰：「不得中行而與之，必也狂狷乎！狂者進取，狷者有所不為。」「見義不為，無勇也。」指「鄉愿」為「德之賊」，譏規行矩步的所謂「士」為「硜硜然小人哉！」對躲在「德目」後面的人性之劣根性（如躲在「謙卑」後面的懦弱、躲在「寬容」後面的麻木），孔子對之厭惡之情，尼采固有過之而猶不及。尼采呼喚「真正的暴風雨和生命之樹的搖動者」，好一次過掃落那掛在枝頭但早已乾枯、怕死而遲遲不死的無仁硬殼。[31] 聖人孔子則只能救之以「文

30　參閱尼采撰，劉崎譯：《瞧，這個人！》(台北：志文出版社，1969年)，頁24。
31　尼采撰，余鴻榮譯：《查拉圖士特拉如是說》(台北：志文出版社，2001年)，頁67。

質彬彬」（文質相應）、「禮失求諸野」、「以直報怨」、「天地生萬物，聖人應萬事，直而已矣！」古文「德」字，由「惪」、「行」合成，意謂「直心而行」即「德」。而有孟子之「雖千萬人吾往矣」。但「文化」本就不離「異化」，豈能一直到底，但求在曲折中「吾道一以貫之」可也。「宰我問曰：仁者，雖告之曰『井有仁焉』，其從之也？子曰：何為其然也！君子可逝也，不可陷也；可欺也，不可罔也。」還是要「直」。

　　道家（老莊）思想主要乃對着儒家「人文化成」這一大套而發。道家若有「自主性」方面之思想，亦必是針對着儒家的以「合目的性之合理性」為最高原則以構造並調解「目的 —— 手段」之緊張的人格主義這一套而發。儒家認為「人是自主的」這一命題是無容置疑的，並將之置定為其人格主義的基礎；但同時，與「人是注定為文化的」這一命題相結合，成為「目的 —— 手段」結構。如是，人既是最高目的者、自主者，同時即是自然秩序和道德秩序的立法者（反思者），亦因此，人令自己成為實證、實現人依反思判斷力所思之目的秩序、人的自我理想人格之手段工具，並因此成為真正自由自主者。對此，道家深表憂慮。道家看到：人既自覺為最高目的者、自主者，並本其反思判斷力為自然秩序和道德秩序立法，此即令人自身以及自身所在的世界一俱為此目的秩序所決定，而為此目的秩序之手段工具，而俱不能自主、自由。又，人若自覺為自主者、自然世界和人格世界的立法者、目的者，並以成為如此真實存在為目的時，人即令自己及自身所在世界不再能成為此目的之自然合目的的手段工具，而唯進入自我破裂、內訟、罪性，而無用。這種自主性的困難（軟弱性、兩難、吊詭、背反），在真正的道德實踐中，由感受者感受，由承擔者承擔，而最能明察及暴露之者，是道家。

九、道家的雙向排拒 —— 為自主性解咒

　　道家發現此自主性之內在破裂，或曰吊詭，擴大言之，即上文所言，人類精神需要實證自己，成就文化，勢必破裂為「手段者」和「目

的者」，而形成「俱分進化」關係，即目的理想越高，則現實局限感越強、破裂越大；道德意識越強，則自罪感越大，破裂越深。道家發現此破裂，暴露此破裂。道家提出的道路是：以吊詭克服吊詭，以「無」（無為、無名、無我⋯⋯）無去「有」之實在論的「為是而有畛（界限）」，「有左、有右，有倫、有義、有分、有辯，有競、有爭」；而須「為道日損，損之又損」，向後返回到破裂之先、「文化」之始，同時亦即人與萬物一齊返回歸根復命之地，「無名天地之始，有名萬物之母」。而莊子〈齊物論〉則即此八畛而言「此之謂八德」。「致虛極，守靜篤，萬物竝作，吾以觀復。夫物芸芸，各復歸其根；歸根曰靜，是謂復命；復命曰常，知常曰明。」（老子）此即經歷一次尼采所謂「虛無主義」（空靈主義），再重新開「始」或不開「始」，「為」或「無為」或「無為而無不為」。如此看似後退，卻是最後取回「自主權」的唯一途徑 —— 因為如上文所論，人所自以為擁有的自主性，其實早落在其所在文化層積成的特定關係格局裏，如「主 —— 奴」關係、「群 —— 我」關係、「主 —— 客」關係、「目的 —— 手段」關係等等，所謂「自主」早已「不由自主」了，只是似尚有在格局裏「選擇」為「主」為「奴」（或「成為主人」、「拒絕為奴」等等）之「自由」，而似在自主中。但真正的自主性卻要問：「我為何須在此特定之格套中？」「我為何須在各種不同之文化格套中／我為何需要格套？」「我為何需要自主（如抉擇）來顯示自主性？」「我為何有我而有自主性之問，以及由此問而逼現的緊張和吊詭？」

　　道家要掙脫的，不僅僅是外在權威、有形無形的桎梏，道家更要無去所有既成之格套，無去各種意義結構，以至一切既成之「文化」予我們的「見聞熏習」；這很徹底了，但道家不止於此。道家固要無去種種「有」（包括「有」「無」之有），以至無去「無 —— 有」之局，無去構作「無 —— 有」之局的「構作」，無去構作「無 —— 有」之局的「構作的我」，如是，物我兩忘，歸向一「即活動即不存在」的「超越的還原論」的「無」（「無名天地之始；有名萬物之母」之「無」）但重要的是，道家不是無窮後返的「超越的還原論」者，相反，道家的「超越的還原」

在開展時不忘辯證地引入「無去這亟亟要無去甚麼之『無』」之原則，即「超越超越的還原」原則，而為「無無」，「超越的還原之超越」辯證地指向回歸當下之「純粹在」——「純粹我／無我之我與直接在場、given 和不在場」，而為「在自己之在的歸復」。「絕對之無的歸復」即「純粹意識／純粹我／無我之我之歸復」，亦即『『無以全有』之『無』與『全有』之歸復」。此「超越的還原」與「絕對存在的辯證的歸復」意謂同時排拒（超越／無）任何形而下學和形而上學；既排拒一切已成之知識成見、知識格準、意義結構所成的「見聞熏習」之形而下學及其產品，同時排拒任何離開「當下之在」而向上翻或向後翻的形而上學及其態度。 亦因此，這「當下之純粹在」（「空靈」）含藏一切可能性，獲得「絕對存有之全」。經過這雙向排拒（超越／無），「故常無欲以觀其妙，常有欲以觀其徼；此兩者同出而異名，同謂之玄；玄之又玄，眾妙之門。」這當下的「純粹在」成為一切「可能、必然、實然」、「真、善、美、利、信」、「科學、宗教、道德、藝術、哲學」，概言之一切「文化」之根源的始發土和終結地。這「當下純粹在」、「空靈」是人類精神之故鄉 —— 道家本來因此可以在哲學上宣告徹底取得真正的「自主性」。這是經歷一次尼采所云之「虛無主義」，掙脫任何文化格套，洗刷「理性的原罪」，還原至「絕對之無」，從零開始尋找存在、摸索方向、反思其可能之理想目的，通過每次「否定」（「無」）以顯示意志與「自主性」；然道家更返回來，超越任何實際目的、方向、存在，以至於否定意志，成為無目的、無向、即活動即不存在，成為「無意志／忘我／失神」。道家因此到達「自主性之後」，而為「無措／無為／無擇／無執／自然任獨」，而根本捨棄了「自主性」。說到底，道家從未對人的「自主」「有為」表示過樂觀。道家的自主性因此只可說為「超自主之自主性」，或直說為「捨棄自主之自主性」—— 但亦正因此，道家遂真的開啟了通往自由自主性之門。

十、歸復與開啟 ——「虛靈心」的發現

　　道家的雙向排拒，以「判斷力」哲學說之，即可說為既捨棄「決定性的判斷」（由「知性」所供給的普遍性之超越法則對具體特殊者作判斷，將之隸屬於普遍者之下）又捨棄「反思判斷」（由一一具體特殊者，而反思一普遍原則以期能統一各特殊者於此超越原則之下。即「被迫使從自然中之特殊者上昇到普遍者」這樣的反省判斷。）[32] 由對形而上學和形而下學的雙向排拒，同時中止「決定性判斷」和「反思判斷」，人與人所在的世界中的一切「有」遂還復為「未被決定」、亦「未被反思」的「未始之在」、「在其自己的在」，亦即「絕對的無」。亦正因此，道家遂真正「守護／開啟」了通往各種可能存在之「存在之門」——「道」，同時也就「開啟守護」了通往真正自由的「自主性之門」——「道」。「道」者，通兩頭也；「門」者，中空也。故「道」只是虛空、開放、排除堵塞、「不禁其性，不塞其源」（王弼語）、「無」、「門」。

　　道家的這種意義的「歸復」與「開啟」，可從道家與其他意義世界之關聯得而觀之，圖示如下：

32　關於「決定性判斷」和「反思判斷」，參閱康德撰，牟宗三譯註：《判斷力之批判》，〈引論〉（台北：台灣學生書局，1992 年）。以及吳甿：《玄理與性理》之〈自然目的論與有、無、玄〉（香港：經要文化出版有限公司，2002 年）等文。

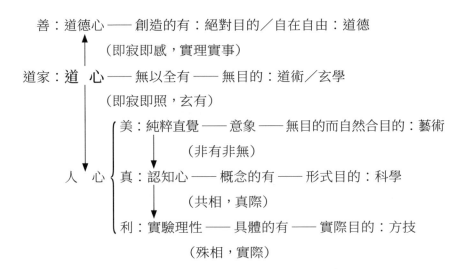

善：道德心 —— 創造的有：絕對目的／自在自由：道德

　　　　（即寂即感，實理實事）

道家：**道　心** —— 無以全有 —— 無目的：道術／玄學

　　　　（即寂即照，玄有）

人　心 ⎰ 美：純粹直覺 —— 意象 —— 無目的而自然合目的：藝術

　　　　　　（非有非無）

　　　　真：認知心 —— 概念的有 —— 形式目的：科學

　　　　　　（共相，真際）

　　　　利：**實驗理性** —— 具體的有 —— 實際目的：方技

　　　　　　（殊相，實際）

　　（圖中無標示「宗教」之位置，因本人認為：宗教是人類為安身立命，以終極化和絕對化的方式說明人類各種活動，如倫理、哲學、學術、藝術、科學、方技，等等之元始要終，並關聯之於人身，而成之內信外仰；亦因此，宗教可有不同之入路和特殊性，而有不同型態之宗教，但必涉及終極問題之關懷則一。）

　　由圖所示，道家的「歸復」，只意謂：層層剝落撥去那遮蔽存在的一切「有」，以透現、歸復「終極的有 —— 絕對之無」，此即唯「道心（虛靈心）」之在其自己、即活動即存在即不存在；而這亦就同時「開啟」了通往一切可能存在、文化性存在，以及歸根復命、守母待子之根源的自主性之門 —— 道。以有「道心」故，一切法得全。

十一、「無主體性之主體」與「美的自由」

　　十多年前，應同學請求寫〈道家的自由主體〉講義兩頁，作授課用，同學欲刊之於校刊，未允，以當時我已另有更成熟的表述。然今重找出附錄於此，是此講義突顯道家捨棄主體性、放棄立法和自主，卻無意地跌入「美的自由」之藝術境界，而為一藝術精神的我 —— 撤

消我性後剩餘之「我之剩餘 —— 純粹直覺」。此說可與上文所言互補，而用語稍異，或因此可令我們頓生陌生感而擺脫沉悶。原稿如下：

道家的自由主體與藝術世界

儒家之仁道是正面承擔憂患，由仁心自主自發決定自己行為的律令，並自願自動遵從此律令而實踐之，在道德實踐中體現人的主體自由與人格之自我創造。而天地萬物亦在人的主體自由之實現與人格之自我創造中，得實現及完成其為天地萬物之意義與價值，而與人的創造活動合一。此即孟子所言「盡心知性知天」，《中庸》所謂「唯天下至誠為能盡其性，能盡其性，則能盡人之性；能盡人之性，則能盡物之性，能盡物之性；則可以贊天地之化育；可以贊天地之化育，則可以與天地參」。在這中間，儒家對於罪惡與負價值並非沒有認識，而是堅信一切罪惡與負價值因其為罪惡與負價值故，而必起於私欲，必歸於私私相剋、互相否定、互相抵銷，而最終不存在。一切正價值之真美善因其為正價值故，必起於公心，而必相輔相成，即活動即存在，而歸於永恆。

道家則認為若正面承擔憂患，勢必舊患去而新患至，新患或更劇於舊患，因世事多在兩難之局中，禍福難料，是非難定，妄作判斷（「執」）並視一己之判斷為真理（「執執」），只徒增紛擾，更添人為之罪惡。

道家捨棄主體性，放棄立法和自主，卻無意地跌入「美的自由」之藝術境界，而為一藝術精神的我（無我之我）—— 撤消我性後剩餘之「我之剩餘／純粹直覺」。

無論一事實判斷，或一道德判斷，依道家之意，皆不能離開一主體（心）之執着。對事實之判斷，判斷者即須執着時空、範疇等認知之形式網，對對象物加以「決

定」——支割、分解，使對象物靜定化、量化、抽象化為一堆量概念。但真正的對象物卻永在流邅之中、在具體的無限雜多中，而由 P 變為 ~P。不僅如此，作判斷之認知主體自身亦永在與周圍的情境之交感互攝中、永在流邅之中，亦永在自己之知情意之交感互攝之具體存在中。故任何一事實之判斷，皆不能不是一「執」。同理，一道德判斷，若將之知識化、命題化，亦難免同病。故任何道德名目出現，其後「同類」之道德行為即彷若失去自由義、自律義、自主義，而似是被決定者。此遂反激成自由者不屑顧，而他企者所喜執。莊子遂嘆曰：「小人則以身殉利，士則以身殉名，大夫則以身殉家，聖人則以身殉天下。故此數子者，事業不同，名聲異號，其於傷性，以身為殉，一也。」（〈駢姆篇〉）道德異化、工具化之最可慮者，是道德或將因此成為反道德的目的的工具，而「正復為奇、善復為妖」（老子），愚者「道德狂熱」，詭辯者「盜亦有道」，「道」成了「盜」行惡之利器，以控御驅迫道德心靈為罪惡效勞，對深感道德兩難之困擾者，其控御力越大。故道家提出「無名」、「無為」，以超道德、越名教，還復自由自然，成為道德的守護之神。內可去偽葆真，外可抗拒奴役和意識型態之災害肆虐。

此外，玄學家喜言「棄仁而後仁德厚，絕聖而後聖功全」、「無以全有」；對於知識問題，玄學道家主張「棄智」以解放智；對於道德問題，道家主張「絕聖」以解放仁，此即宣佈暫時放棄人作為「知性為自然立法」、「實踐理性為道德立法」之雙重立法者身分，面對此幢幢往來之紛擾世界，退讓一步，保持一心理距離，以超然靜觀態度自處；如此，人的精神，遂從「外在世界之牽引」與「主體立法活動之牽引」之雙重制約——包括生命本能之制約、

概念意識（類意識）、器用意識、經濟意識之制約，以及
氣質之偏好、道德義務之責任——中解放，而俱得自由；
天地萬物亦得從人之多重立法活動中解放，而得自由。是
之謂：「物我兩忘」、「魚相忘於江海，人相忘於道術」。一
切仁德聖功亦因此而得純粹化和解放。

　　康德曰：「一個自然欲望的對象，和一個由理性律令
加諸我們的對象，都不能讓我們有自由去形成一個愉快
的對象。」道家既無去自然欲望和理性律令，則道家之世
界，是一愉悅的「美的自由」的世界，而「無我之我」即叔
本華所謂「純粹的、無意志、無痛苦、無時間的純粹智的
主體」。在超越/剝落各種文化世界之後，道家意外地進
入藝術世界——美的自由境界。這裏，有人類精神的棲
息地。

（寫於 2005 年，收入楊國榮、温帶維主編之《中國文明與自主之
道》〔香港：匯智出版有限公司，2008 年 1 月初版〕。）

第二章

目的與體性

── 從人學體性學看牟宗三對康德「物自身」思想之發展

一、引言：哲學的艱難

哲學的艱難，在為人類思想樹立典範，突顯一貫性和系統性，但又須避免思想因系統性、一貫性而自行被系統地簡化、平面化，因而繁瑣化；人類精神亦因尋求思想而思想（概念）化，自囚於概念自律，喪失創造的熱情，喪失證現存在的智慧以及精神自證自明、自我光復的決心。

哲學的艱難，既要維護人類精神的實存與自由，證示精神的作用、精神如何在創造中證現自己、擁有自己，但又須為人類精神指引一條理性的光照明的道路，確保精神通向存在、成為存在，為此維護生命、維護精神、維護存在，而不是否定精神、誹謗生命，將人類拖向唯物虛無之域。哲學因此不能不選擇在思想中、在言說中辯以示之，而不能只是交給歷史，太陽下山，思想才起飛。亦因此哲學不得不返回去而問：何謂精神？何謂存在與自由？何謂意義、目的？何謂言說？最

後，哲學在顛覆者面前還須回答：哲學能知甚麼？哲學應該做甚麼？哲學可希望甚麼？哲學是甚麼？

　　哲學的艱難，在剛剛過去的二十世紀表露無遺。這一百年，是哲學最被高揚和凌辱，神聖化和魔化，實用化和無用化，最思辨和最行動，最堅持和最無恥，上十字架和飛蛾撲火，最利用哲學而最反哲學的時代。這種情形，又以在中國發生的為最，以集團的方式來表現「言偽而辯，行僻而堅，記醜而博，心達而險」。牟宗三先生為《唐君毅全集》寫序，總說之曰：「時代之症結是自由與奴役之爭，是文化意識之沉落。人類一方面陷於物質文明之痴迷中而放縱恣肆，一方面即有陷於嫉恨之邪妄之中而期毀之者，此一帶有普遍性之纏夾源於西方而倒映於中國，如是中國遂不幸而落於嫉恨心特重之徒之手中，而成為一大屠場。」[1] 以哲學的名義，在中國肇此惡端或推波助瀾者，不能逃其責。由是觀之，哲學的艱難，尤表現在哲學人的良知與判斷力。[2]

　　中國是孔子的故鄉，是中國人的故鄉，不是馬克思們的故鄉。在中國土地上，講孔子的道理、中國人的道理，偶爾連帶批評馬克思那一套，當該不算是對中國人民冒犯、不禮貌。今天，本人很慶幸在這裏與大家一齊有這種體會。

二、發展康德哲學之三種可能的型態

　　若說西方哲學的傳統中心課題是論證存有，「為存有而奮鬥 Struggle for Being！」則中國哲學的傳統中心課題是論證生命，為生命的存在意義而奮鬥。論證存有可以漠視生命，最後存有亦失去實證；

1　牟宗三撰：〈《唐君毅全集》序〉，收入《唐君毅全集》第一卷（台北：台灣學生書局，1984 年），頁 5。

2　2002 年台北「第六屆當代新儒學國際學術會議」閉幕式上，本人曾以〈哲學的良知與判斷力〉為題，為座談會作引言。本人甚珍惜此題目。

論證生命則不可不正視存在，最後亦可以困在存在的夾纏中。這是中西哲學長久遺留下來的各自的難，亦是今日中西哲學會通，牟先生常說的，要衝激出新的浪花，那個產生新浪花的衝激點。

先從康德說起。康德在第一批判《純粹理性批判》遺留一個物自身，在第二批判《實踐理性批判》遺留一個自由意志，在第三批判《判斷力批判》遺留一個合目的性原則。在我看來，這三個問題，恰正是生命心三種能力：思想力、意志力、判斷力，所分別對應的超越對象／原則，經康德依其超越的反省和分析方法，到最後不能證成而遺留下來的問題。以現今流行的現象學說法，是超越的分解的剩餘，或曰超越的還原的剩餘。剩餘而有三，說明康德哲學方法的限制 —— 自我限制，但康德原意是以第三批判的合目的性原則統一存在（現象與物自身）與自由意志。如是，目的性的證立可以是康德為他的哲學系統所作的最後抉擇。康德的抉擇同時讓我們為康德設想其他二個抉擇：一是以存在（現象與物自身）統一自由意志與目的性，一是以自由意志統一存在（現象與物自身）與目的性。換言之，康德哲學的接着說，可以發展出三種型態：

一、以合目的性原則統一存在（現象與物自身）與自由意志；
二、以自由意志統一存在（現象與物自身）與目的；
三、以存在（現象與物自身）統一自由與目的。

（一）以合目的性原則統一存在（現象與物自身）與自由意志

以合目的性原則統一存在（現象與物自身）與自由意志，此本為康德《判斷力之批判》所選擇的型態，但康德一再表明，由人的反思判斷力提出的合目的性原則，只是一主觀性原則，是反思判斷力「給予於反思判斷力自身」之原則，然則此原則以運用於審美判斷為恰當（為限），若運用於萬物而為其存在之理，則成為神學的。神學的固不論，審美的雖亦有其主觀的普遍性和必然性，但依康德，反思判斷力本身在人身上發生卻無普遍性、必然性，且不可學不可教。康德以審美判

斷統一存在界與自由界，牟先生認為「雖可言之成理，然而總覺迂曲疏隔而不顯豁，穿鑿強探而不自然。」[3] 由審美之愉悅而發現合目的性原則（康德謂必須是先有合目的性之判斷，其後伴隨之以愉悅之情），由合目的性原則統一自然與自由，牟先生認為這樣理解審美太偏重於知性，對審美的負擔亦太大：「這樣講的主觀合目的性，赤裸的合目的性之形式，究竟於審美有多少相干實不能無疑。把審美判斷關涉於諸表象力（縱使是自由遊戲的表象力）間的諧和一致，這不但與審美無甚麼關係，反而沖淡了審美。知性究竟有多少顯豁的作用於審美，這不能無疑。審美而須以此種諧和一致之心靈狀態以為其主觀條件，這實在太穿鑿而迂曲，亦太學究氣。」[4]

　　牟先生這批判對這裏的問題的意義是：即使如康德所云，在審美活動中，反思判斷力為一具體對象反思一目的性，亦即把一目的性原則給予反思判斷力自己以去判斷任一審美對象，當發現此對象之形相無需其他緣由而直接符合其自身之目的，如是生一愉悅之感，即美感，美即美感；康德這番美學說辭亦無助於目的性之證立。因康德如此說美的愉悅實將美掛搭於合目的性判斷成立之後，而所謂「合目的性原則」乃為一主觀的超越的而非決定性之原則，乃反思判斷力自我範導之原則。康德自己甚自覺並堅持此前後次序的原則，以嚴格區分美於其他愉快。但康德自己有時卻又故意顛倒「愉悅之情」與「合目的的」發生的前後，如「我們只由於對象之表象直接地被伴偶以愉快之情之故，我們始把『合目的的』這個形容詞應用於對象上」云云。[5] 則似先有愉悅之情，再有「合目的的」之對象之判斷。此實違反康德對美的愉悅的本質的分析，或正透露康德思想之搖擺。而目的性正有待審美活動來逼現，如是成為循環。（或者康德這句意思只是：「我們只由於

3　見牟宗三：〈以合目的性之原則為審美判斷力之超越的原則之疑竇與商榷〉，康德撰，牟宗三譯註：《判斷力之批判》上冊（台北：台灣學生書局，1992 年），頁 43。
4　同上註，頁 51。
5　同註 3，頁 142。

對象之表象（在反思判斷中）直接地被伴偶以愉快之情之故，我們始把『天意地合目的的』這類詞語應用於對象之上。」若此則沒有上述的問題。）

　　要言之，康德最後以合目的性原則統一存在與自由，依本人之見，可以是一大洞見。若比之以中國哲學，則有似由孟子學而發展到易傳、中庸，再回歸孔子；但康德以審美判斷來逆顯此合目的性原則，在方法上卻有似道家 —— 非謂道家以審美判斷來逆顯目的性原則，相反，道家是「為道日損，損之又損，以至於無為，無為而無不為」。無為者，無目的也。無為而無不為者，無目的而無不合目的也。以掃蕩一切人為目的，萬物歸於自適自然合目的；人亦從目的之立法者身分中自我解放而自適自然合目的。此是目的性原則之還原的運用，以特殊的、人為目的之撤消、「無」，歸於無目的、自然，自然而然即是目的，自在自然即是存在與自由之統一，即美的自由和美的存在之「天地有大美而不言」。康德則由無目的無功利的美的概念的本質分析，嘗試逼現一自然合目的性原則，以溝通存在與自由；但所有的環節，都是主觀境界論的，都涉及目的性之「有 —— 無 —— 玄」之辯證（以及超越辯證，歸於直觀。此則康德不能說），若此則與道家特別是魏晉玄學相通。康德這部分的工作，一如他在第一批判、第二批判所表現的，偏於靜態的分析。故他在此部所欲證立的目的性，亦偏於為「靜態或結構的目的性」（Static or Structural Finality），一如「物自身」之偏於為靜態的「物之在其自己」，「自由意志」之偏於為結構的「道德之為道德之必須的預設」。在目的論方面繼承和發展康德的，其實是黑格爾。黑格爾把康德的「大自然以人為目的，人以成為道德者（自由）為目的」，轉為「人與人的歷史以精神之實現為目的；精神之要求實現本身轉為歷史之動力與工具，而歷史以精神之終極實現為目的」。康德遺留的三個問題、物自身、自由意志、目的性，通統放在人類精神之辯證開顯中，讓歷史去綜合，而歷史以精神自我實現為自由為目的。

（二）以自由意志統一存在（現象與物自身）與目的

只需將意志自由視為心性之體性，則以自由意志統一存在（存在指現象與物自身與目的，此思路原在中國獨盛，而不亞於以合目的性原則統一存在與自由，由孟子盡心知性知天之心學，直至宋明諸子性理之學（所謂「道德的形上學」）的建立。但這一思路往往對知性之作用於經驗之獨立性未有足夠正視，未予以獨立的安放。牟先生的「自由無限心的自我坎陷」說，正為補此。康德的道德哲學算是最接近中國心學，但康德只是徹法源底，說「自由」是全部觀念建築的拱心石，在系統內不可以質疑，但亦不可以實證，而成為困難。[6] 康德選擇把自由意志留作智思物，而不是一實在實現之心性機能。就此型態之以主體心靈機能為統一原則而言，唐君毅哲學本來可以是當代最大代表，但唐先生把心靈機能直接放到文化意識與道德理性中，放到由心靈機能與其所遇物合為之境界中（如《生命存在與心靈境界》、《道德自我之建立》所示），而為動態的和自我實現的境界存在主義，而與康德哲學框架所成的偏於靜態的結構之分析型態，雖說以自由意志（在唐先生則是「感通心」）為統一原則，卻大有不同。此大不同正以康德之自由意志只是一智思物，而唐先生之感通心是一存在的實感實存。故一般論者都很少由康德而想到唐先生，而一定想到的是牟先生。牟先生固然是心學的、是理學的，並且是道德的理想主義的，自由意志不僅是哲學建構的拱心石，且是生命的原則、存在之理、目的之所。牟先生那句體性學名言「即存在即活動」最能講出此型態之特質。但牟先生用心最多，並留下專論專著的，似是另一型態，此即第三型態。

（三）以存在（現象與物自身）統一自由與目的

追問何為存在和最後存在，本來是西方哲學中心論題，到康德予

6　參閱康德著，牟宗三譯註：《康德的道德哲學》（台北：台灣學生書局，1982 年），頁 127-128、165-166。

以拆開，而為：或依人的感觸直覺和認識方式呈現為存在 —— 現象，或獨立離開人的認識能力而存在 —— 物自身。[7] 現象之為現象，沒有甚麼問題；說有離開人的認識能力而獨立存在之物自身，常識地想沒有甚麼問題，批判地想有很多問題。再者，若以存在（現象與物自身）來統一自由與目的，然則自由與目的如何在存在上安放，是在現象上安放，或在物自身上安放？或正要在現象與物自身之統一與區分中安放？這原不是康德本意要如此處理的問題、不是康德選擇的型態，或根本在康德批判時期從沒有意識到會如此綜合而發生的問題，這是牟先生觸發的問題。雖然，自從康德在認識論上的哥白尼革命而又保留物自身，即聚訟不已：居然有一決定離開人的認識而仍可云存在者？但牟先生不僅不要求取消物自身，更要證成物自身，證成現象與物自身之區分，這到底是要達成怎樣的哲學奮鬥？

或說這只是牟先生偶然讀到海德格的《康德與形上學問題》以及《形上學引論》兩書，看到海德格把他所謂的「基本存有論」放在康德的「內在形上學」（immanent metaphysics）範圍內來講，亦即把存有論置於時間所籠罩的範圍內。牟先生指這樣講存有論是形上學之誤置，[8] 遂發心寫《智的直覺與中國哲學》，順康德「超絕的形上學」（transcendent metaphysics）之領域開「道德的形上學」，完成康德所欲而未真能充分建立起者。如是特重物自身此觀念之疏導。牟先生自況：「這是調適上遂的疏導，不是割截而下委，輾轉糾纏於時間範圍內，以講那虛名無實的存有論，如海德格之所為。存在的入路是可取的，但現象學的方法則不相應。」[9] 是見牟先生特重甚有存有論意味之物自身一觀念，並非因為受存在主義之刺激。牟先生在大學時期寫的第一部著作就是寫周易，講存在秩序和存在秩序之道德涵

---

7 參閱康德著，牟宗三譯註：《純粹理性之批判》上冊（台北：台灣學生書局，1983年），頁 495。

8 見牟宗三：《智的直覺與中國哲學》，〈序〉（台北：台灣學生書局，1971 年），頁 4。

9 同上註，頁 7。

義，亦即後來說的「道德的形上學」，即由道德證成的本體宇宙論、目的論。

三、物自身與精神存在的迴旋

就我所讀西方近代哲學，把存有論放到時間所籠罩的範圍內來講，非自海德格始，亦非自齊克果、尼采始（齊克果、尼采均對海德格有決定性的影響），乃自黑格爾始。但黑格爾不將「存有」作為其哲學之中心觀念，黑格爾哲學的中心觀念是精神和精神如何表現自己。

精神一名，在中國哲學成為中心觀念要早得多。莊子即始創者，其後之列子，抱朴子等道家續說之，至魏晉玄學、文學則大暢。[10] 精神固是在時間籠罩的範圍之外、獨立於氣化層以外的實在，但精神以其為精神故，不是一個死有，精神必須在存在中表現並認識自己，這精神在存在中表現和認識自己遂成為精神現象、成為精神歷程。精神通過氣化之辯證開顯以示精神存在，這則不能不在時間中講。

康德的智思界的上帝存在、靈魂、自由意志，既云智思界，其實即是人的精神之自覺的對其自己；而世界存在、肉身、道德法則，則是人的精神的對其自己之上帝、靈魂、自由意志之下貫的再對其自己。「反者道之動」之「道」，即精神存在之道。精神通過對其自己以自我認識、自我實現，如是步步否定、步步開顯、步步歸復，步步實現即步步超越。因此沒有存有，只有存在的否定與否定之否定之存有。如是只有精神活動與精神活動所成之迹象。精神活動所成之現象永為已成之過去，而精神活動自身則永為未成之未來（目的）與已成之過去之連接並不斷迴旋自我選擇連接點，且瞬即成為過去。所成唯是「歷史」，而歷史只能是精神迹象史。這是走精神哲學之路而終結於歷史哲學，

10　參閱吳甿撰：《實證與唯心》（香港：經要文化出版有限公司，2001 年）、《玄理與性理》（香港：經要文化出版有限公司，2002 年）有關論文。

與康德提物自身而重客觀之原意，可謂正相對反。物自身若謂為物之在其自己，則不可知、不可說。但既已謂之曰物自身，則已為精神之所對所思所想 —— 思想凡有一存在，皆有其超越人的感觸直覺之知的一面（康德原義，靜態消極義），亦必有其如此現而為在之存在之本來面相，或存在之理（康德可能有的原義，牟先生綜合前義與本義而欲極成之、證成之之積極義、形而上義），必有其如此存在之內具目的、意義和終始條理（本人近年所思而欲帶入之「趨向目的」、「成為自己」義）。而一旦有如是種種之物自身之思，其實已是人的精神之躍起，反思一一存在，包括反思人之「人自身」（人之「真我」、「本我」、「原我」、「靈魂」、「自由意志」……）、人的精神自己，自我反觀而有之思，而證精神自己之有，佛教所謂「自證分」、「證自證分」。

　　換言之，精神躍起，將「我」之所對名曰「世界」，與「我」二分，與原初精神並立則為三；徹法原底，原是精神與精神之躍起，而精神之為精神原是必須躍起自成為精神，故精神與精神之躍起是一，但既躍起即為二，有其所對則為三。莊子說「一與言為二，二與一為三。自此以往，巧曆不能書。」（〈齊物論〉）巧曆不能書者，精神自我限制（自我坎陷）為知性，為立法者，統御感性和感性與料，建立經驗知識世界，而動之愈出，無有窮盡，巧曆不能盡書。但在經驗世界只會發現外在目的和工具意義，不能發現終極目的終極意義。精神於是從成為知性向自然現象立法之活動方向後返，撤回時空直覺、先驗範疇等等認知網，歸於精神之在其自己，無思無為、寂然不動；萬物亦從人的立法活動中解放而歸於自然任獨；現象還原為純粹現象，意識還原為純粹意識，無因無果，無目的手段，不生不滅，不常不斷，不一不異，不來不去，一切歸於如是如是。則外在目的、功利意識固脫落，而精神之體性亦歸寂，萬物亦如無本無體之空如，無方向、無目的、無意義，而宛若以此無意義、無方向、無目的為終極意義、終極目的。道家言「無」，玄學談「玄」，佛教般若學言「空」，於此暢發甚多。然精神經歷虛無，淨化自己，再次躍起成為精神，成為意志，成為感通，成為

主體（主體即本體），一觸即發，「寂然不動，感而遂通天下之故」，是儒家的縱貫的、十字打開的、活動的實體論和動態的、結構的目的論之大綜合系統，證寂證照證如，證感證悲證仁，盡心知性知天。

　　以儒家系統說之，康德的物自身、自由意志、目的性即可統一於「精神生命」一義。「精神生命之在其自己」即物自身，此則生命是體、是寂、是如、是一；「精神生命之對其自己」即精神意志，此則生命是感、是動，是通、是多。物自身破裂為存在與目的，自由意志要求統御存在、轉動存在以趨向終極目的，歷史由是誕生；「生命之在並對其自己」即目的王國之元首，生命精神以自己為目的，亦即以成為自由自律為目的而無目的，參贊天地之化育，「乾道變化，各正性命」而自由自然合目的，而為存在之為物自身，存在之為自由，存在之為目的，「即三而一、即一而三」之存在的迴旋。既不是宗教神學（如耶教），亦不是歷史神學（如黑格爾），不是自然主義（如斯賓諾莎），不是唯意志論（如尼采），不是現象學（如胡塞爾），不是存在主義（如海德格、沙特），不是唯用論（如詹姆斯・杜威），不是實在論或唯名論（若某些邏輯實在論）……，而唯是活動的實踐實證的道德目的論，或曰實證唯心論。

四、從人學體性學重構物自身問題

　　二十世紀興起的現象學，在某義上可說是要擱置／告別所有存有論問題，而首要告別的，是康德的物自身。或正相反，現象學的出現，根本由於物自身一概念的啟發。

　　物自身概念在康德主要是一消極性概念，指謂人的感知所表象之現象其不為人所知之另一面，即物之在其自己。嚴格說來，既謂為非人之所能知，則不宜對之有任何言說。是見物自身在康德原意是一消極概念，所指的其實是人的感知能力的限制性。人只能以人特殊的感觸直覺覺知一對象以表象之為現象，則自當有獨立離開人的有限感知

能力（若佛教唯識學所說之八識）之物之在其自己，永不為人所知。如是康德同時啟動了相反兩個方向之物自身思想：

一是將物自身積極化為一形上學的存有概念，不僅是現象之後設、支持者，「超感觸的基體」（第三批判）；且是超越的存在之理、創生原則或內在目的。一是將物自身以原來的消極義而予以取消，認為根本無意義、失指，至不可理解；然則康德哲學只剩下現象世界一層，另加幾個智思物（上帝、靈魂、自由意志），即所謂「經驗的實在論」和「超越的觀念論」。

康德的意思，上帝創造世界原是創造物自身，到人以人的特殊感知方式與之發生關係，方把物自身世界一一看成現象；如此的現象只對如斯的人類有效，以至如此的科學知識只對如斯知性的人類有效，而物自身卻是上帝創造的世界原樣，原初真相之所在。問題是若是上帝創造物自身（包括「人的『物自身』」），上帝給了物自身怎樣的體／體性？康德自己並沒有這樣發展他的洞見，他只是繼續他的批判哲學。本文願意詮釋康德的洞見，謂康德在第二批判通過辯證道德如何可能而在「人的『物自身』」中發現自由意志，亦即發現人之所以為人之在其自己之本體本性中，有性分之不容已的超越一切經驗世界及其法則的異質的「理性的事實」── 衝破已成的現實世界的決定性，讓你的存在的自由行為，成為世界秩序中相關的自然因果串系的第一因：亦即上帝創造「人的『物自身』」時給了「人的在其自己」以「超越性」和「創造性」為其體性。但康德隨即又把物自身、自由意志之存有論說明，交給認識能力，屬於「人能知道甚麼？」之問題，而人只有感觸直覺、無智的直覺；物自身、自由意志，以至靈魂、上帝，屬於超驗界，故「人有自由意志」此一綜合命題無從實證。最後把物自身、自由意志撥歸智思界，與上帝、靈魂同為智思物。牟先生於此有充分論證，詳述見下文。在第三批判，康德通過辯證美（美感）如何可能而在「一物之在其自己」（物自身）與表現為「現象」，這「存在之幾」中，發現「合目的性」，此合目的性究竟是物物之為現象之如此如此符合其物

自身乎？或符合其存在之在其自己之目的性乎？抑是人之感性參與呈現萬物而為現象，此參與活動本身之如此如此符合人之感性與人之在其自己之體性之相應性一致性之生態乎？或一現象之為如此其形式直接符合人的自由體性，亦即人的內在目的性？康德的思想本身依違於多種選擇，但他有一條底線很明確，就是限定合目的性原則只是一主觀的超越性原則。本文今暫擱置康德的限定，就着康德自己的思想發展，由第一批判的物自身，到第二批判的自由意志，到第三批判的合目的性原則，有意無意地，是消極義的物自身概念的漸漸消失，積極義而隱藏着自由意志、目的性的物自身概念在自由意志、目的性遮蔽下躍動。依辯證開顯以綜合之，即有本文上節所說之三型態而歸於為一精神生命之開合：寂然不動 —— 物自身，感而遂通天下 —— 自由意志，先天而天弗違、後天而奉天時 —— 合目的性。

這個對康德的發展不必為康德所接受，或說康德還是以不接受為宜。讀康德的人都知道，康德不會不為神預留理論空間，而我們的這個發展是精神生命的開合和徹上徹下：上帝固是超絕於一切可經驗領域和在時間之外，但上帝豈不正因此而須內在於人的意義世界中被思為在世界和時間之外？以至自由意志、靈魂，其為自由意志、靈魂，亦正是精神生命開合、徹上徹下，並依理性之軌約原則用思到底，以二律背反故，而不能到底，不能窮盡，乃中止並懸置之為自由意志、靈魂不滅、上帝存在，以及消極義之物自身，使我們一方可免於無窮後退，一方可對世界和人的存在有理性的和系統性的說明。此則消極義之物自身之為消極義物自身，亦須積極義之物自身為其意義和存在的根源之說明 —— 與自由意志、靈魂不滅、上帝存在一併收攝為人的精神生命之在其自己、對其自己、在並對其自己之開合開顯生命自己、成為生命自己的其中各個意義環節。本人近年寫文，便都在這個方向上用思。即把康德的「現象與物自身」問題，收放到中國哲學的生命學之問題方式中，重構重演，以比較亦就會通中西哲學。此固受牟先生特重康德此洞見所影響，亦緣於早年寫有關魏晉玄學的論文，對中國

哲學用思方式經玄學對方法學的自覺，有甚深體會，那真是徹底生命
學的、人學的、唯心的、實證相應的；無論才性論之人物品評如何由
形相現象而返抵人格本質之蘊，由當前而知過去未來：或方法論之「言
意之辨」之辯可說、不可說，可說有待於不可說，不可說亦須可說辯
示其為不可說，而終源自言說者精神活動之方向及由之所選擇的言說
取向；或玄學家之貴無、崇有、獨化；般若學六家七宗和僧肇四論之
證空證幻證化；所辯所示，其實都是精神生命的開合，自照與他照、
自白與對白，雖是主體的獨我的而其中有普遍性、有必然性。[11]

　　帶着康德遺留的問題，重檢玄學方法，你會發現，隨着對魏晉思
想之批判性解讀，作為對經驗知識的限制的物自身概念，先是在漢魏
才性論（才性四本）作消極義地到處閃現，逐漸轉為精神生命之在其自
己；到玄理論（易、老、莊三玄），則轉為道家玄學義之「無」。「聖人
體無」，「無」成為玄學攝體歸用，即用歸化；即化言體的體性論之體。
亦即道家義之物自身（還原論地說）即是「神無方而易無體」之「無限」
之「無」；並即道家義之目的／無目的／無目的而自然合目的（反思
地、目的論地說）。「現象與物自身」的問題方式，早已以哲學的生命
學之方式，表現為「體 —— 相 —— 用」之「形 —— 神」問題，「才 ——
性」問題，「言 —— 意」問題，「可道 —— 不可道」問題，「迹 —— 冥」
問題，「無聽之以耳，而聽之以心；無聽之以心，而聽之以氣」的問題，
「聖人體無，無又不可以訓，故不說也。老子是有者也，故恆言其所不
足」（王弼）的問題，「寂然至無，是其本矣」、「崇本息末」（王弼）的問
題，「聲無哀樂」（嵇康）的問題，「聖人無懷」（向秀、郭象）的問題，
「以此明彼，彼此俱失」（向秀、郭象）的問題，「本無」、「心無」、「識
含」、「幻化」、「緣會」、「即色」（般若學六家七宗）的問題，「物不遷」、
「般若無知」、「不真空」、「涅槃無名」（肇論）的問題，以至文學論之「心
生而言立，言立而文明，自然之道也」（劉勰《文心雕龍》）的問題，畫

11　參閱吳甿撰：《玄理與性理》之〈言意之辨與魏晉名理〉、〈自然道德論與會通孔老〉。

論之「傳神」、「以形寫神」、「氣韻生動，骨法用筆」(謝赫「六法」)的問題⋯⋯。

在玄學以至整個中國哲學，都如實地將「現象與物自身」視作生命精神之在其自己，生命精神在活動中通過在世界中開顯從而認識自己、實踐自己，生命精神成為自己、歸復自己之人學(哲學的人學)的體性論與工夫論問題；以至人學的宇宙論問題，人學的知言論問題，人學的目的論問題⋯⋯；簡言之，即人學的體性學、體用學、體相學問題；歸根究底，是人學體性學問題。亦唯如是，物自身概念方可有意義，且是一大洞見。

五、如何使康德的洞見成為洞見

以上是總說。下面重檢若從客觀實在論理解物自身所遇到的問題。康德原意的物自身指在存有上的實有，永不為人的感觸直覺所察，故人不能把知性向之運用者。但康德又謂現象與物自身之區分是主觀的區分，物自身為一高度價值意味的概念、作為對人的知識的限制概念。如是康德一開始就使問題極富啟發性和爭議。康德發現了物自身，但他自己不知道發現了甚麼。使康德的洞見成為真正的洞見並得到中國哲學支持的是牟宗三。

以下撮述幾個主要批評意見，及本人對康德和牟宗三有關物自身思想之回應與可能之轉進。

一、物自身為超驗的，在時空之外，它如何可與在時空中的現象有對應關係而為支持者？除非有一將兩者關涉之者，而這將物自身與現象關涉之者本身既在時空之外又在時空之中，而又能證明自我統一為同一者；這除了人，誰還同時擁有這三重身分和作用？然則現象與物自身之區分，根本不是原先所設想的一現象對象與現象對象之在其自己之所謂「超越對象」之客觀的區分，因為根本不能夠說有一客觀實在的在時空之外的「超越對象」物自身對應區分於一在時空中的客觀實

在的現象，而只能夠說：我們的感性受影響而起現一現象並共處於一時空，當現象物離開我們的感性（或曰我們撤消感性之作用），此現象即離開我們的時空感性而歸於「物之在其自身」。然則現象只對應於我們的特定感性（感觸直覺），物自身則消極義地對應於我們的撤消感性作用，經驗主體之無；或積極義地對應於我們的「智的直覺」（不取時空直覺及感觸直覺之直覺）。若人無智的直覺，則物自身歸於無，不可說；或在我們的設想中、我們的「智思」中，歸於上帝的智的直覺所直覺。而無論上帝、物自身、智的直覺，既超出人的能知之能力，則都只是設想，全是「智思物」。上帝存在尚且是智思物，上帝直覺所覺之物自身，與人的感性所覺之現象，若云有對應關係，或對應而區分之關係，則此關係關連只能是人的主觀之賦予，亦只是設想中之關係關連 —— 除非人自己的「物自身」能自明自證，站出來，說：「我」就是感性我現象我的「我的在其自己」之本我、真我；當撤消「我的」全部感性現象（色身我），我（本真我）仍存在，歸於純以智的直覺而自覺自知自我震動而存在，並以智的直覺直接覺知其他存在而無需感性及感性之時空直覺形式。我並且能夠在震動中由直接覺知一存在，轉為一方面自我坎陷為認識主體，一方面將原本直接覺知之存在推出去，成為感觸直覺所覺之經驗對象，同時自我亦自我限制為知性我，開展對此對象之認識活動。我並且完全意識到這全部活動原於同一個我，因為我能自由自主地啟動或中止任一環節，我並且能改變其中之存在，無而能有，有而能無。我因此能確定由我的感性參與起現之某一現象，實乃我在震動中直接覺知之一存在的現象。兩者在指涉上的同一性（the identity of reference）因由直接啟動者、起現者提供，故不能再懷疑。

　　二、我們的感觸直覺既不能感知物自身，知性不能向之運用，如是，物自身概念是一沒有任何內容之空概念（空集合），一個失指的概念不應再保留。對康德而言，這個批評也是無法回應的，除非康德再次強調物自身不僅是消極的對人的知識的限制，而且代表一客觀

實在、一存有上之實有。雖然，康德接着又施加限制：人無智的直覺故對此無從知悉之。若無從證立物自身，又不承認物自身至少在方法學上代表一存有上的實有，則所謂「經驗的實在論」是有問題的。然則物自身的存廢對康德哲學本身關係重大。我們可以為康德開解，謂否定人有智的直覺以限制知識，雖因此無從證成物自身，但亦同時限制所有以知識的認知態度反對形而上學的意圖。既不能以認知的態度和方法肯證或否證物自身，那麼，批判哲學轉由實踐理性之批判去展示存有，再由反思判斷力發現合目的性，一如我們上節所綜述者，豈不正合批判哲學之工程學原則？但我們為康德開解的說辭，到底是康德的？還是牟宗三的？還是詮釋學的、我們自己的？還是義理的邏輯的？

　　三、康德之上帝只創造物自身，不創造現象。然則物自身世界只有一個，現象則依各類感性及呈現原則起現為各適合於各個相應的認識功能之認識者之現象世界。人的現象世界只適合、相應於人類，科學知識亦只適合於人這種理性的（和感性的）存在所起現的和立法的世界。但「經驗的實在論」又要求人的經驗以及人對經驗所構成的知識有存有上的實有性作基礎和支持，物自身就是這個支持。但物自身本身又需要支持，如是靠上帝。當康德說上帝只創造物自身，不創造現象，現象世界（人的現象世界）乃物自身令人的感性受「影響」（effecting）而有的關於它的表象，而物自身自己「即使離開我們的感性之構造（我們的直覺之形式即基於此感性之構造上）其自身亦必須是某物；即是說，必須是一『獨立不依』於感性的對象。」[12] 此時，物自身又負有積極的存有的實在意義。當康德這樣說時，再次顯示他是最能表現西方哲學兩難的集大成者身分。物自身既「離開」人的感性但又能「影響」人的感性，且又是一獨立於人的感性之外的「對象」、「某物」——只

12　康德撰，牟宗三譯註：《純粹理性之批判》（台北：台灣學生書局，1983 年），頁495。

有上帝才能說這種話，但在批判哲學裏，上帝連說自己存在還仍須尋找機會。康德在方法學那麼重視人的有限性、主體性，但他所展示的世界存在圖像卻是全知式的，即使是不可知領域亦是那麼全知式的確定不可知。另一方面，又以上帝的口吻全知式的說物自身如何如何。康德書的難讀，康德方面的責任正在這裏。結果是他的「經驗的實在論」因物自身之不穩定而可被說為「經驗的唯識論」；他的「超越的觀念論」亦因自由意志、上帝存在和物自身的不穩定而可被說為不可知論或道德神學，而不能發展完成他希望完成的「本體界的理性的心靈學」、「理性的宇宙學」、「理性的神學」，統一之可曰「超絕的形上學」（transcendent metaphysics）。除非康德將物自身置於即使離開我們的感性之構造，它自身亦必須是某物，其為獨立於感性之外的「對象」因其得到人的獨立於感性之外的智的直覺所直接覺知之實證的地位，如牟先生作出者，否則，康德最後連經驗的實在論也保不住。

　　四、康德的世界存在次序，從物自身到現象，作外在的客觀化的重構，似是：上帝存在→創造物自身（一一人與物的物自身）→物自身影響人的感性→人的特定感性接受物自身影響起現現象（泛現象）→人的知性介入，將雜多感性與料過濾，由超越的統覺組織而構造為一一認知對象。然則物自身與現象之關係為一種宇宙論、本體論以至認識論的多重關係。最「難以了知」的是：上帝只創造物自身，人從何獲得感性？從而出現這般的物自身與現象之關係？康德當然不會認為物自身與現象是因果關係，物自身只表示人的認識能力的限制，並不是一本體宇宙論觀念。只有在第二批判裏，作為智思物的自由意志可以對經驗界起自由因的作用，但在認識論中物自身不可理解為經驗界中一對象之因，否則就真的成了「神學的宇宙學」而不是「理性的宇宙學」。但康德的次序這麼顯明，除非我們為康德解說，謂這個次序違反康德原意，並且在康德哲學裏發現另一個次序。

　　本人願意為康德解說，多年來為康德尋找另一個次序；發現在第三批判裏，康德以反思判斷提出了這另一個次序。但又因為提出得過

分顯明，康德自己又須加以限制，限制為一主觀的次序，此即：由一具體對象之現象，反思其如此存在之理（豎立的和橫向的存在之理），發現人的特定而共同的知覺和感性構造，為此現象之如此起現並存在為對象之存在之理，但這只是橫向的存在之理；橫向的存在之理不含目的意義和價值意義，且動之愈出，不能貞定。人於是不容已地對當前由人的感性參與起現之具體對象，作一超越的反省，而思這一一的雜多的存在以及其經驗法則之變化多端、人之諸認識功能之並作，皆須有一超越原則予以貫通統一，此超越原則只是人的不容已的反思活動中這活動的主體之反思判斷力給予自己的主觀的範導原則，這主觀的超越原則即是「合目的性原則」。就着這合目的性原則，溯源至提出此原則之反思判斷力而一心開二門：現象門與目的門。現象界由感性與知性統御，目的界由理性所提之終極目的統貫。反思判斷力雖曰是合目的性原則之提給者而為兩界之橋樑，而其實它首先是兩界之區分者（主觀的區分者）。把一個存在，依人的心靈機能所提之思想原則而作種種區分，區分既成，又依人的實踐理性而要求作存在的連接統一。這就是理性的存有者，人的艱難，佛教即此而要求解脫者。能就此兩門兩界而徹法源底一齊予以存有論的肯定，則可以有「本體界的理性的心靈學」的建立，下攝「理性的宇宙學」和「理性的神學」；唯不講「理性的神學」，而轉講「精神生命生態學」從而講「合目的的精神生命學」、「生命美學」以代替康德的理性的神學或道德的神學。[13]（我們可以此義理解當年蔡元培之倡「以藝術取代宗教」）此本人受牟先生啟發，依中國哲學以「實證唯心論」之名所嘗試之會通中西哲學的一個心學結構之系統。這個發展較能重視第三批判的康德的洞見：由合目的性原則統一存在與自由，而合目的性原則來自人的反思判斷力，而不是神的隱蔽計劃。

13　參閱吳甿撰：〈玄學與藝術生態學〉，載許江主編：《人文生態》(杭州：中國美術學院，2008 年)，今收入本書。

　　經上述疏通解說，我們為現象與物自身安排另外一個次序。我們轉從康德「不可知論」的論述原則，不從「上帝存在」與「上帝創造物自身」開始，而改為存在的入路，從人的生命存在之直接感觸及其感觸者生命自身開始，此即：先有具體的對象與人的感性（現象界）→再有存在秩序與存在之理的反省（上下撐開超越的形上界與內在的形上界）→橫向的存在之理與知性主體之立法（知識界）→縱貫的存在之理（自由與終極目的）→合目的性原則（自由與存在〔現象與物自身〕統一）→理性的宇宙學或理性的神學（天道、天命）→本體界的理性的心靈學（主體即本體）→超越而內在的創造實體之即存在即活動。

　　這是一個超越的還原論（超越的反省）次序，逆向於先前之上帝創造物自身之宇宙論次序。但這樣說次序只是就生起關係之前後相望而說，不必是本體論地說或邏輯地說。後來的現象學講「回到現象」、「現象的基本存有論」，存在主義說「存在先於本質」，其實是這個思路的另構和問題化。關鍵在反思判斷力的證立。像物自身問題一樣，康德限制合目的性原則為主觀的自我範導原則，而反思判斷力歸屬人的特殊心能，亦即天才。天才者，不是性分不容已的自我震動、感而遂通，而只是一種特殊的由具體存在而反省其存在之理的反思判斷力。牟先生則對第三批判康德的洞見不甚認為是洞見，不認為通過自然現象之雜多、其內在法則之變化不定、人的諸認識功能的各行其是，而要求一統一原則，此統一原則不能客觀建立而普遍地為人所知，而只能由審美的愉悅而觸發，如此建立的由合目的性原則引發的目的論能夠真正統一存在與自由；以這樣建立的目的論只是觀照的、審美的目的論，或只是神學的宇宙學故。牟先生更重視康德在第一批判的物自身概念，着力於對物自身概念的疏導，這裏面當有牟先生的特別用心。以牟先生始終認定道德法則所依必是一超絕的普遍性原則對一具體存在之決定，而為一決定性判斷，決非一反思判斷。本人則認為康德在第三批判的目的性概念正源自物自身思想，是物自身概念發展出來的哲學成果，但康德自己並不知道由物自身可以發展出目的性概念，不

知道（或不認為）物自身概念一如合目的性原則，實由反思判斷力為我們提出，提出之以說明人之生命存在本有在其自己之超越性一面以及自我實現之一面。此提出本身（反思判斷活動之本身）即此超越性與自我實現性之自證自明，同時亦就是人可以有智的直覺之自證自明。而反思判斷力之為智慧、人的特殊心靈能力，由人的自我培養磨練而得，此則完全印證中國哲學之工夫論所論。

六、成為物自身
—— 成為自由、成為存在、成為目的

在康德而言，物自身與現象之關係，既不是因果關係，亦不是體用關係。物自身概念又不是一事實概念，但物自身概念之提出，又基於對一事實世界之承諾及保證。人的感性所及只是現象，現象無常、無自性，但又不可以是幻象，故必設想現象背後有其客觀實在之支持者，一超感觸的基體。哲學就是尋找這最後支持者名曰「存有（Being）」。由柏拉圖下來這個思路支配了西方的哲學心靈，康德亦不能例外。

自中國哲學看去，這沸沸揚揚全產生自一種思想模式，即全由主客對立，認識論主導，範疇至上，知性決定，概念思考，種種計執而產生。這全部問題在康德表現為哲學的兩難。在中國哲學，則是首先認取「人」自己這一根本主體。人自己之根本主體即「心」。心可以計執，亦可以無執，亦可以轉計執為無執，即心言執與無執，即證心是主體，主體即本體。若要從現象向其後翻，尋找最後存有，何不直接轉為向「內（主體）」翻，向一切問題之發生地根源處翻，而發現「心 —— 精神生命」才是一切問題的根源。而「心」之成為一切問題的根源，又因人之所以為人，正在其精神生命之「在其自己」而又性分不容已地「對其自己」、「歸復自己」；而永在活動中，在自我擇定、自我超越、自我實現之中；由是有主客之對立，形上形下之對顯，體、相、用之「二與一為三」和「即三即一」；由是有康德之現象與物自身、存在與自由、目

的與歷程、目的與無目的的區分（超越的區分）。這全源自心的活動和
作用，再由自我認知、執成、區分而不能區分，辯證而歸於自知之可
知與不可知。當康德說，人因沒有智的直覺，故對上帝存在、自由意
志、靈魂不滅，以及物自身，不能有直接之知；亦即是說，對於人來
說，上帝存在以及物自身等智思界之存在，為不可知。當康德這樣說
時，他難道會不知道物自身以至上帝、靈魂、自由意志，根本不是等
待我們去「認知」的甚麼對象，而是等待我們開啟的「存在之光」，一
如「當上帝說『光』，於是就有光」，當我們說「存在」，於是開啟存在之
光，存在被照明。當我們說「上帝」，於是就有了上帝，有了「上帝創
造物自身，不創造現象」，有了「創造之觀念並不屬於存在的表象之感
觸形式；或者說，並不屬於因果關係，但只涉及智思物（本自物）」，有
了「上帝說光，於是就有了光」。當我們說「自由」，於是就有了自由，
有了「要成為意志的意志」，有了「自然因果串系的不決定性」，有了自
由與奴役之爭，有了開放的社會及其敵人，有了自由世界的敵人重覆
多遍的謊言和最後解體。當我們說「物自身」，於是就有了現象與物自
身的超越區分。「超越的區分」意謂兩者不是同層域的不同界域、由認
知而來的區分，而是認知境與超認知境的區分。區分的證成，有賴於
物自身之實證相應。當我們說「物自身」，我們人自己就要成為「人的
物自身」並站出來說：我就是我的物自身。於是就有了人我的物自身
同時也就有了現象。當我們說「目的」，於是就有了目的，有了目的論。
「在康德以目的論結束其全部批判工作的二千多年前，中國思想即以目
的論和反思判斷開始其哲學道路（而不是以知識所對與知識的構成來
開始），並且從未離開過這條由個體之合目的以成功整體合目的、個體
之無目的與整體之合目的、整體無目的與個體之成為目的者、整體之
合目的與個體之成為目的者……，諸型態之目的論之辯證所開展的哲
學道路。」[14] 於是有了理想、有了價值層級。人文秩序本於價值秩序，

14 同註 11，〈目的論與中國哲學〉，《玄理與性理》，頁 290。

價值秩序本於合目的性原則，合目的性原則本於終極目的之建立，終極目的本於人的理性，人的理性本於人的理性之自覺，人的理性自覺唯自覺其為理性者、亦即意謂其能作超越的反省，並因此可有一反思判斷之反思與體會。……「目的論成就的既是終極目的，而終極目的則為成就每一目的／工具者，於是有材質、有形式，於是有動力；於是價值從此中建立，文化從此中流出。目的論成就實踐、成就超越目的、成就工具、成就文化。」[15] 於是就有了歷史！是的，黑格爾因此發現了歷史。

七、物自身與歷史存在、歷史目的

黑格爾把康德的智思界推出去，成為理想，成為歷史目的，因而成為在時間中不斷開顯的歷史行程、歷史事件的超越的存在之理。這樣，物自身可被理解為一歷史現象在歷史目的之照明中之「本來面目」，在到達歷史目的、終結歷史之前，無人可以知悉此歷史之謎。作為歷史創造者、行動者，人只需遵從他自己的生命法則，作綜合的具體的表現，但歷史／歷史理性只保留他的合理部分、否定他的片面性、任性的主觀性。然則，自個人而言，個體總是綜合的、理氣一如的、生命的、過去之我與當下之我統一並向着未來之我的，亦即過去與未來統一於當下，而當下又在向着未來之理想我，在自我超越、自我否定之中。性分之不容已就是一切，目的是由反思判斷力投射出去的。既被拋出成為目的，則目的就是手段，就是生命自我完成、自我實現之圖像、「命」、「咒」。但自實在論之歷史目的而言，生命都只是現象，只是過程，只是否定和否定之否定，只是運動，只是歷史的手段、工具。對於歷史神學來說，目的就是榮耀絕對精神和歷史法則，存在只是歷史的手段，只是過程，歷史的物自身藏身於神學化的歷史理性那

---

15 同上註，頁284。

裏。作為歷史哲學的黑格爾哲學遂可以有不同的極端發展。低劣的唯物論者顛倒黑格爾的精神現象史觀為唯物史觀，藉口「人總要吃飯」，以「要吃飯」以至最後以「吃飯」、「物質」為歷史的物自身，凌辱一切，奴役一切；但亦因此反證精神之變態存在，因吃飯、物質自身即自明地證辯其不是物自身，而只是「要吃飯」的精神生命即着其意欲之所對所在而反思，而獨斷地稱此所對所在之物質、生產力為物自身、為歷史目的，即歷史目的而倒說為歷史基礎。當稱物質、生產力為甚麼物自身、歷史基礎，這本身即已是一反思判斷的目的論論斷，但只是一異化的「相似即」的論斷，只是截取所謂物質、生產力在人的生命存在之能持續其存在、持續其向目的性之存在之意欲存在，之作用，即此作用之與意欲、目的性、行為合一（知行合一），截取此段而孤立地判斷之，而曰歷史的物自身、歷史目的、歷史基礎。這在王陽明稱之為「妄知妄行」，在王船山則謂為截取一理而罔顧眾理，「害莫大於浮淺」之悖理。而現代唯物論之浮淺、妄知妄行，更以與嫉恨心結合、與西方意識型態思想模式、先知傳統結合，而成為人類亘古未有之大害。然則唯物論本身即生命存在的一次異化、變態，反證生命之精神性存在。因每當說吃飯、物質生產是本、是目的，即自證「人的意欲」本身才是本、是目的，以人隨時可不以吃飯、物質生產為目的、為本，而以寂滅（佛）、犧牲（耶）、觀照（道）、成仁（儒）為本、為目的故。這固是黑格爾歷史哲學之反動，愚蠢的顛倒。但黑格爾歷史哲學偏重客觀化了的歷史目的論，使歷史威權主義化，亦可以說為是黑氏難逃之責。故黑格爾的歷史哲學，一方面是歷史的解放、存在的解放 ── 歷史是人類精神為實現自己、客觀化自己而走向存在並超越存在；另一方面又可以變成歷史的禁錮、存在的幽闇 ── 歷史目的可以被綁架而意識型態化，在個人主觀精神和批判意識缺席的「歷史理性」之前，個人及其相關之存在終其一生在否定的緊張中等待「歷史裁判」。而「歷史裁判」之權落在誰的手中？是上帝？是天命？是歷史？是哲學？是現實權力？還是良知天理？黑格爾在辯證的綜合中把它交給歷史 ──

因歷史就是辯證的綜合。但黑格爾因而動搖歷史：歷史是有待被照明的？還是合理性之本身？歷史除了是歷史現象，歷史有沒有物自身？有沒有意志？有沒有判斷力？在黑格爾把歷史變成神之後不久，為求目的不擇手段的唯物論者使歷史成為罪惡合法化解釋，「歷史之必然」使最大的罪惡成為神聖。

近代種種歷史威權主義，包括「歷史之謎」的歷史威權主義，「歷史使命」的歷史威權主義，「歷史存在之崇拜（凡存在皆合理、存在就是真理）」的歷史威權主義，「科學的、客觀的，不為人們意志所轉移的歷史規律」的歷史威權主義，「謊言重複千百遍，印製成書，佔據圖書館、課堂、人們的大腦」的歷史威權主義，「成王敗寇」、「關於歷史問題的決議」、「誰笑在最後，誰笑得最好」的歷史威權主義，「向前看，只要未來變得合理，過去的一切也就合理」的歷史威權主義……，在黑格爾把裁判權從道德理性，從良知，從形上學或不可知論讓位給歷史以後，各種歷史主義爭奪王者之位，而兼有概念的魔術性與持續性，又能「知行合一」者，非唯物史觀論者莫屬。唯物論歷史主義果然佔領歷史並奴役歷史，但隨即又被歷史所否定。歷史憑藉甚麼能夠否定歷史主義？是歷史否定歷史主義，還是人類的良知和自由精神再次躍起，否定／中止某個歷史和否定／批判歷史主義？還是歷史的靈魂、歷史的自由意志、歷史的物自身、歷史理性震動自己，澄明自己，衝破魔性，中止「人性中的根本惡」（康德）借知性之遍計執構造觀念符號系統，以名為實，以身殉名，封蔽自己，盲爽發狂，挾天下以殉無道？然則歷史有物自身乎？

自物自身思想而言，黑格爾可說為以歷史的辯證綜合 —— 以歷史為精神與存在、目的與歷程的辯證綜合，代替康德的靜態的現象與物自身之區分問題。這代表一大轉向，由主客對立之認知的格套，而思人的能知之有限，而產生的現象與物自身之區分問題；轉為精神生命之自在與開顯問題，而接近於中國心性論的綜和的盡心盡理盡氣，與十字打開、縱貫縱說或縱貫而橫說、內外說、前後說的問題，易傳

的寂感寂照問題，乾坤並運、陰陽、隱顯、剝復的問題，魏晉玄學的形相與性命之同異離合問題，才性四本、言意之辨、迹本相即不相即等等問題，宋明理學的理氣不離不雜，心意知物、「知行合一」問題，王船山的「道者器之道」、唯盡氣唯能盡理的問題……。這種哲學論題，在中國出現既早，思考亦簡捷切要，所謂「善力舉秋毫，善聽聞雷霆」，也就未能耐煩，未能停駐在思想的兩難中，窮盡思辨之力。西方哲學要到康德、黑格爾，才發現這問題的性質，也就因此能在歷代沉積下來的大量問題裏疏導問題，不得不耐煩，而得以顯示思辨之力度。雖然這種顯示未必有助於最後的澄明，或正阻隔了最後澄明。故有人比較康德和黑格爾，說：讀康德，逐字逐句都很清晰，知道他講甚麼，到唸完，不知他究竟想講甚麼。讀黑格爾，每句每段，令人如墮五里雲霧，不知他在講甚麼，到唸完，豁然貫通明白他想講甚麼。我想補充兩句：康德最後沒有講甚麼，物自身概念仍是以其消極義作為人的能知的封限，因為他清理出來的思辨之路已經走到盡頭。他最後沒有講甚麼，但你對他心悅誠服。黑格爾因為信任存在與歷史，而存在與歷史都是具體、動態的、自我否定、自我超越的，超言說的，故常以言超言，令人吃不消；物自身以其積極義或等於他的絕對知識、思維與存在的同一性；他對歷史和存在這般樂觀，卻又令人生疑。

　　牟宗三先生則要為中國哲學強化思想法度，故選擇康德，以中國哲學消化康德，從而完成康德，亦同時疏導中國哲學使經歷一次西方式的系統思辨。在物自身問題上，牟先生一方面順康德原意，把物自身之消極義運用到底。物自身即意謂人的能知之極限 ── 物自身概念本來就指一現象對象不對人呈現但確實存在的那物自己之「本來面目」。這是很容易想到和理解的一個概念，但又是最難理解和安排的一個概念。牟先生因此又把物自身轉作積極義運用到底，康德既說物自身是智的直覺之「對象」，此則物自身成為積極的一個可證知的「對象」 ── 只需我們有智的直覺。

八、「人無智的直覺」所涵密義

我們人沒有智的直覺。康德如是說。康德為何堅持說只有上帝有智的直覺，人無智的直覺？一般評論認為康德不能不維護他的上帝這傳統和他那位虔信上帝的老僕人。站在客觀義理的立場，我認為消極義之物自身可確保有一個無論如何感性永不會到達的世界，這對於我們其實是好消息，因為：

一、確保有離開人的感性而獨立存在之實在。現象離不開人的感性，而感性人人不同，且隨時不同；物自身可確保有共同的經驗來源。

二、確保人對經驗對象之認識可無窮開展，科學永無窮盡之日。因永不會到達存在之最後真相，不會到達物自身，不會有最後知識，新知識永有可能。

三、確保無人能聲稱他發現事物的終極知識、絕對真理。我們對於在經驗世界能獲得科學真理的預期，正因為科學早已限制在我們所採用的方法、切入事物的角度，所用的符號，所偏重仗賴的感觸直覺和知性範疇。因此，只有不同的科學典範、只有典範的轉移，以及在科學領域的相對知識、相對真理；沒有全知科學、萬能科學或超級科學。無人可宣稱他發現了甚麼最後真理、歷史規律或歷史之終極秘密，以及甚麼美麗新世界、宏大社會改造計劃和改造人類工程學；如是無人可以關閉社會，關閉歷史。

四、確保甚至上帝也不可以對人的現實經驗世界、存在主義說的「存在的實感」世界說三道四，以上帝無感觸直覺故，不在時空中故，上帝只創造物自身，不創造現象故；上帝亦無需有概念思想，無需思想範疇；上帝亦無倫理身分，故不會有道德兩難，不會有抉擇，當然也不會有歷史、有所謂目的、歷程。如是上帝只管物自身世界，上帝的權力因着物自身之消極義，因着現象與物自身之區分，被範圍住了。而上帝連同祂創造的物自身世界一併歸入智思界，為人的信仰所對，而非知識對象，亦非實證相應的形上實體。

五、確保甚至人亦不知其在自己之「本來面目」／「人之物自身」身分，由是，人才得以確保成為「道德的人」的可能。「若自以為出於善性或喜好來服從道德法則，即是以無限存有自居，而為『道德狂熱』—— 即對純粹實踐理性所置於人類身上的限制有意的越過。（……）命令與應當只對於一有限的理性的被造物有意義。一有限的理性的被造物，當世界之何從來何從往，他自己之何從來何從往對他皆為不可知而呈現為隱蔽，他仍不顧他一己之性好，但只聽命於實踐理性之律令，而當他服從法則而行為，他並且對其行為底真正的道德性以及功過，皆無所知無所見無所期待 —— 當一切正如上所說，這一有限的理性的被造物，得被稱為一『道德的人』。」[16]「對於人無智的直覺，人是有限的，作為理性的被造物（理性的存有）的人應該為此而感激讚美，這讚美不應亞於對神所賜與於人之理性因而衷心發出者。正因為人對於世界和未來只有十分隱晦而可疑之透視，或曰正因為人對自然之隱蔽計劃無所知，而世界底統治者只允許我們猜測祂底存在與威嚴，卻偏對之無任何直覺以證明祂的存在與威嚴，以至我們幾乎要懷疑祂的存在與威嚴，但即使如此，我們仍對那內在之道德法則保有一不可抗拒之敬畏 —— 必須如此時，始有一直接獻身於法則之真正道德意向之餘地。」[17] 這也是儒家常說的「退藏於密」的密意。

九、證成物自身與人學體性學之發現

然而，這消極義物自身的證成，如上文所說，亦有待於現象與物自身之區分的證成，亦即積極義物自身（智的直覺所覺知）的證成。以康德思慮之周密，應該有此能否證成的意識，但康德堅持人無智的

---

16 吳甿撰：《實證與唯心》上冊，第二章〈徹底的唯心論與中西哲學會通〉（香港：經要文化出版有限公司，2001 年），頁 108-109。

17 同上註，頁 106。

直覺，令現象與物自身之區分的問題懸置。在第三批判，康德聲稱要重新連結被批判哲學分裂了的自然界與自由界，以此結束全部批判哲學。換言之，是康德以迂迴的方式重開一條現象與物自身之區分的論證之途──以連結兩界之名義，真正觸發兩界之區分與重新連結之問題，重新省察此問題之性質與意義。在我的理解來說，能夠以一主觀的超越原則重新連結的兩界，表示兩界從未客觀實在地分離，只是被人為地以「意之所向」而區分為兩界。今以人的一種特殊心靈機能「反思判斷力」自律地提供之「合目的性原則」來連結兩界，此不啻確認所謂兩界實源自反思判斷力之反思活動所作之區分：一物之所是與其所本是（應是）之區分。而物自身之名在第三批判不再出現，而轉向二義發展，一為向「超感觸的基底」之名義發展以表示「與某現象相應之超越對象（基底）」義，此則近第一批判之「物自身」消極義。另一為向目的性義，亦即「一對象之概念，當其同時含有此對象底現實性之根據時，它即被名曰此對象之目的。而一物之與那『只依目的而可能的事物之構造或本性相契合』之契合便被名曰此一物底形式之『合目的性』（finality, forma finalis）。」[18] 之義發展，以表示不管在甚麼地方，凡有以下之情形的地方，即「不只一對象之認知只通過此對方之概念始被思為是可能的，且即當作一結果看的『對象自身（對象之形式或真實存在）亦是只通過此對象之概念始被思為是可能的』這種情形的地方，我們就在那地方想像一目的」。此則為第三批判之新義。我意以為此義可被思為「物自身」之積極義，即實踐的目的論義。物自身無形中轉為人對一具體對象之如此這般而依某原則反思其當為「如彼那般」，更以此未實現的「如彼那般」之目的性概念，既認之為「同時含有此對象底現實之根據」，在實踐論者看來，在這裏可視之為積極義之物自身概念──以「同時含有此對象底現實性之根據」故。由實踐的目的論

---

18 康德撰，牟宗三譯註：《判斷力之批判》上冊（台北：台灣學生書局，1992年），頁126。

之「目的」（或「物自身」）與實際之現實物比較，我們得而對現實事物
下判斷，曰善或不善、曰美或不美、曰真或不真。所依之原則即「合
目的性原則」。物自身無形中成為一目的性理念以及一物之為某物之
「同一性」理念，亦即不再是主客對立地去認知一對象從而形成的人的
感性和知識的封限概念，而是關於一存在、包括人自身之存在，由其
現有之存在狀態而反思其本有應有之存在，以及其將要成為之存在，
即一合目的之存在之概念。康德本人從未在第三批判提過以上所說。
我們這樣解讀康德、連接物自身於目的性，當然是一個轉換。而康德
亦只把合目的性原則限定為一主觀的自律的範導性原則。從我們的思
路，這正見出康德的合目的性原則的作用要在範導人自己如何理解世
界存在 —— 為有意義、有目的、有秩序、終始條理的，但又非預定的、
手段化的、機械的存在世界。人如此去理解／反思世界，人即為世界
帶入／創造了意義、目的性、終始條理；故曰「直覺之即創造之」，「其
自身就能把它（智的直覺）的對象之存在給予我們」。

　　人如此理解世界存在，同時即置自己於世界存在秩序之中。本
人曾經這樣說明反思活動之整體性生態：「人藉賴着一持續的反思活
動，貫穿每一『思指』（reference）及其『所指』（referent），反思其存在
之理；再思此一理與他理之關聯，以反思一超越的眾理之理；此眾理
之理須倒回來涵存此一持目的論之反思者，及其反思活動與其所反思
之『思指』及其『所指』之種種關聯，以及此種種關聯如何服從於一更
高之原則 —— 合目的性原則；再而返回為每一『思指』及其『所指』依
反思所得之『目的』，思其存在之『體』、『相』、『用』之合目的性、一
致性、完善性；同時，作此思之思者本身與其所思之諸存在之『體』、
『相』、『用』之相應性、一致性、互善性等整體生態之合目的性。這裏
所涉及的『目的性』因此只能是『動態和結構的目的性』（Dynamic and
Structural Finality）。」[19] 這個目的論反思判斷之原則本來很能成為實踐

19　同註 11，頁 285。

哲學的原則，但康德把這原則的觸發，交給審美，並限制為主觀的、超越的；以審美故，為無目的而自然合目的的、形相的原則。在康德看來，作為目的論，話只能講到此步，再多講就只能是神學了。問題就在康德為着某種理由，包括上文所分析的「密意」之理由，說只有神有智的直覺，人沒有智的直覺。牟先生認為：若人定無智的直覺，積極義的物自身不能講，現象與物自身之區分不能充分證成，此則消極義的物自身亦不能講，經驗的實在論亦實在不起來，只剩下智思界幾個觀念以及現象之流、純粹意識之流。這當然不是康德之所願，卻不能不是康德哲學遺留的問題。

基於本文上節所舉之理由，康德是對的，但卻是從實踐的立場、實用的立場，說人沒有智的直覺，物自身不可知。若從原則的邏輯的批判立場，說人沒有智的直覺、物自身不可知，這樣說本身已經是一種全知的態度。用這種全知態度之說法，可以有一個解釋，即把自然界（知識與現象所行界）與自由界（意志與目的所行界）之區分表現為建立於知性之二律背反，以示物自身問題原非知識問題，而是主體之態度問題。故說現象與物自身之區分是「超越的區分」，是「主觀的區分」。到第三批判，這個主體的態度由「區分」的態度轉為「綜合」的態度。由文學藝術作品所表現的充滿分裂對抗而歸於整體統一之「無目的而自然合目的」原則，康德發現了聯結二界之橋樑：反思判斷力。反思判斷力不僅成為聯結二界之「特殊心靈機能」，更重要的是解釋和證成了現象與物自身之區分。

這看似一場純粹觀念遊戲：早前把二界分得那麼遠、那麼隔絕，由「先驗」（transcendental）說到「超驗」（transcendent），現在卻說憑藉判斷力這種特殊的心靈能力即可以連結二界，說白了，原來無論先前的區分或現今的聯結，都不是客觀實在論的區分或聯結。先前的現象與物自身之區分既曰是「主觀的超越的區分」，現看來自即是反思判斷力所作的區分。現今的聯結既曰是判斷力（決定性判斷力與反思判斷力）所作的聯結，則實是自我實現的實踐的實在論（即實踐的目的論）

的聯結。這當然超出「人能知甚麼？」之認識心之問題的領域，其所言之二界之區分與聯結原不是認識心所對之客觀實在義之區分與聯結。這明顯的屬於主體體性學之事，主體如何依其體性，自我實踐、實現之事。自中國哲學言之，是攝存在於活動，即活動說意向，由意向證目的（有目的或無目的），由目的開歷程，即歷程證存在之即存在即活動即自我超越之生命翕闢、元始反終、生生不息之事之貫通統系。全部學問繫於如何培養（教化與自我培養）人的判斷力（決定性判斷力與反思判斷力），而判斷力的養成之存有論、人性論根據，即是「仁體」（「心之感通」或曰「感通心」）。這原是中國哲學之特質所在：說本體不離工夫，工夫所至即是本體。然則所謂「本體」者，實即一物所具之內在目的及其實現目的之能。此能更以其目的理想反照其已在與所在，從而觸發二界之區分；由二界之區分拉開距離，成就其內在目的之純亦不已之超越性。然步步之實踐實現，即步步拉開距離，是目的理想無限、實踐實現亦無限。現象與物自身者，即這區分所成者也；作此超越的主觀的區分者，反思判斷力者也，即「智的直覺」者也。智的直覺「直覺之即創造之」者，反思判斷力之直覺一物之內在而超越的目的，亦即直覺一物之物自身也。此智覺一物之物自身者，實即「創造」此一物之物自身者也；而此所謂「創造一物之物自身」者，發明發現一物之內在而超越之目的也。這些康德未能說，或不能說的，我們藉中國哲學之啟發，得以說出，如此而已。

十、人學體性學的建立：轉上帝為自由無限心

「人心惟危，道心惟微」。此所以牟先生說康德的區分是一洞見，必須維持這個洞見，完成這個洞見，而關鍵則在論證人有智的直覺。牟先生當然取得了他所在的中國傳統的智慧的支持，但非如有人所謂訴諸傳統（正面說的）：若儒、道、釋三教謂人「可以」有智的直覺，那麼，人就「一定可以」有智的直覺。天下哪裏有這種傳統主義，更何

況是最富批判精神的當代新儒學。牟先生是經幾十年的用思，透徹了中國的儒道釋三教，透徹了康德，而有此番疏導與判教。

> 　　如果知康德所說的「物之在其自己」是對上帝而言，對其所獨有的智的直覺之創造性而言，則在自由無限心前為「物之在其自己」乃必然而不可移者。如是，在實相般若前可以開出一個無自性的「物之在其自己」亦是必然的；在明覺感應中之物為「物之在其自己」，這亦是必然的；至於逍遙無待中之自在，乃至玄同中之有，歸根復命中之物，其為「物之在其自己」，更不必言矣！中國傳統的三家以前雖無此詞，然而通過康德的洞見與詞語，可依理而檢出此義。此既檢出，則對見聞之知（儒家），成心（道家），識心之執（佛家）而言，萬物為現象，此亦可順理而立也。此之謂「依義不依語」，「依法不依人」（亦涵依理不依宗派）。[20]

　　然則，根據牟先生所說，儒家的「物自身」由明覺感應實證，佛教的「物自身」由實相般若開出，道家的「物自身」由玄智玄覽玄同而觀復；關於同一對象，三家各有各的「物自身」。又，儒家的「現象」屬見聞之知，道家的「現象」是成心執現，佛教的「現象」乃識心之所染；關於同一對象，三家的現象似又不同。此豈不又要在現象之前再尋現象，在物自身之後再尋物自身乎？由此一詰難即可見出康德所說「上帝創造物自身，不創造現象」所提出的物自身與現象之概念，要對之有相應了解，又要加以轉換，以中國三教實之之困難。

　　在本人之立場而言，這個詰難不僅不是詰難，而正是實情實況，如實觀，如實知，真實行之所必然。離開一心之觀，無觀可有；離開一心之有，無所可有；離開一心之真，無所可真；離開一心之住，無

20　牟宗三撰：《現象與物自身》，〈序〉（台北：台灣學生書局，1990 年），頁 17。

所可住；而心不離能，能不離境，能所互證。「誠者物之終始，不誠無物」者也。三家各有各的物自身，正見三家各有各的宗，各有各的終極目的。儒家以明覺感應證知物自身，是以道德證自由、如實觀為物自身（道德主體與其明覺感應者，以創生為體性之物自身）。佛教以實相般若開出物自身，是以般若之八不緣起、無自性為一一現象之法性，以此性空為性開出物自身（以還滅為其體性之物自身）。道家由玄觀玄智玄同、歸根復命而說物自身，是以從成心所執之現象界中解放，還物自在（齊物論），還人自由（逍遙遊），以道心證知物自身（以無執觀照所證知的以自然無為為體性之物自身）。三教不同（宗旨目的不同）反證三教之同：同為主體體性學的活動的實在論的、因而亦是境界論的；同為由具體存在入路而反思其終極目的，因而同為目的論的。至於三家各有各的現象者，常識的來說，本來就是感性論唯我論中一個普遍問題。在三家而言，現象問題則正涉及體用之用，是縱貫下貫或內外橫開的問題，是依存或自存的問題，是實事實有或情有理無、性空唯名的問題⋯⋯故三家各有各的物自身與三家各有各的現象，正為本人深心稱許。說此豈不又要現象之前再尋現象，在物自身之後再尋物自身者，正又是本人深心所願，以證現象非一層，物自身更非實在論的「已被在的」「物自己」一塊。

　　牟先生則正視康德之所言，一一清理疏導其中的夾纏，把困難集中為：若將人當作一被上帝所造的個體物（Substance）看，是注定為有限，或可即有限而無限？若注定為有限，則一切都只能回到上帝那裏，唯有指望上帝確實存在。若人雖有限但可即有限而無限，則上述一切皆可實證如如，連上帝存在亦是必然無可移。但如此一來，說上帝創造物自身世界和作為個體物（Substance）的人，不如說人通過人是自由的（亦即無限的）的實證實明，證成積極義之「人的物自身」，由自由無限的人自身從而明現（實現）出一個物自身世界（無執的存有界），康德的智思界（涵上帝存在、自由意志、靈魂不滅）得實證朗現。如是，當說「上帝創造物自身，人是上帝所造的一個體物」時，其實義是：人

從實證自己雖有限而可無限，從而實證有自由無限的存有界；既有「無執的存有界」，上帝存在遂「必然」而不可移（依西方傳統）—— 因為雖然無執，我們「需要」一超越的統一原則，一物自身的創造者，以及當作一被造的獨立的自體物「人」的創造者。這樣——

> 人當作一被造的獨立的自體物或個體物（Substance）
> 看，他在上帝面前也是一物自身，而不是一現象。這樣，
> 他雖是被造物，但無影響於自由。但這也只是「無影響」
> 或「無損」而已，並不能積極地表示出他是自由的；說他
> 是物自身只表示他不是在時間中而為條件系列所決定的
> 機械的，尚不能積極地表示出他是自由的。自由底透露必
> 通過道德法則始可能。自由是需要另開端而自吾人之道
> 德意識上來揭露的，光自上帝之創造上來說，尚不能顯露
> 出。又，如上文所明，光自上帝之創造處說，尚不能穩定
> 住「物自身」之意義，因為由於被造物是有限物的緣故，
> 並不能使吾人意識到這被造的有限物之為「物自身」可具
> 有無限性和永恆性之意義。現在，我們不從上帝之創造來
> 說物自身，但只從自由自律的無限心來說，只從知體明覺
> 之感應來說。[21]

如是，並非如西方傳統所言上帝創造物自身和人自身（這「上帝創造」本身就是無從證明，本為截止無窮後退等麻煩而設者，但又自己製造麻煩），而是人的道德意識的自我震動，自證為不受條件系列所決定，而為自由無限，由人實證可即有限而無限，開闢一不在時空範圍的形上世界，這時自由意志、靈魂不滅、上帝存在三而一、一而三（西方的頭腦為着知性之軌約性的要求，而說上帝創造云云，亦無不可）。

21　同上註，頁 117。

實情是我們說上帝，於是有了上帝；我們說上帝創造，於是有了上帝的創造；我們說上帝說光於是有了光，於是上帝說光於是有了光。我們說上帝只創造物自身不創造現象，於是上帝只創造物自身，不創造現象，以免上帝妨礙我們顯露自由 —— 自由無限的自由。自由無限為自證實證自己為自由無限而自我坎陷為見聞之知、成心、識心，以判斷、執成現象世界而為知識命題世界，更由自由意志提出道德法則，自律自行。自由意志成為第一因，或啟動自然因果串系之向外、向下、向上、向前、向後、向內之活動以成己成物（若儒家）；或銷用歸無，唯餘玄覺的自由、「無用」的自由（若道家），無生法忍的自由（若佛家）……。最後更可顯示一心開二門，由開啟一現象經驗之執的存有界，向上翻出一超驗的無執的存有界；再而由兩界而復歸一心，還原（非現象學的還原，乃超越的還原）至一「含藏一切超越於其自身之中，並在自身內建構它們的絕對存有之全」、「復其見天地之心」之自由無限。由是，上說之儒道釋三家各有各的物自身，各見各的現象的詰難，實源自「上帝創造物自身」之說法；今不從上帝創造說物自身，但只從自由自律的無限心來說物自身，只從知體明覺之感應來說物自身，則上述之詰難為不相應；或說這類詰難只對康德有效。如可問康德：人若無智的直覺，如何可知上帝存在、上帝創造物自身？又，在上帝看來，人的物自身與其他物自身是何種關係？是平等之被造物乎？或特加寵愛的另類物自身？然則天地萬物之存有層級只是現象，抑或來自物自身？以至物自身是上帝一次全體創造的、已創造的、抑或多次創造、或有尚未創造者，或仍在不斷干預、不斷加以注視者？而康德必答之以「何不去問上帝？」。

十一、存在的入路與超越的歸復

　　牟先生但只從自由自律的無限心來說物自身，則既保住了物自身的消極義之永不呈現為對象、非知性可向之施用義；又開放了物自身

的積極義之自由無限、含藏一切超越於其自身並自我實現、自我歷過之絕對存有之全義，即存有即活動義，如是究竟平等義，等等。

　　知體明覺是無限心，但不是空懸的無限心，而是即於現實的物自身之存在而為無限心，故物自身之存在亦成無限而永恆的。「以天地萬物為一體」，即以一切物自身之存在作為吾之物自身之存在之內容，而亦不喪失天地萬物之各為物自身之獨自的無限性與永恆性：此即每一物皆自在也，每一物自身皆是一自體物（獨立的個體物 Substance，此詞在此不是分解地說的那抽象的常體，對屬性而言者）。天台宗說佛必具九法界而為佛，亦是此義。

　　吾人若單自物自身之存在而言，吾人可說這是萬物之「本來面目」；就人而言，亦是人之本來面目。但就人而言，這只是「本來面目」之形式的意義；其真實的意義乃在自由自律的無限心之呈露。真實意義的本來面目不空頭，亦不虛懸，故必即「物自身」之存在，乃至天地萬物之「物自身」之存在，而為本來面目。但是就物而言，例如草木瓦石，則只能就其「物自身」之存在而言其形式意義的「本來面目」，而不能言其真實意義的「本來面目」，因為它們不能顯露無限心而為自由故，當然亦不能說它們不自由（物自身對於自由是中立的，既無損於自由，亦無助於自由，自由是另端開顯的）。它們只在知體明覺這無限心之感應、潤澤、與明通中，而為自在的，自爾獨化，而化無化相的。它們因着我的真實意義的「本來面目」之圓頓的呈現，因着我的自由無限心之感潤與明通，而獲得其本來面目，然而它們自己不能呈露無限心以自證其本來面目。[22]

22　牟宗三撰：《現象與物自身》（台北：台灣學生書局，1990 年），頁 118-119。

　　牟先生這段話其實不易理解，我今試以本文之思路及語言，進說之曰：萬物凡可被我們感知認識者都是屬於現象，物自身則只是就其存在而言其形式意義的，不為我們所感知的「本來面目」。直截了當的說，就我們對經驗世界的認知而言，沒有甚麼物自身，物自身只是保證我們這種認識涉及存在。但就人而言，說人的現象與「人的在其自己」、不能表象化認知的那「本來面目」，此即中國最典型的人的「形 —— 神」問題，由先秦人性論奠立，直至魏晉人物品評，討論的非常深入微妙。無人會懷疑人有精神自我、有自由自主、不可方物的無限可能，但又是可以一貫的、合理的，有「意義之幾」與「存在之幾」的創造義創生義的實證的，（魏晉玄學形神之辨、言意之辨即基於此而起）。然則無人可否定人有「物自身」，如是無人可否定人有可能自知／自覺／自感／自證／自明人有「人的物自身」，是則「人有智的直覺」亦不可疑。由人有物自身，人有其「本來面目」，而問：何為人的本來面目的真實意義？何為人的「在其自己之在」？曰感通，曰自由，曰仁（「仁以感通為性，以潤物為用」）。此「仁性」之感通、自由，固可說為人的「本來面目」、「本性」，亦可說為是人的存在的內在目的、理想、自我同一性、存在的真實意義。人的存在的真實意義是「成為人」。「人要成為自己，成為人！」因為沒有一個「已成的人」而只有在「實踐」（有自覺目的方可云實踐）中的，或失去「實踐」的，在成為人的路途中的途人、未抵達者。「仁者，人也」，但並非謂一個「已成的仁」、「大功告成的、完成的仁」，躺在那裏作成人的本來面目；而是指有一「仁」的理想人格（聖賢），一未來的自我形象，在生命自身（人的物自身）震動並返照其自己，並觸發迫令人自己進入實踐。在此返照中，凡「已成的仁」皆成為仁的限制、仁的異己化、未完成的仁的回顧。此在生命自身中自我震動者，中國哲學非常真切中肯稱之曰「心」，而成為中國哲學最核心之觀念。中國哲學遂可以最真實義直稱為「唯心論」。心的震動並返照其自己，同時即將人與其所在世界（共在的世界／「場有」）一併照明。這個照明因不是感觸直覺的、知性的，而只能是目的

意義的 —— 人的知體明覺之感應、感通使人當下洞悉明通他自己和與他共在的世界「應該是甚麼」，這「應該是甚麼」即「人自己的本來面目」，同時即「人自己的理想目的」，同時亦即天地萬物之「本來面目」和「存在之目的」。由目的意義之照明，同時迫令人進入實踐意識，如是即對顯、照出人的現實境況是甚麼，現象世界是甚麼。萬物因此對顯亦獲得「物自身」與「現象」之兩層存在性格。故曰萬物之「物自身」即萬物的「本來面目」只是就萬物之在其自己而言其形式意義之「本來面目」，而不能言其真實意義的「本來面目」，但萬物可因着我的真實意義的「本來面目」之呈現，因着我的自由無限心之感通與明通，而獲得萬物之本來面目。而人的真實意義的「本來面目」是「成為人（仁）」，萬物的「本來面目」因之是「成為人的『本來面目』的呈現，在人的自由無限心之感潤與明通中獲得萬物之『本來面目』之萬物」。物在人的實踐活動的目的性的遍潤中所獲得的物自身身分，遂成為不可移／不可疑。如是，這朗現無可移之物自身之存在，可反過來實證人有智的直覺。人有智的直覺與物自身之呈現遂可一併證成。人有沒有智的直覺，康德把問題講得那麼艱難，我們也可以把問題再講得再艱難，但也可以直截地以實證的方式把人的物自身呈現，如是證得人有智的直覺，同時直接證成這艱難和簡易、不支離。此完全無關悲觀樂觀之問題。

> 本心之自我震動而返照其自己，此無能覺與所覺，乃只是其自己覺自己，「aⵛa」之方式：能覺即是其自己之光，是即能覺即所覺；所覺即是能覺之光，是即所覺即能覺：結果，能覺融於所而無能，所覺融於能而無所，只是一本心之如如地朗現也。
>
> 吾人依此本心自照而言智的直覺，依此智的直覺而知吾人之本心為自由自律，此種知不只是意識及，亦不只是由道德法則而必然地逼到之之逼到，乃是確然地直覺及

之，即朗現之，此之謂「以智知」。雖是以智知，而不是以識識，然而仍是客觀地確定的知識，此知識自不是識心之觀解的知識，而乃是道德本心自照之實踐的直覺知識也。[23]

若有人問：何謂「本心之自我震動」？曰：「即人之在其自己」之性分不容已地就着人的感性識心所觸及之事件而震動、驚醒其自己：

> 「見孺子入井」是一機緣，「見」是眼見，故是感性的，然在這見之機緣上，本心呈現，這卻不是感性的識心在作直覺之攝取以攝取那孺子入井之事象，亦不是辨解的知性在作概念的思考以思考那事象，而乃是本心呈現自決一無條件的行動之方向。[24]

「本心呈現自決一無條件的行動之方向」，此即人的物自身的呈現，同時是目的性為行動照明、決定方向，同時是現象現實世界的呈現及條件之限制並因此限制而突顯道德法則之無條件性，同時即透出自由意志的自由自決，自由自律，遂成為人的物自身之「本來面目」義的真實意義。

十二、結語

牟先生由「本心呈現」開展其藉着康德之物自身思想之本意而調適上遂，歸於中國哲學，以完成康德、發展康德，表現一以「存在」（現象與物自身）統攝「自由意志」與「目的性原則」之哲學型態（目的性原則是本人加給牟先生的，牟先生並未提及目的性）。本文略進一解，

23　同註 22，頁 101-102。
24　同註 23。

為：依康德遺留之問題，實可有三種不同之綜和型態，此三種不同的型態實可互解互通互證，而中國哲學的人性論（哲學的人學）特質，實可直接透入康德問題之本質，直接逼現解決問題的方法，免去許多無謂之浮辭。但康德式的訓練亦可鍛煉思想，提高理性，抗拒魔性。牟先生選擇康德，實有重大之意義。然以存有論（現象與物自身）綜合自由意志與目的性原則，牟先生對後者（目的性原則）並未作進一步的積極論證及安排，或認為可直接交給物自身之體性說明與論證。本人認為目的性之為物自身之體性的意義，以及如何由物自身之實踐化、動態化、生命化來涵攝由目的性概念而獨立引發的種種哲學問題，如美學問題、德福一致問題、宇宙論問題，尚有待進一步疏導，本人近年即多在這方面用心。

（2005 年 9 月 5 日，武漢大學「第七屆當代新儒學國際學術大會」發表論文，收入馮天瑜主編《人文論叢（2006 年卷）》〔武漢：武漢大學出版社，2006 年〕。）

第三章

從體用義之衡定論
當代新儒學之嚴分儒佛

　　自熊十力把西方哲學由觀解理性之強探力索而形成的哲學根本問題「本體與現象」，轉說為中國哲學之「體用」，並依儒家大易大有之「體用」義，批評佛教唯識無體；體用義之重新衡定原為儒佛兩教之辯，卻觸發熊先生本人和當代哲學界對正宗儒家思想之系統性格、亦即儒家體用義之重新理解，並作出存在的回應。回應的結果，是以唐君毅、牟宗三為代表的當代新儒學的建立。唐、牟於儒家體用義，各有透闢之論析，並確認為一縱貫的、實踐的，亦即一活動的目的論的體用，更本之判佛教宗旨，為終歸於橫觀的「我法二空」之境者（唐先生）；為縱貫而橫說、就着緣起而工夫論地說體用，以歸於滅度無體者（牟先生）。佛教之「空」慧，唯待儒家大有圓教而起虛繫無礙之察照之用。

　　以上為本論文內容要點。本論歸於認為：一目的論的、實踐的、創生義的「體用」為儒家哲學特質，而區別於橫說的、虛說的、泛說的「本體與現象」義之「體用」，是乃分別中西哲學，以及分判儒、佛兩教之重要關鍵。

一、中國思想中之體用觀與性相論

　　體、相、用，其中之體用，原是中國哲學之一根本的觀法，亦是中國哲人最慣常使用的思想範疇。本人早年論魏晉言意之辨，曾以體用配言意，而以「才性四本」之同、異、離、合，說體用，說言意之辨，而發現魏晉時期為中國哲學史中擁有及運用最多思想範疇的時代，而體用觀作為玄學方法之發明，自此成為中國思想之主要範導原則。[1]隨後之隋唐佛教思想大量借用體用觀（有人誤以為體用觀是由佛教傳入，是不讀中國書之故），及至宋明兩代，理學家幾無一不在體用上用心，朱熹思想幾全依體用而展示；直至明末，王船山最善言體用；民國則有熊十力先生，藉體用之實證相應，破佛教唯識，建構其「體用不二」之唯心境論。「體」論、「用」論在中國思想一直最活躍，獨「相」論似為正統思想所忽略，至少一直未被中心論述所照明。其中一緣由，或中文辭義「體用」容易直接引發縱貫的、實踐的、實現的體證之路，以及形而上與形而下之拉開挺立之姿態意向；而「相」一辭之辭義，則有停留於表象、現象、表現、關係、形式等橫攝性之平列平擺平觀之感，少有理想性目的性之聯想。

　　由「相」直接觸發的，是「性相」，性內相外，則原是中國人性論之橫說的基本結構原則，亦是中國美學藝術論之核心論旨。全面而深微的性相之論，由兩漢人物品察至魏晉才性名理、玄學名理所盛發；而法相之論，有待於佛教唯識宗。但一般之相論，在中國思想中仍往往很快被收攝入體用之論，情況如王船山把人的視聽色貌之容與喜怒哀樂之相，直接說為「即體之用」與「離體之用」。其言曰：「喜怒哀樂如有未發；視聽色貌，無未發也。蓋視聽色貌者，即體之用；喜怒哀樂者，離體之用。體生用生，因於物感，故有發有未發。即體之用，即

1　參閱吳甿著：《玄理與性理》上篇，〈言意之辨與魏晉名理〉第二章（香港：經要文化出版有限公司，2002 年 10 月）。

以體為用，不因物感而生，不待發，亦無未發矣。」（《讀四書大全》第
七卷）喜怒哀樂是離體之用，體生用生，是則體用不即不二；視聽色
貌是即體之用，即以體為用，攝體歸用，此乃「天下唯器而已；道者，
器之道也。」（《周易外傳》第五卷）之另一說法。然無論是即體之用或
離體之用，視聽色貌與喜怒哀樂之為形相，其之為形相之形式、結構，
各部之關係等等之為如何？其意義、意味又如何？王船山一如舊正統
派，在作嚴肅思考時迅速將這一切安排為體用論的體相、用相，再而
直接遮相歸體說用，一如理學家之謂「聖人不言有無」，只言如何尋得
着手處。於是形相問題，很快轉手為性相問題、迹本論問題，再而轉
手為體用問題；而體用問題，則轉手為工夫問題。中國的正統思想，
遂少獨立的形相論、現象論，而工夫論獨盛，動輒即言「工夫所至，即
是本體」。此言甚是，卻又錯過了中途停下來的那一步工夫，因而錯過
了純相論、量論。

二、玄學體用之重新衡定和當代儒佛之辯

重檢魏晉玄學之言體用，到底說的是後來習成之縱貫義之體用，
抑或是橫觀義之體用，卻是問題。現在本人欲藉此文表示：凡未經分
疏而籠統地沿用體用以言說魏晉玄學思想者，都是不嚴格的、錯的。
魏晉玄學之言體用，其實正是從兩漢之客觀的縱貫垂直而實在實說的
體用觀中解放出來，平擺為一玄觀玄覽非體非用的虛說的體用。亦因
此，魏晉玄學為中國哲學開闢一純智悟與美趣的時代，「上對兩漢經
學而解放，下為隋唐佛學與宋明理學準備了豐富的哲學範疇和思想據
點，以及反省由語言建構的這一切可由語言之自我對消，回歸存在、
自由、無限可能性之玄的智慧。這是中國德福關懷之大傳統中，與於
穆不已、充實光輝之聖證傳統相對之觀化辯示、虛靈冥合之智照傳統。
或說，是德福關懷之性理傳統外，另一尚智崇美之玄理傳統。」（本人
著《玄理與性理》封底語）此尚智崇美之玄理傳統，其思想之最大特

色，正是將儒家性理系統之縱說之「體用」，一律轉作平觀橫觀，轉作「迹本」論、轉為「言意之辨」，大談有無玄。時至今日，中國哲學確切需要我們活化強化此凌虛觀照、辯以示之之智照傳統，然而時代之問題同時又要求我們必須活化強化那長久主導華族文化生命而近趨疲弱的縱貫的實體創化的實證的體用傳統，而亦縱亦橫亦順亦逆（逆者逆覺體證，終極目的之發現，本人再三致意之反思判斷也）地重建中國哲學。

或曰：今日中國哲學，須有縱觀，以攝相攝用以歸體而有體；須有橫觀，以攝體攝用以歸相而有境；須有順觀，以攝體攝相以歸用而有用；而體、相、用互為賓主，迴旋昇進，瞄準時代問題之中心（會通東西方文化，對抗偽先知），實現中國文化現代化之目標。在系統哲學方面，有唐君毅先生《生命存在與心靈境界》所展示者，本人認為此書乃大哲學之現代新典範。

然則，如何通過體用義之衡定，收攝迹本論、本末論、性相論、目的論，以至言意之辨方面之實在論與唯名論，實乃現代中國哲學之重要課題。當代新儒學的第一代即已觸發和以論戰的方式自覺啟動這方面的思考。當熊十力說：「哲學上的根本問題，就是本體與現象，此在《新論》（案：指熊氏自造之《新唯識論》）即名之為體用。」[2] 熊氏這裏並未區分此「哲學上的根本問題，就是本體與現象」究是縱說的，或是橫說的，而一律改以中國哲學原有的、實踐意味很重的「體用」名之。其實在西方，「現象與本體」確是其哲學之中心課題，卻多是以橫觀方式論辯開展。在中國，哲學之中心課題則是「本體與工夫」，明是以縱貫證示方式開展而稱「體用」。兩者並非一事，不可混濫。熊氏未作區分，言辭似仍沿舊說特別是王船山攝體歸用、攝理歸事之事論的體用觀。但另一方面，熊先生強烈反對王船山「無其器則無其道」之「事理主義」，而要雙向地從唯用論、唯事論與佛教之唯識、唯空、種

2　熊十力著：《新唯識論》（語體文本）（北京：中華書局，1985 年），頁 465。

子諸論中翻出來,亦即從種種橫觀橫說的體用或縱貫而橫說的體用,或以無體唯用、以無體息用為體用中翻出來,回歸儒家大易「體用不二、性相一如」之實證性智論,而為真實論之體用觀。

熊先生即本此儒家之真實體用,破佛教空、有二宗,其言曰:「佛家性相之談(法性省稱性,法相省稱相,見基師〔窺基〕識論述記等),確與本論體用不二義旨,極端相反,無可融和。」[3] 認為原來般若宗之大機大用,唯在破相顯性,「然由破相顯性之主張,一直往前推演,則相空而性復何存。此則大空諸師自己反攻自己,而終不自覺也。」[4] 熊先生以大易乾元之實體實性,為空宗要顯之性;再以為唯識宗之立相張有,亦為張此實體實性,匡救大空之失,而以「新緣起說」(案:指「種子 —— 熏習 —— 現行 —— 」),攝相歸識,就識性言種性、種子,「其用意信美矣。然其立論;極逞臆想。」「建立本有種子,為宇宙初因,頗近多元論;而後建立藏一切種子之賴耶識,又近神我論。」既立種子之我矣,又須轉識成智,還滅歸如,由是「種子,真如,是二重本體,有無量過。……其種子明明是萬法本原,而又說真如是萬法實體。如此,則何可避免二重本體之嫌。是乃鑄九州鐵,不足成此大錯。」[5]「大空談體而廢用,卒致性相皆空,由其有趣寂之情見在。大有繼大空而興,獨以破法相為未是,故創新緣生論,建立種子肯定法相,此其用意未可非,獨惜其理論不得圓成。」[6] 此見熊先生一味以證實體實有,為釋氏本懷,而責之於空有二宗,謂空宗破相顯性,相空性亦空;而有宗立相顯識,識顯而遮性(真如法性);另立種子說,則又鑄二重本體之錯,此皆體用為二截之過。「諸師逞臆,構成一套宇宙論,種種支離,其能免於書空之譏者鮮矣。」[7]

3　熊十力著:《體用篇》(台北:台灣學生書局,1976 年 4 月影印本),頁 65。
4　同上註,頁 79。
5　以上各句,同註 3,頁 156。
6　同註 3,頁 157。
7　同註 3,頁 159。

　　熊先生以「其能免於書空之譏者鮮矣」譏空有二宗，殊不知空有二宗正本其佛教終極關懷，不惜造作種種理論，力表即照趣空如、即感趣寂如之情。是譏者似入於佛教門牆之內而欲破其門牆，卻成門牆之外者也。

三、佛教體用義之自我衡定及其理論困難

　　其實佛法密意，竟非實說體用，乃正是虛說體用，或正以無體息用說體用，說工夫所至即是本體。佛教之工夫所至，唯是撤消萬有；佛教即以撤消萬有、我法二空為其所謂本體。空宗所證，性空唯名；有宗所論，虛妄唯識（印順法師判語）。先攝存在（一切法）於緣起，泛說緣起性空；繼而攝一一相（一一法）歸境，而說「境不離識，唯識所變」；再而援種子入賴耶識，破賴耶識而為種子藏；而種子待熏現行，於是仍是緣起性空，「從無住本立一切法」（《維摩詰經》〈觀眾生品第七〉）。此見佛教一路走來，發展到唯識學，其思想方法基本上都是橫說的（把縱貫問題作橫說的方式處理）。橫說地講境不離識，唯識所變，攝存在於緣起，即緣起而依解脫之目的（此則有縱貫義之相）工夫論地說不增不減，說淨染、明無明、色即空；其說因果亦是泛說的，而非豎說的因果：非向上說因果，亦非向後說因果，亦非向下說因果，而只是就橫攝的二法泛說因果以證因果法非實，而蕩相遣執，從因果鏈中解脫（《大般若經》〈初品〉有十八空，依次破有為法、無為法、不相應行法，以至空法，歸於畢竟空，特顯此般若精神）。

　　所有佛教內部的爭議、佛教外部對之之爭議，往往正源自以為佛教是豎說的、實說的體用、因果。以為實說豎說「境為識所變現」，以為實說、豎說「本有種子為萬法之初因」，以為實說豎說「真如是萬法實法」，如熊先生以大易之真實論體用而誤求之於佛教者；不知此佛教諸說只是就橫攝的一一法，即此橫攝而工夫論地帶出來的。由橫攝而工夫論地實踐不增不減，如實觀、如實知、真實行。「應知實無外境，

唯有內識似外境生。」（玄奘《成唯識論》）以「成就四智菩薩，能隨悟入唯識無境。」（窺基《成唯識論述記》）「由斯遠離增減二邊，唯識義成契會中道。」（玄奘《成唯識論》）就工夫論而言「一切有為無為，若實若假，皆不離識。」（同上）。

然則真妄、淨染、覺迷亦全繫於「唯識」：「此唯識性豈不亦空？不爾。如何？非所執故，謂依識變，妄執實法，理不可得，說為法空。非無離言正智所證唯識性，故說為法空。此識若無，便無俗諦；俗諦無故，真諦亦無。真俗相依而建立故，撥無二諦是惡取空。」（同上）然亦因此由橫攝而工夫論地、實踐地講遠離增減二邊，純依他，真俗互依，契會中道，如實觀、解脫；卻又帶出許多問題、許多爭議。

既是「識所緣唯識所現」而「虛妄唯識」，則如何可避過「唯我論」？（熊十力先生亦特提此問題）[8]。如何可說共境、共相、共識？另一方面，唯識宗又說「無我」，「是故我見不緣實我，但緣內識變現諸蘊，隨自妄情種種計度。」（同上）既無我，又如何說「此識無始恆轉如流（恆言遮斷，轉表非常），乃至何位當究竟捨？阿羅漢位方究竟捨。……爾時此識煩惱粗重永遠離故。」（同上）無我又如何有位、有捨？又妄心之我如何知此識煩惱粗重永遠離？唯識之八識，何識可以知妄？知正聞熏習？知轉識成智？……種種難題，遂有種子說，種子又分淨、染、無記，又分本有、新熏、本新合用，而說「三法展轉」，「種子 —— 熏 —— 現行 —— 」是為諸境之本源。種子與八識結合，而說「境不離識，唯識所變（變現）」，八識與種子成為諸境一一法存在的根源的說明。這樣一來，把個「識」（合種子）說實了，說成了個「本體」、宇宙之體原；又把個「境」說實了，說成了個「性」，說成了個「用」，而由識所變現。然則，涅槃法身、真如本體之為萬法實體（亦是說實了的體用之體），與種子之為一一法之存在的根源，打成兩重。唯一真

8　同註3，頁150-151。

心迴轉緣起一一法，與「種子——熏——現行」一一法，究竟何者為本體，也就成為佛教內部永遠的爭論與對立。

四、虛說的體用與佛教解脫目的論

問題的出現，就在這種說實了的真如體用觀與說實了的唯識體用觀。這種說實了的體用觀，實在觀、實體觀、實法、實用之體用觀，東西宗教哲學多有。印度舊婆羅門教的梵天正是一大實體，眾生亦是有種性之實體。佛教正是在反對婆羅門實在論之梵天觀及種性思想中一步步發展出來的。故佛教說體用，即首先須從佛教對一切實在論之排拒態度中理解。由是，佛教之體用觀——

一、不會是創造論的體用，不會是超越的實體之縱貫的體用（如儒家之體用，易傳「先天而天弗違」、「逆之則成聖成賢」二句所表者）；

二、不會是實現論的，或綜合的順成的生命目的論的體用（如儒道二家之體用，易傳「後天而奉天時」、「順之則生天生地」二句所表者）；

三、亦不會是純相的意義論的以無為體、「無以全有」的觀照的、寄託在工夫境界中的順成性命，護持萬有之體用（如道家之體用）；

佛教只會是就着緣起法，不增不減、工夫論地還滅地說體用；只會是倒果為因地，即着果地的海印三昧中的佛法身所倒映的世間一一法，而泛說體用；只會「從無住本立一切法」（《維摩詰經》）、「菩薩應無所住而生其心」（《金剛般若經》）、「祇心是一切法，一切法是心。故非縱非橫，非一非異，玄妙深絕，非識所識，非言所言」（智顗《摩訶止觀》）地說體用。

若唯識宗那樣攝境歸識，攝存在於三法展轉（種子——現行——熏），阿賴耶與前七識「一種七現」、「立相顯性」地說體用，對佛教解脫本懷而言，是說實了的體用。就說實了的唯識體用而言「境不離識，唯識所變」，而虛妄唯識，則如何得說「轉識成智」之「轉依」？「轉」

謂「轉捨」、「轉得」，若捨是捨阿賴耶，得是得寄存之無漏種子，然無漏種子亦須憑藉外境熏習始得現行增長，但「識所緣唯識所現」，則成了自熏、如熏？唯識宗遂亦不能承認這種說實了的體用。

　　若真心系之攝諸法之如境空性於真如智心而與此智心為一，空如理因真心故而有一實體義，而說空如為體，實即真心為體，而成唯一真心迴轉為諸法之體，此真心遂成一實體性的實有，此即不空如來藏，而為真常唯真心之體用。對佛教之解脫本懷而言，此一條鞭地唯真心之體用，是將般若智如境空性之平平境，平地起土堆突起而為一豎立的真心系統，而至少在勢態上為倒轉的縱貫的、立體的、有增有減的、分析的而非如的，對治的緣理斷九的，說實了的體用。佛教圓教遂不能承認這種說實了的體用，把這種說實了的體用判為權說。

　　佛教即使到了真心系統，雖已非一往平鋪平攝，但亦非縱貫的，亦非有體有元的，而只能說是非縱非橫，於念無念，於相無相，於住無住（禪宗「三無」），即活動即不存在，而說不斷斷、空不空如來藏。如是，佛教遂保存保護了緣起的一切法，同時保存保護了即緣起之一一法，不增不減而頓悟解脫之真如法性之真實性。自解脫言，佛教無需另證宇宙本如，另尋實體真用、終始條理、自由意志、道德法則。依佛教原旨實情，萬法已一一現前，生命存在卻如萬箭穿心，如何拔箭療傷，最是如實知、真實行。若因此更立體立法立理，漫說箭法射法，更立萬法之元法，說體說用，說縱說橫，則豈只無關佛法，直是戲論。

　　是見佛教之體用，原是只能虛說、如說。只能說如體如用，此即著名「十如」：「佛所成就第一希有難解之法，唯佛與佛乃能究竟諸法實相。所謂諸法如是相，如是性，如是體，如是力，如是作，如是因，如是緣，如是果，如是報，如是本末究竟等。」（《妙法蓮花經·方便品》）慧思（智顗之師）翻轉為「是相如，是性如，是體如，是力如，是作如，是因如，是緣如，是果如，是報如，是本來究竟等如。」而智者大師（智顗）再翻轉為：「相如是，性如是，體如是，力如是，作如

是，因如是，緣如是，果如是，報如是，本末究竟等如是。」而曰：「非一二三而一二三，不縱不橫，名為實相。」（智顗《法華玄義》第二卷）這樣一翻再翻，亦只為表示不能說實，不能說成縱，也不能說成橫。「亦不言一心在前，一切法在後；亦不言一切法在前，一心在後。……若從一心生一切法者，此則是縱；若心一時含一切法者，此則是橫。縱亦不可，橫亦不可。祇心是一切法，一切法是心。」（智顗《摩訶止觀》第五卷）

五、縱貫實說與縱貫而橫說虛說

　　熊先生本中國傳統實說的實體實性實用之體用觀，求之於唯識學，以為唯識學以識立相，立相則張有，則可顯性證體，遂其攝體歸用，「體用不二，性相一如」之本體論，美曰「援儒入佛」而迹近「緣佛求儒」，直是太相應而不相應，「契入有餘，透脫不足」（牟先生評梁漱溟先生語。亦可借用評說民初諸子）。皆未真能開闢相境、相論以安排佛教之無念、無相、無住之無體銷用之「空理」境，觀照凌虛之工夫未足與縱貫之體用並立之故。近翻熊氏《體用篇》，很多「佛家性相之談，確與本論體用不二義旨，極端相反，無可融和。」之辭，竟以大易大有之體用，求之於佛家性相之談，其失望而回，豈不意料中事，何嘆惜疾首之有！儒家大易大有，實體實性實用，是剛健的，創造的，無而能有，有而能無，即活動即存在的，實踐的，自我實現的，意志因果、實證相應的體用，何可求之於佛家之就着緣起，見體如體，見性如性，見相如相，見用如用之虛說的體用？佛家虛說體用，正為即緣起之一一法，就其為現象之為現象，不增不減，如實觀之，緣起性空，無一法有自性。故見體銷體，見性破性，見相破相，見用息用而不壞諸法假名。虛說體、性、相、用，以顯「實相一相，即是無相，即是如相」，而正要從種種體、性、相、用之妄執為實中解脫，而為解脫之目的論的自力自度論。此熊先生豈不知？或正要借唯識以

破唯識以顯實乎？熊先生的方法，又較宋明理學家之以言空為忌諱進一步。

　　各教之理想目的不同，所立人極之型態不同，所立所見之體的體性不同，工夫亦隨之不同，故其體用義亦不同。分別衡定各教之體用義而論其不同，相應而無礙；再而可即生命心靈之存在實感，判各教之高下、圓不圓，亦甚善。若以一教之型態求之於他教，而失望嘆惜，則無謂。除非，那求之於他教之哲學要求，本源自他教之原教宗旨，或來自普遍而基本的哲學課題，又或來自其教之哲學發展所必須回應者。

　　在體用義上，儒家與佛家正須各不相同。如前所述，儒家的型態，是以成德潤物為生命存在之目的，此目的又內在為生命心靈存在之體性，而為意志因果的縱貫的實體實性，並實踐地「體物而不可遺」統攝一一法，「妙萬物而為言」而為乾坤萬有基。佛教則正要從一一法之體、性、相、用之執定中捨離，而以生命之從因果體用中解脫而還滅，以此為目的，此目的之可普遍而必然達到的根據，正在唯識學所論對世間一一法之存在的根源的說明之為「境不離識，唯識所變」，這裏有橫攝的法相之說明，亦有縱貫的工夫論之說明。其上句「境不離識」便是橫攝的，徹底的唯經驗主義、唯現象主義的說明；下句「唯識所變」則是縱貫的工夫論的說明。但佛家工夫全就着緣起而依解心無染、我法二空之目的而說不增不減，說明無明，說八不中道，而歸於說轉識成智。這原是意志因果的、縱貫的，但其所依所就，卻是橫攝的緣起系統，法相唯識。如是，唯識學的「唯識所變」並非要縱貫地、實在地說明一一法之存在之根源，而正是排拒一一法之存在的根源之實在化之實執，從而否定一一法之根源自性，從而回到緣起性空，解心無染。則「唯識所變」這句之說為是縱貫的姿態，其實是虛說的，嚴格說是不能解讀為體用的。歷來論者慣以體用套之，其實是誤解。套之而知其為虛說，而保護保留佛教之在縱貫軸上的工夫論之解脫之理想，則是判教中的大事。

六、哲學的分判與綜攝

熊先生的破舊唯識而另造新唯識論，表明其工作不是判教，亦非援儒入佛，或緣佛求儒；而是借佛歸儒，把個唯識系統之法相論，來刺激儒家橫攝面的相論、量論，再以體用論衡之，而發現其實無體（或只是寂體、空如體），遂破舊論，另造新論，本儒家大易大有之義，即相言性，即用證體，成其「體用不二，性相一如」、乾元性海之儒家體用。雖曰新論，其實是儒家本有之古義，以至是泛說的中國思想本有之主義、傳統。「體」者存有也、實在也；「用」者表現（形相）也，實現（改造存在）也。「實現」又可分外實現（涉及改變外在存在）和內實現（涉及調整自我生命之存在）。兩者原是一事，焉有全不涉及表現或實現等活動，無形相、無作用之孤懸之「體」？或純形相、純變動而無目的、無體之「用」（返歸於經驗現象之流，而言純相、純現象，而橫攝地虛說「用」，只是一過渡，正是住無住）？這種兩極化的割離論，亦只緣自一離實之名之以名生名、無限推演之結果，本就表現一自我分裂之體性之用之妄（歸於自我否定）。而反證仁體義用，承體起用，用足養體之必之常，可悠久而日新。

本大易大有之義，集文理、性理、玄理、空理、名理、事理、物理，遍觀人類各大文明各大教，而判教，此談何容易。當今之世，唯牟宗三先生的《現象與物自身》、《心體與性體》、《佛性與般若》、《圓善論》諸書可以擔當之，唯唐君毅先生《中國哲學原論》、《生命存在與心靈境界》諸書可以擔當之。當今之世，唐、牟以外，似無人嘗試擔當此判教（雅斯培的軸心說只屬某義的歷史存在主義，未可言判教）。當年梁漱溟先生的《東西文化及其哲學》、熊十力先生的《新唯識論》首發先聲而未能盡力、未竟其功者，或正是牟先生說的「契入有餘，透脫不足」。而唐、牟可以擔當此判教，卻是在流亡海外，蟄居香港一隅，四顧蒼茫，中心憂懼之心境中承擔之。今值二子冥壽百週年，豈能無感。

　　唐、牟在各自之判教中，都不以縱貫實說的體用義來看佛教。故對佛教之說體用，無論唯識學之言「自性」、「圓成實」、「種子現行」；或如來藏系統之言「自性清淨心」、「真常心」、「真如空性」；天台宗之言「一念三千」之「實相」；華嚴宗之言「不變隨緣，隨緣不變」之「唯一真心迴轉」；都只還他一個「虛繫無礙的非體用的體用」之地位。亦因此，佛教正以其虛繫無礙（另有道家卻以道心、靈台心與「絕對存有之全」、「無以全有」〔王弼語〕、「在心上做工夫，在性上得收獲」〔牟先生語〕之「反者道之動」義）之性格而得與儒家之活動的實體實理實事之縱貫實說之系統，相配成為中國人文教之統之有宗，會之有元之全貌，而歸於不可缺，再而可吸收西方文化及其哲學。此則可謂：有縱有橫且有順，有實有虛兼有玄，有體有用還有相，有物有則好有德。

七、牟宗三之判釋：滅度的體用

　　先看牟宗三先生如何判佛教之言體用。兩大冊《佛性與般若》對佛教般若學、唯識學、真常教三部，有極透闢之判釋，今不能及。在《心體與性體》第一冊有一附錄長篇〈佛家體用義之衡定〉，今摘引數段，可略得其意。

　　　　（關於華嚴家之性起義、體用義）就華嚴宗說，「不變隨緣，隨緣不變」是實然地說。在此實然地說下，吾人不能說如來藏心是體，而隨緣流轉是其用。即在十信終心已去，一念即得作佛，「一念即得具足一切教義、理事、因果等，及與一切眾生皆悉同時作佛」，而成為「因該果海，果澈因源」，因圓果滿之性起，十身佛之自境界，如理智中如量境之法性家實德緣起，而緣起就緣起說，亦仍是虛繫無礙之圓融。縱使唯一真心轉，性起具德，一時炳然，或隱映互現，而吾人仍不能說此真心為一創生的實體能創

生此緣起事之大用。此體用仍是「緣起性空，流轉還滅，染淨對翻，生滅不生滅對翻」下之靜態的虛繫無礙之體用。（……）此真心迴轉之大緣起法實仍是順應實然說的「不變隨緣，隨緣不變」之所有而翻上來圓融無礙地寂滅之，而示現為實德而順成之，雖名曰大緣起法界，說的那麼豐滿熱鬧，實則亦可以說是一無所有，亦可以說是無一德可現。然而又實可一時炳然，亦實可隱映互現。在此種虛繫無礙的圓融狀態下，實無體用可說。體用皆是過渡中的詞語，亦是虛說的詞語。此如來真心實非創生緣起法之實體也。[9]

依真心起還滅行是體用，而此體用是返流，是過渡。及其全沒於果海，則真心呈現，寂滅無相，而體用義亦不存。縱使此海印三昧之果海，於不可說中方便假說為大緣起法，說的那麼豐滿熱鬧，還只是因位內容之映射，而實無真實之緣起，而真心與此虛映之大緣起法（所謂實德緣起）之關係亦非體用之實關係。蓋此大緣起法本是虛映虛說故。實處是在還滅之行修，而沒於果海則全成為「意義」，成為寂滅之「實德」，實無事可指，無相可說，焉有體用之實體與實事？就是着實了，說為大緣起法，其與真心之關係亦仍是虛繫無礙之關係，而非創生的體用關係、因果關係也。[10]

（關於天台宗之體用義）就天台之「空假中」言，此中根本無體用義：空不是體，假不是用。（……）「即空即假即中」之圓融的資待亦只是詮表上之抒意的資待，證「實

9　牟宗三著：《心體與性體》第一冊（新北：台灣正中書局，1980 年初版），頁 642-643。

10　同上註，頁 644。

相」的資待，並非是客觀實有上因果、體用之資待。[11]

　　兩圓教（案：指天台、華嚴）雖殊途而實同歸，仍不失佛家寂滅教義也。[12]

　　是以佛家之空假關係，理事關係，真如心與緣起法之關係，其本身皆非體用關係。（……）雖極圓融、甚至說無世可出，無生死可度，無涅槃可得，說出如許圓融、弔詭的妙論，亦仍是圓融地滅，圓融地出世，不可詭飾而辯掩也。[13]

　　佛教原以滅度捨離為宗趣而立教，亦以此滅此寂而真正區別於儒道二家及其他各教。言佛家教義者原不應詭飾辯掩把個佛教根本宗趣，弄成像醜媳婦般藏掩在許多詭辭妙論中隱而不見，卻正貶損了佛教。儒道二家亦不應從佛教之言空假關係、理事關係、識境關係、真如心與緣起之關係，而聯想到中國思想最喜講的體用，而以縱貫實說的體用，要求之於佛教，而失望嘆惜。論者更不應以佛家圓教（天台、華嚴）之圓融，圓融至於說無世可出、無生死可度，無涅槃可得，而謂佛家不出世、不滅度、捨涅槃，與儒道無別、三教合一，卻正掩沒了佛教的出世之理想、滅度之大願、涅槃之悲欣交集。雖云是圓融地滅、圓融地出世，到底亦仍是滅、出世、理寂不起、我法二空，而不是儒家道德的正面承擔，亦不是道家玄德的成全載物也。民初諸子中，梁漱溟先生倒是確知佛教滅度之宗趣，亦知此宗趣與儒家天道性命、孔顏樂處之義，與當今普世之核心價值與中國國情所需，皆不相合；唯移作人類最後歸寂用，而告誡國人「今世勿言佛」（見《東西文化及其哲學》）。然梁氏此見又入於人類集體歷史主義階段論，某義的歷史

11　同上註。
12　同上註。
13　同註 9，頁 646。

主義的集體解脫論，以階段論套說生命路向，套說宗教義理、理想人格。存有論的、邏輯的、目的論之實踐的；縱貫的、橫攝的、順成的；體性的、形構的、作用的；都混濫一起。梁先生卻在這混濫中顯其洞見，呈其存在的慧識和儒者生命的真誠，而判釋東西文化及其哲學而大致中肯不誤，契入有餘。熊十力先生則深入佛教唯識學，而感嘆無體可得，用在還滅，可謂窮佛見儒。熊氏遂出佛返儒，重證大易大有之道德創生論之體用，如本文上段所述。當今之世，能就人類古今所成之各大文化與宗教哲學，予以判釋衡定、各得其位、各正其命，以共證人類之為理性的生命存在者，唯牟宗三、唐君毅二子。牟先生之衡定佛教體用義為即緣起而言不增不減工夫之還滅的體用，上文亦已述過。今看唐先生如何判釋佛教。

八、唐君毅之判釋：我法二空

《生命存在與心靈境界》安排佛教於超主觀客觀境之層位，在縱觀之體境「歸向一神境」與順觀之用境「天德流行境」之間，而為橫觀之相境，名「我法二空境 —— 眾生普度境 —— 觀一真法界」。此安排直接表示唐先生認為，佛教思想的根本性格，是橫觀的法相論。由橫觀一切法而徹法源底，是性空唯名，即此緣起性空，而遍觀眾生妄執有我、有法，亦即妄執有縱觀之體、自性，妄執有順觀之目的、自成性，但事與願違而苦痛煩惱；佛教思想要求真切認識正視此由妄執生命存在之目的體用而不得、有情生命之苦痛煩惱之實感之真實性。此佛教之第一真理「苦諦」之成立。破除有情生命種種執障的根本大法，亦只是以智慧澈照有情生命所執者本性空，如實觀一一法只是緣起，此佛教之說明理論之「集諦」之成立。即緣起而言不增不減、法相，即復其對法界一切法之橫觀，如觀，此智慧即可拔除眾生之苦痛煩惱，以成此有情生命之救度，此佛教之實踐理論之「道諦」、「滅諦」。其言曰：

　　　　佛家思想，則要在由破除吾人之心靈對主觀客觀世界
　　之種種執障，以先開拓此心靈之量，而成其對法界之一切
　　法之橫觀，以使此心靈日進於廣大；而更自上而下，以激
　　入於法界中一切有情生命之核心，由其有所執而生之苦痛
　　煩惱，更與之有一同情共感，而起慈心悲情；再以智慧照
　　明此有情生命之核心所執者之本性空，而即以此智慧拔除
　　其苦痛煩惱，以成此有情生命之救度。[14]

　　佛教之解脫、救度，觀一真法界、普度眾生，究其實亦只是即生
滅門之一一法，而一一還滅之；還滅之而觀一真法界，此一真法界亦
只是我法二空，非有一寂滅、涅槃之實體、實法，為孤懸實存之一真
法界也。故凡還滅法者皆在與生滅法之相即中，俱存俱滅而無自法，
是則緣起法、生滅法與還滅法亦本性空，而亦在緣起中而當再還滅之，
而至於回到徹底之橫觀唯相之境界，而唯相即無相即如相，此之謂真
如，如其本性空之如。縱觀之體境界、順觀之用境界，自佛教集中於
生老病死之生命觀而言，正是苦之根源，業之羅網，正須工夫論地見
體破體、見性破性，見用銷用，體用雙遮而歸相，相唯緣起，緣起性
空。佛教的實踐工夫，即此緣起而不增不減，即生滅而還滅。

　　故佛教原不宜說體立體。唯識宗以識攝境，言「境不離識，唯識
所變（變現）」，似有以識言心，立識為體之嫌。此熊先生或即此以為
唯識宗立相顯性，而唐先生以創生心與橫觀之識心不可混濫，正大不
以此為然，指「心變現境」為「滯辭」：

　　　　言境為心所感通，不言為心所變現。心所變現者，自
　　是心之所通及，然此主體之心，通及客體之境時，此境即

14　唐君毅：《生命存在與心靈境界》，收入《唐君毅全集》第二十四卷（台北：台灣學生
　　書局，1991 年），頁 76。

自呈現其「性相」於此心。此中，境亦可說有呈現其性相
之「活動」或「用」，而後此境與其性相，方得呈現以「存
在」於心，而通於境之心，亦必因此而自變為以「呈現此
境之性相」，為其「性相」之心，此心又必有此自變之「活
動」或「用」乃有此所變成之心之呈現以「存在」。故此中
有心境相互為用之義，不能只言心變現境。又言心變現
境，恆是就特定境，而言其為此心之所通。然心之所通，
不限於特定境，乃恆超於此特定境，以別有所通，而永不
滯於此所通。如飛鴻踏雪泥，飛鴻不留於其指爪之所在。
故只言心變現境，縱至於言一切境，皆心所變現，仍是
滯辭。[15]

此段文辭所涉思理亦深微，須有所疏導。若無真解，直以客觀主
義套之，則成大謬。其實此段所言，正見唐先生以「性相心」與其所呈
現之境兩者之關係正是一橫攝的互倚關係，一相境，而非縱貫之體用
關係，正以緣起故，不能言心變現境。佛教唯識本義，「境不離識」，
即含「境識不離」，若單言心變現境，則落一邊，於佛教空理遂成滯辭。
以至泛言境心關係者，說「境決定心」或「心變現境」，皆為滯辭。此
種微妙問題，前文已討論過。而心不限於為性相心，更可為體用心、
超越心。若心為自由無限心、創造心、自在自為心，以至天心，「所遇
者化、所存者神」之聖心、神心，則心所感通之境，不必是相境，自不
宜說心變現境以至一切境唯心所變現。以心之所通，非必橫通，更非
必定於一特定境而言通、言心變現境。此心恆超於一一特定境，且必
超於一一特定境，永不滯於一一特定境之所通，而上下與天地同流，
與萬物人神共遊，轉化一切、善化一切，而永無止境，亦永無一境可
滯留，如飛鴻踏雪泥，飛鴻不留於其指爪之所在也。若拘於心變現境

15 同上註，第二十三卷，頁 13。

之言，則神心、他人之心之境，亦為我心之所變現耶？故唐先生斥之
為滯辭。

九、儒家圓教與證如證悲

　　佛教之「從無住本立一切法」，「應無所住而生其心」之輾轉迴旋，
可以引生無窮詭辭妙論者。以至「一心開二門」之「一心」復歸何處，
亦唯是「應無所住」地「開二門」即「滅二門」，歸於我法二空、一心
自寂。

　　至於詰問為何佛教要集中在生老病死來說生命？為何不集中在作
為一一被造物而必有體有性有用，受造物主之計劃所籌劃安排，故必
以投向一神，被最高神攝收，來說生命存在？如耶教之說。又為何不
集中在「天生烝民，有物有則。民之秉彝，好是懿德。」來說生命之生
與命？如孟子引《詩經》〈大雅〉之說。為何不從生命之憑空而出之清
白空靈，同時是破空而出之獨化自生，（此義有歐陸存在主義說「存在
先於本質」作遙契，而與「本質先於存在」對舉。）既來自一純善之生
生之德，又自生為一創造的獨體上來說生命自身之非執與本性之善？
如孟、莊及魏晉玄學之說。為何不從此一一獨特之生命之共賦天命以
為性，當以盡性立命為此生命自為之用，此順成性命之用，即生命所
本之體之用，亦是生命自我創造之自成之用，而自有其相續之事與事
之相上來說生命之死的智慧與超分別我執性？如論、孟、易傳、中庸
及宋明儒之說。為何不從此順成性命之德用（直心而行之謂德）之綜攝
縱觀之性體與橫觀之性相，而次第開展，率性之謂道，則生命存在本
可實現為即體即相即用之真實存在上來說真際實際、說「何期自性本
自清靜，何期自性本不生滅，何期自性本自具足，何期自性本無動搖，
何期自性能生萬法！」（借用六祖慧能之語而轉住無住之虛繫無礙為應
住者住，不應住者不住之道德目的論）如儒教、道家之種種說。此終
見佛教之大不同於耶教，又大不同於儒道二家也。

　　言至此，若復詰問「一心開二門」之一心何在？一心為何開二門？佛教既無本體義之縱觀之體用，則將如何說明之？佛教必仍從苦、從無明煩惱向上翻而反顯此如來藏自性清淨心，此則仍只從生老病死說生命之我執，再欲破此執而說如來藏。若有即生老病死而說生命本善非執而常自超越，不起無明恐懼之苦，則無苦亦無需解脫，無無明故亦無此如來藏之一心與一心開二門矣！然則佛教之如來藏與一心開二門原無邏輯的與存有論的必然性。但本人願於此亟言佛教解脫論有其真實之普遍性、必然性。此解脫論之普遍性必然性，即落在生命存在之生老病死之普遍性、必然性上，亦即落在生命之有限性上。就生命自身而言，原無所謂有限，說生命之為有限，即已立生命存在之目的理想，以此生命存在之目的理想言，反照生命之存在相，而起無限之有限之感。就生命存在之目的理想言，即排除所有文化意義、精神價值之創造意義等等特殊之目的理想，此生命存在本身亦可以其之持續存在為其目的理想，而以此生命之喪失其持續存在為不符其存在之目的理想而大悲。即或本人已超越此以持續存在為生命之目的理想，而以精神價值之創造、或新一代生命之存在，為其生命之目的理想，但亦正因此，仍不忍、或更不忍於他人生命之不能持續存在，進而可言，不忍於六道眾生不能持續其生命之存在以修道而進於更高更自由之生命存在。故個人生命可以超越悲痛，而人生在世不能無悲痛。當眾生在生老病死、哀號無告之時，焉能不起悚慄之心、驚怖之心，痛澈臟腑，悲而至於欲從來無生、永斷輪迴。當年釋迦牟尼即此大悲立大誓願，誓證如救悲。既誓願證如救悲，此誓願即已證悲證覺，不宜單憑其哲理說佛教證如不證悲也。而佛教解脫論亦得證其普遍性、必然性。

　　然此說佛教之解脫論有其普遍性、必然性，此普遍性必然性落實在生命無常必觸發仁心、道德心之大悲大願；此則由證如救悲，轉證大悲大願，轉證悲心、願心、仁心、覺心；是則此仁心、悲心、覺心實乃佛教普度眾生之解脫論之超越的源泉、本體。

　　前說佛教之大不同於儒家，原來竟是佛教自此生命之超越本源中

心中,繞出來只看那生命之相,即此生命相之無常,而人常膠着於生命相、事相之上而執為常、為有,而事與願違,而無明、煩惱、苦痛,而佛教即此立誓願,以捨離滅度為教,而不知生命相可收攝於生命之義用而即生命相之無常證義理之必與常;復不知生命相可收攝於生命之自我超越與生命之自我歸復,而即生命相之無常證生命之真實無限。這裏,實有無限之理義之莊嚴。

即此無限之理義之莊嚴,可言儒家圓教之模型,以及儒家圓教如何可「開出」其他教之義理關係。關此,牟宗三先生有一精要之批導,其言曰:

> 實踐理性充其極而達至「道德的形上學」之完成（在中國是儒家的形態,在西方是德國理想主義的形態）,則這一個圓融的智慧義理本身是一個圓輪,亦是一個中心點,所謂「道樞」。說它是個圓輪,是說在這輪子底圓轉中,人若不能提得住,得其全,則轉到某方面而停滯了,向外開,亦都是可以的:上下、內外、正負,皆可開合。「道德的形上學」一旦完成,康德的那一層隔打開了,此就上帝說,雖超越而亦內在化了;人若順內在化的落實,提不住而真落下來了,則多從人的負面性（如罪）與有限性着眼,又再把上帝推遠一點,以保持其尊嚴,這也是可以的,這便是基督教的形態。這是上下的開,但不能憑這開來反對那實踐理性充其極的合。復次,那圓輪子本不外於「外」,若轉到外面而停滯了,見到外面亦有獨立性,就此而向外開,或開懷悌海式的宇宙論,或開海德格式的存有論,皆無不可,但若執此而與那圓輪子對立,則非是。懷悌海的宇宙論終必收攝於這以實踐理性為中心的圓輪子內方能站得住。就海德格說,當「後天而奉天時」的時候,就是他的「存在倫理」。可是「後天而奉天時」原與「先天

而天弗違」連在一起的。良知的當下決斷亦就是他的「存在倫理」中之存在的決斷，獨一無二的決斷，任何人不能替你作的決斷。可是良知的當下決斷原是本良知本體（即性體心體）而來，原是本「先天而天弗違」的道體性體而來，原不與康德宣稱的格言相衝突，乃是本體以成用。若執着「後天而奉天時」一義而與「先天而天弗違」為對立，執着存在的決斷而忘其體，那便不對。此是內外的開合。復次，從正面踐仁盡性到圓熟之境，一切都平平，一切都落實，人若在此平平落實處，只見到那形而下的器而膠着於事相上，則從負面來觀察人生，多從空、無一面入，也是可以的；無卻那相對事相的執着、人為造作的不自然，而超顯那自然無為的境界，這便是道家；空卻那事相緣起流轉的自性而當體證空，這便是佛教。因為這負面的生命原也是那圓輪子所要化掉的。若執着於這從負面入手之所證而與那圓輪子為對立，便不對。此是正負之開合。[16]

禪宗六祖慧能當年大悟「一切萬法不離自性」：「何期自性本自清靜，何期自性本不生滅，何期自性本自具足，何期自性本無動搖，何期自性能生萬法。」突顯一奇偉之中國心靈，雖其所奉為佛教，卻已達於開天門，見天光。佛教之不可滅，正有待於一絕對的開天門，見天光，天德流行，大易大有之教之順成性命，即體即相即用之全幅開展；而佛教亦得在此順成性命之教之全幅開展中，盡其橫觀的我法二空之智慧之用。

（2009 年 9 月，香港新亞研究所「紀念唐牟誕生百週年學術會議」發表論文，後刊於 2011 年《新亞學報》會議論文集。）

16　同註 9，頁 187-188。

第四章

目的、體用與性相

—— 從目的論看唐君毅「心靈九境」之系統性格

　　本論文以唐君毅先生「心靈九境」論的哲學性格,屬於即心性論而存有論地趨向目的論,再目的論地回到存有論,復歸心性論,這樣一種迴旋的、自我實現的、實踐的目的論哲學。九境論以判教的方式,判說古今中外各種學說所表現的人的生命心靈存在的感通所達到的境界,而有九境之說。以天德流行境為最高境,要在以道德實踐之勝義,乃以人德之成就同時是天德之流行。心靈生命一經反思其存在之終極目的,其生命存在之體、相、用隨即為此反思活動觸動,而轉動趨向於此目的之實現,同時即轉動其所在之世界存在,而與世界存在合一。天德流行意謂順人的生命存在之次序進行,與世界之次序展現,依先後、始終、本末而開展,可通貫天人之隔、物我之別、主客之對,以達於超主觀客觀之自由合目的性境界,而九境可互通互證,繼之者善,成之者性,成性存存,道義之門。

一、九境論之一心三觀

唐君毅先生的《生命存在與心靈境界》乃融攝中西印哲學種種義涵，予以判釋，而以生命心靈存在之真實化為哲學教化功能之終極目的，並以之為判教之標準，所成之世界性哲學巨構。激揚古今，平章東西，波瀾壯闊，汪汪如萬頃之波，澄之不清，擾之不濁。然正如一切大哲學，其系統的展示愈龐大、愈繁富、愈拗繞，其中心觀念則愈單純明確。全書一千二百餘頁，約百萬言，只說「感通」二字，亦即只說一字「仁」。「仁」不是一外指的實字，乃是一內指的實字，然亦可由內指之實字（「乃若其情」之實情之實），由內而外，兼為一內外指的實字，由心靈境界之真實而要求實現生命存在之真實，亦即由目的理想之真實，而要求生命心靈存在之如實；而真實和如實之存在之幾要，即在感通：仁。亦因此，唐先生此書實表現為一道德理想主義的生命存在哲學，亦即一存在的動態的和結構的目的論哲學，由目的性統攝縱貫存在之體、前後活動之用與橫攝起現之性相，而有九境存在的迴旋。2005 年在武漢大學召開的第七屆當代新儒學國際學術大會上，本人曾以〈目的與體性〉為題，論述當以目的論判釋康德之「物自身」概念以及牟宗三先生有關思考之發展貢獻，以之為本人對康德哲學、牟宗三哲學有關論題之接着說。今藉唐牟百年紀念學術大會，另論唐君毅先生心靈九境論之目的論性格，以為呼應。是兩文一題同為論證中國現代哲學兩大新典範都表現為即心性論而存有論地歸向目的論，再目的論地回到存有論，復歸心性論，這樣一種存在的迴旋的哲學性格。

《生命存在與心靈境界》全書開篇首段，即說此「感通」：

今著此書，為欲明種種世間、出世間之境界（約有九），皆吾人生命存在與心靈之諸方向（約有三）活動之所感通，與此感通之種種方式相應，更求如實觀之，如實知

之，以起真實行，以使吾人之生命存在，成真實之存在，
以立人極之哲學。[1]

　　及至九境（世間境、出世間境各四，中間境一）一一論過，在「通
觀九境」部，唐先生雖未直說「感通」是生命存在與心靈九境之真實存
在 ── 同時也就是這整個的世界之真實存在 ── 之根本法、大用及統
一原則，亦是根源存在之體性與呈現原則，世界存在之終極目的、動
力與實現之理；然觀其言，實說此意，而唯更深切確定。

　　　以上分別述生命存在與心靈之九種境界，總而論之，
　　要在言此整個之世界，不外此生命存在與心靈之境界。
　　此生命存在與心靈自身，如視為一實體，則其中所見之境
　　界，即有其相狀或相；而此生命存在心靈與其境界之感
　　通，則為其自身之活動，或作用，此用亦可說為此境界對
　　於此生命存在或心靈所顯之用。於此吾人不能懸空孤提世
　　界，而問世界之真相，或真實之為如何；亦不能懸空孤提
　　此生命存在，或心靈之自己，而問其自身之真相或真實之
　　如何；復不能懸空孤提此一活動或作用，而問世界中或自
　　我中，畢竟有多少真實存在之活動或作用。吾人只能問：
　　對何種生命存在與心靈，即有何種世界之真實展現、及由
　　此中之心靈與生命存在，對之之感通，而表現何種之活動
　　作用於此世界、及此生命存在心靈之自己或自我之中。則
　　此中之生命存在心靈，與其所對之世界或境界，恆相應而
　　俱生俱起，俱存俱在。[2]

1　唐君毅：《生命存在與心靈境界》上冊，收入《唐君毅全集》第二十三卷（台北：台
　　灣學生書局，1991 年），頁 9。
2　同註 1，第二十四卷，下冊，頁 253-254。

　　換言之，說生命心靈之存在，不能離感通、離其所感通之世界，而孤提此生命心靈之存在；若離能感及所感，此生命心靈不復為存在之生命心靈，而同歸於無。說世界存在，不能離一生命心靈存在之對之有所感通，而孤提世界存在；若離生命心靈之存在，離感通，而孤提世界存在，則此世界存在為一無相狀、無意義之無，而不得為世界存在。說感通，固亦不能離此能感能通之生命心靈之存在，不能離生命心靈之所感所通之世界存在，而孤提感通；離能感與所感而孤提感通，則感通不復為感通，而歸於「寂然不動」。然則「生命存在心靈」（體）、「境界或世界」（相）、「感通」（用），三者互為內外，俱起俱存。唯本文認為，三者之中，實以「感通」為中心，一方面「感通」為始為終，亦是哲學言說中，唯一能自覺、自明、自證者。易傳「寂然不動，感而遂通天下之故」，天下原無無作用之體，原無僵固自在之相；體、相必皆在感通之心之感通中呈現為體、為相，其為體、為相亦必在起用與活動中，或有向、或無向而已。亦唯感通可言即寂即感、即寂即照，寂感同時、寂照同時。是則感通乃精神生命之自性，而精神生命可在其自己並對其自己也。精神生命寂然不動，然寂非死寂，一旦自我震動，感而遂通天下，是即「先天而天弗違」，以未有天地而可開天闢地，寂天寞地而可必有事焉故。精神生命之上下感通而見體，內外感通而見相，先後感通而見用，是即「後天而奉天時」，以已有時空直覺之作用，並在時空意識之中而有上下、內外、先後之區分故。然則體境、相境、用境，全即心之境；心動則體動、相起、用繁；心靜則體靜、相清、用希；心寂則體寂、相冥、用消，所謂「寂天寞地」。故體境、相境、用境全即於心之靜虛動直、寂感寂照。一心三觀而開九境，此為心之對象化其自己。以心觀心，心亦境也，此觀心之心，即可攝九境而歸於心之體之性。心之體性自由無限，即活動即存在，故即為自由意志為精神（「意志」、「自由意志」乃康德之言辭，「精神」、「精神即意志」乃黑格爾之言辭，「心」、「性」則為孟子之言辭。）唐先生不說一心者，以心即境也。本文今特說一心者，亦以心即境也。唐

先生所言三觀九境，無非一心之對其自己，以觀照心反觀此心之感通與所感所通、心之自在自為。

佛教般若學說「緣起性空」，唐先生此處則說「緣起性有」，說「俱生俱起，俱存俱在」。「緣起性有」之「性」，即感通性，以感通為性。般若學之「緣起」是就現象之為現象不增不減，無自性故，得名為空。「俱生俱起，俱存俱在」之「緣起」則就現象之為現象不增不減，無自性故，我法二空，而反身而誠，得一感通心、意志心；由感通心、意志心之為感通、為意志，說生命存在、說世界、說緣起性空，由感通心意志心之歸寂不起，說寂天寞地。故說心之與境相應而俱生俱起，俱存俱在而緣起性有。性有之性，以感通為性之性。

一心而有三觀：縱觀（觀體之位），橫觀（觀相之類），順觀（觀用之序），一而三，三而一。再開為客觀境之三觀，主觀境之三觀，超主客觀境之三觀，而有九境。九境唯一心迴轉，心真俱真，心妄俱妄。唯所謂「真」乃一無限之成為真之真，而為真之無限。「妄」則唯依此無限之成為真之照察而照出為妄，而為妄之無限而無根。「真」實而「妄」虛。「真」感通而仁故吉久，「妄」麻木不仁必凶不久。

二、靜態之體用、動態之體用與目的論

生命存在及心靈，與其所對之世界或境界，相應、相感通，而俱生俱起、俱存俱在。分別言之而有生命存在與心靈之九種境界。「總而論之，要在言此整個之世界，不外此生命存在與心靈之境界。」[3] 整個之世界無非吾人之生命存在與心靈境界，此說自世俗思想言說看來，明顯少了一個物，沒有物的地位。

> 言心靈之境，不言物者，因境義廣而物義狹。物在境

3　同註1。

中，而境不必在物中；物實而境兼虛與實。如雲浮在太虛
以成境，即兼虛實。又物之「意義」亦是境。以心觀心，
「心」亦為境。此「意義」與「心」皆不必說為物故。[4]

　　此即攝物歸境，境心相感相應，俱生俱起，俱存俱寂。世界無論
怎樣向下還原，最後可以說的亦只能是「境」，而不可能是「物」，以世
上到底沒有無意義、無形相之物故。故不會出現唯物論義之「物自身」
問題，若有相類似此取向之物自身，則只能說之為「無」、為「有」，亦
只能是一境界。至於康德之「物自身」，則只能內在地向上超越地講，
不能外在向下還原地講。[5]

　　此境界一名，初出自莊子之言境。佛家唯識宗以所緣
緣為境界依。所緣即心之所對、所知，則境即心之所對、
所知。此所緣在印度之本義，當近於西方哲學中所謂對象
之義 Object。但西方哲學中之對象一名，初涵為心之外
向、前向所對之實象之義，而中國之境界之原義，則兼通
虛實，於義為美；與西方之世界 World 或眼界 Horizon 之
辭，其義為近。此西方哲學中之 Object 之辭，中國譯為賓
辭。西方哲學中之 Subject，中國譯為主辭，皆較西方此
二辭之原義為美。西方哲學 Subject 初有在下位，而居後
之義，與 Object 之為心之外向、前向，而見其居前者，相
對成敵體。如今以心靈生命存在為主辭所表，則「主」有
居內、居先、居前之義；而以其所對、所知之境中之物或
境，為所對、所知，為賓辭所表，則賓有自外至、後至之

4　同註 1，頁 11。
5　參閱吳甿著：〈目的與體性——從人學體性學看牟宗三對康德物自身思想之發展〉，
　　載馮天瑜主編：《人文論叢・第七屆當代新儒家國際學術大會專輯》（武漢：武漢大
　　學出版社，2006 年）。今收入本書。

義。是則與西文之二辭原義相反，而「主」之為先為前之
義顯然。又賓自外至，而內向，以入於主人之室；主更近
賓，乃以謙禮居下。謙尊而先，卑而不可踰。主迎賓而賓
看主，主看賓，如佛家曹洞宗所言，而主賓之感通之義顯
然。此皆較西方之 Subject、Object 二字之原義為美，而
亦更與本書之旨相合也。[6]

「主」（心靈生命存在）、「賓」（客境）究孰為先？唐先生比對中國、
西方、印度「主」「客」二辭之辭義，選中文辭義為美。「如今以心靈生
命存在為主辭所表，則『主』有居內、居先、居前之義；而以其所對、
所知之境中之物或境，為所對、所知，為賓辭所表，則賓有自外至、
後至之義。」遂以與其書之旨相合之義，立二義為：

一、「『主』（案：即心靈生命存在）之為先為前之義顯然」；

二、「主賓之感通之義顯然」。[7]

「主」之為主，就在其能無限感通 —— 包括主之自我感通、主賓感
通，以至感通諸感通。故二義可合而為一義，然仍以心靈生命之存在
為先為前為「主」。王陽明有一段話以「理」說此感通：「理一而已。以
其理之凝聚而言，則謂之性；以其凝聚之主宰而言，則謂之心；以其
主宰之發動而言，則謂之意；以其發動之明覺而言，則謂之知；以其
明覺之感應而言，則謂之物。」（《傳習錄》第二卷〈答羅整菴少宰書〉）
九境論的理論前題（始）及終極原則（終）仍只是「感通」。「感通」且
是唐先生境界論之根本哲學方法。

　　對上文所謂感通活動，與其方向、方式，如更說吾
人之生命存在之心靈，為其體，則感通即是此體之活動或

6　同註 1，頁 11-12。

7　同註 1，頁 12。

用；此方向方式之自身，即此活動或用之有其所向，而次
序進行時，所表現之義理或性相或相狀，乃由此體之自反
觀其活動、或用之如何進行所發見者。如說此反觀亦是此
體之一活動，則此反觀，即此體之自以其反觀之活動，加
於所反觀之活動之上之事。而此反觀所發見之方向方式，
則屬於此所反觀之活動，兼屬於能反觀之活動之自身；而
亦屬於能次序發此二活動之生命存在之心靈之體，而此體
亦即存在於諸方向方式之感通活動中。由此即見此中之
體、相、用三義之相涵。[8]

　　唐先生即此心對境之感通活動之種別、次序、層位，而有九境之
建立。「凡觀心靈活動之體之位，要在縱觀；觀其相之類，要在橫觀；
觀其呈用之序，要在順觀。」[9] 體在縱觀，相在橫觀，用在順觀。既言
縱觀、橫觀、順觀，即涉及生命心靈主體之態度，即其存在的取向。
生命最後固可全開全合，然生命之為生命必不全開全合，而總在應幾
契入之方向中活動。「應幾契入之方向」者，生命當下所感通之存在目
的也，如是必起現符合其目的性之活動而作擇別性開合。

　　此一幾感主體首先感通起現者，當為直接面對之客境，以內外向
之橫觀活動乃生命存在心靈最自然之感性活動故。由向外橫觀開客觀
境，再即客境之一一存在，以體觀之，而有「萬物散殊境」；以相觀之，
有「依類成化境」；即客境而施設目的性原則，順觀其用，而有「功能
序運境」；此客觀境界之三境。然客觀境之為客觀境，即反證其不能離
主觀主體之感通感照，並正由主體心靈生命活動之方向方式所開顯。
此幾感主體即此能次序發此不同方向活動之心靈生命而自反觀，此則
進至主觀境界。

8　同上註。
9　同註1，頁17。

　　主觀境界者，幾感主體自反觀其應幾感照活動之如何進行，所發見之方向方式；其次序進行時所表現之義理或性相或狀相。此反觀所發見之方向方式既屬於此所反觀之活動，兼屬於能次序發此二活動之生命心靈。反觀此生命心靈之活動方向方式以自觀此生命心靈，遂有主觀境界之三境。以主觀境界之「感覺互攝境」之經驗主體向下總攝客觀三境；此或即一般所謂經驗主體所開之經驗世界；以「觀照凌虛境」之純智思之無我之我，反觀一一境相而不予以干涉擾亂，橫攝平鋪諸境，此或即一般所謂觀照主體所開之純相名理世界；由不予騷擾干涉而反思諸境一一存在之意義目的，更關涉及是否合目的，而觸發意志行為，同時即反省此反思者自我之目的體性，而有「道德實踐境」。此主觀境界三境之義。

　　由道德實踐境主體之建立，而思一一主體之統一原則，而有「超主客觀境界」之三境。先是「超主客觀境界」之「歸向一神境」，統一眾多主體於一絕對實體。由歸向一神，而問「神歸何處？」而有超主客觀境之「我法二空境」。然天命不已，性分不容已，「命日降，性日成」。「天命之謂性」者，即天命內在於生命，為生命存在之目的，即此目的性而言性，更以此目的性貫穿諸境而歸於「神無方而易無體」之攝相歸性、攝性歸用，全體是用，全用是體，而有「天德流行境」。此「天德流行境」雖云「用」，實攝前八境而歸於終極目的之「圓實境」。

　　九境之有，原不能離生命存在心靈之應幾而感，此應幾而感之活動，必涉及一能感之主體之當下之震動，動而直示一目的命令，直貫此主體，使其存在發生變化，而一觸即發，即感即用；用則使感愈感而生命心靈之存在之體不斷擴大、不斷提昇，而用愈用。此時之體用，可說為動態和自我實現的體用，而全用歸體，全體歸用。此時相境亦已被攝入體用，不能停住靜化為純相境。若相、用悉皆被攝入體境，則一體獨大。

　　然亦如上所說，九境全是一心之感通活動之開顯。離開一心之縱觀、橫觀、順觀之活動，即無九境可言。如是，體、相、用亦皆可被

攝入用境，即活動即存在，而一用獨大。

中國哲學歷來重視體用，故體大、用大，體用成為中國哲學最重要的範疇。

純相境之出現，或因生命應幾而感之強度不足以震動轉動生命；或因寂感真幾之幾，需要生命止於靜觀，反省那幾感究竟如何幾感；或因唯橫觀之相境能映照生命存在之全，生命亦因對象化、自我觀照，而得以從體用之縱貫的緊張中解放，平舒平展為一純意義純形式關係之網絡結構，體用亦相化為體相、用相，而縱貫亦只餘縱貫相，此則可說為靜態的和自我觀照的體用。雖說此時體用成橫向而相化，然相仍是一曲成之用，一豎說之體用之轉折而平展平舒，而為體用之自我觀照。

究實言之，相境之成為相境，脫離體用而獨立，實亦涉及生命心靈之一步工夫，即須主體有一自覺或非自覺的「主體體性之自我轉換」，即由「自由無限心而自我坎陷」為橫攝心（牟宗三義），靜態化自己以觀生命心靈感通活動之方向、方式，及次序進行時所起現之相，並沉思其中種種之意義。

縱觀體，橫觀相，有縱有橫，原無問題。要在唐先生另立一順觀以說用。用原收攝於縱觀，承體起用，而言體用。橫觀之相境原亦由體性之自我轉換、自我坎陷而成，即仍可說為體用，或借王船山語說為「離體之用」。今唐先生另說一順觀之用，立即將中國哲學中原有的體用義真正予以打開，並目的論化，即將體用觀還原到生命心靈之存在生態中，在生命心靈之走向存在的真實歷程，在生命之否定與否定之否定中，在憂患驚怖與苦業中，調適上遂，吾道一以貫之地說體用。則此體用必是生命心靈存在生態的目的論的體用，即順成生命心靈之實現為真實存在之目的，以此目的，總攝體、相、用之諸境，並貫通之，激揚之，同時「智及仁守」之，自為自成之之順成之用、通體之用，並涵曲成之用、離體之用。此通體之用，生命心靈真實存在之自證成用，則九境論之系統性格，可說為實踐實證的目的論生命哲學，亦即

攝相歸用、攝體歸用、攝用歸目的而即目的以證體證相證用之大綜合的實踐的理性生命心靈學，亦即絕對唯心的仁學目的論。

三、橫說的體用與內在的形上學

把體用說實，說成縱貫的，便成儒家大易、中庸的型態。把體用說虛，說成橫的，便成經驗主義論的知識判斷的型態。科學認知活動中，主客橫列相對，各顯其體用。然就認知活動言，主與客，以及主客各方，何者為體，何者為用，只能由認知者依其「觀點」（計執）而說定。故科學認知中的體用，只能是計執而成的體用，表示一認知活動所選取之方向、觀點，以及認知條件之限制，而執成的體用，王船山所謂「離體之用」，並非實存的體用，更非創造論的實踐的體用。

再就主客關係中之體用說。主體自身有各種關係而成之體用，客體作為關係集合者其自身亦有各種關係而成之體用，以至每一參與關係之關係者，其自身又在集合中、在緣起中而永不能停住而亦似可形成各序隸屬義之體用，然其有體乎？有實乎？就現象之為現象，不增不減，如實觀之，則佛教說緣起性空，所有只是種種緣起關係。何處能停住而就一組關係成為一定項（term）、就一組關係而成為關係者而言體用？顯然，所有關係者、定項、「體」，只能依認知者所取之認知格局及客觀化程度而定；此暫時執成之關係者（集合）仍還是「暫定項」，此「暫時實在」之關係者（集合），何者定為體，何者定為用，正顯示某一認知活動之取向、實際目的、客觀化程度及其限制。若直接主張無體唯用，則為唯用主義；或主張無體唯相，則為徹底的現象主義。種種哲學說法，皆可由此而起，這是後話。要言之，橫攝的認知活動，就其為橫攝言，籠統言之，主客分立，各有體用，各自在種種關係中，各自亦可以彼此為體、互相為用。然嚴格言之，就橫攝活動之為橫攝言，整個認知活動就只能是「法相唯識」之識相。即就認知活動中的主體方面而言經驗主體、認知主體、邏輯我、認識心，畢竟

只能是「識」（若佛教唯識學之「八識」、或說為「八識」之前六識）。雖云認識心、邏輯我、知性主體，必具某義之超越性、根源性，本體性，卻仍只能是「識」，是生命存在之心靈之用，用以建構知識、成就世間法。即就這整個對經驗世界構造知識之超越性活動而言，以至就這整個構造知識之構造活動之超越性而言，依康德的批判哲學，只能將之納入「內在形上學」（immanent metaphysics）而為「內在的超越」。而不是真正之超越、本體之發現。本人曾沿康德及牟宗三之哲學總說之曰：

　　就人對世界之認識言，人的感性只為接受性，即對既成之存在物（essent）作非創造的攝取。知性雖有其主動性及優越性，但終非創造的，基本上仍須為感觸直覺效勞而有待於感性。因知性並不是直覺的，只是辨解的，使用先驗概念、先驗綜和以至經驗綜合來服務於感觸直覺，以成就「知識」（僅對於人類這種有限性知解活動者有效之知識）。康德純理批判之超越分解之「超越」亦只到此——駕臨經驗以超越地決定之之超越。人則始終只是一「立法者」，知性之為自然立法——但只能以其先驗的自發的超越形式的施設活動（加於感觸直覺所覺之外在經驗）來逼現自然底法則（性相或體相）；人始終不是「自然法則之給予者」（製造者），更非自然之創造者。人對這存在界之如此這般，雖則依人的認知模式作經驗的攝取，但不是經驗地創造。由是，「從知識論入路，由『所』而逆之歸『能』以湧現主體，主體即本體」之形上學（內在的形上學）道路，所湧現者，只是一種構造的主體、認知心，由他「提供自然底法則」，實只是提供那些橫攝的先驗原則、原理；無論如何籠罩、綜攝、統思、綜涉、綜就一切現象，終只是平的籠罩、綜涉。（……）此橫攝的認知主體只是一空架子，形式的、邏輯的、架構的「假我」與由此知性主體

之「內在經驗」(internal experience，英哲約翰‧洛克〔John Locke〕用語，指通過自己對心靈之內在活動之反省觀察所得的經驗，與「外在經驗」相對）所攝取執持安排的「外在經驗」(external experience，指外界事物作用於感官而使心靈獲得的種種經驗）合成一「執的存在界」（我法二執，執人我、執法我）。[10]

就這作橫攝活動的認知主體而言，雖有康德說「知性為自然立法」，然知性仍有待於感性，服務於感性。感性雖云能感、有感，仍須有所感、有與感，而止於為使既在物(essent)呈現為現象之參與者、關係者，或使世界成為可經驗世界之關係者、參與者。主與客、能與所，成為互倚關係，互為緣起。即此層橫攝活動言，所謂現象，即現而為象而為現象；所謂經驗，即經而可驗而為經驗。二辭辭義早明示這種心物合為之現象說、經驗說。這裏實難說何者定為體、何者定為用。這是從認知活動之感性層，說這裏不能發現體用。試轉從認知活動之理論性層面看能否發現體用。知性使用先驗概念、先驗綜合，以至超越之統覺，以其先驗的自發的超越形式，施加於感性之外在經驗對象，以逼現自然的法則（性相或體相）；而其所超臨之經驗現象，本源自其感性所曾參與，而今呈現為現象，呈現為經驗對象，今再由知性所提供之先驗法則、概念，超越地決定之、御控之，以構造知識。人的知性充分顯示其超級性、宰制性，似足以宣示其為一立法者、主體、本體。然究其實，這知性主體本身只是一空架子，一邏輯的、形式的知識框架，沒有內容，無關存在；既無關存在，又如何可為體？為本體？為真我、實在？這是從知識活動之理論層，說這裏亦不能發現體用。

10　吳汝鈞撰：《實證與唯心》上冊（香港：經要文化出版有限公司，2001 年初版），頁 74。

就橫向的知識活動之內部而言，無論在客觀方面，或在主觀方面，都不會發現體用。然在前文曾說：「把體用說實了，說成橫的，便成知識判斷的型態。」這個知識判斷的體用，雖云是說實了的體用，卻只能在使用知性範疇於經驗現象以決定之之「決定」中理解，亦即知識行為者以「體用」概念對某兩項現象作決定判斷，在這判斷裏使用了「體用」範疇，這個使用「體用」範疇的判斷，只能是一個暫時的橫列的「內在經驗」自身、「外在經驗」自身以及兩者之各自內外關係之判斷；此判斷只相對於一特定知識系統有效，並正是緣起性空的。若認為通過橫向的認知，便可發現實在論之體用；更說這認知所對的所謂實在之體，竟又孤懸獨立於人的生命心靈之外，竟又如何決定人的認知之能，進而決定人的縱貫軸的意志，支配人的行為，以顯示此實體之對人之作用。更有說此實體為「物」（matter），而以「物質規律」與「歷史積淀」決定人的精神與行為，更將之豎立為實踐哲學之原則，如近世唯物論所言。則不僅是方法學上的大謬，言論所致，必集古今天下之錯而鑄造大惡。

凡橫觀所成之境，必不能見「體」，故亦必不能證「用」。「用」須在目的性之照臨下方成其為「用」，而橫觀之主體唯是一感攝活動與知性活動，自身不涉及目的性，以其為橫觀故，非縱貫故。就橫觀之為橫觀言其所成之境，在客觀境界而言，只能是萬物之個別相、關係相、類相，所成「依類成化境」。在主觀境界而言，只能是生命心靈存在之「相」，亦即生命心靈自我反觀其活動之方向、方式、自與之軌約原則、理式、形式、原理以及種種自我之相境，即「觀照凌虛境」。在超主客觀境界而言，只能是對「歸向一神之絕對綜體」這種實在論之絕對實體之否定，而攝體歸相，攝相歸觀而止觀，於相無相、於體無體、於住無住，而為「我法二空境」。故橫觀所成之境，以其為橫觀故，從內外關係去看存在，既反對執相為體，又反對執識為體。佛教唯識學說「境不離識，唯識所變」，似以識為主為體。但阿賴耶作為根本識卻又只是種子庫，唯以無漏有漏無記各種子混處集合為體——實即無體。熊十

力讖之為「二重本體」，印順法師以「虛妄唯識」判之。以橫觀為基本方法學原則的佛教哲學，既將現象世界如實知為無體唯相、無性唯識，再破相、破識而唯觀之如如，而止寂止觀，「實相一相，即是無相，即是如相」。空如境既不是生命心靈存在之實體實證、相應呈現之「體」境，亦非生命心靈存在之實感實用之實踐境之「用」境，而唯是生命心靈存在之「如是本末究竟等」（十如是）之相境。

四、非體非用 ── 觀照凌虛境

就生命心靈存在之體性而言，存在就是感通，「我感通故我存在」。以感通故生命心靈存在即是體、即是用，而似可以直接穿越相境，而無相。生命心靈在感通中實踐實現為：永遠使感通成為生命存在之理並成為存在，麻木不仁者喪失存在之理而歸於不存在。如是這生命心靈之體用永在自我超越與歸復中，總在活動、實踐，在否定與否定的痛苦中，開展其生命心靈的存在的迴旋，而刻不容緩，容不下有關其存在及其活動之形相、形式，意義結構、義理，以至各境之描述、陳表、說明。此故理學家說「聖人不言有無」，只埋首尋工夫着手處也。以所有這些陳述說明，皆須生命心靈從其存在之體用中抽離，自反觀其自身之存在之作用、活動之性相，方可能者。

生命心靈存在在感通中，為何忽爾要求自知自照，對其在感通中的活動如何進行，要求有一自我反觀，這或是存在的需要：存在必須在照明中存在，而照明存在者亦須自照自明。又或是生命心靈在感通中的之縱貫而前行的活動忽爾不能繼續，出現危機。畢竟人是現實的有限存在並知道自己是有限存在，「人是帶着哭聲來到世間的」。生命心靈之感通而活動，首先便是涵攝並超越其所在之存在，涵攝並超越其先前之感通活動之所成，在不斷的揚棄和否定的痛苦中宣示感通的生命心靈存在之無限性。此不斷的永在「成為 ── 」中的生命存在，到底有何目的？有何意義？有何自我解釋之義理結構？生命活動之可能方

向、次序、形式，總之，生命心靈之存在真相為何？其未來為何？其過去為何？其現在為何？生命心靈遂忽爾要求從縱貫的實踐之體用中抽離，既超離於生命存在所感受之事件之外，亦超離於客觀事物之功能作用與主觀之心之功能作用之外，而唯在此涵攝實踐之體用之外，自加一反觀，以觀照所涵攝的實踐的體用活動之如何進行，其方向、次序、義理、性相，關係，結構，同異離合，種種純相、純意義、純形式等等；再不將之視為必與生命存在所感受之事物相關連者，不視之為物之功能所生者，而只即其生起後之只存於人之此感照心靈之中，為人之自覺反觀之所對，而即以此自覺反觀之心自觀其所對之相。既不涉存在與實踐，超離於體與用之外，所成即唐先生所稱之「觀照凌虛境」。

以上，是從實踐理性之優先性、即體用之優先性，說要轉出性相境之契機；亦即從縱貫前進的體用義的生命存在，轉為橫觀的觀照性生命存在；這種轉換屬於生命的轉折昇降開合之幾微，為心性論之工夫論中，動靜、寂感、進退等言辭所示。老子「故常無欲以觀其妙，常有欲以觀其徼」之有無徼妙之義，偏於以無執無為之「無」為本為根。儒家則攝有無於生命心靈之活動、即活動說大有，說存在之幾、意義之幾，由體用之優先性，由用而要求目的性之照臨與存在之性相、結構、條理之展示，從而自必轉出橫向之觀照境。此縱貫縱說之系統，對橫觀的性相境之開出之說明。唐先生這裏似不取這種縱貫而橫開之說，而是即內在於生命存在心靈之自我超越之精神，必一一超越並統攝其所開所對之諸境（唐先生稱之為客觀境界者）後，更自要求超離於其初所感受之事之外，超離於客觀之物之功能及主觀之心之功能之外，唯顯一純粹心靈主體，自由推演或想像種種可能之相、可能之意義，而有觀照凌虛境之開出。

在九境說中，「觀照凌虛境」（意義界）在「主觀境界」之「感覺互攝境」（觀心身關係與時空界）之後。唐先生以「觀照凌虛境」緊接「感覺互攝境」之後者，認為人在經歷了「客觀境」之「觀個體界」（萬物散殊境）、「觀類界」（依類成化境）、「觀因果、目的手段界」（功能序運境）

後，一個能自覺反省的心靈即意識到，所謂客觀境界正不能外於生命心靈存在之能感覺與所感覺。此感通之心靈並且是此諸境之相之統覺者。此心靈能統此所感覺之諸相，亦即能統「表現其功能於此感覺心，以使之見此諸相」之事物。由此觀客觀境界之各境，人即漸自見其為在感覺世界中能統其所感之萬物之一心靈主體，更見一切其所感覺有生命存在之生命者，同為一能感覺之心靈主體，此即成一感覺主體之互攝。而時間空間，即人之自覺反觀其感覺之心靈，所用以安排此感覺活動與其可感到之萬物之性相、功能，及其自體之存在地位者，而亦皆屬於此自覺反觀之心靈主體，而不能離此心靈主體，而有時間空間之自存在。人一旦自覺意識人的心靈為經驗世界之統覺者、綜攝者，以至時空性相之所依，人即由客觀境界，而進入主觀境界，而正視人之作為經驗世界之主體，而為客觀境界諸境之所依。此即主觀境界第一境「感覺互攝境 ── 觀心身關係與時空界」之要旨。西方近代之經驗主義諸說多屬此境，再由此境下開客觀境界之各境。人在感覺互攝境雖首自見其為在經驗世界中之能統攝其心身以至所感之萬物之一心靈主體，然此心靈主體，乃限於依感覺活動，感知能實表現功能作用之實在物之性相，並能統攝之於主體。此主體又施設時空以安排使人自覺反觀之心靈，與其能感與所感者在時間中次第生起，而又並在並存於一空間中，表現此心靈之為一經驗世界建立者之主體，且限於為此義之主體。此經驗義之主體，根本上為一被動的習成之體，而非真正自動自主的施設法則、共相，以至原則，獨立於受物之功能作用而生起之所感能感之外，而唯顯純粹理性之主體。唐先生認為，由「感覺互攝境」之自感為一被動的心靈主體，而自要求成為一獨立之主體，此則須進入「觀照凌虛境」。

　　此心靈之求更自見為一獨立之主體，即必求超出此被動的感受之事。此則要在先將其所感覺之相，不視為物之功能之所生，而就其生起後之只存於此感覺心靈之中，為

人之自覺反觀之所對，而以此自覺反觀之心，自觀其所對
之相，而超離於其初所生之被動的感受之事之外，亦超離
於客觀之物之功能，主觀之心之功能之外，以觀此相。此
相，即化為一純意義，為純淨的觀照心之所可直覺的理解
者。人能自由的想像種種可能的感覺相，與可能意義而觀
照之，直覺的理解之，即開闢出一廣大無邊之純相、純意
義之觀照境。[11]

若說「感覺互攝境」意味人首次自覺為感覺世界之統攝者，把客觀
境界全部歸屬於其為經驗主體之主體體性之下，生命心靈存在從客觀
境界超越而回復為生命心靈之主觀／主體性境界；則「觀照凌虛境」意
味着生命心靈超忘經驗主體之主體性及其所遍攝、統攝之時空中之經
驗世界之種種習得之體性，損之又損，而凌虛為純粹主體自觀自照自
在之境界。生命心靈不再依存於經驗世界，亦即不再以表現為感覺世
界之遍攝、統攝者作為主體性的自覺，而是超忘此經驗主體之主體性
而凌虛超脫、為生命心靈之覺照性之自我反觀，體用雙忘，所照唯相
之境界。心靈超離於所感覺經驗世界之外，自覺反觀其所可能感覺之
相，將之孤懸化、獨立化，中斷其與存在、實際目的、時空之關連，
所觀相成為純相，意義成為純意義。如方圓黑白就說方圓黑白，同異
離合就說同異離合；無需有方圓黑白，或圓勝方，黑勝白；亦不問誰
人合同異、何者離堅白。觀照凌虛境遂為一純相與純相之直觀，純意
義與純意義之直覺之境；亦即一切相、一切意義，皆已自忘為此觀照
心之所攝、內外之所對，而頓時化為非縱非橫，非前非後，在「寂然不
動，感而遂通天下」之「寂然不動」與「感而遂通」之間，純粹理性之
光（或稱為「泛智之光」）之往返照明，而凌虛自感、自觀、自照、自
存而自忘其存者。

11　同註 1，頁 262。

五、觀照凌虛境 —— 生命心靈存在之「環中」

「觀照凌虛境」在心靈九境中的地位非常特殊。借用老子語，是近乎「無名天地之始，有名萬物之母」之唯名境。以理言之，則應屬名理境／玄理境。在心靈九境中此境雖屬內外觀、橫觀之相境，然如上文所論，此境既已自返為主觀境界，實已非一內外觀之橫攝境，而實為一純粹意識之自照、直覺境，亦一切純理、純形式、純意義、純關係之純相之自明自呈境。唐先生更以此境居其所論生命存在與心靈境界之「道樞」、「環中」（借用莊子語），而有承前啟後，可上可下之特殊義理位置者。其言曰：

> 此所謂觀照凌虛境 —— 觀意義界，即吾人所論九境中之中間一境之第五境，乃一承前之一般世俗生活之境，而啟後之超世俗生活之境界之中間境，而可上可下者，亦人之純粹知識學術文化生活所主要寄託之境。此所謂純粹知識，乃指一不必求應用於判斷實際事物，或改變實際事物之知識，唯亦可依之以成判斷實際事物，或改變實際事物之知識者。此類知識，只表示實際事物之性相意義上之同異，或相涵蘊等關係，而此關係只需為可理解的，即無實際事物之存在，仍可由理解而陳述之。此所謂意義，即只是一內容的意義，而非其外指的意義。對此內容的意義之認知，初純為直覺的，或直觀的。（原註：直覺之覺，原為醒覺，醒覺仍存在自己醒覺，自知其存在之直覺。醒覺而不經概念，外有所覺，為對其他之存在之直覺。直觀，則初為觀此存在者之意義關係結構，而此意義等則可視為非存在，而可成概念之內容者。此中，所觀為所覺，所覺皆所觀，故直覺、直觀二名可互用。）[12]

---

12 同註 1，頁 441。

觀照境之直觀直覺，原是生命心靈存在自己之醒覺，而對其存在與所在之意義之純知覺照，此直觀直覺之境界，為純粹知識、文學、藝術、哲學之知之所寄託，其可上可下，可昇可降，則可謂為生命心靈存在各境互相通達之「門──道」。

> 此直觀的理解，尚非世間知識。吾人可說，唯由人之直觀的理解之心靈之下墜，將其所理解者，向居其下一層位之事物，而外指，即化為一般之判斷，更知其判斷為真，乃成世間知識。人之由一般之判斷與世間知識中，減除去其指物之意義，而只觀其所表示之純相上之關聯，則為由一般之判斷、世間知識，昇至一直觀此純意義之世界，或純相之世界之一上昇之心靈。此中之昇者皆可降，降者亦可昇。人亦初由先有其一般之判斷與世間知識，乃可昇至對其中之純相或純意義之世界之發現，故恆混淆此直觀的理解之心靈，與一般判斷知識之心靈，及其所知者，而視為一層位之境。然實則此乃截然分別，而高下不同之二境。此中居下境者，雖可全部昇至高境以觀之，居高境者亦可全部降於低境而用之，此高低之二境，仍截然不同也。然以此中有可昇可降，而昇降無常之關係，故人恆不免混之為一。[13]

在觀照凌虛境，正如在其他各境，生命心靈可上可下，可昇可降。此處言上昇，則由觀照凌虛境之再自反觀，而自求實踐，上昇至道德實踐境，更由主觀境界之道德實踐境，上昇至超主客觀境界之歸向一神境、我法二空境、天德流行境三境，合共四境界，唐先生稱之為「超世俗生活之境界」，為居於觀照凌虛境之上層位者。言下降，即由觀照凌虛之直觀直覺之心靈之下墜，將其所理解者，向居其下層位之感覺互攝

13　同註 1，頁 445。

境之心身經驗、時空之感性形式,以至客觀境界之事物,作外指的運用,而成為一般之判斷與世間知識,涵蓋主觀境界之感覺互攝境與客觀境界之功能序運境、依類成化境、萬物散殊境三境,合共四境界,唐先生稱之為「世俗生活之境」。而觀照凌虛境正居於超世俗生活之四境與世俗生活之四境之中間,而自為一境。唐先生故稱其為承前啟後、可上可下之境。即此義而言可上可下,承前啟後,則與在其他境言可上可下,承前啟後,其意義及重要性大不相同。在此觀照凌虛境而言可上可下,則關乎生命心靈存在境界之一基本區分。若將此基本區分普遍化之而為公共的哲學模式,則依不同的哲學,此區分可有不同的表述。

　　唐先生稱之為超世俗生活之境界與世俗生活之境界之區分,此區分又稱為上昇與下降,即表示此區分為一主體工夫論之超越的區分,而非客觀實在論的區分。唐先生此二界區分義,或可講成孔子之君子小人之區分,孟子之養其大體與養其小體之區分。此則為實踐理性的心性論傳統之區分。唐先生此書原是說存在境界,則此區分原是境界存有論之區分。這種「境界型態存有論」主要以中庸易傳為思想資源,歸於心性論,一直是中國哲學之大傳統、大智慧。這種存在境界論最具綱領性、原則性的區分,就是《周易‧繫辭》「形而上者謂之道,形而下者謂之器」之形而上與形而下、道與器之區分。自此之後,「形而上」與「形而下」之思想格套,一直或顯或隱地影響着中國思想者。歷代中國哲學心靈亦從未間斷尋找理解和確認形而上之存在的實證相應之道路。必須指出的是,在中國思想中,這種存在境界論必不會走客觀實在論的分離論(如西方思想傳統中之柏拉圖傳統、耶教傳統)的道路。因這種中國特有的形而上學之存有論一直得到心性論的支持,與心性論結合,已成為最具特色的中國形而上學,如梁漱溟先生所言「自成一種。與西方、印度者全非一物。勢力甚普,且一成不變。」者。[14]

14　參閱吳畋撰:《實證與唯心》下冊,〈孔子與中國思想之實證傳統〉(香港:經要文化出版有限公司,2001 年),頁 300。

六、目的論與形上實體之生命化

本人曾以「目的論與中國哲學」為主題，多次著文，論說一種「活動的整體結構論的目的論」，或曰「生命存在的實證唯心論的目的論」。論說此這種目的論，是為對抗近世哲學之反目的論，超越的價值被否定，一切平面化之現代精神危機。本人欲以此目的論為新語言、新思路，藉整體生命生態目的之論證，重新透視形而上學之道路。

這自成一格的中國形而上學，其最特殊之處，就在中國哲人本其最深切的存在實感，發現存在之為存在，其根本性格，或曰存在之理，就是「感通」，也就是「仁」（成為仁者、成為感通者）。如是，「凡是存在的都是感通的，凡是感通的都是存在的。」此存在的感通返回自觀自照，而有三向三層之可說，如唐先生之心靈九境。上下感通昇降俯仰唯是體，而證大易不易。內外感通物我相視唯是相，而證大易變易。前後感通盡倫盡制唯是用，而證大易簡易。實體，實相，實用，原是本末究竟等。如實觀，如實知，真實行，是天德流行，神無方而易無體。大哉乾元，萬物資始，原是一性分之不容已。性分之不容已於成為用，成為體，成為性分，成為感通，成為不容已，成為止於至善，成為「命日降而性日成」，成為「回也見新，交臂非故」，而成就九境每一境，每一境與餘八境互攝，即世俗而超世俗，超世俗非厭離世俗，只為轉動世俗。即有限而無限，而無限必入於有限，轉有限以示無限，而為存在之迴旋。攝存在於活動、導活動於成為感通之存在之目的性活動，如是整體存在趨向於成為合目的者。這趨向於「成為合目的者、成為感通者」，即大易「乾道變化」。整體之成為合目的性存在之活動，正有待於、亦有助於一一生命存在成為目的者，成為自由，成為獨立人格之存在，即大易「乾道變化，各正性命」。宋儒張橫渠曰：「大易不言有無。言有無者，諸子之陋耳。」亦為此而說。在整體與個體生命成為感通存在之目的性活動中，聖人不言有無，只言止於至善而至善不已之存在的實踐，無而可有，有而可無。這種「成為──」哲學，

正是中國自成一格的實證相應之目的論，亦是唐君毅「心靈九境」論、牟宗三「一心開二門」說之根本要旨。

七、以目的性原則統攝體性、體相、體用

關於儒道二家之目的論，本人十多年來有種種言說，而歸結為自我實現的目的論，其中至於涉及道德判斷究屬於「決定性判斷」或是屬於「反思判斷」等重大爭議性論題。[15] 今試以目的論詮釋唐先生的心靈九境。

唐先生的生命心靈九境論，以縱貫的體性、順成的體用與橫攝的體相，為十字打開。生命心靈往一方向的感通活動，又必與其在他方向之感通活動相依相即，而為雙十字打開。縱橫先後皆自必一顯一隱，或感或照，開為九境，雖即一而九，相依相即，無一境可遺，然主從本末先後輕重之分位之等，誠者必重之。

若問生命心靈何以必須有縱有橫有順、步步開展？則必曰：以生命心靈本性為無限而又為具體存在故、自覺故，須步步展開，示縱示橫示順，以證示生命心靈之原為無限而今有限，必即有限見無限，可昇降左右前後，真實無妄。在寂天寞地中必有事焉，四時行焉，萬物生焉，萬物畢羅，莫足以歸者，唯此生命心靈之企向混沌而終不能不經歷此原始破裂並自覺此破裂以超越此破裂。

生命心靈之為存在，其存在之體性，依儒家，首先必是一有，此有即是一感通之能；此能又必以成為大能，繁興大用，以實現感通之存在之理為能，並在每次實現之同時自我超越而出，以維持此能之永

15　參閱吳汝著：《玄理與性理》之〈導論〉及下篇〈目的論與有、無、玄〉所收〈「聖人體無」所開啟的自然目的論〉、〈從道家玄學看朱子理學與儒家目的論的重建〉、〈目的論與中國哲學〉諸文，以及〈目的與性體〉、〈玄學與藝術生態學〉（收入杭州中國美術學院許江主編：《人文生態》，2008 年 3 月）等專論，再早期有〈兩極歸宗與中國哲學精神〉、〈兩極歸宗與道德的理想主義〉等文（收入《實證與唯心》，見註 8）。

能，使免止於自以為完成而不再為大能。大能之為大能，在以其能，為已成之存在世界帶入新可能性，亦即為一切已成之有，帶入無、帶入虛空，以轉動一切有，而為存在的迴旋，向着此大有大能之「成為大有大能」，也就是「成為生命心靈之存在的本質體性之實現的無限」、「成為精神」、「成為自由」之理想、目的而趨進。超越一切已成已在，讓一切已成已在，成為生命心靈存在體性之大能之超越性之肯定與否定之所對，而轉為生命心靈之實現目的性存在的「環節」、「歷程、「內容」，而歸於凡被肯定者同時被超越，而唯顯實、內存此本質體性。「君子所過者化，所存者神」之謂也。也就是說，自生命心靈之本質體性而言，此感通性之大有大能，存有論地（而非時間地）先於生命之具體存在，並內在於此生命心靈之存在而為其本質體性，在生命之內導引他、率領他，同時告誡他：生命只受制於一種天命之約束，即「成為人 ── 成為仁者！成為本真存在！」此一終極目的，而存在藉此一步步開顯實現。即此可曰「本質先於存在」。自生命心靈之感通之大能而要求實現此大能、實現生命成為「真實存在」，亦即如實實現其本質體性之生命而言，此純感通性同時使其生命心靈存在首先須自覺為被決定（知天命）、有內容，有所有，而即此定在定有顯其自我超越之大能。此生命心靈之大能藉穿越一切已成已有，使生命心靈存在由一定在定有而自忘、自損為一大虛空、空靈，而有待於一一感通及所穿越之內容以為其生命心靈存在之內容，而得以此穿越、超越之能為其本質。即此可曰「存在先於本質」。換一個說法，自體用而言，必言大有大能，「本質先於存在」與「存在先於本質」俱可說，而因此需要一綜和，一超越之綜攝，一辯證的相即。自性相而言，必言性空唯名，無以全有，存在與本質俱不可說。即此俱不可說，生命遂從存在與本質，從體用中解放，觀照凌虛。綜攝體用與性相而可說者，唯生命心靈存在之終極目的性之發現與實踐實現，即着存在目的的發現與實現而言即活動即存在，即存在即活動，而言體、言相、言用，言生命存在心靈之諸境。

如實言之，生命存在之終極目的的發現與實現，本就是世界存在之最高目的，亦是哲學（形而上學）言說者的最高自命。目的性使存在有意義，使價值秩序成立。體、相、用，生命存在、心靈境界，因目的性而取得關連而可說。目的論使哲學真正成為哲學，使哲學不至淪為超級科學、實用學、泛語意學、泛心理學。目的論使哲學自覺進入「本體宇宙論詮釋之迴旋」，亦即由對生命與世界存在之本體宇宙論詮釋，發現存在之超越目的，「天命之謂性」；再由存在目的的發現，「率性之謂道」，引領生命與世界進入實現目的性之實踐，從而實證生命存在之目的，「修道之謂教」；本體宇宙論詮釋的迴旋由是成為存在的迴旋，成為本體宇宙論詮釋的自我實踐實證。而其中要點，則在對生命存在之目的論詮釋乃完全立根於生命存在之實感，以及反思判斷力與超越的反省法之運用。唐先生的生命心靈九境論即全依於以超越的反省法作本體宇宙論詮釋而立。

八、超越的反省法 —— 目的論哲學方法

關於超越的反省法，唐先生將之視為最重要之哲學方法，為「一切哲學方法之核心」：

> 所謂超越的反省法，即對於我們之所言說，所有之認識，所知之存在，所知之價值，皆不加以執着，而超越之；以翻至其後面、上面、前面，或下面，看其所必可有之最相切近之另一方面之言說、認識、存在，或價值之一種反省。
>
> 大率而言，超越的反省之用，在補偏成全，由淺至深，去散亂成定常。知正而又知反，即所以補偏成全。知如此而知其所以如者，即所以由淺至深。知如此與如彼之互為局限，如此者是如此，如彼者只是如彼，不相混淆，

則可以去散亂成定常。合此三者，使偏合於全，淺通於深，散亂者皆統於定常，是為求貫通關聯之哲學法，而此方法即兼涵辯證法與批判法之義而總之者也。我們可說超越的反省，實一切哲學方法之核心。[16]

超越的反省法應用在自然哲學，必引致「理性的宇宙學」有關二律背反之哲學兩難之批導；超越的反省法應用在哲學的人類學，必引致「理性的心靈學」有關實踐理性之哲學兩難之批導；超越的反省法應用在宗教神學，必引致「理性的神學」有關上帝存在、靈魂不滅、德福一致等哲學兩難之批導。康德的批判哲學，充分顯示了這超越的反省法之應用所取得的在暴露西方重知傳統哲學之哲學兩難及其對之之批判之哲學成果 —— 主要表現為限制性方面的成果。然康德最後以目的論之判斷力之批判為其全部批判哲學之終結，是超越的反省法運用到底，所應該出現的（合目的的）一個結果。

若說超越的反省法在康德哲學那裏主要應用作批判的、消極的、限制性的運用表現，則在唐君毅哲學這裏，超越的反省法主要運用為綜合的、建立的、辯證的、兩極歸宗的、系統之貫通的積極擴展的表現。《生命存在與心靈境界》即此積極表現之重大哲學成果。由精神活動之上下、內外、前後之自由開合進退而成諸境；心境相依相即，俱生俱起，俱存俱在，而歸向於終極目的，強烈顯示了一種在超越的反省法中不斷辯證展示的實踐的實在論的目的論性格。

康德說：「雖然在我們方面沒有任何能力去領悟或證明這樣的系統性的統一（案：指宇宙目的、自然秩序）之存在，然而我們卻必須必然地要去假定這樣的統一之當有。」[17] 此康德義的「無極而太極」也。

---

16 唐君毅：《哲學概論》上冊，收入《唐君毅全集》第二十一卷（台北：台灣學生書局，1991年），頁205，208-209。

17 康德撰，牟宗三譯：《判斷力之批判》上冊（台北：台灣學生書局，1992年），頁133。

既說「我們必須必然地要求去假定這樣的統一之當有」，儒家目的論遂認為：這不能被康德領悟或證明，而又卻必須必然地要求當有的，這樣的目的論本身，即可觸發最富生命緊張的內在性的客觀不確定性之憂懼。視此憂懼為一真實具體之生命心靈存在的實證，更立此內在性之客觀不確定性為主體性真理，由憂懼而透視之。此義上世紀歐陸存在主義者亦嘗談及。存在主義哲學開創者齊克果說「真理就是主體性」即指這種主體性。儒家則認為這憂懼不安，正是生命存在目的性之呈現於主體性之自覺中而性分不容已的自明自證。主觀地說，此是心，是情，客觀地說此是性，是理；統體而說，此即活動即存在的實體實存，即天命，即太極；合而說之，即太極而無極，無極而太極。

九、天德流行境中的性德與玄德

「無極而太極」，故唐先生於其九境論之最高境「天德流行境」，直以儒家與道家之言道德之義，合為一說。其言曰：

> 此所謂天德流行境，要在以赤縣神州之中國儒家之言道德實踐境之勝義，乃以人德之成就，同時是天德之流行而說。中國道家之言道德之義，亦有可屬此一型之思想境界者，雖未能如儒家之圓滿，然亦自有其勝場。茲皆隨文附說。
>
> 此所謂天德流行境，乃於人德之成就中，同時見天德之流行，故同時為超主觀客觀之境。然此不同於歸向一神境，乃由自下而上之縱觀，以見一統主觀客觀之上帝或神靈之存在，以使吾人之信心上達，而超主觀客觀之對立者；亦不同於佛教破除主觀之我執，客觀之法執，橫遍十方世界，如實觀法界中主客內外之一切法之性，更使智慧下澈，而超主觀客觀之對立者。今茲所言之使人德成天德

之流行，要在順吾人生命存在之次序進行，與當前之世界
之次第展現於前，依由先至後，由始至終，由本至末之順
觀，以通貫天人上下之隔，亦通貫物我內外之隔，以和融
主觀客觀之對立，而達於超主觀客觀之境。[18]

此即將仰視而縱觀所得之超主客觀對立之一神之實體實在之體
境，與俯視而橫觀所成之超主客觀對立之我法二空之相境，一併統攝
於生命存在及其所在世界之次第開展、次第實現之「順成人性」之順觀
之用境。「神無方而易無體」者，正是從順觀之用境，說易體不易而日
新，神相無方、神用無極之義，亦即「天德流行」也。

十、逆覺與順成 —— 天德流行境與儒道之目的論

儒家之教，既為「順成人性」之教，則亦道家之「道法自然」之教
也。道法自然者，「人法地，地法天，天法道，道法自然」之謂也，亦
即排除人為之顛倒虛妄，包括氣性之偏至偏執與知性之割裂孤離、以
至道德之狂熱或僭越，損之又損，歸根復命，不禁其性，不塞其源，
「上善若水，水善利萬物而不爭，處眾人之所惡，故幾於道。居善地，
心善淵，與善仁，言善信，正善治，事善能，動善時。夫唯不爭，故無
尤。」（老子）「孔子觀於東流之水。子貢問於孔子曰：君子之所以見
大水必觀焉者是何？孔子曰：夫水大徧與諸生而無為也，似德；其流
也，埤下裾拘，必循其理，似義；其洸洸乎不淈（竭）盡，似道；若有
決行之，其應佚若聲響，其赴百仞之谷不懼，似勇；主量必平，似法；
盈不求概，似正；淖約微達，似察；以出以入，以就鮮絜，似善化；
其萬折也必東，似志。是故君子見大水必觀焉。」（《荀子》〈宥坐〉）皆
以水之自然之性，寄託君子理想目的之德，是自然與自由合一之象徵，

---

18 同註 2，頁 155-156。

且是以自由主導自然之象徵，故曰「君子見大水必觀焉」。順成人性物性，「能盡人之性，則能盡物之性，能盡物之性，則可以贊天地之化育，可以贊天地之化育，則可以與天地參矣。」(《中庸》)順成「天生烝民，有物有則。民之秉彝，好是懿德。」之天德人德者，正是儒家之大有、大成之智慧，中正仁義之太極人極。此太極人極與道家之大無、大忘之智慧，獨化無待之太極無極，合而為無極而太極，太極而無極之「乾道變化，各正性命」。唐人李翱謂「道者，至誠也。誠而不息則虛，虛而不息則明，明而不息則照天地而無遺。」(《復性書》上篇)由「誠而不息」說「虛」，由「虛而不息」說「明」，由「明而不息」說「照天地而無遺」。亦正說此以「誠而不息」、「虛而不息」、「明而不息」而說的「神無方而易無體」至誠大有之道，亦即「太極而無極、無極而太極」、「乾道變化，各正性命」之道。所謂「乾道變化，各正性命」實即一生命當其反思而逆覺其存在之目的，其生命存在之體、相、用，隨即為此逆覺之目的而轉動趨向於此自覺之目的之實現，從而轉動其所在之世界存在。道家之超忘之智慧實可以智及之而開啟此天德天門：

> 吾人如何能使吾人之生命達於自覺的天德流行境之道。此在知解上說，吾意首當細認取：前所謂吾人生命之生於此世界，初為一破空而出之一赤裸裸之生命，乃表現一先天的空寂性、純潔性，而為一善之流行，為第一義。亦即以自覺的超越忘去此生命之來處，以及其超越的根原，為第一義。[19]

唐先生之說，可溯源至莊子及向秀、郭象註莊之「獨化」義。人當認取生命之生於此世界乃為一破空而出之一赤條條之生命，一嬰孩，無思、無為，表現一先天的空寂性、純潔性。道家之超忘的智慧，首

19　同註2，頁174。

先把人的生命存在之本原，從前後相望計執而成之因果苦業中解放出來（以至從神我破裂之原罪中解放出來），還生命一清白，一自在，一始元，使無待、原善成為可能，方可言人格世界，方可言立人極。由此生命之先天的空寂性，而能自持其虛靜，而開天門，見天光，而可進至即義見命，立命盡性，而性命天命俱立。此唐先生之說，亦正是「繼之者善，成之者性」、「無極而太極」之大目的論也。

> 虛靜自持，而天門開，天光照，道家已有其義。過此以往，而隨時即義見命，而性命天命俱立，以使天道天德流行，則儒者之義。然此與道家之言，初不必相悖。道家言只及其義之始，儒家言更成其義之終耳。不必爭也。後之禪宗言之直截而正言若反，多類道家，而以掃蕩生活上知見上之執障為要，則為佛家義。人有執障，自須掃蕩，佛家言亦不誤。但人心能自持其虛靜，即已超於一般執障之外。自持其虛靜，而見此靈覺，原為生的靈覺，亦自有靈覺的生。則此生非執障，而為超執障之外之靈覺之自生；而此靈覺之於內外境，見其所當自命者，以立命盡性，亦更非執障中事也。故能有此以虛靜自持，而開天門，見天光之道家之教，而進至立命盡性之教，亦不必處處以破執為教也。[20]

自理上言之，須有終極目的之建立及合目的性判斷之出現（判斷力靈覺之有），方有掃蕩生活上知見上之執障之可言。佛教「化體為性，性空唯名；攝用歸相，我法二空」之掃蕩，雖在佛教可即此空而言究竟；然究竟言之，自生命心靈存在的實感言之，人心能自持其虛靜，能見生的靈覺與靈覺之生，更進至此靈覺之見其所當自命者（終極目

---

20 同註 2，頁 189。

的）以立命盡性，原非執障中之事，而是實感實理實事。故唐先生直言「有此以虛靜自持，而開天門、開天光之道家之教，而進至立命盡性（儒家）之教，並不必處處以破執為教也。」

道家以虛靜自持，開放存在之門 —— 道，以見天道天德流行；儒家則隨時即義見命，順成人性物性，「命日降，性日成」，性命天命俱立。「有心俱是幻，無心俱是實」、「無心俱是幻，有心俱是實」二義並證。實體、實相、實用，體大、相大、用大；攝相歸體，攝用歸體；攝體歸相，攝用歸相；攝相歸用，攝體歸用；俱可說。以至攝相用歸體，攝體用歸相，攝體相歸用；俱可說。以天德流行故，一切法得成；以活動的結構的實踐的目的論故，一切法得成；以有心義故，一切法得成。

在此唐先生認為，佛教空理不能外於儒家天理性理而獨立。佛教之歸於禪宗，禪宗言之直截又正言若反，而反顯性理天理，此類於道家。其以掃蕩生活上知見上之執障為要務，是從生命存在之負面入，又不免由掃蕩執障至於掃蕩生命存在。不如道家以人心能自持其虛靜，即已超於一般執障之外，並得見生命中自有靈覺、自有超執障之外之靈覺之自生自在，此自生（而非緣生）之靈覺更可於生命之內外境，見所當自命者以立命盡性。此自命立命之盡性之事正非執障，而正是掃蕩執障以求返本真之所求，卻在此耽擱了。是見由道家以虛靜自持而開天門見天光，進至儒家立命盡性天德流行，此「易有三易」之大易之教，以破執為要義之佛教，亦可不必與焉。

（2009 年 9 月 19 日，台北「唐君毅、牟宗三先生百週年誕辰紀念國際學術研討會」發表論文，後刊於《鵝湖學誌》2018 年第六十期。）

第五章

「反思判斷」與「一心開二門」

—— 牟宗三先生所提哲學共同模型之再省察

《大乘起信論》有實在論意味的「一心開二門」提法，引發牟宗三先生想到將之作為哲學之理想共同模型，以之作判教之憑依。唯此一心開二門之「一心」，牟先生意謂是針對康德的哲學體系而言，「屬於道德的形上學或超絕的形上學的層次」。

本文認為，由超絕的一心（自由無限心）自上而下地開二門，與《起信論》之「依一心法有二種門」，在實義上並不相應。依牟先生義之「一心開二門」哲學模型還判《起信論》、康德，則康德系統原是「二心開二門」，而《起信論》亦並不是在說唯一真心自上而下（「真心在纏」）地開二門。佛教最後必歸於無體無心無開無門無一無二無生。康德後在第三批判（《判斷力之批判》）提出「反思判斷力」這一心靈機能即着世間實感之感通感應，反省反思一一具體存在之「內在」與「超越」、「已在」與「未在」、「性相」與「目的」、「現實」與「理想」，而為「反思判斷心」之「一心開二門」；此則是從目的論而不是從本體實在論說的「一心開二門」。本文則更進言一實踐的、自我實現的、無目的而自由

合目的的終極目的論之「一心開二門」。

一、「一心開二門」作為判教基型之提出

　　《大乘起信論》是典型的佛教唯真心系統，作為一系統，其展示之方式，不是如唯識宗之以阿賴耶為中心之經驗的分解以至心理學之分析，而是直下就一超越的真心作超越的分解，所謂「如來藏緣起」即以此真心為唯一根源說明一切法。「超越的真心」即「如來藏自性清淨心」。牟宗三先生在《佛性與般若》中稱此唯真心系統在佛教的發展中對內對外俱有特殊的意義與作用，以此唯真心有實體性的實有之意味故。「因這一實體性的實有之意味，這一本體論的生起之架勢，佛法可以與其他外道以及其他講本體講實有之教義（如儒家道家乃至耶教）乃至一切理想主義之哲學相出入，相接引，相觀摩。若與旁人不能相出入，相通氣，完全隔絕，則亦非佛法之福。能相出入，相通氣，而不隔絕，始可言相接引。即不說相接引，亦可相觀摩。真理定要靠相觀摩而始可各自純淨，各自豐富，各自限制的。凡一切大教皆非無真處。判教可，相非則不可。佛教發展中唯真心這一特別的動相有這作用。」[1]

　　《起信論》這一有實體性的實有之意味之唯真心系統之對內對外之獨特意義與作用，牟先生此後對此有進一步的說明和接引，說此有實體性的實有意味的唯真心系統，其在佛教內部發展中是一「特別的動相」，有一「本體論之生起之架勢」，正由此一動相架勢，可與其他外道及其他講本體論、講實有之宗教或哲學，特別是講活動義之實有之理想主義哲學相對話激揚，得以各自純淨、各自豐富、各自限制，亦因此可作判教之憑依。此判教所憑依者，即《大乘起信論》所標舉的「顯示正義者，依一心法有二種門。云何為二？一者心真如門，二者心生

1　牟宗三撰：《佛性與般若》上冊（台北：台灣學生書局，1977 年），頁 480。

滅門。是二種門皆各總攝一切法。此義云何？以是二門不相離故。」[2]
之「一心開二門」之論式架構。這個「一心開二門」引發牟先生關於哲
學發展之究極領域之普遍性的共同模型之可能之問題。

二、唯真心論之「一心開二門」與康德的哲學系統

　　哲學討論或論辯到最後，最感困難的，是在哲學的究極領域，能
否出現一個有足夠涵蓋性和普遍性之思想模型，以判定安排哲學探究
至究極領域所曾處理歷經之一一大小環節所涉之觀念，並依理交接會
通而總攝之。「一心開二門」即可提供一模式，將一切法分攝之以歸
「二門」，由二種門各總攝一切法，以二門不相離故，故終歸一心。至
於此「一心」為何義之心，則各哲學系統、各教自立自定之。大乘佛教
如來藏系統自必以「自性清淨心」為心，然佛教最後必歸於無體無生，
須打散此唯一真心之實體性的實有之意味，撤去此真心本體論之生起
之架勢，平鋪如如。然則此唯真心須由一本體之意味再回復為即活動
即不存在的作用地一心。儒家系統則必以「道德心」、「自由無限心」
為心，道家則必以「道心」、「靈台心」為心。耶教或必以「信仰心」為
心，唯耶教之首出觀念是上帝，不是心。以「一心開二門」觀之，上帝
存在只是理論理性向超驗界誤用所生出之超絕理念，若不將此等由理
性所提供的理念（Ideals），如「第一因」、「上帝存在」、「靈魂不滅」等
等，轉歸實踐理性之理性的實踐門，為一心所攝（所開），則將失去理
性實證之可能性，未能進至哲學之究極領域。而「一心開二門」則可將
此「上帝」等理念攝入為「道德底形上學」門以安排論證之。試看牟先
生怎麼說：

2　本處所引《大乘起信論》文句，據印順撰：《大乘起信論講記》（台北：正聞出版社，
　　1990年3月，第11版），下同。

　　這個「一心開二門」的架構在哲學思想上的重要性，因為就哲學發展的究極領域而言，這個架構有其獨特的意義。我們可以把它看成是一個有普遍性的共同模型，可以適用於儒釋道三教，甚至亦可籠罩及康德的系統。若將其當做形上學的問題看，則此種問題即是屬於「實踐的形上學」（practical metaphysics）而不屬於平常的「理論的（知解的）形上學」（theoretical metaphysics）。依照康德的說法，形上學可分為「內在的形上學」（immanent metaphysics）與「超絕的形上學」（transcendent metaphysics）兩種。所謂內在的形上學指的是康德哲學中的超越的分解，也就是指具有客觀妥效性的先驗綜合知識而言。而超絕的形上學則是指理性所提供的理念（ideals），比如「超越的辯證」中，理性的心理學所提到的「靈魂不滅」即屬於超絕的形上學，另外有宇宙論方面的理念，如「第一因」（first cause）、「有限」、「無限」，以及「上帝存在」等，這些均是理性所提供的理念。當然這些理念在思辨理性中是毫無客觀真實性可言，它只是個空理，因為這些理念所指的對象在思辨理性中無法證實。但是理性可提供這些理念，而這些理念對着思辨理性而言，即是超絕的形上學。此種超絕的形上學必須由實踐理性才能得到客觀的真實性。[3]

　　比照康德的系統，牟先生判定「一心開二門」為：「屬於道德的形上學或超絕的形上學的層次。因此，此一架構亦唯有在道德的形上學或超絕的形上學中才有意義，才有貢獻。所謂有意義、有貢獻，當然

3　牟宗三撰：《中國哲學十九講》（台北：台灣學生書局，1983 年），頁 298-299。

是針對康德的哲學體系而言。」[4] 牟先生這裏的意思是：康德哲學既由理性提供諸超越理念（或曰超絕理念、超驗概念），如「第一因」、「自由」（包括自由之道德義與自由之宇宙論意義）、「無限」、「靈魂」、「上帝」，諸理念（其中以「自由」最為主要）在思辨理性中沒有可證性，又以康德謂人無「智的直覺」，不能對此諸超越理念（智思界的智思物）有對象可說。以「直覺」（感觸直覺或智的直覺）在康德言是一種「呈現原則」（principle of presentation），有直覺才有真實性可言。故經驗知識一定要說感觸直覺，形而上的知識一定要說智的直覺，否則只成個空理，無真實性可說。因為人無智的直覺，康德的以「自由意志」為中心理念的智思界整個超絕於「人能知道甚麼？」之能知領域之外，成為所謂「超絕的形上學」，或曰「超越的觀念論」。至於在「人能知道甚麼？」之能知領域範圍內，由感性直覺形式、先驗知識、範疇、超越的統覺，再加上感觸直覺，康德的知識論由「知性為自然立法」證成一「內在的形上學」，一「經驗的實在論」。在以自由意志為核心理念的智思界之超絕的形上學方面，以其為超絕的形上學故，康德不能落實；在以知性範疇為核心的感觸界之內在的形上學方面，以其為內在的形上學故，康德一一落實。牟先生因此說「一心開二門」此一架構屬於超絕的形上學的層次，可以針對康德在超絕的形上學方面的落空，對之有貢獻，有意義。然則這「一心開二門」之「一心」在牟先生言，須是「超絕的」一心，或「道德的」一心，而不可只是一經驗心、感覺互攝心、或超越的統覺心。

由超絕的一心、「自由無限心」自上而下的開二門，這種說法，與《起信論》之「依一心法有二種門。云何為二？一者心真如門，二者心生滅門」在字面上非常吻合，但依本文之意，只是在字面上非常吻合，而在實義上卻是全然相背。這「一心」為何義之「一心」，實須重新鄭重衡定之。本文以為，這「一心開二門」的「開二門」的「一心」倒不宜

4　同上註，頁 299。

是超絕的形上實體心；若是超絕的形上心，自難以明瞭為何要委屈自己、「真心在纏」地開出經驗世界之生滅門。這開二門的一心，必是一存在的感應心、反省心、明覺心，由反省心開「內在」與「超越」、「現實」與「理想」（目的）二門。（《起信論》原說「所言法者，謂眾生心，是心則攝一切世間法出世間法。」故印順以「眾生心」為「一心開二門」之「一心」。到牟先生則以「如來藏自性清淨心」為「一心」。詳論見本人另文〈「寂感真幾」與「一心開二門」── 從「一心」義之衡定看牟先生所提哲學共同模型之意義〉。）

　　由牟先生此說，這裏實出現一個有趣的對照：康德系統先是由知性開經驗界之認知門，由實踐理性開超越界之實踐門，原是「二心開二門」。知識門以人有感觸直覺故，得充分證成「經驗的實在論」；理性門以人只有感觸直覺而無「智的直覺」故，只證成「超越的觀念論」（即只證成「智思界」，純由「智思」開啟的觀念，是「虛門」而非「實門」），因沒有對之「直覺」，無法令其中之理念（智思物）「呈現」。亦因此故，牟先生直謂康德「他的哲學體系只能說是『一心開一門』，他只開出感觸界的生滅門，卻沒有開出（吳案：意為「沒有如實開出」）智思界的清淨門。」[5] 牟先生這個評斷，應限於康德前兩個批判所及，方為適當；到第三批判出來，顯示康德全力構建其「一心開二門」系統。在第三批判，康德如何由判斷力之批判以連接知性與理性，從而由反思判斷力之為一純作用的認知機能而在生命心靈機能之三位一體的辯證統一中藉賴中間項之情感機能，辯證地開出自然界之知解門與自由界之實踐門，本文下面試作析論。不管成果如何，康德最後表現為甚富學理（theory）的「一心開二門」論者。

5　同註 3，頁 301。

三、以「一心開二門」還判《起信論》

相對於康德的系統，《大乘起信論》之以「眾生心」（「真常心」、「唯真心」、「如來藏自性清淨心」）「直接」開出心真如門，「間接」開出心生滅門，佛教這個「唯真心系統」更像是「一心開一門」，或說更像是「一心攝二門以歸空如，無一、無二、無三，無心、無開、無門，亦即一即二即三，不變隨緣，隨緣不變」者，而非正題的「一心開二門」者。如此說起信論之系統並非一穩妥的「一心開二門」者，是扣緊牟先生說「一心開二門是屬於道德的形上學或超絕的形上學的層次」以及《大乘起信論》之文意與牟先生所解說的起信論之性格而為言，而作的評判。

試看牟先生解說《起信論》之言「心真如者，即是一法界大總相、法門體，所謂心性不生不滅。」一段，結之曰：

> 心真如即是一法界之大總相而且為諸法門之體。心真如性不生不滅實即原本通過實相般若所見之緣生法不生不滅（無生法忍、體法空），以一切法繫屬於心故，故將不生不滅移於心上說，而說為不生不滅，亦即心之真如性（空淨心、真如心）也。空淨心，以為法門之體故，故為（虛意的）實體性的心，而同時實亦即是作用的無心之心也。[6]

是見由真常心、自性清淨心直接開的心真如門之真如心，是一空淨心。以一切法繫屬於心故，說此空淨心為法門之體；既說之為體故，故為虛說的（虛意的）實體性的心，實即是作用的無心之心，即將實相般若所見緣生法不生不滅（無生法忍、體法空）移於心上說，而為作用的無心之心之為一法界大總相、法門體。故此說真如心、空淨心為法門之體，非謂此空淨心有實在之實體義，亦非謂此真如心有生起義、

6 　同註 1，頁 458。

創造義、第一因義、靈魂不滅等義。相反的，此真如心、空淨心卻有即着生起、創造、第一因、靈魂不滅之念而還滅之、無之、空之之義，體法空、無生法忍之空如來藏之作用即性、即心、即真如義。康德的「智思界」云云，在《起信論》系統中，恐怕亦不能說成是「不空如來藏」之「已顯法體空無妄故，即是真心常恆不變、淨法滿足，則名不空；亦無有相可取，以離念境界，唯證相應故」（《大乘起信論》）之如實不空。不空如來藏之如實不空，是真心這個法體不空，且具足無量無漏性功德，以攝一切無自性（有漏性）的緣起法而為其體，則此真心之統攝作用之本身即有自性有自體，此無漏性功德即此真心的自性自體之體性、體用。空不空皆直就心真如之真心說。空是捨離一切計執而起之差別之相，無去虛妄心念；不空是真心這個法門體恆常不變、淨法滿足。康德原無「真心」之名義，其智思界中種種實體義之理念，依《起信論》以如來藏統攝阿賴耶系統之緣起義而言，恐怕正是來自理智（量智）之窮盡自己，計盡執盡而後所立之種種名。「智思」云云，正是計執至極，虛妄分別至極；種種「智思物」正是妄執生起，向空中取相，墮起念境。自《起信論》心真如之真心既是「一法界大總相法門體」故有空不空兩義，而言「智思界」之種種理念，正是空如來藏所要空者。又以此空如來藏故，言不空如來藏，言不空如來藏具足無量無漏功德性。此不空如來藏具足無量無漏功德性，是即空如來藏之功德已顯法體空無妄故，而言空淨心、真心這個法門體不空，且淨法滿足，並非此不空如來藏自性清淨心自身另有一套功德法也。是知心真如是一切法門之體，此「體」是剋就空如性說，亦如言「以空為性」。心真如之真心就是一切法門之如性、真性、實相；唯實相一相，所謂無相。故《起信論》說「心真如門」云：「一切諸法唯依妄念而有差別。若離心念，則無一切境界之相。是故一切法從本已來，離言說相，離名字相，離心緣相，畢竟平等，無有變異，不可破壞，唯是一心，故名真如。」如來藏自性清淨心之一心開真如門的結果，是撤消一切境界相、言說相、名字相、心緣相；化念還心，去妄歸淨，唯是一心，故名真如。

真如即空如，一心即無心，空如來藏即不空如來藏，不空如來藏即空
如來藏。到天台宗將此唯真心系統及其最有實體性的實有之意味、最
有本體論的生起之態勢，一併打破，直說「從無住本立一切法」。觀真
心之由何而立（從何處來）再回歸其原處，原處即《金剛經》所謂「應
無所住而生其心」之依他無住。然則此唯真心之「一心開二門」之開真
如門，雖初有實體性的實有之意味、本體論的生起之架勢，卻實自始
未曾開出甚麼超絕的形上學之「智思界」、「智思物」之門，所開唯是即
「計量妄想」而起現之一切境界相、言說相、名字相、心緣相而一一還
滅之門。化念還心，化心還如，何曾容得下甚麼智思物。

　　這是以康德的超絕的形上學之智思門為準，判《起信論》之心真
如門。反過來，若以佛教之「一心開二門」判康德的智思界，則種種智
思物，竟或只屬「心生滅門」之窮盡計執或虛妄辯證之物，《大般若經》
「十八空」所空以至佛不答者，亦即皆屬生滅門者。至於「一心開二門」
之開生滅門（生滅門者，經驗界以及遍計執所執之不相應行法之一切
法之門也，佛教所謂有漏染污法門也）、自性清淨心如何可以開出生滅
門，自一機械分析的態度是很難理解的，即舊經文亦須以「自性清淨
心而有染者，難可了知」（《勝鬘夫人經》之語）來開展「如來藏系統之
弔詭（paradox）」的說明。牟先生對此則有下面的解說：

　　　　由如來藏自性清淨心說明清淨法其方式是直接的方
　　式，對於有漏染污的生滅變化，則非直接的方式可以說
　　明，此必須經過一個曲折、跌宕，才能說明。這個曲折，
　　即是無明的插入。（⋯⋯）在此即把阿賴耶系統融攝進來。[7]
　　　　我們的真心其自性本來是清淨的（不生不滅），何以
　　又有染污法（生滅）呢？這中間的曲折、跌宕是如何產生
　　的呢？這完全是因為無明的插入，即所謂「無明風動」所

7　同註3，頁293-297。

導致。因為我們的真心雖然本來清淨，但只要一昏沉，只要一念忽然不覺，隨即墮入無明。而無明是無根的，亦沒有一實體，它只是我們於忽然一念不覺時所呈現出來的一種昏沉相。[8]

這個問題，在康德哲學裏是很容易答覆的。依康德所說，我們的意志（will）不是神聖意志（holy will），而我們的格言（maxim）與道德法則（moral law）亦常不能相合，這是為甚麼呢？這乃是因為我們有感性（sensibility）；由於我們有感性，所以常為物欲所牽引，因而有無明，有昏沉，這即表示人是有限的存在，所以人的意志不是神聖的意志。至於上帝則無感性，上帝的意志是神聖的，上帝是毫無阻礙的。[9]

這個如來藏作為生滅法的根據（ground）是甚麼意義的根據呢？依佛教之說法，如來藏直接生起清淨法，即名之為「生因」。但是對着有漏生滅法則非「生因」，亦非「了因」，而是「憑依因」。也就是說，生滅染污法只是憑依如來藏起現，並非從清淨的如來藏直接生起。[10]

牟先生的解說，把「自性清淨心而有染者，難可了知」一段佛教內部之公案，通過明訪暗察，判的甚可了知。亦或因此，牟先生這裏太自上而下，然而又太康德、太「觀察諸法行」了。依本文之見，天地際原就只是這麼一個世界、這麼一套法（一切法門）、這同一的「精神意識領土」，或康德所謂「同一的經驗領土」，豈另有甚麼生滅法、不生不滅法。說「天地際原就只是這麼一個世界，這麼一套法」亦原就一覺

8　同上註。
9　同上註。
10　同上註。

心、念心之覺或念而這般說並如如起現天地際這麼一個世界、這麼一套法（一切法門）。若不起念心，離一切相，等同一味，恆沙佛法，唯一真如。若無明插入（此「無明插入」亦屬難可了知），真心在纏，阿賴耶緣起，見諸境界，而有不生不滅與生滅，以至淨與染、常與無常。又依有諍法，為此種種分別尋一根源的說明，計量至極，而謂萬法唯心，虛妄唯識，以心統識，說如來藏緣起，而有如來藏自性清淨心直接開心真如門、間接開心生滅門之「一心開二門，是二種門皆各總攝一切法」之說。既說法矣，言則響從，行則影隨，有法必有諍，法無窮諍亦無窮。是《起信論》此一唯真心系統在佛教發展中雖表現一特別的本體論的生起之動相，然終不合佛教之以「緣起性空」為通義，故不能亦不願使「畢竟空」之性空之性落入實體性的實有之境，兼且又以有諍法建立者。故「一心開二門」之「一心」，須回歸其所從來之「應無所住而生其心」之依他無住，唯是無諍地（非分別地、詭譎地）順種種所已分別說者而當體空寂之、通化之、還滅之。亦無所建立，唯體會所已分別說者之實相一相所謂無相，而以詭譎的方式，即以不住法住般若，以不住法住一切法，以不斷斷、不行行之詭譎的方式、「即」的方式，歸於「不二法門」，「二門」與「一心」畢竟空。

四、佛教「一心開二門」之可說與不可說

佛教不從道德意志入路，而是從生命感受入路，又繞過歷史文化，唯集中在生老病死上來說存在、說生命，說生命存在的本質就是欠缺，故生命存在的本質就是痛苦。在「生命存在的本質就是欠缺，故生命存在的本質就是痛苦」之基本認定之基礎上建立佛教的理想。佛教的基本理想就是解脫，就是滅度、不入輪迴。所有的工夫全落在立性、破性、破相、顯實（慧遠判教之「四宗」）上；最後所顯之實際實相即是無相，即是如相，唯是一解脫滅度之理想之順着九法界之一切法作染淨翻轉之無盡實踐。「一念無明法性心」之一心，開二門即依二門，

復二門相依，復依一心，一心無住開二門，之相依無住迴旋翻轉而無限。以唯真心故，終緣理斷九（若起信論、華嚴宗）；以應無所住而生其心故，以不斷斷，以不住法住九法界，以不住法住佛界，九法界與佛界互具如水（若天台圓教）；以不住法住「二門」，以不住法住「一心」，二門一心畢竟空。「畢竟空」正是如來藏自性清淨心之「自性」，亦正是禪宗六祖「何期自性本自清淨，何期自性不生不滅，何期自性本自具足，何期自性能生萬法」之「自性」。以「以有空義故，一切法得成」故，一切法與佛法以空義得成。畢竟空者，即不空而空之，即空亦空之之無限寂化之謂。是知佛教之根本教義教路，唯是攝所歸能，染淨翻轉，色心不二，化悲歸如，如者空如，空空如也，之歸寂歸如工夫之無窮無盡的修行開展。歸如歸寂工夫所至，即是佛格佛性（所謂「六即」：理即、名字即、觀行即、相似即、分真即、究竟即佛）。除此而外，並無一實體性的實有之本體論的佛性為佛教所肯定，亦即並無一實體性的實有之本體論的生起論之「一心開二門」為佛教充當本體宇宙論之「超絕的形上學」或「道德的形上學」再轉折開出生滅門。此故牟先生說如來藏之作為生滅法的根據，非「生因」，亦非「了因」，而是「憑依因」，生滅染污法只憑依如來藏起現，並非從清淨的如來藏直接生起。

換言之，清淨如來藏原就只開清淨門，只是清淨門一開，如來藏緣起攝阿賴耶緣起，所謂法界緣起，所照必盡是生滅染法。法界中本無生死染法，世間本亦無所謂淨善穢惡法；唯清淨門開，所照盡是生死染法，所對唯是穢惡法。何以故？以如來藏清淨心之起現為清淨法門，必以照察一切世間生死染法為其起現之條件也。必有解脫之理想之如來藏清淨法門，方有一切世間生死染法門之間接的開出（實是被照察而起現為生死染法）。故說「生滅染污法只是憑依如來藏起現，並非從清淨的如來藏直接生起」。這是唯真心的說法。《起信論》故曰：「以過恆沙等煩惱染法唯是妄有，性自本無，從無始世來未曾與如來藏相應故；若如來藏體有妄法，而使證會永息妄者，則無是處故。」然

此說必入有諍法。因亦可說：必有一切世間法流轉如如，及無明風動，有漏皆苦，方有即有漏而智思無漏的超越的如來藏清淨法界之反思並開出真如門；真如門亦憑依於生滅門，由生滅門一一染法之反思而開出、起現。前說憑依如來藏起現生滅門，近於「本質先於存在」；後說由生滅門一一染法之反思開真如門，有似「存在先於本質」。然無論說「本質先於存在」或說「存在先於本質」皆入有諍法，因皆以思辨「觀察諸法行」而強分存在與本質、體與用、目的與體性故。既分之名之而不知返，以為真的有懸空的「本質」（無存在之本質）、「存在」（無本質之存在）、「體」（無用之體）、「用」（無體之用）、「目的」（無體性體用之目的）、「體性」（無目的之體用體性），種種稱謂、觀念、理念，有其所指之實，並可以離開人的整體生命之存在的體認體會而孤存，以至可以懸空支配或割截人的生命心靈之整體存在。此皆必在可諍中，亦「唯是妄有，性自本無，從無始世來未曾與如實觀、如實知、真實行相應故」。

以上種種智思之理念、稱謂，原來自人的心靈機能之認知機能之所造，造之以表抒並稱謂命名人對其欲望機能（意）、情感機能（情）、認知機能（知）之種種活動之分解、分析的觀察說明以及三者之關連之自我理解、體會、體認，並以此言意活動，使知情意三分之生命得暫時統一並同化於所涉之名言概念。正由於此種暫時的同化統一，雖僅只是在語言上的同化統一，生命獲得某義的「具足」，這種「具足」卻足以支持這時語言的優先性，浸至觸發對某些名言符號之所指有實在性之期待，以至神秘性之思想。亦因此，語言遂真的取得了實現為具有意識之優先性、實踐的實在性、以至信仰的神聖性之存在意義。

生命藉言說建構自我以超越存在，言說藉生命而成為命令成為存在。凡有所說皆必可諍，但生命每一步都要求無諍。故生命需要言說並每次終止言說，言說需要生命並總在啟動生命決定生命。這就是生命、存在與言說三位一體之存在生態。子曰：「名之必可以言之也，言之必可以行之也。」《起信論》曰「一心開二門」云云，亦應作如是觀。

　　要言之，以牟先生所判「一心開二門」此一架構「唯有在道德的形上學或超絕的形上學中才有意義，才有貢獻。所謂有意義、有貢獻，當然是針對康德的哲學體系」而言，《起信論》所提供者，僅止於此「一心開二門」之架勢、方式。如上所論，佛教思想最後不會提供一實體性的實有論的「真心」之「一心」，替代或充作康德所謂「含有一自律性之心靈機能」之「自由心」來生起地開出「超絕的形上學」之無執的存有界（亦即所謂「智思界」）與「經驗的實在論」之執的存有界之二門。佛教最後終只能只會提一般若智心，由作用地般若進至實體性的般若，而謂「如來藏自性清淨心」。「實體性的般若」在佛教言唯是「佛說般若波羅密，即非般若波羅密，是名般若波羅密。」之般若精神，亦即實體性般若即作用地般若之精神。此般若精神以「如來藏自性清淨心」之名義，就着「緣起」之流轉地總攝一切法而曰「心生滅門」，就着「性空」還滅地總攝一切法而曰「心真如門」，實是心之作用之一事兩面，實無所謂開二門，只是兩種觀法，統歸一心，唯示心之作用地般若之精神，即此般若精神而曰「以有空義故，一切法得成」，而進至為實體性的般若，豎立而為一真心，一超越的真常心，為一切法之所依止（一切法之存在的根源的說明）。此見《起信論》之說「一心開二門」，重點不在開二門，重點在說一超越的真心，為一切世間染法之所以為生死流轉同時即出世間清淨法之所以為還滅之可能之根據，根據唯在即妄染而對翻，對翻妄染而寂滅之之無漏功德，實即般若智心之不停之轉而無轉。《起信論》這種意義的「一心開二門」之一心，發展到天台圓教必說為染淨同體之迷覺心，「一念無明法性心」之「從無住本立一切法」。唯是純依他住，並無自住、依而復即，「三位一體」即無三無一無體。故曰：「亦不言一心在前，一切法在後；亦不言一切法在前，一心在後。」「若從一心生一切法者，此則是縱；若心一時含一切法者，此則是橫。縱亦不可，橫亦不可。祇心是一切法，一切法是心。故非縱非橫，非一非異。玄妙深絕，非識所識，非言所言。」（智顗《摩訶止觀》第五卷）既不是「本質先於存在」，亦不是「存在先於本質」，如存在主義者所辯

者。既不是一超越的真心在前，超絕的形上學之「無執的存有界」與經驗的實在論之「執的存有界」二門在後；亦不是相反，兩界二門在前，一心在後（如康德系統哲學工程之結構）；既不是「自由意志心」在前，生起地（創造地）開出超驗界與經驗界二門，或「上帝」在前，創造地開出「超驗界」（由上帝之智的直覺「直覺之即實現之」而開出）與「經驗界」（由神所造的理性的同時是感性的存在之人之「知性為自然立法」而開出）二門，如牟宗三先生因康德哲學之觸發而提出及可能引發者。然則「一心開二門」模式如何應用於康德哲學？

以下，即嘗試重新發現康德哲學中的「一心」與「二門」，以及康德如何看待其「一心」與「二門」之關連，以及其一心可不可開二門。說「重新發現」者，是「重建康德，以詮釋康德」，所謂密義疏釋，即「接着說、轉動說」以發現新義也。

五、康德哲學的人學體性學與「一心開二門」

眾所周知，康德哲學是以主體性為中心的哲學。所有經驗論、理性論，以至自然哲學、宇宙論、本體存有論、神學，通統收進純粹理性之批導的系統中圍繞着人的主體性概念重新組建。若以一名概稱之，康德哲學必是「哲學的人類學的主體體性學」。康德越到後期，越表現此「哲學的人類學的主體體性學」之特質，而與中國哲學儒道佛三家非常契接。哲學的人學的體性學，在中國泛稱心性論，或直以「心學」名之。所有形而上學、形而下學、天道論、天命論、道器論、才性論、形神論、理氣論、體用論、法相論、法性論，通統收進心性論，圍繞「心」之概念而根源地同化、貫通、疏導和重新興發、推擴、離異、伸展、迴旋。然則討論康德哲學的「一心開二門」，須得從康德的人學、「人是甚麼？」說起。

關於「人是甚麼？」今借康德說「心靈機能」之語重說之，是為：人是擁有心靈機能之理性的存在。所謂心靈機能、被視為高級的機能，

即視之為「含有一自律性」的機能而為人的思想行為提供法則或原則，以至終極目的者。人就是擁有此含有一自律性的機能之心靈的理性的存在。[11]

　　人一如其他存在，在自然法則及自然反應機能（所謂低級機能）之支配及知解中生存，但人是唯一擁有心靈，亦即擁有含一自律性的機能，含有諸「法則」、「原則」之提交、審議、制定之全部立法機能者，亦即意謂心靈機能自始即可施設諸先驗的法則、原則於各相應之領域以決定之同時自覺服從之。此諸心靈機能及各相應之領域，康德三分為知、情、意，在《判斷力之批判》〈引論〉末段對之有一段綱要性的說明：

　　　　關於一般說的諸心靈機能，視之為高級的機能，即視之為「含有一自律性」的機能者。知性是如此一種機能，即：它是一個「為認知機能（為自然之知解的知識）而含有先驗的構造原則」之機能。快與不快之情則是為判斷力所供給，此所謂判斷力是指其獨立不依於那些概念與感覺，即「它們涉及欲望機能之決定並因而能夠成為直接地實踐的」那些概念與感覺而言者。對欲望機能而言，則有理性，此理性是實踐的，其為實踐的是用不着任何快樂（不管是甚麼起源的快樂）之媒介而即可為實踐的，而且此理性復亦為此欲望機能（當作一較高級機能看的欲望機能）決定「終極目的」，此「終極目的」同時也伴隨之以純理智的愉悅 ── 愉悅於其對象之愉悅。此外，判斷力之「自然合目的性」之概念是落於自然概念項目下的 ── 但只作為諸認知機能之軌約原則而落於自然概念項目下 ── 雖然對於某些對象（屬自然界者或屬藝術品者）所作的那美學判斷（足

11　康德撰，牟宗三譯註：《判斷力之批判》上冊（台北：台灣學生書局，1992 年），頁155。

以引起「自然之合目的性的之概念」的那美學判斷），在關
涉於快與不快之情中，是一構造原則。諸認知機能之諧和
一致含有愉快之根據。這樣的諸認知機能之「自由活動」
（遊戲）中的那自發性使「自然之合目的性之概念」成為一
適宜的媒介鍊索，藉以把「自然概念之界域」與「自由概念
之界域」連繫起來（自由概念是就自由概念之後果而言的
「自由概念」），蓋以諸認知機能之諧和一致固含有愉快之
根據，而同時它亦可促進心靈對於道德情感之感受也。[12]

康德這段說辭，亦可理解為是其「哲學的人類學的主體體性學」之
系統的概說。由此概說，我們沿之發展而再概說其所涉及之義，亦以
綱要之方式說之，而為：
一、康德哲學歸向於為徹底的唯心論，或曰心性論，即以「心靈
機能」為中心而轉動構建之哲學系統。
二、康德之心性學是知、情、意三分的，由是，作為心之所思所
對之存在亦被三分，（分為自然、藝術、自由三界域）。
三、欲望機能（意）由實踐理性決定其「終極目的」，判斷力則將
一切知識關連於人的種種本質目的，而諸本質目的則隸屬於其終極目
的，此符合於「終極目的」同時伴隨以純理智的愉悅（自得自足之情），
而為「理義悅心」者。[13]
四、「道德目的論」與「目的論道德」之區分及綜和，因「心靈機能」
而可能。
五、「自然合目的性」之外用為「軌約原則」，與內用為「構造原則」
之區分與統一。前者使「自然合目的性」成為統一自然界諸特殊法則之

---

12 同上註，頁 155-156。
13 有關康德《純粹理性之批判》之〈超越的方法論〉第三章「純粹理性底建構」中「哲
   學之宇宙性的概念」，見牟宗三：《現象與物自身》（台北：台灣學生書局，1975年），
   頁 147。

主觀的超越的原則，並因着合目的之統一，隨伴以愉悅之情；後者使「自然合目的性」在美學判斷中直接地涉及快與不快之情，即以快與不快之情為合目的性判斷之條件根據。[14] 但究以自然合目的性之判斷為先，抑以快與不快之情為先？「自然合目的性」之為軌約原則與構造原則之內外兼用而統一之可能，及其是否可成為被哲學區分為「自然」與「自由」兩界接連起來的橋樑。

六、由「自然合目的性」作為諸認知機能之統一原則，使諸認知機能之活動得以諧和一致，此諧和一致含有愉快之根據。此說未有區分諸認知機能之不同活動因着此一自然合目的性原則而使知、情、意三分之生命存在，在一方向性之活動中得以轉動成為一張力的結構統一，或諸認知機能已實現諧和一致，更無需在一目的性之決定中向之而趨，而唯在一無方向狀態中得以相忘同化而為一放下的超結構之統一。在一方向性（矢向性）活動中的生命存在之各部在合目的性原則之軌約中互相隸屬、互為因果、互動互攝，而為一緊張的、兩極歸宗的動態的和結構性的合目的性之存在。在一無方向狀態中的生命存在，其生命之各部在自然合目的性原則之軌約中互相隸屬、互為因果、自動互攝，而為一相忘的、放下的靜態的和自然結構的合目的性之存在。但生命存在之為生命存在，必存在在「已在」與「未在」之軌道上，為其生命存在之程態。在「已在」與「未在」之軌道上，意謂生命自始有向，即超越已在，向着未在。故可謂生命之本原自始即有向。生命之所向之未在，或是一無限之可能，或是一唯一之可能（必然）。無限之可能，意謂理性生命可超越存在，創造一新的存在。唯一之可能，意謂理性生命或決定服從已在之存在對生命存在的決定，或決定服從「依

14　見註 11。康德以審美活動中一對象（形式）自然合目的，伴隨之以愉悅之情，說「美即美感」。但有時倒過來，以一對象之形象引起愉悅之情，才將一合目的原則配稱之。牟先生於此曾致疑之。見先生〈以合目的性之原則為審美判斷力之超越的原則之疑竇與商榷〉，載康德：《判斷力之批判》（牟宗三譯註本之書前）。

照自由之概念而來的結果是『終極目的』(final end)」[15] 之對生命存在的
決定,為唯一的可能(必然)之生命存在。而服從依照自由概念而來的
「終極目的」對生命之決定,顯然須以人的主體底自然或本性中預設該
目的底可能之條件,亦即須以生命之所向之未在可超越已在之存在,
而實現無限可能之可能,自由無限與唯一必然合一。又,既謂「在已
在與未在之軌道上」,即已是對生命存在之一認知之判斷中之反照反
省。自然生命自身本無所謂已在、未在;謂生命超越已在,即已在一
軌道上並自覺在一軌道上來判斷生命。在生命存在之軌道上反觀反省
生命,此反觀反省本身亦本是生命之一本質存在。此生命之自我反觀
反省,與生命之自然存在以及必已在存在軌道上之生命存在,遂構成
生命存在之「對其自己」、「在其自己」與「在並對其自己」之存在的辯
證的生態。再者,謂生命為目的性之存在,即已在生命存在之「已在」
與「未在」之軌道上反省此生命之存在,由此反省反思,即必帶出生命
之終始概念、「終極目的」概念、生命存在之「自然合目的」與「道德
目的」、「自由目的」等概念,以至生命有向與無向、無限與有限、有
限而無限、自由與必然等問題,以至所有程態、所有概念可否歸於「純
依他住,並無自住」、「性空唯名」等問題。此等問題之出現,自一義
言之,可以說源於以上所說之反思活動,亦即可以說源自判斷力為反
思判斷所提之「合目的性」先驗原則。「合目的性原則」有如一次日出,
使存在被區分同時被整合,問題便出在存在如何被「合目的性」區分及
如何被整合上。此等問題足可構成「一心開二門」模式之運用。

　　七、知性只提「合法則性」,實踐理性只提「終極目的」。知性之
「合法則性」應用於「自然概念之界域」,理性之「終極目的」應用於「自

15　同註 11,頁 154。全句為:「依照自由之概念而來的結果是『終極目的 (final end,
　　最高善、圓善),此『終極目的』是應當實際存在着的 (或說此「終極目的」之於感觸
　　世界中之顯現是應當實際存在着的),而說到這一點,我們須於自然中預設該目的
　　底可能性之條件 (即是說,須於作為感觸世界之一存有即作為人的那主體底自然或
　　本性中預設該目的底可能性之件)。」

由概念之界域」（自由概念是就自由概念之後果而言的自由概念，意即自由之實踐），兩者皆以構造原則作決定性判斷之應用，亦即「知性為自然者立法」與「理性為自由者立法」之應用。此即康德知、情、意三分之心靈機能中之「知」、「意」各自「一心開一門」所成之「哲學底區分」，區分為「二門」，即「自然底形上學」與「道德底形上學」，牟先生所謂「兩層存有論」。康德謂全部哲學基地為這兩者所籠罩。至於快與不快之情底先驗原則則由判斷力供給，此即「合目的性」原則，當其外用於自然界，但只作為諸認知機能之軌約原則而落於自然概念之項目下成為主觀的超越的自然目的論；其內用則以「合目的性」為內在之構造原則而關涉於快與不快之情，由快與不快之情引致「自然合目的性」概念以作美學判斷。自然合目的性原則遂一方作為軌約原則開出自然目的論以主觀地湊泊於「自然底形上學」，另一方面作為內在之構造原則開出目的論美學以象徵地湊泊於「道德底形上學」。判斷力（反思判斷力）以這兩頭湊泊的自然合目的性原則關涉於快與不快之情 —— 既關涉於自然目的論中諸認知機能之諧和一致所含之愉悅之情（美感），同時關涉於道德目的論之終極目的所伴隨之純理智的愉悅（道德之勝利之感）。諸認知機能之「自由活動」（遊戲）中的那自發性，使「自然合目的性之概念」成為一適宜的中介，把「自然概念之界域」與「自由概念之界域」連繫起來 —— 以由「美感」而通向「道德感」之意義方式，連繫起來。然則，是「知」開「自然概念之界域門」，「意」開「自由概念之界域門」，「情」繫二門（由反思判斷力自給一合目的性原則以湊泊於二門），如此而已，康德無意另立「一心」以開二門。「情」不能從判斷力獲得其自己之構造原則以在其所應用之領域建立藝術底形上學，「合目的性原則」並非一先驗的超越的構造原則，判斷力只是或從知性，或從理性借用原則而為判斷力之軌約原則，稱「合目的性原則」。故「情」只能虛繫憑依於二門，不能亦不應干擾二門。判斷力亦只能虛繫憑依於二門，不能開二門。亦以虛繫故，在審美判斷中，諸認知機能從決定性中解放，既不決定於概念，又不決定於無概念；既不決定

於「合法則性」，又不決定於「不合法則性」；既不決定於功利目的、道德目的，又不決定於無目的；且不決定於愉悅之情。愉悅之情並非審美判斷之決定性原則，而只是一憑依；合目的性原則之關涉於快與不快之情，正以不決定而相涉之，相涉之而或愉快，或不愉快，或由無情而有情，或由有情而無情。嵇康之《聲無哀樂論》早見及此。本人曾以「藝術生態學美學」之名，論此不決定性當發生於本原地存活在方向性之軌道上的生命時，其如何關涉於藝術與美。[16]

八、康德哲學最後似以道德的目的論統一各種哲學底區分。然而，道德目的論之「終極目的（最高善、圓善）」概念，康德只說「此『終極目的』是應當實際存在着的（或說此「終極目的」之於感觸世界中之顯現是應當實際存在着的）」[17]，而交給實踐理性作為一超驗原則，以便判斷力憑依之以提出其「合目的性」原則。然則，「終極目的」之義涵及其論證之批判，應是康德哲學的最後批判。此最後批判之名，以「終極目的」涉及「天人合一」之義故，當稱為「哲學之宇宙性的概念之批判」。

以上為康德一段文字之解說，嘗試以「一心開二門」模式，判釋康德「判斷力之批判」所顯示的康德哲學之系統結構，何為康德的「一心」，何為康德的「二門」。康德的「二門」表現得非常清楚，至於那門開得好，那門開得不好，另話另說。康德的「一心」究竟應解作「作用心」抑或「實體性之心」，是「判斷力之反省判斷心」，或是「理性心」？通過康德的道德目的論「終極目的」概念之發現，發現批判哲學最後復歸之路，應該就是「心」的發現之路。

以下試再析論相關問題，先從「哲學底區分」說起。

---

16 參閱吳甿著：《玄理與性理》上篇，第七章〈嵇康「聲心異實」論及其音樂美學〉（香港：經要文化出版有限公司，2002年）；另著：〈玄學與藝術生態學〉，參許江主編：《人文生態》（杭州：中國美術學院出版社，2008年）。
17 同註15。

六、康德的哲學的二分，人學的三分，存在是「一」

在《判斷力之批判》之〈序文〉與長篇〈引論〉中，康德重複說着一個「哲學底區分」隨着批判哲學完成第一、第二階段工作，經已以「巨大的鴻溝」之方式被作成。

平情而論，世界無非就是這共同的由人的知、人的觀、人的行參與呈現運行的精神活動之世界、同一的「精神活動之領土」，所有的區分，只能是屬人的區分、「哲學底區分」。我們首先關注的是，康德說的哲學底區分，他的區分究是二分的、抑或是三分的？就着第三批判出現，有論者以為康德的「哲學底區分」是三分的，是「一心開三門」。

毋庸置疑，康德的「哲學底區分」只能是二分的，那「巨大的鴻溝」所分隔的是兩個獨立界域：

> 知性先驗地為那「作為一感取之對象」的自然規立法則，這樣，我們便可以在一可能經驗中對於自然有一知解的（理論的）知識。理性先驗地為自由以及自由之特種因果性，即為那在主體中作為超感觸者，規立法則，這樣我們便可以有一純粹地實踐的知識。在這一層立法下的自然概念之界域以及在另一層立法下的自由概念之界域因着那使超感觸者與現象（感觸物）區以別的那巨大的鴻溝而截斷了那一切交互的影響，即「它們兩者各依其自己之原則可施之於另一方」的那交互的影響[18]

至於第三批判所發現的「判斷力」、當作連繫哲學區分所成之兩界於一整體中之中介手段或方法之「判斷力」，雖第三批判以「判斷力之批判」為書名，因並不能提供獨立的先驗的構造原則，只能作中介連繫

18　同註 11，頁 152。

項，並不能有其哲學之領地。我們事必牢記康德這判語，勿誤會在第三批判有一「美底形上學」或「藝術底形上學」、「情感底形上學」，而為康德的第三個形上學」繼其「自然底形上學」與「道德底形上學」之後出現，決不可有此誤會。第一版〈引文〉最後一段，康德如此斷言之：

> 我以此來結束我的全部批判工作。要想盡可能從我的餘年裏，去抓住那尚可有利於工作的時間，我將從速進至正辭斷義的部分 (doctrinal part)。顯然並無各別的正辭斷義之部分可為「判斷力」而保留，因為就判斷力而言，「批判」取代了「學理」(theory)；但是由於隨哲學之區分成知解的與實踐的兩部分，而純粹哲學之區分亦如此，如是，則全部基地將為自然底形上學與道德底形上學這兩者所籠罩。[19]

問題是，如前文所見，康德哲學是人學體性（心靈機能）學的，其人學體性學卻是知、情、意三分的。哲學區分的結果是「知性以合法則性為自然立法」（知）與「實踐理性以終極目的為欲望立法」（意）出現兩個形上學。判斷力原須以「合目的性」為快與不快之情立法（情），但判斷力所提供之「合目的性」原則並非一先驗的獨立的構造原則，而只是一主觀的自律性的軌約原則，由是不能真正的（獨立地）為情感立法，構造一獨立之情感哲學或「藝術底形上學」以介於「自然底形上學」與「道德底形上學」之間。

> 判斷力底原則仍然不能在一純粹哲學之系統中形成一各別的構成部分以介於「知解分」與「實踐分」之間，但只需要時，它可以隨時附加於此或附加於彼。[20]

---

19 同註 11，頁 105。
20 同註 11，頁 101。

　　如是，康德的哲學人類學底哲學發展到最後，發現判斷力此一認知機能及其所提供的「合目的性」原則，唯康德非藉此判斷力及合目的性原則，建構其第三個形上學。若康德藉此認知機能構造第三個形上學曰「藝術底形上學」，則康德必須有第四批判，探索其三個形上學之共存原則及統一原則。有論者謂《歷史理性之批判》是康德的第四批判。此說顯然不符康德本人「以此（第三批判）來結束我的全部批判工作」之意，更無解於第三批判中並不出現新的形上學，唯出現前兩個形上學如何「共存於同一主體內而無矛盾」之調解性之批判說明，以連結前兩個形上學為其哲學系統之完成。把藝術論、歷史學形而上學化的是黑格爾，但因此，他把「美學」放到精神現象學中去了，而曰「美是理念之感性顯現」，一如其把知識、道德、自由一併放到其精神現象學之歷史哲學中，放在其歷史理性之批判中，作辯證的開顯、辯證的表現。故黑格爾方是康德哲學的真正繼承者和轉向者（「真正繼承」指「活轉說」、「接着說」，非指「照着說」），黑格爾由是亦可以說「一心開二門」：「歷史理性心」開「絕對精神之目的理念門」與「歷史存在之辯證表現門」二門；或，更直接自然想到的，以「絕對精神」為「一心」，開「精神理念門」與「歷史存在門」。前一種開法，是康德式的「一心開二門」；後一種開法，是牟宗三式的「一心開二門」。

七、反思判斷：區分與連接

　　判斷力及其「合目的性原則」之發現，康德為的是調解地連結被哲學區分而破裂為「知解分」與「實踐分」兩個獨立法權者之兩個「我」。判斷力及其合目的性原則擔當在兩個法權者間之中介連繫職責時，因借用理性所提之道德法則及終極目的之概念，以為判斷力自律之先驗原則所憑依，憑依而成其「自然合目的性原則」，貫穿知性立法所成之一一自然知識於此主觀的合目的性原則，擬構一軌約性的自然系統，所謂自然目的論或自然神學。在這情況中，判斷力為：

「自然物之涉及於不可知的超感觸者這種涉及之原則」（吳案：即「自然合目的性」原則）而求助於其自己，而且實在說來，判斷力亦必須使用這樣一種「涉及之原則」，雖然其使用之是只注目於其自己以及自然之知識而使用之。因為在這些情形中，為那存在於世界中的東西之認知而應用這樣一個先驗原則這種應用既是可能的又是必要的（吳案：意即若不應用這樣一個主觀的先驗的軌約原則「自然合目的性原則」，則不能形成對那存在於世界中的東西之認知之整全性與相關之系統性。例如，若不借用自由概念為終極目的同時借用為自然宇宙論之第一因之概念，則知識之系統性以及自然因果串之完整性不能被形成，認知活動必因而受損。）而且同時它亦開出了那些「有利於實踐理性」的許多展望。但是在這裏，對於快與不快之情卻並無直接的關涉。可是卻正是這一點確然即是判斷力之原則中之謎。[21]

多少康德哲學論者，嚴肅的論者，更多的是不嚴肅的論者，都為康德這「判斷力之原則之對於快與不快之情並無直接關涉」但又關涉，這一謎着迷。「活着」（「活着就是勝利」）時代的中國內地官方學界，對知性可以那般無知，對道德可以那般麻木，卻只對康德這判斷力之謎着迷，而有所謂「美學熱」，爭相擺渡入冥河。或者有人以為，憑着對知性那般無知、對道德那般顛倒麻木，可以撿回一點「美的自由」，並藉此歡樂得只剩下歡樂了。

康德哲學之謎，在其哲學底區分是二，人學則是知、情、意三分。知解分由知性立法，實踐分由實踐理性立法，情感分沒有獨立的構造原則為之立法，唯在需要時或依附於知性、或依附於理性，以此為兩

21 同註 11，頁 103-104。

界之連接，連接兩界於判斷力所提供給自己的主觀的軌約原則「合目的性原則」，由這主觀的、不決定的軌約原則統一各分、各領域。因無論怎樣說，人最後總須要行動、抉擇，並因而統一決定了一切區分。說到底，人的生命存在及所在的世界總只是這麼個同一的「經驗的領土」，雖則在哲學學理上造作過多少分裂，在人性生命中曾經遭受幾多折騰，只需進入行動、進入實踐，存在只能是「一個」。現在，康德決定把這進入「整一界域」之可能交給判斷力了。反思判斷力非以一構造原則建立一「整一界域」，但只以一主觀的合目的性原則不決定地湊泊兩界，觸發在破裂中超越破裂之愉悅之情以促進此湊泊，或而進至於引導此湊泊。美（美感）則為此合目的性原則之可運用之自我犒賞。認知與欲望間之破裂愈大，則美感之內在張力愈強，是「美」不會吝惜自己獎賜給每一個反思者。當反思者進入行動，並借用理性所提供之終極目的（圓善）為其合目的性原則之目的，則這美的獎勵即涵幸福。本人常願以「美」涵攝斯人之徒之所謂幸福。「幸福」之概念既不穩定，當該以雖不能決定但卻有普遍必然性之「美」之概念涵攝之。此義亦甚美，容後論述。由反思者進至為實踐者，原是復常，但在這「整一界域」之可能的思考上，康德總是艱難。

> 知性與理性各有其不同的法權以管轄這同一的「經驗領土」。但是這兩種法權其中任一種皆不干擾其他一種。因為自由之概念很少騷擾自然之立法，一如自然之概念很少影響那通過自由之概念而來的立法。
> 去思議這兩種法權以及這兩種法權之所專屬的機能為共存於同一主體內而無矛盾，這至少對於我們是可能的。[22]

康德將「整一界域」之「一」之可能，唯訴諸於去思議知性與理性

---

22 同註 11，頁 115。

各自獨立但共存於同一主體內而無矛盾,「去思議這至少對於我們是可能的」之可能。康德最後仍拒絕我們的全部認知機能可能到達那「超感觸的東西之『場地』」(案:即「智思物」與「超絕的形上學」),以「超感觸者」不能為人可「直覺」之之理由而拒絕之。

> 此兩不同界域,雖說它們在其立法方面互不限制,然而它們在其感觸界中之結果方面卻不斷地互相限制,由是之故,此兩不同的界域遂不能形成一整一界域,此又是如何發生的呢?說明存於這事實,即:自然之概念無疑在直覺中表象其對象,但是其表象其對象並不是當作物自身(物之在其自己)而表象之,而是當作純然的現象而表象之,而自由之概念在其對象中表象那無疑是一物自身者,但它卻又不能使彼為一物自身者為可直覺的,因此,不管是自然之概念抑或是自由之概念,兩者皆不能對於其作為物自身的對象(或甚至對於作為物自身的思維主體)供給一知解的知識,或皆不能對於超感觸的東西(因物自身必應是超感觸的)供給一知解的知識。[23]

康德之意見:這「超絕的形上學」(「超感觸的東西之場地」),我們既然不能對之有直覺以直接呈現之,「我們在此場地中找不到一片『領土』」因而這片場地上實只能以「理念」佔有之,「即依理性之知解使用之興趣一如依理性之實踐使用之興趣而以理念佔有之。但是在關涉於『出自自由概念』的法則中,我們除為這些理念獲得實踐的實在性外,不能有任何別的實在性可得,依此,這所獲得的實踐的實在性不能把我們的知解的認知朝向『超感觸的東西』向前推進一點點,即使是一步也不能推進。」[24] 然則最後此超絕的形上學(「超感觸

23　同註 11,頁 115。
24　同註 11,頁 116。

的東西之場地」)唯「依理性之知解使用之興趣一如依理性之實踐使用之興趣而以理念佔有之」,雖以理念佔有之,以人無對之之直覺故,「我們在此場地中找不到一片『領土』。雖找不到這超絕的形上學的「哲學領土」,我們猶依「理性之興趣」而以「理念」佔有之,而為「超越的觀念論」。此故牟先生評其為「一心開一門」,只開成了「以認知心開經驗的實在論之自然底形上學」之門。至於另以實踐心(「理性之實踐使用之興趣」)所開之超絕的形上學之「自由底形上學」之門,則只成功為一「實踐的實在論」,在此以外,再沒有關於出自自由概念之法則中的任何關於其存在(呈現)之實在性可獲得。牟先生遂說康德這一門落了空,在「哲學的領土」上落了空。

八、反思判斷與應當之理:超越的與存在的

本文則認為,康德之限制此超絕的形上學使不能獲得其應佔有的「哲學領土」,依本人之見,此康德哲學的困難,正亦可使康德的純粹哲學的超絕的形上學轉型成為超絕的但又是超越而內在的形上學之可能的理穴所在。康德原來之超絕的形上學的喪失領土,或正使出自自由概念之法則中的有關實在性,解放而為「實踐的實在論」的自由的、活動的、辯證的實在論的實在性,而為一動態的結構的目的性之實踐的實在性。「出自自由概念之法則」之為「應當之理」,以其為應當之理故,將以其未實現為存在但必須實現為存在、為應當之理之本性,且永以未實現為存在,為其呈現之條件。當其一旦實現為存在,即存在為一靜態的,或自然的結構的目的性之存在,而且此為「作為超感觸的基體之我」或「作為物自身的思維主體之我」之存在,此時,此已實現之應當之理即當自我超越之、解脫之,復歸為一活動的自由的結構的目的性之存在,即一實踐的實在論之即活動即存在,以永尚未實現為終極目的之存在,為此「自由概念之界域」之應當之理之呈現之條件。即此而言,康德所發現的「判斷力」之「反思判斷」,將在此道德

的形上學之目的論哲學之重建中，擔負至關重要的功能。此反思判斷使我們身存的這原來同一的「經驗領土」，以心靈機能之理性的存在之「必然的興趣」（關於此「必然的興趣」，康德以「哲學的宇宙性的概念」說之[25]，今未能及。）故，必超越的開啟一「自由概念之界域」超臨於此「同一的經驗領土」並即之而開列為兩界，為「超絕的形上學」與「經驗的實在論」，或牟先生所稱「無執的存有論」與「執的存有論」二門。此即本文藉判斷力之批判所發現的康德之「一心開二門」。又，本文願借牟先生、唐先生論中國宋明理學之專名，重解而判之為：康德的「自由概念之界域」之「自由底形上學」之理為「應當之理」，而屬「超絕的形上學」之理。康德的「自然概念之界域」中之「經驗的實在論」之理為「形構之理」，而其「自然概念之界域」中之「自然底形上學」則為一義之「存在之理」而屬「靜態的和結構的目的論」之理（此則依朱子）。唯理學的「存在之理」必開放予「應當之理」，而「應當之理」之為「應當」必涵「應當實現為存在」故必涵「存在之理」（此則依明道、陸、王）。關此，本人去年有一論文，以「理學目的論」之名有所觸及，開列為六點，唯所使用之語言乃以理學語言為主，或有助於以上「一心開二門」之有關討論之重新疏解、論說。[26]

（2011 年 11 月 11 日，香港中文大學哲學系「第八屆當代新儒學國際學術會議」論文。後刊於 2020 年《鵝湖學誌》第六十四期。）[27]

25　同註 13。

26　該論文為出席「紀念朱子誕生 880 年武夷山朱子學國際學術會議」提交之主題報告，題為〈目的論與朱子「體用也定」「理先氣後」義之衡定──一個反思判斷的詮釋〉，2010 年 10 月 8 日。今收入本書。

27　本文在《鵝湖學誌》第六十四期刊登時，有李瑞全先生撰〈編者語〉疏理此文之學術背景，可助引發相關討論。編者語全文如下：

《鵝湖學誌》創立之初，楊祖漢與岑溢成二位先生即以發展儒學之義理為宗旨，並不受限於現在一般所謂「客觀的學術規格」，即西方學界之學術論文之格式。此格式固然有一定的學術意義和建立客觀理性的學術討論的規模，對於建立中國文化之新的學統工作具有積極之意義。《鵝湖學誌》實亦遵守此規範而已有具體的成績。但我們深知哲學作為人類理性的最高發揚的領域，哲學的真正貢獻在繼往開來，使理性更一往無前推進，更步步推展到已有的成就之外，方真能達到哲學的使命。而真正創新的哲學思辯，必有超乎現有的一般哲學知識或理解限制之外的表現，此如休謨之《人性論》、康德之《純粹理性批判》，初出時實難找解人。因此，《鵝湖學誌》留有一欄名為「討論」，以使前沿的哲學論述可以真正自由地發揮，不受限於一定的學術格套。當然，這種突破成規的哲學意義，並不是一般的主觀愛好的判斷，也考驗主持編輯工作的學界中人的知識與慧解。所以，「討論」的園地並不常用到。由於這一期有一重要文章在此刊登，因此，先陳數語以明此意。

這一期我們刊登吳甿先生的近作：〈「反思判斷」與「一心開二門」——牟宗三先生所提哲學共同模型之再省察〉一文。此文之基本課題是從牟宗三先生所提出的「一心開二門」作為一切偉大哲學系統的基本模式的哲學架構」(《現象與物自身》)，進行深度的反省，重新依牟先生的判準，對康德以「反思判斷」(《判斷力之批判》) 以理解康德此中所具有的「一心開二門」的哲學意義，並藉此對為牟宗三先生的哲學之所具有的「一心開二門」中對「心」之意義作出新的詮釋。此文實為接着牟先生之義理而進一步開展一「實踐的、自我實現的、無目的而自由合目的的終極目的論之『一心開二門』」的建構。此文實建立在深厚的目的論的探索研究之中而見出可藉康德之《判斷力之批判》所提之「反思判斷力」為「一心開二門」之「一心」，來說「一心開二門」，則二門 (自然與自由) 可統合 (可即) 於「一心」，而「一心」(反思判斷心) 可開「二門」(執的存有界與無執的存有界)。

牟先生所言之一心開二門，自有形式義 (有謂「弱義」)，也有特指的內容，如心之具實體義，以至實踐理性之義 (或謂「強義」) 之說。吳甿此文自是針對牟先生所認為必須要有的「實體義」之本心，方足以開二門。佛家之唯真心系，之非分解之說，實不足以當之，因為佛家之「心」只是活動而非實有。故吳甿根據牟先生所說的一心加以明確的描述，故見出此一心不是佛家之「識心」、「眾生心」(印順)，以至唯一真心或如來藏自性清淨心，後者「都只是一心開一門或一心攝二門以歸空如，無一、無二、無三，無心、無開、無門，亦即一即二即三，不變隨緣、隨緣不變」。吾人更可進而說，甚至天台宗之「一念無明法性心」所至的「詭譎相即」的非分解的表示，因所開之「生滅門」如幻如化，實不具有真實性，亦非真如心所開故。

吳甿先生出入牟先生之學理，可謂精通，其中所含之解讀與領悟，雖非牟先生所已說，但恰浹無間，實讓讀者多有所啟發之處。吳甿更進而論康德第三批判之實為真能合牟先生之一心開二門的實義，此說越出了牟先生為康德之二心開二門所定的模型，故是一高度的哲學思辯的發揮。實具有批判而更進一步的中國哲學創建之義。此文雖不及細部之申論，似有可諍之處，但由於此課題實深入哲學之本義與人類心靈構造之弘大與深微處，故編輯同仁以為值得推薦，以供公論。(受編委會所囑，李瑞全代筆)

第六章

目的論與朱子「體用也定」、「理先氣後」義之衡定
—— 一個反思判斷的詮釋

一、目的論與中國哲學

2000 年 12 月，台北東方人文學會與國立中央大學哲學研究所合辦「紀念朱子逝世八百週年國際學術會議」。本人提交的論文題為〈從道家玄學看朱子理學與儒家目的論的重建〉。文長兩萬多字，上半篇主要論說宋明理學諸子思想言說中的道家玄學的影響，這種影響既深微而顯著，釋氏佛教不與焉；下半篇則論朱子理學之體用，依其「體是所以然者」（《朱子語類》第三十六卷）等語，判其體用之體有六義，為：本體（形而上）義、客觀義（所義）、靜態義、先在義、總說義、然之所以然義。概言之，是以靜攝動、以一攝多、以體攝用，體用也定，而歸於體理用氣，理先氣後，理氣不雜不離。此固可說朱子所體之理體為「只存在而不活動」，凡活動者歸於用、歸於氣，而為後、為末、為多。朱子特托其嚴肅的道德感於凝然定在之理體，免動搖故、免混雜於萬象萬物之用動流行故。這自可說為橫攝的、非縱貫創生實現之

理體，此則似錯過了即心言性言理言道言體之實踐的創生義。然以整個朱子理學系統性格而言，儘管如何「只存在而不活動」，仍大不同於西方的純知解的、純思辨推演因而獨斷的各種形而上學。遂倡議以目的論方法重新詮釋朱子理學系統。

翌年，本人以〈目的論與中國哲學〉為題撰寫二萬字論文，[1] 提交第六屆當代新儒學國際學術會議，謂本人一直在想，應以「目的論」一名，攝稱中、西、印哲學之下列各部：中國哲學之天道、天命思想之部，太極（包括人極、皇極）以及「究天人之際，通古今之變，成一家之言」歷史學與歷史哲學之部，人性論（才性論與心性論）之部，或說全部中國哲學思想；西方哲學之「理性的宇宙學」、「理性的神學」、「本體界的理性的心靈學（超越的靈魂論）」（康德）之部，以及「精神現象學」、「歷史哲學」（黑格爾）之主要思想，二十世紀的存在主義哲學；印度哲學之解脫思想、涅槃與佛性學之部（佛教）。就中國哲學而言，進一步說，凡涉及體用方面的思想言說，皆宜以目的論方法及語言予以疏導解讀；以至暫無關體用之性相論方面的思想言說，除卻純思辨知解之部分，亦當以目的論方法及語言予以解讀，即仍須以目的論為觀照中的性相之呈現以及呈現為無關任何目的、無關體用，作目的論之說明。再而可由此有關說明，引發何以當性相呈現為無目的（完全無目的，或無目的而自然合目的，或超越庸常目的，以超越為目的），能產生各種境界意義之價值存在之說明。

二、目的論的兩態與朱子理學之可詮釋性

本人一直認為，應以「目的論」的有關觀念、方法，以至「目的論」語言，重新解讀、思構、判釋上述中、西、印哲學之有關思想。本人

1　以上兩文後收入吳甿著：《玄理與性理》（香港：經要文化出版有限公司，2002 年）。

深信，當以目的論的語言重新表述有關思想，將可避免以至解除在傳統形而上學格局（特別是西方式客觀實在論格局）中有關思想言說之幾乎是先天的哲學困難，以使有關思想言說直截有意義。

亦因此，這裏所說的「目的論」與上述「目的」相關：藉賴着一持續的反思活動，貫穿每一「思指」（reference）及其「所指」（referent），反思其存在之理；再思此一理與他理之關聯，以反思一超越的眾理之理；此眾理之理須倒回來涵存此持目的論之反思者，及其反思活動與其所反思之「思指」及其「所指」之種種關聯，以及此種種關聯之法則如何服從於一更高之原則 —— 目的性原則；再而返回為每一「思指」及其「所指」，依已反思所得之「目的性原則」思其存在之「體」、「相」、「用」之合目的性、一致性、完善性；同時，作此思之思者本身之生命存在與其所思之諸存在之「體」、「相」、「用」之相應性、一致性、「互善性」等整體生態之創生的、實踐的合目的性。

這裏所涉及的「目的性」因此只能是「動態和結構的目的性」（Dynamic and Structural Finality）而區別於「靜態或結構的目的性」（Static or Structural Finality, 如機械論或預定論）和「動態或自然的目的性」（Dynamic or Natural Finality, 如自然主義）。「動態和結構的目的性」只重視合目的性活動以及活動的結構性，而不重「目的」（如預定目的，以至甚麼「整體社會工程」），除非那「目的」意在成就一切並行不相悖之活動而為整體合目的性活動，而生生不息，而為目的王國之境界之目的：一一理性的生命存在成為自由者、互為目的者。

朱子思想實蘊涵一「動態的和結構的目的性」論述。唯朱子之言說卻常以一「靜態或結構的目的性」或一「動態或自然的目的性」說之，遂多言不切意、以至言意不達之滯辭。今日之詮釋者當本其意以疏釋之，「由重建朱子義，以詮釋朱子義。」（唐君毅先生語）。佛教所謂密義疏釋，朱子詩曰「舊學商量加邃密，新知培養轉深沉」是也。

三、朱子「體用也定」之定於存在之理之全

本人認為，朱子理學系統的體用思想，集中表現在以下這兩段話：

> 彼外物不接，內欲不萌之際，心體湛然，萬理皆備，是乃所以為純於善而無間斷之本也。今不察此，而又不能廢去寂然不動之說，只顧獨詆老釋以寂然為宗，無乃自相矛盾也。
>
> 分別體用，乃物理之固然，非彼（案：指老釋）之私言也。求之吾書，雖無體用之云，然其曰寂然未發者，固體之謂也；其曰感通而方發者，固用之謂也。且今之所謂「一」者，其間有動靜之殊，則亦豈能無體用之分哉？大抵老釋說於靜，而欲無天下之動，是猶常寐不覺，而棄有用於無用，聖賢固弗為也。（《朱子文集》第五十四卷〈答徐彥章〉）

朱子這兩段話雖原為答客問，自別其學於老釋者，卻非常精要的說出其學之根本結構。

朱子這裏說得很清楚：體用也定。寂然不動未發者，為體；感而遂通方發者，為用。然則「外物不接、內欲不萌之際」是為心體，「心體湛然」則「萬理皆備」。故亦說「心便是理之所會之地」（《朱子語類》第五卷），「心之為物，眾理具足」（原是問學者之語，朱子默許之。見《朱子語類》第五卷）。此寂然未發萬理皆備之心體，如何可震動為感通而方發者之「用」，而為「純於善而無間斷」之承體起用、以理生氣，此涉及朱子另一重要觀念「中和」之義，此處不能論及。要言之，如何實現純於善而無間斷之用，必須歸復「所以為純於善而無間斷之本」。如何可歸復此所以為純於善而無間斷之本，以承本起用，此原是宋明儒「成德之教」的主要教義，亦是朱子的根本用心所在。然朱子一方面

將此本此體理解為「外物不接，內欲不萌之際，心體湛然，萬理皆備，是乃所以為純於善而無間斷之本」、「寂然未發者固體之謂」之以湛然、寂然為體性之本體，另方面即將歸復此「所以為純於善而無間斷之本體」之工夫，寄托於「格物窮理」。由格物窮理，窮物之所以為物、物然之所以然之「存在之理」，由此窮理，磨煉一持守、居敬、主靜之涵養工夫，以至於「外物不接，內欲不萌之際，心體湛然，萬理皆備」。此「萬理皆備」之「萬理」，固是萬物存在之所以然之存在之理，以至或及於博學順取之各種形構之理，其第一義當指「感通而方發」之用之實現之理；而「萬理皆備」必在「皆備」上有意義，而必指向窮理至於極至之「一」。此「一」亦就是朱子之「太極」。「自外面推入去，到此極盡，更沒去處，所以謂之太極。」（《朱子語類》第九十八卷）依朱子，窮理至於極至，必磨煉得一心體湛然。朱子即依此義引周濂溪有關說法：「一者，無欲也。無欲則靜虛動直。靜虛則明，明則通；動直則公，公則溥。明通公溥，庶矣乎！」（朱子《近思錄》第四卷〈存養〉首條引周濂溪《通書》語）心合於此「一」，即可實現「所以為純於善而無間斷之本」、「寂然未發者」之「體」，由此萬理皆備之湛然心體，而可言「感通而方發者」、純於善而無間斷之「用」，可言體用之合一。雖云體用合一，亦須有分別，「今之所謂一者，其間有動靜之殊，則亦豈能無體用之分哉？」此即「體用也定」。

　　然朱子同時非常明確指出同是「寂然不動」之體和「感通而方發」之用，儒家與道、釋二教大不相同。儒家是全實體全實理全實用；老釋是即此感通而方發之體用，以老釋之虛靜還滅工夫，無之、滅之，復歸寂天寞地，「以寂然為宗」，是為半邊體用。「太抵老釋說於靜，而欲無天下之動，是猶常寐不覺，而棄有用於無用，聖賢固弗為也。」但又不可因此，以體用為老釋之私言，而自拒於言體用。「今不察此，而又不能廢去寂然不動之說，只顧獨詆老釋以寂然為宗，無乃自相矛盾也」。無論朱子以上所說對老釋之理解是否深刻適切，朱子義之理學體用是要全體體用，反對老釋說於靜之半邊體用；是要求全存天下之

動靜、寐覺、有用無用於此「今之所謂『一』者」。由是，朱子之理學體用論之特色，乃先橫說一萬物之然之所以然的存在之理，說凡存在的都是合理的。窮理至極，再虛折向上，說凡合理的之共理，此共理必存在；由此眾理之共理必存在，說太極；再由太極自非一物，只是一理，而說無極而太極。太極即「今之所謂『一』者」，由太極之「一」，示一「絕對存在之全」，以全存全體體用。此時，若結合孟子之心義，則可發展出活動義的創生道體，此則必須肯定「心」之形上學意義，與之合一，而為「心即理」。讀朱子者，或依其可上通發展之義，謂與程明道、陸象山無大異；或依其橫說之體用，格物窮理，說一泛存在之理，自成程朱之學；或執其「格物」之「格」之「格鬥」義，則「窮理」非與物為一，而轉為主客對峙，而有構作知識之義，說可通向知識論，以至可構造經驗知識，探求物物之形構之理。此各執一端之解說，當非朱子本意。朱子之意，或正要守此「心體湛然，萬理皆備，是乃所以為純於善而無間斷之本」，而可上下通、內外通、先後通，盡其「寂然不動，感而遂通天下之故」之全義。

唯朱子之寂感全義，常不從寂感之源頭當體之「心」上說，卻常偏向寂感之所成已成之「性」上說，說成個「存在之理」之全。因此，朱子之說體用也定、定於存在之理之全，常不自覺的偏向於採取靜態的結構的目的論（Static and Structural Finality）或一自然動力目的論（Dynamic and Natural Finality）之思路，而非依照一創造論的、動態和結構的目的論之思路，來建立其統天地萬物之存在之存在之理。

四、靜態的目的論與朱子太極之義

本人上述之文對朱子的理解，即基於此而認為：朱子正為守此「寂感」之全義、守此「今之所謂『一』者」，特攝寂感於一體、攝動靜於一氣、攝縱橫於一心，一心格物窮理，磨得一個「居敬」，「則吾心湛然，天理燦然，無一分着力處，亦無一分不着力處。」（《朱子語類》第十二

卷)「聖人之學，本心以窮理，而順理以應物，如身使臂，如臂使指，其道夷而通，其局廣而安，其理實而行自然。」(《朱子文集》第六十七卷〈觀心說〉)故朱子一面拒老釋，另一面則拒陸象山言「萬物森然於方寸之間，滿心而發、充塞宇宙，無非此理」之攝理於心、攝存在於活動，即活動即存在之縱貫創生系統，而寧嚴守一個「理」、「今之所謂『一』者」、「理一」。由是，朱子之「體用也定」，重點在此「定」字，定於已成之性之理也。朱子之「太極之義，正謂理之極至耳」，非說一創生義之乾元性海，或「大中」、或「神」，亦非「易曰太極生兩儀，而老子乃謂道先生一，而後生二」之「生」(上引見《朱子文集》第三十七卷〈答程可久〉)。本人曾評之曰：「此見朱子對縱貫的創生甚有戒心，為避嫌，竟累及老子之道。或竟朱子對大易創生之體，『乾道變化，各正性命』之義，以及老子不生之生、境界義之創生之道，兩皆錯過？當年邵雍尋雷自何處起，伊川謂我知而汝不知，雍愕然，伊川謂『自起處起』。我恐怕伊川這『自起處起』這種截斷眾流的手段，是朱子『更沒去處』而說太極、說無極而太極之所本。由工夫論的格物窮理，到截斷眾流、自起處起，而為帶獨斷性的本體宇宙論的太極含眾理說；一路只是泛就存在之然而所以然，而總只是空無內容的就存在之責而言動靜，惻隱羞惡，舟車磚椅，乃至枯槁之然之所以然之似垂直的然而整全空洞的肯定，一如說『自起處起』之空洞的必真的肯定。同時是道德義之即活動即存在之創生之理，與境界義之不生之生之道，兩皆錯過，而為別子為宗之朱子太極義。」[2] 此所謂兩皆錯過，在朱子言正是他的另闢蹊徑，另立典範，而為「集大成」，牟宗三先生稱為「別子為宗」之型態之所在。朱子型態堪稱宋代理學之典範，陸象山學則是孟子學的繼承光顯者。

《陸象山全集·語錄》有記象山之語：「朱元晦曾作書與學者云：『陸子靜(象山)專以尊德性誨人，故游其門者，多踐履之士；

2　同上註，頁 277。

然於道問學處欠了。某教人豈不是道問學處多了些子？故游某之門者，踐履多不及之。』觀此，則是元晦欲去兩短、合兩長；然吾以為不可；既不知尊德性，焉有所謂道問學！」(《陸象山全集》第三十四卷〈語錄上〉) 若不知尊德性，何來所謂道問學，象山之言固佳。然若知朱子欲合尊德性於道問學，建立其「成德之教」或曰「實踐的道德學」，攝一切尊德性道問學之事於其萬有之然之所以然之存在之理，以全其尊德性道問學之一切有，此則不可謂朱子不知尊德性。相反，朱子直是把這德性看得太高太嚴，不免投射出去，成為一靜態的結構的超級目的性、一太極，不可及、不可移。又或如王弼之以「無以全有」稱老子之意，朱子之意則可謂「居敬窮理，以至於極，更無去處，寂感同時，理 (太極) 以全有」。此則既有是工夫義之動態的，又有是靜態的結構的目的性之結合。後之王陽明由格物窮理而無所得，轉講心學，然亦知朱子尊德性且惡其支離，其言曰：「晦庵之言居敬窮理，曰非存心無以致知，曰君子之心常存敬畏，雖不見聞，也不敢忽。所以有天理之本原而不使支離於須臾之傾也。是其為言雖未盡瑩，也何嘗不以尊德性為事而又惡其支離乎！」[3] 是知世人分判程朱陸王，謂陸王尊德性，程朱道問學，亦屬讀上句、掉下句，不知惡其支離而有之謂。

　　然而何以又有當年之朱、陸之辯？再因此而又有八百年的這段理學公案？以本人今日之理解，實應有關於本文前言所說，朱子思想實蘊涵一「動態的和結構的目的性 (Dynamic and Structural Finality)」義旨，唯朱子言說卻常以一「靜態或結構的目的性 (Static or Structural Finality)」說之，遂多言不切意、以至言意不達之滯辭。亦即王陽明所說「是其為言雖未盡瑩」之所致。後之解說者又再以靜態的實在論的一般本體論或宇宙論疏釋之，或以道家的縱貫而橫說的體用義套解之，包括本人先前對朱子思想的部分解說，對朱子來說，或皆屬言彌近而

3　同註 1，頁 304。

意漸遠者。而宋明理學有此一段特大公案，八百年來直至今日，發生無量圍繞此段公案的思想對話，由思想性對話，觸發生命的實存與精神的自我興發光復，此豈不正是哲學活動之本命本義。以朱子之大，必願與聞焉。

五、「典範互濟」與理學目的論

唯今之世，當以相應的心量與哲學同情，越過朱子之一般語句，直探朱子思想幾微，論證其在哲學上的真理性，再而可返回朱子理論，得其系統性的說明，由重建朱子之義，以說明朱子之義。此或即所謂「接着說」、「活轉說」，或曰「創造性之詮釋」、「密義疏釋」。本人今願以「典範互濟」說之，以特顯系統性哲學之解讀，須具備態度上和方法學上的二重相應。態度上的相應這裏先不說。方法上的相應這裏指須為待解讀者選擇一解讀模式，此模式須已在學界確立，並公認有系統性和公共性（佛教所謂共法）而為理論典範。最重要的是，所選之典範必須與待解讀者相應，相應則相濟而相成，不相應則相害而俱傷。然何謂相應？則有待每次解讀能否成功作檢證。成功的解讀必能融會對揚，確立原著之根本精神性格，反覆回到原典文句有貫通一致的理解，或進而發現原著可能有之歧義而一一分判之。而在每次成功解讀中，必重新發現典範之理論涵量與可能之發展，其與被解讀者間之相契呼應，在激揚中新義正由此出，新典範正由此立。溫故而知新，有朋自遠方來，其義大矣！

本人今願重申此議：以目的論方法和語言，解讀中國哲學。

中國哲學一直以人學／人性論為中心，由人的生命存在既是其所在之已成世界之一切存在條件與關係的最高綜合者，同時又是未成之自身生命存在與未成之有關世界存在之擬議者、抉擇者；既是自然世界生成趨向之最高存在者、目的者，又是擁有能自由設定目的之能力之理性者、實踐者。中國人學必由此反省開始，種種義理，無非此生

命存在之不同方向活動之終始條理，而推擴至極，充塞宇宙。故中國的存有論是生命的存有論，形而上學是人學的形而上學，實踐理性不離工夫論，既提供全幅人性論之目的性原則，同時即觸發一己行為的反省以及自我實現。目的論關係於生命及其所在世界之存在目的的追問；逼使生命與世界存在之最高目的者「人」自行站出，自證自立，自誠明，自明誠。

　　以反思判斷力及其給予判斷力自己之目的性原則的說明和建立為中心的目的論，在康德是發生在他的全部哲學活動的後期，曾經被康德嚴格區分的自然界與自由界，依目的性原則可有溝通之可能。「我以此（判斷力之批判）來結束我的全部批判工作。」康德如是說。在中國，從詩經「天生烝民，有物有則，民之秉彝，好是懿德。」到孔子「人的發現（仁者，人也）」，儒、道、釋三教，一直下來到當代新儒家，即從未離開以「人」這一集天地萬物全部條件與關係而成之終極綜合者，同時是啟動未來者、實踐者、反思者，為全部哲學問題的發生地與終結點，此一根本性格，而繼續「人的發現」之事業。目的論作為最高之綜合哲學，由人的反思判斷力提供目的性原則以連接自然界與精神界，特顯人這最高綜合體，「萬物生生，而變化無窮焉，惟人也，得其秀而最靈。」（周濂溪〈太極圖說〉）既被安排為大自然的最高目的者，同時即須為天地立心，為生民立命，負起文化存亡之責。「命日降，性日成」。而世界存在之最高目的之證立，唯藉賴他發現／提供世界存在之目的，並承擔此世界存在之目的，更自我實現成為此最高目的者與工具者、根源存在者與終極綜合者、超越者與超越超越者，作實踐的人學的證立。此攝一切哲學問題而歸於人學，再而將人學的問題攝歸於「人應做甚麼以實現成為甚麼」之實踐的目的論方法，一直貫穿全部中國哲學思想。

　　哲學的人類學最後歸結到目的論，而目的論自始屬於人學、只能屬於人學（離開人學的目的論是失解的）。轉過來說，目的論進一步責成人的發現，完成哲學的人類學的系統迴旋；也就是以「哲學的人學」

之成果為中心，重建「人學的哲學」（包括人學的知識論、人學的自然宇宙論、人學的本體論、人學的價值論、人學的歷史學、人學的現象學、人學的語言學、人學的神學）。以理性目的論取代一般的以知識概念開展的形而上學模式。由目的論之合目的性原則之運用，統攝安排哲學言說，重新解讀傳統哲學言說中的形上與形下、超越與內在、本體與現象、當然與實然、未來與過去、本質與顯現、本體與工夫、道德與自然、無限與有限、無極與太極、體與用、理與氣、有與無、先與後、縱與橫、動與靜、寂與感⋯⋯等等似有實在義之兩界之名，意義化而為兩極（兩端、兩向、兩分），而兩極歸宗 —— 以合目的性原則為存在之理，再而綜和氣化活動的兩向、兩極，在揚棄中趨向那唯一目的：成為仁！成為最高目的者、自由者！成為實在！

「終極目的」之概念由理性提供，唯超出人的知識限度。反思判斷力則即着一一具體存在反省其存在目的，並以合目的性原則判斷一一存在者。反思判斷力所提之合目的性原則之「目的」，以反思判斷力自身除為具體者尋找普遍原則外，並無其他目的，故必以理性所提之「終極目的」，為「合目的性原則」之終極預設目的。又以判斷力（反思判斷與決定性判斷）兩頭通的性格，而有「目的王國」（眾多目的與最高目的者、元首）概念之出現。此即作為認知機能看的判斷力與理性的關係。眾多目的與目的者依反思判斷與決定性判斷而被「發現」，並在「成為自由無限」之終極目的之照臨中再次為自己尋找目的而進入反思。反思活動不由於最高目的者之概念而停止其反思活動，而是即着此成為仁、成為自由無限之目的，轉回反省生命與所在世界中的已在與未在，以構造價值判斷（包括道德判斷、審美判斷、以至歷史判斷），並引生行為，從而在氣化中轉動存在，讓應存在者存在、不應存在者不存在。由是，「成為仁、成為自由無限」不僅為一動態或自然的存在目的、為萬物之然之所以然之存在之理提供目的性原則，以構造一機體論的本體宇宙論；「成為仁」並且為一動態的和結構的存在目的，無間斷地啟動應當之理與存在之合一，攝存在之理於應當之理，而為實

踐之理。同時，應當之理之「應當」又只能永在一超越的目的性之擬議中，在反省中，由反省而發現理性所提之終極目的在具體性中無間斷地湧顯，永為理想、為目的、為動力，而為未來與過去、未存與已存之間之不間斷共存之存在之理之原則。

應當之理之「應當」既超越一切存在之然與內在之所以然，故應當之理之本不能實存於客觀的存在之然或橫說的存在之所以然中。因「應當」之為應當之理，即必對於實然之存在有一超越性，而為一命令，包括對實然之一否定。故可謂應當之理之未實現為存在之理，為應當之理呈現之條件。但應當之理正以要求實現為存在為「當然」，而為一義之存在之理。

另一方面，這應當之理之「應當」也不能說只存在於主觀心覺之覺中，因應當之理既以超越性為本性，而主觀心覺之覺，其所有可能之超越性，只能是超越其所有自覺與所覺，而歸於「寂而不動 —— 動而不寂 —— 動寂一時 —— 動寂雙遣」（見《莊子應帝王》壺子四門示相，成玄英疏）之超覺、無覺，而為消極義之超越。如道家之「無」，以「無」無去認知執定之一切存在之然與所以然，以至「絕聖棄智，絕仁棄義，絕學無憂」，由聖智仁義學之「無」，以此為超越。以此「無」作為應當之理之自然、粹然無極之真之歸復與真實始點，固不可移而亦真實，然此「無」之超越義只能是主觀作用的消解的而非肯定的。以此「無」為應當之理之一內容，則只表現為超越性自己之無限與活動義，不能表現「應當之理」之為「當然」之「必然」與「實然」（實真實存之必然）義。

由是，應當之理不屬於客觀界，但又要求客觀化成為存在之理；雖屬於主觀內在，但應當之理其之為「應當」又必為超主觀，對主觀而言是一強制性命令，以轉動主觀生命之存在狀態者。是見應當之理雖內在而主觀但又超主觀，非外在客觀但又必要求成為客觀存在，而始終深刻關連於主觀精神與客觀存在之兩界，並轉動兩界；既是兩界的唯一交合之理（以其可同時轉動兩界之存在故），同時即是乾坤萬

有基。為特顯這應當之理必關連於存在而為存在之理的超越性和內在性，特顯其綜合兩界的特殊地位與力量，這必關連於存在之應當之理，我願稱之為「體寂感真幾，究天人之際，通古今之變，契理氣之宜之目的性原理」。今願以此目的論方法疏釋朱子之應當之理與存在之理，以及朱子之言「理先氣後」之相關問題。然在回到朱子之前，我仍願申述此目的性原理所涉及之重要思想。

六、理學目的論述要

「體寂感真幾，究天人之際，通古今之變，契理氣之宜」之目的論，當包含以下重要思想：

(一) 總說

道德判斷必涵反思判斷，道德判斷之應當之理必涵存在之理，而反思判斷所提之目的性原理（涵終極目的、本質目的及合目的性原則三義）亦必涵存在之理，而存在之理必涵實現之理（實踐理性與目的性原則）與形構之理（知解理性與現象學原則）；如是，道德判斷之應當之理，與反思判斷之合目的性原理，可與存在之理在「存在的迴旋」中不斷會合開展，而有真、善、美之價值判斷及其存在的說明。此是總說。

(二) 關於反思判斷力

由是，存在之然及其所以然 —— 存在之理，為超越的反省的起點；終極目的之發現與建立，為超越反省的終點。然原始反終，整個超越的反省活動，以及此超越的反省活動所遵行之根本原則 —— 合目的性原則，乃作此超越反省活動之反思判斷力自我提供，提供之以開展及完成對整體存在（連結自然界與自由界之整體存在），有一終始條理的，超越的統一的說明。然則，此「反思判斷力」之有或無，是整個

超越的反省活動之是否可能之根本根據之所在。此「反思判斷力」或即康德前二個批判中的「智的直覺」，但康德謂智的直覺為人所無。至第三批判有此「反思判斷力」作為一種「天賦的能力」、「特殊才能」被提出。在中國思想，此「智的直覺」、「反思判斷力」，或即孔子說的「唯仁者能好人惡人」之「能好」，「我欲仁斯仁至矣」之「能仁」（無限感通之能），「智及仁守」之「智及」；易傳「寂然不動，感而遂通天下」之寂感同時之「寂感真幾」；孟子「萬物皆備於我，反身而誠，樂莫大焉。」之「反身而誠」之「能誠」，「我固有之也，非由外鑠我也，弗思已矣」之固有之「能思」，「盡其心，則知其性，知其性則知天矣」之「能盡」、「能知」；以至道家之「道心」、「虛靈明覺」；佛教以解脫、捨離為目的之「般若智」、如來藏自性清淨心之「佛智」。然無論儒家、道家或佛教，此反思判斷力皆與工夫論結合，而云其起現隱顯，依人的存在境界而昇降強弱。換言之，反思判斷力之隱顯強弱，亦唯在一自行創造和磨煉中，定而不定。此是關於反思判斷力者。

（三）關於目的性原則

客觀而言，也是定而不定。說定而不定，是因着《詩經》之「天生烝民，有物有則；民之秉彝，好是懿德。」孔子言「天何言哉！四時行焉，百物生焉，天何言哉！」、「人之生也直」；到孟子言「五穀不熟，不如稊稗」、「有命焉！君子不謂性也。有性焉！君子不謂命也」、「性分之不容已」、「乃若其情，則可以為善矣，乃所謂善也。及其為不善，非才之罪也」；《中庸》言「天命之謂性」，這一路下來，不僅肯定世界為真實存在，且為有意義有目的價值之存在，此即有「定」。世界既可由知識理性之形構之理，對之作系統的說明，更使用超級理念（如「天」、「太極」等世界之大綜集實在之概念）以為系統之完整決定之基礎；又可由實踐理性之應當之理，對之作目的論之反思，運用超越的目的性原則，為自然世界和人類文化世界設定價值秩序和存在目的。這「定」在康德表述為「雖然在我們方面沒有任何能力去領悟或證明這

樣的系統性的統一之存在，然而我們卻必須必然地要去假定這樣的統一之當有。」[4]「超越的理念已被表明為是必然的，其所以被表明為是必然的，乃是只因為其有助於事物之完整決定之故。」[5] 而只能是主觀的超越原則之自我肯定的定。但在中國思想，這「定」是超主客觀的、實證相應、萬古共證的定，但同時又是定而不定。

說不定是應當之理之為終極目的及合目的性原理、實現之理，端賴人之當下一念：「人應當成為自由者，成為目的者」並以此為目的照臨當下之存在。由是，人將人存在的目的性帶入自然世界，彷彿自然世界自己有目的性，而實在說來並無人能證明自然世界自己有所謂目的性。故康德稱此合目的性原則只是主觀的超越性原則，並再三強調之。本人則以此合目的性原則為一主觀的超越性原則而再三致意，因正合本文此處之義。此合目的性原則之目的性，與其說是大自然自己的目的性，不如直說是人賦予自己之目的性。此超越的主觀的合目的性原則，是在人既為自然世界立法（知識理性）又為人的行為世界立法（實踐理性）之後，整一的存在被人分裂為兩界，一為自然界，一為自由界；人須為被人之兩種（兩層）理性所分裂的兩界，重新歸復為統一之存在負責，而必須必然地為自己而對世界提出一統一原則，即合目的性原則，提出之以重新建立關於存在之系統的統一之理解，理解之即自任自命、自覺為這存在的統一原則之建立者和這存在之合理、合目的之實踐實現者。就人之作為特定的有限的理性的存在者而言，捨此主觀的超越的合目的性原則，我們再無其他可能之統一原則，可以形成對自然界與自由界之統一的理解和說明。就人之作為既有限而可無限之理性的存在者而言，此超越的主觀性原則，正可啟動人實踐為自由主體之意識：人的生命存在既已是自然界一切條件關係的最高

---

4 康德撰，牟宗三譯：《判斷力之批判》上冊（台北：台灣學生書局，1992 年），頁 133。

5 康德撰，牟宗三譯：《純粹理性之批判》下冊，〈超越的辯證〉第二章第二節「超越的理想」（台北：台灣學生書局，1983 年），頁 341。

綜合者，人即應當將自己的生命存在實現為道德法則之立法者和實踐者，亦即成為目的者、自由意志者。藉着反思判斷力所提之合目的性原則，人同時啟動生命之兩層存有：自然與自由，並即自我轉動而綜合之於此合目的性原則，而不已，而有存在之迴旋。關鍵唯在一心之寂感、開合、昇降，舒之則彌綸六合，卷之則退藏於密。此所以在牟先生講「一心開二門」，建立兩層存有論之後，本人多年來總接着講「合二門於一心」，重建儒家目的論。

　　由是，世界存在之目的性之隱顯、染淨、強弱、高下，與反思者反思判斷力之高下、強弱、染淨、隱顯，相應實證為一動態的結構的目的性原理之不斷建立、起現、起用，「命日降，性日成」，並真實地轉移了整個存在界之存在秩序，包括自然界自然因果串系之轉變與自由界精神之自誠明。因此合目的性原則之為主觀的超越性原則，使此原則可以有觀照之運用與實踐之運用，而非客觀認知判斷之運用，以避免目的性原則被向外施設作他律的權威主義之運用。此主觀的超越的合目的性原則之觀照觀想的運用，即成就審美判斷。審美判斷之高下，亦正反映審美者其反思判斷力所自律而投射予審美對象之合目的性 ── 實即審美者與審美對象相處相交之無目的之合目的性 ── 之高下。主觀的超越的合目的性原則之實踐的決定的運用，即成就道德性之活動。道德性活動之高下、圓不圓，亦正反映「道德判斷」（若依康德，人無智的直覺，現實上人可否作道德判斷實屬可疑）者其反思判斷力所「發現」（透視到、直覺到、創造到）實踐理性所提給予行為者自己之目的 ── 實即道德判斷者自給自處之目的 ── 之純粹性，同時即是對人類理性底本質目的、人的全部天職的理解之完整性之相應不相應，而為即主觀而超主觀之合目的性之自由、自主、自律之純粹性。康德說：「本質的目的，自其當身而言之並不就是最高目的；依理性在完整的系統統一方面之要求而言，在這些本質的目的中，只有一個始可說為是最高的目的。因此，本質的目的或是終極目的，或是諸隸屬目的，此等隸屬性的目的是必然地當作工具而與那終極目的相連

繫。終極目的不過就是人底全部天職，而討論此全部天職的哲學即被名曰道德哲學。」[6] 此康德義之「天職」即「實現最高善」，亦即儒家之言「天命之謂性，率性之謂道」、「盡心知性知天」、「性分之不容已」。唯康德是靜態地結構地講，儒家是動態地實踐地講。

然而，弔詭的是，反思判斷力所自提給的合目的性原則及其借用之實踐理性之目的性概念或人的天職之概念，其愈純粹、愈完整圓滿，其呈現之「應是」之應當之理，與其所判斷之現實對象之「所是」之存在之理（如「天地不仁以萬物為芻狗」），即差距愈大。若更以拉開距離，為目的性系統之終極目的、人的天職之宇宙性概念之呈現條件和自我強化之表現，表現至極而超常／反常，遂有藝術上的所謂孤絕之崇高，使合目的性原則在審美活動中徹底受挫、中止，目的性被迫撤回孤懸為目的性自己，而自我震慄；至於作變態表現者，則有宗教上的宗教狂熱和政治神話，焚燒大地。此皆將此合目的性原則之目的性，原「借用」自實踐理性、本屬實踐理性為自由行為之意欲而立者，屬應當之理者，向外投射為一客觀的靜態的外在結構的目的性而權威主義化，而不知此合目的性原則始終為一主觀的超越性之原則。主觀的超越性原則意謂此合目的性原則只是反思判斷力自我給予之一範導性原則，以此原則範導、軌約作反思判斷者即着此一一具體之存在之「是甚麼」，反思其所相配之本質目的之「應當是甚麼」，當兩者相應，即稱善稱美，從而維護此一一合理之具體存在。換言之，當稱善稱美，即意謂一具體的理性的存在以至一一具體的理性的存在，其存在之理中包含相應之應當之理。然若此一一具體的理性的存在出現互不相容、互相否定甚至自我否定，意謂此一一具體的理性的存在出現「理性無用」。理性何來會無用，只是其反思判斷力軟罷不能「發現」理性所提之實踐目的。康德無意追究反思判斷力（以康德原就以反思判斷力為無普遍必然性於人的一心靈機能），故唯有說「理性無用」這種話。這

6　同上註，見〈超越的方法論〉，第三章〈純粹理性底建構〉。

時——存在須重獲其本質目的及其所隸屬之終極目的之照臨，人則須復其「所以為純於善而無間斷之本」，「幾動於彼，誠動於此」、「敬以直內，義以方外」，以轉動現實存在，不間斷地實現應當之理，為一一具體存在之實現之理，以為一一具體存在之存在之理。此正是朱子「理氣不雜不離」，「程子以為明理一而分殊，可謂一言以蔽之矣。」（朱子《西銘》〈注〉）之密義；亦道家「不禁其性，不塞其源」，佛教「祛病不祛法」、「事理無礙，事事無礙」之密意。陸象山言：「理只在眼前，須是事事物物不放過，磨考其理。」（《象山全集》第三十五卷〈語錄〉）後王船山言：「有即事以窮理，無立理以限事。」（王夫之《張子正蒙注》〈太和篇〉）黑格爾《法哲學原理》所說哲學活動只應即事以反省其存在之理，而非憑空立法立理，「哲學是探究理性東西的，正因此，它是了解現在的東西和現實的東西的，而不是提供某種彼岸的東西，神才知道彼岸的東西在哪裏。」[7] 亦是此義（唯黑氏又偏向歷史主義的客觀化了的歷史理性去講）。儒道釋三教之目的論、朱子理學目的論，皆是此路之目的論。此路之目的論，與冠以「歷史必然規律」之唯物論之目的論絕然相反。唯物史觀以人的生命存在及其秉彝之應當之理、人的全部天職為工具手段，而以將生命還原為物性，一切文化活動與精神生命取決於物質存在，精神生命（道德）與自然生命、情感生命（幸福）皆被視作為工具，受役於由「人性中的根本惡」虛構而成的所謂「歷史必然目的」。這種顛倒的目的論從根上壽化人類之理想，從而壽化人類之感情。此是關於合目的性原則者。

（四）關於目的與現實、應當之理與存在之理之關係

存在之理既內含已實現之應當之理，此已實現之應當之理之「應當」的理想性即必引至一更高的目的性之照臨，由存在之「所當是」（目

7　黑格爾撰，范揚、張企泰譯：《法哲學原理》（北京：商務印書館，1982 年），頁 10。

的）反照其存在狀態之所是，以判斷其存在是否「真實」——是否與目的性相應並在感通中。反思判斷力既要為一一具體事物反思其所隸屬的目的性，同時亦就「判斷」、「直覺」了此事物之眼前所是之「存在狀態」與其所當是之「內在目的」之是否相應，以及此事物之內在目的在整體天地之目的論反思中與整體終極目的之是否相應，而形成一反思判斷中的動態的、其命唯新的價值秩序與存在秩序。如是，存在不離存在秩序，存在秩序不離價值秩序，價值秩序唯在最高目的與合目的性原則之運用中建立，而目的性原理（涵最高目的、本質目的與合目的性原則）唯在反思判斷力，或理學家所稱之知體明覺（以至某義之朱子所謂心氣之心）之當下一念與念念相續中呈現。呈現之而定之為理，是「心即理」。陸王一派理學家之論也。

然何人能保證此反思判斷力、智的直覺、或曰知體明覺、虛靈明覺，為人所必具，人人所必有？確保此整體地反思之活動必有、恆有、常有，以確保目的性原理之定有？此朱子自氣上言心，言心氣雖可云相續不斷、依理而生，而仍是旋生旋滅、旋實旋虛，過去之氣與未來之氣又不能並在同證，故理永不能寄托其恆常真實性於無常之氣，理有定而氣無定；心雖順理以流通四海古今，與理不離，仍是理先心（氣）後，理常而氣變。故朱子將「心」對存在之反身而誠之當下一念所呈現之理（目的性原理），直接付予存在與存在之理，而與心脫離。既自氣上言心，心固有自我澄明、識物明理之功能，以至作反思判斷活動之功能，唯其反思判斷所依之目的性原理，非由心立（非由實踐理性提出，並由反思判斷力在反思中「發現」、「直覺」之），而被認為屬於存在界——存在之然之所以然（「存在之理」）。此則止於以已實現之應當之理為存在之理，而存在之理即全部應當之理。「凡存在的都是合理的，凡合理的都是存在的」，人唯即存在之然而反思其所以然，不可即反思判斷力所「發現」之目的性原則，而徹法源底，反窮此合目的性原則、存在之理之根源於寂感真幾之心（此即陸王「心即理」之路）。朱子確信凡存在者必具存在之理，唯朱子之存在之理，

既被確立為有定，「所謂定者，動亦定，靜亦定；無將迎，無內外。」（原為程明道答張橫渠〈定性書〉語，可移作朱子意）、「理先氣後」「體用也定」，物物之存在之所以然之內在目的性，與超越言之之總體目的性，在朱子表述中，正呈現為一靜態的或結構的目的性，而通稱之為「理」，「性即理」。當代理學詮釋者稱其為「存在之理」，正或欲顯其以一存在者必含一目的性以為其存在之根據，此目的性又已實現為存在故而靜態化，靜態而結構化，而為凡存在的都合目的性理的存在之理。

以此靜態化的目的性為一切存在者之存在之理，可特顯理之形而上的恆常普遍義、體用也定義，心可居敬窮理而理非心立義，理先義。此靜態的、結構有定的、性理目的論之存在之理，其最大的理論困難，在把此性理之發現（或建立）理解為來自一格物窮理之活動，而非就性理之為性理必是實踐理性之自我建立、自我發現，並將此性理之對其自己之再發現，歸於反思判斷力（或曰智的直覺、知體明覺之覺照）之反思活動；而格物窮理將永不能發現此性理，此其一；此一錯置遂同時把性理之存在與此性理之發現和性理之自我建立斷為兩截，此其二；此性理既被存在化、客觀目的論化、結構化，性理自身即喪失目的性（理想性）、動態的超越性，而歸於平面化，成為與氣不雜不離而同一平面之理，此其三。此三病皆源自不知性理之為性理，只能由實踐理性、德性透過反思判斷力（或曰智的直覺、知體明覺之覺照之明）在反思活動中自我發現，自命、自立、自轉、自建，命日降，性日生，而日性即理。這原只能是生命之心靈機能三位一體之理、生命之存在之理、生命成為目的者而真實化之理，注定為活動的、超越的、迴旋的，而不可終結、中止、凝固、平面化為寡頭一句「凡是存在的都是合理的，凡是合理的都是存在的」那般的存在之理。

「凡是存在的都是合理的，凡是合理的都是存在的。」說這話的黑格爾在這裏講的是歷史目的論之歷史理性之理，歷史永在理之實現與理之未實現的角力／合力中，走向存在同時超越存在趨向於自由精神

之實現此一歷史目的。至於集天地靈秀之生命之性之理，即須以實現生命本真性為理。生命本真在黑格爾被理解為「超越」：「只有藉着自身之內的否定，生命才能成為對它本身是肯定的。經歷這種對立、矛盾和矛盾解決的歷程是生命的一大特權。凡是始終都是肯定的東西，就會始終沒有生命。 生命是向否定以及否定的痛苦前進的，只有經歷消除破裂和矛盾，生命才成為對它本身是肯定的。」[8]生命本真在儒家則理解為「感通」（仁），感通性即生命存在之理同時即乾坤萬有基。然而感通無限，實現感通亦無限，生命永在感通體用之實現與未實現之緊張不安中成為存在，並注定為不安不忍之存在。此不安不忍成為生命的存在法相，成為生命的實證，並永在驅動生命追問其存在之理。由追問生命之存在之理，必開啟目的論之門，因生命之存在之理原就是不安於其之已存在，自始即為一超越其存在、感通並趨向於一更高存在，自證自由之特權者。如是生命之存在之理必涵超越之理、感通之理，縱軸線之生命之目的性之反思。在反思中，「成為自由無限感通之仁」，與「成為存在」，二理並立。前者即「應當之理」，後者即「存在／實現之理」。由「成為自由無限感通之仁」即辯證地否定此「無限感通」之「無限」的限制性，而要求突破此「無限」之限制性，以通向存在，轉動存在，在有限中實現無限，以真正實現「無限感通之仁」之目的。目的性不已、實踐理性不已，而存在不已，此之謂「命日降，性日成」。此是關於目的與現實、應當之理與存在之理之關係者。

（五）關於反思活動自身之目的，以及共同目的

目的論提供無限感通之最高目的者之「體」，不安不忍之生命存在之「相」，通向存在、轉動氣化的生命、在有限中實現無限之潤物（包括生命之自我潤澤）之「用」。體理、相理、用理，三理俱立。或體

8　黑格爾撰，朱光潛譯：《美學》第一卷（北京：人民文學出版社，1958 年），頁 119-120。

大，或相大，或用大，依於反思者之反思活動之方向，而可有不同，而終不離一心之寂感。體理、相理、用理，三理可總攝之曰性理，即性理而可言性體、性相、性用；或即其超越義而曰天理、天地之性之理；然皆須以反思判斷之透現理性所提之終極目的所貫所成的活動的結構的目的性為依據。理先氣後之義，亦一併得實證相應之理解。然而，作為以反思活動啟動目的論有關存在之秩序、存在之意義之根源說明，並以反思判斷力連接實踐理性與知性開展這一切、自證自立為最高目的之存在者 —— 人，當其所作關於存在秩序之「合理性」（涵合法則性與合目的性）立法、以應當之理統一之，同時即自期成為最高目的者：這樣的「自存者」依其性理之感通性原則，他已經注定並非唯一最高目的者，固非那唯一「不僅是理智的作為自然立法的，並且，是作為在一個目的王國裏立法的元首」，「我將要設想的根源的在者：為無所不知的、無所不能的、全善而又公正的、智慧的」[9] 這樣的自存者、最高目的者、根源的在者。當他以反思判斷力施向存在（包括已在與未在），在反思中成為目的性的發現者、創造者、施與者、籌劃者與實現者、顛覆者之時，他把全體存在歸屬於其目的性之立法之下，同時亦把自己置身於目的性之立法之下而成為服從者，待治者，成為目的性之自因自果。不僅如此，他同時即發現在他之外，眾多最高目的者、根源的存在者、目的王國裏一一存在者，一一以其反思活動，互相為全體存在立法。他明白他絕不是唯一最高目的者（最高目的之體會者）而可將其他目的者隸屬於其目的性之下，亦如無人能把他這目的者隸屬於另個目的性之下。如是，並無一孤懸的「客觀的目的」，而只有感而遂通天下之仁者、當其不安不忍而起動關於生命存在之反思、由反思判斷力提出目的性原則通貫天下，並自覺為此目的性所統率而不可違。目的者同時為目的性貫穿，目的與手段不違、原因與結

9　康德撰，韋卓民譯：《判斷力之批判》下冊（北京：商務印書館，1985 年），頁 100。

果不違、整體與個體不違。而並無心外之理、心外之客觀最高目的，但只有知體明覺所湧現之目的性之照臨，並以此照臨貫通了反思者自身及全體理性的存在和全部自然世界。此之謂「物物一太極，統體一太極」。

這本用作自我範導的目的性原則，其之被設想為全體存在之整體性原則，本身亦在一目的性之貫穿中：即全體存在之被思議為擁有一終極目的，其目的唯在觸發作此反思者確信全體存在為同一目的性貫通，以不安不忍故，生命實證此目的性之貫通，而性分不容已。最重要的是，這設想為全體存在之目的性原理，其最高目的、作為最高目的者的唯一使命，只是：維護物物存在之理、實現其存在之目的、護持全體存在之生生之德，以令趨向於這樣「一個世界存在的最高目的，那就是創造本身。」如是反思判斷力（或曰知體明覺、智的直覺之覺照）成就的，不是客觀目的，既不是世界客觀目的，亦不是歷史客觀目的。反思判斷力成就的，是自由的反思活動自身、是反思者自身，亦即是「感通」、「仁」！此是關於反思活動自身之目的，以及共同目的者。

（六）反思判斷力以目的性原則統一兩界同時證成兩界之超越區分，無目的與目的相即

凡自覺為目的者、根源的在者，必已在反思中，在理想與現實之區分之覺悟中；在目的性所貫穿中之理想主義者、自我超越者，以其自我超越故，必同時要求實現為在世者、倫理世界之在者、文化世界之在者，他必須與其他目的者、根源的在者、共存共享同一互為主體、互為目的之目的王國。各目的者（主體）通過各自之目的性活動，在對列、對立與殊異中，互為主體、互為目的者、自由者，從而互相正視、尊重各自目的之分殊、不同處境歷程之本質目的之分殊、超越目的與內在目的之分殊、整體目的與部分目的之分殊，即分殊而必反省這一切分殊、殊異之為殊異，正源自天地之性之根源的「一」。沒有天地之

性之根源的一，沒有天道天理之一，則亦無所謂分殊，無殊異之為殊異之可言。明天地之性、目的性理之一，正所以明天下萬物萬事之殊異以及殊異之為殊異；以一天地之性之理，原就來自對一一具體存在之殊異性之反思，在反思中建立者。如是，反思判斷力連接兩界同時區分兩界。這區分當然是超越的區分、價值的區分，但同時是存有論的區分。區分兩界亦即證成兩界，證成兩界亦即兩界俱真實存在於反思活動中，不雜不離。普遍性與殊異性具體性不雜不離，目的與歷程不雜不離，整體性與個體性、個體之全部與部分不雜不離，精神與存在、未存在與已存在不雜不離。朱子言「理氣不雜不離」應作如是觀。道家之玄理，老子曰「常無欲以觀其妙，常有欲以觀其徼。兩者同出而異門，同謂之玄。玄之又玄，眾妙之門。」其形式結構亦有若是者，魏晉玄學大暢之，朱子必深有所感會。

　　魏晉玄學兩支，王弼之老學言「聖人體無」、「崇本息末」，然深知本末不雜不離：「眾之所以成存者，主必致一也。動之所以成運者，原必無二也。物無妄然，必由其理；統之有宗，會之有元。」（王弼《周易略例》〈明象〉）雖云「貴無」，實為崇本舉末，「無以全有」；向秀、郭象之莊學則首着意於萬物群品之塊然自在，而言「聖人無懷」、「得道者自得」，然亦深知迹本圓融，體用不雜不離，故言獨化自生，各任其性、各當其分，即無待而冥合於道。王弼以「貴無」遮撥一切外在的他律之目的論，向、郭則以「獨化」說萬物以「各據性分，自適其適」為目的；兩組合成玄學主題：無目的而自然合目的。是知王弼、向、郭，雖立言不同，皆同為一玄學道家無異，貴無獨化一道同風無異，而老子莊子亦無異。然儒家則必在此體用、理氣、無極而太極、無目的與目的之形式結構中，貫注入應當之理之內容與實踐動力，言理一分殊、言各個體性分之不容已，以及以性分之不容已而互為主體、轉出客觀精神以言禮法；由客觀宇宙論目的論之「無」，回到反思活動之當下、回到存在之感通的當下。此是說反思判斷力以目的性原理統一兩界同時即證成兩界之超越區分，無目的與目的相即者。

七、從應當之理與存在之理，看「理先氣後」義

理學之理論問題，既被集中解讀為應當之理與存在之理如何關聯之問題，現在可問：這應當之理之「應當」其存在的根本說明為何？

這應當之理之「應當」，其實不能有任何其出現之原因之說明，不能追溯其出現之前之任何先前已有者作為其呈現之根據。依孟子，這「應當」只是「今人乍見孺子將入於井」之當下之忧惕惻隱之心之自我震動、自我立法。這自我立法既是當下即是的，自然而必然，無需任何理由（無需任何離開當下一念即是之理由），故曰「自由」。孟子說「我固有之也，非由外鑠我也，弗思而已！故曰求則得之，舍則失之。」亦孔子「我欲仁，斯仁至矣」之意。到陸象山即說「心即理」，「滿心而發，充塞宇宙，無非此理」。

然則，這應當之理無需任何時間上先行存在者之理由，或認識論上的任何先設存在之理由，或邏輯上「應當之理」可從「人是理性之存在」之「理性」概念中分析出、故「理性」為「應當」之先在概念之理由。不僅如此，應當之理若以未實現為存在之理為呈現條件，則應當之理之「應當」本身即不能、不應有任何其「應當」之外的先在之理由，為其出現的說明。故到康德，以「人之人格性的才能即是『能夠尊敬道德法則』之能夠」此一特殊才能，來為道德之可能、亦即應當之理實現為存在之理之可能，提供一存在的說明；唯此一「不可測度或極難透視的基本根源」、「能夠尊敬道德法則」之特殊才能，亦不能在任何先在者中找得，而僅可說「屬於人之人格性的才能——一主觀的根據」。[10] 其言曰：「此才能必不可被思量為已含在『先前已有者』（先行存在者）之概念中，但它必須必然地被視為一特殊的才能，因為由於『一存有有理性』，這並不能隨之就說：此理性包含有這麼一種

10　康德：《單在理性範圍內之宗教》，首部〈論人性中之根惡〉，轉引自牟宗三撰：《圓善論》，第一章附錄〈康德論人性中之基本惡〉（台北：台灣學生書局，1985年初版），頁85。

能力，即它只因着『自由決意之格言之有資格為普遍法則』之表象而即可無條件地決定人之自由決意，而得明其理性之故而來，至少如我們所能見到者，此層意思並不能隨之而來。……所謂道德法則乃是那絕對地發佈其命令者，並且亦就是那宣佈其自身就是一動力者，就是最高動力者。假定此道德法則不在我們心中被給予，則我們必不能因着推比計算的理性，而去把它如此這般地發見或造作出來，或去勸服吾人之自由決意去服從它；可是，這道德法則卻就是這唯一『能使我們意識到我們的決意之獨立不依於那因着任何其他激發力而成的決定（我們的自由）』者，而且同時它亦是那唯一『能使我們意識到我們的行動之可咎責性』者。」[11] 康德認為這向善的特殊才能，不能被思量為已包含在「先前已有者」—— 時間上之先在者、邏輯上之先者、或知識上之先在者 —— 中去理解，故即使「一存有有理性」，亦不能隨之就說這「理性」（圓滿概念）包含有這種特殊能力 —— 其自身就是實踐的這麼一種能力。

　　然則，「應當之理」（即康德之道德法則）本身，以及實現應當之理為存在之理之「實現之理」（即康德之「宣佈其自身就是一動力者，就是最高動力者」之道德目的性原理、尊敬道德法則之尊敬被採用於自由決意之人格性的才能），兩者一根而發，皆不可被思議為已包含在其他先行存在者之中，無論是在時間上的、或邏輯上的、或認知次序上的「先前已有者」之中。應當之理即含實現之理，而為「命日降，性日成」之性理；以是自由自命自成故，必是縱貫的、實踐的、創造的、絕對的「先」的。應當之理之道德法則，固是超越的、形而上的「先」的；實現之理之道德實踐之根源動力，亦必以其為人格性的「絕對的自發性」而「先」於一切時間上的、邏輯上的，或認知次序上的先在的存在。《中庸》謂「其為物不貳，則其生物不測」也。易傳「先天而天弗違，後天而奉天時」亦即此而言也。朱子之「理先氣後」之「理先」

11　同上註，頁 80-81。

必亦涵此義。唯朱子之理乃合應當之理於存在之理，而為生物之本。康德之人格性的「向善的特殊才能」（案：是「向善」的，不是自由立法的）即內具於此人物之性之理，故謂「我們生命中的『根源的向善之能』之恢復並不是一『喪失了的向善之動力』之重新獲得；因為所謂向善之動力即在尊敬道德法則，而此一動力，我們從未能喪失之，而如果『喪失之』是可能的，則我們亦決不能重新獲得之。」[12] 此有近於朱子之即已存在的存在之性而言理，言應當之理之恢復及與存在之理之重新統一，此之謂「性即理」而為性理。朱子言之曰：

> 天地之間，有理有氣。理也者，形而上之道也，生物之本也。氣也者，形而下之器也，生物之具也。是以人物之生，必稟此理，然後有性；必稟此氣，然後有形。（《朱子文集》第五十八卷〈答黃道夫書〉）
>
> 人得其氣之正且通者，物得其氣之偏且塞者。惟人得其正，故是理通而無所塞。就人之所稟而言，又有清明昏濁之異。（《朱子語類》第四卷）

「天生烝民，有物有則」，「天下之至賾而不可惡也，至動而不可亂也」。天地之間，有理有氣。稟生之理，然後有性，此即以理為性，反之，性即理。稟氣而生，理氣結合，然後有形。於是，有人有物，有天下之至賾、至動。唯此天下之至賾、至動，不可離其所稟之「天下之至賾而不可惡、至動而不可亂」之性理。由格此「天下之至賾、至動」之物之所以然，而得其「至賾而不可惡，至動而不可亂」之形上之性，即此形上之性言理，此所謂「性即理」、「性理」，亦即本義之存在之理。依本文之思路而言，此存在之理只能從「合目的性原理」亦即「理也者形而上之道也」去理解，不能從生之形、生之相之「共形之理」「共相

之理」去理解。然人物有異，「人得其氣之正且通者，物得其氣之偏且塞者。惟人得其正，故是理通而無所塞。」「就人之所稟而言，又有清明昏濁之異。」是見「理一」「理通」，而「氣」則有「正」有「通」有「偏」有「塞」，又有「清明」「昏濁」之異。

　　人物之生必稟生之理以為性理，在形而上之道而言，性理必一。惟人物之生又必稟生之氣以為氣性，形而下之器（定限氣性）必多異。豈只多異而已，朱子一如歷代之言氣性者，將個氣竟分作正、通、偏、塞、清明、昏濁。就氣言氣、就物言物，原無所謂正、通、偏、塞、清明、昏濁。「可乎可，不可乎不可。道行之而成，物謂之而然。惡乎然，然乎然。惡乎不然，不然於不然。物固有所然，物固有所可。無物不然，無物不可。」莊子早以「齊物論」止之無之。當言一人物個體所稟之氣而有正、通、偏、塞、清明、昏濁之分別之說，即已帶入對此人物其存在之體性、目的性、性理之要求自我實現之擬議。唯思議一人物之存在必有其生所稟之理而必具一目的性，並自我要求（在人）或被要求（在物）實現其性理、體性、目的性，在實現過程中，此一人物所稟之氣與其所稟之理是否配合，順或不順、自然或不自然，而方有所謂正、通、偏、塞、清明、昏濁之可言。而此「順」或「不順」、「自然」或「不自然」，亦唯在目的與過程之對顯中，在存在之否定與超越之緊張中，並在此對顯與緊張之自覺反省中方可言。換言之，當言一人物所稟之氣而有正、通、偏、塞、清明、昏濁之說，即已在反思判斷中、在對其存在之體性、性理、目的性之實現之實踐及期望中。沒有性理、沒有目的性原理，即無氣之清明昏濁等之可言；反過來，沒有氣之清明昏濁等可言，即無氣可言 —— 依理學家、依朱子，並無不作清明昏濁正通偏塞之作用之氣之獨立存在故。即此必曰理先氣後、由理生氣。而「由理生氣」、「理先氣後」之義，若離此目的性原理，不能有適切之說明。

　　由萬物之創生而論萬物之本源、天地之性、存在之理，而言萬物之存在，立目的性原理以貫通之，而曰理先氣後、由理生氣、理同而

氣異。此一系統可說為「本質先於存在」（自另義說之，亦可說「存在先於本質」），由終極目的、最高目的、本質目的一路說下來，說出個「順之則生天生地」。由萬物之現實存在，由反思判斷而立目的性原理以貫穿之，以論萬物之根源之性、存在之理、實現之理、目的理想，此則成為「存在先於本質」（自另義說之，亦可說為「本質先於存在」）之系統。即此系統而可說「氣強理弱」、「氣猶相似而理絕不同」，說出個「逆之則成聖成賢」。以下試看朱子這種兩面之辭：

> 論萬物之一原，則理同而氣異；觀萬物之異體，則氣猶相似而理絕不同。（《朱子文集・卷四十六・答黃商伯》）
>
> 氣雖是理之所生，然既生出，則理管他不得。如這理寓於氣了，日用間運用都由這個氣，只是氣強理弱。（《朱子語類・卷四》）

由「論萬物之一原，則理同而氣異」、「氣是理之所生」，此則「理先氣後」、「本質先於存在」；由「觀萬物之異體，則氣猶相似而理絕不同」、「理寓於氣，日用間運用都由這個氣，只是氣強理弱」，此則「理寓於氣」、「存在先於本質」。依本文之所論，「本質先於存在」與「存在先於本質」本是兩聯，不能單提。兩聯之為兩聯，意即其皆由反思判斷對舉而出。對舉而出者，意即理與氣、本質與存在、目的與歷程、應當之理與存在之理、誠與幾、體與用、本與迹、性與命、形與神、現象與物自身、太極與陰陽、無與有、道與器，概而言之，形而上與形而下之為兩界，原非一客觀的實在的區分，但只是一主觀的超越的區分。此主觀的超越的區分已，又依實踐理性之精神生命之究由承天命自上而下貫之開展，或自內而向外之開展，再區分之而云何者為「先」、何者為「後」，而有「形而上者先於形而下者」與「形而下者先於形而上者」或「本質先於存在」與「存在先於本質」之兩聯。兩聯既依於同一理性──同一實踐主體之理性，則必以其為兩聯，證示一主體

意識之自我觀照反省；並以其為對舉，證示一主體必統攝此兩聯於其實踐之中；而不能單提一聯以為究竟。

法國存在主義者沙特單提「存在先於本質」，以反抗其所在之西哲傳統之單提「本質先於存在」；依本論正皆有待於一「根源的思想」分別予以作根源的分解的說明，既云一根源的思想，則所作之分解的說明必統歸於一作此分解的說明之思想主體之思想，實即統歸於一自覺為主體之主體意識之自我反省，而有之兩聯之對舉。對舉而單提上聯，此西方傳統哲學之舊患錮疾；對舉而單提下聯，此見反西方哲學傳統之存在主義其實在繼承其單提一聯之傳統，卻又平添新恙。我們既反對將「依照自然之概念而為實踐的者」與「依照自由之概念而為實踐的者」（依康德）[13] 不加區分地混同，這樣混同後，自然法則與自由原則之根本區分亦被泯除，而混同於僅作「知解的」與「實踐」這種類目區分之平面意識中，以為由此種類概念之意識即可作哲學之區分，將哲學區分為「自然底哲學」與「道德底哲學」這兩部分。然「自然底哲學」與「道德底哲學」依各自之原則而言是完全不同的。但我們又反對隨哲學之區分所成之「自然底哲學」與「道德底哲學」平列之為全部哲學的兩大「領地」（territory）而互不相屬、互不相干，由此平列而拒絕承認「依照自然之概念而為實踐的者」和「依照自由之概念而為實踐的者」其實同屬為同一之理性的實踐者之領地 ——「在所有的哲學的區分之後，這個『同一』更其嚴峻。否則，康德苦心經營的哲學將真正失去其『統一之地』（field），因而也就不能真正為知解理性之認知機能所管轄之界域（territory），與實踐理性之意志機能所管轄之界域（territory），作立體的或縱或橫、或動或靜之區分，而非誤解地作平面之區分，若是誤作平列而因而混同化之區分，則真正的哲學區分與真正的哲學整合，將一齊錯失。」[14] 多年前本人即作如是說。

13　同註 4，頁 108。
14　參閱註 1，頁 287，此處引用個別文字有改動。

八、「依照圓善之目的性概念而為實踐的者」之建立，並以之綜攝「依照自然之概念而為實踐的者」與「依照自由之概念而為實踐的者」

由上論而觀之，當言「理先氣後」或「氣強理弱」，「本質先於存在」或「存在先於本質」，此言說本身即已涉及一「依照自然之概念而為實踐的者」同時為「依照自由之概念而為實踐的者」之自覺為主體之主體體性。此自覺為主體之主體，只因着此主體性之自覺，不惜將整個生命投向一目的：成為目的者、成為自由者、成為真正主體，而從此進入「目的 —— 歷程」之永恆的破裂與緊張。而此步入投向目的之生命歷程之生命，又因着此主體性之自覺自照，而自我區分為「依照自然之概念而為實踐的者」和「依照自由之概念而為實踐的者」，區分二者同時亦就證示了二者同屬於同一實踐主體，同屬於一「依照最高終極目的性概念而為實踐的者」。唯此「依照最高目的性概念而為實踐的者」能夠區分二者，並能統合二者。以此「依照最高目的性概念而為實踐的者」原就源自「依照自然之概念而為實踐的者」和「依照自由之概念而為實踐的者」的哲學區分之反思，依辯證邏輯，此哲學區分之真正作出，必本於一哲學的根源的同一。「依照最高善（圓善）之目的性概念而為實踐的者」即此根源之「一」。就純粹哲學思辨而言，沒有目的性原則，「依照自然之概念而為實踐的者」此語不可理解；同樣，沒有目的性原則，「依照自由之概念而為實踐的者」一語亦不可理解。以「實踐的者」一語即涵「依一目的方向而持續之行動」之義。如是，「自然底哲學」之形構之理與「道德底哲學」之應當之理，依「實踐」之名義而會通於目的性原理。然形構之理乃知識理性以先驗知識為法，利用普遍性概念判斷說明一具體存在，以此判斷說明為此具體存在之存在的所以然之知性之說明，而為一義之存在之理 —— 內在的所以然之理，或曰「靜態的橫說的存在之理」。應當之理乃實踐理性依自由之概念而來的關於實踐的立法，以此立法作用定此理性

之存在者之實踐方向，而為垂直下貫以決定此理性存在之實踐者，以此依自由之概念而來的實踐的立法作用，為此理性存在之存在的所以然之自證自明，亦為一義之存在之理 —— 超越的所以然之理，或曰「動態的縱貫的、即活動即存在之存在之理」。一現實的具體的理性的存在，當其成為一「實踐的者」，即進入其實踐理性所命之縱貫的應當之理之超越的存在之理之決定中、及其知解理性所知之橫攝的形構之理之內在的存在之理之決定中，而為超越義之「性成命定」，稟縱稟橫、定縱定橫。然一說「性成命定」，則縱橫皆定於一性、即於一心。「命也，有性焉；性也，有命焉。」孟子十字打開，乃有縱橫。故言縱，實不離橫；言橫，本不離縱。此時言縱橫，縱之為縱，示對當前存在之生命作上提與下貫；橫之為橫，示對縱貫活動之生命作橫面之限定與擴張。此之謂十字打開，定而不定，盡而不盡，窮而無窮，限而無限。

縱貫之為縱貫者，又實涵「依照自然之概念而為實踐的者」與「依照自由之概念而為實踐的者」之二義之應當之理。由「依照自然之概念而為實踐的者」之應當之理之命令，則決定生命開展為作橫向的攝取的形構之理之活動的實踐者：一認知主體。由「依照自由之概念而為實踐的者」之應當之理之命令，則決定生命在自然生命、情感氣質生命、人格生命之「性成命定」的種種限制中，仍以尊敬道德法則之尊敬為自由決意之唯一動力，生命實現為徹上徹下之創造的應當之理之實踐者、一道德主體。由是言之，所謂作橫攝活動之知識主體，並非真離開實踐理性之應當之理之縱貫所貫。而縱貫的應當之理若無一知識主體受其所貫而同步開展出對應當之理之實現之存在的限制與擴張，則應當之理只直接的貫注為一道德主體，直接統御此「依照自由之概念而為實踐的者」之自然生命、情感生命、氣質生命、人格生命之存在，以統一投向此應當之理之應當，而忽略及錯過其道德實踐之當前限制與可能之存在與擴張。此道德實踐之當前限制與可能擴張，一方涉及應當之理之成為存在之理，一方涉及此道德實踐者其自然生

命、情感生命、氣質生命與人格生命之存在的需要與潤澤，以及此一實踐行為之公共性格。而德福一致之圓善，必為應當之理之最高理念，即依照自由之概念而為實踐的者之最高目的，其實現須知識主體之全面介入。故世上固無無縱貫之理作貫注之橫攝活動（以橫攝活動亦須縱貫活動之自我轉向及靜態化而轉為橫向的活動及持續此橫攝活動進行之動力故），亦無無橫攝之形構之理作客觀化存在之所資所對之縱貫活動（以縱貫活動亦須有所對有所成故），雖兩者所依之原則完全不同。故謂應當之理必涵存在之理，而存在之理必涵實現之理與形構之理。

然則，當實現一應當之理，意即此應當之理已貫通此實踐者之多重生命及其所在自然界之存在並成為統一之存在之理——其中包括守護或轉移、否定實踐者之多重生命存在及其所在自然界之原有之存在之理（其中包涵形構之理），而代之以「其命維新」之新命之存在之理，唯此方可謂「實踐」。此則應當之理必統攝涵蓋存在之理，而存在之理先於（形而上之先於）氣化之存在。故朱子曰「理先氣後」。

問題又回到：「理先氣後」之理，今說為超越的存在之理亦即應當之理，說此應當之理為形而上之先在之理，此說究又依何理？必曰：應當之理之為應當之理，只以應當為理，別無他理可依，既無他理可依，故應當之理必為絕對的先在之理。此是了義，窮極之說。若必分解地說，則應當之理必由一反思判斷力即着一具體生命存在，反思其存在之超越之所以然，此生命存在之超越的所以然即所謂存在之理。此超越的存在之理既由反思判斷力以目的性理念之方法來提出，表示此超越之存在之理內在於生命，而為生命存在之應當之理，亦即「應存在而未存在之理想目的如何成為存在」之理。應當之理既以未實現為存在為其呈現之條件；應當之理又須先有存在者，再有存在者有所感觸、反思其存在之超越的所以然，並以目的性說此超越之所以然，而方有此應當之理。此則存在先於存在之理，存在之理先於目的性原理與應當之理。故存在主義者說「存在先於本質」，朱子曰：「氣強理弱」、

「理寓於氣」、「觀萬物之異體，則氣猶相似而理絕不同」。既是分解之說，上文故說「理先氣後」與「理寓於氣」，「本質先於存在」與「存在先於本質」原是兩聯，不能單提。進而言之，理與氣不能單提，應當之理與存在之理不能單提，目的與歷程、無目的與目的、無極與太極皆不能單提。此說不能單提，卻仍是分解地說。若非分解地說、「即」着說，則說「參萬歲而一成純。萬物盡然，而以是相蘊。」、「天地一指也，萬物一馬也。」（莊子《齊物論》）性即理、理即氣。如朱子答問「枯槁之物有性？」曰：「是他合下有此理，故云。天下無性外之物。」是謂枯槁之物亦具此合目的性之理而為枯槁。若此枯槁之物無枯槁性，是亦無理。天下無無理之物（天下無無存在之理之存在者）。「因行階，云：階磚便有階磚之理。因坐，云：竹椅便有竹椅之理。枯槁之物，謂之無生意，則可；謂之無生理，則不可。」（以上見《朱子語類》第四卷）此處所說枯槁有所以為枯槁之性之理、階磚有階磚之理、竹椅有竹椅之理，若以為朱子所說是枯槁之共相、階磚之共相、竹椅之共相之理，而辯說共相不必在具體殊相之先，共相須在眾殊相中抽象而成，而在殊相之後。或依柏拉圖之理型說，Idea 必在先，為形而上之理，眾共相之共相是最高善，故理在先。此皆與朱子言理先氣後之義旨全不相應。柏拉圖之理型說、亞里士多德之四因說，其根本用意，本在為說明「知識之真」如何有可能，雖亦由知識之真來說到道德之善，真理之善。朱子之理氣論根本用意乃在說明道德之善如何有可能，雖亦因涉及康德所謂「實踐動力隸屬關係之道德次序」亦即「理先」抑「氣先」之問題，時將道德之善寄託於燭理之明，而混漫於知識之真。然今言朱子宜復其本意，立其本義；非徒順其歧義、為言未盡瑩之支離，而忽其本義本意也。

　　應當之理既以未成存在之理，為應當之理呈現之條件；然則應當之理是否以永未實現、永在未來，為其存在之性相？必曰：然，又非然。應當之理憑依自對「氣」及氣之存在之理之反思故，應當之理自目的論言，實呈現為兩態：為未實現之應當之理與已實現之應當之理。

　　未實現而要求實現之應當之理，實即陸王之「心即理」之理，亦即生生之理、創生原理。應當之理之「應當」，今可視為一動態的和結構的目的性原理，以其超越而內在故，必要求實現於存在，緊密連結主觀精神與客觀存在之兩極，而為綜合原則，必涉及存在與存在之秩序，永在未存在與已存在之間甚幾甚微，而為「先天而天弗違」之創生之理。

　　已實現之應當之理即朱子之存在之理，以應當之理已結合氣之理而成為存在之理。此則為「性即理」之理，可視為一靜態的或結構的目的性原理，以此應當之理之「應當」已作為目的形式與動力轉動氣之存在，使理實現於氣而為合目的性之存在、亦即合理之存在。天地萬物之存在離不開此合目的性、合理性為其所以存在之理。此理、此目的性原理已成為綜合原則緊密結合主觀精神與客觀存在此兩極，並進入存在與存在之秩序、使存在成為可續的並且為結構性之存在。凡存在的都是合理的，凡合理的都是存在的。此則為「後天而奉天時」之存在之理。

　　在「依照圓善此最高目的性概念而為實踐的者」說來，唯未實現之應當之理是其實踐之目的，亦即「理先氣後」之理。而已實現之應當之理即存在之理，存在之理涵形構之理與實現之理，亦即「依照存在之概念而為實踐的者」之理，即「氣強理弱」、理在氣中，自內而外，合氣歸理同時注理於氣之「時中」之理。其依照目的性概念而實踐，即致力於將個「理」步步存在化、氣化。但與此同時，即着此「理」之步步存在化之「氣」（器）步步反思其存在之超越目的，更步步強化此反思、自覺其生命存在與目的理想之距離不近反遠，而為「天之戮民」。而此步步自覺其生命存在與其目的理想之拉開，正證顯生命存在之不斷打開、擴充、壯大。「充實之謂美，充實而有光輝之謂大，大而化之謂聖，聖而不可知之之謂神。」即此「大而化之、聖而不可知之」，可知理學目的論並無目的，唯以生命存在之翕辟、自我超越、成為自由無限、成為創造為目的。

以目的論解讀朱子思想，暫作至此。

（2010 年 10 月 8 日，「紀念朱子誕生 880 年武夷山朱子學高端學術會議」主題報告。刊於《中國儒學》第七輯〔北京：中國社會科學院出版社，2012 年〕。）

第七章

昔本不迷今言悟，心融境會證幽潛
—— 為黃慧英教授《從人道到天道》
一書序兼說一種哲學觀

一

友人黃慧英教授將其新著《從人道到天道：儒家倫理與當代新儒家》示我，囑我為之寫序。黃教授前已著有《道德之關懷》（1995 年）、《儒家倫理：體與用》（2005 年），今再著此書，三書成系，正表現從道德關懷，到倫理體用，由人道證天道，再返回實證人生之思想路線（道德 —— 倫理 —— 形而上學 —— 文化哲學）。這是典型的儒家中道用思之途，是從憂患意識入路而開展之型態。此三書之構思及書名，想不會是黃教授事先擬定，只是懇摯用心，宣之於文字，自然就表現這種型態。是見一用心的生命，有自覺之誠明，亦有超自覺之密命。

本人與黃教授相識多年，然進新亞研究所聽唐、牟、徐諸師之課，卻稍晚。吾既困勉以學，而時代晦暗，風雨如磐，深恐天地或將永墜無明，亟欲實證一真常之實存，用思常與驚疑憂懼俱起落，近乎狂狷。今不揣固陋，從命寫序者，自信與黃教授交友論學，多次出席學術會議作思想對話，無所不談，凡涉原則性觀念，所見盡同。惟本人一本

迂固困勉之習,總在求證一完全異質的經常之理如何可轉動已成世界,作自我揚棄,向之而趨;然則此經常之理,既是萬有本有之理,又是萬有本無之理,而為一終極目的性原理而貫穿萬有,轉動萬有,為萬有之實現之理之同時,即解構之重組之,以回歸服從於此目的性原理;其中之機要奧密,到底如何?凡所用心,所觀、所知、所思,千迴百轉,必返於求證此理、此機要。黃教授則直接契入道德之自由核心,先立其大體,再而泛濫於倫理學、應用哲學、現代心理學、宗教學、教育哲學以及整合哲學等諸文化哲學領域,沉潛用功,所獲甚豐;凡此,皆非我所知而可置一辭者。又於當代新儒學典範人物,亦是其師之學問與精神境界,有真實相應之理解與發揚,所謂「契悟有度,透脫自如」也。

二

　　黃教授此書既名「從人道到天道」,其展現天道之形上學道路,自是(一)從人的心靈世界出發,以心靈之光照為通道,而有(二)天道與人道之對顯,問題與奧密之對揚,道德理性、方向倫理與德性倫理之區分與關連,以至於德福一致、幽明之際;(三)過化存神,教育與意義治療,立人格世界於宗教境界之域。此書結構分為三部分,其用思或如上述。惟此書所涉理論問題多而廣,今因時限亦不能細論。但知黃教授於融會儒家思想與西方有關學問方面,有豐富經驗與學養。我今只能順其文意略抒讀後之所感,亦所以表我對黃教授這方面工作之敬忱之意。

　　下引該書中一段文字,以見其於融會中西哲人之思,所到達的程度。

　　　　迹本圓融,上行與下行冥合為一,就儒家以最高境界
　　為主客無二無別與迹本圓融之肯定來說,它是處於人類

靈性顯化之極致，能實踐此最高境界的聖人，乃與精神合
一者。

依儒聖智慧之方向，儒家判教是始乎為士，終乎聖
神。士尚志，特立獨行之謂士。禮記儒行篇皆士教也。成
一真實的人即為士。「可欲之謂善（此可欲指理義言），充
實之謂美，充實而有光輝之謂大」。此三義是由士而進於
賢，亦可說是賢位教。「大而化之（大無大相）之謂聖」，
此是賢而聖，亦可說是聖位教。以天地萬物為一體，乃至
「與天地合德，與日月合明」云云，皆聖位教也。「聖而不
可知之謂神」，此是聖而神（神感神應之神），亦可說是神
位教（四無教）。（牟宗三《圓善論》）

雖然儒家展示了人類靈性顯化的最高境界，但是威爾
伯提醒我們，以整合觀來說，人類靈性的演化，不會停留
於某一階段。

演化或發展的觀點，並不一味讚頌某個時期，貶抑另
一個時期。文化演化的每一代、每一時期、每一階段都帶
有相當重要的道理、有價值的洞見、以及深沉的啟示，但
是，由於總體的演化發展觀既超越又包含了所有階段，深
藏在它不斷開展的懷抱裏，因此，它掌握了所有的重要真
相，它所標高和蘊含的真相，遠超過任何時期。這也意味
著，演化觀才是真實整合立場的最佳選擇，跟其他選項相
較之下，演化觀的胸襟與眼光，名謂致廣大而盡精微。同
時，如果要排除眾階段的缺失，就必須兼採它們原有的精
髓，並寄望於後續的演化階段。每個階段都有道理，但後
繼的階段會「更有道理」：它包含了前行者的諸多道理，
再加上它自己蘊生的嶄新真相，不論哪一方面，都即既超
越、又包含了前行階段。（肯恩・威爾伯，Kenneth Earl
Wilber II，《萬法簡史》）

在整合觀看來，靈性的發展不能單單局限於某一象限，必須「全象限、眾層次」一併演化，當個人的主觀意識發展到某一階段，便必須與其他象限關聯起來。

（見該書〈牟宗三的儒家天道論〉一文）

此亦我常存於心的張橫渠那句「命日降，性日成」之密意。牟先生謂儒家判教為四，日士位、賢位、聖位、神位，以神位教為終位圓教，即「四無教」。「聖而不可知之之謂神」，是人類精神靈性顯化之最高格位乃歸於無相、無名、無位、無教，「既超越又包含了所有階段，深藏在它不斷展開的懷抱裏」。這只能是動態的結構的和超結構的道德目的論境界。把這目的論的表述改為「工夫所至即是本體」之本體論表述，則有宋儒之一本論：

　　明道：「只心便是天，盡之便知性，知性便知天，當下便認取，更不可外求。」心性是從主體與道德實踐方面說，天與道是從客觀地、本體宇宙論方面說，當體悟到「只心便是天」，心性與天道遂合而為一，主客之分別亦泯。主體心性之充其極便是普遍而絕對之天，天之具體開展即呈現心性中的道德之無限創造性。〈定性書〉：「所謂定者，動亦定，靜亦定，無將迎，無內外，苟以外物為外，牽己而從之，是以己性為有內外也。且以性為隨物於外，則當其在外時，何者為在內？是有意於絕外誘，而不知性之無內外也。既以內外為二本，則又烏可遽語定哉？」

　　威爾伯對這種超主客的一本境界，作出相類的描述，他說：「這個時候，內在外在、主體客體完全失去了終極意義。你不再從『這裏』看『那裏』的世界。你不再觀看世界，因為你就是法界。」觀照之我可以直通上帝的精神

(Spirit) 或聖神 (the Divine)。一旦通達到意識的最深處，就開始和無限感通。

(見該書〈牟宗三的儒家天道論〉一文)

既曰一本，儒家的「尊德性而道問學」不是要來暴露天下，以便加規範於天下的；乃是藏天下於天下（道家是「以天下觀天下」），確保天下人各以其「聖人者先得我心之所同然」以體會此一本，實證此一本。書中所引現代人文主義心理學對人的存在有五項基本假設：

一、人不等於其部分的總和，因此不能透過科學對人部分的功能去了解人。

二、人之所以為人，有其人性脈絡，每個人都受不同的人際經驗所影響。

三、人有自我省察的能力。

四、人有選擇的能力，因而能創造自己的經驗。

五、人有其目的、價值與意義，人是指向未來的。

(見該書〈過化存神──儒學與現代心理治療〉一文)

此與儒家藏天下於天下暗合。儒者有為，無非所過者化，所存者神，助天下人自我實現、成為自己。

濂溪有偈曰：「昔本不迷今不悟，心融境會嗒幽潛；窗深草長松當道，盡日令人看不厭。」昔本不迷今不悟，正是看待一個人成為他/她之所是之歷程的態度；要全心接納每一個人在每一時刻在無數限制下的有限實現，視每一個當下只是、同時完全是形成 (becoming) 過程中的一太極。

(見該書〈過化存神──儒學與現代心理治療〉一文)

　　朱子說陸象山「常是兩頭明、中間暗」，齊克果說「通向上帝之孔道只容個人穿過」，玄學家說獨化，亦是此意。故凡暴露天下以宰制天下者，儒家必反之；凡盛言儒門禮制之隆而不及四端之心、仁義內在者，儒家必斥之；凡言溫良恭儉讓而不言天理人權公義者，孔孟必視之為鄉愿而逐之。凡作問題（problem）與奧密（mysteries）之區分，而只知轉奧密為問題，不知即問題見奧密，知言養氣，窮理盡性者，儒家寧拒之以守生命之尊嚴，自由之可能。就哲學言之，此亦形而上學之可能，哲學之存在的意義與使命之所在。

三

　　關於形而上學，康德有此一說：

　　　　形而上學，依據我們現在所採用的看法而言，它是一切學問中唯一的一個如下所說的那樣一種學問，即：此學問膽敢許諾通過一種很小而集中的努力，它將在一很短的時間中即可達到這樣的完整，即如它將無工作可以留給我們的後繼者那樣的完整，所謂它將無工作可以留給我們的後繼者，意即它除「我們的後繼者依照他們自己的喜愛，依一種教導（說教）的樣式，無需他們之能夠去把任何東西增加到它的內容上，而即可去適用之」，這種適用之的工作外，它將再無任何其他工作可以留給我們的後繼者。因為此門學問不過就是一切我們的通過純粹理性而有的，系統地被排列起來的所有物之「清列」。在此門學問之領域內，沒有甚麼東西能夠逃避我們。理性完全由它自己所產生的任何東西決不能被隱蔽，一旦公共原則已被發現，它即被理性自己所暴露。此種知識底完整的統一性，以及這一事實，即：「此種知識只從概念而被引生出，完全不

為經驗所影響，或完全不為這樣的特種直覺，即如那『可以引至任何決定性的經驗以擴大或增加這種知識』，這樣的特種直覺所影響」，這一事實，便可使這個不被制約的（絕對的）完整性不只是為可實行的，而且亦為必然的。[1]

康德此說，仍偏於為西方智測的形上學；既是智測的，則真可以說缺少一個公認的標準。亦以此故，現時一般弄哲學的人，以為餘下的工作只是把形上奧密轉化為問題，再把問題轉化為沒有問題，是謂解惑。這或者是智測之路走到最後而有的一步。但後繼者為何總是依照他們自己喜愛及所選擇的樣式去採用一種形上學，「大自然為甚麼一定要以『不停止的努力』降給我們的理性，我們的理性因着此不停止的努力總是去尋求這樣一種途徑，好像這途徑是理性之最重要的關心事之一似的」[2] 此豈不正是形上學本身之問題與奧密。形上學在中國自始表現為「關於生命的學問」，是即奧密而守住這點奧密。生命無惑時，則「昔本不迷今不悟，心融境會豁幽潛」。生命有惑時則惑就是道，就在這惑之反省上構築自己的形上學，實證人生；然後發現，這原屬於自己的形上學，同時是全體人類性情之正、人生之真之返本實證。玄學史家湯用彤謂「中國之言本體者，蓋未嘗離於人生也。所謂人生者，即言人生之真之實證為第一要義。實證人生者，即所謂返本。而歸真、復命、通玄、履道、體極、存神等等，均可謂返本之異名」。[3] 這是與西方觀解智測完全不同的實踐實證的形上學之路。牟先生說得好：「在一切問題性的辯論以外以上是有一個精誠的道德意識所貫注的原始而通透的直悟的。」（見該書〈牟宗三的儒家天道論〉）。

1　康德撰，牟宗三譯：《純粹理性之批判》上冊（台北：台灣學生書局，1983 年），頁 21。
2　同上註，頁 31。
3　湯用彤：《往日雜稿》，收入《湯用彤全集》（石家莊：河北教育出版社，2000 年），頁 188。

　　由牟先生的話，則哲學的本義，與一般人的解惑論相反，卻是必視哲學為「生命存在為真實」的實證之學。正確的哲學態度，視生命所發生的一切問題皆真實不妄，並為其為真實不妄，提供根源的說明。當一切問題通過辯證而還原到問題的活動軸心，即精神生命活動自身，而知一切問題性的辯論，可以依精神活動之為思辨的、概念的，而動之愈出，無窮無盡；亦可以依精神生命之為反思的、實踐的，而隨時以戲論而中止之，生命退藏於密，成為決意者、知行合一者，成為真正主體。哲學的本義，就是要以問題性為線索，發現在一切問題性的辯論以外以上是有一個精誠的道德意識所貫注的原始而通透的直悟的直悟者之精神實體。此一精神實體之發現，非就中止了一切問題性的辯論，或取消了一切問題；相反，乃是證實一切發自生命之問題皆真實，並將由此觸動引生新的存在和新的問題。而這也就是哲學的密命。

　　實證主義創立人奧古斯特・孔德（Auguste Comte）謂人類智性成長分三期（三階段），為：神話時期，形上學時期，實證時期。本人則認為形上學代表人類自我反省之智慧，帶領人類成長，貫穿全部精神歷史。惟以構築者所選擇的存在的入路之不同，而形成所謂不同階段的不同的型態。如從「生」之正面之「生生」入路，則有「天地之大德曰生」、「生生之謂易。繼之者善，成之者性」之易傳型態；從「生」之反面之「生老病死」入路，則有佛教之「苦」「業」之型態（佛教或不認是形上學，今不及）。此外，如從「存有」之正面之「統一」入路，或從「存有」之反面之「分離」入路；從「目的」之正面之「相繼相成」入路，或從「目的」之反面之「自相否定」入路；從「精神」之正面之「超越」入路，或從「精神」之反面之「限制」入路；等等。此入路不同而形成的第一觀念，固必在繼起之反省中，自我對反，經歷否定之否定，形成二次觀念、三次觀念，如是迴旋着趨向終極之「一」之全。然而第一觀念即已足夠影響及抉擇了其形上學之道路，尤以表現為宗教型態之形上學為然。到表現為哲學型態之形上學，即形上學之形上學，則主

要表現批判精神，是為形上學內在之自我批判。此則一方把宗教之殊勝化約為理念結構之系統的反省，把形上奧密化約為問題，由問題而展示「真正有明確理解的探究途徑與概念所及的範圍」之客觀性；一方即可沿問題而溯本歸根，發現問題之源頭原在人的心靈機能之活動自身。在此，康德先驗哲學作出劃時代貢獻，並為西方哲學打開通往東方實證人生之心靈哲學、主體體性學之門，從而進入東西方心靈融會之實證時期之哲學時代。本人一直以「實證唯心論」名我所服膺的形上學。認為孔、孟、老、莊、王弼、向郭、程、朱、陸、王、唐、牟之即人道證天道，即活動證有無，即心意知物證寂感真幾之道德心、虛靈心、圓通心、「理義悅心」之性情心、經常心；真常教之即苦證覺，即染證淨，即纏證解之如來藏自性清淨心；康德、黑格爾與唐、牟之即知識證純理，即道德證自由，即歷史證目的之邏輯心、理性心、統覺心；皆最古典超越又最現代入世的人類智慧啟示，可助創建實證時期的形上學。此實證的形上學只能是人格學的形上學，亦即哲學的人學體性學的形上學，或稱實證唯心論哲學。

四

日前寫文翻書，偶見德哲亨利希‧邁爾（Heinrich Meier）一段話，彷彿是為這裏而寫的，其言曰：

> 精神科學的工作實不僅着意於存在的，而且又着意於應當存在的。對於應當存在之研究目的，即在於尋出一道德的精神的文化之博大理想，此種理想之負荷者即是一道德的人格。此種理想其實即是人類的理想，其特殊內容卻隨時代而變遷，因此每一時代有其須完成的特有使命。說到這裏，則票友式的哲學便有其地位了：文學家、藝術家、詩人、政治家、歷史家、社會學家、科學家、法學家、

經濟學家、教育學家，凡是自己覺得他有替他的時代指示
理想的途徑的人，都可以合作以完成那偉大的使命。而所
留下給專門的道德家的工作就是不僅對於他自己的時代的
道德趨勢，而且對於道德的文化的追求之永常的目標，使
之得方法的批評的自覺。要想滿足為人類的價值和理想尋
求一安全的後盾的需要，那麼，我們不能不將價值和理想
放在精神實在的形而上學的輪廓裏。這樣一來，則我們可
以確信，我們生活中的至善至美至真皆有永久價值。於是
我們復將當時對於實在之實證研究所得結果，與當時規範
的道德意識的產物一併納入我們的形而上學的世界觀裏。
如是，庶幾我們可以達到一個可以叫做科學的世界觀與人
生觀。[4]

這裏的「科學的世界觀與人生觀」意謂不是智測的獨斷的形上學所
啟導的世界觀人生觀，而是區分「外延真理」（extensional truth）與「內
容真理」（intensional truth）── 亦即區分「問題」與「奧密」，並依理
性原則各自得到實證，綜合於知行合一之主體亦實證相應之世界觀、
人生觀。

這科學的世界觀與人生觀今日首先要對抗的，是以科學之名赤裸
化一切的唯物論。肯恩・威爾伯有一段深致憂慮的話，可以說明人類
靈性之現代處境：

科學變成了科學主義 ── 科學唯物論和科學帝國主
義，迅速全面地主導了現代性的世界觀。這種科學唯物論
率爾宣稱其他價值領域毫無價值，「不夠科學」，只有錯

4　亨利希・邁爾撰，賀麟譯：〈最近五十年的西洋哲學〉，收入賀麟著：《近代唯心論簡
　　釋》（重慶：獨立出版社，1941 年），頁 351。

覺，甚或更不值一提。它也用相同的理由宣稱，存有巨鏈
根本不存在，依據科學唯物論的看法，物質、身體、心靈、
靈性的巨巢可以全然粗暴地化約為單一的物質體系。不論
是肉體的大腦物質或物質的處理系統，物質可以說明所有
的存在，毫無遺漏。

（見該書〈牟宗三的儒家天道論〉一文）

　　哲學回報給哲學工作者的一個智慧，就是：無人可貪天之功以為
己功 —— 每個時代、每個民族，每個人都有責任構築他自己的形上學
以發現真我、捍衛自由、自我實現。世上沒有一勞永逸之事，亦無人
可以在此代勞。正因此，無人可以取消形上學，一如無人可以宣稱最
後哲學經已完成。形上學與人類精神存在相終始。謹以此念迴向悠悠
天地與古今賢哲。

　　以上，只是讀該書之所感所思。今改周濂溪詩二字借作標題，以
「序言」名之者，祈得黃教授及讀者諸君垂教云。

　　　　　　　　2013 年 9 月 6 日，吳甿寫於新亞研究所

第八章

「知行合一」與「寂感真幾」
—— 從反思判斷看知行問題的哲學意義

一、知行問題之哲學意義與地位

王陽明的「知行合一」說，實是中國哲學最廣受討論和關注的核心論題「知行關係論」之一最代表中國哲學精神之主張：知行本一。

「知行合一」之知與行，關涉的固是德性之知與行，唯德性的知與行之問題，又必涉及情性之知與行、知性之知與行，而為「人應該做甚麼？人可知甚麼？人能希望甚麼？」——「人是甚麼？」之問題 [1]，實即哲學的人學體性學之自知自明與自我實現之問題：生命存在之本然與應然，應然之已然、未然與當然之關係問題；心、意、知、物與理與性之同、異、離、合之問題；「即寂即照」與「即寂即感」，「寂感真幾」

1　康德原本提法，是以「人能夠知甚麼？」為首出之問題，牟宗三先生改以「人應該做甚麼？」為首出。今從牟先生。見牟先生著：《現象與物自身》（台北：台灣學生書局，1975 年 8 月），頁 22。

之「寂然不動，感而遂通天下之故」之問題。一部中國哲學，可說到處閃動「知行合一」之思想痕跡。以一老話說之，「知行合一」實即「工夫所至即是本體」之另一說法。

西方哲學本以「現象與本體」為中心論題，此初全屬於知性之認知問題，而似無關乎行；再而可涉及知性之行的問題，而有知識論之反省，由求知、檢證、實驗、批判，以透過現象，發現本體，而終涉及意志、情感之主體體性問題，即所謂窮智見德，如是方知本體唯在此而不在彼；此康德在十八世紀的哲學革命之成果，而仍以「知」之格物窮理，「知之為知之，不知為不知，是知也」為真理標準。由格物窮理而發現本體在此不在彼，所發現者已從知性主體轉向實踐主體，攝知性於實踐主體，主體即是本體。由此，康德遂有其「理性所提之道德法則如何可能是實踐的？」「人的認知機能與意欲機能依何原則而得以統一？」「只能在自然中且在與自然法則相諧和中實現理性所提之終極目的如何是可能的？」等問題，而徹底涉及知、情、意之知行關係辯證。後有黑格爾的「精神之在其自己與對其自己」、「思維與存在的同一性」、「道德理性與歷史判斷」之綜合哲學，再有存在主義者之「這個人」之唯我論；皆可視為西方近代哲學中的「知行合一」論。唯西方哲學無工夫論問題，故知其知行合一論並無實證。

本文欲借康德《判斷力之批判》所擬的「理性目的與自然法則依判斷力所提之合目的性原則可得到統一」這一說法，亦即視康德之第一批判為「知性知行境之批判」，第二批判為「德性知行境之批判」，第三批判為「知性知行境與德性知行境之知行合一之批判」（知行問題在康德哲學之倒映），詮釋王陽明「知行合一」說之哲學涵義，是為一從道德的目的論，說目的論的道德與目的論的存有論，以證一動態的與結構的目的論、一實踐的形上學；以及實存、實感、實證、實現這一切，以寂感真幾為其體性、體用、體相之根源之主體存有論哲學。

二、從人類知識五種存在類型，看「知行合一」

今先說人類知識的幾種存在型態（階段），並試以知行合一衡之，看其中可有知行分做兩件去做的，或總是知行合一。

（一）感性之直覺之知

純粹感性直覺（如時空之直覺形式）及感官直覺（色聲味嗅觸）之知。此有待於感性之敏銳與所作之廣度性強度性之起用，並在作用中選擇性地自身趨於強化或弱化、敏銳化或遲緩化、根深化或遺忘。故有偏於時間直覺的，有偏於空間直覺的，有偏於視感的，有偏於聽覺的，有偏於味嗅觸覺的，有特別交錯的，等等。此則感性直覺之行與感性直覺之知同步，即行即知，即知即行。此為顯行顯知之知行合一。

所謂顯行顯知，事因感性之直覺之知之知行境，屬「外延真理」之域，無論純粹形式之感性直覺（如時空。時間雖云是內在的直覺形式，以不離空間故，而可外延化），或材質之感性直覺（如色聲味嗅觸），皆可作一一對應的檢知（現代科技已將種種感性活動作量化測量並顯現之）。故曰顯行顯知。即此種知行而言，更可曰是行先知後之知行合一。

（二）知性之先驗知識之知

純理與純粹概念及合法則性原則之知（如數、範疇、邏輯）。此有待於知性之清明及純理之自我開展。此先驗知識之「知」初看似與「行」無關，惟先驗知識之浮現，須「虛壹而靜」、「心如槃水，正錯而勿動，清明在上，湛濁在下」（荀子）之工夫，排除感性、經驗、情感以至道德意識之擾動，牟先生所謂「自由無限心之自我坎陷」。知性之守住其自己，說易亦似甚易，以其所知皆先驗知識，無需動手動腳，上天下地的去做；說難亦甚艱難，以自由無限而自我坎陷、起現「清明知識」（戈特弗里德・威廉・萊布尼茨〔Gottfried Wilhelm Leibniz〕），談何容易也。此屬隱知隱行之知行合一。

所謂隱知隱行，以純理與純粹概念（如範疇）及對合法則性原則（包括邏輯、數理）之知，皆屬先驗知識，即人作為理性的存在其純粹理性自己起現起用。此先驗知識之起現，全是為人的經驗世界提供法則（「為自然立法」），而為法則性自己之知，屬自明真理，故可曰為知先行後之知行合一。

(三) 判斷力之決定性判斷之知

判斷力將前此之兩種知識，知性之先驗知識，套上感性所與之純粹直覺與感觸直覺，並借助知性之超越的統覺（根源的統覺）構作「形式 —— 內容」結構之經驗科學知識。此有待於判斷力此一特殊能力借用知性所提之合法則性原則以聯結知性與感性、普遍法則與具體事項，作綜合判斷。惟判斷力不可教不可學，只能自我訓練，反覆求證。然則此決定性判斷之知，不離決定性判斷力之行，無此判斷力之實習，訓練有素，亦無此決定判斷之知。此為隱知顯行之知行合一。

所謂隱知顯行，以決定性判斷之知，乃以先驗的知行合一之普遍之知，或由知性之先驗知識，套上感性之知行合一之統覺之知，所成之普遍的經驗的知識命題，來判斷一具體事物（我們對此具體事物之雜多經驗），以決定其之所屬。此中涉及多重知行合一，皆以隱知之知顯判斷之行。而判斷力自身，亦以自知心靈有此一判斷機能，遂行（展開以普遍之知決定具體之知之性質之判斷性實踐之自我訓練）此一心靈機能，而為判斷力自身之知行合一。是皆隱知顯行之知行合一，亦因此可曰為先隱知後顯行之知行合一。

(四) 判斷力之反思判斷之知

反思判斷力依其自律的合目的性原則，為一具體事例反省其如此存在之內在而超越之目的，並借用理性所提之終極目的性概念，以評估其當下如此存在之價值：其合或不合其內在而超越的存在目的，其

存在目的與理性所提之終極目的又是否相符？此則有待於判斷力作此特殊的反思活動之能力。康德謂此反思判斷力比決定性判斷力更為屬於天賦的特殊心能，不可學，不可教，惟有通過對具體事例的不斷反思及「求證」（純粹自證內證，「內容真理」之域），格物窮理、自我訓練這種能力。此反思判斷力之知行境，康德將之指向美學與目的論，本人這裏只直說之為合目的性原則之起現、深微化和純粹化之不斷辯證與自我強化之境。反思判斷力得到人的情感機能的配合，得以不僅在信念中，且在「知之者不如好之者，好之者不如樂之者」、「智者樂水，仁者樂山」中，令合目的性原則成為人及其所在世界一一存在之貫穿性原則。判斷力以作為此合目的性原則之提供者身分，而不得不居於「為天地立心，為生民立命」之中介者地位而時刻待命，而謂「命日降，性日成」。然則反思判斷力乃人作為萬物之靈之一最大特權。而反思判斷之知以其屬特殊之直覺之知，而得被稱為智慧。惟此反思判斷力更不是身外物，更是不可學不可教，只能親身格物窮理，通過具體事例之自我訓練，直磨至朱子所謂「吾心湛然，天理燦然，無一分着力處，亦無一分不着力處。」（《朱子語類》第十二卷）[2] 而一觸即發。此事唯是隱行隱知之知行合一。

　　所謂隱行隱知者，以反思判斷雖由一具體顯在之事物所觸發，然所有的知行卻全不會觸及騷擾此一具體之存在者，而唯是孤懸地就着此一具體之存在者依反思判斷力自我提供的目的性原則，尋思此具體存在其如此存在之目的（內在目的以至終極目的），故只能是一純內在的知行境。又，反思判斷力雖似是一人人固有的現成的心靈機能、一智的直覺，但事實是並非人人有此反思判斷力（指現實上），而個人的反思判斷亦非一成不變。是證反思判斷力是一即着純粹無目的、非功利的愉悅（或痛苦）之情，見有應當存在者存在，不應存在者亦存

2　朱熹著，黎靖德編，王星賢註解：《朱子語類》（北京：中華書局，1988 年），頁148。

在（或應當存在的不存在，不應當存在的存在）而起的不容已的根源的追問，由此一追問，逼現合目的性原則，更由純粹之情之配合，自我磨練、自我實現為一特殊之心靈機能、一智的直覺能力。此一智的直覺與生命之純粹化同步，而為合目的性原則之知與合目的性之行之合一。此亦唯是一純自我主體體性之知行境。就反思判斷力之觸發起現言，亦可曰先隱行後隱知之知行合一。

（五）理性之知與寂感真幾

　　理性為人的意欲提供「依照自由之概念而來的結果是終極目的（final end，最高善、圓善），此終極目的是應當實際存在着的（或說此終極目的之於感觸世界中之顯現是應當實際存在着的）」[3] 此一「終極目的」理念。「自由概念之結果是終極目的」意謂實踐理性所證成的自由概念，其理論結果是人之意欲之終極目的必是實現為自由。由此「終極目的」理念之提出，人學體性學及與之相應的各類型知識之說得到系統的最後說明——此系統說明之可能全繫於「自由之為人及其所在世界之終極目的」之理念：人的感性參與現象世界之起現，知性為自然立法，判斷力依自律之自然合目的性原則聯結普遍者與特殊者，反思判斷力則得到純粹情感之支持把合目的性原則強化為貫穿性之統一原則，以接合於理性所提之「成為自由之終極目的」。如是，理性非一靜態的寡頭的心靈機能之名，而是王陽明所謂的「理、性、心、意、知、物」之理性。理性之知，即「理一而已。以其理之凝聚而言，則謂之性。以其凝聚之主宰而言，則謂之心。以其主宰之發動而言，則謂之意。以其發動之明覺而言，則謂之知。以其明覺之感應而言，則謂之物」[4]之「理一而已」之知。理一者，生命存在之終極目的乃成為自由、成為

3　康德撰，牟宗三譯註：《判斷力之批判》上冊（台北：台灣學生書局，1992 年），頁 154。

4　王守仁：《傳習錄》第二卷，〈答羅整庵少宰書〉，收入《王陽明全集》（上海：上海古籍出版社，1992 年 12 月）上冊，頁 76-77。

目的者也，並因實現為自由，證成終極目的，轉過來證成合目的性原則，證成判斷力所供出的自然物有一「超感性的基體」，而理性因着其實踐法則先驗地給此「超感性的基體」以決定，決定之為欲望機能所愉悅之合目的性之存在：實現自由。從而證成自然界之合法則性與自由界之合目的性之貫通，「理一而已」。王陽明即此說「致良知」、說「知行合一」。以知行合一故，此理性之知是否如其為理性之知？知體明覺之知？亦有待於「理、性、心、意、知、物」全體全用全程之一念之誠，《中庸》曰：「誠者物之終始，不誠無物」。「誠則形，形則著，著則明，明則動，動則變，變則化。唯天下至誠為能化。」（化 —— becoming process）宋儒周濂溪說易：「寂然不動者寂也，感而遂通者神也。」（《通書 · 聖第四》）「動而無靜，靜而無動，物也。動而無動，靜而無靜，神也。動而無動，靜而無靜，非不動不靜也。物則不通，神妙萬物。」（《通書》〈動靜〉）此一念之誠遂得稱為「寂感真幾」。此終極目的之知，既是「實踐的形上學」（「實踐的形上學」意謂其形上之知為實踐之行所證）之知，又是「實踐的實在論」（「實踐的實在論」意謂實在之知由實踐之行證成）之知，是必知行合一，是必「理一而已」。「理、性、心、意、知、物」之致良知與「和順於道德而理於義，窮理盡性以至於命」之行之合一。這全是即活動即存在，即知即行，即思即有，「先天而天弗違，後天而奉天時」，「神無方而易無體」之知行，故曰「君子之道費而隱」。是可謂極顯又可謂極隱之知行合一。程明道答問：「心如何是充擴得去底氣象？曰：天地變化，草木蕃。（問）充擴不去時如何？曰：天地閉，賢人隱。」此或是知行隱顯之本義。然則知行本一，又即寂感真幾。

所謂「可謂極顯又可謂極隱之知行合一」者，以理性為人的意欲所提供之「終極目的（最高善、圓善）是應當實際存在着的」之原則，涉及「依照自然之概念而為實踐的者」之知行境與「依照自由之概念而為實踐的者」之知行境之統一於「依照圓善之極終目的之概念而為實踐的者」之知行合一。「依照自然之概念而為實踐的者」之知行，可說之為

極顯;「依照自由之概念而為實踐之者」之知行,可說之為極隱;而「依照終極目的(圓善)而為實踐的者」之知行,原是綜攝以上兩系之知行於合目的性原則之知行;故日可謂極隱又可謂極顯之知行合一。此終極目的之圓善概念之提供者,康德之所謂「理性」,依王陽明則為「理、性、心、意、知、物」之「理一而已」之「理性」,依周敦頤則為「寂然不動者誠也,感而遂通者神也。動而未形,有無之間者幾也。誠精故明,神應故妙。幾微故幽,誠神幾日聖人。」(《通書》)之「寂感真幾」。此亦見中西哲學用名之雖同而異,雖異而同之妙。而「寂感真幾」真可謂「知行本一而隱,知行合一而費」矣。

三、中國哲學中知行關係論之各義

先從王陽明之前,中國思想裏到處可見的「知行合一」說起,或可助吾人對王陽明此說有相應之了解。

(一)《論語》以「知行互濟相即而本於仁」歸於「知行合一」

「我欲仁,斯仁至矣。」「智及之,仁不能守之,雖得之,必失之。」「惟仁者為能好人,能惡人。」「名之必可以言之,言之必可以行也。」「知之者不如好之者,好之者不如樂之者。」「不知言,無以知人也。」「我非生而知之者,好古,敏以求知之者也。」「民可,使由之;不可,使知之。」「視其所以,觀其所由,察其所安。」「人之過也,各於其黨。觀過斯知仁矣。」「蓋有不知而作之者,我無是也。」「吾有知乎哉?無知也。有鄙夫問於我,空空如也。我叩其兩端而竭焉。」

(二)《墨子》以「知行對當相應而本於知慮」歸於「知行合一」

「知材,知也者所以知也,而必知,若明。慮,慮也者,以其知有求也,而不必得之,若睨。知,知也者,以其知過物而能貌之,若見。智,智也者,以其知致物,而其知之者也著,若明。」

(三)《孟子》以「知行同體，相依互濟而本於性分之不容已」歸於「知行本一」

「聞一善言，見一善行，若決江河，沛然莫之能禦。」「操則存，舍則亡；出入無時，莫知其鄉。惟心之謂與？」「學問之道無他，求其放心而已矣。」「心之官則思，不思則不得也，此天之所與我者。」「人之所不學而能者，其良能也；所不慮而知者，其良知也。」「君子所性，仁義禮智根於心，其生色也，睟然見於面，盎於背，施於四體，四體不言而喻。」「我知言，我善養吾浩然之氣。」「何謂知言？曰：詖辭知其所蔽，淫辭知其所陷，邪辭知其所離，遁辭知其所窮。生於其心，害於其政。」「仁義禮智，非由外鑠我也，我固有之也，弗思耳矣。故曰求則得之，舍則失之。」「心之所同然者何也？謂理也義也。聖人先得我心之所同然耳。故理義之悅我心猶芻豢之悅我口。」

(四)《老子》以「無知而全知，無為而無不為，無以全有，守母待子」歸於「知行合一」

「不出戶，知天下。不窺牖，見天道。其出彌遠，其知彌少。是以聖人不行而知，不見而名，不為而成。」「為學日益，為道日損，損之又損，以至於無為，無為而無不為。取天下常以無事，及其有事，不足以取天下。」「是以聖人處無為之事，行不言之教。」「天下皆知美之為美，斯惡已；皆知善之為善，斯不善已。」

(五)《莊子》以「冥知以全知，齊物以全行」歸於「知行合一」

「吾惡乎知之！雖然嘗試言之。庸詎知吾所謂知之非不知邪？庸詎知吾所謂不知之非知邪？」「天地與我並生，萬物與我為一。既已為之一矣，且得有言乎？既已謂之一矣，且得無言乎？一與言為二，二與一為三。自此以往，巧曆不能得，而況其凡乎？故自無適有，以至於三，

而況自有適有乎？無適焉，因是已。」「天下大亂，賢聖不明，道德不一。天下多得一察焉以自好，譬如耳目鼻口，皆有所明，不能相通，猶百家眾技也。（……）一曲之士也。後世之學者，不幸不見天地之純，古人之大體，道術為天下裂。」

(六)《荀子》以「知統類行禮義，知行相應而壹於道」歸於「知行合一」

「君子博學而日參省乎己，則知明而行無過矣。」「不聞不若聞之，聞之不若見之，見之不若知之，知之不若行之。」「聖人知心術之患，見蔽塞之禍，故無欲，無惡，無始，無終，無近，無遠，無博，無淺，無古，無今。兼陳萬物而中縣衡焉。是故眾異不得相蔽以亂其倫也。」「農精於田而不可以為田師，賈精於市而不可以為市師，工精於器而不可以為器師。有人也，不能此三技而可使治三官，曰：精於道也，非精於物者也。精於物以物物，精於道者兼物物。故君子壹於道而以贊稽物。壹於道則正，以贊稽物則察。」「道經曰：人心之危，道心之微。危微之幾，唯明君子而後能知之。故人心譬如槃水，正錯而勿動，則湛濁在下，而清明在上，則足以見鬚眉而察理矣。」「有聖人之知者，有士君子之知者，有小人之知者，有役夫之知者。」

(七)《大學》以「知道行宜」歸於「知行合一」

「知止而後有定，定而後能靜，靜而後能安，安而後能慮，慮而後能得。物有本末，事有終始。知所先後，則近道矣。」「物格而後知至，知至而後意誠，意誠而後心正，心正而後身修，身修而後家齊，家齊而後國治，國治而後天下平。自天子以至於庶人，壹是皆以修身為本。」「是故君子無所不用其極。」「所謂誠其意者，毋自欺也。如惡惡臭，如好好色，此之謂自謙慊。故君子必慎其獨也。」

(八)《中庸》以「知天率性行中，互濟相即而本於誠」歸於「知行合一」

「天命之謂性，率性之謂道，修道之謂教。道也者，不可須臾離也，可離非道也。是故君子戒慎乎其所不睹，恐懼乎其所不聞。莫見乎隱，莫顯乎微，故君子慎其獨也。喜怒哀樂之未發，謂之中；發而皆中節，謂之和。中也者，天下之大本也；和也者，天下之達道也。致中和，天地位焉，萬物育焉。」「君子之道費而隱。夫婦之愚，可以與知焉；及其至也，雖聖人亦有所不知焉。夫婦之不肖，可以能行焉；及其至也，雖聖人亦有所不能焉。（……）君子之道，造端乎夫婦，及其至也，察乎天地。」「言顧行，行顧言，君子胡不慥慥爾！」「知、仁、勇，三者天下之達德也，所以行之者一也。 或生而知之，或學而知之，或困而知之，及其知之，一也。或安而行之，或利而行之，或勉強而行之，及其成功，一也。」「誠者，天之道也；誠之者，人之道也。誠者不勉而中，不思而得，從容中道，聖人也。誠之者，擇善而固執之者也。博學之，審問之，慎思之，明辨之，篤行之。」

(九)《易傳》以「極深研幾，知易行簡而本於寂感真幾」歸於「知行合一」

「易無思也，無為也，寂然不動，感而遂通天下之故。非天下之至神，其孰能與於此。夫易，聖人之所以極深而研幾也。唯深也，故能通天下之務；唯神也，故不疾而速，不行而至。」「夫大人者，與天地合其德，與日月合其明，與四時合其序，與鬼神合其吉凶。先天而天弗違，後天而奉天時。」「乾知太始，坤作成物。乾以易知，坤以簡能。」「蓍之德圓而神，卦之德方以智，六爻之義易以貢。聖人以此洗心，退藏於密。」「範圍天地之化而不過，曲成萬物而不遺，通乎晝夜之道而知，故神無方而易無體。」

（十）魏晉玄學之全幅人學體性學之「多重關係論」之「知行合一」

人物品鑒（形神關係、體用關係論），「才性四本」（才性關係、顯隱關係論），「言意之辨」（言意關係，語意、語境、語用之關係論，知行關係論），「聲無哀樂」（聲心關係論），「聖人體無」（有無與體無之關係論），「聖人有情」（性情關係論），「迹本論」（現象與本體關係論），「聖人可學不可學，可教不可教，可至不可至」（工夫本體關係論、學知關係論、知行關係論），「貴無」、「崇有」、「獨化」（知無、知有、知獨與行無、行有、行獨，與無、有、玄之關係之辯），多重關係而歸於「統之有宗，會之有元」之「知行本一」。

（十一）佛學之「知假證空，行權顯實」歸於「知行合一」

「不壞假名而說諸法實相。」（知假行實論）「實相一相，所謂無相，即是如相。」（知行一如論）「一念無明法性心。」（知染即淨體性空如論）「轉識成智」（轉「識體知行」成「智體知行」論），「隨緣不變，不變隨緣」（知體行用，體用互證論），「顯示正義者，依一心法有二種門。云何為二？一者心真如門，二者心生滅門。是二門各總攝一切法。」（知行迷覺一心自轉）「從無住本立一切法」（知行無住無本一如論），「應無所住而生其心」（知行無住唯心唯覺論）。

（十二）宋儒以「一心開知行，知行本於一心」歸於「知行合一」

周濂溪：「無思，本也；思通，用也。幾動於彼，誠動於此，無思而無不通為聖人。不思則不能通微，不睿則不能無不通。是則無不通生於通微，通微生於思。故思者，聖功之本而吉凶之幾也。易曰：君子見幾而作，不俟終日。又曰：知幾其神乎！」[5]（吳案：此則寂體感用，寂感真幾知行之本。）「無極而太極。太極動而生陽，動極而靜，靜而

5　周濂溪：《周子全書》第二卷，遺書下〈通書〉第九。

生陰；靜極復動，一動一靜，互為其根。」[6]（吳案：無極者，寂也；太極者，知行之本。靜者，知也；動者，行也。）張橫渠：「人病其以耳目見聞累其心而不務盡其心，故思盡其心者，必知心所從來而後能。」[7]（吳案：唯真知惟能有真行。）程明道：「知至則當至之，知終則當遂終之，須以知為本。知之深，則行之必至。無有知之而不能行者。知而不能行，只是知得淺。饑而不食烏喙，人不蹈水火，只是知。人為不善，只為不知，知至而至之。知幾之事，故可與幾；知終而終之，故可與存義。知至是致知。博學，明辨，審問，慎思，皆致知。知至之事，篤行便是終之。如始條理、終條理。因其始條理，故能終條理，猶知至即能終之。」[8]（吳案：明道此段實王陽明知行合一說之所本。）「問：『觀物察己。還因見物反求諸身否？』曰：『不必如此說。物我一理，才明彼，即曉此，合內外之道也。語其大，至天地之高厚；語其小，至一物之所以然，學者皆當理會。』又問：『致知，先求之四端如何？』曰：『求之性情，固是切於身，然一草一本皆有理，須是察。』」[9]「格物者，格，至也；物者，凡遇事皆物也，欲以窮至物理也，窮至物理無他，唯思而已矣。『思曰睿，睿作聖』，聖人亦自思而得，況於事物乎？」[10]（吳案：以上明道之言皆王陽明致良知教之所本。）

　　朱熹乃有名的知先行後而歸於知行合一論者。其云：「義理不明，如何踐履？如人行路，不見便如何行？」「萬事皆在窮理後，經不正，理不明，看他如何履踐？也只是空！」「知、行常相須，如目無足不行，足無目不見。論先後，知為先；論輕重，行為重。」[11]「致知工夫，亦只是且據所已知者，玩索推廣將去。具於心者，本無不足也。格物者，

6　同上註，〈太極圖說〉。
7　張橫渠：《張載集》（北京：中華書局，1978 年），頁 25。
8　程顥、程頤：《二程集》（北京：中華書局，1981 年），頁 164。
9　同上註，頁 193。
10　同註 5，頁 372。
11　同註 2，頁 148。

格,盡也,須是窮盡事物之理。若是窮得三兩分便是格物,須是窮盡得到十分,方是格物。」[12]「志學亦是要行,而以知為重;三十而立,亦是本於知,而以行為重。志學是知之始,不惑與知天命,耳順是知之至;三十而立是行之始,從人所求欲不逾矩是行之至。」[13](吳案:朱子所言,可見其以知先行後,知行分離而求合一為義。)

陸象山:「孟子曰:所不慮而知者,其良知也;所不學而能者,其良能也。此天之所與我者,我固有之,非由外鑠我也,故曰萬物皆備於我矣,反身而誠,樂莫大焉。此吾之本心也,所謂安宅正路者,此也;所謂廣居正位大道者,此也。古人自得之,故有其實,言理則是實理,言事則是實事,德是實德,行則實行。吾與晦翁書所謂古人質實不尚智巧,言論不詳,事實先著,知之為知之,不知為不知;所謂先知覺後知,先覺覺後覺者,以其事實覺其事實,故言即其事,事即其言。」[14](吳案:此實知實行,知行實一也。)

四、王陽明的「知行合一」與「知行本一」

王陽明的「知行合一」是這樣說的:

> 愛(案:徐愛,陽明第子)曰:古人說知行做兩個,亦是要人見個分曉。一行做知的工夫,一行做行的工夫,即工夫始有下落。先生曰:此卻失了古人宗旨也。某嘗說:知是行的主意,行是知的工夫;知是行之始,行是知之成。若會得時,只說一個知已自有行在,只說一個行已自有知在。古人所以既說一個知,又說一個行者,只為世

---

12 同上註,頁 283。
13 同註 8,頁 555。
14 陸九淵:《象山先生全集》第一卷,〈與曾宅之〉,四部叢刊本。

間有種人，懵懵懂懂的任意去做，全不解思維省察也，只是個冥行妄作，所以必說個知，方才行得是。又有一種人，茫茫蕩蕩，懸空去思索，全不肯着實躬行，也只是個揣摸影響，所以必說一個行方才知得真。此是古人不得已補偏救弊的說話。若見得這個意時，即一言而足。今人卻就將知行分作兩件去做，以為必先知了然後能行，我如今且去講習討論做知的工夫，待知得真了方去做行的工夫，故遂終身不行，亦遂終身不知。此不是小病痛，其來已非一日矣。某今說個知行合一，正是對病的藥，又不是某鑿空杜撰。知行本體原是如此。今若知得宗旨時，即說兩個，亦不妨亦只是一個；若不會宗旨，便說一個，亦濟得甚事？只是閒說話。[15]

　　王陽明這段話說的甚緊，似是有感而發。徐愛說古人分知行做兩行，一行做知的工夫，一行做行的工夫。王陽明即一邊反對把知行分作兩行，一邊又知此乃古人不得已補偏救弊的說話，只為世間有種人只懂冥行妄作，另有種人只會揣摸影響，懸空思索；故對症下藥，對不解思維省察者說個知，另對不肯着實躬行者說個行。是陽明雖承認知行似可以拆開，事實上世間確有懵懵懂懂的任意去做的人，有茫茫蕩蕩懸空揣摸的人；但陽明的意思是：凡把知行分做兩件去做，永不會有真知真行。這裏，王陽明實提出了何種知方為知，何種行方為行的「知行觀」問題。這才真是哲學家的問題。

　　由本文第二節人類知識之五類型皆須知行合一方有真知真行，回到王陽明這裏說「知是行的主意，行是知的工夫。知是行之始，行是知之成。若會得時，只說一個知已自有行在，只說一個行已自有知在」便覺無礙。然仍有一類知行，似未曾說及，此即對已往既成之知識、

15　王守仁：《傳習錄上》，收入《王陽明全集》上冊，頁 4。

歷史、學說、道統之知，作為解讀者、詮釋者是否與其所知所學知行合一？

今日人類可說無人不存身於各種已成之知行系統中，各已成之知行系統或並行不相悖，或如同陌路，或勢成水火。人如何可能知一學說即言行與之相應，知二學說又言行與之相應？又，歷代懼「以學術殺天下後世」之聲不絕，《宋元學案》第七十九卷，崔與之〈坐右銘〉有「無以嗜欲殺身，無以貨財殺子孫，無以政事殺人，無以學術殺天下後世。」[16] 是嗜欲、財利、政事為禍止於暴君苛政，學術為禍實足以殺天下後世。何以致之？是學術自身致之，或知行合一致之？然則分辨真假先知，從來是大題目、大關節所在；待知得真了方好實行。朱子當年主持白鹿洞書院說「先知後行」，孫中山說「知難行易」，說的多是此意。但王陽明說「今人卻就將知行分作兩件去做，以為必先知了然後能行。我如今且去講習討論做知的工夫，待知得真了方去做行的工夫。故遂終身不行，亦遂終身不知。此不是小病痛，其來已非一日矣。」明是沖着朱子那套居敬窮理、格物致知、先知後行說的，卻又為的何事？以今之理解，亦正為的如何分辨真假先知這個大題目大關節而說的。不過王陽明是以典範原是知行合一，學者仍該知行合一；本此宗旨，只說一個知已自有行在，只說一個行已自有知在。至於如何辨出真假，王陽明這裏沒有說，我卻可以代他說：分辨真假對錯，亦須知行合一；知行合一地求證，分明有個安與不安、忍與不忍。凡不能真正知行合一於不安、不忍、率性修道的，就還他一個假；凡半截子知行合一的，就還他半截子真半截子假。今說某個禍天下後世之學術，正是知行合一中知其何以邪僻無理至此。若無知行合一，單就名相之言衡之，以為言之成理，正是以邪知妄行殺天下。原來王陽明的本意，表面看似是重行，至少是重即知即行；其實看深一層，亦可以說是重真知，故

16 轉引自錢鍾書撰：《管錐篇》第三冊（北京：中華書局出版，1979 年 10 月），頁1133。

說「知是行的主意，行是知的工夫。知是行之始，行是知之成。」唯真知可以收到生命中，如魚飲水，冷暖自知；可言說者知言，不可言說者知意，「主意」既定，即是「行之始」，啟動生命，步步實證相應，陸象山「易簡工夫終久大」之謂。豈有離開具體事物之當機處我們直下知行合一之良知感應，而另有一至當不易之理，須我們去「知」，去襲取，去服從，而曰「行」者。凡以為須先知得個甚麼理，方去做行的工夫的人，只能在具體生活之事變之前，需要當機之道德行為時，茫然失措，仍待求一至當之法則之知，遂終無道德之行，亦終無當然之理之知。「今說個知行合一，正是對病的藥，又不是某鑿空杜撰。知行本體原是如此。」人心本來的體性體段，就在知行中，性分不容已，知行亦不容已。原只是「工夫所至即是本體」。一個工夫中分知行兩個，猶一個「工夫所至即是本體」又分「工夫」與「本體」兩個也！此即「知行本體原是一」，後為補偏救弊不得已權說為「知行合一」。是「知行合一」只是「知行本體是一」之權說，是對病的藥，對着將知行分作兩個去做的病而開的藥。說實了，知行本是一。王陽明這裏說得非常仔細：

夫理無內外，性無內外，故學無內外。講習討論未嘗非內也，反觀內省未嘗遺外也。夫謂學必資於外求，是以己性為有內外也，是義外也，用智者也。謂反觀內省為求之於內，是以己性為有內也，是有我也，自私者也。是皆不知性之無內外也。故曰精義入神以致用也，利用安身以崇德也。性之德也，合內外之道也。此可以知格物之學矣。（⋯⋯）故格物者格其心之物也，格其意之物也，格其知之物也；正心者正其物之心也，誠意者誠其物之意也，致知者致其物之知也，此豈有內外彼此之分哉？理一而已，以其理之凝聚而言則謂之性，以其主宰而言則謂之心，以其主宰之發動而言則謂之意，以其發動之明覺而言則謂之知，以其明覺之感應而言則謂之物。故就物而言謂

之格，就知而言謂之致，就意而言謂之誠，就心而言謂之
正；正者正此也，誠者誠此也，致者致此也，格者格此也，
皆所謂窮理以盡性也。天下無性外之理，無性外之物。
學之不明，皆由世之儒者認理為外，認物為外而不知義外
之說。[17]

此「理一而已」之理一，不可輕忽以為說眾理歸一理之理一，此處
「理一」，是依理說「一」，說的是：理、性、心、意、知、物，天下萬
事萬物，無一在外，無一在內之理一；既是一理貫通心、身、他、我、
天道、性命之萬事萬物之「一」，亦是「宇宙便是吾心，吾心即是宇
宙。」「宇宙內事是己分內事，己分內事是宇宙內事。」「萬物森然於方
寸之間」（以上陸象山語）之「一」，也是「無聲無臭獨知時，此是乾坤
萬有基」之寂感真幾之「一」。說到這份上，直是理無內外，性無內外，
學無內外，知無內外，行無內外，外無內外（「講習討論未嘗非內也」，
見父行孝、見兄行弟，見孺子入井行救，亦未嘗非內），內無內外（「反
觀內省未嘗遺外也」，反觀內省見父知孝自然乎？見兄知弟自然乎？見
孺子入井自然知惻隱，沛然莫之能禦乎？何嘗遺外），故曰：「精義入
神以致用也，利用安身以崇德也，合內外之道也。」說「知行合一」已
是方便說、權說，實說則「知行本一」。知是心主知，行是心主行。「格
物者格其心之物也，格其意之物也，格其知之物也」（此行不離知，行
在知行中行）；「正心者正其物之心也，誠意者誠其物之意也，致知者
致其物之知也」（此致知不離物之知，知不離行，知在行知中知）。「此
豈有內外彼此之分哉？理一而已」。說知，是說此理一之知分；說行，
是說此理一之行分；「皆所謂窮理以盡性也。天下無性外之理、無性外
之物。」更何來性外之知，何來性外之行，何來性外之知行合一。明
得此「理一分殊」之理，何謂「真知行」思過半矣。「知」者惟「理一」

---

17 同註 15，《傳習錄》第二卷，〈答羅整庵少宰書〉，頁 76-77。

之「知分」之知，「理」者「性即理」、「心即理」，「性」者「理之凝聚」，「物」（事）者「意」之所在、「明覺」之感應，「明覺」者「心」之發動者也。然則「吾有知乎哉，無知也。有鄙夫問於我，空空如也！」所有的所謂「知」，唯是一觸即發，「心、意、知、物、性、理」全體起「行」，並唯依「心、意、知、物、性、理」自身之統一原則 —— 合目的性原則，而知行合一地「知」。此知行合一地知，在康德即判斷力當機連接種種知識而統屬於實踐的問題。

知「知行合一」原是「知行本一」，則「以學術殺天下後世」者其所仗，正非「知行合一」，而是「知行不一」。由知行不一，或冥行妄作，或懸空思索，揣摸影響，全不肯回到那心意知物性理之「惟精惟一」之「一」，實體實證地看看所知所信的那套學說，其原則宗旨，於心是安是不安，是忍是不忍，而只一味的分裂知行，分裂心意知物，分裂心性情理，遂為單舉一理而廢眾理，顛倒地以德性為手段，以俗情為目的的學說所挾，而反以知行合一為法，強制凡知其言者須行其說，終至成為一假「知行合一」之名以互相脅持，而妄知妄行之「言偽而辯，心險而愎」的一種狀態。是「知行合一」有史以來從未遭遇的「正復為奇，善復為妖」之禍。然而撥亂反正，除卻返回真知行，並無他途。

> 未有知而不行者，知而不行，只是不知。聖賢教人知行，正是要復那本體。故《大學》指個真知行與人看，說：如好好色，如惡惡臭。見好色屬知，好好色屬行。只見好色時已自好了，不是見後又立個心去好。聞惡臭屬知，惡惡臭屬行，只聞惡臭時已自惡了，不是聞後別立個心去惡。[18]

18　同註 15，頁 4。

這句「故《大學》指個真知行與人看，說：如好好色，如惡惡臭。」常被引用作「知行合一」之直覺說之證。這裏其實需要有個說法。「見好色屬知，好好色屬行。」這句話若依康德的判斷力之批判的說法，意即：當一對象之表象符合我們反思判斷力所給之當機之合目的性，此表象即被判斷（見）「知」為「好色」，並當即產生愉悅之情之「好好色」之「行」。是審美判斷的「美（知）與美感（行）合一」，或說：「美即美感」與「美感即美」合一。美（好色）與美感（好好色）本是人的認知機能中之判斷力機能為人的情感提供一合目的性原則，以是否合目的來行其愉悅或不愉悅之情之同體一事，合目的性判斷（知）與情感（行）相即而一。再而可說由合目的性判斷之知與美感之行之合一，同時必引生對「美」的呈現之實踐追求：內在地則須排除一切有目的之用心，以操存一無欲無求之純淨心境；外在地則要求明覺之感應為物者（藝術物或自然物）須表現為無目的而自然合目的。此內外皆須致其工夫，而有「好好色」之行。此判斷力反思判斷之知行辯證，即美學所謂美的契機論。西方哲學沒有工夫論，康德亦不例外，故關於人如何必獲此判斷力，康德並無積極的討論，或者說，寧持一悲觀的態度。

五、從判斷力之批判看「知行本一」

值得注意的是王陽明這裏是把一審美判斷之「知行相即而一」之事例，解說其本來說德行的「知行合一」。有似由「好好色屬行」，喻程明道之「心如何是充擴得去底氣象？曰：天地變化草木蕃。」然則審美判斷之知行，與道德判斷之知行，可有同類相喻之處否？

說「知行合一」，除上說王陽明的「知行本體原是一」之外，還可想到「異時合一」（此則由知行二事異時而趨於知行合一），「異體合一」（此則是知行異體分工，再圖分工合作之知行合一），「兩行歸一」（知性主知，實踐理性主行，判斷力統合兩行以歸於合目的性原則之「一」。此則由康德哲學系統所蘊），「先知後行以歸知行合一」（此朱子

居敬窮理，孫中山先生的知難行易說），「先行後知以歸知行合一」（此經驗主義者所喜，朱子格物致知所涵）等等，諸說不一。唯「知行相即而一」最有哲學玄思意味，此又不限於審美判斷之合目的性之知與愉悅之情之行之相即而一，而實可在認知判斷之可能，道德判斷之可能，種種綜合判斷之可能之當機處，發現此知行之相即而一。既是相即而一，此則「寂感真幾」之「無聲無臭獨覺時，此是乾坤萬有基」，「寂天寞地，必有事焉」必歸於一切平平，無有精奇；以無一可外，實證唯心，唯心實證故。

今試回到康德，說一經驗知識之構成及正當地運用，亦並不允許將知行分做兩行去做。

康德認為，知識之建立，除了感性之機能（感官）、提供規律之機能（知性），以及其中種種機要之外，尚須「根源的統覺」與想像力，不僅此也，尚須一種「特殊的才能」，端賴此一特殊的才能，「知」方真成為知，「行」方真成為行（與「知」相應的行為 —— 有理性的人類的行為），這裏亦有「知行合一」之可說。今把知、行之義擴大至涵蓋一般知識之知行，看看康德如何說在知識之建立及運用中所必需的這種特殊的才能 —— 判斷力。康德在《純粹理性之批判》這樣說到作為知識活動之知行者不可缺少的一種特殊才能：

雖然知性能夠被教導，而且亦能夠被裝備之以規律，然而判斷能力卻是一特殊的才能，此特殊的才能只能被訓練（案：即通過具體事例以及實驗性測試磨練判斷力、使之敏銳之訓練），而不能被教導。判斷能力是所謂「母慧」（天賦機智）的這種特殊的質性；它的缺乏，沒有學校能夠補救。因為雖然從他人底洞見而假借得來的好多規律實可以被供給於一受限制的知性，而且似亦實可以被接合於一受限制的知性上，然而「正當地使用這些規律」之能力卻必須屬於學習者自己；而若缺乏這樣一種天賦的才能，

則亦沒有甚麼規律，即「為此目的（「正當地使用之」之目的）而可以規定給他」的那種規律，能保證其無錯誤的使用。一醫生，一法官，或一統治者，他可有很多優異的（美好的）病理學的，法律學的，或政治學的規律在他的頭腦中〔得自由使用〕，甚至至此程度即：他可以成為一個深奧的「教授規律」的教師，可是縱然如此，他在應用這些規律上仍可很易陷於顛躓（鑄成錯誤）。因為，雖然他在知解上是可欽佩的，然而他仍可缺乏天賦的判斷力。他可以了解抽象的普遍者，但卻不能夠去鑒別一個具體的事例是否可處在此普遍者之下。或不然，相反，錯誤亦可由於「他之未曾通過事例以及實際的行動為此特殊的判斷活動接受適量的訓練」而致成。通過事例以及實際的行動以去磨練判斷力而使之敏銳，這確然是事例之一最大的利益。可是另一方面，這些事例又常常多或少損傷了理智的洞見之正確性與準確性。因為這些事例（作為術語上之事例看）罕能充分地適合於或滿足於規律之需要或要求。此外，事例又時常足以減弱了這種努力，即「知性所需要之以獨立不依於經驗底特殊環境，依規律之普遍性，去恰當地理解規律」這種努力，而因減弱了這樣的努力，遂使我們習慣於去使用規律以為公式，而不是使用之以為原則。這樣說來，事例是判斷力底「習步車」；而那些缺乏天賦才能的人決不能廢棄之。（康德自註：缺乏判斷力正恰是普通所說的愚蠢，而對於這樣一種缺點，茲並無補救或治療法可言。一個遲鈍或狹隘的人〔對於這種人除適當程度的知解以及適合此知解程度的概念外，再沒有甚麼是缺少的〕實可通過研究而被訓練，甚至可訓練至成為一個有學問的人。但是，由於這樣的人們通常仍缺乏判斷力，所以去碰見這樣的有學問的人，即「他們在應用他們的科學知識中

表露出那決不能被補救的根本缺點」這樣的有學問的人，
這並非是不常見的事。）[19]

　　康德在第一批判的這一大段話罕有地不掩其譏諷之情指陳那種
「有學問的人」：一醫生、一法官，或一統治者，他可以有很多很優異
的病理學的、法律學的，或政治學的規律、法則在他的腦海浮現，他
甚至可以是一個深奧的教授規律的教師，他在知解上令人欽佩，他可
以了解抽象的普遍者，然而由於他缺乏「天賦的判斷力」這一特殊的才
能，這一「母慧」（天生的智慧），他不能夠去鑒別、判斷一個具體事例
是否可處於一普遍規律之下。最後，這等有學問的人，其知行表現只
配被評為愚蠢。到學會熟習了對具體事例之判斷矣，而這等事例又罕
能充分適合於普遍性之要求，反過來以為須降低普遍性原則之標準，
遂使「知性所需要之以獨立不依於經驗底特殊環境，依規律之普遍性，
去恰當地理解規律」這種努力受到削弱，削弱至視使用規律為公式，
而不是視之為原則。一如靠習步車學行的人，以為習步車就是行走的
規律，遂至削弱對行走規律之為原則之理解。[20] 把特殊者思之為含在
普遍者之下之認知機能被稱為「判斷力」（決定性判斷力）。多年以後，
康德以《判斷力之批判》為名，開展其第三階段之批判：「知之知行境」
與「行之知行境」之知行合一機能之批判。

19　康德撰，牟宗三譯：《純粹理性之批判》上冊（台北：台灣學生書局，1983 年初版），
　　頁 335-337。

20　康德在另處說到：「理性顯示一雙重性的、互相抗衡或背馳 (einander
　　widersprechende) 的興趣，一方面它就類屬而感興趣於『外延』（範圍即普遍性）。
　　另一方面它就種目之雜多而感興趣於『內容』（決定性）。在前一情形中，知性多想
　　一點概括在知性底概念之下者，在後一種情形中，知性多想一點包含於其概念之中
　　者。此雙重性的興趣復亦顯現其自己於自然之研究者間思路之差異，那些『較特別
　　是思辨性格』的人，我們幾乎可以說，他們皆是敵視『異質』者，而且他們總是注視
　　於綱類之統一；另一方面，那些『較特別是經驗頭腦』的人，他們又經常不停止地
　　努力於依這樣雜多的樣式，就如幾乎要去滅絕『能夠依照普遍原則去決定自然中之
　　現象』之希望，這樣的雜多之樣式，而去分化自然。」（見康德撰，牟宗三譯：《純粹
　　理性之批判》下冊，頁 429-430。）此兩種型態皆可視為不能形成健全知識者。

如果普遍者（規律、原則，或法則）是給予了的，則「把特殊者歸屬於此普遍者之下」的那判斷力便是決定性的判斷力。縱使這樣的一種判斷力是超越的，而且如其為超越的，它復供給出先驗的條件，只有和這些先驗條件相符合，「歸屬於那普遍者之下」之歸屬始能被作成，縱使是如此云云，那判斷力仍是決定性的判斷力。但是，如果只是特殊者是給予了的，而普遍者則須為此給予了的特殊者而被尋覓，如是，則判斷力便只是「反省的（reflective）判斷力」。[21]

反省的判斷力，即，那「被迫使從自然中之特殊者上昇到普遍者」這樣的反省的判斷力，實有需於一原則。此所需之原則，反省判斷力不能把它從經驗中借得來，因為反省的判斷力所必須去作的恰就是去建立一切經驗的原則之統一於較高的（雖同樣亦是經驗的）原則之下，並因而由此去建立較高者與較低者間之系統的隸屬關係之可能性。因此，這樣一個不能由經驗借得來的超越的原則，反省的判斷力只能把它當作一個法則從其自身而給出，並且把它當作一法則給予於其自身。[22]

要言之，知性只供給抽象規律、普遍者，感性只供給具體特殊者，而邏輯（普通邏輯）只負責為知性底一切使用得到形式的規律，以便構作命題。三者各自為政，互不相涉。能夠把三者聯結以建立經驗知識者，是判斷力。判斷力既是一「歸屬某物於規律下」這種「歸屬」之機能或能力，它復憑藉一個甚麼原則，得以把某特殊具體者歸屬於其

---

21 康德撰，牟宗三譯：《判斷力之批判》上冊，（台北：台灣學生書局，1992 年），頁124。
22 同上註，頁 125。

所當歸屬之普遍者之下？人又為何需要此一特殊的才能、母慧、判斷力，去把感性所提供的具體特殊者、知性所提供的抽象規律、普遍者，加以聯結，並依邏輯所提供之形式規律，構作所謂命題、「判斷」？用佛教的話，知性及其所提供的普遍法則正是偏計所執性與遍計執，判斷力依偏計執之法則去決定具體特殊者，亦即去決定一一生死流轉之現象「是甚麼」，以完成偏計所執性之執持：判斷力即此執持之特殊功能。此佛教稱之為「執着」而要去之者，去「是甚麼」而歸於「不是甚麼」。而康德憑何超越之理由要對之再三致意，尊之為母慧、為把自己拔出愚蠢之域的特殊的天賦的才能？自是因為上天注定吾人多少備具此特殊才能，以此天賦才能之能否在各人生命中起用來區分上智下愚，智居上，愚居下者，此固是天命，亦關乎人的自我意識在其經驗知識世界之執與無執之抉擇；執有執的上智下愚，無執有無執的上智下愚。此康德與佛教之立場各異，其理由唯在此價值意識之抉擇矣。此即所謂「縱使這樣的一種判斷力是超越的，而且如其為超越的，它復供給出先驗的條件，只有和這些先驗條件相符合，『歸屬於那普遍者之下』之歸屬始能被作成，縱使是如此云云，那判斷力仍是決定性的判斷力。」換言之，決定性判斷力便是這樣一種判斷力，它雖是天賦的特殊的才能，但沒有專屬於判斷力自己的先驗的構造性原則，而惟借用知性為諸認知機能所立之合法則性原則及所提供之普遍者（如範疇、法則等），以決定某特殊者是否可處於此普遍者之下 —— 此所謂認知判斷。此外，判斷力或借用理性為欲望機能所立之終極目的及所提供之普遍者（道德法則、自律性原則），以決定某特殊者具體行為是否可處於此普遍的道德法則之下 —— 此所謂道德判斷。決定性判斷之表現為認知判斷，借用知性提供之普遍者及合法則性原則以判斷（決定）一特殊者之知識身分。這個說明沒有問題，因普遍者與特殊者同屬知識所行境。決定性判斷之表現為道德判斷，說判斷力借用理性（實踐理性）所提之普遍的道德法則及實踐之終極目的，以判斷（決定）一具體行為之道德價值。此說卻大有問題，因這裏的普遍者與特殊者（行為）

分屬兩界：道德法則、終極目的屬智思界、自由界，具體行為則屬經
驗界、自然界。如何可把一自然界之事物歸屬於自由概念之下？曰：
但當此屬自然界之行為被認為具有內在目的 —— 亦即直接關係於此行
為者之心靈機能之「自律性」（「一般說的諸心靈機能，視之為高級的機
能，即視之為『含有一自律性』的機能者。」[23]），其實踐理性為其欲望
所決定之終極目的，以及判斷力為其情感所提供之合目的性原則 ——
能綜合服從此諸原則而有之行為，可同時關連於兩界。此具體行為遂
既有外顯之自然界物性之一面，又有其內蘊之自由意志之抉擇（欲望
機能之是否服從其理性所決定之實踐的終極目的）之一面，而為一獨
一無二之「事件」—— 這時，一經驗界之事物（行為）不僅為一經驗界
之事物而同時是一「物自身」（事物之呈現為經驗界之事物之具體同一
性之超越根據：「超感性的基體」），此「超感性的基體」／「物自身」之
為智思物遂可隸屬於自由概念之下，判斷力依終極目的及合目的性原
則，可對之作決定性之判斷。

六、寂感真幾、智的直覺與價值判斷

康德說：

> 判斷力這一機能，以其所有的「自然之一合目的性之
> 概念」，它把那「自然概念」與「自由概念」間的媒介概念
> 供給我們 —— 這一媒介概念（案：即「自然合目的性之概
> 念」）使「從純粹知解的（知性之立法）轉到純粹實踐的（理
> 性之立法）」為可能，並使「從依照自然之概念而有的合法
> 則性轉到依照自由之概念而有的終極目的」為可能。因為
> 通過那媒介概念，我們認識了那「只能在自然中且在與自

---

23 同註 21，頁 155。

然之法則相諧和中被實現」的那終極目的之可能性。

　　知性，因着「其先驗地為自然供給法則」之可能性，它對於這事實，即「自然只能當作現象為我們所認知」這一事實供給一證明，而在其對此事供給一證明中，它復指點到自然有一「超感性的基體」；但此基體，知性讓其為完全不決定的。判斷力，因着其依照自然之可能的特殊法則而成的「自然之評估之先驗原則」，它供給出這「超感性的基體（即我們自身內的自然以及自身外的自然之超感性的基體）」，其所供出的這超感性的基體乃是那具有「通過理智機能而為可決定」之「可決定性」者。但理性則因着其實踐法則先驗地給此超感性的基體以「決定」。這樣，判斷力遂使從自然概念之界域轉到自由概念之界域為可能。[24]

　　康德這兩段話，可看作為其如何通過判斷力這一機能的特殊作用，為其批判哲學所割裂的各部，作系統性之連結，以完成其批判哲學之最後總結。

　　「超感性的基體」在這段話及前後文字裏，多次出現。

　　康德沒有明確說出，甚至未曾自覺這種特殊的批判哲學的終結 —— 以判斷力為連結者的哲學終結，正同時開示一不決定性：自然之「超感性的基體」，被知性決定為完全不決定，而被實踐理性作先驗決定，但最後由判斷力因着其自習而得的「自然之評估之先驗原則」，即「自然合目的性原則」，而有具體的、反省的、主觀的超越而內在的決定，決定之為「通過理智機能（intellektuell vermögen）而可決定的超感性的基體（übersinnlich substratum）」。由是，批判哲學終結於一尚待「理智機能」決定的「超感性的基體（無論我們自身的或外在自然的超感性的基體）」之「可決定性」的發現。此「超感性的基

24　同註 21，頁 154-155。

體」指的當然就是第一批判遺留的「物自身」。在這裏，本人願將此「超感性的基體」理解為一物「在其自己之同一性」。將一物「在其自己之同一性」寄託於一物其表現之現象，或其本質，都不是本人所採取的關於一物之在其自己之同一性的說明方法，特別在關於有精神性的生命體其存在的同一性之說明上。這「同一性」我意即指一存在者之「我是我」。今藉康德說「判斷力供給出這超感性的基體，其所供出的這超感性的基體乃是那具有通過理智機能而為可決定之可決定性者」，我們可直接明白「知行合一」之義，而「寂感真幾」之義亦可思過半矣。

人作為知性、理性及判斷力，三種功能之同時兼有者，更兼為自然界之成員，人注定是所有存在問題的集結者和覺察者。因此人注定是存在的意義的唯一追問者與答問者；因此人注定要為未存在尋找存在，為已存在與未存在之連結尋找存在的意義，為意義與存在之關連尋找目的，為目的與目的之貫通尋找道路，為終極目的之展現為道路而跨出每一步，超越存在、走進將來；為了成為知行者，人為自我提供目的性及以上諸理，使人生有道路，有可知，有可行，有知行合一。康德可曾意識他的批判哲學終結於此「人是甚麼？」：人的「超感性的基體」與那可對「超感性的基體」有存在之決定作用的「理智機能」之發現——換言之，理智機能工夫所至即是超感性基體之遮顯。人是注定如此存在的不幸而可貴的自我實現、自我決定的知行者。

以陽明哲學觀之，康德這個哲學終結，全屬「心、意、知、物、性、理」之事，能決定「超感性的基體」的理智機能與「超感性的基體」互為體用，體用一如，若知行之相即而一。唯王陽明之致良知學，則在康德哲學一切問題性的辯論以外以上，由心性工夫而肯定一精誠的道德意識所貫注的原始而通透的直悟的良知之天理之在。故康德所言之「可以決定超感性的基體之理智機能」與「超感性之基體」，既可依反思判斷之知行相即而一，更可依致良知學之「四有」、「四無」之教，得到道德意識所貫注而轉為創生義之「寂感真幾」。陽明弟子王龍溪有

〈致知議辯〉（與同門聶雙江辯致良知），今錄其中數段，可見其說致良
知教，全在寂感真幾，說寂感真幾若知行本體如此。

寂之一字，千古聖學之宗。感生於寂，寂不離感。捨
寂而緣感，謂之逐物；離感而守寂，謂之泥虛。夫寂者，
未發之中，先天之學也。未發之功，卻在發上用；先天之
功，卻在後天上用。（……）先天是心，後天是意。主善
是心之本體。心體本正，才正心，便已屬於意。欲正其心，
先誠其意，猶云捨了誠意，更無正心工夫可用也。

良知是寂然之體，物是所感之用，意則其寂感所乘
之機也。知之與物，無復先後可分，故曰：致知在格物。
（……）良知是天然之則。格者，正也，物猶事也，格物云
者，致此良知之天則於事事物物也。物得其則，謂之格，
非於天則之外別有一段格之之功也。（……）即寂而感行
焉，即感而寂存焉，正是合本體之工夫，無時不感，無時
不歸於寂也。（……）誠精而明，寂而疑於無也，而萬象森
然已具，無而未嘗無也；神應而妙，感而疑於有也，而本
體寂然不動，有而未嘗有也。即是為有無之間，亦何不可。
老子曰：無無。既無，湛然常寂，常寂常應，真常得性；
常應常定，常清淨矣。則足以無為有之幾，寂為感之幾，
非以寂感有無隱度其文，故命人不可致詰為幾也。（……）
良知是未發之中，良知自能知幾。非良知之外，別有介石
以為能守而後幾可見也。（……）性則理之凝聚，心則凝
聚之主宰，意則主宰之發動；知則其明覺之體，而物則應
感之用也。天下無性外之理，豈復有性外之物乎？[25]

25　王龍溪（王畿）：《王龍溪全集》第六卷，〈致知議辯〉（台北：華文書局，1960 年 5
月）。

　　洋洋灑灑，終是陽明精神流行。其中說老子曰「無無」足以無為有之幾，寂為感之幾。甚得無目的而自然合目的之義。

　　本文從中國哲學知行問題之本義，解王陽明之「知行合一」，並釋康德以判斷力終結其批判哲學之真正哲學涵義。如是「知行合一」實涉及「從自然概念之界域轉到自由概念之界域為可能」之根本問題；而現象與物自身之區分與證成，亦可在此番解說中得到重要說明。此有待另文進一步申論，雖然本人已就相關問題寫過多篇論文。

　　（2013 年 11 月 8 日，深圳大學「第十屆當代新儒學國際學術會議」發表論文。）

第九章

「寂感真幾」與「一心開二門」
── 從「一心」義之衡定說哲學之究極型態

一、哲學究極型態之三模式：
自上而下，自下而上，十字打開

　　《大乘起信論》的「一心開二門」引發牟先生關於哲學發展到究極領域，一個有普遍性的共同模型的思考。牟先生以此「一心開二門」模型，判康德哲學最後只是一認識心開一經驗世界之門，不能落實一「自由無限心」開「超絕的形上界」和「經驗實在」二門。可見牟先生借重「一心開二門」的「一心」，正是看中其「實體性的實有之意味，這一本體論的生起之架勢」。這「實體性的實有之本體論的生起」，在牟先生借用之後，再不是「意味」和「架勢」，而是如實的實體實有和生起。由此「超絕的實體實有的自由無限心」直接開「超越的形上學或道德的形上學」，間接開「經驗界」，是牟先生重構康德哲學所設想的真實的一心開二門。這是典型的自上而下的實體實有的道德的創生論，經驗界且當作為自由無限心自我坎陷所開之形下之門。

　　本人以牟先生此模型，還判《起信論》以及佛教，發現佛教系統的一心開二門其實是真如心「直接」開心真如門，「間接」開還滅中所還滅之一一染污法門（亦即成佛途中所曾經歷穿越之一一法）。說到底，其實是一心息二門，二門息於寂淨心（無心）。到圓教則是「一心覺迷自轉門」。康德的系統則是以超絕的形上界和經驗實在都已二界並在（至少在論述上已在），唯賴判斷力（包括決定性判斷與反思判斷）兩頭通地把二門（兩界）連接。何以需要連接？如何連接？康德未說明白（在康德自己當然為其哲學系統之完整，亦是為證實踐理性的優先性），此則「二門分立，等待一心」。此一心在孟子即「性分之不容已」之心。本文以存在的人（理性的存在者）無時不在實踐中，不能不統一兩界以跨出每一步，作為此統一心之自證與根據。

　　本文欲融會牟先生之道德創生論的自上而下的一本論，與康德的哲學領土上「兩界分立，等待連接」之不可知論，以及自下而上之自我超越自我實現論，綜合為一道德目的與自然目的合一的二門歸宗之系統。此即一方將牟先生的自由無限心從超絕的形上學中解放，而為由反思判斷力所提之人之所以為人之終極目的，此終極目的與反思判斷力為一「知行合一」之心；一方由自由無限之為終極目的，同時即撐開一超越的未在之目的理想界與一內在的已在的現實存在界之二門。二門分立，唯一可以將二門連接統一者，是道德實踐者，而道德實踐不能不設終極目的與自由意志，此則不能不由反思判斷以「先天而天弗違」之主觀而超越的方式直覺之。是見判斷力之為特殊的心靈機能在此目的論轉向中極具意義。判斷力（決定性判斷力與反思判斷力）在康德認為是不可學不可教似亦不可至。本文則認為以性分不容已故，不可不學不可不教且可至，唯在易教之「寂感真幾」，在「無聲無嗅獨覺時，正是乾坤萬有基」中，可得相應的領略體會而至；而寂感真幾的呈現，非求之於中國哲學本體工夫論之「知行合一」不為功。如是，本文所成的儒家「一心開二門」其模型將是（圖一）：

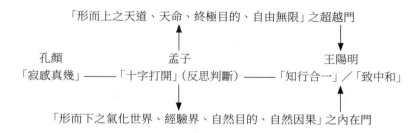

由孔顏「寂感真幾」，到孟子「十字打開」，到王陽明「知行合一」、「致良知」、「致中和」，有關之重要思想文獻有：《周易・繫辭》：「易無思也，無為也，寂然不動，感而遂通天下之故。」周敦頤《通書》〈聖〉：「寂然不動者誠也，感而遂通者神也。動而未形，有無之間者幾也。誠則故明，神應故妙，幾微故幽，誠神幾日聖人。」朱熹〈易・寂感說〉：「易曰：無思也，無為也，寂然不動，感而遂通天下之故者，何也？曰：無思無慮也，無作為也。其寂然者，無時而不感其感通者，無時而不寂也。是乃天命之全體，人心之至正，所謂體用之一源流行而不息者也。疑若不可以時處分矣，然於其未發也，見其感通之體；於已發也，見其寂然之用；亦各有當，而實未嘗分焉。故程子曰：中者，言寂然不動者也；和者，言感而遂通者也。然中和以性情言者也，寂感以心言者也。中和蓋所以為寂感也。」王陽明《傳習錄中》：「未發之中，即良知也，無前後內外，而渾然一體者也。有事無事，可以言動靜，而良知無分於有事無事也。寂然感通，可以言動靜，而良知無分於寂然感通也。動靜者，所遇之時；心之本體，固無分於動靜也。」「未發在已發之中，而已發之中，未嘗別有未發者在。已發在未發之中，而未發之中，未嘗別有已發者存。是未嘗無動靜，而不可以動靜分也。」

此模型可稱為「寂感真幾之一心應機開二門，二門歸於寂感真幾」之模型。此模型與牟先生所提之模型的最大的不同，當然是牟先生的「一心」是自上而下的超越的形上的實在實有的創生心，由此實有的形

上心開二門，其圖式應為 [1]（圖二）：

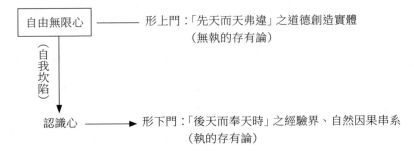

這是典型的超越的自上而下的實在實有的創生論。與此自上而下的創生論相反的，有從已在之存在入路、自下而上的自我超越論的形上學，此則非預認目的論不可。其圖式是（圖三）：

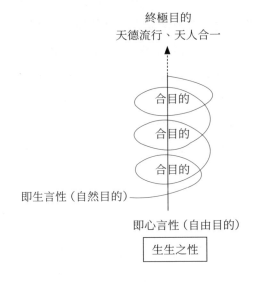

1　案：牟先生在《心體與性體》第一冊〈綜論〉部，因論及人與物之形構之理之性不相
　　同，而於道德創造之實現之回應因之有不同，作二圖示之，為：

人　　物

　　箭頭表示道德創造之性（實現之理之性），括號表示類不同之性（形構之理之性）。
　　今只取其自上而下之意。見牟宗三：《心體與性體》第一冊（台北：台灣正中書局，
　　1968 年初版，1996 年第十次印行），頁 98。

　　儒家經典中，孔子《論語》渾淪，是指點着說，一觸即發，不分遠近；孟子十字打開，極內在而極超越；易之卦爻是自下而上；中庸似是自上而下，而亦可自下而上；大學似由內而外，再由外而內。有評論謂牟宗三哲學是自上而下，唐君毅哲學是自下而上。姑勿論評論是否中肯，因是否中肯，須進一步檢察此所謂「自上而下」或「自下而上」的，到底是理、是命，還是性、是心；同是「心」又是何義之心？今只說依「一心開二門」之模型，無論是自上而下，或是自下而上，皆有「難以了知」的理論困難（詳看下文）。

　　本文今則以「寂感真幾」，「知行本一」之心為「一心」，在反思判斷中縱橫上下撐開二門（「十字打開」）。此撐開二門，非一了百了地撐開二門，乃是即寂即感，真幾呈現，動而無動，靜而無靜；即寂而感行焉，即感而寂存焉，常寂常應，真常得性；即開即合，即活動即存在地「一心開二門」。是絕對感通心「可欲之謂善，有諸己之謂信，充實之謂美，充實而有光輝之謂大」地一心充實開朗應機開二門。此則全部系統的「拱心石」不在形上之天理、天命，又不在形下之一一存在；不在一認識心，又不在立法心，亦不在一個寡頭的「自由」概念，而唯在此一「斯人千古不磨心」之「寂然不動，感而遂通天下之故」之寂感心、獨覺心。全部系統之拱心石，在寂感真幾，知行合一之自由反省中得到體認，全部系統由寂感真幾之反省心作為拱心石而建立。是此系統與生俱來不僅是一思辨理性的觀念系統，更是一個以存在的實感為根的，活動的實踐實證的創生系統，「以有心義故，一切法得成」之實證唯心論系統。圖示如前，簡化如下（圖四）：

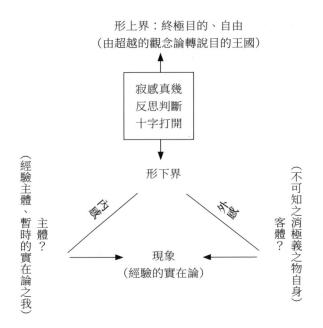

二、觀念對顯之二門，與真實存在之門

佛教唯識宗阿賴耶系統由正聞熏習，轉染污識，生出無漏清淨法，所謂「轉識成智」，本來就不容易說明白；為着把清淨法的生出說明白，即為了成佛之可能，於是發展出如來藏自性清淨心系統。既成系統矣，這先在的如來藏自性清淨心為何／如何生出生死流轉的染污法，原來更難以說明白。《勝鬘夫人經》記有「世尊！然有煩惱，有煩惱染心；自性清淨心而有染者，難可了知。」如何由阿賴耶系統講出成佛的根據（真常心，如來藏自性清淨心，佛性），很困難；反過來，由如來藏自性清淨心而有生死流轉煩惱染污之生出（不染而染），更是「難可了知」。牟宗三先生在《中國哲學十九講》說到「印順法師就把這問題看得很嚴重（註見印順所著《以佛法研究佛法》之「如來藏之研究」部）。他認為如來藏自性清淨心系統與唯識宗之阿賴耶系統，都有其自身所遭遇的困難」、「這『不染而染，染而不染』，使人糊塗不解」、「印

順認為如來藏系統要從『不染而染』來說明染污的生滅法，是不太容易而且不太可理解」[2]，可見「不染而染，染而不染」這段佛教公案，很可刺激人的思考。佛教內部飽學之士，於此亦不得不駐足。

　　先說本人在這方面的頭緒。大凡講到這種話題，本人在課堂上總是使用一種直截的言說方法來處理，如「說煩惱染污則必已預認有清淨無漏，沒有清淨無漏，何來所謂煩惱染污」。至於問如來藏自性清淨心如何可復生煩惱染污法？則曰：「是不知如來藏自性清淨心之為自性清淨心，正是不斷反照推出煩惱染污法以自清自淨，而得自證為自性清淨心；是見此如來藏自性清淨心乃即此自我清淨之作用而言自性、言心，而云自性清淨心；非有一無用之寡頭絕緣無染之性體實心，凝然不動曰如來藏自性清淨心，曰常樂我淨，曰佛性。既是即作用而言自性清淨心，則向上的不斷自我清淨不已，而向下的煩惱染污法被不斷照察推出亦不已，而有自性清淨心生起染污法之相。自性清淨無盡，染污法被照察推出亦無盡。此無盡，在本人之理解而言，是究竟無盡，即此自我清淨之無盡而言真常心無盡、佛性無盡。」在一些相類似的話題上，本人一直使用這種「觀念對顯之辯證」方法。如「說『有限』，便已預認『無限』，無無限之對顯，何來有限？」之類。以至「說『無限』，以其為無限故，必不可定限為無限，而可無限可有限，可有限而無限，無限而有限，方為無限概念之全」云云。但很快知道這種方法的限制，以其不涉真實存在故。在真實世界裏自有單是有限存在而無無限性者，自有空無限而不存在而但無限者。於是思及這種「觀念對顯之辯證」之意義唯在持觀念者欲藉此種辯證透視存在之真實，或藉此觀念對顯而同化於觀念，以達主體性之自我超越，自我實現。故近年用思於自我實現的辯證、目的性實踐的辯證。

2　牟宗三撰：《中國哲學十九講》（台北：台灣學生書局，1983 年 10 月），頁 292-293。

三、阿賴耶兩頭通二門，真如心則息二門

回到「自性清淨心而有染者，難可了知」。印順法師「認為這種難題是『難可了知』，唯有佛才能了解」，牟先生則認為「如來藏系統並沒有甚麼困難，這個難題其實也是很容易了解的，印順法師只是誇大了這個難題而已。」[3] 但牟先生卻又很認真、很不容易、很實在、很分解的對這個難題作了回應。牟先生的回應，以本人的理解，似分作三方面：

一、把這「自性清淨心而有染者」難題，放在其發生所屬的《大乘起信論》的系統性格中理解。《大乘起信論》作為典型的佛教唯真心系統，表現「一實體性的實有的意味」和「一本體論的生起的架勢」。[4] 接着這個實體性的實有的意味和本體論的生起架勢來講「一心開二門」，自然就帶上了實在論的意味。如說：「順着如來藏自性清淨心直接生出的當然是無漏清淨法，那麼它又是如何說明有漏染污的生滅法呢？由如來藏自性清淨心說明清淨法其方式是直接的方式，對於有漏染污法的生滅變化，則非直接的方式可以說明，此必須經過一個曲折、跌宕，才能說明。」[5] 也就是說不管是易是難，這個沿着本體論、實在論的生起的架勢來講的「一心開二門」，牟先生視為是哲學發展到究極領域之普遍的共同模型，然則這個困難屬於哲學發展到究極領域之系統性困難。

二、沿着這個實在論的生起的架勢，超越的自性清淨心要生出染污生滅門，這正是「難以了知」之難題所在。解決的辦法，唯有把原就甚有實在論意味的、為一一染污生滅法作存在的根源說明的阿賴耶系統拉進來，把個阿賴耶識第八識上接超越真心之「心動」，而下開生滅染污門。牟先生稱此為「阿賴耶兩頭通」。「所謂阿賴耶兩頭通，

3　同上註。
4　牟宗三撰：《佛性與般若》上冊（台北：台灣學生書局，1977 年），頁 480。
5　同註 2，頁 293-294。

乃是指阿賴耶有其超越的性格（transcendental character），亦有其內在的性格（immanent character），此即表阿賴耶具有雙重之性（double character）。楞伽經在說明如來藏時，即曾指出阿賴耶之雙重性。」[6] 這阿賴耶是否兩頭通，其實涉及前期唯識學（地論宗、攝論宗）與後期唯識學（成唯識宗）、以至後期唯識宗內部不同說法的不同。前期唯識學《瑜伽師地論》以第八識為「如來藏」；既是「自性清淨心」又是「一切虛妄法之所依處」。「前六及七，同為妄識，第八名真。」（慧遠《大乘義章》〈八識義〉）攝論宗則另立第九識「阿摩羅識（無垢識）」為清淨無漏法之根源，保留阿賴耶為一切雜染法所依。「阿羅耶（阿賴耶）識退治故，證阿摩羅識。阿摩羅識是常、是無漏法。得真如境道故，證阿摩羅識。」（《決定藏論》）總之，靠着阿賴耶系統兩頭通，總算將超越的自性清淨心如何不染而染，為一切生滅染污法之所依，給說明了。雖是給說明了，各事俱備，仍欠東風，就是自性清淨心為何要行使這個功能？難道有甚麼理由令它非得「十二緣起」、「平地起土堆」不可麼？

　　三、「無明的插入」。「我們的真心其自性本來是清靜的（不生不滅），何以又有染污（生滅）呢？這中間的曲折、跌宕是如何產生的呢？這完全是因為無明的插入，即所謂的『無明風動』所導致。因為我們的真心雖然本來清靜，但只要一昏沉，只要一念忽然不覺，隨即墮入無明。而無明是無根的，亦沒有一實體，它只是我們於忽然一念不覺時所呈現出來的一種昏沉相。」「這個問題，在康德哲學裏是很容易答覆的。依康德所說，我們的意志（will）不是神聖意志（holy will），而我們的格言（maxim）與道德法則（moral law）亦常不能相合。這是為甚麼呢？這乃是因為我們有感性（sensibility）；由於我們有感性，所以常為物欲所牽引，因而有無明，有昏沉，這即表示人是有限的存在，所以人的意志不是神聖的意志。（⋯⋯）在此，康德所說的『感性』，照

6　同註 2，頁 294。

儒家講，則是人的私欲，如王陽明所說的『隨軀殼起念』。」[7]

這三方面同時表示：

一、初即不是實在論的超越的一本論論式。《大乘起信論》確有此實體實有之意味，唯真心雖然本來清靜，但一念忽然不覺，墮入無明，「而無明是無根的，亦沒有一實體，它只是我們於忽然一念不覺時所呈現出來的一種昏沉相」。牟先生此解很符合《起信論》之「心非動性（案：非妄動之根），若無明滅（案：重現光明），相續則滅（案：生死相續還滅），智性不壞故（案：自性清淨心智性恆在）」[8]之文意。是則真如心並無生出生滅染污法，而只是被無明覆蓋，所謂「真心在纏」。而此「被無明覆蓋」、「真心在纏」云云，根本乃非客觀實在的指謂，亦即非謂有甚麼無明（黑暗）覆蓋纏繞此真如心令生出甚麼生滅染污法。故所謂「無明的插入」云云，根本只是一自觀的「一念不覺時所呈現出來的一種昏沉相」。

二、是虛說的「開二門」。本來實在論的一本論須是實說的開啟創生之論，但在佛教卻是虛說的創生、開二門。自性清淨心只有「開二門」之名，並無開二門之實。真如心直接開心真如門者，只是示一超越的清靜無染境。此超越的清靜原是自性清靜心之自我觀照，以示無明滅，相續則滅，回復清靜之境。所謂無明滅，相續則滅者，原是就現象世界一一起現並執着沾戀，而一一還滅之，回到「現象之為現象自己、不增不減，還其為現象而觀之，只是緣起、無自性、空」之謂。真如者「純粹在之在其自己」（亦即佛教義之所謂物自身）也，此看山還是山，看水還是水，實不待開而原來自在也。真如心開生滅門，不染而染者，此處把阿賴耶系統拉進來藉以說明如何可開生滅門。阿賴耶系統既有起現現象並執成我法、自陷染污的一頭，又有正聞熏習，「轉識成智」的一頭，故曰兩頭通。所謂開生滅門，只是第七識末那識

7　同註 2，頁 295。

8　本文所引《大乘起信論》文句，皆據印順撰：《大乘起信論講記》（台北：正聞出版社，1990 年 3 月，第 11 版）。

向後憑藉第八識阿賴耶識種子藏而自執為我，並向前攝取，「意之所在為物」地一一起現現象世界；實即就原在但未現為現在之「無名天地之始」之無名天地，予以意向性的吹拂，風生水起地起現為屬識之境，更計執之為有、為我有，虛妄分別，「有名萬物之母」，而謂開生滅門；其實全不涉實有實在義之創生、生起義，只涉虛妄分別與一一起執。

　　三、實在論的超越的一本論本應講實在義的創生、生成、存在，而為根源的存在之理，今佛教正要去此存在之理，轉講「存在即不存在之理」（struggle for non-being 之理）、「空理」，視存在為無明風動下的如幻如化。此如幻如化的虛幻之在，在佛教言是為一否定性環節，開啟此環節，須一無明風動之系統（若「十二緣起」）以及風平浪靜之可能之系統（若「轉識成智」，所謂阿賴耶「兩頭通」）。由自我之迷失、陷溺，再而復其光明，即此曰「迷」而復「覺」，曰「開生滅門」和「開真如門」，曰融攝阿賴耶系統於真常心，曰「是二種門皆各總攝一切法。以是二門不相離故」。這原都是很可以理解的。唯一「難以了知」的仍是由「一念忽然不覺隨即墮入無明」這「無明插入」，這無明的插入究是菩薩道的捨無明不捨眾生的「留惑潤生」，還是康德的「我們有感性（sensibility），由於我們有感性，所以常為物欲所牽引，因而有無明、有昏沉」？若是菩薩道的說法，則佛教可以在這環節講半截子「證悲」，但佛教的興趣總在「證如」，證悲只為證如、服從證如。若是康德的說法，則不能免二元論之譏。當年熊十力即曾就阿賴耶系統之種子說與真如說，提出「二重本體」之質疑（實即阿賴耶能否「兩頭通」的問題）：「建立本有種子為宇宙初因，頗近多元論，而後建立藏一切種子之賴耶識，又近神我論」、「既立種子之我矣，又轉識成智，還滅歸如；如是種子，真如，是二重本體，有無量過」、「其種子明明是萬法本原，而又說真如是萬法實體。如此，則何可避免二重本體之嫌。是乃鑄九州鐵，不足成此大錯」。[9] 無論菩薩道之「留惑潤生」，或阿賴

9　熊十力撰：《體用篇》（台北：台灣學生書局，1975 年 4 月影印本），頁 65。

耶兩頭通，或康德說的心身二元，這起信論的真如心開生滅門，不染
而染，染而不染，仍是「難可了知」。這「難可了知」一方面因為「一
心開二門」有很強的實在論的實有架勢，而這很強的實有的架勢的「一
心」卻是向後撤的、還滅的、即活動即不存在的真如心，只宜說個「一
心息二門」，或「二門息於一心」以至「息心、無門、無二無一、空如」，
不宜說一說二說有無，說「一心開二門」。

四、佛教證苦、證業、證如，不證悲：
一心迷覺自轉門

其實，在佛教開生滅門，自應從業識說、從種子說，從種子熏習
起現說，自是妄心起生滅。然既得言曰妄心起生滅、得言曰有漏皆
苦，則須預認真如心、無漏法門。若無真如心、自性清淨心、無漏法、
常樂我淨之照察，何來得言說有生滅、有苦、有染污、有漏。這是從
名相、從邏輯上講預認、先在。若從名相、邏輯上講，則須再返至名
相之有、邏輯之有之先，講唯識宗三自性之一之遍計所執性為先。此
則成為戲論（非存在的純名相邏輯之辯）。佛教當然不是停留為戲論，
故唯識講遍計所執性為三自性之一，既是依他起性之反面（否定），又
是圓成實性之得以從反之反（否定之否定），以轉識成智之實踐性環
節，而免流為戲論。此真如心、自性清淨心的先在、遍在的實在論的
實有的證明，在佛教卻是落實為藉賴「有漏皆苦」之「苦」、「諸行無
常、諸法無我」之「業」，再由苦業之求滅度來作反證的。就佛教之原
始（根本）教義言，「苦」有生命存在之感受之先在遍在之實證性，「業」
亦有生命存在之超越的所以然（充足理由）與內在的所以然（形構之
理）之相關理解之相應性聯想性。是佛教首證苦業、實證苦業，始終
所證，仍是苦業；解脫、寂滅、清淨、涅槃，是即着實證苦業而對顯
的實踐的意欲目的，實際上一根而發，實踐的實證苦業同時即實踐的
實證滅度涅槃；此外，佛教無所證明。故本人願說佛教總共只是一心

開一門，即「覺迷自轉門」。全部佛教哲學最後只證「一心覺迷自轉門」一門。本人相信此說較合《大乘起信論》說「依一心法有二種門」的原意。

《大乘起信論》開演說「顯示正義者，依一心法有二種門。云何為二？一者心真如門，二者心生滅門。」只說二門同屬一心法，一心法之心為「眾生心」即普遍心。就《起信論》之為「起信論」言，就是「信得以眾生心為本的法門」。「所言法者，謂眾生心，是心則攝一切世間法出世間法。」印順在《大乘起信論講記》中解釋說：「佛法中有一著名的金句：『心佛眾生，三無差別』。這樣說來，眾生，應該是約從凡夫到聖者，從聲聞到菩薩最後身的一切有情說。」「本論為眾生修學佛法而說，所以特揭眾生心為本。眾生心，即心真如而含得無邊的功德性，它又是生滅的雜染心，充滿着無邊過失。真常大乘者的眾生心，是不能偏重於真淨，也不可局限於妄染的！」「本論說：『一切境界，唯心妄起故有；若離於妄動，則一切境界滅，唯一真心無所不（遍）』。唯心妄起也好，唯一真心也好，一切法唯是眾生心，眾生心即是一切法體：這即是自性攝，本論的正意在此。」[10] 依印順之言，「眾生心」在《起信論》原是一兩頭通之心，是「一切法（清淨法染污法）體」。印順的解說全就「眾生心」之名，說眾生心即是「一心」，「眾生心即是一切法體，即是自性攝。」自性攝者，唯一真心性起即妄顯真之謂。印順遂判《起信論》「屬於徹底徹尾的唯心論，是絕對唯心論，這是誰也不能否認的。本論所說的『眾生心』，含攝得生起的生滅雜染，而本質是不生不滅的清淨心，所以唯心而又是真常的，與無着系的虛妄唯識學不同。」[11] 是起信論的兩頭通的眾生心，其本質是不生不滅的真常心，其存在則是「約從凡夫到聖者，從聲聞到菩薩最後身的一切有情說」的

---

10 印順撰：《大乘起信論講記》（台北：正聞出版社，1990 年 3 月，第 11 版），頁 47-51。
11 同上註，頁 14。

眾生心。「理性與事象、精神與物質，都含攝在一心 —— 眾生心裏；
這是絕對的唯心論。」印順並作圖示如下（圖五）[12]：

此一心法義到牟先生的判說則改「眾生心」為一「超越的真常心」
即「如來藏自性清淨心」：

　　大乘起信論的義理，主要是根據勝鬘夫人經以及楞伽
　經而來。因此，要了解大乘起信論的思想，可以先從這兩
　部經讀起。（……）依據這些真常經所造成的大乘起信論，
　最主要的是提出「一心開二門」的觀念，也就是先肯定有
　一超越的真常心，由此真常心再開出「真如」與「生滅」二
　門。假定我們不肯定有一超越的真常心，而只是從阿賴耶
　識來說明一切法，則我們的生命原來本有的只是阿賴耶
　識，至於清靜無漏種則是後起的，是經由後天的正聞熏習
　而成的。所以，天台宗批評唯識宗說：「那得發頭據阿賴
　耶生一切法？」（見智者大師《法華玄義》第五卷下）『那

12　同註 10，頁 22。

得』就是不得、何得的意思。因為若一開始即用阿賴耶識來說明一切法，而阿賴耶識只是妄識，則由此識心所生出的只是雜染的生死流轉法，此只能說是「一心開一門」；而關於無漏種清淨法的一門卻開不出來。（……）至於大乘起信論所提出之「心」乃是超越的真常心，此真常心是一切法的依止；所謂一切法，乃是包括生死流轉的一切法，以及清淨無漏的一切法。這一切法的兩面，都依止於如來藏自性清淨心。「依」是依靠的依，「止」就好像說「止於至善」的那個止。（……）如此一來，「一心開二門」的架構也就撐開來了，這是哲學思想上一個很重要的格局。這個格局非常有貢獻！不能只看作是佛教內的一套說法。我們可以把它視為一個公共的模型，有普遍的適用性，可以拿它來對治一個很重要的哲學問題。[13]

把《大乘起信論》說的以「眾生心」一心開二門，改為由「如來藏自性清淨心」一心開二門，這其實是個很大的轉移，牟先生當然知道他作了個很大的轉移，故首先把《勝鬘夫人經》和《楞伽經》兩部「經」拉進來，套在《起信論》之「論」之上，說「大乘起信論的義理，主要是根據勝鬘夫人經以及楞伽經而來。因此，要了解大乘起信論的思想，可以先從這兩部經談起。（……）也就是先肯定有一超越的真常心」。接着牟先生就着真常教系統性格，把這開二門之「一心」決定為「一切法的依止。（……）『依』是依舊的依，『止』就好像說『止於至善』的那個止。」但佛教究竟根本不是要建立一切法有所依止的甚麼實有的實在論、真心論者，而唯藉見性破性、逢相破相，顯一作用，以此作用、功德名為「心」，所謂空淨心。是見由真常心、自性清淨心直接開的心真如門之真如心，本義是一空淨心，以一切法繫屬於心故，說此空淨

---

13 同註 2，頁 290-291。

心為法門之體；既說之為體故，故為虛說的（虛意的）實體性的心，實即是作用的無心之心，即將實相般若所見緣生法不生不滅（無生法忍、體法空）移於心上說，而為作用的無心之心之為一法界大總相、法門體。故此說真如心、空淨心為法門之體，非謂此空淨心有實在之實體義，亦非謂此真如心有生起義、創造義、第一因義、靈魂不滅等義。相反的，此真如心、空淨心卻有即着生起、創造、第一因、靈魂不滅之念而還滅之、無之、空之之義，體法空、無生法忍之空如來藏之作用即性、即心、即真如義。康德的「智思界」云云，在《起信論》系統中，恐怕亦不能說成是「不空如來藏」之「已顯法體空無妄故，即是真心常恆不變、淨法滿足，則名不空；亦無有相可取，以離念境界，唯證相應故」（《大乘起信論》）之如實不空。不空如來藏之如實不空，是真心這個法體不空，且具足無量無漏性功德，以攝一切無自性（有漏性）的緣起法而為其體，則此真心之統攝作用之本身即有自性有自體，此無漏性功德即此真心的自性自體之體性、體用。空不空皆直就心真如之真心說。空是捨離一切計執而起之差別之相，無去虛妄心念；不空是真心這個法門體恆常不變、淨法滿足。康德原無「真心」之名義，其智思界中種種實體義之理念，依《起信論》以如來藏統攝阿賴耶系統之緣起義而言，恐怕正是來自理智（量智）之窮盡自己，計盡執盡而後所立之種種名。「智思」云云，正是計執至極，虛妄分別至極；種種「智思物」正是妄執生起，向空中取相，墮起念境。自《起信論》心真如之真心既是「一法界大總相法門體」故有空不空兩義而言「智思界」之種種理念，正是空如來藏所要空者。又以此空如來藏故，言不空如來藏，言不空如來藏具足無量無漏功德性。此不空如來藏具足無量無漏功德性，是即空如來藏之功德已顯法體空無妄故，而言空淨心、真心這個法門體不空，且淨法滿足，並非此不空如來藏自性清淨心自身另有一套功德法也。是知心真如是一切法門之體，此「體」是剋就空如性說，亦如言「以空為性」。心真如之真心就是一切法門之如性、真性、實相；唯實相一相，所謂無相。故《起信論》說心真如門云：「一切諸法唯依

妄念而有差別。若離心念，則無一切境界之相。是故一切法從本已來，離言說相，離名字相，離心緣相，畢竟平等，無有變異，不可破壞，唯是一心，故名真如。」如來藏自性清淨心之一心開真如門的結果，是撤消一切境界相、言說相、名字相、心緣相；化念還心，去妄歸淨，唯是一心，故名真如。真如即空如，一心即無心，空如來藏即不空如來藏，不空如來藏即空如來藏。到天台宗將此唯真心系統及其最有實體性的實有之意味、最有本體論的生起之態勢，一併打破，直說「從無住本立一切法」。觀真心之由何而立（從何處來）再回歸其原處，原處即《金剛經》所謂「應無所住而生其心」之依他無住。然則此唯真心之「一心開二門」之開真如門，雖初有實體性的實有之意味、本體論的生起之架勢，卻實自始未曾開出甚麼超絕的形上學之「智思界」、「智思物」之門，所開唯是即「計量妄想」而起現之一切境界相、言說相、名字相、心緣相而一一還滅之門。化念還心，化心還如，何曾容得下甚麼智思物。

　　證如者，依舊說不過是還滅實踐中主體體性、體相、體用之我執之全面歸於寂滅，不起作用，以至證如之證之法執亦歸於無證無如，故謂如如。今則以本文之語說之為：證如者乃還滅實踐中之主體體性全幅之用皆悉歸於即活動即不存在，亦即依實踐的實在論之解脫之目的，自我步步解消以至於無餘、無盡者。

五、康德二性開二門，唯欠一心；牟宗三以「自由無限心」統攝二門

　　然牟先生偏要借重這個唯真心系統（印順所謂「理性與事象、精神與物質，都含攝在一心 —— 眾生心裏；這是絕對的唯心論」）所表現有一實在論之生起的架勢的「一心開二門」的格局，來「對治」一個很重要的哲學問題。牟先生的用意究竟如何？所言「對治一個很重要的哲學問題」乃針對康德哲學遺留的其所極欲證成的「超絕的形上學」，

以人無「智的直覺」故，不能證成，此一重大哲學問題。由於無智的直覺，超絕的形上學所有的超越理念，如「上帝」、「靈魂」、「自由」、「第一因」、「無限」，徒為「智思界」之智思物，徒為「超越的觀念論」之觀念。牟先生今借起信論「一心開二門」之架構，可為康德把不能實證的「超絕的形上學」收攝繫屬於一「真心」（或曰「自由無限心」、「性智」）所開之「形上實在論」之門，與同一「真心」（或曰「性智」、「自由無限心」）間接開出之「經驗的實在論」之門，並立為二門，而為康德哲學之新說：由「自由無限心」一心開「道德的形上學」（或「超絕的形上學」）與「經驗的實在論」二門。以本人之見言之，實即在康德「超絕的形上學」發頭處先立一「真心」（自由無限心）以統御之。此則「超絕的形上學」其實再「超絕」（transcend）不起，以已被真心（自由無限心）收攝為真心所開之「道德的形上學」一門並「自我坎陷」而撐開（或曰「超越的區分」）開出與其同根之「經驗的實在論」一門。二門皆各總攝一切法，以是二門不相離故。如此一來，在康德處，可言即經驗的實在論可反證超越的觀念之可實化（實踐的實化）；超越的觀念之可實證（實踐的實證）同時即實證經驗實在。然本人此說，不免說得太快。康德必問此一「真心」來歷，則本人只能答此一真心確實有不同來歷（若儒家則以性分之不容已為其來歷。），但必為同一真心。就康德先生而言，三大批判若無一真心維繫，焉有可言者？在康德哲學，自由真心恍如一個隱蔽計劃，如何發現此真心，康德採取的是「逼現法」亦即「批判」。康德一邊預設此真心（「含有一自律性機能之自由心」）來開展其經驗的實在論和超絕的形上學之建構，一邊則以此真心既屬超絕界，超出人的認知能力（人無「智的直覺」），不能實證地建立，最後此真心（自由無限心）只能成為超越的觀念論之超越觀念及康德全部哲學建構之「拱心石」。換言之，觀念系統建構完成，只欠一相應的實證說明。牟先生遂斷之曰：「他的哲學體系只能說是『一心開一門』，他只開出感觸界的生滅門，卻沒有開出智思界的清淨門。」意謂康德的智思界只停留在智思，「智及之，仁不能守之，雖得之，必失之。」如何

令智思界不只為智及，且有仁守，牟先生直接由一道德創生心統攝之，自上而下，直接開道德本體界之清淨門，同時即為經驗界提供存在的根源的說明而開感觸界之生滅門。完成此系之一心開二門，牟先生常說的「在康德系統的百尺竿頭，再進一步。」

牟先生以自由無限心統攝康德系統，所成之一心開二門，由仁心的不容已而確立「道德創造之縱貫的骨幹 —— 豎立的宗骨」，直接開自由門，由自由無限心之自我坎陷間接開生滅門，固不可致疑，以其為實踐的實在論故。實踐的實在論，即不由思辨理性作超越的推演證實在，而由實踐證實在也。康德雖言實踐理性之優先性，但其哲學性格仍是重知，於實踐的實在論不能不有所保留，而最後止於不可知。牟先生的實踐的實在論則必扣緊逆覺體證而為言，而曰：「在一切問題性的辯論以外以上是有一個精誠的道德意識所貫注的原始而通透的直悟的。」[14] 以本文之言，逆覺體證者一個實存的生命之心靈反思其存在之根本意義目的，以省察其未存在與已存在的生命之統貫性真實性，是以一擁有反思活動的生命心靈存在於一切思辨知解之上。今以儒道釋三教反思所至之本心真心（儒家性分之不容已之仁心，道家天地與我並生而萬物與我為一之道心，佛教真如心）統攝康德哲學，是在康德所成就的經驗的實在論與超越的觀念論之源頭，立一本心真心，此本心真心實又即反思活動當下自證自立；由本心真心而一一落實康德智思界的超越觀念，直接開形上學之超越門，由真心本心之不容已而自我坎陷，開執的存有界之生滅門。在哲學論述上，對康德不能穩住的自由無限，以真心之名加以確認，以此完成保住康德這一套。所援入者唯中國三大教所實證的真心，此真心，或是實存的性分不容已的反省心、道德心，或即一切名教名理而反思、超越之之道心，或即一切苦業煩惱而反思、還滅之之真如心；亦即都是有生命實證實存之根的。這是在根源發端處與康德的不同。康德哲學發端於唯以思辨構築

14　牟宗三撰：《心體與性體》（台北：正中書局，1990 年），頁 189。

之功，剖析生命之各面相，格物窮理，終至於兩界分立，唯賴判斷力予以統一；而判斷力或只是一習得（如由習行車所習得）的連結機能，或是來自一先天的心靈機能、智的直覺，而不可教、不可學，不必至。自由只是預設，自由界與自然界之聯結，在康德最後表現在藝術。「位我上者超越理念，腳踏實地經驗世界；道德律令橫空而降，美悅之情關乎目的。」── 康德如是說。

　　牟先生則以「人應做甚麼？」為首出，即着一真實生命道德實踐之反省來組建其「一心開二門」，而為一自上而下的實在實有的道德創生論（圖示見本文第一節）。這自上而下的道德創生論的困難，一是自由無限心之存在的根源的說明，二是由自由無限心開經驗世界生滅門之「難以了知」。這二層困難，在哲學之究極領域，表現為「一心存在之有或無」之問題。

六、「一心」之有無與「存在之玄」

　　作為宗教，佛教與一切「證有」（struggle for being）的系統，如耶教、如康德、如黑格爾、如儒教，可說是在用心及實踐方向上全然相反；與道家則是貌愈合而神愈離，雖道家與佛教同屬於「證無」系統（struggle for non-being），但道家之思想底蘊實是以「無」（無執無為）護住道家之道之開放於「絕對存有之全」（全部的有與全部的無，以及有無之全部可能之全），故說「無以全有」（王弼）；而佛教於此當然不能稍同。故道家可以參與並解放儒家之道德創造以及其客觀化建制以調適上遂，而佛教終合作生命存在之自我調適和終極撤消之用。此終極撤消之用以真如心之無限故而無限（染污法依憑於真如心之察照推出，染污法自身無根無自性。以染污法無根，全憑真如心之察照顯現，真如心無限則其察照顯現之染污法亦無限）。但依原始（根本）佛教教義，生命存在之本質即生命永在欠缺中，故生命之本質即痛苦，佛教本即以此存在之實感為實證之根，由苦業之實證而反思一理想之

真常，轉而以常樂我靜為終極目的（意欲之反身向後），察照現實生命之不圓滿、欠缺，而欲超克之。在佛教，此超克之道唯是「滅」、「道」（苦集滅道之滅道），滅道者以還滅為解脫之道也，由十二緣起所示，步步還滅之也。這套說辭之關鍵，在生老病死之生命現象所觸發的不安不忍，究是即此不安不忍而發現生命內具超越目的，由此超越目的之成為目的因，為生老病死之生命注入意義價值，如賦予「生」以承傳擔當、「善始者智，善終者聖」、「繼之者善，成之者性」之價值，賦予「老」以秩序傳遞、《禮記》「鄉飲酒義」之價值，賦予「病」以警覺內斂、「病裏乾坤」之價值，賦予「死」以安息終結、「小人曰休，君子曰息」之價值，此則可成就此生老病死之正面的德性意義與文化價值，實證此生老病死唯是「天何言哉，四時行焉，百物生焉，天何言哉！」之大自然所成就的最高目的者「人」當以成為文化者、有教養者為目的，而為其在世生命自我實現之道路、道場。儒家即往這方面說道理，並即此不安不忍所成就的生命講人格世界之建立。道家則即此不安不忍而進言不安不忍於一切已成之文化、教養、人格世界之形格勢禁，故須損之又損，還原至無為，無為而無不為，齊物論逍遙遊於未成已成之間之道，而道法自然。此外，或即此不安不忍而力行「忍波羅密多」、「忍辱度無極」，一方以忍受生老病死以至八苦，為工夫之所在，而有佛門忍教之意義，同時即以此生死場為有漏、污濁，而欲根本撤消之、捨離之。故在佛教而言，心生滅門不能離心真如門，而心真如門不能離心生滅門，二門實只是一心之迷覺，淨染同體，依而復即。康德在《判斷力之批判》試圖統合兩界（二門），依本文這裏的說法，亦即試圖找出「一心」。但在康德，這「一心」不是創造心，生起心，既不是《起信論》之真如心，又不是牟宗三之自由無限心、道德心或孟子之本心，莊子之靈台心，而只是判斷心（決定性判斷力與反思判斷力），一純作用之繫屬連接之機能，由連接之成敗引發愉悅或痛苦之情，如此而已。在經驗實在論之「領土」和由自由、無限等理念佔領之「場地」（所成唯「實踐的實在論」）之外，更無屬於判斷力之領土或「場地」。判斷力只

是溝通二界（二門）之橋樑中介，一種特殊之心靈機能，純作用兩頭通地銜接了超越界與經驗界。康德不僅無意以判斷力所提之合目的性原則（含決定性判斷與反思判斷）作為「一心」來開自然界和自由界之「二門」；相反，在康德，自然界與自由界早已現存（至少在論述上，或作為經驗之對象，或作為智思之對象），唯現存但分裂，須判斷力以「自律性之合目的性原則」予以統一。

這「予以統一」究是純判斷作用的謂二界（二門）在合目的原則中相符合，抑或是王陽明致良知教「知行合一」之「心意知物」之「予以統一」？這個問題，對於康德（以及所有慣於純思辨之哲學家）而言，恐怕從未意識及之。即意識及之，在康德亦不會接受其為一涉及存在的結構性原則，不會為判斷力而發現其應有的哲學領土。但弔詭的是，康德卻以人的情感機能關涉之，如「好好色，惡惡臭」地關涉之。而人的情感機能到底只是作用於判斷力，當判斷力作為認知機能對已成之二界依「合目的性原則」作判斷，而隨之而起悅或不悅之情（當判斷謂所知符合所應，亦即現實符合目的概念，則起愉悅之情，反之則不悅）？抑或根本就是人的生命存在（知情意三分之生命存在）自我真實統一之「實現之理」中之動力因以及目的因之呈現之原則、一個主體體性自我統一之原則（由目的因統攝形式因與材質因，由形式與材質之統一於目的，說愉悅之情，而為動力因）？這都是康德遺留的問題。而人如何可享配有判斷力此一「特殊之心靈機能」？本就是康德置定為「難以了知」之哲學難題。在西方哲學自來缺少工夫論，這種涉及實踐的實在論的主體體性學之難題，康德觸及之，深刻觸及之，但最後仍是不可知，一如智的直覺之不可知。在中國哲學之慣常思想中，一個人之配有判斷力，豈可離一個人之自我實踐，當判斷力起用施加於康德分立之「自然概念的界域」與「自由概念的界域」二界時，又豈可不觸動二界？轉移二界原先之存在狀態，以及判斷者自身存在狀態？判斷者自身除悅或不悅之情外，其知、其意、其行豈可以無動於衷？而一個人原先所享有的判斷力又豈是一成不變的判斷力？其悅與不悅

之情究是伴隨合目的之判斷而來，抑或合目的之判斷跟隨愉悅之情而來？在純粹思辨中，這些問題因都涉及實踐的實在論，而不會被提出。本文今則鄭重提出之。本人有一長文曰〈存在之玄與生命美學〉（原名〈玄學與藝術生態學〉）[15] 就藝術活動（品評與創作）所涉，試說一「存在之玄」。此存在之玄，或亦可相當適用於認知活動與道德實踐，以凡屬人的文化性行為，除可轉移所在之客觀條件之外，皆必觸動人的存在主體之體性，又必在寂感真幾之目的性原則之默運中之故。

七、反思判斷之一心開二門

由「自然合目的性」作為諸認知機能之統一原則，使諸認知機能之活動得以諧和一致，此諧和一致含有愉快之根據。此說未有區分諸認知機能之不同活動因着此一自然合目的性原則而使知、情、意三分之生命存在，在一方向性之活動中得以轉動成為一具張力的統一結構；或諸認知機能已實現諧和一致，更無需在一目的性之決定中向之而趨，而唯在一無方向狀態中得以相忘同化而為一放下的超結構之統一。前者為在一方向性活動中的生命存在之各部在合目的性原則之軌約中互相隸屬、互為因果、互動互攝，而為一緊張的、兩極歸宗的動態的和結構性的合目的性之存在。後者為在一無方向狀態中的生命存在，其生命之各部在自然合目的性原則之軌約中互相隸屬、互為因果、自動互攝，而為一相忘的、放下的靜態的和自然結構的合目的性之存在。但生命存在之為生命存在，必存在在「已在」與「未在」之軌道上，為其生命存在之真實程態。在「已在」與「未在」之軌道上，意謂生命自始有向，自始有向意謂自始超越已在，向着未在。故可謂生命之本原自始即自我超越。生命之所向之未在，或是一無限之可能，或是一

15　此文刊載於許江主編：《人文生態》（杭州：中國美術學院出版社，2008 年）。今收入本書。

唯一之可能（必然）。無限之可能，意謂生命可超越任何存在，創造一新的存在。唯一之可能，意謂生命或決定服從已在之存在對生命存在的決定；或決定服從「依照自由之概念而來的結果是『終極目的』（final end）」之對生命存在的決定，為唯一的可能（必然）之生命存在。服從依照自由概念而來的「終極目的」對生命之決定，顯然須在人的主體底自然或本性中預設該目的底可能之條件，亦即須以生命之所向之未在可超越已在之存在，而實現無限可能之可能，如是自由無限與唯一必然合一。又，既謂「在已在與未在之軌道上」，即已是對生命存在之一認知之決定中之反照反省。自然生命自身本無所謂已在、未在；謂生命超越已在，即已在一軌道上（如在前後相望所形成之軌道上）並自覺在一軌道上來判斷生命。在生命存在之軌道上反觀反省生命，此反觀反省本身亦本是生命之一本質存在。此生命之自我反觀反省，與生命之自然存在以及必已在存在軌道上之生命存在，遂構成生命存在之「對其自己」、「在其自己」與「在並對其自己」之存在的辯證的生態。再者，謂生命為目的性之存在，即已在生命存在之「已在」與「未在」之軌道上反省此生命之存在，由此反省反思，即必帶出生命之終始概念、「終極目的」概念、生命存在之「自然目的」與「道德目的」、「自由目的」等概念；以至生命有向與無向、無限與有限、有限而無限、自由與必然等問題，以至所有程態、所有概念可否歸於「純依他住，並無自住」、「性空唯名」等問題。此等問題之出現，自一義言之，可以說源於以上所說之反思活動，亦即可以說源自判斷力為反思判斷所提之「合目的性先驗原則」。「目的性原則」有如一次日出，使存在被區分為目的（未在）與現實（已在），同時存在被同化、被整合為提出目的性原則者其生命心靈當下之存在。問題唯在存在如何被「目的性」區分、及如何被整合、被同化？此等問題適足構成「一心開二門」模式之重新建立。

知性只提「合法則性」，實踐理性只提「終極目的」。知性之「合法則性」應用於「自然概念之界域」，理性之「終極目的」應用於「自由概念之界域」（自由概念是就自由概念之後果而言的自由概念，意即自由

254 目的與存在 —— 實證唯心論與目的論

之實踐），兩者皆以構造原則作決定性判斷之應用，亦即「知性為自然者立法」與「理性為自由者立法」之應用。此即康德知、情、意三分之心靈機能中之「知」、「意」各自「一心開一門」所成之「哲學底區分」，區分為「二門」，即「自然底形上學」與「道德底形上學」，牟先生所謂「兩層存有論」。康德謂全部哲學基地為這兩者所籠罩。至於快與不快之情底先驗原則則由判斷力供給，此即「合目的性」原則，當其外用於自然界，但只作為諸認知機能之軌約原則而落於自然概念之項目下成為主觀的超越的自然目的論；其內用則以「合目的性」為內在之構造原則而關涉於快與不快之情，由快與不快之情引致「自然合目的性」概念以作美學判斷。自然合目的性原則遂一方作為軌約原則開出自然目的論以主觀地湊泊於「自然底形上學」，另一方面作為內在之構造原則開出目的論美學以象徵地湊泊於「道德底形上學」。判斷力（反思判斷力）以這兩頭湊泊的自然合目的性原則關涉於快與不快之情 —— 既關涉於自然目的論中諸認知機能之諧和一致所含之愉悅之情（美感），同時關涉於道德目的論之終極目的所伴隨之純理智的愉悅（道德之勝利之感）。諸認知機能之「自由活動」（遊戲）中的那自發性，使「自然合目的性之概念」成為一適宜的中介，把「自然概念之界域」與「自由概念之界域」連繫起來 —— 以由「美感」而通向「道德感」之意義方式，連繫起來。然則，是「知」開「自然概念之界域門」，「意」開「自由概念之界域門」，「情」繫二門（由反思判斷力自給一合目的性原則以湊泊於二門），如此而已，康德無意另立「一心」以開二門。「情」不能從判斷力獲得其自己之構造原則以在其所應用之領域建立藝術底形上學，「合目的性原則」並非一先驗的超越的構造原則，判斷力只是或從知性，或從理性借用原則而為判斷力之軌約原則，稱「合目的性原則」。故「情」只能虛繫憑依於二門，不能亦不應干擾二門。判斷力亦只能虛繫憑依於二門，不能開二門。亦以虛繫故，在審美判斷中，諸認知機能從決定性中解放，既不決定於概念，又不決定於無概念；既不決定於「合法則性」，又不決定於「不合法則性」；既不決定於功利目的、道

德目的，又不決定於無目的；且不決定於愉悅之情。愉悅之情並非審美判斷之決定性原則，而只是一憑依；合目的性原則之關涉於快與不快之情，正以不決定而相關涉之，相關涉之而或愉快，或不愉快，或由無情而有情，或由有情而無情。嵇康之《聲無哀樂論》早見及此。本人曾以「生命生態學美學」之名，論此不決定性當發生於本原地存活在方向性之軌道上的生命時，其如何關涉於藝術與美。

八、自然目的與道德目的之統一：
天人合一與德福一致

　　康德哲學最後似以道德的目的論統一各種哲學底區分。然而，道德目的論之「終極目的（最高善、圓善）」概念，康德只說「此『終極目的』是應當實際存在着的（或說此『終極目的』之於感觸世界中之顯現是應當實際存在着的）」，而交給實踐理性作為一超驗原則，以便判斷力憑依之以提出其「合目的性」原則。然則，「終極目的」之義涵及其論證之批判，應是康德哲學的最後批判。此最後批判之名，以「終極目的」涉及「天人合一」之義故，當稱為「哲學之宇宙性的概念之批判」。

　　康德哲學之謎，在其哲學底區分是二，人學則是知、情、意三分。知解分由知性立法，實踐分由實踐理性立法，情感分沒有獨立的構造原則為之立法，唯在需要時或依附於知性、或依附於理性，以此為兩界之連接，連接兩界於判斷力所提供給自己的主觀的軌約原則「合目的性原則」，由這主觀的、不決定的軌約原則統一各分、各領域。因無論怎樣說，人最後總須要行動，要抉擇，並因而統一決定了一切區分。說到底，人的生命存在及所在的世界總只是這麼個同一的「生命領土」，雖則在思想學理上造作過多少分裂，在人性生命中曾經遭受幾多割截，只需進入行動、進入實踐，存在只能是「一個」。現在，康德決定把這進入「整一界域」之可能交給判斷力了。判斷力非以一構造原則建立一「整一界域」，但只以一主觀的合目的性原則不決定地湊泊兩

界而觸發在破裂中超越破裂之愉悅之情以促進此湊泊或進而至於為其引導，美（美感）則為此合目的性原則之成功牽合作自我犒賞。認知與欲望間之破裂愈大，則美感之內在張力愈強，是「美」不會吝惜自己獎賜給每一個反思者。當反思者進入行動，並借用理性所提供之終極目的（圓善）為其合目的性原則之目的，則這美的獎勵即涵幸福。本人常願以美涵攝斯人之徒之所謂幸福，以取代「德福一致」中之「幸福」之概念。「幸福」之概念既不穩定，當以雖不能決定但卻有普遍必然性之「美」之概念涵攝之、取代之，則德福一致之思考，將有更嚴肅、更具必然性之開展。此義亦甚美，容後論述。由反思者進至為實踐者，原是復常，但在這「整一界域」之可能的思考上，康德總是艱難。

此康德哲學的困難，正亦可使康德的純粹哲學的超絕的形上學轉型成為超絕的但又是超越而內在的形上學之可能的理穴所在。康德原來之超絕的形上學的喪失領土，或正使出自自由概念之法則中的有關實在性，解放而為「實踐的實在論」的自由的、活動的、辯證的實在論的實在性，而為一動態的結構的目的性之實踐的實在性。「出自自由概念之法則」之為「應當之理」，以其為應當之理故，將以其未實現為存在但應當實現為存在，為應當之理之性格；且永以未實現為存在，為其呈現之條件。當其一旦實現為存在，即存在為一靜態的、或自然的結構的合目的性之存在，此已實現之應當之理為復其為應當之理須在存在中重新冒起，「命日降，性日成」而自我超越復歸為一活動的自由的結構的目的性之存在，即一實踐的實在論之即活動即存在，而永尚未實現為終極目的之存在，為此「自由概念之界域」之應當之理之呈現之條件。即此而言，康德所發現的「判斷力」之「反思判斷」，將在此道德的形上學之目的論重建中，擔負至關重要的功能。此反思判斷使我們身存的這原來同一的「經驗領土」，以心靈機能之理性的存在之「必然的興趣」（關於此「必然的興趣」，康德以「哲學的宇宙性的概念」說之，今未能及）故，必超越的開啟一「自由概念之界域」超臨於此「同一的經驗領土」，並即之而開列為兩界，在哲學言說則為康德的「超越

的觀念論」（意即不能內在化而實證實在的）與「經驗的實在論」，或牟先生所屬意的「無執的存有論」（意即超越而內在可實證實在的）與「執的存有論」二門。此即本文藉康德之判斷力之批判，所發現的「一心開二門」。又，本文願借牟先生、唐先生所論中國宋明理學之專名重解而判之為：康德的「自由概念之界域」之「自由底形上學」之理為「應當之理」，而屬「超絕的形上學」之理。康德的「自然概念之界域」中之「經驗的實在論」之理為「形構之理」，而其「自然概念之界域」中之「自然底形上學」則為廣義的「存在之理」之「內在的形上學」之理（此則依朱子部分言論）。唯理學的「存在之理」必開放予「應當之理」，而「應當之理」之為「應當」必涵「應當實現為存在」故必涵「存在之理」（此則宋明儒學之主旨，包括朱子之本義要旨）。關此，本人有一論文，以「理學目的論」之名有所觸及，開列為六點，唯所使用之語言乃理學語言為主，今重構重組改寫為以下兩段，或有助於以上「一心開二門」之有關討論之重新疏解、論說。

　　判斷力之為決定性判斷，決定一一存在是否符合普遍法則以至終極目的，突顯知性及理性主體之超越的立法地位及判斷權之施用，但全不涉及此等普遍法則及終極目的之存有論性格、或其成為存有之可能之說明。判斷力之為反思判斷，當下為一一存在逆覺其內在目的，此逆覺一一存在之內在目的，意謂為一一存在提取其存在之統一原則，亦即為一一存在如是存在之然，提供其超越之所以然，即其「存在之理」。存在之理之為存在之理，必涵存在之實現與存在之形構之理。然則反思判斷一旦有所活動，即必涉及存有與存在，涉及存在之理、實現之理與形構之理。涉及存在因而涉及存在之理，此涉及是為分析的涉及。涉及實現之理與形構之理，則為綜合的涉及，因所涉及不僅為反思之對象，更涉及反思活動者自身之存在狀態、涉及其對某一存在作反思活動亦即賦予某一存在以存在的目的性，此則不能不涉及某一存在當下之表現是否實現其自身之目的，其能否實現其自身目的又必涉及此一存在之形構之理；此種種涉及又反回來涉及作此反思

活動者其自身存在之純粹性、作為一特殊心靈機能此反思判斷自身之
品格。是見反思判斷自始根於存在,而超越存在,「仰之彌高,即之而
溫」;立足於當下,而或順取或逆覺,「瞻之在前,忽然在後」。反思活
動自身全然是一寂感真幾,既為一一存在發現其存在之內在目的,亦
即其存在之理,又即此內在目的之自我實現,言實現之理與形構之理。
即於內在目的之自我實現言實現之理與形構之理者,實即賦予一一存
在以統一原則以及充足理由,並因此為一一存在之自然因果串系帶入
不決定性。一一存在之形構之理既為目的性原則所貫穿,則一一存在
之形構之理無時不在轉化中,在趨向於整體合目的性之活動中。如是,
反思活動者與反思對象互為主客,互為目的。

　　終極目的及合目的性原理之為應當之理、實現之理,端賴人之當
下一念:「人應當成為自由者,成為目的者」並以此「成為 ── 」為目
的照臨當下之存在,而涉及存在之理與形構之理。由是,人將人存在
的目的性帶入自然世界,彷彿自然世界自己有目的性,而實在說來並
無人能證明自然世界自己有所謂目的性。故康德稱此合目的性原則只
是主觀的超越性原則,並再三強調之。本人則以此合目的性原則為一
主觀的超越性原則而再三致意,因正合本文此處之義。此合目的性原
則之目的性,與其說是大自然自己的目的性,不如直說是人賦予自己
之目的性。此超越的主觀的合目的性原則,是在人既為自然世界立法
(知識理性) 又為人的行為世界立法 (實踐理性) 之後,整一的存在被
人分裂為兩界,一為自然界,一為自由界;人須為被人之兩種 (兩層)
理性所分裂的兩界,重新歸復為統一之存在負責,而必須必然地為自
己而對世界提出一統一原則,即合目的性原則,提出之以重新建立關
於存在之系統的統一之理解,理解之即自任自命、自覺為這存在的統
一原則之建立者和這存在之合理、合目的之實踐實現者。就人之作為
特定的有限的理性的存在者而言,捨此主觀的超越的合目的性原則,
我們再無其他可能之統一原則,可以形成對自然界與自由界之統一的
理解和說明。就人之作為既有限而可無限之理性的存在者而言,此超

越的主觀性原則，正可啟動人實踐為自由主體之意識：人的生命存在既已是自然界一切條件關係的最高綜合者，人即應當將自己的生命存在實現為道德法則之立法者和實踐者，亦即成為目的者、自由意志者。藉着反思判斷力所提之合目的性原則，人同時啟動生命之兩層存有：自然與自由，並即轉動而綜合之於此合目的性原則，而不已，而有存在之迴旋。關鍵唯在一心之寂感、開合、昇降，舒之則彌綸六合，卷之則退藏於密。此所以在牟先生講「一心開二門」，建立兩層存有論之後，本人多年來總接着講「合二門於一心」，由一心而言「順之則生天生地，逆之則成聖成賢」，重建儒家目的論。

九、目的論與俱分進化論：最高善與存在的破裂

　　由是，世界存在之目的性之隱顯、染淨、強弱、高下，與反思者反思判斷力之高下、強弱、染淨、隱顯，相應實證為一動態的結構的目的性原理之不斷建立、起現、起用，「命日降，性日成」，並真實地轉移了整個存在界之存在秩序，包括自然界自然因果串系之轉變與自由界精神之自誠明。因此合目的性原則之為主觀的超越性原則，使此原則可以有觀照之運用與實踐之運用，而非客觀認知判斷之運用，以避免目的性原則被向外施設作他律的權威主義之誤用。此主觀的超越的合目的性原則之觀照觀想的運用，即成就審美判斷。審美判斷之高下，亦正反映審美者其反思判斷力自律而投射予審美對象之合目的性——實即審美者與審美對象相處相交之無目的之合目的性之高下。此主觀的超越的目的性原則之實踐的決定的運用，即成就道德性之活動。道德性活動之高下、圓不圓，亦正反映「道德判斷」（依康德言人無智的直覺，現實上可否作道德判斷實屬可疑）者其反思判斷力所借用之實踐理性所提給予行為者自己之目的——實即道德判斷者自給自處之目的之純粹性，同時即是對人類這種「理性的存在」底本質目的、人的全部天職亦即終極目的的理解之完整性之相應不相應，而為即主

觀而超主觀之合目的性之自由、自主、自律之純粹性。康德說:「本質
的目的,自其當身而言之並不就是最高目的;依理性在完整的系統統
一方面之要求而言,在這些本質的目的中,只有一個始可說為是最高
的目的。因此,本質的目的或是終極目的,或是諸隸屬目的,此等隸
屬性的目的是必然地當作工具而與那終極目的相連繫。終極目的不過
就是人底全部天職,而討論此全部天職的哲學即被名曰道德哲學。」[16]
此康德義之「天職」即「實現最高善」,亦即儒家之言「天命之謂性,率
性之謂道」之「率性」、「盡心知性知天」之「盡心」、「性分之不容已」
之「不容已」。唯康德是靜態地結構地講,儒家是動態地實踐地講。

　　然而,弔詭的是,反思判斷力所自我給予的合目的性原則及其借
用之實踐理性之目的性概念或人的天職之概念,其愈純粹、愈完整圓
滿,其呈現之「應是」之應當之理,與其所判斷之現實對象之「所是」
之存在之理,即差距愈大(如「天地不仁以萬物為芻狗」)。若更以拉
開距離,為目的性系統之終極目的、人的天職之宇宙性概念之呈現條
件和自我強化之表現,表現至極而超常/反常,在主觀的觀照活動上
遂有藝術上的所謂醜學,使合目的性原則在審美活動中徹底受挫、中
止,目的性被迫撤回孤懸為目的性自己,而自我震慄;在實踐的活動
上另有宗教上的宗教狂熱,焚燒大地。此皆將此合目的性原則之目的
性,原借用自實踐理性、本屬實踐理性為自由而提供者,屬應當之理
者,向外投射為一客觀的靜態的外在結構的目的性而權威主義化,而
不知此合目的性原則始終為一主觀的超越性之原則。主觀的超越性原
則意謂此合目的性原則只是反思判斷力自我給予之一範導性原則,以
此原則範導、軌約作反思判斷者,使即着此一一具體之存在之「是甚
麼」,反思其所相配之本質目的之「應當是甚麼」,當兩者相應,即稱
善稱美,從而維護此一一合理之具體存在。換言之,當稱善稱美,即

16　康德撰:《純粹理性之批判》,第三章〈超越的方法論〉,轉引自牟宗三撰:《現象與
　　物自身》(台北:台灣學生書局, 1975 年),頁 460。

意謂一具體存在以至一一具體存在，其存在之理中包含相應之應當之理。然若此一一具體存在出現互不相容、互相否定甚至自我否定，意謂此一一具體存在，須重新祈獲其本質目的及其所隸屬之終極目的之照臨，人則須復其「所以為純於善而無間斷之本」、「幾動於彼，誠動於此」、「敬以直內，義以方外」（理學家言），以轉動自身以至所在之現實存在，不間斷地呈現實現之理，使自身以至所處之一一具體存在共趨於各以其應當之理，為一一具體存在之存在之理。此正是朱子「理氣不雜不離」，「程子以為明理一而分殊，可謂一言以蔽之矣。」（朱子《西銘》注）之密義；亦道家「不禁其性，不塞其源」，佛教「祛病不祛法」、「事理無礙，事事無礙」之密意。陸象山言：「理只在眼前，須是事事物物不放過，磨考其理。」（《象山全集》第三十五卷〈語錄〉）後王船山言「有即事以窮理，無立理以限事。」（王夫之《張子正蒙注》〈太和篇〉註）黑格爾《法哲學原理》所說哲學活動只應即事以反省其存在之理，而非憑空立法立理，「哲學是探究理性東西的，正因此，它是了解現在的東西和現實的東西的，而不是提供某種彼岸的東西，神才知道彼岸的東西在哪裏。」[17] 亦是此義（唯黑氏又偏向歷史主義的客觀化了的歷史理性去講）。儒道釋三教之目的論、朱子理學目的論，皆是此路之目的論。此路目的論之目的，唯在當反思一具體存在者之本質目的與超越目的，必以一無目的但純於善而無間斷之本心之悅（「理義之悅我心，猶芻豢之悅我口」、「如好好色、惡惡臭」），為反思判斷之真的衡定，而止於至善（「時中」、「極高明而道中庸」），以免無窮過（極端主義）。

---

17 黑格爾撰，范揚、張企泰譯：《法哲學原理》（北京：商務印書館，1982 年），頁10。

十、目的論與理一分殊

　　凡自覺為目的者、根源的在者，必已在反思中，在理想與現實之區分之痛苦與覺悟中；凡被目的性所貫穿之理想主義者、自我超越者，以其自我超越故，必同時要求實現為在世者、倫理世界之在者、文化世界之在者，他必須與其他目的者、根源的在者、共存共享同一互為主體、互為目的之目的王國。各目的者（主體）通過各自之目的性活動，在對列、對立與殊異中，互為主體、互為目的者、自由者，從而互相正視、尊重各自目的之分殊、不同歷程處境之本質目的之分殊、超越目的與內在目的之分殊、整體目的與部分目的之分殊，即分殊而必反省這一切分殊、殊異之為殊異，正源自天地之性之根源的「一」。沒有天地之性之根源的一，沒有天道天理之一，則亦無所謂分殊，無殊異之為殊異之可言。明天地之性、目的性理之一，正所以明天下萬物萬事之殊異以及殊異之為殊異；以一天地之性之理，原就來自對一一具體存在之殊異性之反思，在反思中建立者。如是，反思判斷力連接兩界同時區分兩界。這區分當然是超越的區分、價值的區分，但同時是存有論的區分。區分兩界亦即證成兩界，證成兩界亦即兩界俱真實存在於反思活動中，不雜不離。普遍性與殊異性具體性不雜不離，目的與歷程不雜不離，整體性與個體性、個體之全部與部分不雜不離，精神與存在、未存在與已存在不雜不離。

　　理性為人的意欲提供「依照自由之概念而來的結果是終極目的（final end，最高善、圓善），此終極目的是應當實際存在着的（或說此終極目的之於感觸世界中之顯現是應當實際存在着的）。」[18] 此一「終極目的」原則。「自由概念之結果是終極目的」意謂實踐理性所證成的自由概念，其理論結果是人之意欲之終極目的必是實現為自由。由此

18　康德撰，牟宗三譯：《判斷力之批判》上冊（台北：台灣學生書局，1992 年），頁154。

「終極目的」理念之提出，人學性體學（人性論）及與之相應的各類型知識之說得到系統的最後說明——此系統說明之可能全繫於「自由之為人及其所在世界之終極目的」之理念：人的感性參與現象世界之起現，知性為自然立法，判斷力依自律之自然合目的性原則聯結普遍者與特殊者，反思判斷力則得到純粹情感之支持把合目的性原則強化為貫穿性之統一原則，以接合於理性所提之「成為自由之終極目的」。如是，理性非一靜態的寡頭的心靈機能之名，而是王陽明所謂的「理、性、心、意、知、物」之理性。理性之知，即「理一而已。以其理之凝聚而言，則謂之性。以其凝聚之主宰而言，則謂之心。以其主宰之發動而言，則謂之意。以其發動之明覺而言，則謂之知。以其明覺之感應而言，則謂之物」[19] 之「理一而已」之知。理一者，生命存在之終極目的乃成為自由、成為目的者也，並因實現為自由，證成終極目的，轉過來證成合目的性原則，證成判斷力所供出的自然物有一「超感性的基體」，而理性因着其實踐法則先驗地給此「超感性的基體」以決定，決定之為欲望機能所愉悅之合目的性之存在：實現自由。從而證成自然界之合法則性與自由界之合目的性之貫通，「理一而已」。王陽明即此說「致良知」、說「知行合一」。以知行合一故，此理性之知是否如其為理性之知？知體明覺之知？亦有待於「理、性、心、意、知、物」全體全用全程之一念之誠。《中庸》曰：「誠者物之終始，不誠無物。」「誠則形，形則著，著則明，明則動，動則變，變則化。唯天下至誠為能化（化——becoming process）」。

十一、寂感真幾與知行本一

宋儒周濂溪說《易》：「寂然不動者誠也，感而遂通者神也。」（《通

---

19 王守仁：《傳習錄》第二卷，〈答羅整庵少宰書〉，收入《王陽明全集》（上海：上海古籍出版社，1997 年 8 月），頁 76-77。

書》〈聖第四〉)「動而無靜，靜而無動，物也。動而無動，靜而無靜，神也。動而無動，靜而無靜，非不動不靜也。物則不通，神妙萬物。」(《通書》〈動靜〉) 此「理、性、心、意、知、物」一念之誠遂得稱為「寂感真幾」。此終極目的之知，既是「實踐的形上學」(「實踐的形上學」意謂其形上之知為實踐之行之方向目的、並為實踐之行所證) 之知，又是「實踐的實在論」(「實踐的實在論」意謂實在之知由實踐之行證成) 之知，是必知行合一，是必「理一而已」。「理、性、心、意、知、物」之致良知與「和順於道德而理於義，窮理盡性以至於命」之行之合一。這全是即活動即存在，即知即行，即思即有，「先天而天弗違，後天而奉天時」，「神無方而易無體」之知行，故曰「君子之道費而隱」。是可謂極顯又可謂極隱之知行合一。程明道答問：「心如何是充擴得去底氣象？曰：天地變化，草木蕃。(問) 充擴不去時如何？曰：天地閉，賢人隱。」此或是知行合一隱顯之另一本義。然則知行合一，又即寂感真幾。

王陽明說：「今人卻就將知行分作兩件去做，以為必先知了然後能行。我如今且去講習討論做知的工夫，待知得真了方去做行的工夫。故遂終身不行，亦遂終身不知。此不是小病痛，其來已非一日矣。」[20]

王陽明的本意，表面看似是重行，至少是重即知即行；其實看深一層，亦可以說是重真知 (知者在實踐中檢證的判斷力之知)，故說「知是行的主意，行是知的工夫。知是行之始，行是知之成。」[21] 唯真知可以收到生命中，如魚飲水，冷暖自知；可言說者知言，不可言說者知意，「主意」既定，即是「行之始」，啟動生命，終身實證相應，陸象山「易簡工夫終久大」之謂。豈有離開具體事物之當機處我們直下知行合一之良知感應，而另有一至當不易之理，須我們去「知」，去襲取，

20　同上註，上冊，頁 4。
21　同上註。

去服從，而曰「行」者。凡以為須先知得個甚麼理，方去做行的工夫的
人，只能在具體生活之事變之前，需要當機之道德行為時，茫然失措，
仍待求一至當之法則之知，遂終無道德之行，亦終無當然之理之知。
「今說個知行合一，正是對病的藥，又不是某鑿空杜撰。知行本體原是
如此。」[22] 人心本來的體性體段，原就在知行中，性分不容已，知行亦
不容已。原只是「工夫所至即是本體」，一個工夫中分知行兩個，猶一
個「工夫所至即是本體」又分「工夫」與「本體」兩個也！此即「知行本
體原是一」，後為補偏救弊不得已權說為「知行合一」。是「知行合一」
只是「知行本體是一」之權說，是對病的藥，對着將知行分作兩個去做
的病而開的藥。說實了，知行本是一。王陽明這裏說得非常仔細：

> 夫理無內外，性無內外，故學無內外。講習討論未嘗
> 非內也，反觀內省未嘗遺外也。夫謂學必資於外求，是以
> 己性為有內外也，是義外也，用智者也。謂反觀內省為求
> 之於內，是以己性為有內也，是有我也，自私者也。是皆
> 不知性之無內外也。故曰精義入神以致用也，利用安身
> 以崇德也。性之德也，合內外之道也。此可以知格物之
> 學矣。（……）故格物者格其心之物也，格其意之物也，
> 格其知之物也，正心者正其物之心也，誠意者誠其物之意
> 也，致知者致其物之知也，此豈有內外彼此之分哉？理一
> 而已，以其理之凝聚而言則謂之性，以其主宰而言則謂之
> 心，以其主宰之發動而言則謂之意，以其發動之明覺而言
> 則謂之知，以其明覺之感應而言則謂之物。故就物而言謂
> 之格，就知而言謂之致，就意而言謂之誠，就心而言謂之
> 正，正者正此也，誠者誠此也，致者致此也，格者格此也，
> 皆所謂窮理以盡性也。天下無性外之理，無性外之物。

---

22 同註 19。

學之不明，皆由世之儒者認理為外，認物為外而不知義外
之說。[23]

　　此「理一而已」之理一，不可輕忽以為說眾理歸一理之理一，此處
「理一」，是依理說「一」，說的是：理、性、心、意、知、物，天下萬
事萬物，無一在外，無一在內之理一；既是一理貫通心、身、他、我、
天道、性命之萬事萬物之「一」，亦是「宇宙便是吾心，吾心即是宇
宙」、「宇宙內事是己分內事，己分內事是宇宙內事」、「萬物森然於方
寸之間」（以上陸象山語）之「一」，又為「無聲無臭獨知時，此是乾坤
萬有基」之寂感真幾之「一」。說到這份上，直是理無內外，性無內外，
學無內外，知無內外，行無內外，外無內外（「講習討論未嘗非內也」，
見父行孝、見兄行弟，見孺子入井行救，亦未嘗非內），內無內外（「反
觀內省未嘗遺外也」，反觀內省見父知孝自然乎？見兄知弟自然乎？見
孺子入井知惻隱自然沛然莫之能禦乎？何嘗遺外），故曰「精義入神以
致用也，利用安身以崇德也，合內外之道也」。說「知行合一」已是方
便說、權說，實說則「知行本一」。知是心主知，行是心主行。「格物
者格其心之物也，格其意之物也，格其知之物也」（此行不離知，行在
知行中行）；「正心者正其物之心也，誠意者誠其物之意也，致知者致
其物之知也」（此致知不離物之知，知不離行，知在行知中知）。「此豈
有內外彼此之分哉？理一而已」。說知，是說此理一之知分；說行，是
說此理之一之行分，「皆所謂窮理以盡性也。天下無性外之理、無性外
之物。」更何來性外之知，何來性外之行，何來性外之知行合一。明
得此「理一分殊」之理，何謂「真知行」思過半矣。「知」者惟「理一」
而「知分」之知；「理」者「性即理」、「心即理」；「性」者「理之凝聚」；
「物」（事）者「意」之所在、「明覺」之感應；「明覺」者「心」之發動者
也。然則「吾有知乎哉，無知也。有鄙夫問於我，空空如也！」所有所

23　同註 19。

謂「知」，唯是一觸即發，「心、意、知、物、性、理」全體起「行」，並唯依「心、意、知、物、性、理」自身之統一原則 —— 合目的性原則，而知行合一地「知」。

十二、判斷力與知行合一

此「知行合一」地知，在康德，即判斷力當機連接種種知識而統屬於實踐的問題。很多人不是欠缺知識，而是喪失判斷力。

> 缺乏判斷力正恰是普通所說的愚蠢，而對於這樣一種缺點，茲並無補救或治療法可言。一個遲鈍或狹隘的人（對於這種人除適當程度的知解以及適合此知解程度的概念外，再沒有甚麼是缺少的）實可通過研究而被訓練，甚至可訓練至成為一個有學問的人。但是，由於這樣的人們通常仍缺乏判斷力，所以去碰見這樣的有學問的人，即「他們在應用他們的科學知識中表露出那決不能被補救的根本缺點」這樣的有學問的人，這並非是不常見的事。[24]

康德在第一批判有這麼一段話罕有地不掩其譏諷之情指陳那種「有學問的人」：一醫生、一法官，或一統治者，他可以有很多很優異的病理學的、法律學的，或政治學的規律、法則在他的腦海浮現，他甚至可以是一個深奧的教授規律的教師，他在知解上令人欽佩，他可以了解抽象的普遍者，然而由於他缺乏「天賦的判斷力」這一特殊的才能，這一「母慧」（天生的智慧），他不能夠去鑑別、判斷一個具體事例是否可處於一普遍規律之下。

---

24 康德撰，牟宗三譯：《純粹理性之批判》上冊（台北：台灣學生書局，1983 年），頁337。

　　判斷力或借用理性為欲望機能所立之終極目的及所提供之普遍者（道德法則、自律性原則），以決定某特殊者具體行為是否可處於此普遍的道德法則之下 —— 此所謂道德判斷。故曰道德判斷屬於決定性判斷，以理性先已提供終極目的及道德法則作為普遍者，以決定一具體行為之道德性質。決定性判斷除可以表現於道德判斷，又可以表現於認知判斷。決定性判斷之表現為認知判斷，是判斷力借用知性提供之普遍者及合法則性原則以判斷（決定）一特殊者之知識身分。決定性判斷表現於認知判斷，這個說明沒有問題，因普遍者與特殊者同屬知識所行境。決定性判斷之表現為道德判斷，說判斷力借用理性（實踐理性）所提之普遍的道德法則及實踐之終極目的，以判斷（決定）一具體行為之道德價值。此說卻大有問題，因這裏的普遍者與特殊者（行為）分屬兩界：道德法則、終極目的屬智思界、自由界，具體行為則屬經驗界、自然界。如何可把一自然界之事物歸屬於自由概念之下？曰：但當此屬自然界之行為被認為具有內在目的 —— 亦即直接關係於此行為者之心靈機能之「自律性」（「一般說的諸心靈機能，視之為高級的機能，即視之為『含有一自律性』的機能者」），其實踐理性為其欲望所決定之終極目的，以及判斷力為其情感所提供之合目的性原則 —— 能綜合服從此諸原則而有之行為，可同時關連於兩界。此具體行為遂既有外顯之自然界物性之一面，又有其內蘊之自由意志之抉擇（欲望機能之是否服從其理性所決定之實踐的終極目的）之一面，而為一獨一無二之「事件」—— 這時，一經驗界之事物（行為）不僅為一經驗界之事物而同時是一「物自身」（事物之呈現為經驗界之事物之具體同一性之超越根據：「超感性的基體」），此「超感性的基體」／「物自身」之為智思物遂可隸屬於自由概念之下，判斷力依終極目的及合目的性原則，可對之作決定性之判斷。此時之道德判斷實乃在物自身、終極目的、合目的性原則三者俱立之後（形上學的後、邏輯的後）。終極目的雖云由理性直接提供，若無「合目的性原則」之支持，則終極目的必在實踐中落空，成為不可「知行合一」地知者。而物自身之是否可自知或可被

覺知，亦必涉及反思活動，本文及本人其他論文已有詳論。故道德判斷固是一決定性判斷（此牟先生所堅持），同時必是一反思判斷（此本人所堅持）。

　　人作為知性、理性及判斷力，三種功能之一體兼有者，更兼為自然界之最高存在（可擬議為大自然之目的者），人注定是所有存在問題的集結者和覺察者。因此人注定是存在的意義的唯一追問者與答問者；因此人注定要為未存在尋找存在，為已存在與未存在之連結尋找存在的線索、存在的意義，為意義與存在之關連尋找目的，為目的與目的之貫通尋找貫通之「道」，為終極目的之展現為「道」而跨出每一步，超越存在、走進將來；為了成為知行者，人為自我提供目的性及以上諸理，使人生有道路，有可知，有可行，有知行合一。

　　陽明弟子，說「四有」、「四無」的王龍溪，在〈致知議辯〉一文雖無「一心開二門」之字句，其言創生義之「寂感真幾」，可把儒家的「一心開二門」說得圓透圓熟；待要剖開來看明白，面面切入，恰都是一心開二門。其言曰：

> 　　良知是寂然之體，物是所感之用，意則其寂感所乘之機也。（……）即是為有無之間，亦何不可。老子曰：無無。既無，湛然常寂，常寂常應，真常得性；常應常定，常清淨矣。則足以無為有之幾，寂為感之幾，非以寂感有無隱度其文，故命人不可致詰為幾也。[25]

王龍溪所說「寂感真幾」，牟先生在《圓善論》判為儒家圓教。贊曰：「四有四無方圓備，圓教有待龍谿揚。」儒家「一心開二門」之一心，發展到圓透圓熟，必是此實體實有的創生義之「寂感真幾」。唯「寂

25　王龍溪（王畿）：《王龍溪全集》第六卷，〈致知議辯〉（台北：華文書局，1960年5月）。

感真幾」之創生、生起，可以上下縱貫地說，可以內外橫攝地說，可以前後次序地說，可以亦縱亦橫、或順或逆地說，可以亦開亦合、或一或多、或有門或無門地說，亦可以說、可以不說，在言與不言之間，實證一斯人千古不磨心。本文遂以「寂感真幾」之名義，說一多維、多向而「兩極歸宗」自我實現之終極目的論，而為儒家目的論之「一心開二門」之「一心」。

（2015 年 10 月 18 日，台灣中央大學「第十一屆當代新儒學國際學術會議」發表論文。）

第十章

康德、牟宗三「物自身」問題之回顧與哲學省察

── 從「現象與物自身」到「目的與存在」

　　康德遺留的「物自身」問題乃康德哲學及其後之黑格爾哲學以至存在主義哲學發展之中心線索。牟宗三依中國哲學將「物自身」問題從以「現象與物自身」為中心，落實為「智的直覺與物自身」；本人接着康德、牟宗三之說，轉從「現象與目的性原則」、「目的與存在的同一性」說物自身，並以「反思判斷力與即活動即存在、知行合一」為中心，落實為「智的直覺與目的性原則、目的與存在」，以此思想迴旋透視「物自身」當愈有客觀義、超越義、實在義，其主觀義、內在義、同心活動義、自性義愈強之人學體性學的辯證性格；並以之為會通東西哲學之重要啟示。

一、前　言

　　牟宗三先生的哲學思想對當代乃至未來中國哲學的影響，黃振華教授集中指出有兩方面：「一是牟先生主張學習哲學必須作到『一

心開二門』，二是牟先生主張學習哲學必須講求中西哲學之會通。」[1]、
「『一心開二門』是所有哲學的共同模型，此即是說，學習哲學必須到
達『一心開二門』的境界。如果不能達到這種境界，則其情形可能有
二：一是哲學只停留在形而上的世界，而不能落實到現象世界，這樣
的哲學只是『清談』，也就是『空談』。反之，如果哲學只停留在現象
世界，而不能上達到形而上世界，則這樣的哲學只是科學，而不是哲
學。」[2]；「就第二方面來說，……如何消化西方的文化呢？牟先生有極
精闢的見解，他說：『消化康德就是消化西方。』」[3] 本人從牟先生學習
哲學，所得確如黃教授所言。今欲藉本文簡略回顧康德遺留的哲學問
題與牟先生對之所作處理，以見牟先生「一心開二門」與「中西哲學
會通」之用心與轉進之功。當然，這裏所謂回顧，只能以本人多年就
有關問題之所涉與省察所及為依據。今重檢之，亦是溫故知新，進一
步澄明本人在這方面的思想，以及欲接康德、牟宗三之說，而轉出之
新義。

二、超越的區分與存在的同一

　　康德說，世界無非就是這個世界，這「同一的『經驗領土』」。[4] 說
明康德已把西方傳統哲學裏的兩個世界再次限制在哲學言說而為哲學
言說中之世界區分。

　　　　現在，我們必須把以下所說牢記於心中，即：現象

1　黃振華：〈一位開拓中國文化新路的哲學家 —— 悼念牟宗三先生〉，收入蔡仁厚、
　楊祖漢主編《牟宗三先生紀念集》（台北：東方人文學術研究基金會，1996 年），頁
　82。
2　同上註，頁 82-83。
3　同註 1，頁 82-83。
4　原句為「知性與理性各有其不同的法權以管轄這同一的『經驗領土』。」見康德著，
　牟宗三譯註：《判斷力之批判》上冊（台北：台灣學生書局，1992 年），頁 115。

（顯現的東西之概念），如超越的攝物學中所限定的，早已
以其自身即確立了「智思物」底客觀實在性，並早已使對
象之區分為法定象（感觸物）與智思物為有理，因而亦就
是說，使世界之區分為感取世界（感觸界）與知性世界（智
思界）為有理，而這一層實在說來是依這樣式而被作成，
即：這種區別並非是只涉及我們的對於同一物底知識之
邏輯形式，即比照此知識之為分明的或不分明的而只涉及
此知識之邏輯形式（如萊布尼茨之所想），但卻是涉及「這
兩個世界所依以首先能被給予於我們的知識」的那樣式之
差別，而依照此種差別，也涉及「這兩個世界自身所依在
種類上互相區別」的那樣式。因為如果感取把某種東西
只「如其所現」而表象給我們，則此某種東西亦必須在其
自身即是一物，而且即是一「非感觸直覺」底一個對象，
即是說，是知性底一個對象，換言之，這樣一種知識必須
是可能的，即在此知識中並沒有感性，而且單只是這種知
識始有絕對地客觀的實在性。通過這種知識，對象將「如
其所是」而被表象，而在我們的知性之經驗的使用中，事
物將只「如其所現」而被知。如果情形真是如此，則以下
所說似乎必應隨之而來，即：我們不能如我們自始迄今所
已執持者而肯斷說：為我們的知性所產生的諸純粹知識
決不會是別的，不過就是現象底解釋（詮表）之原則，而
這些原則即使在它們的先驗應用中，它們也只關聯於「經
驗底形式的可能性」。反之，我們定須去承認；在範疇之
經驗的使用以外（此經驗的使用被限制於感觸的條件），
必同樣亦有一種純粹的而卻又是客觀地妥實的使用。因
為一個「完全不同於感取底領域」之領域在此必開顯給我
們，此領域是這樣一個世界，即「似是在神靈中被思想
（或甚至或許可被直覺）」的一個世界，因此，此世界對知

性而言，必是一種遠較高貴（不是較少高貴）的「默識之
對象」。[5]

　　然而，在康德哲學裏，世界無非就是這「同一的『經驗領土』」，此
義究竟是批判哲學之基始，抑或是批判哲學之終結？若此義原是批判
哲學之基始，則康德自始知道所有的區分皆屬思想的區分、哲學的區
分。若此義之為是在批判哲學的終結，則康德是以「回到存在 ——」
為其批判哲學的歸宿，而問題則成為：康德之意是回到何義之存在？
這「同一的『經驗領土』」，自「人」佔領之後，曾經遭受如何的破裂？
「人」又如何在恐懼、苦怖、絕望中選擇從這「同一的『經驗領土』」中
自我放逐？「人」又曾經在這領土上如何構築觀念殿堂，強行彌補這場
原始的破裂，以安頓生命，或滿足思想探索，一次又一次在神殿，在
鬥獸場、廟宇、教堂與黨校之間徘徊，而不肯回到根源之地。康德哲
學似兼具兩重身分：自我放逐到純粹概念之域的一場觀念運動，同時
自知自我放逐而要求再回到存在、自明自證。洞悉康德哲學此根本的
雙重性，是進入康德哲學，遍覽其摧破重建之功，而又不得其門而出，
每起如何出入於康德哲學之念時，一個重要口訣。這個口訣提示我們，
進入或走出康德哲學，須由其所作之哲學區分，以及作此區分之憑藉，
是一存有論之洞見，或只是純粹概念之分析推演，或是涉及經驗實在，
或是一實踐性概念？其作此等區分矣，又是否有綜合之之原則之提
供，以之作為其哲學之系統性線索？本人認為「物自身」問題可以成為
康德哲學之系統性線索，不僅如此，「物自身」更是康德之後，黑格爾
哲學以至後來的存在主義哲學之重要線索，而哲學家是否發現或自覺
意識繼承此線索，則成為其自定其在思想史之地位之問題。
　　重檢這條線索在本人思想中由康德到牟宗三之發展，本人在這個

5　康德著，牟宗三譯註：《純粹理性之批判》上冊（台北：台灣學生書局，1983 年），
　　頁 490-492。

發展的基礎上的接着說：由康德的批判與洞見（「物自身」曾受多方面質疑，要求取消之。牟先生則再三致意，認為是慧識洞見），所作的哲學的區分，到牟先生的證成與轉進——從以「物自身」為中心，轉為以「智的直覺」為中心；從以「現象與物自身」為中心，轉為以「智的直覺與物自身」為中心。此具見於牟先生《智的直覺與中國哲學》、《現象與物自身》二書。由康德、牟先生的洞見，本人則進一步將問題轉為以「物自身與目的性原則」為中心，再轉而為以「智的直覺與目的性原則」為中心。

　　既將「物自身」概念從存有論本體論中解放，發展為目的論的軌約性概念，則由「物自身」所觸發的這場思辨，最後歸結為問：人為何有「物自身」／「目的性」／「同一性原則」之概念？以及人如何可獲配得與此等概念相對應之認知機能（實證機能），如「智的直覺」／「反思判斷力」？則問題遂轉而為以「智的直覺與反思判斷力」為中心，再轉為以「反思判斷力與生命存在」為中心；更再轉而為以「反思判斷力即活動即存在與知行合一」為中心；亦即最後轉為以「人學體性學之性分不容已、自誠明、自明誠、自我實現」為問題之中心，成為本人二十多年來的思想路線。此則具見於本人〈「兩極歸宗」與中國哲學精神〉[6]、〈「兩極歸宗」與道德的理想主義——儒家實證唯心之辯證綜和與西方哲學之近代轉向〉[7]、〈「聖人體無」所開啟的自然目的論〉[8]、〈從道家玄學看朱子理學與儒家目的論的重建〉[9]、〈目的論與中國哲學〉[10]、〈目的與體

6　吳甿：〈「兩極歸宗」與中國哲學精神〉，《實證與唯心》上冊（香港：經要文化出版有限公司，2001 年），頁 173-185。

7　吳甿：〈「兩極歸宗」與道德的理想主義——儒家實證唯心之辯證綜和與西方哲學之近代轉向〉，《實證與唯心》上冊，頁 187-207。

8　吳甿：〈「聖人體無」所開啟的自然目的論〉，《玄理與性理》（香港：經要文化出版有限公司，2002 年），頁 213-246。

9　吳甿：〈從道家玄學看朱子理學與儒家目的論的重建〉，《玄理與性理》，頁 247-283。

10　吳甿：〈目的論與中國哲學〉，《玄理與性理》，頁 284-305。

性〉[11]、〈目的論與朱子「體用也定」「理先氣後」義之衡定〉[12]、〈反思判斷與「一心開二門」〉[13]、〈「知行合一」與「寂感真幾」〉[14]、〈寂感真幾與「一心開二門」〉[15]諸文。重檢這條路線，為今作本文之用意。以下文字，大多引自以上諸篇論文。

三、由「認識論的本體論」轉向「實踐的目的論」

以下先從康德攝所歸能，再由能證所，成為所謂「現象與物自身之區分」說起。在早年寫的〈徹底的唯心論與中西哲學會通〉中，本人這樣總結康德：

西方哲學首先表現為離「心」而在外、向外（或向上或向下）求證「宇宙本原」（本體）之趨向，而逐漸停留為在「神我二界」，或「心物之對」上言「真理」，及後則漸歸於即心之覺識覺象或觀念（心之對象）上說本體。至康德出，始根本扭轉此「離心」而在外、向外求本體之趨向，但從經驗自身之分解檢定而只肯定構成吾人經驗世界之知所必須之「超越理念」（transcendental idea），此理念由純粹知性提供，由是康德發現了某義之「心」——「認識心」，並自稱為一次哥白尼式革命。

11　吳甿：〈目的與體性〉，「第七屆當代新儒學國際學術會議」會議論文（武漢：武漢大學哲學院，2005 年 9 月），後收入於馮天瑜主編：《人文論叢・第七屆當代新儒家國際學術大會專輯》（武漢：武漢大學出版社，2006 年），頁 314-332。

12　吳甿：〈目的論與朱子「體用也定」「理先氣後」義之衡定〉，「紀念朱子誕辰 880 年武夷山朱子學高端學術會議」主題報告（武夷山：中華孔子學會、武夷山學院聯合舉辦，2010 年 10 月），後收入於王中江、李存山主編：《中國儒學》（第 7 輯）（北京：中國社會科學出版社，2012 年），頁 181-212。

13　吳甿：〈反思判斷與「一心開二門」〉，「當代新儒家與西方哲學 —— 第九屆當代新儒學國際學術會議」會議論文（香港：香港中文大學哲學系，2011 年 11 月）。

14　吳甿：〈「知行合一」與「寂感真幾」〉，收入《儒學的當代發展與未來前瞻——第十屆當代新儒學國際學術會議》會議論文集》（深圳：深圳大學國學研究所，2013 年 11 月），頁 852-865。

15　吳甿：〈寂感真幾與「一心開二門」〉，「第十一屆當代新儒學國際學術會議——紀念牟宗三先生逝世二十年」會議論文（中壢：中央大學文學院人文研究中心、儒學研究中心，2015 年 10 月）。

但這只說到一「域內之心」：「認識之主體」（經驗底形上學）。從知識論入路，由「所」（外在經驗）而逆之歸「能」（內在的經驗），開闢知識之先驗原則原理，湧現主體（先驗原則之提供者），主體即本體（域內之體）。康德確表現了與過往西方哲學向外、在外尋求本體之迥異立場。康德哲學之立場正是實證的立場，不過康德所訴求之實證不是「外在經驗」之實證，而是由「外部經驗之可能」之檢定而折返求實證於「內在的經驗」——經理性涵攝的經驗。康德從「內在的實證」建構了「內在形上學」（immanent metaphysics，或曰「經驗底形上學」——經驗可能底先驗根據），而其極欲建構的「超絕的形上學」，則因康德既不能在思辨理性中證成，而欲轉由實踐理性（理性之實踐的運用）來證成，亦即轉為由「內在」（實踐地內在，而非思辨或觀解地內在）以「道德」此一「理性的事實」去統御「內在的經驗」，亦即以實踐理性統御知解理性（知性），以「超越之應當」統御「存在」，並即着超越之「應然」建立「超越之本體」，而建立「超絕的形上學」。[16]

　　以此「超越之應然」統御「存在」，這「超越的應然」自存有論言之，固指一邏輯上先在而未實現的「有」，在經驗實存上則指一應實現之未來的「有」。這明顯地是一價值義的目的論之存有論。但康德寧選擇一種認知態度的存有論論證，亦即仍在傳統「現象與本體」問題上措思，而有「物自身」概念之提出，成為最富康德特色的一項哲學遺產，繼承者為之聚訟不已。此「物自身」雖很有客觀的、超越的意味，但吊詭的是，「物自身」愈有客觀的、超越的、實在論的意味，其自性義、自我義、同一性義、內在義、主觀義愈強。只需將「物自身」（thing in it-self）一名沉吟一遍，即可明了本人之言。當「物自身」之名施用於人自身時，上述之吊詭，及由此吊詭引生之豐富的哲學意涵，真可以令人思如泉湧。

16　吳甿：〈徹底的唯心論與中西哲學會通——從「哲學的兩難」和德國理想主義之終結看中國哲學的開展與歸復〉，《實證與唯心》上冊，頁 69-138。

　　康德扭轉西方哲學現象與本體截然二分傳統舊說而為牟宗三為之總結的「現象與物自身之超越區分」之新說。其關鍵在「物自身」一名之由「本體義、客體義、事實義」涵意，能否成功轉為兼具「意味義、主觀義、價值義」涵意，則康德批判哲學所表現的由思辨、概念推演而來的哲學兩難，可轉為人學體性學的、實踐學的、智慧學的境界存有論之開合、闢翕、昇降之兩極拉開距離以構造生命張力之問題。而「物自身」能否為一真實觀念，則須有一直覺覺之、實證之。唯康德自言所有哲學問題為回答「人是甚麼？」故仍重在依其精嚴的概念分析以展示問題和批判問題，以認知的態度（人類知識之限制），格物窮理地保留並深化此「哲學困擾」。

　　就物自身概念之反用於人自身而言，則成為人的生命存在之在其自己，或歸復為自己之真我論問題。人的存在之外顯現象與其存在之在其自己之本真，這問題在中國素稱顯學。自「知人曰哲」開始，一直佔據中土思想之中心地位，而以魏晉玄學之人物品鑒，形神論、才性論、迹本論、言意之辨，所發現之體用觀，最富方法學的自覺，並作全幅人性論之開展應用。此人的生命存在之「現象與物自身」，人的生命存在之所在與能在、他在與自在、已在與未在、未在與應在、眾多應在與唯一應在……，構成人的生命表現與自我實現之結構，亦即廣義的體用關係。這種人學的「現象與物自身」之廣義的體用關係，我在上文結合牟先生之批導，約之為八：一、「超越的我」與「認知我」、「心理學之我」之混同與區分；二、「內在的自然學中的理性的心靈學」與「超絕的自然學中的本體界的理性的心靈學」之區分；三、「我何能意識及純粹的理論原則之必然性」與「實踐理性所用以把純粹實踐法則規定給我們之必然性」之區分及其不可知；四、自由意志與現實意志之區分；五、「意志底因果性」與「自然因果性」之區分；六、「依待的存有及感觸直覺」與「根源的存有及智的直覺」之區分；七、「道德目的、為義務而義務」與「道德實踐之動力、對道德法則之不可抗拒之尊敬」之區分；八、自然與自由、存在與目的之區分 —— 決定判斷與反

思判斷之區分、審美判斷與目的判斷之區分。此八大區分可依主體主義而概括在「現象與物自身之區分」一總題中，此區分若能證成，則現象與物自身俱得以真實化，其要在與現象相應的感觸直覺、與物自身相應的智的直覺，作為理性的存有者、思辨者與實踐者，人能否兼具？如何能兼具？若能兼具之，則現象與物自身皆為「心」所含攝而為實證的、呈現的——陸象山言「宇宙便是吾心，吾心便是宇宙」[17]之謂。

此八大區分之成功區分與重新綜合之可能，本人即視之為康德在三大批判中所遺留的哲學問題。又，依本人之理解，牟先生之重視物自身問題，或正以此。

基於實證的徹底唯心論，遂可把主知態度下所作之八大區分轉向主體主義的現象與物自身之超越區分（人學之形上形下之區分、形神之區分、才性之區分、生命存在之已在與未在、將在之區分、存在與目的之區分，等等），而可克服康德所示之哲學兩難。我在文中特別提出黑格爾哲學之歷史理想主義轉向及其限制：

康德之二界，在黑格爾這裏，轉為辯證運動之兩極，既為「自由王國」（未來）與「歷史實然」（已在）之兩極，再而為「存在歷程」內部之「理念」與「現實」之兩極，而要求「時中」實現，而說「歷史必然」[18]。西方傳統哲學之基礎還原論的「二元」格式被徹底轉型為「二極歸宗」之辯證的活動歷程哲學，而最接近東方哲學型態；但在某義上又與東方哲學相距最遠，特別與儒家之道德關切距離最遠，此因黑格爾以客觀精神之名義，把「心」集團主義化、歷史主義地外化（外離於歷史實踐活動者之個體 individual）。

17　陸九淵：《雜著》，載氏著，鍾哲點校：《陸九淵集》第二十二卷（北京：中華書局，1980 年），頁 272。

18　黑格爾著，范揚、張企泰譯：《法哲學原理》（北京：商務印書館，1982 年），頁 11-12。以及吳甿：〈歷史理念中的自由與道德〉，《實證與唯心》下冊（香港：經要文化出版有限公司，2001 年），頁 219-256。另參吳甿：〈德國觀念的非自然傳統與自然目的論之躍動——黑格爾「人類精神發展之歷史目的論」簡釋〉，《玄理與性理》，頁 306-321。

　　因此，我們被迫回到中國哲學，而轉向為人學的、實踐學的、實證的唯心論的境界存在論問題：一、人之所是與應是之區分與綜和。二、「實現的無限」與名教倫理之「即有限而無限」。三、「有向的自由」與「無向的自由」之區分與綜和。此皆中國哲學所謂「工夫所至即是本體」之工夫與本體之關係問題也。

四、「兩不立，則一不可見」：兩極與宗的

　　在〈兩極歸宗與中國哲學精神〉、〈「兩極歸宗」與道德的理想主義 —— 儒家實證唯心之辯證綜和與西方哲學之近代轉向〉兩文，着重進一步指出西方近代哲學之從「二元論」、「實在論」而向「兩極論」、「實踐的活動論」之自我轉化。文中指出：「哲學之兩難」中之任一邊，「依黑格爾的辯證的思辨理性，這些『所謂哲學原理或原則，即使是真的，只要它單單是個原理或原則，它就已經也是假的了。』因為這些原則本來就是由『二元論』之『二分』提供的，它們本就依存於它們所對之另組原則。」[19] 由此可見：「二元論」以及由「二元論」所二分的世界一齊不能離「精神的開合」—— 由一端（極）到另一端（極）等活動。以及實踐的存在的抉擇。又深恐「兩極歸宗」受平庸化之誤解以至在「撐開之張力」上不夠勁道，特引張橫渠「兩不立，則一不可見，一不可見，則兩之用息」[20] 之說，並引存在主義所宣說「生命存在的兩極論」：「在懸崖兩極之間搖晃着走鋼索的人，每挪一步都是對過去未來之超越！」[21] 以顯此兩極之存在結構上的張力與「為人艱難」。為人艱難正在於「唯心」，有「心」而人遂成為自由者、抉擇者、有善惡者和

19　吳畋：〈「兩極歸宗」與道德的理想主義——儒家實證唯心之辯證綜和與西方哲學之近代轉向〉，《實證與唯心》上冊，頁 193。
20　張載：《張載集》，〈太和篇〉（北京：中華書局，1978 年），頁 7。
21　吳畋：〈「兩極歸宗」與道德的理想主義——儒家實證唯心之辯證綜和與西方哲學之近代轉向〉，《實證與唯心》上冊，頁 203。

超越者，儒、道、釋三教念茲在茲。「西方哲學是二元論的截然二分，而為割裂的兩界、兩域。中國哲學則永遠視兩端為心學的、意義論的『兩極』，而可依意義視域之昇進而綜合之而歸宗（「終極而時中」）。」[22] 而中國哲學之「簡易」之道亦在於此。中國思想總是如此思考兩端，而不會將之二元化。西方為二元論困了兩千年，他們的哲學史就是為二元論和消除其中一元而不斷「發展」，但二元始終是二元。然而，西方哲學的透明、整齊，就在它二元化地處理一些問題，然後窮盡之，卻戛然而止。既是二元，到底不能綜和。中國哲學則視為兩極，兩極只是同一事之始終、陰陽、正反、隱顯之兩端，可「得其宜而折中」。至於「兩極歸宗」之「宗」，其義為：「一、『宗』或『中』，非兩極之量的對拆平均，而是兩極之根源中心與終極歸向；二、因此，『宗』代表理想、終極目的；三、因此，『宗』屬於未來，而為『目的因』，但正因此是歷史之『動力因』。」[23] 可見「兩極歸宗」乃實證唯心論之方法論，攝存有於活動，證活動於方向理想，由方向理想反證存在；存在即在不斷否定與自我超越中憑依其所依從之目的方向，而自證為同一者。

五、批判哲學之終結與重構

在〈目的與體性〉一文，本人進一步依康德三大批判之終結，說康德哲學遺留的問題。

康德在第一批判《純粹理性之批判》遺留一個物自身，在第二批判《實踐理性之批判》遺留一個自由意志，在第三批判《判斷力之批判》遺留一個合目的性原則。在我看來，這三個問題，恰正是生命心三種能力：思想力、意志力、判斷力，所分別對應的超越對象／原則，經

22　吳甿：〈「兩極歸宗」與中國哲學精神〉，《實證與唯心》上冊，頁 173-185。
23　同上註，頁 185。

康德依其超越的反省和分析方法，到最後不能證成（不能由邏輯的預設，轉為綜合命題）而遺留下來的問題。以現今流行的現象學說法，是超越的分解的剩餘，或曰先驗還原的剩餘。剩餘而有三，說明康德哲學方法的限制 —— 自我限制，但康德原意是以第三批判的合目的性原則統一存在（現象與物自身）與自由意志。如是，目的性的證立可以是康德為他的哲學系統所作的最後抉擇。康德的抉擇同時讓我們為康德設想其他二個抉擇：一是以存在（現象與物自身）統一自由意志與目的性，一是以自由意志統一存在（現象與物自身）與目的性。換言之，康德哲學的接着說，可以發展出三種型態：

　　一、以合目的性原則統一存在與自由，此則為立足於反思判斷的。然反思判斷力在康德只屬於人的一種特殊的心靈機能，不可教不可學，只能自我訓練。若能與中土哲學之工夫論接通，則可成為實踐的智慧學之目的論型態。但康德只置其為一不穩定者，為特殊之「母慧」，是則不可予以論述。

　　二、以自由意志統一存在與目的，此則為立足於唯意志論的；唯意志不必是純粹意志，可以是權力意志、功利意志。只有純粹意志、自由意志而為道德此一理性的事實所必須的預設，而可統一存在與目的。眾所周知康德並不能有自由意志可實現為人的現實實踐意志之論證。於此，中土思想必攝自由意志於生命存在之仁性的無限感通，而為性分之不容已。

　　三、以存在（現象與物自身）統一自由與目的。此則立足於存在，而存在為二分的，連接二分的存在的唯是人的心靈機能、人的反思判斷力、智的直覺，故最終立足於人的心靈存在，由人的心靈存在綜攝前兩種型態，亦即把反思判斷力與自由意志皆收攝於人的生命存在之性分不容已。

　　此三種可能的發展完成，在康德哲學系統內部，卻又是並無更多可能的。

（一）以合目的性原則統一存在（現象與物自身）與自由

此本為康德《判斷力之批判》所選擇的型態，但康德一再表明，由人的反思判斷力提出的合目的性原則，只是一主觀性原則，是反思判斷力「給予於反思判斷力自身」之原則，然則此原則以運用於審美判斷為恰當（為限），若運用於萬物而為其存在之理，則成為神學的[24]。神學的固不論，審美的雖亦有其主觀的普遍性和必然性，但依康德，反思判斷力本身在人身上發生卻無普遍性，必然性，且不可學不可教。

（二）以自由意志統一存在（現象與物自身）與目的

只需將自由意志改為心性之體性，則以自由意志統一存在（存在指現象與物自身）與目的，此思路原在中國獨盛，由孟子盡心知性知天之心學，直至宋明諸子「道德的形上學」的建立。但這一思路往往對知性之作用於經驗之獨立性未能正視，未予以獨立的安放。牟先生的「自由無限心的自我坎陷」說，正為補此。康德的道德哲學算是最接近中國心學。但康德只是徹法源底：自由意志是全部觀念建築的拱心石，在系統內不可以質疑，但亦不可以實證，而成為困難[25]。康德選擇把自由意志留作智思物，作為道德實踐必須的預設，一分析命題，而不是一實在之心靈機能。

（三）以存在（現象與物自身）統一自由與目的

追問何為存在和最後存在，本來是西方哲學中心論題，到康德予以拆開，而為：或依人的感觸直覺和認識方式呈現為存在 —— 現象，或獨立離開人的認識能力而存在 —— 物自身[26]。現象之為現象，沒有

24　同註 4，頁 132。

25　康德著，牟宗三譯註：《康德的道德哲學》（台北：台灣學生書局，1982 年），頁 127-128、頁 165-166。

26　同註 5，頁 495。

甚麼問題；說有離開人的認識能力而獨立存在之物自身，常識地想沒有甚麼問題，批判地想有很多問題。再者，若以存在（現象與物自身）來統一自由與目的，然則自由與目的如何在存在上安放，是在現象上安放，或在物自身上安放？或正要在現象與物自身之統一與區分中安放？這原不是康德本意要如此處理的問題、不是康德選擇的型態，或根本在康德批判時期從沒有意識到會如此綜合而有的問題，這是牟先生觸發的問題。雖然，自從康德在認識論上的哥白尼革命而又保留物自身，即聚訟不已：居然有一決定離開人的認識而仍可云存在者？但牟先生不僅不要求取消物自身，更要證成物自身，證成現象與物自身之區分，這到底是要達成怎樣的哲學奮鬥？

六、從人學體性學重證物自身

二十世紀興起的現象學，在某義上可說是要擱置／告別所有存有論問題，而首要告別的，是康德的物自身；或正相反，現象學的出現，根本由於物自身一概念的啟發。

物自身概念在康德主要是一消極性概念，指謂人的感知所表象之現象其不為人所知之另一面，即物之在其自己。嚴格說來，既謂為非人之所能知，則不宜對之有任何言說。是見物自身在康德原意是一消極概念，所指的其實是人的感知能力的限制性。人只能以人特殊的感觸直覺覺知一對象以表象之為現象，則自當有獨立離開人的有限感知能力（若佛教唯識學所指前六識）之物之在其自己，永不為人所知。如是康德同時啟動了相反兩個方向之物自身思想：

一是將物自身積極化為一形上學的存有概念，不僅是現象之後設、支持者、「超感觸的基體」（第三批判），且是超越的存在之理、創生原則或內在目的。一是將物自身以原來的消極義而予以取消，認為根本無意義、失指，至不可理解，然則康德哲學只剩下現象世界一層，另加幾個智思物（上帝、靈魂、自由意志），即所謂「經驗的實在論」

和「超越的觀念論」。

康德的意思，上帝創造世界原是創造物自身，到人以人的特殊感知方式與之發生關係，方把物自身世界一一看成現象；如此的現象只對如斯的人類有效，以至如此的科學知識只對如斯知性的人類有效，而物自身卻是上帝創造的世界原樣，原初真相之所在。問題是若是上帝創造物自身（包括「人的『物自身』」），上帝給了物自身怎樣的體／體性？康德自己並沒有這樣發展他的洞見，他只是繼續他的批判哲學。本文願意詮釋康德的洞見，謂康德在第二批判通過辯證道德如何可能而在「人的『物自身』」中發現自由意志，亦即發現人之所以為人之在其自己之本體本性中，有性分之不容已的超越一切經驗世界及其法則的異質的「理性的事實」——衝破已成的現實世界的決定性，讓你的存在的自由行為，成為世界秩序中相關的自然因果串系的第一因，亦即上帝創造「人的『物自身』」時給了「人的在其自己」以「超越性」和「創造性」為其體性。但康德隨即又把物自身、自由意志交給認識能力，屬於「人能知道甚麼？」之問題，而人只有感觸直覺、無智的直覺；物自身、自由意志，以至靈魂、上帝，屬於超驗界，故「人有自由意志」此一綜合命題無從實證[27]。最後把物自身、自由意志歸屬智思界，與上帝、靈魂同為智思物。在第三批判，康德通過辯證美（美感）如何可能而在「一物之在其自己」與表現為「現象」，這「存在之幾」中，發現「合目的性」[28]，此合目的性究竟是物物之為現象之如此如此符合其存在之理乎？或符合其存在之在其自己之目的性乎？抑是人之感性參與呈現萬物而為現象，此參與活動本身之如此如此，符合人之感性與人之在其自己之體性之相應性、一致性之生態乎？或一現象之為如此其形式直接符合人的自由體性，亦即人的內在目的性？康德的思想本身依違於多種選擇，或曰無從決定，或根本未意識及。此「美的契機」

27　同註 25，頁 165-166。
28　康德著，韋卓民譯：《判斷力之批判》（北京：商務印書館，1964 年），頁 23。

說成為康德之後各種美學思想之出發點。本人則由以上之詮釋而發展為生命生態美學（見〈玄學與藝術生態學〉一長文）[29]。但他有一條底線很明確，就是限定目的性原則只是一主觀的超越性原則[30]。本文今暫擱置康德的限定，就着康德自己的思想發展，由第一批判的物自身，到第二批判的自由意志，到第三批判的合目的性原則，有意無意地，是消極義的物自身概念的漸漸消失，積極義而隱藏着自由意志、目的性的物自身概念在自由意志、目的性遮蔽下躍動。此康德或來自其理論系統性格之性分之不容已，而從中國思想觀之，康德艱難構築的這大套，實可以換作精神哲學之表述，以便於如實觀、如實知、真實行。如以儒家系統說之，康德的物自身、自由意志、目的性實可統一於「精神生命」一義。「精神生命之在其自己」即物自身，此則生命是體、是寂、是如、是一。「精神生命之對其自己」即精神意志，此則生命是感、是動，是通、是多；物自身破裂為存在與目的，自由意志要求統御存在、轉動存在以趨向終極目的，文化由是誕生，歷史由是形成。「精神生命之在並對其自己」即目的王國之元首，生命精神以自己為目的，即以成為自由自律為目的而無目的，參贊天地之化育、「乾道變化，各正性命」而自由自然合目的。存在地說，即作為自由無限之理想之我，與已在的與我為對的天地萬物之我，在當下作綜合判斷之我之存在抉擇中，成為存在之為物自身和現象，存在之為自由，存在之為目的，「即三而一、即一而三」之存在的迴旋。既不是宗教神學（如耶教），亦不是歷史神學（如黑格爾），不是自然主義（如斯賓諾莎），不是唯意志論（如尼采），不是現象學（如胡塞爾），不是存在主義（如海德格、沙特），不是唯用論（如詹姆斯、杜威），不是唯名論（若某些邏輯實證論者）……，而唯是活動的實踐的道德目的論，或曰實證唯心論。然則康德哲學之接着說之三型態，可歸於為一精神生命之開合：寂然不

29　吳甿：〈玄學與藝術生態學〉，收入許江主編：《人文生態》（杭州：中國美術學院，2008 年），頁 158-206。

30　同註 4，頁 132。

動 ── 物自身，感而遂通天下 ── 自由意志，先天而天弗違、後天而
奉天時 ── 合目的性。

　　這個對康德的發展不必為康德所接受，或說康德還是以不接受為
宜。讀康德的人都知道，康德不會不為神預留理論空間，而我們的這
個發展是精神生命的開合和徹上徹下：上帝固是超絕於一切可經驗領
域和在時間之外，但上帝豈不正因此而須內在於人的意義世界中被思
為在世界和時間之外？以至自由意志、靈魂，其為自由意志、靈魂，
亦正是精神生命開合、徹上徹下，並依理性之軌約原則用思到底，以
二律背反故，而不能到底，不能窮盡，乃中止並懸置之為自由意志、
靈魂不滅、上帝存在，以及消極義之物自身，使我們一方可免於無窮
後退，一方可對世界和人的存在有理性的和系統性的說明。此則消極
義之物自身之為消極義物自身，亦須積極義之物自身為其意義和存在
的根源之說明 ── 與自由意志、靈魂不滅、上帝存在一併收攝為人的
精神生命之在其自己、對其自己、在並對其自己之開合開顯生命自己、
成為生命自己的其中各個意義環節。本人近年寫文，便都在這個方向
上用思。即把康德的「現象與物自身」問題，收放到中國哲學的生命學
之問題方式中，重構重演，以比較亦就會通中西哲學。此固受牟先生
特重康德此洞見所影響，亦緣於早年寫有關魏晉玄學的論文，對中國
哲學用思方式經玄學對方法學的自覺，有甚深體會，那真是徹底生命
學的、人學的、唯心的、實證相應的，無論才性論之人物品評如何由
形相現象而返抵人格本質之蘊，由當前而知過去未來；或方法論之「言
意之辨」之辯可說、不可說，可說有待於不可說，不可說亦須可說辯
示其為不可說，而終源自言說者精神活動之方向及由之所選擇的言說
取向；或玄學家之貴無、崇有、獨化；般若學六家七宗和僧肇四論；
所辯所示，其實都是精神生命的開合，自照與他照、自白與對白，雖
是主體的、獨我的而其中有普遍性、有必然性。[31]

31　吳甿：〈言意之辨與魏晉名理〉，《玄理與性理》，頁 5-127；又參吳甿：〈自然道德論
　　與會通孔老〉，《玄理與性理》，頁 133-207。

在玄學以至整個中國哲學，都如實地將「現象與物自身」視作生命精神之在其自己，生命精神在活動中通過開顯世界從而認識自己、實踐自己，生命精神成為自己、歸復自己之人學（哲學的人學）的體性論與工夫論問題，人學的宇宙論問題，人學的知言論問題，人學的目的論問題……，簡言之，即人學的體性學、體用學、體相學問題；歸根究底，是人學體性學問題。亦唯如是，物自身概念方可有意義，且是一大洞見。

七、物自身在康德哲學次序中的存在地位

康德的世界存在次序，作外在的客觀化的重構，似是：上帝存在→創造物自身（一一人與物的物自身）→物自身影響人的感性→人的特定感性接受物自身影響起現現象（泛現象）→人的知性介入，將雜多感性與料過濾，由超越的統覺組織而構造為一一認知對象。此則物自身與現象之關係為一種宇宙論、本體論以至認識論的多重關係。最「難以了知」的是：上帝只創造物自身，物自身的人從何獲得感性？從而出現這般的物自身與現象之關係？康德當然不會認為物自身與現象是因果關係，物自身只表示人的認識能力的限制，並不是一本體宇宙論觀念。只有在第二批判裏，作為智思物的自由意志可以對經驗界起自由因的作用，但在認識論中物自身不可理解為經驗界中一對象之因，否則就真的成了「神學的宇宙學」而不是「理性的宇宙學」。但康德的次序這麼顯明，除非我們為康德解說，謂這個次序違反康德原意，並且在康德哲學裏發現另一個次序。

本人願意為康德解說，多年來為康德尋找另一個次序；發現在第三批判裏，康德以反思判斷提出了這另一個次序。但又因為提出得過分顯明，康德自己又須加以限制，限制為一主觀的次序，此即：由一具體對象之現象，反思其如此存在之理（豎立的和橫向的存在之理），發現（預認）人的特定而共同的知覺和感性構造以至先驗知識（知性），

為此現象之如此起現並存在為對象之存在之理，但這只是橫向的存在之理（形構之理）；橫向的存在之理不含目的意義和價值意義，且動之愈出，不能貞定。人於是不容已地對當前由人的感性參與起現之具體對象，作一超越的反省，而思這一一的雜多的存在以及其經驗法則之變化多端、人之諸認識功能之並作，皆須有一超越原則予以貫通統一，此超越原則只是人的不容已的反思活動中這活動的主體之反思判斷力給予自己的主觀的範導原則，這主觀的超越原則即是「合目的性原則」。就着這合目的性原則，溯源至提出此原則之反思判斷力而一心開二門：現象門與目的門。現象界由感性與知性統御，目的界由理性所提之終極目的統貫。反思判斷力雖曰是合目的性原則之提給者而為兩界之橋樑，而其實它首先是兩界之區分者（主觀的區分者）。把一個存在，依人的心靈機能所提之思想原則而作種種區分，區分既成，又依人的實踐理性而要求作存在的連接統一。這就是理性的存有者人的艱難，佛教即此而要求解脫者。能就此兩門兩界而徹法源底一齊予以存有論的肯定，則可以有「本體界的理性的心靈學」的建立，下攝「理性的宇宙學」和「理性的神學」，唯不講「理性的神學」而轉講「精神生命生態學」，從而講「目的論的精神生命學」以代替康德的理性的神學或道德的神學。此本人受牟先生啟發，依中國哲學以「實證唯心論」之名所嘗試之會通中西哲學的一個心學結構之系統。這個發展較能重視第三批判的康德的洞見：由合目的性原則統一存在與自由，而合目的性原則來自人的反思判斷力，而不是神的隱蔽計劃。[32]

　　經上述疏通解說，我們接受康德「不可知論」的論述原則，不從不可知的「上帝存在」與「上帝創造物自身」開始，而改為存在的入路，從人的感觸直覺及其所知之一一具體存在為開始，為現象與物自身安排另外一個存在次序，此即：具體的對象與人的感性（現象界）→存在秩序與存在之理的反省（超越而內在的形上學）→橫向的存在之理與知

32　請參閱吳汝鈞《實證與唯心》、《玄理與性理》二書以及本文所提有關諸文。

性主體之立法（認知意義之現象與物自身之區分）→縱貫的存在之理的反省（終極目的，實踐的目的論意義之現象與物自身之區分）→合目的性原則（實現自由與存在〔現象與物自身〕之統一）→理性的宇宙學或理性的神學（內在而超越的終極目的論，天道、天命，「命日降，性日成」）→本體界的理性的心靈學（「即心言性」與「即性言心」，從「主體即本體」到「本體即主體」）→超絕的形上學（自由無限，天人合一）。

八、物自身之存廢與轉向人學體性學

　　下面重檢若從客觀實在論理解物自身所遇到的問題。康德原意的物自身指在存有上的實有，永不為人的感觸直覺所察，故人不能把知性向之運用者。康德又謂現象與物自身之區分是主觀的區分，物自身為一高度價值意味的概念，以及作為對人的知識的限制概念。如是康德一開始就使問題極富啟發性和爭議。康德發現了物自身，但他自己不知道發現了甚麼。使康德的洞見成為真正的洞見並得到中國哲學支持的是牟宗三。

　　以下撮述幾個主要批評意見，及本人對康德和牟宗三有關物自身思想之回應與可能之轉進。

　　一、物自身為超驗的，在時空之外，它如何可與在時空中的現象有對應關係而為支持者？除非有一將兩者關涉之者，而這將物自身與現象關涉之者本身既在時空之外又在時空之中而又能證明自我統一為同一者；這除了人，誰還同時擁有這三重身分和作用？然則現象與物自身之區分，根本不是原先所設想的一現象對象與其在其自己之所謂「超越對象」之客觀的區分，因為根本不能夠說有一客觀實在的在時空之外的「超越對象」物自身對應區分於一在時空中的客觀實在的現象，而只能夠說：我們的感性受影響而起現一現象並共處於一時空，當現象物離開我們的感性（或日我們撤消感性之作用），此現象物即離開我們的時空感性而歸於「無」或日「物之在其自身」。然則現象只對應於

我們的特定感性（感觸直覺），物自身則消極義地對應於我們的撤消感性作用，經驗主體之無；或積極義地對應於我們的「智的直覺」（不取時空直覺及感觸直覺之直覺）。若人無智的直覺，則物自身歸於無，不可說；或在我們的設想中、我們的「智思」中，歸於上帝的神智的直覺所直覺。而無論上帝、物自身、智的直覺，既超出人的能知之能力，則都只是設想，全是「智思物」。上帝存在尚且是智思物，上帝直覺所覺之物自身，與人的感性所覺之現象，若云有對應關係，或對應而區分之關係，則此關係關連只能是人的主觀之賦予，亦只是設想中之關係關連 —— 除非人自己的「物自身」能自明自證，站出來，說：「我」就是感性我現象我的「我的在其自己」之本我、真我；當撤消「我的」全部感性現象（色身我），我（本真我）仍存在，歸於純以智的直覺而自覺自知自我感動而存在，並以智的直覺直接覺知其他存在而無需感性及感性之時空直覺形式。我並且能夠在感動中由直接覺知一存在，轉為一方面自我坎陷為認識主體，一方面將原本直接覺知之存在推出去，成為感觸直覺所覺之經驗對象，同時自我亦自我限制為知性我，開展對此對象之認識活動。我並且完全意識到這全部活動原於同一個我，因為我能自由自主地啟動或中止任一環節，我並且能改變其中之存在，無而能有，有而能無。我因此能確定由我的感性參與起現之某一現象，實乃我在感動中直接覺知之一存在的現象。兩者在指涉上的同一性（the identity of reference）因由直接啟動者、起現者提供，故不能再懷疑。

　　二、我們的感觸直覺既不能感知物自身，知性不能向之運用，如是，物自身概念是一沒有任何內容之空概念（空集合），一個失指的概念不應再保留。對康德而言，這個批評也是無法回應的，除非康德再次強調物自身不僅是消極的對人的知識的限制，而且代表一客觀實在、一存有上之實有。雖然，康德接着又施加限制：人無智的直覺，故對此無從知悉之。若無從證立物自身，又不承認物自身至少在方法學上代表一存有上的實有，則所謂「經驗的實在論」是有問題的。然

則物自身的存廢對康德哲學本身關係重大。我們可以為康德開解，謂否定人有智的直覺以限制知識，雖因此無從證成物自身，但亦同時限制所有以知識的認知態度反對形而上學的意圖。既不能以認知的態度和方法肯證或否證物自身，那麼，批判哲學轉由實踐理性之批判去展示存有，再由反思判斷力發現合目的性，一如我們上節所綜述者，豈不正合批判哲學之工程學原則？但我們為康德開解的說辭，到底是康德的？還是牟宗三的？還是詮釋學的、我們自己的？還是義理的邏輯的？

　　三、康德謂上帝只創造物自身，不創造現象。然則物自身世界只有一個，現象則依各類感性及呈現原則起現為各適合於各個相應的認識功能之認識者之現象世界。人的現象世界只適合、相應於人類，科學知識亦只適合於人這種理性的（和感性的）存在所起現的和立法的世界。但「經驗的實在論」又要求人的經驗以及人對經驗所構成的知識有存有上的實有性作基礎和支持，物自身就是這個支持。但物自身本身又需要支持，如是靠上帝。當康德說上帝只創造物自身，不創造現象，現象世界（人的現象世界）乃物自身令人的感性受「影響」（effecting）而有的關於它的表象，而物自身自己「即使離開我們的感性之構造（我們的直覺之形式即基於此感性之構造上）其自身亦必須是某物；即是說，必須是一『獨立不依』於感性的對象。」[33] 此時，物自身又具有積極的存有的實在意義。當康德這樣說時，再次顯示他是最能表現西方哲學兩難的集大成者身分。物自身既「離開」人的感性但又能「影響」人的感性，且又是一獨立於人的感性之外的「對象」、「某物」—— 只有上帝才能說這種話，但在批判哲學裏，上帝連說自己存在還仍須尋找機會。康德在方法學那麼重視人的有限性、主體性，但他所展示的世界存在圖像卻是全知式的，即使是不可知領域亦是那麼全知式的確定不可知。另一方面，又以上帝的口吻全知式的說物自身如何如何。

33　同註 5，頁 495。

康德書的難讀，康德方面的責任正在這裏。結果是他的「經驗的實在論」因物自身之不穩定而可被說為「經驗的唯識論」；他的「超越的觀念論」亦因自由意志、上帝存在和物自身的不穩定而可被說為不可知論或道德神學，而不能發展完成他希望完成的「本體界的理性的心靈學」、「理性的宇宙學」、「理性的神學」，統一之可曰「超絕的形上學」(Transcendent Metaphysics)。除非康德將物自身置於即使離開我們的感性之構造，它自身亦必須是某物，其為獨立於感性之外的「對象」因其得到人的獨立於感性之外的智的直覺所直接覺知之實證的地位，如牟先生作出者，否則，康德最後連經驗的實在論也保不住。

四、在第三批判，康德聲稱要重新連結被批判哲學分裂了的自然界與自由界，以此結束全部批判哲學[34]。換言之，是康德以迂迴的方式重開一條現象與物自身之區分的論證之途 —— 以連結兩界之名義真正觸發兩界之區分與重新連結之性質與意義之討論。在我的理解來說，能夠重新連結的兩界表示兩界從未客觀實在地分離，只是被人為地以「意之所向」而區分為兩界。今以人的一種特殊心靈機能「判斷力（決定性判斷力與反思判斷力）」來連結兩界，此不啻確認所謂兩界實源自判斷力之反思活動所作之區分：一物之所是與其所本是（應是）之區分。而物自身之名在第三批判不再出現，而轉向二義發展，一為向「超感觸的基底」之名義發展以表示「與某現象相應之超越對象」義，此則近第一批判之「物自身」消極義。另一為向「一對象之概念，當其同時含有此對象底現實性之根據時，它即被名曰此對象之目的。而一物之與那『只依目的而可能的事物之構造或本性相契合』之契合便被名曰此一物底形式之『合目的性』(finality, forma finalis)」[35]之義發展以表示不管在甚麼地方，凡有以下之情形的地方，即：「不只一對象之認知只通過此對方之概念始被思為是可能的，且即當作一結果看的『對象自

34　同註 4，頁 104。
35　同註 4，頁 126。

身』（對象之形式或真實存在）亦是只通過此對象之概念始被思為是可能的，這種情形的地方，我們就在那地方想像一目的。」此則為第三批判之新義。我意以為此義可被思為「物自身」之積極義，即實踐的目的論義。物自身無形中轉為人對一具體對象之如是這般而依某原則反思其當為「如彼那般」，更以此未實現的「如彼那般」之目的性概念，既為「同時含有此對象底現實之根據」，在實踐論者看來，在這裏可視為積極義之物自身概念 —— 以「同時含有此對象底現實之根據」故。由實踐的目的論之「目的」（或「物自身」）與現實物，我們得而比較兩者，而下判斷，曰善或不善、曰美或不美、曰真或不真。所依之原則即「合目的性原則」。物自身無形中成為一目的性理念以及一物之為某物之「同一性」理念，亦即不再是主客對立地去認知一對象從而形成的人的感性和知識的封限概念，而是關於一存在、包括人自身之存在，由其現有之存在狀態而反思其如是存在必有其「成長成為其自身」（「五穀不熟，不如稊稗」）之內在目的、存在之理。此內在目的即是其「存在之在其自己」之物自身。此固離開審察者的感觸直覺，而為一物本有應有之存在，以及其將要成為之存在即一合目的之存在之概念。康德本人從未在第三批判提過以上所說。我們這樣解讀康德、連接物自身於目的性，當然是一個轉換。而康德亦只把合目的性原則限定為一主觀的自律的範導性原則。

康德說：「判斷力也為自然之可能性裝備以先驗原則，但只是依一主觀的關注或顧慮而被裝備以先驗原則。藉賴着其如此被裝備的先驗原則，判斷力並非把一法則當作 autonomy（案：為他的自律）規劃給自然，而是把一法則當作 heautonomy（案：為己的自律）而規劃給其自己，以指導其對於自然之反省。」[36]

從我們的思路，這正見出康德的合目的性原則的作用要在範導人自己如何理解世界存在 —— 為有意義、有目的、有秩序、終始條理的，

36　同註 4，頁 135。

但又非預定的、手段化的、機械的存在世界。人如此去理解／反思世界，人即為世界帶入（創造）了意義、目的性、終始條理；故曰「直覺之即創造之」，「其自身就能把它（智的直覺）的對象之存在給予我們」。這裏的「直覺」當然指「智的直覺」，康德又稱之為「根源的直覺」，只能屬於「根源的存有」者：

> 在自然神學裏，我們思考一個對象（上帝），祂不只是從未對於我們而為直覺底一個對象，而且甚至對其自己祂亦根本不能是感觸直覺底一個對象，因此，在思想這樣一個對象中，我們須留心或注意去從祂的直覺上（因為一切祂的知識必須是直覺，而不是思想，思想總包含着限制）把時間與空間之條件移除去。但是，如果我們先已使時間與空間成為「物之在其自身」之形式，而且這樣，由於它們是事物底存在之先驗條件，是故縱使事物本身被移除，它們亦必仍留存下來，如果是如此云云時，則我們以甚麼權利去把它們從上帝之直覺上移除去呢？由於它們是「一切存在一般」底條件，是故它們也必須是上帝底存在之條件。如果我們不能這樣視它們為一切事物之客觀形式，則唯一另一可能的辦法便是去視它們為我們的內部與外部的直覺之主觀形式，此內外部的直覺被名曰感觸的直覺，而亦正因此故，它不是根源的直覺，即是說，它不是就像「直覺自身就能把直覺底對象之存在給予於我們」那樣的直覺——這樣的一種直覺，當我們能判斷之時（或當我們能理解之時），它只能屬於根源的存有（肇始萬物者，primordial being, nur dem Urwesen）。[37]

　　依牟先生，人兼具「感觸的直覺」與「智的直覺」（根源的直覺）。依本文的想法，這智的直覺、根源的直覺之「直覺自身就能把直覺底對象之存在給予於我們」云云，實是一存在者人依其對其自身存在之反思，反思其自身存在之根源、本質目的以至終極目的，同時反思所在之存在之根源以至統一目的，人依其存在之反思理解世界存在，同時即置自己於世界存在秩序之中。本人曾經這樣說明反思活動之整體性生態：「人藉賴着一持續的反思活動，貫穿每一『思指』（reference）及其『所指』（referent），反思其存在之理；再思此一理與他理之關聯，以反思一超越的眾理之理；此眾理之理須返回來涵存此一持目的論之反思者，及其反思活動與其所反思之『思指』及其『所指』之種種關聯，以及此種種關聯如何服從於一更高之原則 —— 目的性原則；再而返回為每一『思指』及其『所指』依已反思所得之『目的性原則』，思其存在之『體』、『相』、『用』之合目的性、一致性、完善性；同時，作此思之思者本身與其所思之諸存在之『體』、『相』、『用』之相應性、一致性、『互濟性』等整體生態之合目的性。這裏所涉及的『目的性』因此只能是『動態和結構的目的性』（Dynamic and Structural Finality）。」[38]這個目的論反思判斷之原則本來很能成為實踐哲學的原則，但康德把這原則的觸發，交給審美，並限制為主觀的、超越的，以審美故，為無目的而自然合目的的、形相學的原則。在康德看來，作為目的論，話只能講到此步，再多講就只能是神學了。問題就在康德為着某種理由，包括上文所分析的理由，說只有神有智的直覺，人沒有智的直覺。牟先生認為：若人定無智的直覺，積極義的物自身不能講，現象與物自身之區分不能充分證成，此則消極義的物自身亦不能講，經驗的實在論亦實在不起來，只剩下智思界幾個觀念以及現象之流、純粹意識之流。

38　吳甿：〈目的論與中國哲學〉，《玄理與性理》，頁 285。

　　近十年來，重讀康德，我把他的純粹理性批判與實踐理性批判俱已譯成中文。在此譯述過程中，我正視了康德的洞見之重大意義，並亦見到知性之存有論的性格之不可廢，並且信我能予以充分的證成，此則康德本人所不能作到者，至少其表達法不能使人信服。此中重要的關鍵即在智的直覺之有無。依康德智的直覺只屬於上帝，吾人不能有之。我以為這影響太大。（……）這所關甚大，我們必須正視這個問題。在西方傳統下，尤其這傳統演變至今日，是無人肯理會這個問題的。即就康德而言，你既把智的直覺只歸給上帝，則人可以完全不理，或只輕描淡寫地帶過去就算了。但當康德說到感觸的直覺時，他便處處與智的直覺相對照。其所以重視此對照，一在明本體界者如自由，不朽，以及上帝不可知，一在明現象與物之在其自己之分為「超越的區分」，而物之在其自己亦不可知。但是，如果智的直覺只屬於上帝，則現象與物之在其自己之「超越的區分」亦不能被穩定，即不能充分被證成。說吾人的感觸直覺以及辨解的知性不能及於自由，不朽，與上帝，這是顯明的；但若說它們不能及於物之在其自己（例如說桌子之在其自己），這便不如此之顯明。物之在並自己之確義是很難規定的。徒說它是「限制概念」，這並不足以使人明徹地了解其真實的意義。意義不確，或太貧乏，則「超越的區分」即難穩定。縱使其義已確（因設想智的直覺而予以確定的意義），然而由於智的直覺只屬於上帝，則此超越的區分仍不能充分被證成，擋不住人們之只以陸克的區分與萊布尼茨的區分為滿足，而以你所說的超越區分中的物之在其自己為無用，因此，你的知性之存有論的性格所決定的對象為現象，這現象義亦不能充分被證成，即充分被穩定得住。但是現象與物之在其自己之超

越的區分是康德哲學底全部系統底重大關鍵，幾乎其書中
每一頁俱見到。這就是其最高而又最根源的洞見。以如此
重大之洞見，而若不能充分證成之，這是很可憾的事。[39]

這當然不是康德之所願，卻不能不是康德哲學遺留的問題。

九、各家開各自的「現象與物自身」
── 思維與存在的同一性

　　這看似一場純粹觀念遊戲：早前把二界分得那麼遠、那麼隔絕，
由「先驗」（transcendental）說到「超驗」（transcendent），現在卻說憑藉
判斷力這種特殊的心靈能力即可以連結二界，說白了，原來無論先前
的區分或現今的聯結，都不是客觀實在論的區分或聯結。先前的區分
既曰是「主觀的超越的區分」，現看來倒實是反思判斷力所作的區分。
現今的聯結既曰是判斷力（決定性判斷力與反思判斷力）所作的聯結，
則實是自我實現的實踐的實在論的聯結。這當然超出「人能知甚麼？」
之認識心之問題的領域，其所言之二界之區分與聯結原不是認識心所
對之客觀實在義之區分與聯結。這明顯的屬於主體體性學之事，主體
如何依其體性、自我實踐、實現之事。自中國哲學言之，是攝存在於
活動，即活動說意向，由意向證目的（有特定目的或無目的），由目的
開歷程，即歷程證存在，即存在即活動即自我超越之生命闔闢、元始
反終、生生不息之事。全部學問繫於如何培養（教化與自我培養）人
的判斷力（決定性判斷力與反思判斷力），而判斷力的養成之人性論根
據，即是「心之感通」或曰「感通心」，以及作為一具體之感通者，其
「感而遂通天下」之道。這原是中國哲學之特質所在：說本體不離工
夫，工夫所至即是本體。然則所謂「本體」者，實即一物所具之內在目

39　牟宗三：《現象與物自身》，〈序〉（台北：台灣學生書局，1975 年），頁 3-4。

的及其實現目的之能。此能更以其目的理想反照其已在與所在，從而觸發二界之區分；由二界之區分拉開距離，成就其內在目的之純亦不已之超越性。然步步之實踐實現，即步步拉開距離，是目的理想無限、實踐實現亦無限。現象與物自身者，即這區分所成者也；作此超越的主觀的區分者，反思判斷力也，即「智的直覺」者也。智的直覺「直覺之即創造之」者，反思判斷力之直覺一物之內在而超越的目的，亦即直覺一物之物自身，此直覺一物之物自身者，實即「創造」此一物之物自身者也。反過來說，「創造一物之物自身」者，創造（賦予）一物之存在目的／意義也。這些康德未能說，或不能說的，我們藉中國哲學之啟發，得以說出，如此而已。牟先生更依中國儒、釋、道三家之義，開為三義之「現象」與「物自身」：

> 　　如果知康德所說的「物之在其自己」是對上帝而言，對其所獨有的智的直覺之創造性而言，則在自由無限心前為「物之在其自己」乃必然而不可移者。如是，在實相般若前可以開出一個無自性的「物之在其自己」亦是必然的；在明覺感應中之物為「物之在其自己」，這亦是必然的；至於逍遙無待中之自在，乃至玄同中之有，歸根復命中之物，其為「物之在其自己」，更不必言矣！中國傳統的三家以前雖無此詞（案：指「物自身」），然而通過康德的洞見與詞語，可依理而檢出此義。此既檢出，則對見聞之知（儒家），成心（道家），識心之執（佛家）而言，萬物為現象，此亦可順理而立也。此之謂「依義不依語」，「依法不依人」（亦涵依理不依宗派）。[40]

　　然則，根據牟先生所說，儒家的「物自身」由明覺感應實證，佛教的「物自身」由實相般若開出，道家的「物自身」由玄智玄覽玄同而觀

40　牟宗三：《現象與物自身》，頁17。

復；關於同一對象，三家各有各的「物自身」。又，儒家的「現象」屬見聞之知，道家的「現象」是成心執現，佛教的「現象」乃識心之所染；關於同一對象，三家的現象似又不同。此豈不又要在現象之後再尋現象，在物自身之後再尋物自身乎？由此一詰難即可見出康德所說「上帝創造物自身，不創造物現象」所提出的物自身與現象之概念，要對之有相應了解，又要加以轉換，以中國三教實之之困難。

在本人之立場而言，這個詰難不僅不是詰難，而正是實情實況，如實觀，如實知，真實行之所必然。離開一心之有，無所可有；離開一心之真，無所可真；離開一心之住，無所可住；而心不離能，能不離境，能所互證。「誠者物之終始，不誠無物」者也。三家各有各的物自身，正見三家各有各的宗，各有各的終極目的。儒家以明覺感應證知物自身，是以道德證自由，如實觀為物自身（道德主體與其明覺感應者，以創生為體性之物自身）。佛教以實相般若開出物自身，是以般若之八不緣起、無自性為一一現象之法性，以此性空為性開出物自身（以還滅為體性之物自身）。道家由玄觀玄智玄同、歸根復命而說物自身，是以從成心所執之現象界中解放，還物自在（齊物論），還人自由（逍遙遊），以道心證知物自身（以無執觀照為體性之物自身）。三教不同（宗旨目的不同）反證三教之同（同為主體體性學的境界論，同為由具體存在入路而反思其終極目的，因而同為自我實現的目的論）。至於三家各有各的現象者，常識的來說，本來就是唯我論中一個普遍問題。在三家而言，現象問題則正涉及體用之用，是縱貫的下貫或內外橫開的問題，是依存或自存的問題、是實事實有或情有理無、性空唯名的問題……。故三家各有各的物自身與三家各有各的現象，正為本人深心稱許。說此豈不又要現象之後再尋現象，在物自身之後再尋物自身者，正又是本人深心所願，以證現象非一層，物自身更非實在論之「物自己」一塊。

然則康德的「現象與物自身」只係其耶教傳統下，「屬人的現象」與「屬神的物自身」之截然二分，而為康德式的悖論 —— 全知的主知主義哲學之宿命。

十、由人存在為「物自身」(人之在其自己)，自證人有智的直覺

直截了當的說，就我們的對經驗世界的認知而言，沒有甚麼物自身，物自身只是保證我們這種認識涉及實體存在。但就人而言，說人的現象與「人的在其自己」、不能表象化被認知的那「本來面目」，此即中國最典型的人的「形——神」問題，由先秦人性論奠立，直至魏晉人物品評，討論的非常深入微妙。無人會懷疑人有精神自我、有自由自主、不可方物的無限可能，但又是可以一貫的、合理的，有位分、理分之別，有「意義之幾」與「存在之幾」的創造義創生義的、實證的表現與實現的（魏晉玄學形神之辨、言意之辨即基於此而起）。然則無人可否定人有「物自身」，如是無人可否定人有可能自知／自覺／自感／自證／自明人有「人的物自身」，是則「人有智的直覺」亦不可疑。由人有物自身，人有其「本來面目」，而問：何為人的本來面目的真實意義？何為人的「在其自己之在」？必曰感通，曰自主，曰仁（仁以感通為性，以潤物為用）。此「仁性」之感通、自主，本質論地固可說為人的「本來面目」、「本性」，實踐的目的論則說為是人的存在的內在目的、理想、自我同一性、存在的真實意義。人的存在的真實意義是「成為人」。「人的存在的本質或真實目的，就是要與其本質合一，亦即要成為自己，成為人！」因為沒有一個「已成的我」、「已成的人」而只有在「實踐」（有自覺目的方可云實踐）中的，或失去「實踐」的，在成為人的路途中的途人、未抵達者。

「仁者，人也」，但並非謂有一個「已成的仁（人）」、「大功告成的、完成的仁（人）」，躺在那裏作成人的本來面目；而是指有一「仁」的理想人格（聖賢），一未來的自我形象，在生命自身（人的物自身）震動並返照其自己，並觸發迫令人自己進入實踐而為性分之不容已。在此返照中，凡「已成的仁」皆成為仁的限制、仁的異己化、麻木不仁。此在生命自身中自我震動者，中國哲學非常真切中肯稱之曰「心」，而成

為中國哲學最核心之觀念。中國哲學遂可直稱為「唯心論」。心的震動並返照其自己，同時即將人與其所在世界（共在的世界／「場有」之場）一併照明。這個照明因不是感觸直覺的、知性的，而只能是反思判斷的、目的意義的 —— 人的知體明覺之感應、感通使人當下洞悉明通他自己和與他共在的世界「應該是甚麼」，這「應該是甚麼」即「人自己的本來面目」，同時即「人自己的理想目的」，同時亦即天地萬物之「本來面目」和「存在之目的」。由目的意義之照明和迫令人進入實踐意識，如是即對顯、照出人的現實境況是甚麼，現象世界是甚麼。萬物因此對顯亦獲得「物自身」與「現象」之兩層存在性格。故曰萬物之「物自身」即萬物的「本來面目」只是就萬物之在其自己而言其形式意義之「本來面目」，而不能言其真實意義的「本來面目」，但萬物可因着我的真實意義的「本來面目」之呈現，因着我的自由無限心之感通與明通，而獲得萬物之本來面目。而人的真實意義的「本來面目」是「成為人（仁）」，萬物的「本來面目」因之是「成為人的『本來面目』的呈現，在人的自由無限心之感潤與明通中獲得萬物之『本來面目』之萬物」。萬物在人的實踐活動的目的性的遍潤中所獲得的物自身身分，遂成為不可移／不可疑。如是，這朗現無可移之物自身之存在，可反過來實證人有智的直覺。人有智的直覺與物自身之呈現遂可一併證成。人有沒有智的直覺，康德把問題講得那麼艱難，我們也可以把問題再講得再艱難，但也可以直截地以實證的方式把人的物自身呈現，如是證得人有智的直覺，同時直接證成這艱難和簡易、不支離。此完全無關悲觀樂觀之問題。

十一、智的直覺（反思判斷力），目的與存在（現象與物自身）即三而一，即一而三 —— 知行合一

　　此直接把人的物自身（人的在其自己之知體明覺、寂感真幾）站出來，同時即證得人有智的直覺，人有反思判斷力所提之超越目的之

照臨，以及由此超越目的所反照的經驗現實世界，此亦存在之即一而三，即三而一。今既以反思判斷說現象與物自身、目的與存在，則判斷力（決定性判斷與反思判斷力）之起用，與人能站出來呈現為人的物自身，兩者與存在亦即三而一，即一而三。在中國哲學之慣常思想中，一個人之配有判斷力，豈可離一個人之自我實踐，當判斷力起用施加於康德分立之「自然概念的界域」與「自由概念的界域」二界時，又豈可不感照二界、轉移二界原先之存在狀態，以及判斷者自身存在狀態？判斷者自身除悅或不悅之情外，其知、其意、其行豈可以無動於衷？而一個人原先所享有的判斷力又豈是一成不變的判斷力？其悅與不悅之情究是伴隨合目的之判斷而來，抑或合目的之判斷跟隨愉悅之情而來？在純粹思辨中，這些問題因都涉及實踐的實在論，而不會被提出。本文今則鄭重提出之。本人有一四萬字長文曰〈玄學與生命美學〉（原名〈玄學與藝術生態學〉）[41] 就藝術活動（品評與創作）所涉，試說一「存在之玄」。此存在之玄，或亦可對比適用於認知活動與道德實踐，以凡屬人的文化性行為，除可轉移其所在之客觀條件之外，皆必觸動人的存在主體之體性、體相、體用，而又必在寂感真幾之目的性原則之默運中之故。此王陽明所以有「知行合一」（知行本一）之說。藉反思活動開顯亦就統攝目的與存在，知與行，一心與二門，寂與感，現象與物自身，觸發本人近年〈反思判斷與一心開二門 —— 牟宗三先生所提哲學共同模型之再省察〉[42]、〈知行合一與寂感真幾〉[43]、〈寂感真幾與一心開二門〉[44] 等文之作。文中再次論證道德判斷不僅是決定性判

41　吳甿：〈玄學與藝術生態學〉，《人文生態》，頁 158-206。
42　吳甿：〈反思判斷與一心開二門 —— **牟宗三與康德「智的直覺」義之衡定**〉，「當代新儒學與西方哲學：第九屆當代新儒家國際學術會議」會議論文（香港：香港中文大學，2011 年 12 月）。
43　吳甿：〈知行合一與寂感真幾〉，載《儒學的當代發展與未來前瞻 —— 第十屆當代新儒家國際學術會議論文集》（深圳：深圳大學，2013 年 11 月），頁 852-865。
44　吳甿：〈寂感真幾與「一心開二門」〉，「第十一屆當代新儒學國際學術會議——紀念牟宗三先生逝世二十年」會議論文。

斷,更涉及反思判斷(早年〈「聖人體無」所開啟的自然目的論〉一文中已有專節討論「反思判斷與道德判斷」)[45] 而反思判斷又必涉及一行為者之內在目的;此內在目的又必關連於此行為者之「自律性」與「同一性」,由是,道德判斷同時涉及判斷者與被判斷者之存在之本真(「超感觸的基體」、「物自身」)。

決定性判斷之表現為認知判斷,借用知性提供之普遍者及合法則性原則以判斷(決定)一特殊者之知識身分。這個說明沒有問題,因普遍者與特殊者同屬知識所行境。決定性判斷之表現為道德判斷,說判斷力借用理性(實踐理性)所提之普遍的道德法則及實踐之終極目的,以判斷(決定)一具體行為之道德價值。此說卻大有問題,因這裏的普遍者與特殊者(行為)分屬兩界:道德法則、終極目的屬智思界、自由界,具體行為則屬經驗界、自然界。如何可把一自然界之事物歸屬於自由概念之下?曰:但當此屬自然界之行為被認為具有內在目的 —— 亦即直接關係於此行為者之心靈機能之「自律性」(「一般說的諸心靈機能,視之為高級的機能,即視之為『含有一自律性』的機能者。」[46]),其實踐理性為其欲望所決定之終極目的,以及判斷力為其情感所提供之合目的性原則 —— 能綜合服從此諸原則而有之行為,可同時關連於兩界。此具體行為遂既有外顯之自然界物性之一面,又有其內蘊之自由意志之抉擇(欲望機能之是否服從其理性所決定之實踐的終極目的)之一面,而為一獨一無二之「事件」 —— 這時,一經驗界之事物(行為)不僅為一經驗界之事物而同時是一「物自身」(事物之呈現為經驗界之事物之具體同一性之超越根據:「超感性的基體」),此「超感性的基體」/「物自身」之為智思物遂可隸屬於自由概念之下,判斷力依終極目的及

---

45 吳甿:〈「聖人體無」所開啟的自然目的論〉之第二節「反思判斷與道德判斷」,載,《玄理與性理》,頁 218-227。
46 同註 4,頁 155。

合目的性原則，可對之作決定性之判斷。[47]

　　「出自自由概念之法則」之為「應當之理」，以其為應當之理故，將以其未實現為存在但必須實現為存在，為應當之理之本性，且永以未實現為存在，為其呈現之條件。當其一旦實現為存在，即存在為一靜態的，或自然的結構的目的性之存在，而曰此為「作為超感觸的基體之我」或「作為物自身的我思故我在之思維主體之我」之存在，此時，此已實現之應當之理即當自我超越之、解脫之，復歸為一活動的自由的結構的目的性之存在，即一實踐的實在論之即活動即存在，以永尚未實現為終極目的之存在，為此「自由概念之界域」之應當之理之呈現之條件。即此而言，康德所發現的「判斷力」之「反思判斷」，將在此道德的形上學之目的論哲學之重建中，擔負至關重要的功能。此反思判斷使我們身存的這原來同一的「經驗領土」，以心靈機能之理性的存在之「必然的興趣」（關於此「必然的興趣」，康德以「哲學的宇宙性的概念」說之，見下文。）故，必超越的開啟一「自由概念之界域」超臨於此「同一的經驗領土」並即之而開列為兩界，為「超絕的形上學」與「經驗的實在論」，或牟先生所稱「無執的存有論」與「執的存有論」二門。此即本文藉判斷力之批判所發現的康德之「一心開二門」。又，本文願借牟先生、唐先生論中國宋明理學之專名，重解而判之為：康德的「自由概念之界域」之「自由底形上學」之理為「應當之理」，而屬「超絕的形上學」之理。康德的「自然概念之界域」中之「經驗的實在論」之理為「形構之理」，而其「自然概念之界域」中之「自然底形上學」則為一義之「存在之理」而屬「靜態的和結構的目的論」之理（此則依朱子）。唯儒門理學的「存在之理」必開放予「應當之理」，而「應當之理」之為「應當」必涵「應當實現為存在」故必涵「存在之理」（此則依明道、陸、王）。

47　吳甿：〈知行合一與寂感真幾〉，載《儒學的當代發展與未來前瞻──第十屆當代新儒家國際學術會議論文集》，頁 852。

十二、存在之理與儒家目的論之六義

在〈目的論與朱子「體用也定」「理先氣後」義之衡定〉一文，試借用唐、牟之「存在之理」（涵「實現之理」與「形構之理」）、「應當之理」諸名，藉對朱子性理系統之詮釋，重建儒家目的論。撮要如下：

「體寂感真幾，究天人之際，通古今之變，契理氣之宜」之目的論，當包含以下重要思想：

一、總說：道德判斷之作用於一具體行為，固是一決定性判斷（以普遍之道德原則判斷決定一行為之為善為不善）。道德判斷所憑據之道德原則，康德視之為超絕的（transcendent），猶如天外飛來的，異質的普遍性原則，在理學家說來，實是孟子「盡心知性知天」之逆覺體證所提供，亦是康德第三批判所言人的心靈之特殊機能之反思判斷力所發現。由普遍的道德法則之反思，方有具體的道德行為之決定（定性）。故雖曰道德判斷是決定性判斷，然道德判斷必涵反思判斷，道德判斷之應當之理必涵存在之理，而反思判斷所提之合目的性原理（涵終極目的、本質目的及合目的性原則三義）亦必涵存在之理，而存在之理必涵實現之理（實踐理性與目的性原則）與形構之理（知解理性與現象學原則）；如是，道德判斷之應當之理，與反思判斷之合目的性原理，可與存在之理在「存在的迴旋」中不斷會合開展，而有真、善、美之價值判斷及其存在的說明。此是總說。

二、關於反思判斷力：由是，存在之然及其所以然 —— 存在之理，為超越的反省的起點；終極目的之發現與建立，為超越反省的終點。然原始反終，整個超越的反省活動，以及此超越的反省活動所遵行之根本原則 —— 合目的性原則，乃作此超越反省活動之反思判斷力自我提供，提供之以開展及完成對整體存在（連結自然界與自由界之整體存在），有一終始條理的，超越的統一的說明。然無論儒家、道家或佛教，此反思判斷力皆與工夫論結合，而云其起現隱顯，依人的存在境

界而昇降強弱。換言之，反思判斷力之隱顯強弱，亦唯在一自行創造和磨煉中，定而不定。此是關於反思判斷力者。

三、關於目的性原則：客觀而言，也是定而不定。這「定」在康德表述為「雖然在我們方面沒有任何能力去領悟或證明這樣的系統性的統一之存在，然而我們卻必須必然地要去假定這樣的統一之當有。」[48]、「超越的理念已被表明為是必然的，其所以被表明為是必然的，乃是只因為其有助於事物之完整決定之故。」[49]，而只能是主觀的超越原則之自我肯定的定。但在中國思想，這「定」是超主客觀的、實證相應、萬古共證的定，但同時又是定而不定。此合目的性原則之目的性，與其說是大自然自己的目的性，不如直說是人賦予自己之目的性。此超越的主觀的合目的性原則，是在人既為自然世界立法（知識理性）又為人的行為世界立法（實踐理性）之後，整一的存在被人分裂為兩界，一為自然界，一為自由界；人須為被人之兩種（兩層）理性所分裂的兩界，重新歸復為統一之存在負責，而必須必然地為自己而對世界提出一統一原則，即合目的性原則，提出之以重新建立關於存在之系統的統一之理解，理解之即自任自命、自覺為這存在的統一原則之建立者和這存在之合理、合目的之實踐實現者。就人之作為特定的有限的理性的存在者而言，捨此主觀的超越的合目的性原則，我們再無其他可能之統一原則，可以形成對自然界與自由界之統一的理解和說明。就人之作為既有限而可無限之理性的存在者而言，此超越的主觀性原則，正可啟動人實踐為自由主體之意識：人的生命存在既已是自然界一切條件關係的最高綜合者，人即應當將自己的生命存在實現為自然界一切條件關係及其綜和之可能的最高體現者、自覺自明者，以及其生生不息之維護者，其存在秩序之立法者，並因此故，他須將生命存在實現

48　同註4，頁133。
49　康德著，牟宗三譯註：〈超越的辯證〉，《純粹理性之批判》下冊，頁341。

為超出自然界一切條件關係所決定，須自覺自身被決定同時超出被決定，而為一為終極目的所貫注的存在者和自我超越者、道德法則之立法者和實踐者，亦即成為目的者、自由意志者。藉着反思判斷力所提之合目的性原則，人同時啟動生命之兩層存有：自然與自由，並即自我轉動而綜合之於此合目的性原則，而不已，而有存在之迴旋。由是，世界存在之目的性之隱顯、染淨、強弱、高下，與反思者反思判斷力之高下、強弱、染淨、隱顯，相應實證為一動態的結構的目的性原理之不斷建立、起現、起用，「命日降，性日成」，並真實地轉移了整個存在界之存在秩序，包括自然界自然因果串系之轉變與自由界精神之自誠明。因此合目的性原則之為主觀的超越性原則，使此原則可以有觀照之運用與實踐之運用，而非客觀認知判斷之運用，以避免目的性原則被向外施設作他律的權威主義之運用。此主觀的超越的合目的性原則之觀照觀想的運用，即成就審美判斷。審美判斷之高下，亦正反映審美者其反思判斷力所自律而投射予審美對象之合目的性 ── 實即審美者與審美對象相處相交之無目的之合目的性 ── 之高下。此主觀的超越的合目的性原則之實踐的決定的運用，即成就道德性之活動。道德性活動之高下、圓不圓，亦正反映「道德判斷」（若依康德，人無智的直覺，現實上人可否作道德判斷實屬可疑）者其反思判斷力所「發現」（透視到、直覺到、創造到）實踐理性所提給予行為者自己之目的 ── 實即道德判斷者自給自處之目的 ── 之純粹性，同時即是對人類理性底本質目的、人的全部天職的理解之完整性之相應不相應，而為即主觀而超主觀之合目的性之自由、自主、自律之純粹性。康德說：「本質的目的，自其當身而言之並不就是最高目的；依理性在完整的系統統一方面之要求而言，在這些本質的目的中，只有一個始可說為是最高的目的。因此，本質的目的或是終極目的，或是諸隸屬目的，此等隸屬性的目的是必然地當作工具而與那終極目的相連繫。終極目的不過就是人底全部天職，而討論此全部天職的哲學即被名曰道德哲

學。」[50] 此康德義之「天職」即「實現最高善」，亦即儒家之言「天命之謂性，率性之謂道」、「盡心知性知天」、「性分之不容己」。唯康德是靜態地分析地結構地講，儒家是動態地綜合地實踐地講。此是關於目的性之存有論與意義論之說明者。

四、關於目的與現實、應當之理與存在之理之關係：存在之理既內含已實現之應當之理，此已實現之應當之理之「應當」的理想性即必引至一更高的目的性之照臨，由存在之「所當是」（目的）反照其存在狀態之所是，以判斷其存在是否「真實」── 是否與目的性相應並在感通中。反思判斷力既要為一一具體事物反思其所隸屬的目的性，同時亦就「判斷」、「直覺」了此事物之眼前所是之「存在狀態」與其所當是之「內在目的」之是否相應，以及此事物之內在目的在整體天地之目的論反思中與整體終極目的之是否相應，而形成一反思判斷中的動態的、其命唯新的價值秩序與存在秩序。如是，存在不離存在秩序，存在秩序不離價值秩序，價值秩序唯在最高目的與合目的性原則之運用中建立，而目的性原理（涵最高目的、本質目的與合目的性原則）唯在反思判斷力，或理學家所稱之知體明覺，以至朱子所謂心氣之心、王陽明所謂心意知物（知行合一）之「知」之當下一念與念念相續中呈現。呈現之而定之為理，是「心即理」，陸王一派理學家之論也。朱子確信凡存在者必具存在之理，唯朱子之存在之理，既被確立為有定，「所謂定者，動亦定，靜亦定；無將迎，無內外。」[51]（原為程明道答張橫渠〈定

50　康德著，牟宗三譯註：《純粹理性之批判》，〈超越的方法論〉之第三章「純粹理性底建構」。康德原著〈超越的方法論〉這部分，牟先生並未譯出，只在此書之〈譯者之言〉說「超越的方法論則不想再譯，期來者續成」。見康德著，牟宗三譯註：《純粹理性之批判》上冊，頁 4。唯在約七年前出版的《現象與物自身》書末引用有其譯出之部分內容（約四千字）。今轉引自牟宗三：《現象與物自身》，頁 460。另可參閱康德著，藍公武譯：《純粹理性批判》（台北：仰哲出版社，1987 年），頁 590-594。

51　程顥：〈答橫渠張子厚先生書〉，載程顥、程頤：《河南程氏文集》第二卷，收入《二程集》第二冊（北京：中華書局，1981 年），頁 460。

性書〉語，可移作朱子意）、「理先氣後」、「體用也定」，物物之存在之所以然之內在目的性，與超越言之之總體目的性，在朱子表述中，正呈現為一靜態的或結構的目的性，而通稱之為「理」，「性即理」。當代理學詮釋者稱其為「存在之理」，正或欲顯其以一存在者必含一目的性以為其存在之根據，此目的性又已實現為存在故而靜態化，靜態而結構化，而為凡存在的都合目的性理的存在之理。

　　以此靜態化的目的性為一切存在者之存在之理，可特顯理之形而上的恆常普遍義，體用也定義，心可居敬窮理而理非心立義，理先氣後義。此靜態的、結構有定的、性理目的論之存在之理，其最大的理論困難，在把此性理之發現（或建立）理解為來自一格物窮理之活動，而非就性理之為性理必是實踐理性之自我建立、自我發現，並將此性理之對其自己之再發現，歸於反思判斷力（或曰智的直覺、知體明覺之覺照）之反思活動；而格物窮理將永不能發現此性理，此其一；此一錯置遂同時把性理之存在與此性理之發現和性理之自我建立斷為兩截，此其二；此性理既被存在化、客觀目的論化、結構化，性理自身即喪失目的性（理想性）、動態的超越性，而歸於平面化，成為與氣不雜不離而同一平面之理，此其三。此三病皆源自不知性理之為性理，只能由實踐理性、德性透過反思判斷力（或曰智的直覺、知體明覺之覺照之明）在反思活動中自我發現，自命、自立、自轉、自建，命日降，性日成，而曰性即理。這原只能是生命之心靈機能三位一體之理、生命之存在之理、生命成為目的者而真實化之理，注定為活動的、超越的、迴旋的，而不可終結、中止、凝固、平面化為寡頭一句「凡是存在的都是合理的，凡是合理的都是存在的」那般的存在之理。此是關於凡目的皆為超越的且是內在的，故必是活動的、實踐的實在論的。

　　五、關於反思活動自身之目的，以及共同目的：目的論提供無限感通之最高目的者之「體」，不安不忍之生命存在之「相」，通向存在、轉動氣化的生命、在有限中實現無限之潤物（包括生命之自我潤澤）之「用」。體理、相理、用理，三理俱立。或體大，或相大，或用大，依

於反思者之反思活動之縱向觀、橫向觀與前後觀所成之不同結構，而可有不同，而終不離一心之寂感。體理、相理、用理，三理可總攝之曰性理，即性理而可言性體、性相、性用；或即其超越義而曰天理、天地之性之理；然皆須以反思判斷之透現理性所提之終極目的所貫所成的活動的結構的目的性為依據。

這本用作自我範導的目的性原則，其之被設想為全體存在之整體性原則，本身亦在此目的性之貫穿中：即全體存在之被思議為擁有一終極目的，其目的唯在觸發作此反思者確信全體存在為同一目的性貫通，以不安不忍故，生命實證此目的性之貫通，而性分不容已。最重要的是，這設想為全體存在之目的性原理，其最高目的、作為最高目的者的唯一使命，只是：維護物物存在之理、實現其存在之目的、護持全體存在之生生之德，以令趨向於這樣一個「世界存在的最高目的，那就是創造本身。」如是反思判斷力（或曰知體明覺、智的直覺之覺照）成就的，不是客觀目的，既不是世界客觀目的，亦不是歷史客觀目的。反思判斷力成就的，是自由的反思活動自身、是反思者自身，亦即是「感通」、「仁」！此是關於反思活動自身之目的，以及共同目的者。

六、反思判斷力以目的性原則統一兩界同時證成兩界之超越區分，無目的與目的相即：凡自覺為目的者、根源的在者，必已在反思中，在理想與現實之區分之覺悟中，在目的性所貫穿中之理想主義者、自我超越者，以其自我超越故，必又超越超越，而同時要求實現為在世者、倫理世界之在者、文化世界之在者；他必須與其他目的者、根源的在者、共存共享同一互為主體、互為目的之目的王國。各目的者（主體）通過各自之目的性活動，在對列、對立與殊異中，互為主體、互為目的者、自由者，從而互相正視、尊重各自目的之位分之殊、不同處境歷程之本質目的之理分之殊、超越目的與內在目的之界域之殊、整體目的與局部目的之結構之殊，即分殊而必反省這一切分殊、殊異之為殊異，正源自天地之性之根源的「一」。沒有天地之性之根源的一，沒有天道天理之一，則亦無所謂分殊，無殊異之為殊異之可言。

明天地之性、目的性理之一，正所以明天下萬物萬事之殊異以及殊異之為殊異；以一天地之性之理，原就來自對一一具體存在之殊異性之反思，在反思中建立者。如是，反思判斷力連接兩界同時區分兩界。這區分當然是超越的區分、價值的區分，但同時是存有論的區分。區分兩界亦即證成兩界，證成兩界亦即兩界俱真實存在於反思活動中，不雜不離。普遍性與殊異性具體性不雜不離，目的與歷程不雜不離，整體性與個體性、個體之全部與局部不雜不離，精神與存在、未存在與已存在不雜不離。朱子言「理氣不雜不離」應作如是觀。道家之玄理，老子曰「故常無欲以觀其妙，常有欲以觀其徼。兩者同出而異門，同謂之玄。玄之又玄，眾妙之門。」[52] 其形式結構亦有若是者，魏晉玄學大暢之，朱子必深有所感會。然儒家則必在此體用、理氣、無極而太極、無目的與目的之形式結構中，貫注入應當之理之內容與實踐動力，言理一分殊、言各個體性分之不容已，以及以性分之不容已而互為主體，轉出客觀精神以言禮法；由客觀宇宙論目的論之「無」，回到反思活動之當下、回到存在之感通的當下。此是說反思判斷力以目的性原理統一兩界同時即證成兩界之超越區分，無目的與目的相即者。

十三、儒家目的論之目的：成為反思者、 成為「依照圓善之概念而為實踐的者」

由儒家目的論最後成就的不是甚麼客觀宇宙目的，而是存在的感通中的反思者、實踐者，我們可依康德的最後哲學問題「人是甚麼？」而進一義，曰：人是註定為自我實現者。康德發現有「依照自然之概念而為實踐的者」[53]，又設想有「依照自由之概念而為實踐的者」[54]，康德

52　王弼原註，袁保新導讀：《老子》(台北：金楓出版社，1987 年)，頁 7-8。
53　同註 4，頁 108。
54　同上註。

樂意見到有「依照合目的性概念而為審美活動者」，但康德沒有說有「依照合目的性概念而為實踐的者」。本人今則以儒家目的論的名義，說此「人的發現」：人的存在之真實在是「依照合目的性概念而為實踐的者」，亦即「依照以自然概念與自由概念之綜和為目的概念而為實踐的者」，亦就是「依照圓善之概念而為實踐的者」。

當康德說「依照自然之概念而為實踐之者」、「依照自由之概念而為實踐之者」，康德自己是否意識這樣說同時亦就證了二者同屬於同一實踐主體，同屬於一「依照最高終極目的性概念而為實踐的者」。唯此「依照最高目的性概念而為實踐的者」能夠區分二者，並能統合二者。以此「依照最高目的性概念而為實踐的者」原就源自「依照自然之概念而為實踐的者」和「依照自由之概念而為實踐的者」的哲學區分之反思，依辯證邏輯，此哲學區分之真正作出，必本於一哲學的根源的同一。「依照最高善（圓善）之目的性概念而為實踐的者」即此根源之「一」。就純粹哲學思辨而言，沒有目的性原則，「依照自然之概念而為實踐的者」此語不可理解；同樣，沒有目的性原則，「依照自由之概念而為實踐的者」一語亦不可理解。以「實踐的者」一語即涵「依一目的方向而持續之行動」之義。如是，「自然底哲學」之形構之理與「道德底哲學」之應當之理，依「實踐」之名義而會通於目的性原理。實即在實踐中以應當之理統御形構之理，而為縱貫的存在之理。故可曰縱貫之為縱貫者，實涵「依照自然之概念而為實踐的者」與「依照自由之概念而為實踐的者」之二義之應當之理。由「依照自然之概念而為實踐的者」之應當之理之命令，則決定生命開展為作橫向的攝取的形構之理之活動的實踐者：一認知主體。由「依照自由之概念而為實踐的者」之應當之理之命令，則決定生命在自然生命、情感氣質生命、人格生命之「性成命定」的種種限制中，仍以尊敬道德法則之尊敬為自由決意之唯一動力，生命實現為徹上徹下之創造的應當之理之實踐者、一道德主體。由是言之，所謂作橫攝活動之知識主體，並非真離開實踐理性之應當之理之縱貫所貫。而縱貫的應當之理若無一知識主體受其所貫

而同步開展出對應當之理之實現之存在的限制與擴張之自覺，則應當之理只直接的貫注為一道德主體，直接統御此「依照自由之概念而為實踐的者」之自然生命、情感生命、氣質生命、人格生命之存在，以統一投向此應當之理之應當，而忽略及錯過其道德實踐之當前限制與可能之存在與擴張。此道德實踐之當前限制與可能擴張，一方涉及應當之理之成為存在之理，一方涉及此道德實踐者其自然生命、情感生命、氣質生命與人格生命之存在的需要與潤澤，以及此一實踐行為之公共性格。而德福一致之圓善概念，必為應當之理之最高理念，即依照自由之概念而為實踐的者之最高目的；其實現須知識主體之全面介入。故世上固無無縱貫之理作貫注之橫攝活動（以橫攝活動亦須縱貫活動之自我中止及靜態化而轉為橫向的活動，以及持續此橫攝活動進行之動力故），亦無無橫攝之形構之理作客觀化存在之所資所對之縱貫活動（以縱貫活動亦須有所對有所成故），雖兩者所依之原則完全不同。故謂應當之理必涵存在之理，而存在之理必涵實現之理與形構之理。

　　然則，當實現一應當之理，意即此應當之理已貫通此實踐者之多重生命及其所在自然界之存在並成為統一之存在之理 ── 其中包括守護或否定實踐者之多重生命存在及其所在自然界之原有之存在之理（形構之理），而代之以「其命維新」之新命之存在之理，唯此方可謂「實踐」。此則應當之理必統攝涵蓋存在之理，而存在之理先於（形而上之先於）氣化之存在。故朱子曰「理先氣後」。此應當之理為形而上之先在之理，此說究又依何理？必曰：應當之理之為應當之理，只以應當為理，別無他理可依，既無他理可依，故應當之理必為絕對的先在之理。此是了義，窮極之說。若必分解地說，則應當之理必由一反思判斷力即着一具體生命存在，反思其存在之超越之所以然，此生命存在之超越的所以然即所謂存在之理。此超越的存在之理既由反思判斷力以目的性理念之方法來提出，表示此超越之存在之理內在於生命，而為生命存在之應當之理，亦即「應存在而未存在之理想目的如何成為存在」之理。應當之理既以未實現為存在為其呈現之條件；應

當之理又須先有存在者，再有存在者有所感觸、反思其存在之超越的
所以然，並以目的性說此超越之所以然，而方有此應當之理。此則存
在先於存在之理，存在之理先於目的性原理與應當之理。故存在主義
者說「存在先於本質」，朱子曰：「氣強理弱」[55]、「理寓於氣」[56]、「觀萬物
之異體，則氣猶相似而理絕不同」[57]。

　　應當之理既以未成存在之理，為應當之理呈現之條件；然則應當
之理是否以永未實現、永在未來，為其存在之性相？必曰：然，又非
然。應當之理憑依自對「氣」及氣之存在之理之反思故，應當之理自目
的論言，實呈現為兩態：為未實現之應當之理與已實現之應當之理。

　　未實現而要求實現之應當之理，實即陸王之「心即理」之理，亦即
生生之理、創生原理。應當之理之「應當」，今可視為一動態的和結構
的目的性原理，以其超越而內在故，必要求實現於存在，緊密連結主
觀精神與客觀存在之兩極，而為綜合原則，必涉及存在與存在之秩序，
永在未存在與已存在之間甚幾甚微，而為「先天而天弗違」之創生之理。

　　已實現之應當之理即朱子之存在之理，以應當之理已結合氣之理
而成為存在之理。此則為「性即理」之理，可視為一靜態的或結構的目
的性原理，以此應當之理之「應當」已作為目的形式與動力轉動氣之存
在，使理實現於氣而為合目的性之存在，亦即合理之存在。天地萬物
之存在離不開此合目的性、合理性為其所以存在之理。此理、此目的
性原理已成為綜合原則緊密結合主觀精神與客觀存在此兩極，並進入
存在與存在之秩序，使存在成為可續的並且為結構性之存在。凡存在
的都是合理的，凡合理的都是存在的。此則為「後天而奉天時」之存在
之理。

55　朱熹：《朱子語類》第一冊，第四卷（長沙：岳麓書社，1997 年），頁 64。
56　同上註。全句為「氣雖是理之所生，然既生出，則理管他不得，如這理寓於氣了，
　　日用間運用都由這個氣，只是氣強理弱。」
57　朱熹：《朱子語類》，〈答黃商伯〉，第一冊，第四卷，頁 52。全句為「論萬物之一原，
　　則理同而氣異；觀萬物之異體，則氣猶相似而理絕不同。」

在「依照圓善此最高目的性概念而為實踐的者」說來，唯未實現之應當之理是其實踐之目的，此即「理先氣後」之理；而已實現之應當之理即存在之理，存在之理涵形構之理與實現之理，亦即「依照存在之概念而為實踐的者」之理，即「氣強理弱」、理在氣中，自內而外，合氣歸理同時注理於氣之「時中」之理。其依照目的性概念而實踐，即致力於將個「理」步步存在化、氣化。但與此同時，即着此「理」之步步存在化之「氣」（器）步步反思其存在之超越目的，更步步強化此反思、自覺其生命存在與目的理想之距離不近反遠，而為「天之戮民」。而此步步自覺其生命存在與其目的理想之拉開，正證顯生命存在之不斷打開、擴充、壯大。「可欲之謂善，有諸己之謂信，充實之謂美，充實而有光輝之謂大，大而化之謂聖，聖而不可知之之謂神。」即此「大而化之，聖而不可知之」，可知理學目的論並無目的，唯以生命存在之翕辟、自我超越、成為自由無限、成為創造為目的。

十四、結 語

由回顧康德所遺留的物自身問題，到牟先生依中國哲學將之吸納，進一步穩定而為「現象與物自身」—— 以現象為「執的存有」、物自身為「無執的存有」之兩層存有論；更以「一心開二門」為哲學的共同模型，判康德只開「執的存有」一門，儒、道、釋三教則偏於在「無執的存有」一門各有建樹，而以徹底唯心故，實皆涵攝二門，此有歷代留下之大量言說為根據。本人重新審視康德之物自身概念，認為以一種認知的存有論的態度去估量物自身，將永遠失去物自身。「物自身雖很有客觀的、超越的意味，但吊詭的是，『物自身』愈有客觀的、超越的、實在論的意味，其自性義、自我義、同一性義、內在義、主觀義愈強。只需將『物自身』(thing in it-self) 一名沉吟一遍，即可明了本人之言。當『物自身』之名施用於人自身時，上述之吊詭，及由此吊詭引生之豐富的哲學意涵，真可以令人思如泉湧。」（見本文第三節）因

之，本人將物自身問題重新放到康德晚年第三批判《判斷力之批判》中審視，結合牟先生的批判，從以「物自身」概念為中心，轉到以「智的直覺」為中心；從以「現象與物自身」為中心，轉到以「智的直覺與物自身」為中心；由康德、牟先生的洞見，本人進一步轉以「物自身與目的性原則」為中心，即將物自身概念從認識的存有論本體論中解放，轉從存在的目的與存在的同一性說物自身，而轉作目的論的、實踐的實在論的問題。因此，再將「物自身與目的性原則」為中心轉為以「智的直覺與目的性原則」為中心，既說明物自身涉及一主體之自我實現與發現，遂轉為以「反思判斷力與智的直覺」為中心，而終止於以「反思判斷力與生命存在」為中心。由終止於以「反思判斷力與生命存在」、「反思判斷力與即存在即活動與知行合一」為中心，而「一心開二門」，而為以「反思判斷力與一心開二門」為中心。以此迴旋完成康德、牟宗三「物自身」問題之回顧省察以及本人對此問題的批判發展：即把「物自身」從一「由知識論觸發的存有論概念」，轉作「實踐論的宇宙性的概念」，亦即將「現象與物自身」之傳統論題樣式確定轉為「目的與存在」這個論題樣式，而為康德哲學嘗試進入中國哲學必有所衝擊、有所契悟而出現的「新」論題「新」樣式。本人願將此視為東西哲學會通之重要啟示。本人相信，就康德哲學本身而言，他本期待着此一轉進。試看下面康德這段話，就知道他在期待「真正哲學」或曰「理想的哲學」的出現：

　　　　在發生自理性的一切學問中，只有數學才是能被學習的；哲學從不能被學習，除只依歷史的樣式去學；就那有關於理性者而言，我們至多能學着去作哲學的思考。（……）我們只能學着去作哲學思考，即是說，學着去練習理性底才能，即依照理性底普遍原則，依據某一現實地存在的有事於哲學者的嘗試，去練習理性底才能。但是，縱使這樣着去練習，也總要保留理性在這些原則底根源方

面，去研究、去穩固，或去拒絕這些原則之權利。

迄今以往，哲學底概念只是一經院式的概念 —— 一個知識系統底概念，此概念只在其為一學問的性格中被尋求，因此，它只籌劃這系統的統一；即適當於學問的那系統的統一，因而結果，它不過是知識底邏輯圓滿。但是，這裏同樣也有另一個哲學底概念，即一「宇宙性的概念」，此宇宙性的概念總是「哲學」一詞之真實基礎，特別當其已為人所體之，而且其基型已被表象於理想的哲學家（哲人）中時，為然。依此觀點而言，哲學是把一切知識關聯於人類理性底本質目的之學，而哲學家不是理性領域中的一個技匠，而是其自身就是人類理性底立法者。[58]

又：

康德原註：所謂「宇宙性的概念」，在此，是意謂這樣一個概念，即，它關聯到那「每一個人必然地對之有一興趣者」；依此，如果一門學問只被視為這樣一種科學，即依某種自由選擇的目的而被設計成者這樣一種學科，則我必須依照（學問）之經院式的概念去決定它。[59]（吳案：意即哲學之「宇宙性的概念」關聯到人類「每一個人必然地對之有一興趣」者，而經院式的哲學概念依其「所選擇的目的而被設計成者」則只關聯於概念知識之邏輯圓滿，即只籌劃這概念系統的統一。）

58　康德著，牟宗三譯註：《純粹理性之批判》，〈超越的方法論〉之第三章「純粹理性底建構」，見牟宗三：《現象與物自身》，頁 458-459。

59　牟宗三：《圓善論》，〈序言〉（台北：台灣學生書局，1985 年），頁 viii。

　　本人之「接着說」、「活轉說」，不僅是為「中西哲學之會通」而會通康德、牟宗三，亦不僅是為「一心開二門」而從「現象與物自身」轉說「目的與存在」，而更是為中國哲學、西方哲學的進一步發展尋找可能性、合理性。中西哲學對話正是這種可能性合理性出現之契機。由對話而發現中西哲學皆本於「一心」，唯在各自發展的歷史中，「心之展示其自己」之入路、方向、與目的理想各有不同，亦唯在對話中發現各有不同，而反證根本同一、原本同一，由即理證性證心，心同理同，理一分殊，軸心普世非二，證中西思想源自一本，二門本於一心。殊途同歸，唯心實證，實證唯心。

　　（本文撰述於 2016 年 6 月，刊登於 2016 年 12 月《當代儒學研究》第二十一期。）

第十一章

「性向善論」與「性善論」
—— 目的論與即生言性、即理言性、即心言性
（以唐君毅《中國哲學原論》為中心之還原與開展）

一、提　要

　　《朱子語類》有評論陸象山條云：「舜功云：陸子靜不喜人說性。曰：怕只是自理會不曾分曉，怕人問難。又長大了，不肯與人商量，故一截截斷了。然學而不論性，不知所學何事？」（第一二四卷）直謂象山於性上不曾理會分曉，又老年矜持，怕人問難，故不喜人說性。但其實象山本人非不喜說性，其於孟子與告子論性一段之關節，亦曾見識得十分透徹，曰：「告子與孟子並駕其說於天下。孟子將破其說，不得不就他所見處，細與他研磨。一次將杞柳來論，便就他杞柳上破其說；一次將湍水來論，便就他湍水上破其說；一次將生之謂性來論，又就他生之謂性上破其說；一次將仁內義外來論，又就他義外上破其說。窮究異端，要得憑地使他無語始得。」（《象山全集》第三十四卷）是朱子之此處之評論亦過甚矣。然並不是無意義，亦非無因。

　　《象山全集》第七卷之〈與邵中孚書〉有讀書良法一段，說到如何讀〈告子〉篇，曰：「告子一篇，自『牛山之木嘗美矣』以下，可常讀之，

其浸灌培植之益，當日深日固也。其卷首與告子論性處，卻不必深考。恐其力量未到，則反惑亂精神。後日不患不通解也。此最是讀書良法。」是陸象山本人亦明教人先不必深考孟子與告子論性處，恐學者力量未到，反惑亂精神。

以上所述此段學案之情節，見於牟宗三先生《心體與性體》第二冊第三部第一章〈象山少說性以及關於孟子與告子論性之態度〉。時隔八百餘年，牟先生猶自言：「就吾個人言，對此〈告子篇〉之論辯，初覺甚易，後覺甚難。近十年來，年年講授，漸磨漸熟，始敢自信漸能盡其曲折，庶幾不謬於名理。多年來迄未敢動筆。將於講先秦儒家時，取此篇逐句疏解之。」[1] 可見孟子與告子論性乃中國哲學第一大公案。

此段公案之於我所發生的問題，是：孟子即心言性、即理言心言性，與所辯之對方告子之即生言性，三者之關連，只能是一，非二非三。孟子既言仁義內在，焉有離即生言性，而仍可言即心言性、即理言性者？反之亦然，焉有離即心、即理言性之性，而仍可言人之為人之「生之謂性」者？若是，三者之統一原則既不能外覓，其將落何處？吾意此方是考人力量（心力、學力、思辨力）之處。象山少說性，恐人力量未到，則反惑亂精神；牟先生初覺甚易，後覺甚難；恐亦必因此也。今本人唯憑朱子「學而不論性，不知所學何事？」之念，將此大段公案，逕以「自然向善論」與「性善論」之辯視之。本文欲藉唐君毅先生之系統的中國人性論之義理還原，援入「目的性理念」作為人學體性學、體用學之縱貫原則；由超越的反省，合「生之謂性」與「即理言性」而為「性向善論」（康德所謂「人性中的根源的向善之才能」）；由「即

---

1 見牟宗三撰：《心體與性體》第二冊，第三部，第一章〈象山少說性以及關於孟子與告子論性之態度〉（台北：正中書局，1968 年），此書又收入沙淑芬編：《牟宗三先生全集》第六卷（台北：聯經出版公司，2003），頁 209。牟先生於晚年重要著作《圓善論》（台北：台灣學生書局，1985 年）第一章〈基本的義理〉將《孟子》〈告子上〉逐句疏解。此書未出版前，本人曾在課堂聽先生親授此段，不覺有異，只在「公都子曰：冬日則飲湯，夏日則飲水，然則飲食亦在外也？」一句之理解，曾與牟師有小爭議。翌年印成之大著，先生固仍斥公都子糊塗。

心言性」說「心之生」即「性」之「性善論」，更即「性善論」說「寂感真幾」，由「寂感真幾」、「即寂即感」說「天地之大德曰生」之「生生之性」；更由天地之大德之生生之幾，縱貫說為人人之良知，能與當下具體處境感通感應、知善行善之良能，而為生性、理性、心性之自然向善論與本善論之歸結統一，以之為孟子與告子論性此一大公案提供一思想路線。

十年前（2008 年）本人出席台北「紀念唐牟誕生百週年國際學術會議」提交論文關於唐君毅先生著《生命存在與心靈境界》之系統性格，從目的論透析「心靈九境」之人性論根據。今引一段，以為可作本文提要之一提要也。

生命心靈之為存在，其存在之體性，依儒家，首先必是一有，此有即是一感通之能；此能又必以成為大能，繁與大用，以實現感通之存在之理為能，並在每次實現之同時自我超越而出，以維持此能之永能，使免止於以為完成而不再為大能。大能之為大能，在以其能，為已成之存在世界帶入新可能性，亦即為一切已成之有，帶入無、帶入虛空，以轉動一切有，而為存在的迴旋，向著此大有大能之「成為大有大能」，也就是「成為生命心靈之存在的本質體性之實現的無限」、「成為精神」、「成為自由」之理想、目的而趨進。超越一切已成已在，讓一切已成已在，成為生命心靈存在體性之大能之超越性之肯定與否定之所對，而轉為生命心靈之實現目的性存在的「環節」、「歷程」、「內容」，而歸於凡被肯定者同時被超越，而唯顯實、內存此本質體性。「君子所過者化，所存者神」之謂也。也就是說，自生命心靈之本質體性而言，此感通性之大有大能，存有論地（而非時間地）先於生命之具體存在，並內在於此生命心靈之存在而為其本質體性，在生命之內導引

他、率領他，同時告誡他：生命只受制於一種天命之約束，即「成為人——成為仁者！成為本真存在！」此一終極目的，而存在藉此一步步開顯實現。即此可曰「本質先於存在」。自生命心靈之感通之大能而要求實現此大能、實現生命成為「真實存在」，亦即如實實現其本質體性之生命而言，此純感通性同時使其生命心靈存在首先須自覺為被決定（知天命）、有內容，有所有，而即此定在定有顯其自我超越之大能。此生命心靈之大能藉穿越一切已成已有，使生命心靈存在由一定在定有而自忘、自損為一大虛空、空靈，而有待於一一感通及所穿越之內容以為其生命心靈存在之內容，而得以此穿越、超越之能為其本質。即此可曰「存在先於本質」。換一個說法，自體用而言，必言大有大能，「本質先於存在」與「存在先於本質」俱可說，而因此需要一綜和，一超越之綜攝，一辯證的相即。自性相而言，必言性空唯名，無以全有，存在與本質俱不可說。即此俱不可說，生命遂從存在與本質，從體用中解放，觀照凌虛。綜攝體用與性相而可說者，唯生命心靈存在之終極目的性之發現與實踐實現，即着存在目的的發現與實現而言即活動即存在，即存在即活動，而言體、言相、言用，言生命存在心靈之諸境。[2]

二、唐君毅以人學為中心之「中國哲學」概念

唐君毅先生的《中國哲學原論》系列共六篇，六大冊。《導論篇》

2　該文題為〈目的、體用與性相——從目的論看唐君毅「心靈九境」之系統性格〉，為台北 2009 年 9 月「紀念唐牟誕生百週年國際學術會議」論文。後發表於《鵝湖學誌》2018 年第六十期，頁 43-81。

合三篇為一冊、《原性篇》一冊、《原道篇》三冊、《原教篇》一冊。《導論篇》分〈理與心〉、〈名辯與致知〉、〈天道與天命〉三篇。今先說首篇。首篇論〈理與心〉，疏理總結出中國哲學中「理」之六義，依思想史之次序為：文理、玄理（名理）、空理、性理、事理、物理。[3] 以「文理」為先秦言理思想首重之義（文理既為六理之一理，又為六理得以會通之理）。文理者，「人文化成之理」，進而可論「人文化成之存在之理」、「人文化成的形構之理」、「人文化成之實現之理」。既言理，則可問理之原；既問理之原，又可問人為何會循理踐理？唐先生曰：「人能知理踐理，皆原於心。」[4]

　　由是，由「原理」不能不「原心」；由原理而原心，「心」既為眾理之所由出之源，則為眾理會通並得縱貫之「主」。[5] 由〈理與心〉確立主體性，下開〈名辯與致知〉並統攝之；上開〈天道與天命〉，由老子之道、歷代諸子之太極理氣論，以及歷代天命思想，而知「盡心知性知天」之「天」之義。天道天命之為「超越」，一如心性之為「內在」；心性之為「內在」，因其自誠明而能盡、能知、能自我超越；天道天命之為「超越」，源自此能自明誠之心性「若自一無窮淵深隱微若不可見之泉源而流出，遂可說此泉源，為超越於現實人生之已有之一切事之上，之無聲無臭之天，亦可說此性乃天所命於我，以見於我之自命者。」[6] 王陽明所謂「無聲無臭獨知時，此是乾坤萬有基」者也。是此心性（心之生曰性）之為「內在」，是要超越內在；天道天命之為「超越」，是要

3　見唐君毅：《中國哲學原論・導論篇》，收入《唐君毅全集》第十二卷（香港：人生出版社，1966 年；台北：台灣學生書局，全集版，1991 年），頁 4。關於唐先生之論中國哲學思想中理之六義，牟宗三先生進一解，特提「名理」，以魏晉名理統攝先秦名家，而為「哲學名理」。見牟宗三撰：《才性與玄理》第七章（香港：人生出版社，1963 年）。又於《心體與性體》第一部〈綜論〉（台北：正中書局，1968 年初版）改以學門範域重列唐先生之六理為：名理、物理、玄理、空理、性理、事理（見頁 3）。

4　見唐君毅：《中國哲學原論・導論篇》，收入《唐君毅全集》第十二卷，頁 70。

5　參閱吳甿撰：〈序論：理與心〉，《玄理與性理》（香港：經要文化出版有限公司，2002 年）一文。

6　唐君毅：《中國哲學原論・原性篇》，收入《唐君毅全集》第十三卷，頁 81。

超越超越。這個掘井及泉、天道性命貫通、上下一體、內外互動、前後繼成的型態，說形而上學，只及說其小半；即今言之，只能仍說是涵攝形而上形而下而即轉動即存在之心性之學。

中國哲人二千年來即一直這般說「心」說「性」。這般說的心性之學，若仍說之為形而上學，則整個是在所謂形上、形下之根源核心之形上學：既是在形下學之超越的核心之形上學（若沿消極義之「物自身」此一思路措思而言），亦是在與形下學相對的形上學之超越的核心之形上學（若沿積極義之「物自身」即「目的性」此一思路措思而言）[7]。再說得真確些，這個「形上」、「形下」名言之有，源自無名無言之「默」，由「默」而出「言」、而有「形上」、「形下」之名（symbol, sign），此等之名必有其所指之義（「思指」，reference, interpretant or thought 與「所指」，referent, object），「形而上者」之名只有「思指」，沒有「所指」（對象化的客觀存在者），「形而下者」之名既有「思指」（概念），又有「所指」（已有之一切客觀存在）。此等名言之是否「真實」（有意義），還賴此「無聲無臭獨知時」之由「寂、無」而忽焉「獨知」，由「獨知」而「無獨必有對」地有覺知，與種種檢證：主體自我之內在體證，互為主觀的客觀檢證，未來之歷史檢證；存在主義者齊克果所謂「主體性即是真理」之親證、契證、內外證亦即獨證；或以知識言認證、共證，「辯以示之」之證；或以歷史印證為證，以至自明之證、實用之證、逆覺體證之證、冥證、「默以存之」之存證，以及自我實現之實證，等等。獨知者如何自無聲無臭中「出」有聲有色之天地萬物，自默中「出」是非黑白之言，實源自獨知者惻怛性情之性分之不容已，以及此不容已之「生生之靈幾」，而可謂「自無出有」，寂天寞地而必有事焉。而此一切「必有事焉」之有事，一旦成為存在，必即可區分為其已成之存在與未成（未實現）之存在。已成之存在又可再分為：表象的

7　參閱吳畋撰：〈康德、牟宗三「物自身」問題之回顧與哲學省察〉，《鵝湖學誌》2016年第五十八期。

性相「外性」之存在，與其如此性相存在之所以然之本質「內性」之存在。未實現之存在又可再區分為：由現在之如此存在正趨向於一如彼之將實現之存在之「如相」之存在，及其能如此不斷活動趨向之性體之「性日生、性日成」之「如性」之存在，與其不斷向之趨赴之「命日成，性日生」之目的串系之存在之「如是本末究竟等」（借用佛教天台宗之「十如是」義。見《妙法蓮華經》〈方便品〉）之「如如／真如」之存在。唯佛教所說「如」處，宋儒皆說為「實」，「千虛不搏一實」。唯儒門之「實」乃攝虛歸實，而又攝實歸虛（攝存在於活動）之「活動的實在論之實體實有之實」。此已實現與可實現之存在，或即既可思指，復有所指之存在，可謂形而下者；未實現而其命惟新之終極目的，及其能不斷趨向、自我超越之實踐者之體性，或即只可思指而永不能有所指者，此所以謂形而上者。如是所謂形上、形下云云，源自一存在的獨知者之由寂天寞地而不容已地有所感、有所思、有所指、有所言、有所實踐，此惻怛性情之不容已。此一不容已正是形上、形下世界之唯一共同根源，亦是乾坤萬有基。（佛教則說為「十如是」，以其否認有實在論之實體故。）故程明道說：「天地間只有個感與應而已，更有甚事。」《二程遺書》二下）全部中國哲學所論唯是這感與應。梁漱溟當年比較中國、西方、印度三方思想，在「形而上學」一欄，說中國的形而上學「自成一種，與西洋、印度者全非一物，勢力甚普，且一成不變。」而「（中國人生哲學）最盛且微妙，與其形而上學相連，佔中國哲學之全部。」[8] 熊十力謂「哲學通宇宙、生命、真理、知能而為一，本無內外，故道在反躬，非實踐無由證見，故是修養的學問。」[9] 梁漱溟、熊十力說的亦正是這意思。牟宗三直說為「生命的學問。」[10] 外行人因此以為淺易，內行人因此知道深不可測。雖深不可測，而仍可思議、可理會、

8　梁漱溟撰：《東西文化及其哲學》，頁 168。

9　見熊十力：《十力語要》，頁 54。另參閱吳甿撰：〈孔子與中國思想之實證傳統〉，《實證與唯心》（香港：經要文化出版有限公司，2001 年），頁 300。

10　牟宗三撰：《生命的學問》（台北：三民書局，1989 年）。

可實證，故曰「生命的學問」，而唯無窮盡。「因為他的心腸之深處（他的格言之主觀的根源根據）對於其自己是不可測度故，極難透視故。」康德則如是說。[11]

唐先生《導論篇》近五十萬言，本欲以〈理與心〉為導論，統攝〈名辯與致知〉與〈天道與天命〉兩部，重構這個「天道性命相貫通」之學問規模。如是，〈理與心〉、〈名辯與致知〉與〈天道與天命〉，「可分別代表中國哲學三方面，與西方哲學之論理性的心靈、知識與形上實在之三方面，約略相當，足以彰顯『中國哲學自有其各方面之義理，亦有其內在之一套問題，初具一獨立自足性，亦不礙其可旁通於世界之哲學』之面目。」[12] 然則唐先生之「中國哲學」概念，又較梁漱溟、熊十力為大、為深微奧密、為迴旋繳繞，唯以哲學的人學體性學（心性論）為中心，則無異。

三、中國哲學之義理還原與「心靈九境」

《中國哲學原論》系列，除《導論篇》一冊三篇外，餘五冊三篇之篇名，皆取義於《中庸》之首句，由「天命之謂性」而有《原性篇》，由「天命之謂性，率性之謂道」而有《原道篇》（三冊），由「天命之謂性，率性之謂道，修道之謂教」而有《原教篇》（一冊）。唐先生在《原性篇》自述此原論諸篇之宗趣：

> 吾原論諸文，皆分別就中國哲學之一問題，以論述先
> 哲於此所陳之義理，要在力求少用外來語，以析其所用之
> 名言之諸義，明其演生之迹，觀其會通之途；以使學者得

11　康德《單在理性範圍內之宗教》之首部，見牟宗三撰：《圓善論》，第一章〈附錄：康德論人性中之基本惡（譯文）〉（台北：台灣學生書局，1985 年），頁 128-129。

12　同註 3，《中國哲學原論・導論篇》，〈自序〉，頁 9。

循序契入，由平易以漸達於高明，由卑近以漸趨於廣大；
而見中國哲學中之義理，實豐富而多端，自合成一獨立而
自足之義理世界，亦未嘗不可旁通於殊方異域之哲人之所
思，以具普遍而永恆之價值。[13]

按唐先生之意，中國哲學原有一獨立而自足之義理世界，豐富而
多端，在歷代之發展中形成自己一套語言，流傳有緒，而未嘗不隨名
入理而引生多義，演變多迹；然統之有宗，會之有元，《中國哲學原
論》各篇即依中國哲學發展漸次形成之核心觀念，逐一詳析而綜論之。
首須注意者為《導論篇》。《導論篇》的內容正如其書名所示，疏理辨
折中國哲學最重要的九個範疇及在中國哲學史中之演化之迹，會通之
途；而其方法，則剋就先哲遺下之大量名言，觀其所陳之義理，以內
在的逆向體驗，領會先哲之所思，即哲學史以言哲理，即哲理以言哲
學史。全書所論涵蓋中國哲學最具通貫性的哲學論題，運用「超越的
反省法」（唐先生稱為最重要之哲學方法）[14] 對先人之言說先予以充份
的同情同境之了解，再作批判的疏導或辯證的整合，以達到「超越的
反省的還原」── 還原先哲言說之本來真面目。《導論篇》內容包括：

甲、〈理與心〉：一、原理，二、原心；
乙、〈名辯與致知〉：三、原名，四、原辯，五、原言與默，六、
原格物致知；
丙、〈天道與天命〉：七、原道，八、原太極，九、原命。

首篇〈理與心〉（篇名暗含「心即理」），疏理論證中國哲學所重
之六義之理，由六義之理之「理源」，反顯先秦言「心」思想之四基型

13　同註 6，頁 3。
14　唐君毅撰：《哲學概論》，收入《唐君毅全集》第二十一卷，頁 208-209。

（孟、墨、莊、荀）。此首篇所論，實為中國哲學之核心部。由〈理與心〉，接論〈名辯與致知〉。此〈名辯與致知〉篇，先論荀子與墨子及先秦名學諸家之名理，接論中國先哲對言默之運用及與玄理、空理之交涉，諸家及墨莊孟荀之論辯之理，再論《大學》之文理及歷代中國致知格物之事理、物理思想之發展。此「名辯與致知」可視為由逆覺體證的超越的「理與心」（心即理）向知識世界作用之論，唐先生稱「此所涉及者，略同他方哲學所謂邏輯、語意學與知識之問題」。[15]《導論篇》第三篇為〈天道與天命〉，則可視為由「理與心」（心即理）向中國哲學義之「形而上學」轉示之論。此篇遍論老子言道之六義、宋明儒之太極理氣及歷代天命思想之發展，涉及由心性學而開顯的超越界之性理以及玄理、空理（總曰義理），而終於〈原命〉；似是以《中庸》首句「天命之謂性」，為《導論篇》之終結，同時為下篇《原性篇》作啟動。

　　《導論篇》1966 年出版，唐先生即於次年（1967 年），寫成《原性篇》（1968 年出版）。後在 1971 年（辛亥除夕）寫的《原道篇》〈自序〉中，說到：「七年前，吾母逝世，吾即嘗欲廢棄世間著述之事。後勉成原性篇，於此篇自序言吾今生之著述，即止於是。」[16] 但旋即罹目疾，有逾半年不能讀書，後保有一目可用，「乃於此五、六年中，以教課辦公之餘，先寫一書，擬定名為生命三向與心靈九境」[17]。此寫於 1968 年至 1974 年間之書，即逝世前一年（1977 年）出版之哲學鉅著《生命存在與心靈境界》（上、下兩大冊）。又因寫此「心靈九境」之中西哲學判教之著，復思「吾書多針對西哲立論，所論述之問題，自與古人有異；亦自有發古人所未發者。然不識吾書之淵原所自者，亦不能知其所發古人所未發者在何處，抑亦解人難遇於當今之世。故還為此原道篇，以廣述此中國前哲對此道之所發明，以報前哲之恩我，亦如陸象山之

15　同註 3，《中國哲學原論・導論篇》，〈自序〉，頁 5。
16　唐君毅撰：《中國哲學原論・原道篇》，收入《唐君毅全集》第十四卷，頁 3。
17　同上註，頁 4。

以六經還注我。」[18] 遂觸發《原道篇》(三冊) 之寫作,「兼得成此二書。此皆事出偶然,而亦莫非天賜。」[19] 然則《原道篇》與《生命存在與心靈境界》二書當常有互相發明之處。今試取《原道篇》〈自序〉之「宗趣」一段,讀之即可知之。

> 　　此書言道雖亦及於天道、物道、佛道二家之教中之出
> 世超世道,然其始點,則在人之生命心靈之活動所共知共
> 行之道。蓋此人之生命心靈之活動,沿其向上或向下,向
> 前或向後,向內或向外之諸方向進行,即原可開出種種道
> 路,以上及於天,下及於物,內通於己,外及於人;以使
> 其知、其行,據後而向前,由近而無遠不屆,由低而無高
> 不攀,由狹而無廣不運;而成己成人,格物知天,以至如
> 程明道詩所謂「道通天地有形外」,仙家之遊於太清,一神
> 教徒之光榮上帝,佛徒之莊嚴佛土,普度眾生,皆可實有
> 其事。然此一切高妙之境,其起點與根原,仍只在吾人之
> 眼前當下之生命心靈之活動,原有此種種由近至遠,由低
> 至高,由狹至廣之道路在。至其有關之義理,則多為前哲
> 所明,學者可循其義理之序而知者。[20]

　　此與《生命存在與心靈境界》之由生命三向以開出九境,九轉還丹之說,同出一轍。所不同者,《原道篇》有關義理為中國先哲所發明,故該書所言,有類「我注六經,而六經還注我」,判教之意味很少。《生命存在與心靈境界》有關義理多為純哲學之義理,該書立論多針對西哲之說,辨析既多,故判教之意味重且顯。亦因此,唐先生自況「吾

18　同註 16,頁 4。
19　同註 16,頁 4。
20　同註 16,頁 6。

書（案：指「心靈九境」）多針對西哲立論，所論述之問題，自與古人有異，亦自有發古人所未發者。然不識吾書之淵原所自者，亦不能知其所發古人所未發者在何處，抑亦解人難遇於當今之世。」是唐先生自知其「心靈九境」之著，實有隨中西古今哲理判教而來的、「自與古人有異，亦自有發古人所未發者」之新義，此新義之所在，亦實只能從「心靈九境」論所關連之種種純哲學之義理，針對西哲立論，所作的判教中發現。本人有〈目的、體用與性相——從目的論看唐君毅先生「心靈九境」說之系統性格〉[21] 一文，嘗試作解人。唯因應學術會議而作，以時限故，所說出者未及本欲說者之什一。

四、《中國哲學原論》之系統結構及根本性格

回到唐先生的《中國哲學原論》大系。由上所述，此《中國哲學原論》系列所作的中國哲學之義理還原，其關節及其系統結構，以圖表之，當是：

---

21 見註 2。

原「天道與天命」

《導論篇之三》

「名天道與天命,略同於西方之所謂形上學之問題。」(《中國哲學原論‧導論篇》〈自序〉,頁 7)(吳案:「繼之者善,成之者性」〔《易傳》〕、「命日降,性日生」〔張橫渠〕)

原「理與心」

《導論篇之一》

心即生、心即理

「告孟莊荀以後,更有種種綜貫之說,如中庸易傳禮記所言者。自茲以降,而中國哲人乃更言心必及生,言生必及心。(……)謂此生生之靈幾即是性,即是理,即是道,亦即生命之所以為生命,心之所以為心。此生生之靈幾,不在『自無出有』之『有』那裏,亦不在『無』那裏,而在『出』那裏。此『出』不是已有故出,此出是純創造。此純創造,不落在所創造之『有』之中,即非一切執有而生之妄執與染業之所依止,(……)成就此一心靈生命,即盡此心靈生命之仁義之性,仁至義盡,此外更無所得,故未嘗不空寂。」(《中國哲學原論‧原性篇》,頁 16-17)

「如以對心之問題而言,吾(案:指《導論篇》)即只論及先秦數家,於秦漢以後之言心之義,即只併入次篇《原性篇》而及之。」(《中國哲學原論‧導論篇》〈自序〉,頁 11)

「原性」

心即性、性即理、性即道

《原性篇 —— 中國哲學中人性思想之發展》

「此次篇(案:指《原性篇》)之論述人性,乃通中國哲學之全史以為論,要在顯出:『人之面對天地與自己,而有其理想,而透過其理想,以觀人與天地之性』,實中國儒釋道三家言性之共同處。」(《中國哲學原論‧導論篇》〈自序〉,頁 10)「性即道。橫觀一生一成之相繼,曰道;縱觀一生之必歸於此一成,曰性。公言之曰道,私言之曰性也。」(《中國哲學原論‧原性篇》,頁 90)

「此性是每一個人之獨體之性,亦是一切人之性,亦即生天生地之天地之性,此性無乎不在,而無始無終,(……)其全部之思想義理,皆未嘗不可歸攝在此一『從心從生之性字』所涵之義之內,而更無一絲一毫之漏洩也。」(《中國哲學原論‧原性篇》〈自序〉,頁 17。)

「人性上通天命,合內外,而成始終。」(《中國哲學原論‧原道篇》第一卷,頁 12)

「原道」

《原道篇 —— 中國哲學中之「道」之建立及其發展》

論唐以前中國哲學中之言道思想,與《原性篇》中論唐以前之心性之論互相交涉。

「原教」

《原教篇 —— 宋明儒家思想之發展》

論宋明以降儒學之發展,與《原性篇》之述宋明儒心性之論互相交涉。「此所謂原教論,實即吾著原道篇之續篇,乃專論宋明以降儒學發展者。原道篇乃與原性篇之述唐以前之心性之論,互相交涉;此篇則與原性篇述宋明儒心性之論,互相交涉。」(《中國哲學原論‧原教篇》〈自序〉,頁 3)

原「名辯與致知」

《導論篇之二》

「此所涉及者,略同他方哲學所謂邏輯、語意學與知識之問題。」(《中國哲學原論‧導論篇》〈自序〉,頁 5)

「自康德起而作知識之批判,定知識之外限;則今後必有一哲學興起,以作語言之批判,以定語言之外限者。則超語言之默之意義自當逐漸為人所認識;而中國先哲於此,實先有其大慧。」(《中國哲學原論‧導論篇》〈自序〉,頁 6)

　　由圖表所示，理心之論與人性論（《導論篇》之〈理與心〉篇與《原性篇》）確佔中國哲學思想之中心位置。此心性論之為中國哲學之中心，非以時間上之先出現而先入為主，而為中心；乃以中國哲學發展大勢，其源流、本末、終始義、邏輯義，而為先，而為中心、為根本。唐先生以喪母之痛，而仍勉成《原性篇》，嘗思以此書為其今生著述之終筆。後因「心靈九境」之著而觸發的《原道篇》（三冊），據唐先生自言是《原性篇——中國哲學中心性思想之發展》之續篇，而《原教篇》則是《原道篇》之續篇。「原道篇乃與原性篇之述唐以前之心性之論，互相交涉；此篇（原教篇）則與原性篇述宋明儒心性之論，互相交涉。」[22]

　　是見唐先生實以〈理與心〉篇與《原性篇》所涉為中國哲學思想淵原根基之論。即心之生言性，性即理，性即道，「公言之曰道，私言之曰性。」[23] 是則《原道篇》所論中國哲學中之「道」，此「道」實即人面對天地萬物，反省一己之存在之「所是」與「應是」、「能是」，由是而有其人生之理想（心之生），而思如何即着所面對之天地萬物（包括：縱說的天地人、橫說的同胞物我、順說的已在現在未在），如何毋忘初衷；此如何一一實現人生理想之道，在人性論言之，即如何「繼之者善，成之者性」之「成性存存，道義之門」之門道。此道創闢於周代初年，自覺而通達於孔子之教。種種道義，包括《原道篇》所言之唐代以前中國哲學所言之「道」：仁道／義道／立人之道／法天地自然之道／成聖成賢、成至人神人真人之道／法術之道／人文統類、歷史文化之道／治道／內聖外王之道／大學之道／誠道／禮樂之道／孝道／易道／智測之道／運名之道／順天應時之道／興衰之道／類別與節度之道／才性與品鑒之道／養生之道／春秋褒貶之道／五行、甲子之道／通易

22　唐君毅《中國哲學原論・原教篇》，〈自序——釋名、內容、論述之方式〉，收入《唐君毅全集》第十七卷，頁3。
23　同註6，頁90。

老之道／獨化與玄同之道／玄理與文學藝術之道／學佛與成佛之道／八不中道之道／判教之道／圓頓之道／一心開二門之道／觀四法界之道／禪原與禪宗之道／轉依為即之道／唐宋之學術之道／理學非佛學之道；以及《原教篇》所言之宋明以降中國哲學所言之「道」：復興經學、傳記之學以復興天道性命之義理之道／自覺於君道「政統」以外另立一「道貫古今」而尊師重道之「道統」、「學統」之道／明道體道修道之「非非道以為道，反反以為正」之道／由易學而心學之道／立人極以言太極之道／以人道合天道之道／無內外、徹上下之天人不二之道／以敬直內、格物窮理之道／立大體之學聖之道／致良知之道／由工夫以悟本體之道／主靜知止以通感之道／即生（身）言仁、成大人之道／止於至善與節義之道／慎獨之道／道即器／命日降、性日生之道／事勢之理、物理之運行之道，等等。由此千門萬戶，各自出入之「道」，返證「吾人之生命心靈之『自無出有，由寂而感之創造不息』的生生之靈幾，畢竟不可斷；此『生生之靈幾』不是妄執，不是染業，亦不當斷。」[24] 斷則灰斷死滅矣，無生生之靈幾矣！《中國哲學原論》大系所論，亦正是論此「生生之靈幾」之不可斷、不應斷；由此「生生之靈幾」、「生生之性」之義，轉說「天命之謂性，率性之謂道，修道之謂教」之「盡性」義 [25]，由盡性義，而返歸於孟子由「盡心」而「盡心知性知天」之義。（唐先生則以《中庸》之「盡性」為終教，孟子「盡心」為儒門始教。[26] 本文於唐先生此判教義，所見略不同。吾意「盡性」仍須歸於「盡心」，以唯盡心可知天命，命日降，性日生，而生生不已故。詳見下文）

24　同註 6，頁 16。

25　同註 6，「中庸之教，如歸之一語，則『盡性』二言而盡；再約之為一言，則『誠』之一言而足。」頁 86。

26　同註 6，「盡心猶可是始教，可不包括：如何去除一切不善者之間雜者之工夫，亦可不包括：自防其工夫之斷，而常存敬畏之戒慎恐懼等。盡性或具此盡義之盡心，則必須包括此一切於其內，以使人之道德生活能成始成終，而為終教者也。」頁 80。

唐先生於《原道篇》〈自序〉說：

> 吾之此書，視中國哲學為一自行昇進之一獨立傳
> 統，自非謂其與西方、印度、猶太思想之傳，全無相通之
> 義。然此唯由人心人性自有其同處，而其思想自然冥合。
> （……）然要須先識得此獨立傳統之存在，然後可再有此
> 比較之事。大率中國之哲學傳統，有成物之道，而無西方
> 唯物之論；有立心之學，而不必同西方唯心之論；有契神
> 明之道，而無西方唯神之論；有通內外主賓之道，而無西
> 方主觀主義與客觀主義之對峙。則此比較亦非易事。[27]

說中國哲學傳統無西方唯物之論，無西方唯神之論，無西方主觀主義與客觀主義之對峙；這都很明顯，很容易明白；說中國傳統哲學「有立心之學，而不必同西方唯心之論」，這句意思更明顯，更容易明白，以中國哲學無西方主觀主義與客觀主義之對峙，無西方唯神論與唯物論之互噬，亦無西方經驗主義與理性主義之分立而以懷疑論的，或實在論的獨斷義之理型、理念、理智，以至以心理學義之心為心，之所謂唯心之論（實則西哲只有唯理論、唯神論、唯智論、唯經驗論、唯心理學，而無真正意義之唯心論）；中國只有立心之學，只有如何自我發現生命心靈存在之主體，更證立主體、實踐主體、實現主體體性之「徹底的唯心論」[28]；只有即心與生而言性，「心性上通天命，合內外，而成始終」之真正的實踐實證的唯心論，「一『從心從生之性字』所涵之義之內，而更無一絲一毫之漏洩」[29] 之即心言性、即主體言本體之絕對唯心論之心性論。（「絕對唯心論之心性論」一名，乃本文據唐先生

---

27 同註 16，頁 11。
28 參閱吳甿撰：〈徹底的唯心論與中西哲學會通〉，《實證與唯心》。
29 同註 6，頁 17。

在《生命存在與心靈境界》提出之「性情之形上學」，及由此好善惡惡
之惻怛性情形成種種形上學，並需化除其間之阻滯，以歸於見一為一
切至善之光明之原之絕對真實，或以現實世界須自我提昇歸向此絕對
真實；「此二型之形上學，皆人類最高智慧之產物，同為本書之所尊尚」
之言 [30]，並依本人一貫的「兩極歸宗」論、「徹底唯心的、合自然目的與
道德目的為一的，實踐的、自我實現的目的論」[31] 思想，而成此「絕對
唯心論之心性論」之名，非隨意漫用之名也。）

五、「性」之五義與「生生之性」，
「存在之幾」與「即性言理」

在《原性篇》，唐先生嘗純理論的分析「性」之一名之多義 [32]，有：

一、一人或事物之為我們所觀時所表現的「現實性」或「外性」。
此為一直接向外觀看之態度所發現之——人與事物之殊別性、性相
之性。

二、由我們之所見所知，而思而知之人或事物自己之「本質性
（Essence）」、「可能性」或「內性」。此為由向外觀看所得，進而思慮反
省其共性、本質、體性。

以上二者均為由向外觀看思省之態度所得之性。

三、由所觀之人或事物之現實性、外性與所知之其之本質性、內
性，而相互關連之，則一人或事物之內性，遂可視為「因」、為「體」，
其表現之外性，可視為「果」、為「用」。由此「因果」、「體用」之軌約
思路，即可形成（發現）一人或事物之如此之然之所以然之性，可曰
「後性」或「初性」（案：或稱為「後設之性」或「本性」）。此為直接向

30　見唐君毅撰：《生命存在與心靈境界》（台北：台灣學生書局，1977 年初版），頁
　　1188。
31　參閱吳甿撰：《實證與唯心》、《玄理與性理》有關之各文。
32　同註 6，頁 528-529。

內觀看或反省而知之性。

四、由人或事物之活動之所向，其終止歸宿處，即其前面之成果及所呈之用，而說其性，亦即以其所呈之目的性之作用而說為其「體性」，可曰之為「前性」或「終性」。（案：或稱為「終成性」、「目的性」、「德性」。）

此為由直接反省所得，進而思慮反省一己之知行體用所得之性。此三、四兩義之性，為向內之思省態度所得之性。

五、即着一人或事物之由其體性而從現在之如此然，正趨向於一將如彼然、之「幾」或「理」，視此「幾」或「理」為此人或事物之本質體性。此可稱為一始終內外之交之中性，貫乎人或事物之已生者與未生者之當下之「生生之性」。（案：或可稱作即「寂感真幾」而言性之性，或即「心之生」上下內外前後之交會之「幾」之「理」而「成性存存」之性。）此為初向內思省，自體會得其內性之趨向與生幾，更即以向外觀看所得，為之印證；或向外觀看，而想見一趨向、生幾之潛移默運於事物之前後之際，更即之向內反省，為之印證，之互證之態度所得之性。

又，在此人與事物之五方面而言之性處，就人與人，人與萬事萬物相連而視，則有「種類性」、「個性」、「關係性」；由各種人或事物之間之種種關係之順、逆比較而言，則有「價值性」、「相對性」；若由人或事物之直就其自身說性，則有「絕對性」，等等。

此各種不同的知人論性的態度，又可分為純知的靜態的向外觀看、向內反省之態度；或實踐的動態的、多重印證的、內外觀看、辯證反省的態度；由這二種態度的相互錯綜之運用，而可以動觀靜，以靜觀動；或以內觀外，以外觀內；更歸於內外動靜之所觀，咸得互證，而可得種種不同的人物之性，可有種種不同深淺廣狹、久暫、精粗、疏密、高下之論。[33] 故古今中外之言性者，所以複雜多岐，其之所論

---

33 同註 6，頁 529-532。

相懸不可以道里計。然客觀論之，可舉出中外古今言性之五大型態[34]，今略作引申，重述如下：

一、由向外觀看思省，以知人與萬物在自然或社會所表現之共性、種類性及個性、關係性；西方自然科學中之物性學，人類學、社會學中的人性、族群性、個性等等。此或可歸於「即相言性」之性相之性。按此或可稱為由向外觀看思省所得之形下之性。

二、由向外思省而知之人與萬物，所同本或同歸之形上的最初最始之一因，或最終果之體性，或形上的實體性；此詩經「天生烝民，有物有則」之天命、天道之性，孔子「天何言哉！四時行焉，百物生焉，天何言哉！」之天之性，另有墨子權威性之「天志」之性，荀子統類之道之道性。中庸首句「天命之謂性」、宋儒「命日降，性日生」之其中一義之超越的天命之性，或相當於中國哲學言理之六義中之「性理」之其中一義之「即理言性」之性。西方宗教學、形上學中的「第一因」、神性、本體實有性，印度婆羅門教之梵天之性。此或可歸於「即體言性」之實體義之性。按此或可稱為由向外思省追尋所得之形上之性。

三、由向內觀看思省而知之吾人之當前有欲有求之自然生命之性，與有情有識而念慮紛如之情識心之性，更求知其實際結果及原因之體之體性；此即告子「即生言性」而言食色之性，莊子之即人之成心偏執而言性之「私性」，荀子之言無節之自然生命之性、性惡之性，宋儒「變化氣質」所對治之氣質之性，佛教唯識學之阿賴耶八識系統之「即識言性」之性，老子「為道日損，損之又損」所要損去、佛教「空理」所要空去之性。此或可歸於「即體用之氣言性」之氣性之性。按此或可稱為由向內觀看思省所得之形下之性。此形下之性之被察識，必由於曾親覿甚或親歷理想境，由理想目的之照察，而發現察覺之性。此則可進言一更根源之性。

---

34 同註 6，頁 532-533。

四、由向內思省而知之吾人之心靈生命所嚮往，而欲實現、欲歸止之人生理想性；而即此理想性，以言人之生命與心之最初或最終之體性與價值性、或曰德性。此詩經「民之秉彝，好是懿德」之性、孔子之「仁性」、孟子「四端之心」之「心生之性」、「即心言性」之性。莊子「齊物論」而「逍遙遊」、「天地與我並生，而萬物與我為一」、「與天地精神相往來」之性。佛教真常心之性、禪宗之「自性」。宋明儒程朱「性即理」之「即性言理，即理言性」之性、「窮理盡性」之性。此即理言性之義可以唐先生一段評述宋儒程伊川的話作真切說明：「伊川言此性之為理，以明客觀普遍之大公之理即吾人主觀特殊之生命之氣之流行之性。則理不外於性，性亦不外於理，而內盡己性、外窮物理為一事。……此義理、理想之所在，即性之所在。」[35] 此「性即理」即中國哲學六理中之超越義之性理，「即理言性」之性之理，性則即理想性言性。此可歸於「即心言理，即理言性」之性。按此或可稱為由向內思省自證所得之形上之性。由此根源之形上之性之自我照察，方可言人之情識氣質之性及其可化可轉之生之謂性之性。

五、分別由以上此四種態度、立場出發所言之性，恆須通過一內外先後之交之性，即前所謂「趨向」或「幾」之性，以為通貫於其他方面之性，使一人或物其已生者與未生者能在當下有一交感之中樞。此交感中心可稱為一上下內外先後之交之中之性、生生之性。

此貫通人物之已生者（已在者、已成者）與未生者（未有者、未成者，包括理想、理念之未生、未有）之當下之「生生之性」，此生生意謂：已生者已在，而為形而下者、生死流轉者、被決定者；未生者未在，而為未知者／不可知者，只可智測者，形而上者，未決定者。此已生之性與未生之性之非一非二，而為當下人物之存在之幾、存在之理、存在之玄。或如將老子「無名天地之始，有名萬物之母」之義個性化、人格化，而成莊子之「俄而有無」，易傳之寂感同時、寂照同時，

---

35 同註6，頁543。

宋儒所謂未發而將發、將發而未及發，陽明之無聲無臭獨覺時，康德之「未決定」；此當下之存在者之性，唯以其之如此然之存在，而趨向於一將如彼然之存在（不論何義之理想目的），此趨向本身之「幾」或「理」（由「此」而將如「彼」之「實現之理」、之「契機」），而稱謂之，而說為一始終內外先後之交之中之性、生生之性。此明是一方自有而歸無，一方自無而出有之「寂感真幾」，即此「寂感真幾」言一人物之體之性。唐先生稱之為「一內外先後之交之性」、「生生之性」，是特重此一方自有返無，一方自無出有，之「出」；此「出」如破空而出，而又生生不已，「繼之者善，成之者性」。

六、「生生之性」與中國言性思想之勝義

唐先生所言之生生之性，實是中國哲人自古最喜言最善言之性。

孔子之即仁言性（仁以感通為性）之性，不可得而聞之「性與天道」之性，「毋意、毋必、毋固、毋我」之性，皆示此生生之性；而有孟子「即仁（惻怛即仁）言心（四端之心），即心言性」、「盡心知性知天」之心性。老子「常無欲以觀其妙，常有欲以觀其徼；此兩者同出而異門，同謂之玄，玄之又玄，眾妙之門」、「為學日益，為道日損，損之又損，以至無為，無為而無不為」之道之性；莊子「齊物論」、「逍遙遊」、「與天地精神相往來」、「與造物者遊」、「性修反德，……與天地為合」之造化性。中庸之「能盡己之性，則能盡人之性、盡物之性，則贊天地之化育，與天地參」、「不誠無物」之誠性；易傳「易無思也，無為也，寂然不動，感而遂通天下」、「繼之者善，成之者性」、「成性存存，道義之門」、「乾道變化，各正性命」之乾坤並運之終成性。

魏晉王弼「無以全有」之「即無（無限、無相）言性」之性、「越名教而任自然」之貴無之性；向秀郭象「迹本冥」、「自得而獨化，……獨化而自得」、「聖人無懷」之獨化之性；裴頠之崇有之性；皆言此生生之性。唯王弼、向秀郭象以生生說玄，裴頠以生生說有。

佛教唯識宗「轉識成智」之性，天台宗「六即」（理即、名字即、觀行即、相似即、分真即、究竟即佛）、「十如是」、「性具善惡染淨」之佛性，華嚴宗「真如隨緣不變，不變隨緣」之真如性，禪宗「何期自性本自清淨」之自性，是佛教以生生之性為用，歸於空如無生。

宋明儒之明道之即仁言生，即生言性，「仁者之生物之意，渾然與物同體之感」之仁性；朱子「理先氣後」、「理氣不離不雜」之理性；陸象山「書云：人心惟危，道心惟微。……人安有二心，自人而言，則曰惟危；自道而言，則曰惟微；罔念作狂，克念作聖，非危乎？無聲無臭，無形無體，非微乎？因言莊子云：眇乎小哉，以屬諸人，謷乎大哉，獨遊於天。」（《陸象山全集》第三十四卷）「苟此心之存，則此理自明；當惻隱時自惻隱，當羞惡、當辭讓，是非在前，自能辨之。……所謂溥博淵源，而時出之。」（《陸象山全集》第三十四卷）之一心之生即性；楊慈湖〈復齋象山二先生祠記〉所謂：「道心大同，人自區別；人心自善，人心至靈，人心自明，人心即神，人心即道，人心之廣大無際，變通無方，……不疾而速，不行而至，非神乎？不與天地同乎？」（《陸象山全集》第三十六卷）之神明心性。楊慈湖喜言「己易」；「易者，己也，非有他也。」「吾性澄然清明而非物，吾性洞然無際而非量；天者吾性中之象，地者吾性中之形。故曰在天成象，在地成形，皆我之所為也。混融無內外，貫通無異殊。」（己易）之天地一己澄明無他、即寂即感即照之性。

據王龍溪說《明儒學案》謂陽明之教有三變，其第三變是：「時時知是知非，時時無是無非；開口即得本心，更無一假借湊泊；如赤日當空，萬象畢照。」陽明之四句教當倒讀為：「為善去惡是格物，知善知惡是良知（時時知是知非，時時無是無非），有善有惡意之動，無善無惡心之體。」而曰有「致良知」之性；「無聲無臭獨知時」之一觸即發，寂天寞地而必有事焉，時時見得性體之萬古常發常不發，「如鐘之未扣時原是驚天動地，已扣時原是寂天寞地」（《傳習錄》卷下）之性，「知行合一」之性。再而有王龍溪之「體用顯微只是一機，心意知物只

是一事」之「四無」句:「無心之心則藏密,無意之意則應圓,無知之知則體寂,無物之物則用神。」,歸於「天命之性粹然至善,神感神應,其機自不容已,無善可名;惡固本無,善亦不可得而有也。」(《王龍溪先生全集》第一卷〈天泉證道記〉)之其機自不容已之性;來回說的全是此生生之性。是見中國哲學並無不生之氣、不生之心、不生之理、不生之天命而可曰實存者;換言之,中國言性思想中從未有一個不生之性,以至從未有一個不生之生者。

七、從「生生之性」說先秦告、孟、莊、荀四家之人性論

上所言中外古今言性之五大型態中,唐先生認為「中國思想最初所發現之人性,乃由一向內反省之觀點(吳案:而非向外觀看或向外省思),而發現之具自然之生命欲望或情欲之性」。[36] 此由一向內反省之觀點以論人性,即成為中國言性思想之一基本出發點。由此一基本出發點,我們重觀先秦之告、孟、莊、荀四家言性思想各自之要義,及四家言性之異同。後之中國哲學之發展,亦可謂皆各自此四家言性思想中流行而出,互相激蕩,或相互交滙而成。

本文今援入目的論方法,重說此告、孟、莊、荀四家之人性論。

告子「即生言性」,固由一向內反省的觀點,發現自然生命與生俱來之欲,即此之欲言自然生命之性(食色之性),固屬此義之性,再由此與生俱來的欲,言自身之繼起之生、他人生命之生之尊重,言「決諸東方則東流,決諸西方則西流」而曰可善可不善,曰「仁內(生生之感通在內)義外(決定一己之決意者為先行存在之事實,故在外)」之性,亦只能屬此義之性。唐先生說告子人性論為:「告子之所謂生之謂性,蓋亦初就生之狀態或生之質上言;其以一生命之為保存其自身之

---

36 同註 6,《中國哲學原論・原性篇》,頁 533。

狀態，兼延其自身之狀態於後代之食色之欲，為一生命之根本之性。故曰『食色性也』。」[37] 此則告子之人性論可謂為唯身之生生而心唯服從身之生生之人性論；或曰即生命之自然性能言性之人性論。

孟子則從「心之生」言性（即心言性），初亦是由向內反省，發現自然生命欲望或情欲之性，不能盡人之性，更不能顯示出人之所以為人之獨立性。孟子遂作「人禽之辨」、「義利之辨」、「性命之辨」，而有「乃若其情，則可以為善矣」之性善之性之建立。人不僅在理想上，且在事實（情實／實情）上表現出有異於禽獸、區別於功利性、超出於命定的屬人的思想行為，此種種既具自然生命之性又自反自律其自然生命之性，超越自然生命之性者，正是由人之生命心靈活動之所嚮往，其理想歸向歸宿處，由在其前之目的成果（成德）及所呈之用（功用）處，說人性之當然，即此人性之當然處，說自然、能然、必然之性；亦即由人之性分不容已之目的性，縱貫主導人的生命行為，從「成性存存」說「道義之門」，再由「道義之門」說「成性存存」，即此而說人性。此孟子之人性論可謂由向內而至本心，由本心而十字打開，並兩極歸宗，向未來湧現終極目的，由終極目的而照察存在（已在與未在），而性分不容已，由盡心而知性知天之人性論。此可謂即「性分之不容已」而言心言性，由心性而言天道天命，言「命也，有性焉，君子不謂命也」之性；由自然生命現象論之無目的，進說自然生命之目的；由自然生命之生生目的（「命」）之窮盡，進言道德目的，而說道德目的論之性，以之為本體宇宙論之性，亦即上述第四義由心之呈現生命之目的性之實踐作用而即說為其性（性體），以及第五義之貫通心與生、性分之不容已之幾、之理，之生生之性。唯孟子言盡心知性（知訓識、訓覺、訓欲、訓親、訓主，是知性即盡性，中庸故說盡性），轉動穿越氣性，不遺不忘第一、二、三義之人性，涵攝而盡之而不容已，故曰窮理盡性。

---

37 同註 6，頁 356-357。

　　莊子則是由向內反省，發現自然生命之性，常被人的理智固執為種種格套、習氣，人的思想行為、或自然生命之欲，常為其所綁綑、扭曲，而不復為自然生命之自然而然的思想行為之自然之性；其中或以身殉欲，或以身殉利，或以身殉名，或以身殉家，或以身殉天下；名聲異號，事業不同，其於傷性，以身為殉一也。故莊子要順自然生命之性而復其自然而然之常。知足曰常，知常曰明，夫物芸芸，吾以觀復，歸於無目的而自然合目的之齊物逍遙。此莊子之人性論亦是由向內反省，發現自然生命之性本依其自然合目的性之原理，而自然自適，惡固本無，善亦不可得而有也。善惡若來自心之忖度計量，而既有一善，則惡必隨之。人奔逐於理智心所拋出之人為目的，受其支配，為心所役。老莊之意，自損其理智造作心，復歸道心，道心即剋就自然生命而反思其存在之自然無目的（終極無目的，或以自然自在為目的而無終極目的）之反思心（靈台心），即此反省還原之路曰「道」，即此反省歸復工夫之自然、能然，曰「道心」、「靈台心」。以道心復性，「萬物畢羅，莫足以歸」，歸於「虛室生白」。此或可謂將上述第五義之「幾」、「玄」之性，攝歸於告子之「生之謂性」之性；而調適上遂，「各據其性分，物冥其極，……苟足於天然，而安其性命。」（向、郭註〈齊物論〉之「天下莫大於秋毫之末，而太山為小；莫壽於殤子，而彭祖為夭，天地與我並生，萬物與我為一」。）

　　荀子向內反省人之自然生命之性，似必是趨向於汎濫無度（此則與莊子相反），人性中雖非無孟子〈告子篇〉中告子所言「決諸東方則東流、決諸西方則西流」（中性），以至孟子喻「水性就下」（向善）之義，然決定者終不在自性，而在客觀的「決之者」之勢，以及成客觀之勢的人為之禮義。此則最與莊子相反。荀子認為自然生命之性中，原不見有義有禮，所有的禮義來自聖人之化性起偽。聖人所以能化性起偽，在聖人唯能虛壹而靜其心，而知統類，立以為禮義，古今一度。吾人法先聖王，起知道行道心，亦可言「繼之者善，成之者性」。此荀子之人性論由向內反省至中途，而轉為向外觀看計量思省而信歷

史文化統類之超內外古今，遂立先聖以為說，並投射之為理想人格，再由向外轉為向內，折返於人之知統類之心，而以心（知道、行道心）治性，隆禮義而殺詩書，是入於即理言心，而不即理言性，心知善向善而性無度待治，姑謂之性惡一途，而心性不能不為二，道統不能不為一。

　　此告、孟、莊、荀四家之人性論要旨。既曰人性論，即論人之所以為人之性之理，亦即論性理者。然則四家之性理分別言之：告子即生言性，是以生存之理為性理者；孟子即心言性，是以心之生統攝此宇宙人生之上下、內外、四方之理氣而綰之以行之理為性理者；莊子即道言性，是以生之有待無待之道（老子「此兩者（無、有）同出而異門，同謂之玄，玄之又玄」）為性理者；荀子即理言心，即動物性言性，是性中無理，唯心（知識心）知道知理，故知性惡無理；待治之性須服從統類心，即可教可化之性，化性起偽而言性理。四家言性，唯孟子之言最具涵蓋性並得存在之實證，而為正宗性理之論。

八、中國言性思想之目的論方法

　　由以上簡述可見，中國言性思想自始偏重於唐先生所說純理論言性五基型中之第三型至第五型，而於第一、第二型則置其於第三、四、五型之論述中，亦較少有涉及。或曰中國言性思想首先表現為向內反省的、動態的、實踐的、道德目的論或自然目的論的、自我實現的人性論；甚少有客觀化了的、靜態的、結構的、現象學的或純粹現象學還原的人性論。再獨斷些、直截些說，中國人性論史，其自覺形成及發展之大勢，似乎是由第五型之「生生之性」先大盛，再而分解出各方面之性，而言各方面之窮理盡性，而有第四型之玄理、空理、性理之性之各領風騷，再有第三型情識生命之性之重視，以至近代以後由於事理、物理之轉盛，轉以事理、物理之疏離的、靜態結構的、客觀化的方法來討論人性，而有第一型、第二型之言性之論。至於今日，則

以人性現象論（現象論的人性論）自許自喜，止於此義之「還原」為窮盡、為極至，似不知除有「現象學的還原」，尚有「超越的還原」，以及由「超越的還原」而發現「超越的目的論」之言性之道。唐君毅《中國哲學原論》言性思想之系統的義理還原，可歸結為生性、理性、心性，三性是一是二是三，非一非二非三，相即為生生之性，圓融無礙。本人多年來則以一動態的、結構的、合自然目的與道德目的為一的，實踐的、自我實現的目的論之目的性理念，為人性現象以及傳統人性論之超越的還原之方法，並轉以之為進入「成性存存，道義之門」的人性探索之門道。

　　既曰一動態的實踐的自我實現的目的論之目的性自己，則不能不再還原之為一「性分不容已之寂感真幾」，而曰：人作為感性、知性、理性、判斷力，以及行動者，多種功能之一體兼有者，更兼為自然界之最高存在（可擬議為大自然之最後目的者），人注定是所有存在問題的集結者和覺察者，並注定是存在的意義的唯一追問者與答問者。為此，人注定要為未存在尋找存在，為已存在與未存在之連結尋找存在的線索，存在的意義；為意義與存在之關連尋找目的，為目的與目的之貫通尋找貫通之「道」，為終極目的之展現為「道」而跨出每一步，超越存在、走進將來。為了成為知行者（實踐者），人為自我提供目的性及以上諸理，使人生有道路，有可知，有可行，有知行合一。唯「寂感真幾」之感應、生起，可以上下縱貫地說，可以內外橫攝地說，可以前後次序地說，可以亦縱亦橫、或順或逆地說，可以亦開亦合、或一或多、或有或無地說，亦可以說、可以不說，在言與不言之間，實證一斯人千古不磨心。[38]

38　參閱吳甿撰：〈寂感真幾與一心開二門〉一文，為 2015 年 10 月台灣中央大學第十一屆當代新儒學國際學術會議」論文。

九、康德論「人性中的根源的向善之才能」

　　康德在《單在理性範圍內之宗教》，以「惡原則或善原則皆內處於人性」或「人性中之根惡」為論。其開端綜論，說明一道德的善，或惡，不能在任何外在的，或先在的存在中發現其根源，而唯在人性之「性向」並在其自由決意對之之採用中，方有可能出現善，或惡。而一出現善，或惡，則我們可以說，必已在道德法則照臨之下。「在理性判斷中，只有道德法則才是以其自身即是一動力者；由此，我們的有選擇作用的自由意志才可能選擇此其自身即是一動力的道德法則，而為它所決定，決定以至於行動；所謂『根源的行動』(peccatum originarium，此實只是一種存心、無形的行動)，而同時它復又是每一後一義的行動 (即依照究極格言而行之行動，引生的行動，peccatum derivativum) 之形式的根據。」[39] 即在意志之選擇中，使道德法則成為其現實意志所服從之格言，而唯如此配稱道德地善的。除此以外，一切外在的或先在的存在者之勢力，都不能即其自身就是一根源行動之動力。是故，一切聽從外在先在之存在所決定之行為，無論其「表象的行為」(引生的行動) 被稱作善行為 (由於掩飾或假仁假義) 或惡行為，其「根源的行動」，剋就其先自放棄人的主體性 (自主自由) 而聽從外在的、先在而未經反省的格言為其行為格言而言，其「根源的行動」之罪過實不可免。即此，康德說「它甚至又可被名曰人性中之基本的惡，內在而固有的惡 (雖是如此，依然是我們自己所招致於我們身上者)。」[40] 這是康德《理性範圍內的宗教》一書之首部之根本思想，故此首部名為〈「論惡原則與同善原則之皆內處」或「論人性中之根惡」(基本惡)〉。牟宗三將之譯出，並作為附錄，放在《圓善論》第一章〈基本義理 —— 孟子告子篇上疏解〉之後。目錄裏直說為〈康德論人性中

39　同註 11，頁 92。
40　同註 11，頁 93。

之基本惡〉。此康德人性論之奧義。一般人不得其義,以為康德有近荀子,在說一性惡論之人性論,而不知康德較近孟子,欲說一性本善論,唯在究以性分不容已之惻怛性情為本,抑或以道德法則為本上,康德選擇後者,終只成性向善論。由是,康德分作五題討論:I、人性中根源的向善之才能;II、人性中之「性癖於惡」之性癖;III、人本性上是惡的 ——「無人可生而免於惡」;IV、人性中惡之起源;V、一般的解說:論根源的向善之能之恢復 —— 復而至於其全力。從此五題之題目,亦可知康德此處所論,非一般之人性善惡論,乃是以善惡論性之人性論之批判。以下,試加本人之解說以撮述之。

I、人性中的根源的向善之才能(Anlage)。此段乃剋就(一)「人之為一有生命的存有之動物性」(自然生命),(二)「人之為一有生命的而同時又是有理性的存有之人情性」(情感生命),(三)「人之為一有理性的同時又是負責的存有之人格性」(實踐的理性生命),此三重身分 Bestimmung(牟譯為「定性」,阿保特(Abbott)英譯作「人為之而存在之那目的」,格林(Greene)、胡生(Hudson)英譯作「人之固定的性格與目的」)之才能(Anlage),而言人性中根源的向善之可能。[41] 以下分述之:

一、屬於人之動物性的才能。(又可分三重:a、為人之自我保存之才能,b、為其子孫及族類保存之才能,c、為合群性之才能。)康德視此項人的動物性的才能為「物理自然而純機械的自利」(故不需要有理性),「好多邪惡可以接合於這些才能上」,雖然「這些邪惡並不是由以這些才能自身為根而來」。[42]「感性與由此感性而發的自然性好和惡無直接的關涉(正相反,它們卻可為『道德品質之展現其力量』提供機緣,即是說,為德性提供機緣),而且我

---

41 同註 11,頁 80。
42 同註 11,頁 81-82。

們亦不能對它們的存在負責任（蓋由於它們已被注入於我們的生命中，我們生而有此感性與性好，是故它們不能以我們為其造成者）。」[43] 按此義近告子「即生言性」之自然生命之才能。

(1) 就自然生命之目的而言，求生本能不能說為「惡」，只能說為「善」（以符合生之自然目的，即此而稱為「善」）。牟先生稱此自然生命之才能，「它們也可以說是向善之能，雖然是低級的」。[44]

(2) 就文化目的／道德目的而言，自然生命之才能自身亦只能說為「善」而無「不善」（以助成道德目的故曰「善」），以既曰道德目的／文化目的，則不能不涉及存在，唯在存在中可言道德目的，則自然生命及其才能構成道德目的之存在（呈現）條件（材質因，或曰機緣），及消極義之動力因如圓善義之幸福。

(3) 就道德目的／文化目的之實現過程而言，自然生命之才能則可以為「善」（消極義的，意即自然生命之性向順適於道德實踐），可以為「不善」（消極義的，意即自然生命之性向逆阻於道德實踐）。但我們亦不能對它們或為善或為不善負責任，就人只存在為一動物性的生命言。

(4) 就道德實踐之目的次序之被顛倒（或曰「在採用動力於其格言中時，逆反了動力之道德次序」）[45] 而言，此自然生命之才能亦不可被說是「惡」，而為「不善」（積極義的）。因此時自然生命之才能已被純材料化而被收攝於個人自己之「人心之愎執」（perversity of heart）中，互相結合為（自己招引至其自己身上）彷彿經過培訓練習而成為「性癖於惡」之性癖，而非自然生命依自然目的而原有的自然才能。

---

43 同註 11，頁 97。
44 同註 11，頁 82。
45 同註 11，頁 100。

　　吳案：以上四點，康德說就人之動物性才能，無「惡」或「不善」可言，卻有為「德性之展現其力量提供機緣」之可言。依中國哲學，「自然」存在本身必含藏有其「生之謂性」之持續存在之自然目的，以及配合此自然目的之「性格才能」。自然存在之持續存在本身即其存在之日趨合自然目的化，一方面為德性之展現提供機緣，另一方面可說轉而限制、修正德性在展現力量時所採用的格言所遵從的動力之道德次序，須以合道德目的與自然目的於「圓善」此一最高目的，為合目的性，為「合理」。然則以自然目的而言之人的性格才能（所謂根器）有其形而上學的必然性，和文化哲學的存有論的根源性與目的性。以自然目的而言的即生言性之自然人性，不僅可為德性提供機緣（內聖之變化氣質，外王之齊家治國平天下），且可以為德性實踐之動力學次序提供自然目的與道德目的綜合之最高善、或曰圓善之概念，使「自然合目的」、「合理」，確保人類的道德品質之展現其力量得永久進行，不會自傷（道德狂熱）。此儒家「君子之道費而隱」、「夫大人者，與天地合其德、與日月合其明，與四時合其序，與鬼神合其吉凶」、「君子之道，造端乎夫婦，及其至也，察乎天地」之密意。

二、屬於人之人情性的才能。康德視此為「物理自然而卻是較量的自利（此需要有理性／智性，去比較計量個人之幸運〔幸福〕，並因恐懼而產生「均等性」之傾向）」之才能，而「基於嫉妒與敵對這孿生之雙支，可有最大的邪惡被接合於其上」，但「這最大的邪惡，恰當地說來，並不是自然地由大自然而發出，以大自然為其根。（……）因此，凡接合於此傾向上的那些邪惡可被名曰文化上的邪惡。」[46] 牟宗三於此有譯者案曰：「蓋公平競爭是文化進步之激勵，

46　同註 11，頁 82-83。

而此惡則足以毀滅文化而有餘。（……）文化大革命（大毀滅）非無故也。」[47]

三、屬於人之人格性的才能。康德視此才能為「『能夠尊敬道德法則』之能夠」，而此「能夠」，「必即是道德情感」。但康德認為：

> 此才能必不可被思量含在「先前已有者」（先行存在者）之概念中，但它必須必然地被視為一特殊的才能。因為由於「一存有有理性」，這並不能隨之就說：此理性包含有這麼一種能力，即它只因着「自由決意之格言之有資格為普遍法則」之表象而即可無條件地決定人之自由決意，因而得明其自身就是實踐的，這麼一種能力。此層意思並不能隨由於一存有有理性之故而來，至少如我們所能見到者，此層意思並不能隨之而來。[48]

> 因為道德情感本身不能自行構成人的自然才能之目的，只當它成為人的自由決意之一動力時，道德情感始能構成自然才能之一目的，而只因着自由決意之將它採納於此決意之格言中，尊敬道德法則之尊敬，此一道德情感即足構成自然才能之一目的。

> 是故這樣一種自由決意之性格即是善的性格，這樣的性格，就像自由決意之每一其他性格一樣，乃是某種只能被獲得（被訓練成）的東西，但是雖然如此，可是這善的性格之可能性卻需要在我們本性內有一種才能之存在，在此才能上，絕無甚麼是惡的東西可以被接合得上。單只道德法則之觀念，連同着道德法則之觀念不可分離的尊敬，

---

47 同註 11，頁 84。
48 同註 11，頁 80。

恰當地說來，並不能被名曰屬於人格性的才能；它是人格
性之自身（全然理智地視之的人之為人之理念）。[49]

　　吳案：康德此言道德法則之觀念以及對道德法則之尊敬，不
宜被名曰屬於人格性的才能，而當曰為「人格性之自身（全然理智
地視之的人之為人之理念）」，意即道德法則連同對道德法則之尊
敬，不可被理解為一人性中屬於已在的才能，不，道德法則連同
對之尊敬，乃是一「全然理智地視之的人之為人之理念」之「人
之為人之目的性」的自覺與自我實現，是一「自無生有」之創造連
同自我敬重，故是人格性之自身（理念之實踐者、普遍法則與具
體存在之結合統一者）。此言甚美。

對於以上三種才能，康德概之曰：

　　　人性中的這三種才能（性能）不只是（消極地）善的
　　（不抵阻道德法則者），且亦是向善的才能（促進對於道德
　　法則之遵守者）。它們都是根源的，因為它們是繫屬於人
　　性底可能性者。人可使用前兩種性能以違反前兩種之目
　　的，但他不能滅絕那兩種性能。（……）我們在這裏所說
　　及的性能只是那樣的一些性能，即那「對於欲望機能並對
　　於自由決意之運用有直接的關涉」的那些性能。[50]

　　此三種才能既以人的自然欲望機能之欲望（生命之保存、生命之
性好、生命之人格化）為目的，並可由自由決意採用之為格言，就憑
此人性中生而有之的（根源的、繫屬於人性底可能性者）以上種種才能

49　同註 11，頁 84-85。
50　同註 11，頁 86。

與生命之自然及自主機制，值得康德稱為「人性中根源的向善之才能」。

牟先生於此有一譯者案：

> 此三種才能雖總標為人性中向善之才能，然皆可好可
> 壞，如屬於人之動物性的才能可使人造成野獸之惡；屬於
> 人之俗情的才能可使人造成魔道之惡；屬於人之人格性
> 的才能可使吾人採用善的格言，亦可使人採用惡的格言，
> 可使吾人尊敬道德法則，亦可使吾人不尊敬道德法則。惟
> 在此正文中，康德不如此論，只簡單地就向善而言，在開
> 端綜論中，則向善向惡兼及之。因為三種才能皆有好壞兩
> 面，故皆屬「生之謂性」下之才能，非孟子所謂「良能」。
> 良能是從義理的仁義之心言，是普遍而定然的，人皆
> 有之。[51]

牟先生說康德在開端綜論中，就人的「生之謂性」之三種自然才能，說既可向善亦可向惡，但在正文中則傾向於簡單地就向善說話。本人認為康德的意思其實亦很簡單：這書原是論理性範圍內的宗教，凡宗教必源自對所在的世界及人生有一根本的否定意向，故開篇首句即是「世界存在於邪惡之中」，縱使世人皆欲使世界開始於一善的狀態或黃金時代、伊甸樂園；但亦眾所周知的早已像夢一樣消逝，以加速的步伐由罪惡進至更壞而又更壞[52]。對於此世界人生，或充滿驚恐懷疑而求救助（耶教），或認為是痛苦與污業之集聚之地而要捨離（佛教），或終為缺憾與自咎之場而欲拉開距離或直下擔當（儒、道）。今要說理性範圍內的「道德的宗教」，則不能不先對此世界人生示一反省的判斷，而有上述西方、印度、中國三種判斷而來的感觸與悲情。此三種

---

51 同註 11，頁 86-87。
52 同註 11，頁 61。

判斷中所涉及之人的生而有之自然才能，固是可以向善亦可以向惡，否則亦不會有如此或如彼理解的眼前之世界人生，亦不會有所謂「道德的宗教」（康德以基督教為唯一的道德的宗教，當然是偏見。其不視中國儒家為一宗教，亦是其背景）。王國維詩有「人生過處唯餘悔，知識增時只益疑」。道德的宗教即須在人生之憾處、疑處、罪處、苦處，轉說一內信外仰。即可善可惡之人生而說：既有此一超越現實人生之理想要求，此「超越的理想」之本身，即一切可能實現的善的根源，同時即證人性中原有根源的向善之才能。一切理性的宗教，亦即此人性原有之自然向善之才能，而或曰得神啟、神助，或「轉識成智」、即染轉淨，或歸根復命，或變化氣質，成仁成義，亦唯依「人性中根源的向善之才能」而有可能。離開此「人性中根源的向善之才能」，亦沒有甚麼道德的宗教可言。此或康德不自覺地轉從就目的而言其功能，而以之為人之生而有之定性之才能，必自然向善，為其正文之傾向也。

在第一節「人性中根源的向善之才能」討論後，尚有「人性中之性癖於惡」、「人本性上是惡的 ── 無人可生而免於惡」、「人性中惡之起源」、「論根源的向善之能之恢復」四節之討論，其實只是第一節討論之伸延，並未超出「生之謂性」自然向善說。

以上簡述康德《理性範圍內之宗教》中之人性論。吾意認為是康德自己最精要最直截了當的關於人性善惡的人性論。此以善惡論性之人性論所遺留之根本問題，在人性向善之所向之善，既是人生之目的，其為目的（終極目的）之涵義為如何，以及如何顯示給我們，或曰我們如何得知它的存在，致令我們在人性之根源處趨向於它，以趨向它為合目的；或直接簡單地說：此「成為善」之目的之自覺，其「主觀」（主體體性學之「主觀」）根據，如何說明？

在中國哲學而言，則為唐君毅如下之問題：

> 欲確證人心之性善，便只有一方承認心之兼有善端與不善端之表現，同時指出此心在另一方，又能在上一層

次，自善其善兼惡其惡，方見此心之性之畢竟唯向在善。
若只如孟子之唯就心之有善端之表現，以及由禮義之善能
悅心，見心之能自善其善而安於善；而未言此心之能反其
反面之不善之表現，能自見其所安之不在不善，其所向乃
在自去其不善以止於善；則尚不足以確證性善也。此在先
儒之言中，唯大學之言誠意之工夫與中庸之言自誠自成之
性德中，方見人有此「如好好色、如惡惡臭」，以好善惡
惡，而戒慎恐懼，以免於不善之心性。[53]

孔門如何實證相應說「人性中的根源的向善之才能」以及其所向
之善之涵義、及如何顯示給我們，我們如何必趨向之，「如好好色，如
惡惡臭」？下文從孟告之辯再說起。

十、孟、告人性論辯之再論，與「理性範圍內的宗教」

康德的人性論可說是「根源的向善說」，但人的現實生命卻在向
善中可以為善、可以為惡，有待決定。此義有近《孟子》〈告子〉篇中
孟子說「人性之善也，猶水之就下也。人無有不善，水無有不下」，而
現實之性，則如告子說「性猶湍水也，決諸東方則東流，決諸西方則
西流」。唯告子於由誰決定，則訴諸先在之存在之形勢（決諸東方、
決諸西方，或決諸「外在之義」）；孟子則決諸人之復其本性，亦即由
「性向善」（「猶水之就下也」）再發現「性善」：「乃若其情，則可以為善
矣，乃所謂善也」，而曰「仁義內在」。孟告論性此段這裏的理論關節，
需要注意的是：告子、孟子所看到的人性現象，雖同屬「生之謂性」
之人性現象，但：（一）告子只看到「性猶湍水也，決諸東方則東流，
決諸西方則西流」之外在決定論（人性為善為惡猶水之決諸東方則東

53 同註6，頁460。

流，決諸西方則西流），故曰「義外」、曰「性無善無不善」，而持中性；（二）孟子則看到「人性之向善也，猶水之就下也。人無有不善（向善），水無有不下（就下）」之自然向善論（猶水之自然就下。此皆為氣質之性）而為內在之人性向善論（「人性中根源的向善之才能」）。人性自然向善，然亦可受制於外力而為不善，因此，（三）孟子進言「乃若其情則可以為善矣，乃所謂善也」之性善論。此乃孟子為回應公都子問「（有性無善無不善論，有性可以為善可以為不善論，有性有善有不善論，）今曰性善，然則彼皆非歟？」而有之答。正是「窮究異端，要得憑地使他無語始得」（象山語），於是直逼問題之究極在「何謂善？」而孟子直示之曰「乃若其情，則可以為善矣，乃所謂善也」：「善」即是當人之為人之實情「自然」、「能然」以至「當然」、「必然」地表現出來，就可以為善，這就是善。意即人性之自我實現，即通過「根源的行動」使道德法則成為最高的動力之根據，其所「引生的行動」就可以謂之為善矣。此整個的「乃若其情」之生命之真實化行為，在理性判斷中，就是人性善惡論中之所謂「性善」、「乃所謂善也」。離此人性實情之自然、能然之自我實現，如何可在外面，就東，就西，就上，就下，或就人之自然性向，或一已成之文化傳統、行為規範，而就曰善？「當人之為人之實情、自然、能然地實現出來就可以為善，這就是善」，此一方是性善論的確立，一方亦是「何謂善？」之得確定之答案，並轉而為「性無善無不善」、「性可以為善可以為不善」、「有性善、有性不善」，以至「性惡論」，提供可以作諸般不同論述之可能的理論根據。否則，以上諸說都只是些假問題引生的假論述。性善論之確立，以人實現人之為人之實情（感應而通達）為目的概念，而自然、能然，即是當然之理，即是善；以此為標準，照察原來無所謂善惡之現象義之人性表現，方可有善惡人性論之可能，以所取之角度與所集經驗之不同，而有不同之諸說，各亦可有其相對之合理性矣。「乃若其情」之真實人性本身，本亦無所謂善惡，只因成了善惡論的根據，而為當然、必然之自然、能然之理源，故曰性善，是大寫的「善」、絕

對義的善。此乃若其情之性本身只是性分之不容已、好是懿德之獨覺之知，既是價值意識之躍動，同時是存在之照明，而為乾坤萬有基。本人早年講課，只以「今人乍見孺子將入於井」一段為唯一實證論文字，其餘多屬以喻助證。力量未到者，恐不免惑亂精神。而善辯的康德，到此亦只將「人自然地（本性上）是善的」或「人自然地（本性上）是惡的」之問題之最後解決，訴諸：人性之有此善惡論之根源，只由於人是人。至於為何有善惡之區分與抉擇，康德則訴諸一「對於我們是不可測度或極難透視的基本根源」，只能說是由於其一人，而「生而有」地、「內在而固有」地為此，以表示人這一「族類之性格」——對善惡負有責任。

　　當我們說「人自然地（本性上）是善的」，或說「人自然地（本性上）是惡的」時，此所說者只意謂：人含有善的格言之採用或惡的格言（違法的格言）之採用之基本根源或終極根據（對於我們是不可測度或極難透視的基本根源〔原註：說「道德格言之採用之基本的主觀根源是不可測度的」，此甚至或可由以下所說之義而被看出，即：由於此採用是自由的〕，是故其根源〔例如我為甚麼已採用一惡的格言而不採用一善的格言之理由〕）必不可在自然衝動中被尋求，但只總是復須在一格言中被尋求；（……）是故我們總是被驅迫在主觀的有決定作用的原則之系列中無窮地向後返，返而又返而終不能達到那基本的根源。而人之有此根源，一般地說來，乃由於其是一人，而結果，這樣他便因其有此根源，他表示了其族類之性格。[54]

綜觀康德人性論：

54　同註 11，頁 65-66。

　　一、肯定在人的現實生命之實然之上（或之內、根源處），含有關於善的格言之採用或惡的格言之採用之基本根源或終極根據，故個人須對其行為之善或惡負有道德地責任。並由此個人對其行為之善或惡負有責任，個人表現了其族類（人類）之性格。

　　二、唯此採用善格言或惡格言之基本根源或終極根據，「對於我們是不可測度或極難透視的」這麼一個根源或終極根據，原因是：「由於此（格言）採用是自由的，是故其根源必不可在自然衝動中被尋求，但只總是復須在一格言中被尋求，（⋯⋯）是故我們總是被驅迫在主觀的有決定作用的原則之系列中無窮地向後返，返而又返而終不能達到那基本的根源。」然則肯定在人的生命的實然之上，存在有其採用善或惡的格言的基本根源或終極根據，在康德只是一關於道德當然之可能的人性論述上的邏輯預設；而其之為一本體宇宙論意義的「自然」、「能然」與「實然」（必然），對於我們是不可測度或極難透視的，一個不可知。

　　三、縱使人性中含有「能夠尊敬道德法則」之能夠（能然），亦只能作為道德情感而為自由決意之動力，但並不能單以其自身即可自行構成自然才能之一目的，只當因着自由的決意把它採納之於此決意之格言中以為一動力，始可能構成自然才能之一目的。但是，康德說：「『我們把此尊敬（尊敬道德法則之尊敬）採納之於我們的格言中以為一動力』這一點，似乎須有一主觀的根據，以附加於人格性上。」[55] 這「須有一主觀的根據」之「主觀根據」又即此屬於人之人格性的才能：「能夠尊敬道德法則之能夠」。「在此才能上，絕無甚麼是惡的東西可以被接合得上」[56]，我們才能「被獲得（被訓練成）」此「善的性格」。至於我們為何要「被獲得（被訓練成）」此「善的性格」，又誰人訓練我們使我們被獲得「善的性格」，又最終「把尊敬道德法則之尊敬採納之於我們

55　同註 11，頁 85。
56　同註 11，頁 85。

的格言中以為一動力」之「主觀的根據」不停留為「能然」，而實現為「必然（實然）」；「主觀的根據」又如何成為所在世界的客觀實然的自然因果串系之第一因？此中種種問題，都是康德保留給神學回答的 —— 留給「理性範圍內的宗教」的。

孟告之人性論之辯，其核心問題正是如何尋得這附加於人格性上之最後的「我們把此尊敬道德法則之尊敬採納之於我們的格言中以為最高動力」之「主觀的根據」，孟子又最後整個地存活着留交給「聖人者先得我心之所同然」，歸於「夫子之言性與天道不可得而聞也」。「在一切問題性的辯論以外以上是有一個精誠的道德意識所貫注的原始而通透的直悟的。」牟宗三如是說。

十一、性善論之「始教」與「終教」—— 孟子與中庸

前節嘗引唐先生謂「欲確證人心之性善，便只有一方承認心之兼有善端與不善端之表現，同時指出此心在另一方，又能在上一層次，自善其善兼惡其惡，方見此心之性之畢竟唯向在善。若只如孟子之唯就心之有善端之表現，以及由禮義之善能悅心，見心之能自善其善而安於善；而未言此心之能反其反面之不善之表現，能自見其所安之不在不善，其所向乃在自去其不善以止於善；則尚不足以確證性善也」。唐先生更判孟子「盡心」說為孔門「始教」，中庸立誠之教方為孔門「終教」，曰：

> 一切天人之道，皆以一誠為本，而後能貫徹始終，以有其成功。故曰誠者物之終始，不誠無物。此則孟荀所未言。人能思及並論及誠之重要，而專以之立教，蓋亦必由人既知從事種種德行之修養之後，同時見及其中恆不免於夾雜，而有非德行中所當有者間之，致其德行乃斷而不續，既有而終歸於無，方知此立誠之重要；並知誠與不

誠，乃為一切德行之死生存亡之地，而不可不以之立教。
故此立誠之教非聖賢之「始教」，而為其「終教」。（……）
而誠乃不只有工夫義，亦有為存在之物之本體義。[57]

唐先生之意，是性（心生曰性）善論之證立，除了確立人有四端之
心及理義悅心，心能自善其善、安於善，此似近於圓滿存有論方面之
論證（此須以孔子之仁學，「仁者人也」為首出概念。孟子固以孔子繼
承者自居也。）以及宇宙論之創生論之論證（此則須由「天生烝民，有
物有則。民之秉彝，好是懿德。」「我欲仁，斯仁至矣。」「為仁由己，
豈由人乎哉？」說起），此唐先生所謂「存在之理」；兼能確證此心之能
以止於至善為目的理想而向往之，並以理想目的反照其已成之心生之
善與不善，並能自去其不善以歸至善，如「好好色，如惡惡臭」。此則
大抵為自我實現的實踐的目的論之創生論方面之論證，此唐先生所謂
之「實現之理」；需兩重論證兼得，方為性善論之證立。唐先生認為孟
子只就心之有善端之表現（四端之心）及理義悅心、安於善、自善其
善；此固非證人性本質為善，本質先於存在，故為善，而只謂善惡皆
根源於心之生，即心之不安不忍而「乃若其情（情實）則可以為善矣」
而曰性善，曰「仁義內在」。仁義內在者心欲仁則為仁義，心麻木則亦
可不為仁義，此則未證此心之能反其反面之不善、自見其所安之不在
不善，而其所向乃在自去其不善以止於善；換言之，未證此心為反思
心（此「反思心」一名依康德第三批判之「目的論的判斷力」而立。目
的論的判斷力固屬反思判斷力），唯反思心能即一存在判斷其為善為不
善，並觸發好善惡惡之性情，自去其不善以止於善。故唐先生嘗判孟
子之盡心知性知天之性善之論是孔門始教，中庸之率性盡性、以誠證
性盡心之教方為孔門終教。其言曰：

　　孟子即心言性，不自耳目之官之欲言性，則未嘗言此
心之性，能運於一切非心之耳目之欲，以及不中理之心之
中，更歷盡曲折，而超化之，以成其純一無已之表現。中
庸於此則能兼綜此至誠無息與曲能有誠之二義，而見其皆
本於一天命之性；乃一面以直率此性為道，一面以思勉之
工夫，修治此道，去其間雜不純者，而恆自戒慎恐懼於人
須臾之離於此道。[58]

　　唐先生由是反觀孟子與告子之人性論之辯，謂為：孟子以「即心
言性」統攝告子「即生言性」；分為四義，一、心對自然生命之涵蓋；
二、心對自然生命之順承；三、心對自然生命之踐履；四、心對自然
生命之超越。[59] 然則孟子對告子人性論之辯非互相否定之辯，而是統
攝和超越發展，其成為孔門始教亦以此也。《中庸》則以「率性」、「盡
性」實現並涵攝孟子「即心言性」以及由即心言性所統攝的告子「即生
言性」之四義。

　　中庸未嘗重心之一名，亦未嘗如孟子處處即心而言
性。其言性之多關連於生與生之成而論，乃有類乎告子
之即生言性，而又有迥然不同者在，即告子之即生言性，
乃自人之個體之自然生命之生，與自然生命之食色之欲上
言；而中庸之關連「生」與「成」以言性，則此性之為一普
遍的成己成物，通於天地之生，萬物之道者而言。由此而
中庸有盡己之性即能盡人之性、盡物之性，以贊天地之化
育、與天地參之說。[60]

58　同註6，頁82。
59　同註6，頁42-45。
60　同註6，頁82-83。

　　本文今則願為孟子之性善論進一解，認為孟子「即心言性」之說實已攝本體論宇宙論於心性論之活動的結構的自我實現論，即此所謂「先立乎其大者，則其小者不能奪也」之原則，當不會有唐先生之慮「孟子即心言性，不自耳目之官之欲言性，則未嘗言此心之性，能運於一切非心之耳目之欲，以及不中理之心之中」之問題。此本是康德人性論最大難題。唯本文認為就孟子實已涉及且已由其以「即心言性」統攝告子之「即生言性」而開展之四義（涵蓋義、順承義、踐形踐色義、超越義）而予以謹慎的解決。本文之下節及後試為孟子辯解。本文今之立場卻是孟子「先立乎其大者」不僅是本體宇宙論之立足依存於「主體」論，且是目的論的「主體自我超越自我辯證」以趨向成為合自然目的與道德目的為一之成性存神（至誠如神）論，乃有中庸之由孟子「盡心知性知天」而轉言「思知人，不可以不知天」之「知天乃知性，率性之謂道，修道即盡心，盡心之謂誠」之即「盡」言誠、「誠者物之終始，不誠無物」之盡性論；是中庸全本孟子，把孟子性善論之「仁義內在」普遍化為物物之內在目的（此亦孟子「五穀不熟，不如稊稗」之「成熟」義／自我實現義）；物物之內在目的之間，以及諸目的與終極目的之間，須得有一統貫原則，否則必陷入互相衝突否定而最後歸於無物。儒家於是有種種盡性之說、時中之義、尊尊親親之分位之等，要之必歸於盡心知性知天之大有。佛教則即目的與目的之衝突、最後歸於無物，而宣說只見緣起性空，不見實在之有，進而反以無物無目的為宗的為教理教義。無物無目的固可消弭眾目的之衝突，而唯餘「空無」作終極目的。今則有一種目的論是專稱以「空無」為終極目的，以消弭人生各種目的之衝突者。佛教即這樣一種以「空無」為終極目的的目的論，這以「空無」作終極目的卻仍須得有一反思者之反思，以為此「空無」作終極目的之存有論之說明。這反思者之反思本身，遂成為以「空無」為終極目的的目的論之還原的剩餘，成為聲稱以「空無」為終極目的的目的論的隱藏目的，或曰密義目的，而為一「有」──反思活動本身之有。以「空無」為終極目的的目的論最後成

就的，是就着反思判斷所提之「空無」此一終極目的，而回到「緣起性空」之如實觀、如實知、真實行。此佛教般若智之所以成為佛教大小乘之共法也，而佛教亦因般若智之「緣起性空」義而與任何實在論、包括實在論的空無論（虛無立義）在思想方法上徹底劃清界線。孔門固必以大善大有為終極目的，反對以「空無」或「荒涼的大同」為終極目的。孟子為大善大有此終極目的與其他眾目的（包括最為重要的「生生」目的）之關連，提供的統一原則或說存有論的說明，是「盡心知性知天」之目的性原則，中庸則即孟子之「盡心」之「盡」說「誠」，正是將目的論之統一原則與存有論之本體合一。唐先生即此說孟子「盡心知性知天」之性善論是孔門始教，中庸之率性盡性、以誠證「盡」之教方是終教。本文則認為孟子十字打開，各義悉備，可容上下說、來回說，前後說，本為終始教；中庸卻正是回到孟子性善論「盡其心，則知其性；知其性，則知天矣」之「盡心」始教；亦即由工夫論之「盡心」開展為存有論之「知性」，由存有論之「知性」開展為本體宇宙論之「知天」，還原回到「盡心」始點；唯中庸已攝「知性」「知天」之義而回到「盡心」，故即盡心之「盡」言「誠」。「誠者，天之道也；誠之者，人之道也。」「誠者自成也，而道自道也。誠者物之終始，不誠無物。是故君子誠之為貴。誠者非自成己而已也，所以成物也。成己，仁也；成物，知也。性之德也，合內外之道也，故時措之宜也。」（中庸）此即以「誠」（盡心之盡）為上文所說貫通眾目的與終極目的（大善大有、最高善）之統貫原則，而「誠」不僅為目的論判斷（反思判斷）與決定性判斷之普遍而具體之智慧發用，同時即物物之內在目的、物物之體用不二之本體論之體（某義之康德所謂「物自身」）之發現也，不誠無物也。

孟子「盡心（誠）──知性──知天」由內向外之推擴，到中庸則倒轉之為「知天（天命之謂性）→知性（率性之謂道）→盡心（修道之謂教）→誠」，以歸復到「盡心」之「盡」說「誠」；以誠為中心，正所謂「誠者物之終始，不誠無物」。以「誠」立教，不亦宜乎。

　　上節言康德人性論止步於「『我們把此尊敬（尊敬道德法則之尊敬）採納之於我們的格言中以為一動力』這一點，似乎須有一主觀的根據，以附加於人格性上」，這「主觀根據」即此「能夠尊敬道德法則之能夠」之人格性的才能，我們才能「被獲得（被訓練成）」此「善的性格」。然而我們為何要「被獲得」此「善的性格」？又誰人訓練我們使獲得此「善的性格」而最終「把尊敬道德法則之尊敬採納之於我們的格言中以為動力（唯一最高動力）」之「主觀根據」？而此「主觀根據」何以不停留為「能然」而要實現為「必然」、「實然」，而為其作為行動主體之實然世界因果串系之第一因？康德人性論在此等等問題之前停步，寧保留給「理性範圍內的宗教」來回答 —— 由神學來回答。中國思想則認為既是屬於人性中的本有的才能，豈有人自己注定不能獲知或自覺之者？此建基於人的「主觀根據」的採用「尊敬道德法則之尊敬」於行為之格言中以為最高動力之人格性才能（實是人格性自己）以及所需之「主觀根據」（實是人的判斷力、意志），其所尊敬的道德法則、令我們趨向於它，以至以終極趨向它為終極目的的「最高善」，既是千古人性之自然、當然、必然表現者，又是能夠作此表現者；豈有因為為着稱謂此種種表現而賦之以名，轉身即以此等名言所指不能對象化，而認為人不能實知之、實證之？孟子說「乃若其情，則可以為善矣，乃所謂善也。」又說「萬物皆備於我，反身而誠，樂莫大焉。」中庸說「道也者，不可須臾離也，可離非道也。是故君子戒慎乎其所不睹，恐懼乎其所不聞。莫見乎隱，莫顯乎微，故君子慎其獨也」。是孟子、中庸即着此千古不磨的人心人性之自然、當然、必然、能然之「人格性自己」而直下肯認之。這時候需要的是承擔的勇氣（「吾養我浩然之氣」），以及「誠」。一如乍見孺子將入於井，我們需要的惟是「誠」以及行動的勇氣。及至事情過去，其中之如何為當然、如何為必然、能然、自然，再由思想者思想之，理論者建構之，感受者感受之。太陽下山了，各路貓頭鷹紛紛起飛。

十二、「理」之四義與實踐動力之道德次序

唐先生曾借「能然、必然、當然、自然」之理之四義,評說宋儒諸子之理學,並釋此四義之哲學意義。其言曰:

> 按陳安卿嘗問朱子(見《朱子大全》第五十七卷),「理有能然、必然、當然、自然」。朱子答曰:「此意甚備,但要見所當然,是切要處。」要之理,是指一去有所然,以有所生,而非指已有之實然,此為宋明儒凡言理者之公義。此四義中,大約在明道則由自然之道中,即見當然之理;伊川則偏自以當然言自然之理;朱子則由當然、自然義,以重說事物之分別的能然與必然義。如以今語釋之:「自然」似本體論之自己如此如此地去然;「當然」似道德論上之當如此如此去然;「能然」似宇宙論上之就存在事物,而言其能如此如此地去然;「必然」似就理之自然、當然、能然者,而更就其反面之不可能處,說其只可如此如此地去然,而不得不如此如此地去然,以成為實然者。此似一邏輯知識論之概念,然此理之「自然」、「當然」、「能然」、「必然」之本義,則皆在實然之事物之上一層次,而言其去然(吳案:即「去實現」)即去生(吳案:即「去創造」),當然則是四義中之切要處。此二者必須熟習在心,否則於宋明儒學之言,必觸處成滯。[61]

若以此「能然」、「必然」、「當然」、「自然」,理之四義,說康德之人性論,似是:由「當然」、「必然」言「能然」、「自然」,而不得;轉由人性之「能然」說「當然」與「自然」、「必然」,而終止於「對於我們

---

61 同註6,《中國哲學原論・原性篇》,頁358。

是不可測度或極難透視的基本根源」，唯引入「上帝」此一「超自然」之「當然」、「必然」之「大能」（能然）者，並在理性的範圍內，保留「上帝信仰」此一「道德的宗教」：

> 現在，我們可把一切宗教分為兩類：一類是「求眷顧」的宗教（只是祈禱作禮拜），另一類是道德的宗教，即「一善的生命」之宗教。（……）在道德的宗教中（而在已有的一切公眾宗教中，唯基督教是道德的），（吳案：康德這裏不提儒家，以康德不認為儒家是屬於所謂「公眾宗教」，或如一般理解所認為儒家是一種人生哲學。狄德羅〔Diderot 1713-1781〕則謂儒家是知識分子的唯一宗教。）以下所說乃是一基本原則，即：每一人皆須盡量作其力量之中的事以去成為一較好的人，（……）只有當一個人已使用了其根源的向善之能以去成為一較好的人時，他始能希望那不在其力量之中者將因一較高的協力合作（吳案：指上帝之助）而被供給。（……）「一個人要想去知道在其得救上上帝所作的是甚麼或所已作的是甚麼」這對於任何人而言皆不是本質的，因而亦並不是必要的，但只一個人要想值得有上帝之協助，「去知其自己所必須去作的是甚麼」這才是本質的。[62]

康德此處所說，亦即轉由「超自然」之「必然」、「當然」、「能然」之神性之理之義，說被造者人之性茲在存在之「實然」之限制中之「必然」、「能然」（有限）之義，並由被造者人之性之「必然」、「能然」，說人性之「當然（向善、不含本善）」、「自然（合目的）」之義。這樣理解的康德之人性論，若有論者謂近乎朱子之義，此所謂近乎朱子之義，

62　同註 11，頁 129-130。

以唐先生之意說之,則甚不近。唐先生說「朱子由當然、自然義,以重說事物之分別的能然與必然義」,以今語釋之,即朱子是由「道德論上之當如此如此去然」(「當然」)及「本體論之自己如此如此地去然」(「自然」),以重說事物之分別的「宇宙論上之就存在事物,而言其能如此如此地去然」(「能然」),與「就理之自然、當然、能然者,而更就其反面之不可能處,說其只可如此如此地去然,而不得不如此如此地去然,以成為實然者」(「必然」)。此朱子之由「當然」、「自然」,說「能然」、「必然」,固與康德之由「當然」(道德法則)、「必然」,說「能然」、「自然」大不相近。

　　吾意大凡言理而注重現實已生或已有之「實然」者,其所言之理多偏於「形構之理」或「物理」、「事理」,由形構之理、物理、事理說一事物之「能然」、「必然」,而不必及「當然」與「自然」。

　　言理而注重實然事物之上一層次之未現未實之「本然之真」者,其所言之理多關於存在之然之所以然之「存在之理」或「性理」,由存在之理、性理說一事物之「自然」、「當然」,由「自然」、「當然」說「能然」、「必然」。

　　言理而注重現實事物之現為如此如此,亦可不現為如此如此、而現為如彼如彼之「能然」、「自然」之意義者,其所言之理多涉及「實現之理」或「性理」、「玄理」、「空理」,由實現之理、性理、玄理、空理說一事物之「自然」、「能然」、「當然」,由「當然」說「必然」。

　　言理而注重一「應然」之事物之必須存在、不能不存在之「必然」者,其所言之理多注重「當然之理」,由「當然之理」說在實然之事物之上之一層次之「自然」、「能然」、「必然」,並更就其邏輯義的、或存有義的反面之不可能,說其只可如此如此,而不得不如此如此,以成為「實然」之存在者。

　　由此看來,言理之言之真妄,不能離言理之言之性質(內容名言或外延名言,指實語或抒意語)、結構,其言與其所指之實、所示之理之對應關係(同構對應、同態對應、或超對應);此魏晉名辯「言意之

辨」所曾暢發，而溯原於「才性四本」之外顯之才與內蘊之性之關係之辨[63]；而知言理之言之真妄，又實不能離言理者之「自然」、「能然」（其之生命態度、言默態度，其所選取的視野、角度、觀點，所用之語言符號，以及其思辨、反省、測度透視，定性判斷及反思判斷力等特殊機能之存在狀態之如何）。而言理之「自然」、「能然」者，又常對執為「當然」、「必然」。四理如何分疏又如何通貫為一真實存在者之實踐原理、一當下之「理一分殊」之理？然則言理之言之真妄，與所言之理之理境理分、言理者生命存在之自我定位、自我認同之真妄，不離。故謂「理有能然、必然、當然、自然」，而朱子答曰：「此意甚備，但要見所當然，是切要處。」此切要處在言諸理時皆須自內省是否理所當然，既在事法界、理法界言各理須自內省是否理所當然，又須在事法界、理法界之再上一層次，言事理無礙法界、事事無礙法界，之理所當然之「當然之理」，由「當然之理」實證（實證者如實觀，如實知，真實行）諸理、貫通諸理之謂。

這理所當然之「當然之理」，自是扣緊實踐主體之當如此如此去有所為、有所不為，有所然、有所不然，所言之理，而屬道德哲學。儒門所言性理，即基於這種理而說「存在之理」（涵「實現之理」、「形構之理」）。康德之《理性範圍內的宗教》所說全是關於「道德是如何可能的」之理，而歸於道德的神學，乃因其把道德實踐之當然、能然、必然、自然之理，最後保留給上帝信仰這樣的「道德的宗教」。但在此理性宗教之名義下，康德還是提供了一個以善惡論性的人性論原則，其結論是：

> 一個人是否是善抑或是惡之區別並不存在於其所採用於其格言中的動力之區別（吳案：指動力為道德法則所

63　參閱吳甿撰：《玄理與性理》，第一章〈言意之辨與魏晉名理〉（香港：經要文化出版有限公司，2001 年）

供給，抑或為感性之衝動所供給），但只存在於動力之隸屬關係，即是說，存在於在那兩種動力中他使那一種動力為另一種動力之條件（即是說，不存於格言之材質，但只存於格言之隸屬形式）。既然如此，則結果便是：一個人（甚至最好的人）其為惡是只因以下所說之情形而為惡，即：他在採用動力於其格言中時，他逆反了動力之道德次序；實在說來，他此時採用道德法則是把道德法則和自私之法則一同採用之，但是由於他又覺得那兩種動力不能一起停留於同等的地位，而是這一動力必須隸屬於那作為其最高條件的另一動力，是故此時他遂使「自私以及自私之諸性好」之動力成為遵守道德法則之條件；然而實應相反，即道德法則實應當被採用於自由決意之一般格言中以為唯一的動力，蓋由於道德法則是「約制自私以及自私之諸性好之滿足」之最高條件故。[64]

即是之故，「人之道德的修養必須不要起始於（外部）行誼之改進，但須起始於（內部）心靈之轉化以及一性格底基礎之轉化。然而人們常不如此而進行，常是逐個地對付惡行，而對於惡行之根卻並未接觸到。」[65] 為此，需要一宣佈神聖性創造的先知，激發我們生命內的根源的道德才能，「把我們自己昇舉在『自然』以上，我們之這樣把我們自己昇舉在『自然』以上是昇舉到如此之程度即竟至於我們可視那一切需求（吳案：「那一切需求」當指屬於人的動物性的、屬於人之為理性的存有之人情性的、屬於人之為理性的而同時又是負責的存有之人格性的一切需求，總而言之，一切屬於生之調性之自然人性之需求。此義當是康德要着力的，我們不宜輕忽。）為無物並可視我們自己為不值

---

64 同註 11，頁 100。
65 同註 11，頁 122。

得生存者。」[66] 此所以從「道德是如何可能的」計，先知主義的道德的宗教是必須的，康德如是說。除非人的道德修養自始即起動於內部心靈之轉化以及一性格底基礎之轉化，而不是起始於外部行誼之改進；此心靈之轉化至於當他採用動力於其行為之格言中時，他「自然」、「當然」、「能然」且「必然」地維護動力之道德次序：即道德法則之被採用於自由決意之格言中必以之為最高的動力，其他所有不同質的動力皆隸屬於此最高動力。此中國儒道工夫論常言之義，在康德最後還是非此即彼地拱手讓給造物主。其後果則是一次一次地岐出，將其向外拋出；其中最著名亦最危險的一次，是拋出為歷史理性、歷史目的，而其為「歷史理性」「歷史目的」又似是可離開人的主觀精神之參與及批判的。

十三、道德法則之「必然」與「以人為目的」之合目的性原則之「自然」：即目的言功能，即功能言目的

依中國哲學，其他所有不同質的動力（或曰「就人之自然目的而言之性向性好之性」所提給之動力）不必就與此最高動力（來自道德法則之動力），在隸屬關係中，成為敵對者。這種隸屬關係可以是主從關係、本末關係、踐形之關係、大體小體之關係（「先立乎其大者，則其小者不能奪也」，小不奪大，性向於大；大潤澤小，睟面盎背，率小向大）、性命互為（性命對揚或性命互濟）之關係（「性也，有命焉，君子不謂性也」，「命也，有性焉，君子不謂命也」。「命」為「性」之呈現原則，「性」為「命」之實現原則和存有根據），或是即目的功能言性之「終極目的性」與諸「本質目的性」之關係，「最高善」與諸「善」、「向善」之關係，「君子所性」與「君子所樂」、「君子所欲」之關係，以至

---

66 同註 11，頁 124。

「目的」與「歷程」之關係,「天爵」與「人爵」之關係,「德」與「福」與「美」之關係。這是就行動的諸動力之道德次序,道德法則須被採用於自由決意之格言中以為最高的動力,以為制約其他不同質的動力之最高條件,而言隸屬關係中之各項之關係之各種可能性。要之,以道德法則為行動的唯一最高動力,此原則不容置疑,唯中國哲學進言此原則須落實於一一具體的生命存在(如上文所言,中國的人性論自始即從具體生命存在真實性之反省為進路,而初非開始於「道德是如何可能的」之命題概念分析)。一具體的生命存在其行動之動力必須來自道德法則(當行動被稱為「當然」、「必然」時),同時必須來自此具體生命之性分之不容已(當行動被稱為「當然」、「必然」而且「能然」、「自然」時)。一「人格性的存在」接受道德法則為唯一動力而知「人不應撒謊」,亦知「人應救助義人」,但一「人格性的存在」之當下處境是「若不撒謊則不能救助義人」;於是有人堅持不撒謊(指證耶穌),放棄救助義人;另有人放棄不撒謊,去救助義人(匿藏耶穌);第三個人則堅持不撒謊和去救助義人因此反抗這個處境而被加害或竟改變了這個處境。這三個人就一作為行動者主體須對其行為負責之人格性之存在,而其行動之動力全由已知之道德法則提供,即此而言,三個人的行為在道德上似都是善的。但有道德感和存在感的人都知道:第一個人他是以認知的態度來確認道德法則,而不是從良知的震動、由反思判斷透視終極目的而直貫下來的合目的性原則之決定;第二個人之為道德是感觸的、反省的因而主觀個人的(道德實踐固歸於個人);第三個人反思人之為自然界之最高目的,即能為自己提供超越目的(理想)並自我要求其行為符合此超越目的,而稱之為道德教養,並負起道德立法之責任:既是主觀的而又是普遍的、以人為最高目的者(目的王國之元首)、完全自由自律者(心即理)。故不僅是道德的勇敢,和公義的,且必由道德進至倫理、社會、法、歷史理性。第一個人只關心能採用最熟知的道德法則於其自由決意之格言中,為足夠;此即由「必然(以

客觀化了的道德法則之服從、他律為必然）」說「當然」，唯欠「自然」、「能然」（本體宇宙論的就人之存在目的而言人自己能提供道德法則，並能應機地如此如此地去然）。第二個人選擇違反他所熟悉的道德法則作為其行動之唯一動力，寧願負起此罪責，聽從性分之不容已中之另一嶄新的無條件指令，從而置身於道德、倫理的破裂緊張而在所不惜；黑格爾遂謂「每一道德抉擇都帶有罪性」。此則由「自然」（本體論的自己提供道德法則、並應機地如此如此地去然）說「當然」（應當如此如此去然）、「能然」（宇宙論之就人的存在而言其能如此如此去然）。第三個人則知道道德法則固是橫空而降的、普遍而絕對的，然不能離開人的反思判斷力，在反思人存在的終極目的中的予以確認，確認此人的存在的終極目的，並在終極目的（成為真實存在，「成性存存，道義之門」）之照臨下，與此人當下存在處境相應的、他的自然而必然的行為動力之道德次序，而示其道德法則為「人不可撒謊！」，為「人應救助義人！」，為「人不可撒謊！並應救助義人！」，為「人不可撒謊！應救助義人！且不應因此遭受加害！人須反抗此一造成道德困境之現實處境！」是知道德法則不離公義，公義不離普遍目的，普遍目的不離終極目的，終極目的不離人的反思判斷力之透視，而反思判斷之啟動不離惻怛性情之「我欲仁，斯仁至矣」之當下的具體存在及其存在之性分不容已，由性分之不容已貫通一一道德法則，一一道德法則隸屬於終極目的（最高善）；一如在目的王國，一一目的服從目的王國的元首；目的王國之元首以其為終極目的之目的性（最高善、圓善、合自然目的與道德目的為一、德福一致）之名義，維護目的王國裏一一目的之存在（以其為元首故，非與諸目的為敵對而為諸目的之領袖元首故，率性、盡性故，此中庸勝義）。從（一）目的者（人）自我保存之性向（由所向之目的理想浸潤為人之定性）、某目的者其族類之繁衍及其子孫之保存之性向、目的者之相互會通結為社會之性向（康德所謂「屬於人之動物性的才能，可概括於『物理自然而純機械的自利』」之目的，

吳稚暉所謂「『漆黑一團』的人生觀：吃飯、生小孩、交朋友。」[67] 之目的）；到（二）屬於人之人情性的才能，可以概括於「物理自然而卻是較量的自利」亦即人的社會價值之性向；（三）屬於人之人格性的才能即是「『能夠尊敬道德法則』之能夠構成人的根源的行動之動力」之性向；此三項構成自然人性之成素之性向及其所向之目的，可概之曰「人為之而存在的那目的」[68]，康德認為即足提供「人性中根源向善之才能」。此則應受到終極目的的保護，而目的之發現來自反思判斷力之透視。但透視歸透視，道德法則仍保留其超越的絕對性之地位，以其千古恆存故。此則由「自然」之道見「當然」、「能然」、「必然」。康德說：

> 所謂道德法則乃即是那絕對地發佈其命令者，並且亦就是那宣佈其自身就是一動力者，就是最高的動力者。假定此道德法則不在我們心中被給予，則我們必不能因著推比計算的理性而去把它如此這般地發見或造作出來，或去勸服吾人之自由決意去服從它。[69]

或認為牟先生說道德判斷是決定判斷，不是反思判斷，與康德這裏所說一致。但本文此處認為：當道德法則呈現，所發佈的命令、道

---

67 吳稚暉：〈一個新信仰的宇宙觀及人生觀〉，載氏著：《吳稚暉學術論著》（上海：出版合作社，1927 年），頁 117-118。此所謂「漆黑一團」之人生觀，當時國人嘖嘖稱奇，其所言或襲取康德此《單在理性範圍內的宗教》之「人性中根源的向善之才能」之「屬於人之動物性之才能」以及「屬於人之社會人情性之才能」二節，而把第三節以及康德之「能夠尊敬道德法則」及實踐動力之道德秩序等意思免去，即成其所謂「新信仰」云云。牟宗三在《五十自述》裏說他「淺薄」、「不成材」。見牟氏著：《五十自述》（台北：鵝湖出版社，1989 年），頁 35。

68 「這三項之分是就其目的（功能）而分者，分之為三項以為人之定性（德文 Bestimmung）中之成素。」按康德原文 Bestimmung，牟宗三中譯為「人之定性」，英譯者阿保特譯為「人為之而存在的那目的」，格林譯為「人之固定的性格與目的」。同註 11，頁 80。

69 同註 11，頁 81。

德判斷，當然是決定性的決定判斷。但康德說此道德法則若非在我們心中被給予，則我們的自由決意不會去服從它。也就是說，道德法則需要一個來歷，我們才會自願服從它。這個來歷，依本人多年所思，即人就着他的具體存在而作的關於其生命存在之終極目的、或曰生命存在本質之反思判斷，而將「人應做甚麼」之道德法則，給予自己。此康德所謂「在我們心中被給予」云云。冷智如康德，亦不能不認為道德法則雖是橫空而降者（「命日降」），卻正是吾人衷心感激能在心中感應感動生生不已者（「性日生」）；雖是在吾人心中內具而自始震動不已者（心生曰性之「性日生」），卻正是橫空而降者（由反思判斷湧現終極目的，而曰「命日降」）。此之曰「性分之不容已」。

十四、從目的論說「向善論之實在論」與「性善論之活動論」

　　自中國人性論言，上說由（一）人之為一有生命的存有之動物性者，（二）人之為一有生命的而同時又是有理性的存有之人情性者，（三）人之為一有理性的而同時又是負責的存有之人格性者；人生而有此三項「人為之而存在之那些目的」，而即目的言功能，即功能（能生）言人性，此即「順之則生天生地」的「即生言性」（生之謂性）之人性論。逆向言之，則亦可謂即人生而有之三項功能（「能然」），言人生而有之三性向（三項依目的而分之定性），再由「人之定性（性向）」（「能然」之實然）必溯其性向之所向之人之存在目的（「自然」、「當然」），此則「逆之則成聖成賢（知性知天）」。是則人之生而有之存在目的有二義，一為生天生地之自然目的（「命」：自「能然」、「必然」言「當然」、「自然」），一為成聖成賢之道德目的（「性」：自「自然」、「當然」言「必然」、「能然」）。孟子由「自然」、「當然」言「能然」、「必然」，「我應故我能」，即合自然目的於道德目的，而言性善論之人性（「乃若其情，則可以為善矣，乃所謂善也，及其為不善，非才之罪也。」），此性善論既肯定

人在感通中可反思透視其存在之終極目的及終極目的所貫穿之眾多目的，以及自由意志所立——與之相應之道德法則（「仁義禮智非由外鑠我也，我固有之也，弗思耳矣。故曰求則得之，舍則失之。」），而為「性善論」之同時，全面肯定人「生而有之」之各項依自然目的而有的功能（如上述三項），認為此生而有之各項功能，就其為自然目的之功能而言，即自然合目地為人性中根源的向善之才能（此下文詳析之），即此「性向善論」充其極而昇舉至「性善論」，為向善之所向，提供在感通中由反思透視到的終極目的，即終極目的而言「止於至善」。自然目的論的向善論獲得道德目的論的性善論所提之終極目的理念，從而使整個價值論之存有論說明得以系統地建立。由終極目的概念證立的性善論同時為生之謂性之多重氣質之性提供超越的目的性，即多重目的之縱貫言價值系統，言善與不善，言理一分殊，言善惡人性論之諸型態，言人性中的根本惡，言命遇與才性，言人性論之全幅開展。即人的本質目的言「人之定性」，言「人為之而存在的那目的」，言「人之固定的性格與目的」，而言人性中根源向善之才能，而性向善論與性本善論通貫為一。

　　孟子之人性論既是「即心言性」之「性善論」，同時又是「即生言性」之「性向善論」。此說大不合於一般討論人性者對孟子的印象，特別是從〈告子篇〉中所得的孟子斥告子之印象。但如上文所析，孟子斥告子，乃針對告子的「性無善無不善」的單純材料論之人性論。以單純材質看人性，則道德理想、道德情感（對道德法則之敬畏），道德實踐之動力甚至道德意識（善、不善之意識）本身，依告子，在人性中都得不到生而有之之根源性的肯定，而全為由外鑠我者，非自然固有之者。此則人類的道德生活全成為外在強加之物，而人成為等待改造，可依任何目的加以錘鑄者，又或以為仁義為專加強制於自然人性者。故孟子斥之曰：「亦將戕賊人（性）以為仁義與？率天下之人而禍仁義者必子之言夫！」是見孟告之辯，亦正是「即生言性」之「性」義之辯。告子認為生之謂性主要是就自然生命欲望之目的而言功能之性（本能

之生性），如食色之性，而不承認生之謂性中有仁義禮智之性（心生之性）。孟子一方反對告子離心言性，一方窮告子「即生言性」而盡其理、充其極，而言生之謂性之性中，本有自然性好之自然自律性、必趨向於自然合目的性（否則將自我戕賊、自我否定，如好食好色好利好名而荒淫無度之自殘，莊子斥為「以物易其性」）。此自然性向之自然合目的性（合度、合生生之目的、中和），對於人的道德理性（「即理言性」之性）而言，正是道德理性之實現其意志自由自律之契機，康德所謂「人性中根源向善之才能」。此「人性中之根源向善之才能」引導自然人性之性向於自然目的（合度、中和、合整體和諧生生之目的）之同時，即為道德法則之降臨介入打開存在之門，在此存在之道上真實體會「道德是如何可能的？」。雖然，剋就自然世界自己而言，並無所謂「自然目的」。所有「自然目的」或本體宇宙論之「目的」，或分別來自人的「智測」，「信仰」，「反思判斷」，或來自三者共同打造：

　　一、由人的理論理性之超越推演而成的凌虛的「宇宙目的」，而為虛構的目的。虛構的目的源自我們的理性將其所施設的法則使用於超經驗世界而斷然中止其繼續運用，以此斷然中止為窮盡，從而虛構出一系統性與終極性，亦因此無根的系統性終極性而難逃二律背反，表現知解理性的威權（在經驗世界）和局限（不可超出經驗世界），其為自然立法之法，只屬內在的形上之法，不可以之為全體世界提供智測的因而超知的整體目的性系統。

　　二、由神學提供之「實現上帝隱蔽計劃之目的」。此則只為提供我們一生命存在之超越目的（由上帝計劃之隱蔽而強化其超越性），藉此超越目的而言「根源的道德才能」，「此根源的道德才能（宣佈一神性的起源的那才能）之不可理解性亦必會引起極普通能力的人之精神，引起之至於熱烈之境，而且亦必強化其精神以備任何犧牲在所不惜」[70] 之宗教性之目的。

70　同註 11，頁 124-125。

三、由人的反思判斷力此一母慧（生之謂性之一心靈特殊機能）即着一一具體特殊事物及生命存在情景，省思其所繫屬的內在目的以至絕對目的，而即透視即趨向之即呈現之；呈現之即反思之即趨向之。此孟子「盡心知性知天」，至陸象山「收拾精神，自作主宰，萬物皆備於我」、「萬物森然於方寸之間，滿心而發，充塞宇宙，無非此理」，到王陽明「如好好色，如惡惡臭」、「今日良知見在如此，則隨今日所知擴充到底；明日良知又有開悟，便從明日所知擴充到底。」（《傳習錄》卷下）之致良知之「知行合一」之實踐的、自我實現的「生生」之目的。

不同的目的論此消彼長，「天地萬物之理，無獨必有對，皆自然而然，非有安排也。每中夜以思，不知手之舞之，足之蹈之。」（《二程遺書》二・下）」「大自然為甚麼一定要以『不停止的努力』降給我們的理性，我們的理性因着此不停的努力總是去尋求這樣一種途徑，好像這途徑是理性之最重要的關心事之一似的。」[71] 表現理性運用者之超知超驗的宇宙目的論關懷，永不窮竭，但亦永不能阻止人們很快穿越這種系統性的思想構造，而問：我們為何需要目的論、需要目的？於是轉出無目的論，而為宇宙無目的論。但是在宣告宇宙人生從目的論中解放出來的同時，我們把宇宙人生拱手送給以無目的為目的之目的論者。只有道家知道事情是這樣，並不經意、無目的地讓事情這樣，而再次歸於無目的。亦只有孟子知道目的論必須回歸人性論，是人的「人在宇宙中之自我定位」引生目的論。「人在宇宙中之自我定位」泄露了人在宇宙中是自由的，他須為自我定位，除此之外，他沒有定位 —— 無人可決定他的位置；同時泄露了人在自由中注定是定位的，因為除了通過尋找自己的定位，他找不到宇宙，亦找不到自由。「人在宇宙中的自我定位」表示人性的二重性：定性與不定性。發現人性此二重

---

71 康德撰，牟宗三譯註：《純粹理性之批判》上冊（台北：台灣學生書局，1968年）頁31。

性，同時是人以超越投向存在的契機。最能正面明言人性二重性並能縱貫之的，當然是孟子。

此人性的二重性，或曰兩極性，在宋儒即說為「兩頭明」；此兩極性之有，同時是人觸動其根源向善之能力，投向終極目的之契機；由此極與彼極之兩極，而兩極歸宗，展示自我否定、自我超越、自我實現之每一步，都是附於人格性的主觀精神之自我定位，其中的痛暢與艱難，如魚飲水，冷暖自知；而曰「工夫所至，即是本體」，曰「根源的行動」，而非「表象的行動」。故「夫子之言性與天道不可得而聞也」。宋儒或稱此作「中間暗」。朱子批評陸象山「常是兩頭明，中間暗」。難道朱子認為可以「兩頭暗，中間明」乎？或陸象山言「易簡工夫終久大，支離事業竟浮沉」而自謂之「吾於踐履未能純一，纔自警策，便與天地相似」、「廓然、昭然、坦然、廣居、正位、大道、安宅、正路，是甚次第？」（《陸象山全集》第三十四卷），或後之王陽明言「心意知物，理一而已」而曰「如赤日當空，萬象畢照」之全暗全明乎？所言分際不同也。本人則甚珍惜此「兩頭明，中間暗」，嘗謂：「朱子說陸象山『常是兩頭明、中間暗』，齊克果說『通向上帝之孔道只容一個人穿過』，玄學家說獨化，劉蕺山說慎獨；亦是此意。故凡暴露天下以宰制天下者，儒家必反之（按此處指儒家「藏天下於天下」）；凡盛言儒門禮制之隆而不及四端之心、仁義內在者，儒家必斥之；凡言溫良恭儉讓而不言天理人權公義者，孔孟必視之為鄉愿而逐之。凡作問題（problem）與奧密（mysteries）之區分，而只知轉奧密為問題，不知即問題見奧密，知言養氣，窮理盡性者，儒家寧拒之以守生命之尊嚴，自由之可能。就哲學言之，此亦形而上學之可能，哲學之存在的意義與使命之所在。」[72]

72　見吳甿撰：〈昔本不迷今言悟，心融境會證幽潛 —— 為黃慧英教授《從人道到天道》一書序兼說一種哲學觀〉，《鵝湖月刊》2014 年第 464 期，頁 46-51。

十五、由「人為之而存在的那些目的」而言性能，即性能而言「即生言性」與「即理言性」之二重目的性之人性，更以終極合目的之「生生」關佛教之無生

本人曾於南京師範大學美術學院以「目的論與生命境界」為題作連續演講。講到孟子如何由「人為之而存在的那些目的」而言人的性能，即性能而言「生之謂性」與「理義之性」之統一於「即心言性」之盡心知性知天。先從一段最多人引用又最欠確解深解的孟子章句說起：

> 口之於味也有同嗜焉，耳之於聲也有同聽焉，目之於色也有同美焉。至於心，獨無所同然乎？心之所同然者何也？謂理也義也。聖人先得我心之所同然耳。故理義之悅我心猶芻豢之悅我口。（《孟子》〈告子上〉）
>
> 朱子註曰：然猶可也，草食曰芻，牛羊是也；穀食曰豢，犬豕是也。程子曰在物為理，處物為義，體用之謂也。孟子言人心無不悅理義者，但聖人則先知先覺乎此耳，非有以異於人也。程子又曰，理義之悅我心，猶芻豢之悅我口；此語親切有味，須實體察得理義之悅心，真猶芻豢之悅口，始得。（《四書章句集注》）

朱子註第一句只是解字。第二句引程子（二程皆可）曰「在物為理，處物為義，體用之謂也」，似從「天地間只有個感與應而已」說體用之「無獨必有對」，此中有深思，惜未多說。第三句言聖人非有異於人，第四句言須實體察得理義之悅心，始得。後三句皆引程子曰。今試重解這段孟子。

這段話涉及二重目的論，以及即目的言性（功能、性向）之二重人性：自然目的論及「即自然目的言性」之性，與道德目的論及「即道德目的言性」之性。上句「口之於味也有同嗜焉，耳之於聲也有同聽焉，

目之於色也有同美焉。」屬於自然目的論，剋就人的自然感官之感應功能之趨向於以自身之自然自律為目的，或曰以自身感應之趨向於合目的為目的，即此目的言性（功能、性向），並因此證得人之感性雖在現實上因人而異，但剋就各感官所屬目的而言其性能性向，則必以合目的性為其原則；是知凡合其目的性之感知，必亦是相關之人的感性知覺之普遍性之所在，或其「客觀化」（依懷德海，Whitehead），同時是愉悅之情生起之機緣，以感性在此不受任何外在制約，自然自由合目的故。並因此而觸發人的生命存在得以從「人為之而存在之目的，及由目的浸潤陶鑄成的種種性向」中解放出來，從動物性之衝動、理性之計量、功利性、知性之概念決定，以至人在世界中之自我定位，尊敬所知之道德法則之尊敬中解放出來，回復為一寂感真幾之即寂即感即應，「天地間只有個感與應而已」之「無獨必有對，皆自然而然」之純粹意向之自為自在。口以感應於味，而以「甘」為其目的；耳以感應於聲，而以「和」為其目的；目以感應於色，而以「美」為其目的。亦以自然感官之感應之趨向於「甘」、「和」、「美」故，藉此獲得「同然」之普遍性故，人的「生之謂性」之自然目的性得以證立。既說自然目的，則食色之性雖初是為保存一自然生命之自身狀態並延續其自身狀態於後代之欲之能，以之為性，而終進至為以培養習得一自律性於其自身。此康德所謂大自然以人為最後目的，人以「文化教養」為其最後之自然目的；然則大自然以「文化教養」而不是以人所謂「幸福」為其最後目的之說。自理學立場言之，則可以轉過來，以感應之自然合目的性之「同然」，為自然之理、為自然目的，即此「生命自然自律之性」言「目的」，再即此生之目的言性，言「生之謂性」。

　　佛教以「無生法忍」破「生」，說「諸法不自生，亦不從他生，不共不無因，是故知無生。」（《中論》〈觀因緣品〉）是破以有「自生」、有「他生」、有「自他共生」，有「無因生」而言「有生」之「生」；亦是以「無生法忍」破有自、有他、有共、有無因諸法。此則既破存有論之有「自」、有「他」、有「共」、有「無因」、有「生」諸法，又破宇宙論之

「有生」，而後返至純現象論之就生命之為生命，不增不減，如其為生命現象而觀之，就只是如幻如化，不能說有，也不能說無，所謂「不生不滅，不常不斷，不一不異，不來不去」。如是亦無目的可言，大自然之以人為其最後目的（六道眾生，人身難得），人唯以體會此究竟無目的為終極目的（聲聞、緣覺、菩薩、佛、四聖道）而「應無所住而生其心」，歸於究竟無目的，無生，我法二空。宋儒在佛教長期無生法寵罩下所作的第一個反抗，自是護生、證生、即生言性、言道、言理，由「即生言性」進至「即理言性」、「即心言性」。其中以《二程遺書》所記之言最有感觸：「天地之大德曰生。天地絪縕，萬物代醇，生之謂性，萬物之生意最可觀。此元者，善之長也，斯所謂人也；人與天地，一物也。」（《二程遺書》第十一卷）「一陰一陽之謂道，自然之道也。繼之者善也，出道則有用。（……）成之者卻只是性。（……）如此則亦無始無終，亦無因甚有，亦無因甚無；亦無有處有，亦無無處無。」（《二程遺書》第十二卷）六朝名士裴頠在玄學大盛與佛教初入華之際，獨造〈崇有論〉。五百年後，崇有之義轉作生之德、生之性、生之意、生之道、生之成、生之始終，正所謂萬有森然於方寸之間，滿心而發，充塞宇宙，無非生之理矣。

此自是以「生」為天地之大德。「生命」不是緣自「無明」、不是源自「業報」；生命自身固是一「生死場」，但不是「苦」，亦不是「罪」；「生命」來自天地絪縕，萬物代醇之生之意、生之性。「生命」亦非全然是一團物理材質，而是其「生之自身」即是一生之性、一生之意，一「無因甚有、亦無因甚無」之生生之謂性，亦即即目的言功能、言自我實現之一活動中心。此以生為性之「生命」，在「生命」之存在的現實言，其本質就是欠缺，不是「有漏皆苦」就是「原罪」（建基於存有論的圓滿論而言一有限之存在之意欲），此路之人性論固容易證出性苦論或性惡論。但又經不起論證（以不能無端說苦、罪也），僅只能證出一種超越精神，尼采所言的「以誹謗生命來表現超越」的超越精神。小乘佛教、原教旨基督教都屬此路。自「生命」之自我實現之生生之內在言，

則是「繼之者善，成之者性」；在「人生」而言，則曰「此元（元始）者，善之長也，斯所謂人也；人與天地，一物也」。雖曰「決諸東方則東流，決諸西方則西流」，然終是水性向下，人性向善（「人無有不善，水無有不下」）。「生」之在世界既自為一始元、一生之性、生之意，正因此，一一自覺的生命須對其自己的行為負有道德的責任。在人須對其行為負有責任的常態中，每日發生的事實是：人無需為自己的善行（何謂「善行」？「誠者物之終始」之行為即是善行）討理由，人只會為自己的惡行（何謂「惡行」？「不誠無物」之行為即是惡行）找藉口。在涉及人類人性中道德的惡之起源的一切看法中，康德認為：「一切看法中之最不適宜的看法，便是去把此惡表象為是因着由我們的第一代祖先而成的遺傳而傳到我們身上來者」。[73] 康德明顯地是針對其基督教神學傳統之說法。今日讀之，可將康德之批評擴大其適用範圍於一切將時代之

73　同註 11，頁 107。康德於此句有原註云：「大學中所謂較高級的三學院（醫學院、法學院、神學院）可各依其自己之特殊性而說明此種惡之遺傳，即或說明之為一遺傳的不治之病（malady），或說明之為一遺傳的負債之罪責（guilt），或說明之為一遺傳的原罪之罪（sin）。（一）醫學院必會視此遺傳的惡為好像是類乎條蟲者，關於此類乎條蟲的遺傳的惡，有些自然主義者實際上是相信：由於它並不能被發見於在我們以外的任何成素中，亦不能有與此同類者被發見於任何其他動物中，是故它必須已存在於我們的最初祖先中。（吳案：即將惡之起源視作為現代醫學所謂遺傳基因。）（二）法學院必會視此遺傳的惡為繼承一最初祖先所遺留給我們的遺產之合法的後果，雖是合法的後果，但卻擔負着一沉重的罪責（因為所謂生來本有不過就是去繼承享有祖先傳下來的俗世財產之使用，只要當這些財產對於我們的生存為不可缺少的時）。因此，我們必須償還此欠債（此罪責），而且此遺產終將被奪去（因着死亡而被奪去）。此很公道！法律上很公道！（吳案：即將惡之起源視作為所謂「文化遺產所構成之債務」，至死方可償還）（三）神學院必會視此遺傳的惡為我們的最初祖先之個人的參與於一墜落的叛逆者之背叛，而傳至我們其情形是這樣的，即：或是我們自己那時曾協力參與於此背叛（雖然我們現在不意識到我們曾參與此背叛），或是現在由於我們是在該叛逆者底支配之下而生下來（該叛逆者之支配我們恰如此世之君主之支配我們），是故我們偏愛那叛逆者底支配之遺產而卻不偏愛天堂統治者之命令，而且我們亦無足夠的忠誠（信念）以使我們自己去離開那些遺產（去解脫我們自己），為此之故，我們此後必須與該叛逆者共享定數（即死亡，永不得重生）。（吳案：即將惡之起源視作為傳教士說的「原罪」。此三種關於惡的起源的說明至今仍常在大學以及社會上有關言論中大量採用流傳。康德皆斥之為「一切看法中之最不適宜的看法」。若此三種看法為有理，則亦無惡可言，以人格性已蕩然無存故。）」

罪惡不幸委過於種族遺傳、業力、原罪、歷史文化，唯求為逃避道德責任（或當事者脫罪責）之種種說辭。

　　唐先生論周濂溪、張橫渠、邵康節之天道人性論，謂皆「同自人性之其欲於物有所生、以有所成，或能往體物而不遺，或往以物觀物，而神運於萬物等處以言人性。」[74] 而二程之以性即理、性即道，

> 　　是自始直就人生命之所以能由卑下而高明，由狹小而廣大，此中應有一道一理，內在於此生命之中，而引導之以上昇，而使其內部日趨於擴大者，為其生命之性。[75]
>
> 　　此中之性，只是一生命之上昇而擴大之性，即一生而又生，以成其生之充實之性。故此性，亦只是生生之理、生生之道。然人有此生生之理、生生之道，以為其性，則其生命之沿其心思之所及，以求上昇擴大，即可至於對此心思所及之天地萬物之所在，亦皆視為我之生命之所在。[76]

　　此必是唐先生所見，宋儒從佛教長期之無生論壓抑中，復性思想啟動之首發者，是以「即生言性」，肯定生命，直以生命能由卑下、狹小而趨生向高明、廣大。生命之能自卑下狹小而生向高明廣大，必為一生而又生，以成其性之充實之生；是則生殊可貴，上天下地，無有貴於此「生生」者。此生而能日趨向於高明廣大、而又生而又生，此中必有一道一理，內在於此生命之中，而為人性中根源的向善之能、之本。此內在於人物的生命之中之生生之理、生生之道，初以為必是天命之降臨；唯「夫子之言性與天道不可得而聞也」，轉以為捨「即心

74　同註 6，頁 354。
75　同註 6，頁 355。
76　同註 6，頁 355。

言性」之仁心之不安不忍之惻怛性情外,無由說明。朱子註「孟子曰:
仁,人心也;義,人路也。」引程子謂:「仁者,心之德。程子所謂心
如穀種,仁則其生之性是也。」仁,乃人心如穀種之有感必有應,能
生、能生生之德之性,即此德性言理、言道。此為直接由內而向外向
上,言生之德性。若轉為以普遍性、目的性之天理為先、為超越,由
超越而內在,自上而下、自外而內,再綜攝之說為生生之性之自內而
外、自下而上,說為由「即生言性」之向生之能,而言此生之能之必
歸於自然自律,而為一趨向目的以合目的性之生;由自然自律合目的
性之生,必因此獲得人心之同然之普遍性、必然性,當然性,而為一
能生而又生,以成其生之自我充實。由自我充實之自內,又必有感有
應,有應必有能地日趨於高明廣大,而通於天地萬物之生命,成其為
一體。由此能使生命成為天地之性,此一生命之實感,反證成此中必
有一道一理,內在於此生命之中,而為人性中根源的由向生之能力,
上昇為根源的向善之能力;由根源的向善之能力之發現(或曰「恢
復」),證人性中根源的向善之能之本,及向善之向之終極目的,其實
為一。而「即心言性」之義理之性,與「知之者不如好之者,好之者不
如樂之者」之「理義悅心」,其實亦為一。此乃上引孟子言性之下句「至
於心,獨無所同然乎?心之所同然者何也?謂理也義也。聖人先得我
心之所同然耳。故理義之悅我心,猶芻豢之悅我口。」之要旨。人心
無不悅理義者,聖人先知先覺,但其性非有以異於人也。此下句在自
然目的論之人性向善論之後,另說一道德目的論之理義悅心之「心即
理」之「性善」論,孟子直說之為充擴,是說成德之教實可學可至也。
到宋代理學,則說為「尊德性(終極目的)而道問學(自然之最後目
的是「人」,「人」的最後目的是文化教養〔而不是幸福〕,文化教養之
目的是培養人的意志之從自然欲望中解放出來,投向終極目的,即尊
德性)」。

十六、窮「生之謂性」而言「得諸己之謂信」
之內在目的論

此成德之教之全部的義理規模以及其中的一一關節，又可以孟子另一節章句確定之，此即膾炙人口的

> 何謂善？何謂信？曰：可欲之謂善，有諸己之謂信，充實之謂美，充實而有光輝之謂大，大而化之之謂聖，聖而不可知之之謂神。（《孟子》〈盡心下〉）

今連朱子註逐句試說之如下：

「可欲之謂善。」

朱子註：「天下之理，其善者必可欲，其惡者必可惡。」

吳案：程子曰「生之謂性，萬物之生意最可觀。此元者，善之長也，斯所謂人也。」（《二程遺書》）以生意善長為「生之謂性」之人性，即此而言「可欲」，以性即理故，凡有理者必可欲；故曰「理義之悅心，猶芻豢之悅口」。是

一、悅理：理無惡者，惡者必無理，以惡者必有礙於命曰生之生生之理，而歸毀滅，以「生」言之必可惡。

二、知性：「知」訓覺、欲、親、主。以主義勝。

三、盡心：「不可盡者，心之事；可盡者，心之理。」（《朱子語類》第六十卷〈去偽錄〉）

要言之，「可欲之謂善」是首標一目的性原則也。由心悅理義，而逆覺知天，內省知性；由內省知性而知心即理，由心即理而求其放心，而盡心。此則由「盡心知性知天」反轉說知天悅理，悅理知性，知性而求盡心。

「得諸己之謂信。」

朱子註：「凡所謂善，皆實有之，如惡惡臭，如好好色，是則可謂信人矣。」

吳案：由自然而自律，或曰由自律而啟發對自然系統之目的論反思，而曰如惡惡臭，如好好色，以生生之道之理為己之內在目的，而性分不容已。是信（內信外仰之信）由有得諸己，是謂信德；德者得諸己也。朱子註曰：「程子曰：士之所難者，在有諸己而耳。能有諸己，則居之安，資之深，而美且大可以馴致矣。」

「充實之謂美。」

朱子註：「力行其善，至於充滿而積實，則美在其中而無待於外矣。」

吳案：合目的性原則及終極目的之發現與身體力行，由身體力行而自然合目的，故曰「可欲之謂善」，是善而可欲；此超越的目的內在化為一己之內在目的，曰得諸己之謂信，而性分不容已；睟於面，盎於背，施於四體，四體不言而喻；此則由超越而內在，再由內在而自我超越、向外表現，此可謂個人精神生命之存在的迴旋。迴旋故曰充實。由可欲之有知有欲，到得諸己之有好有信，到內外充盈，有欲有待有目的，而「萬物皆備於我，反身而誠，樂莫大焉」。知之、欲之曰善，得之、好之曰信，樂而、充之、實之曰美。此所謂美德。

「充實而有光輝之謂大。」

朱子註：「和順積中而英華發外，美在其中而暢於四肢，發於事業。」

吳案：由「生之謂性」之生性，進言「心生曰性」之理性（提供理則之性能）、德性（直心而行曰德），由生性、理性、德性之功能、性能，進言此等功能、性能之存有論之本體，而言身體、性體、心體，再由心體、性體、身體之「體」之體性，說身體、性體、心體之超越的統貫原則，此統貫原則即反思判斷力提供之「目的性原則」（終極目的與合目的性原則）；由「目的性原則」而有實踐理性之實踐（實踐必涵目的性、理想性，未聞無目的而云實踐）可說，而言自內而外、自微而著，而言「我知言，我養吾浩然之氣」，「推擴得出去，則天地變化草木蕃」，而言「大人氣象」。

「大而化之之謂聖。」

朱子註：「不思不勉，從容中道，而非人力之所能為矣。張子曰：大，可為也；化，不可為也，在熟之而已矣。」

吳案：由大人氣象而歸於「成之者，卻只是各正性命」（《二程遺書》第二卷），「各正性命」者「為己之學」，為學日益日進，故「大，可為也」，是可學可至；「化，不可為也」，既成大人而無大人相，無思勉相，從容中道，是「化」不可學，但可至，「化」者，是化「可為」為「自然無為無不為」，化「有目的」為「自然合目的」：「在熟之而已矣」。歸於「聖人者先得我心之所同然」，而化聖為道為理。

「聖而不可知之之謂神。」

朱子註：「程子曰聖不可知，謂聖之至妙人所不能測。」

吳案：「生生之謂易，生生之用，則神也。」（《二程遺書》第十一卷）「如此則亦無始亦無終，亦無因甚有，亦無因甚無；亦無有處有，亦無無處無。」此所謂神感神應。生生之用者，「易無體而神無方」之用，故曰神用。神用以終極目的之成聖為體，成聖即成此生生之神用神體，而「神無方而易無體」，故不可知。

此六句所示之人格階位，總曰人格世界，乃以「可欲」始，以「不可知之」終。以「可欲」始者，即以生命之自覺目的為生命活動之所向（而以理義悅心之理義為根本性向與終極性向），由性向帶動生命於一自我實現的方向性之持續活動中，為人格世界之活動論之存有論之基本，再由此活動的存有論的人格論，說人性論，說價值論，說人性善惡；而非以現成的「一個體存在時所本具的種種特性」（如感性、知性、情性、理性之分列）說多重人性，再只就此多重人性之分列需要統一，而說有一人格性。這種邏輯的推演，不能代替存有論的實證（實證相應之實證）。因就一個人其生之「自然之質」而言，無論各人有多少差別，包括感性、知性、情性、理性之強弱多寡清濁，都只是事實領域中之差別，而不是人格（價值上）領域中之差別；而多重人性（氣質之性）亦不見得需要一統貫原則，將之統貫為一人格性之存在；除

非，在涉及價值論之人性論述時，首標一目的性原則，以多重氣質之性皆各自內具一合目的性原則，而為其性向、性好，而生生、自我超越。故孟子以「可欲（有超越之目的之可實現、內在化）」為首標之原則也。而人每時都自覺或不自覺地必須跨出他存在的每一步，但願依其所欲。以「不可知」終者，由善、信為本始的理想人格之發展是終於生生，即終於「即有限之生之謂性」而可實現「心生曰性之無限」，因無限之為無限，正不能以「無限」限制之，每次的實現，都是引生新超越的契機。故曰生生，曰神感神應，神無方而易無體，不可言說，故不可知。

　　是可知孟子之斥告子「即生言性」，是不滿告子將一生命之已成已在之生命狀態之自我保存並延續於其後代之欲，之食色之性（即欲言性之性），以此即生命所欲住之性，孤立脫離於生命中另有一亟欲日漸超越出已成已在之生命狀態之制限，以至放棄原有之生命格套、克服繼續此自然生命於其後代之欲望束縛，以嚮往一無限、一自由之理想目的，即此目的而言之性；以及即此生命之欲之自我超越而言之性，如捨生取義之性、立大體以約小體之性。孟子在論說中全情投注於此生命中自我超越之性，並盡力將之與現實性拉開距離，所謂十字打開：內與外、上與下、前與後，總言之即已成與未成兩者之間，盡力拉開距離；但以原是自我超越、自我實現、仁義內在故，卻同時須肯定一已成已在之生命自我之保存其生命之狀態並延續其狀態於其後代以為其性；唯如此，生命之由卑下、狹小而日趨生向於高明廣大，由現實生命之如此如此，而轉生為如彼如彼之新形態之生，此新形態之生，能得到所成之新生命之自我保存與延續，以再承接下一步之生，而曰「生生」，曰「生之謂性，萬物之生意最可觀」，曰「成性存存，道義之門」。亦以此之故，孟子有「五穀不熟，不如稊稗」之說，喻人唯在目的性引導下，「繼之者善，成之者性」，而成熟，成熟者亦即與其目的性趨於相合也，西哲之所謂客觀化也。而一旦客觀化則亦失去內在之目的，而舊株死，如五穀成熟，唯留種子。唯幸重返世間地土的種子，

又生出新生，而生生存存。若在生命之中途失去內在目的性之引領，盲爽發狂，自不能生生存存，連雜草也比不上（雜草猶有自性、目的性，成個樣子）。「有種的，站出來！」（存在主義者尼采、海德格如是說）。朱子註：「大而能化，（……）非人力所能為也。張子曰：大，可為也；化，不可為也；在熟之而已矣。」後之宋儒亦唯本孟子、易傳此義，斷然拒絕佛教之無生法，堅持儒門生生存存之實存論，以及道德目與自然目的互為體用之實踐的自我實現的、人德之成就同時是天德之流行的目的論。

孟子反對告子離心言「生之謂性」，但孟子同時窮「即生言性」之理，而充其極，而言生之謂性中涵自然本能之性之趨向於自然目的性，此自然合目的性之性向之於人性，可以是人性中根源向善之能，至少可以是價值意識（善惡意識）之震動、躍起之契機。由此經已震動不安之性，「人非草木」、「有情眾生」，「生之謂性」之氣性之趨向於自然自律、不安不忍之性，即性言心，「人非木石，安得無心」（《陸象山全集》第十一卷〈與李宰書〉）信必最終如惡惡臭、如好好色，而心悅理義，由「可欲」而至可「得諸己」。朱子註：「程子曰：士之所難者，在有諸己而耳。能有諸己，則居之安，資之深，而美且大可以馴致矣。」善哉斯言。

十七、唯理主義之道德法則不能指導
應機之真實的道德行為

至於具體特定之何者應生，如何生？何者應存，如何存？那正是存在者個人人格世界如何證成不自欺不瞞昧、真實無妄之特權，或曰奧密；亦是理學家亟欲顯示而愈顯明愈歸藏於密者。朱子謂陸象山「兩頭明，中間暗」。本來這個「中間暗」不是暗黑一團，而是不容侵涉的個人自由主體之道德奧殿，理性的燭光必須自己點燃；朱子或因只認普遍理性而視之為「中間暗」而已。後之劉蕺山言「慎獨」，「慎獨」既

是戒慎恐懼，亦一方突顯個人人格之尊嚴。此亦所以「即理言性」之理性，復須歸依「即心言性」之心性；歸依唐先生之「惻怛性情」、孔子之「仁」；而性向善論亦復須歸依於孟子之四端之心、即心言性之性善論；正以性善論之「性」，乃以「仁」、「誠」、「惻怛性情」、不安不忍之心之生為性，非僅以寡頭的普遍法則提供者之理性為性。以仁、誠、惻怛性情之心性為性，即以主體靈知明覺之全感全應為性，則普遍的道德法則固橫空而降（實由道德理性提出），一理性的人更本其性情之仁，知一具體特定情境中，人當如何應對其當下處境之當然之道，依之而行。人若如性向善論者所言，人只能保持對道德法則（橫空而降、由實踐理性提供）之敬畏，並由敬畏，置道德法則於其所採用之行為格言中，並以敬畏道德法則之敬畏，為第一動力；此則只停留在規定人之動機（以敬畏道德法則之敬畏為第一最高動力，以之為行為之動力系統之道德秩序），而不曾言及人的實際的道德生活，在具體的唯一的特定情境中，如何表現人的善心當有之善行為，根本為精神上之一具體創造。「性向善論」由於對道德法則之敬畏之根源的必然，認之為「不可測度或極難透視之主觀根據」，而又復置其於所嚮往（所向）但永不可企及者之地位；如此一來，道德法則固是一無上命令，而人實不能知如何依道德法則應對當下之具體情境之當然之道，而唯有待於外來指令、習俗、規條，或模仿他人；而放棄作為個人人格之負責任者之主體之特權：抉擇與創造。

　　唐先生有兩段話，可助我們區分「性向善」與「性善」；由此區分，亦就明白「即生言性」、「即理言性」與「即心言性」之區分。

　　　　自中國儒家人生思想以觀，人如原不能知「如何應當下之具體事物之當然之道」而依之以行，則人亦將無處而求得此道。人如不能自信其能知善、能行善，則人將唯以奉行他人之命令，襲取世俗之陳言，或傚效他人之行為、以定其行為之方式。則一切道德行為，皆為向外襲取而非

自發，亦即失其道德性。故人必須先自信其性之本善，心
本能知善，本來能知在當下之特殊具體之事物前，如何應
之之當然之道也。[77]

單純道德法則不能夠預立在實際境況中人表現其道德心的行為
法式，令人知善行善，而人永生活在具體特殊之情境中；如此一來，
唯理主義的道德格言甚至可能成為人逃避真實道德實踐的循辭。
著名的中國學術研究學者、最優秀的當代法文作家李克曼（Pierre
Ryckmans，筆名為西蒙・萊斯，Simon Leys）當年曾經對本人說：「中
國文化深厚悠久，傳統重視文化教養。道德意識愈強，愈偏於自責，
最易受害。」（大意）最能洞悉這類利用文化在本質上不可免之「異化」
（異己化，人創造的東西反過來支配人）以行其惡，而為「文化上的邪
惡」。[78]

十八、應感而通者，無有不善；所應與所感，　無獨必有對；心意知物，是一非多

唐先生接着說的下一段話是：

　　吾人之所以能當機而有良知，以知吾人當如何應物之
當然之道者，其證在吾人之接物時，凡有感無不能有應。
而一切之隨感而應，凡非出於習氣與私欲者，初皆無不善

77　唐君毅著：《中國文化之精神價值》（台北：正中書局，1953 年初版，2000 年第二
　　版，第十二次印行），頁 215。

78　參閱吳畇：〈超政治與政治〉，《實證與唯心》一文。李克曼（Pierre Ryckmans）先生
　　在 2014 年逝世。憶在上世紀七、八十年代與他的多次晤面交談，其中一次至今記
　　憶猶新。那是 1975 年的一個深秋傍晚，他一個人摸黑找到我租住的跑馬地小屋，
　　留下吃飯，長談至深夜。李克曼在上世紀八十年代再次將《論語》翻譯為法文，並
　　告訴本人，期望將《莊子》亦再次翻譯為法文。不知遂其所願否。藉此深致敬悼之意。

而合當然之道者。即自然之飲食男女之欲，聲色貨利之好，與真理之尋求，神秘奇妙者之讚嘆，其初皆本於人與物感通之良知良能，而未嘗有不善也。此中吾人所以應所感者之道，似皆為所感者之所直接規定，不待思慮安排而發出。吾人固不於此憂吾人之不能得一應之之道也。[79]

　　程明道謂「天地間只有個感與應而已，更有甚事。」天地間若能只有個感與應，排除人為思慮安排、習氣私欲，自當能好好色、惡惡臭，自當「聞一善言，見一善行，若決江河，沛然莫之能禦」。我們固不在此憂吾人之不能得一應之之道、一至當不易的表現仁義禮智之相應的特殊唯一方式。「天地生萬物，聖人應萬事，直而已矣！」相反，我們憂慮的正是不能隨感而應、直心而發，而為習氣私欲所阻隔了，搖盪了去，在計量思慮裏，營造「性癖於惡」之性癖，甚至挖空心思構想「整體社會工程以徹底改造人類」（卡爾·波柏〔Karl Raimund Popper〕《開放的社會及其敵人》所警告者）。孟子曰：「如將戕賊杞柳而以為桮捲，則亦將戕賊人（性）以為仁義與？率天下之人而禍仁義者必子之言夫！」所斥正是這種由「性無善無不善」而可轉出可持某超級觀念而假借神聖之名執意改造人類而實質泯滅人性、禍害仁義，這種「文化上的邪惡」。所以堅持性善論正是堅信人在當下之特殊具體之事物之前，自有本於與之感通感應之良知良能，而知如何應之之當然之道，無待思慮安排而反隔阻良知、搖盪喪失初心。故性善論正是自由人道、自然理想之立本者與守護者。故曰「即自然之飲食男女之欲，聲色貨利之好，與真理之尋求，神秘奇妙者之讚嘆，其初皆本於人與物感通之良知良能，而未嘗有不善也。」率天下之人而護仁義成仁義者必唐先生之言夫！

　　至於有人擔憂人自信其能知善、能行善，能應「當下之具體事物

79　同註75，頁215。

之當然之道」，因人所以應所感者之道，似皆為所感者所直接規定，不待思慮安排而發出，此在道德領域，固無人可反對；但在公共社會生活領域，則此說甚可慮，似必陷於無政府主義。本人於此特鄭重指出：唯人能應機而有良知，以知人當如何應物之當然之道，由此「自然」、「能然」而「當然」、「必然」之理，方可由以「道德」為根基，發展為「倫理」；由「精神」發現「自然法」，由「自然法」與「人為法」，發展建立公共社會生活之法制和法律系統曰「法治」；而不會錯亂顛倒，成了韓非法家的「以法為教，以吏為師」而曰「法治」，或「一錘定音」而曰「法治」。亦為此故，自由民主必是「法治」之前提，而「仁義內在」必是「自由人權 —— 道德 —— 倫理 —— 法律 —— 民主政治」的唯一義理根基。

十九、「根源的行動」與惻怛性情、寂感真幾

大心而惻怛性情者固主「性善」，以大心必惻怛性情，即活動即存有。四端之心即惻怛性情，「有性情而心有內容、心有實在性，與實效性。」[80] 心小而偏於純理者，似動非動，既無表象的行動，亦無根源的行動，只有概念，只有命題，只有共相，而無具體內容、無實在性與實效性，故雖有理而可以不存在（既不活動故亦不存在，唯餘大理儼然）。凡心大而喜言理，本心不失而奮力自救者則思「性向善」。自覺乏力（體乏力、理乏力、力乏力）者以「決諸東方則東流，決諸西方則西流」、「純粹經驗」、「純粹現象」故，唯有說「性無善無不善」。獨以「當然之理」照察現實人生者則說「性惡」，性惡則理不在性而在心，唯心知道，終成化性起偽之向善論。但以上種種說法既已在計量思慮裏，則又不能不反思此種種計量思慮所依之根本原則，究何從出？在計量思慮之思辨理性領域，「真」可以理解，「善」不可以理解，於是轉「善」為「真」，以道德法則此普遍之善原則為真理判準，來對具體特殊

---

80 同註 75，頁 147。

之一行為作決定判斷，以定其為「善」或「惡」。但一具體行動者其行動之決意是否在自由中，是否依於對道德法則之敬畏，採用道德法則於其格言中、以之為行動之最高動力，此種種屬於「根源的行動」而非「表象的行動」，是「不可測度或極難透視的主觀根據」，故是「不可知」—— 他人固不可知，自知恐亦難（依康德）。但「人性中根源的向善之才能」是可以說的，因為上帝說人與世界皆是上帝創造的，上帝依最好的構想創造世界，並依構想中的萬物各自之目的來創造萬物各自之性相與才能。萬物生向「人」此自然界之最高目的，人則生向上帝所賦予人的本質目的，終極目的是實現上帝的計劃。上帝的計劃必然當然是全善，故上帝所造的人性中有根源的向善之才能（康德如是說）。這一路論說下來的性向善論，都是分析的。離開這一路的計量思慮，我們只需問：人如何可知上帝創造世界的意圖是善的、全善的？何以知祂的造物計劃必是最好的、善的？又如何可知當前世界是上帝已完工的世界，或只是半途的，有待修正完成的世界？以上帝之隱蔽計劃為超越之理、終極目的所成的宇宙目的論，若是真實的，則萬物與人皆是在「目的 —— 手段」串系中註定（定性）的，在其中無任何行為有道德涵義可言，性向善論之向善亦因此失去道德的善義，因已被決定故。上天下地，只有上帝、道德法則自身可說是善的，因兩者的同義辭就是善。

到這步，我們應該問的、唯一可以問的，是：為何來到最後、到終極處，我們仍在意「善」（或「惡」）？又，時至今日，是追尋世界的本源令我們「認識」上帝（或「創立」上帝），還是為着說明「道德（善）是如何可能的？」我們需要上帝（「投向」上帝）？看來實情是：先是我們在現實的具體情境中，面對當下之事，有所感觸，而思回應之道；我們曾經以奉行他人之命令，襲取世俗之陳言，或仿效他人之行為，來決定我們回應當前事物所引起的感觸之行為方式，以為此即表現能知善、能行善；但我們很快發現，現實境況萬變不居，多重的理法關係糾結難分，並以唯一特殊的情況呈現於前；似無任何先在的命令、

世俗的規條、模範行為，足令我們能知如何當機應對具體事物之當然
之道，而依之以行。任由外在決定作出之回應方式，經常令我們厭惡
自己，陷入更深的不安。由是，我們唯有穿越這一切，「以虛無為用，
投向存在。」（存在主義者齊克果語）我們穿越這一切，投向存在，是
真正投向歸復於生命和生命所參與之當前情境之存在，並在不安不忍
中實證生命存在和存在之所向，是即性善說性向善。程明道曰「天地
萬物之理，無獨必有對，皆自然而然，非有安排也。」此「無獨必有
對」，唐先生註曰「此有對，即成此感應者也。」[81] 離此「無獨必有對」
之「感應」之「根源的行動」，善性固無，而道德亦不可得而言也。

二十、「天地間只有個感應而已」之五層存有論與「合目的性原則」

本文認為此「天地萬物之理，無獨必有對，皆自然而然，非有安排
也」、「天地間只有個感應而已」之感應，可自然而然（非有安排）分作
五層，此五層亦可看作人的生命存在之五層。雖說五層，卻是一體。
當說彌綸六合，則推擴即內化；當說退藏於密，則內斂即充實。說是
一體，卻亦可分作五層。在哲學的觀念世界裏，情景亦恰似唐先生常
題寫贈人的那句「世界無窮願無盡，海天寥闊立多時」者。康德於此則
抒發為：

> 由於世界中的某些存有之「分定於道德目的」之故，
> （……）只能依賴其自己自身之資源，把我們的注意推進
> 到自然之目的上，並迫使我們去研究那隱藏於自然之種種

81　同註 6，頁 359。《二程遺書》：「天地萬物之理，無獨必有對，皆自然而然，非有
安排也。每中夜以思，不知手之舞之，足之蹈之。」唐註：「此有對，即成此感應者
也。」

形態之背後的那不可理解地（不可測度地）偉大的藝術，這樣，我們便可把自然目的中的一種附帶的確證給予於純粹實踐理性所產生的那些理念。[82]

「此中吾人所以應所感者之道，似皆為所感者之所直接規定，不待思慮安排而發出。吾人固不於此憂吾人之不能得一應之之道也。」此五層可說為（由下至上）：

一、感官感應層：口之於味、耳之於聲、目之於色等感官直覺之感應，而有經驗實際之確立，「經驗的實在論」之感性與現象「無獨必有對」之感觸感應「實際」境。

二、知性感應層：由知性所提供之形構之理（數、邏輯、範疇、超越的統覺、判斷力、概念），施用於味、聲、色等等感官直覺（依康德包括時空直覺）所知覺之經驗，構作成種種知識命題，而謂感應，而有科學知識之真之確立。此科學知識依「知性為自然立法」之「內在的形上學」為根基而有之自明說、符合說、實用說、融貫說之種種真理，是「無獨必有對」之命題化「真」境。

三、反思判斷力之內在感應層：味之於甘、聲之於和、色之於美等，乃判斷者依其反思判斷力所提合目的性原則，所作之對於味、聲、色等之感，而有之回應，而有「甘」、「和」、「美」之美之確立。此反思判斷力之「主觀合目的性」之直覺感應「無獨必有對」之「美」境。

四、實踐理性感應層：由道德理性所立之當然之理，道德實踐之三原則（普遍適用、以人為目的、自律），對具體處境中之實踐主體其決定行動之動力次序，其中之可能衝突，而作出感應（立法），即必須以道德法則為最高動力原則；即此而有根源的行動之道德，與其所引

82　見康德：〈道德的神學〉之〈關於「道德的神學肯斷有一神體」之註說〉，言人的心靈符合道德情感之狀態，實有如康有為「登高極望，輒有山河人民之感」。參閱康德，牟宗三譯：《判斷力之批判》下冊，第八十六節（台北：台灣學生書局，1993 年），頁 163-168。

生的行動之合道德目的，之道德之善之確立。主觀精神直透絕對精神（或曰超驗界、天命），「無獨必有對」而有自由自律之感應之「道德實踐」之「善」境。

五、反思判斷力之超越感應層：由反思判斷力提供終極目的，以之縱貫人之良知應機所作的道德判斷，以及種種判斷所具之本質目的，貫通之涵蓋之而為一目的王國；終極目的以元首之名義護持統領眾多之一一目的，捨此之外，終極目的更無目的，故謂「乾道變化，各正性命」。一一本質目的以至一一個體得成為「人在宇宙中自我定位」之目的者、「物物一太極，統體一太極」之具體而普遍的終極感應者；眾多目的與眾多目的者互動互涵互攝，引生新的目的、新的目的者、實踐者；而為天命流行之生生不已、終始往復所成之「成性存存，道義之門」之感應──通上下、合內外、成終始之十字打開而九轉還丹，人德之成就同時是天德之流行之全幅感應。此則攝本體宇宙論於創生論之目的論，而有源於反思判斷之終極目的關懷的、人學體性學為中心的境界存有論之確立。

境界存有論之真實可能，唯賴「即寂即感」、「寂感同時」之為可能。然則「寂感真幾」、「即心言性」既是性體之體性，亦是性用所向之目的；即目的而言性能，表示此性能既是人性之自我超越、又是根源之自我歸復的才能，而貫穿「生之謂性」之性，合「生之謂性」於理性；更由合目的性原則，而賦「生之謂性」以形上學的必然性。於此，則可言德福一致之圓善之義。此義之德福關係既不是分析的關係，亦不是康德所言上帝安排兩者在人身上綜和的關係，而是涉及人在宇宙中之自我定位，其所定位之理想目的與其現實之自然存在（內在的自然與外在的自然），在反思判斷中之「合目的原則」之綜合判斷。此處不及詳論，待另文說之。

唐先生於《原性篇》第十七章〈總論〉之最後結語，說到中國今日流行之性之義，大皆本於一客觀的觀點，乃由向外觀看而繼之以思省之態度所成，此一方緣自佛學中所重之性相因緣性，一方亦受西方

現代之科學哲學之觀點之影響。至於「儒家、道家、佛家純緣向內之
反省之態度，通過我之動態的意志行為，而識得之內在的理想性及體
性，以及本文所謂居內外前後之交之中性之生幾等；則今之為西方
科學哲學宗教之學者，蓋知之者甚尠。（……）吾今之對各種言性之
思想，一一加以分疏，而不另為之綜合，蓋亦重在先去此種種混淆之
論，以免其相蔽相障之害；並見其在不同之觀點下，皆各有千秋；
小德川流，大德敦化，儘可並行不悖，方見此中之思想天地之廣大。
庶幾會而通之，存乎其人，而人亦皆可各自求有以達於高明與精微
也。」[83]

　　牟宗三先生在其晚年重要著作《圓善論》書末有一附錄名〈「存有
論」一詞之附注〉，以「內在的存有論」（又名「執的存有論」，早年在《認
識心之批判》則名「內在的形上學」）稱西方亞里士多德傳統之言性思
想（存有論哲學），而以「動態的超越的存有論」（又名「無執的存有論」）
稱中國儒、道、釋三教之言性思想。這個比較所據之義理方法貫徹牟
先生哲學之全部。牟先生這個中西存有論之判教，與唐先生之言「由
向外觀看而繼之以思省之態度所成」之今日流行之西方科學、哲學、
宗教之言性思想以及緣自佛教性相因緣性之量論之與中國「儒家、道
家、佛家純緣向內之反省之態度，通過我之動態的意志行為，而識得
之內在的理想性及體性，以及本文所謂居內外前後之交之中性之生幾」
等所成之生生之性之性論，之判教，兩先生用辭、角度稍不同，而所
言其實一也。今引牟先生此註文首兩段以證之，亦見證唐先生之中國
言性思想論述與批導，全然得到摯友牟先生的哲學呼應。

　　　　西方的存有論大體是從動字「是」或「在」入手，環
　　繞這個動字講出一套道理來即名曰存有論。一物存在，
　　存在是虛意字，其本身不是一物，如是，道理不能在動字

存在處講，但只能從存在著的「物」講。一個存在著的物是如何構成的呢？有些甚麼特性，樣相，或徵象呢？這樣追究，如是遂標舉一些基本斷詞，由之以知一物之何所是，亞里士多德名之曰範疇。範疇者標識存在了的物之存在性之基本概念之謂也。存在了的物之存在性亦曰存有性或實有性。講此存有性者即名曰存有論。因此，範疇亦曰存有論的概念。範疇學即是存有也。此種存有論，吾名之曰「內在的存有論」，即內在於一物之存在而分析其存有性也，康德把它轉為知性之分解，因此，這內在的存有論便只限於現象，言現象之存有性也，即就現象之存在而言其可能性之條件也；吾依佛家詞語亦名之曰「執的存有論」。

但依中國的傳統，重點不在此內在的存有論。中國的慧解傳統亦有其存有論，但其存有論不是就存在的物內在地（內指地）分析其存有性，分析其可能性之條件，而是就存在著的物而超越地（外指地）明其所以存在之理。興趣單在就一物之存在而明其如何有其存在，不在就存在的物而明其如何構造成。有人說這是因為中文無動字「是」（在）之故。這當然是一很自然的想法。中文說一物之存在不以動字「是」來表示，而是以「生」字來表示。「生」就是一物之存在。但是從「是」字入手，是靜態的，故容易著於物而明其如何構造成；而從「生」字入手卻是動態的，故容易就生向後返以明其所以生，至若生了以後它有些甚麼樣相，這不在追求之內，因為這本是知識問題，中國先哲不曾在此著力。故中國無靜態的內在的存有論，而有動態的超越的存有論。此種存有論必須見本源，如文中所說儒家的存有論（縱貫縱講者）及道家式與佛家式的存有論（縱貫橫講者）即是這種存有論，吾亦曾名之曰「無

執的存在論」，因為這必須依智不依識故。這種存有論即在說明天地萬物之存在，就佛家言，即在如何能保住一切法之存在之必然性，不在明萬物之構造。此種存有論亦函着宇宙生生不息之動源之宇宙論，故吾常亦合言而曰本體宇宙論。[84]

廿一、合目的性原則與存在

以上二十節所論，單從存有論方面言，涉及以下幾個問題：

（一）感應與存在 —— 超越的二分與本源之一心

把傳統之形上形下之兩界區分，轉說為「天地間只有個感應而已」之上下昇降開合之感應之區分。形下世界有形下世界的感應之根，形上世界有形上世界的感應之根，而兩界同根於天地間這個大感應之生生。自存有論言，並無一個實在論的甚麼客觀界限，來區分成為所謂形上、形下，此岸、彼岸，或內在的、超越的，這種二分的「無獨必有對」的存有論界域，而是如實觀、如實知此種種二分之存有論之存有，實源自一心感應之「無獨必有對」。

（二）生性、才性、理性與心性

當說此「天地間只有個感應而已，更有甚事」之感應生生，其已生已呈現者為「現象」（已現為像），其如此呈現之功能曰「才」（破土而出曰才），能持續作同一目的之呈現（或曰同一中心活動）之功能曰「生之謂性」之「性」。就此已生之現而為像之「現象」，已呈現之才、已實現之性之恆轉不已、瞬間流逝、交臂非故，而思其未生而將生之種種可能：不作如此呈現而作如彼呈現之「才」，能持續亦能轉向，改

---

84 牟宗三撰：《圓善論》（台北：台灣學生書局，1985 年），頁 337-338。

作自我否定、自我超越之功能之「性」，以及此才此性面臨所有「已在」在時間中不斷走入「不在」，而讓出之虛空，其如何即虛空知甚有而曰「虛靈」，曰「可欲之謂善」，即「可欲之謂善」言其實現之唯一可能（唯一合目的），即此唯一可能而曰「當然」，即「當然」之走向「實然」而曰「必然」，即此能然、當然、必然，尋其所屬之主詞曰「本體」，本體即主體之我然、自然。即此能然、必然、當然而自然之生生之前後一貫、「繼之者善，成之者性」，而曰「終極目的」之統攝「本質目的」，曰「性體」、「心體」；如是攝本體論於宇宙目的論，攝宇宙目的論於「無獨必有對」、「寂天寞地必有事焉」之感應活動論的心性論；此心性論之心體、性體之體性體能唯是「萬物森然於方寸之間，滿心而發，充塞宇宙，無非此理」（陸象山），「未發在已發之中，已發之中未嘗別有未發者在；已發在未發之中，而未發之中未嘗別有已發者存。」（王陽明）而為「一絕對心體呈現流行於所感之天地萬物之中」（唐君毅），「如赤日當空，萬象畢照」（王陽明），同時即為已生的一一存在之超越的存在之理，為已生、欲生、將生的一一存在之超越而內在的目的，同時為此超越而內在的目的理想之呈現為真實存在之實現原則（實現之理）。「即心靈與生命之一整體以言性」、「生必依心，而其生之『有』乃靈」、「心必依生，而其『感』乃不息。生依心，故此心即心之所以生之性；心依生，而生即心之所以為心之性。」（唐君毅）[85]

（三）自然目的與道德目的之相斥與相合

由是，並無離開人對自然界一一存在之反思之自然目的可言，正如並無離開心意知物、離開「自然之飲食男女之欲，聲色貨利之好，與真理之追求，神秘奇妙者之讚嘆」之反思之「道德目的」可言。康德所提之「自然目的」與「道德目的」及其兩者之區分，正亦是反思判斷力所提供之「合目的性原則」而窮其極，或曰予以批判，發現由「自然

---

85 同註6，《中國哲學原論・原性篇》，頁13。

目的」所涵蓋（所引發以及提給合理說明）的人的行為之全部，雖不能發現有「道德」，或說不能發現有孟子所說的「怵惕惻隱之心」以及其所主導的自然行為；然而任一常人乍見孺子將入於井，必自然而然的表現孟子所說的亟欲借物理學定律以中止孺子將入於井此一物理事件之道德意識與道德行為，而不帶任何自然目的論之目的理由，包括人的文化教養中之自然目的，如「納交於其父母」、「要譽於鄉黨朋友」、「惡其聲」之文化中的自然目的；此見自然目的論終究不能提供人的道德決意（涉及「根源的行動」）與道德行為（涉及由道德意識主導的現實表象行動）之存在的根源的說明，但卻明確的指向一無條件的終極目的 —— 道德目的 —— 的證立。無條件的終極目的以其為無條件故，既不能與任何自然目的相率連，亦就與俗世之「幸福」（自然中所有有關目的之綜集之「物質的實體」）無緣。道德固無憚於排拒幸福，但排拒幸福的道德卻豈不正是孟子所斥之「將戕賊人以為仁義與？」之有違自然？德福配對之問題，亦如孟告之辯人性，令思解者「初覺甚易，後覺甚難」。本文今亦不能詳論，要之以一語辯證之，此即：道德既是無條件的絕對目的，是故道德正不可「以排拒自然目的（包括「幸福」）為其目的、以之為道德實踐之條件」而曰道德；否則，道德反成了手段，而轉以「排拒自然目的」為目的了。「初覺甚易者」，信有天理也、有上帝也，有歷史理性也，有業報有輪迴也，有社會法庭、國際法庭也；再不然，有良心法庭也。「後覺甚難者」，不信有天理也，「昊天罔亟」也，「上帝隱退」也，「理性詭譎」也，「歷史法庭」偏向着勝利者也，業報輪迴是說給別人聽也願意自己相信的道理；「良心法庭」不能彰顯法理，道德意識愈強愈細密者愈易歸於自責，而麻木者愈趨放肆。進一步用思，返問何謂德福、何謂德福相配？若以「普遍適用，人是目的，自律」三原則說「道德」；則道德概念明確無可疑，但如何確定有此一「精神的實體（spiritual substance）」卻是「極難透視和察識得到的」。若以「通過人之外在的自然或內在的自然而可獲得那一切可能的人類目的之綜集」來說「幸福」，則我們在自然中並不能尋得這個一切人類

目的之綜集，不能確定何者為一切俗世的目的之「物質的實體」，以「諸行無常、諸法無我，有漏皆苦」故，俗世目的「無普遍性，有條件，他律」故。然則以一個概念明確但極難確知的「道德的實體」配對一個在自然中不存在的「人類一切可能目的之綜集之『物質的實體』(material substance)」，這種思考本身，只為表現「人可希望甚麼？」此外，不會有任何成果可言，但這表現「人能希望甚麼？」足夠成為人類理性業績（哲學）之其中重要組成部分以宣示「人是甚麼？」。

　　康德通過反思判斷力之批判，由審美判斷力發現「無目的而自然合目的」原則，作為主觀自由與自然之連結，為超越而主觀的範導性原則中之連結；到目的論判斷力（亦屬反思判斷力）之批判，就實踐理性之三原則（普遍適用、以人為目的、自律）之為三項道德程式，為客觀的合目的性之自由與自然之連結，而連結者「人」一則為自然目的論之「最後目的」，一則又自我否定其自身之自然目的，藉此顯示其註定超出自然目的。自然目的論之「主觀合目的性」或「客觀合目的性」原則既來自人之反思判斷力之反思，換言之，窮此自然目的論而至其極，發現若離開「人」此一自然世界之最高目的者（最後目的者）其對其存在目的之「自誠明，謂之性；自明誠，謂之教」、「誠者自成也，而道自道也」之自我反省與實證，並無任何自然目的（如「圓滿」）可以作為一終極目的，以之為自然目的論系統之終結。相反，窮此自然目的論而至此自然世界之最後目的者「人」之存在目的，恰是此「即生言性」之自然之最後一級的目的者「人」對於自然以及自然之最後目的之系統的超越：

　　　　其為自然之最後一級的目的總是依據如下之條件，即：他須有睿智與意志去把「對於另一種目的之關涉」給予於自然並給予於他自己，這所關涉到的另一種目的乃即是那「能夠是自足而獨立不依於自然」的目的，因而結果也就是說，是那『能夠是一終極目的』的目的。但是像「終

極目的」(final end, Endzweck) 這樣一種目的必不可在自然中被尋求。[86]

俗世以為自然所能提供給「自然之最後一級的目的」(人) 身上之「一切可能的人類目的之綜集」即「幸福」，為自然之最後目的；但「幸福」之為人之一切可能目的之綜集、此「物質的實體」不僅在自然中不能被尋得，而且「如果人把這俗世的目的轉成人之全部目的，則這俗世的目的便即是那『使人不可能去為自己之真實存在置定一終極目的並亦不可能使其自己之真實存在與那終極目的相諧和』者。」意即幸福一旦成為人之全部目的，除了阻隔人置定一真正終極目的以使人可能成為真實存在之外，並無任何實現可能。以「幸福」作為人之一切目的之綜集、此一「物質的實體」(material substance)，並不能通過人之外在的自然或內在的自然而稱可以獲得。整個自然目的論餘下的唯一可能的終極目的、能夠維護自然目的論系統之可能性之唯一真實根據，唯是：

> 在人之一切自然目的當中，我們只剩有一形式而主觀的條件，即那「適宜於去設置目的於人之自己面前」的這主觀而形式的條件，而且這主觀而形式的條件在人之「決定其目的」之力量中，在人之依照其「自由目的一般之格言」而「使用自然為一工具」之力量中，是獨立不依於自然的。在人之一切自然目的之當中，只剩下這麼一個主觀而形式的條件，這條件即是自然在關聯於那處在自然之外的「終極目的」中所能完成的一個條件，因而也就是說，是那「須被視為是自然之最後一級目的」的一個條件。在

86　康德撰，牟宗三譯註《判斷力之批判》下冊，〈目的論判斷力之批判〉(台北：台灣學生書局，1993 年 1 月初版)，頁 135。

一理性存有中，一種「適宜於其自己所選擇的任何目的」
這種適宜能力之產生，因而也就是說，一種「適宜於一存
有之在其自由中」這種適宜能力之產生，便就是文化教
養。因此，那「可以是最後一級目的而我們也有理由就人
類而言去把它歸之於自然」者便就只是這文化教養。人之
個人的俗世幸福，以及如我們所可說，人只是「制定非理
性的外在自然中的秩序與諧和」的主要工具這一純然的事
實，皆須被排除，不可算作是自然之最後一級的目的。[87]

　　康德這段所言，實是康德哲學發展到第三批判之判斷力之判斷之
以判斷力來連接前兩個批判所區分形成的自然界與自由界，消彌兩者
間的巨大鴻溝，完成康德哲學工程學建構，其中之一最重要說辭，而
歸結於「人」最後擁有一「形式而主觀」之可自我完成為自然之最高
目的者之條件，即通過文化教養，使自己能依照自由目的以決定自然
為一工具，以此關聯於超自然之終極目的而自身仍可稱屬於自然。是
知自然界與自由界之區分，以至康德第一批判所謂現象與物自身之區
分，原就不是實在論的天造地設的隔絕的兩界，而是人的反思判斷力
就著當前之自然存在，反思其當有之超越之目的，即著此未有而當有
之超越目的，反照當前之存在，如是有形下之現象世界（華嚴宗所謂
事法界）與內在之形上世界（所謂理法界）之區分；再就著此未有而當
有之超越目的而窮其極，觀照整個形上形下世界之存在實相（華嚴宗
所謂「一真法界與四法界〔所謂事法界、理法界、事理無礙法界、事事
無礙法界〕」，天台宗所謂「一念無明法性心即具三千世間法」亦即「一
念三千」），如是有終極目的、自由目的之超絕的形上界（牟宗三所謂
無執的存有界）與自然目的之形下界（牟宗三所謂執的存有界，涵現象
界與內在的存有論、或內在的形上學）之區分，區分之以生天生地，

87　同上註，頁 135-136。

同時兩極歸宗於終極目的也。反思判斷力作出此種區分，本身並無任何目的，唯必源於此自然界最後目的者「人」的存在的實感，實應（不忍、不安，性分不容已）而觸發一系列活動，「無獨必有對」，不能不推出去作「精神之定在」而確認之，並即確認而縱貫涵攝之。此亦「天命之謂性」之命該如此。

（四）宇宙不曾限隔人，人自限隔宇宙

心生曰性。心日生，性日長日成。心生性成，此之謂心性論。轉自天道論言，則可謂命日降，性日生。終極目的（理想）不斷內在化為人的生命之本質目的（性），人的本質目的卻是不斷自我更新、自我超越，敞開迎向「那處在自然之外的終極目的」（理念）。人心不死，此自我超越迎向反思判斷力所提之關於存在的終極目的，那在自然目的論窮極處不能發見而不得不向上投射以終止無窮追尋，穩定生命之「天命」之「命日降」亦永不終止。此「永不終止」，意謂人作為制定自然中之秩序與諧和的主事者之事實，不足以構成「人是自然之最後一級的目的」之條件。如是人一旦自覺為自然之最後一級之目的者，則「幸福」（建基於主導自然之中秩序及取得諧和）不僅須被排除，且不可能對之有真實（最後）說明。人心不死，人能「適宜於去設置目的於人之自己面前」這一「主觀而形式的條件」是獨立不依於自然的，因而並無任何自然條件可以滿足人這一「主觀而形式的條件」。能夠最後回應「人」這一「主觀而形式的條件」亦即「自然在關聯於那處在自然之外的終極目的中所能完成的一個條件，因而也就是說，即那『須被視為是自然之最後一級目的』的一個條件」的，就只有「文化教養」。唯「文化教養」可以讓「『適宜於其自己所選擇的任何目的』這種適宜能力之產生，因而也就是說，一種『適宜於一存有之在其自由中』這種適宜能力之產生」。亦即是說：文化教養指向培育人的自由能力，亦即培養人適宜於自己選擇之任何目的之適宜之能力，故只有文化教養「可以是最後一級目的而我們也有理由就人類而言去把它歸之於自然者」，以至最後

可以讓自己成為符合終極目的者（適宜於自由之目的者），儒門所謂變化氣質、成聖成賢。唯康德沒有說這其中關鍵所在之「處在自然之外的終極目的」是如何成為我們意識中的「自然之外的終極目的」的。我們唯一從康德那裏知道的，就是：「我們實絕對無法在我們的純然反省判斷力底格言之外，可有『能悟入此根據』的有效洞見」去「想對這根據（根源）有一概念」[88]，因為：

> 我們對於有機的自然產物所能思議的那唯一根據便就是這樣一個根據，即此根據是一自然本身之原因（不管這所謂自然是全部自然抑或甚至只是自然之此特殊的部分），而且此根據亦可從一種知性去為這樣一種有機的自然產物引生出這必要的因果性。這是一個批判性的原則，這批判的原則無疑在「自然物或自然物之根源」之說明中並不能使我們有絲毫推進。雖然如此，可是它能把這樣一種遠景展露給我們的視野，即：此遠景可以擴展至自然之水平以外，並且它亦可以指點到我們之或許能夠更切近地去決定一根源的存有之概念，此一根源存有之概念，若不如此去決定之，凡用別法決定之者皆是毫無結果的。[89]

簡言之，康德認為「我們絕對無法擁有對自然之外之自然物之根據（根源）」（案：即「物自身」或這裏所說之「終極目的」）之「有效洞見」（案：即「智的直覺」），去對這根據（根源）有一概念，我們只能根據自然本身，從一種知性（案：即「反思判斷力」）為自然有機體（生命）引生出對之之說明。這合目的性原則只是一批判性原則，為一主觀的範導性之軌約原則，亦即只是我們去思議自然有機物時之有效思想原

---

88 同註 86，頁 148。
89 同註 86，頁 148-149。

則，而對於「自然物或自然物之根源」之實存的實證說明，毫無推進。雖然如此，此批判性原則可以把我們的視野擴展至自然之外，以至可以指點到關於一「根源的存有」或「終極目的」之概念之如何決定。而如何決定之之關鍵就只能落在「文化教養」。但就康德哲學而言，以上所說或都只是些「理有情無」之「可思議」，不能視為實在論之論證。在這裏，康德充分表現其哲學之格物窮理、「只愁說到無言處，不信人間有古今」這種深刻、單純但又狹隘（受制於知性）的批判精神，但難免少了一份存在的實感。雖曰少了份存在的實感，但其批判精神最後可以把這樣一種遠景展示給我們，此遠景可以擴展到自然之外，並且指點向一根源存有之概念，一終極目的。由向終極目的、根源存有之眺望，我們竟擺脫了命題語言的阻隔，而回到存在的實感，如是重新發現中國哲學。「偶攜藜杖出寒谷，又枉籃輿度遠岑。舊學商量加邃密，新知培養轉深沉」（朱子），在經歷康德之後，我們可以系統化「宇宙不曾限隔人，人自限隔宇宙。」（陸象山）之理解。

（五）尊德性（終極目的與道德目的）與道問學（自然目的與文化教養）不二

就作為理性的存有又是生之謂性之人類而言，其為大自然之最後目的之條件是「文化教養」而不是「幸福」，此所謂幸福，只能理解為人的內部的自然（生之謂性之人的自然本性、性好）與人所在之外部自然（客觀條件、境況命遇）之怏恰。但人的內部的自然（意欲、性好）自己從來沒有一致性；不僅各人之間沒有一致性，同一人自己也沒有一致性，所謂「諸行無常」；故人的「內部的自然」自己以及其所在之「外部之自然」之相處怏恰，從來就是無常。依「精審原則」，佛教遂反身向後，由個人的「內部的自然」之性好、意欲之自我撤消，以般若智蕩相遣執，證諸行無常、諸法無我、不生不滅，「內部的自然」（我）與「外部的自然」（境、法）二空（以空相遇、勝義空，勝義空曰如，如如），由我法二空說無悲無喜，即無悲無喜轉證常樂、法喜。這是佛教以「緣

起性空」如實觀證自然無最後目的之解脫義之「幸福」觀。而佛教之終極目的，本人願從正面理解之，則當是「人能在自然之外為其自己之真實存在置定一終極目的（涅槃）並使其自己之真實存在與那終極目的（涅槃）相諧和」之自由（自力得度），亦即「成佛」之自由。

　　道家則依觀復原則，拉開距離，以人的「內部的自然」與其所在之「外部的自然」之有關判斷，包括實有之判斷以及關係之判斷，既為依「人為自然立法」之法而有之判斷，故皆屬人為執着，觀念造作。凡自視為自然之最後目的、自然之立法者，其之為自然之最後目的乃因其自信其有睿智與意志能把一「獨立自足不依於自然的目的」或所謂終極目的，給予自然並給予其自己；凡自視自信為如此者，道家認為他即離開了存在之在其自己（自然而然）。唯理主義者從存在中切割，以理知的名義區分一切、宰割一切，同時也就分裂了生命，在分裂中居然以為「通過人之外在的自然或內在的自然而可獨得的那『一切可能的人類目的之綜集』」，以此名為「幸福」；又或者因此認定此所謂「幸福」一旦成為人的俗世目的，即註定是那「使人不可能去為其自己之真實存在置定一終極目的並亦不可能使其自己之真實存在與那終極目的相諧和」者。道家認為，唯理主義者之以名為實，循名定實，必導致生命陷入破裂；為彌補破裂，又以名救名，以名亂名或以名亂實，而終於相求以名、以身殉名，既難為自己，又為難別人。道家遂宣「無名教」，以「無名無執、復歸自然無為」為教，而「自然合目的」遂為此自然之最後目的，或說以無名無教為其自然之最後目的，離此以外並無任何特定目的。若強以名言說之，若以人為自然之最後目的，則必以「返璞歸真」為條件而得為自然之最後目的，並依此「自然合目的」之「自然」（自然而然）說為道家義之「幸福」。既以「返璞歸真」之「超人文」為文化教養，亦即以「為道日損，損之又損」之文化還原論、歸復論之「雙向排拒」（既排拒形上學，又排拒形下學）所剩餘之無內容之「主觀而形式」之「純粹我」為其自然之最後目的，其為最後目的，只為自然與自然之外之終極目的之自然連結，提供一虛通無礙之「門──道」，

即此而為自然之最後目的。而道家之在自然之外之終極目的，亦只能是「他須有睿智與意志去把對於『另一種目的之關涉』給予自然並給予於他自己，這所關涉到的另一種目的乃即是那『能夠是自足而獨立不依於自然』的目的，因而結果也就是說，是那『能夠是一終極目的』的目的」的，是道家的由「無以全有」（無目的而獲持一切可能目的之全）而全幅敞開超越所有特定目的的、「道德之守護神」之「自然（自然而然）自生（守母待子）之道。

這「把對於自然之外的終極目的之關涉給予於自然並給予於他自己，並使自己之真實存在與那終極目的（自由）相諧和」之最後依據，是那「適宜於去設置目的於人之自己面前的這主觀而形式的條件，而且這主觀而形式的條件在人之『決定其目的』之力量中，在人之依照其『自由目的一般之格言』而『使用自然為一工具』之力量中，是獨立不依於自然的」—— 最能表現並正面實現自然在關聯於那處在自然之外的「終極目的」中所要求的這個「主觀而形式」的條件（亦即「須被視為是自然之最後一級目的」的條件）的，是儒家。「在一理性的存有中，一種『適宜於其自己所選擇的任何目的』這種適宜能力之產生，因而也就是說，一種『適宜於一存有之在其自由中』這種適宜能力之產生，便就是文化教養。因此，那『可以是最後一級目的而我們也有理由就人類而言去把它歸之於自然』者便就只是這文化教養。」二千多年前《論語》所記儘是這種話以及說這種話的人的行誼，而孔子被中國人稱為聖人。是見二千多年來的中國人大抵就以康德哲學所構想的在文化意識中自立為自然之最後目的，並藉賴其睿智與意志把另一「無條件的目的」—— 終極目的，給予於自然並給予於他自己；更為此一種適宜於其所選擇之目的這種適宜能力之產生之目的，歷來最注重文化教養。中國人於是選擇了孔子，選擇了儒家。這種選擇，法國的狄德羅稱為「儒家是知識分子的唯一宗教」的選擇。這個知識分子的唯一的宗教，儒家的「宗」（終極目的）是「成聖成賢」，亦即康德所謂「一道德的存有」——

　　　　他的存在自身內在地就含有這最高的目的；只要他能
　　　夠，他便可以把全部自然隸屬於這最高目的，或至少他必
　　　不可把他自己視為是「隸屬於自然方面之任何勢力以對反
　　　於那最高的目的」的。……「人」便就是創造之終極目的
　　　（即世界底存在或宇宙本身之終極目的）。[90]

　　儒家的「教」就是「率性之謂道，修道之謂教」，完全秉持上所言
之「宗」之「成為一道德的存有」，就「人的存在自身內在地就含有這
最高的目的（終極目的，即世界底存在或宇宙本身之終極目的）」而通
過一切可能的「文化教養」以守護、顯發、實踐、實現此終極目的。
此處之宗與教兩者一而二，二而一。故牟宗三常謂儒門之教是有宗有
教，不似另些宗教有宗無教。儒家這個有宗有教亦必須結合儒門之
「宗」（終極目的）之發現／證立。自孔子開始，就不以為有天外橫空
而降的甚麼「天啟神命」，而是存在的感應中自然形成的自然目的論之
「人是自然之最後目的」之感悟，並以「文化教養」為人得以具備為自
然之最後目的之「主觀而形式」的條件，由此開啟通向自然之外之「終
極目的」之連接之道，即此而曰：「（一道德的人）便就是創造之終極
目的（即世界底存在或宇宙本身之終極目的）」。終極目的邃為形而上
學的存有之先（由形上學之存有之先，反過來可包含自然中之時間之
先，以至邏輯之先之說明），而得言「天命之謂性」。是儒門的入路，
先是「率性之謂道」由內在目的性之自內向外之充擴充實之性分不容
已，說人之自我實現為終極目的之道；再由「率性之謂道」說「修道之
謂教」，即由人之自我實現之道說「文化教養」，說「文化教養」如何可
體現人之作為自然之最後目的，並即着文化教養而連結於終極目的。

90　同註 82，頁 144。牟宗三於此節有案曰：「終極目的是就道德存有的人、理想的人
　　而言。但下 §87 及 §88 中，康德又以最高的善（至善圓善）為終極目的。最高的
　　目的（最高善圓善）亦是作為終極目的的人所應努力以體現之者。」（頁 147）

為此，必須為此等自然目的以至自然之最後目的之「文化教養」去尋找「一終極目的」；或至少一「能悟入此終極目的或曰終極根源」的有效洞見。康德謂「設若現在我們要想對於這根據（根源）有一概念，則我們實絕對無法在我們的純然反省判斷力底格言之外可有『能悟入此根據』的有效洞見。」[91]孟子則曰「盡其心則知其性，知其性則知天」。到《中庸》就應該說成本文這裏的先是「率性之謂道」，再是「修道之謂教」，然後才是「天命之謂性→率性之謂道→修道之謂教」，是存在的入路之「率性之謂道」，到自然目的之格物窮理，逼現自然之最後目的為文化教養之「修道之謂教」，而歸於終極目的之「天命之謂性」。以「終極目的」為形而上之先在故，遂說為「天命之謂性，率性之謂道，修道之謂教」。

　　康德之以自然之最後目的是「文化」，「人」作為自然之最後目的，其「主觀而形式的條件」是「文化教養」，文化教養之意義在「把對於自然之外的終極目的之關涉給予自然並給予於他自己，並使自己之真實存在與那終極目的（自由自律）相諧和」，此說可系統化我們對《中庸》《大學》義理之理解，更是朱子「格物窮理盡性」說之最好詮釋。唯康德的「人是甚麼？」的哲學探究亦至此而窮。至於文化如何表現終極目的與自然目的的交接，或曰人的精神生命如何貫徹於自然生命，而自然如何制約因而實現精神意志，而互為目的、互為動力，則為人類文化之人性論探究，即由「人是甚麼？人是終極目的發現者、實踐者」以及「人在宇宙之自我定位」來理解人的文化行為，而有文化哲學、歷史哲學。此在德國當然由黑格爾的精神現象學之即意言性以及二十世紀之反對派存在主義之即性言意來繼承發展。在中國哲學，則孟告之後，從未間斷，到宋代理學集中為朱陸之辯之「尊德性而道問學」一語所代表。今引唐君毅之言以見之。

91　同註 82，頁 148。

　　朱子之所以重窮理，蓋一方意在使人知一切人所止之至善之當然，與其所以為當然，而使人於已知之善之為善，當然者之為當然，更知其初所不知之理由，而決定無疑。此即使人由知之真而達於行之切。再一方即在使人由知抽象普遍之道，以進而求具體特殊之道。朱子嘗言道字宏大，而理字細密。故人言道，恆就抽象普遍之原則性之道言；而言理，則可兼指種種具體特殊之應物感物之道。人於原則性之道，不覺有問題者，恆於更具體特殊之道，或覺有問題。道若不待窮而後知，故無窮道一辭；理則若恆待窮而後知，而有窮理一辭。朱子之言格物，重窮理，亦即意在歸向於「對一一具體特殊者，而初為人所未知之應物感物之道」之尋求，而此尋求之不能不有，即對上文之問題（案：指上文所提之「一為「何種抽象普遍之善道，當於一具體情境中表現」之問題，一為「以何種具體之行為，應具體之情境，此某一種之善道之具體表現，方成為實際可能」之問題。[92]）而不能不有者也。[93]

　　此朱子「格物窮理」之事，即康德所謂「文化教養」者也。唯朱子重「格物窮理」意在歸向於「『對一一具體特殊者，而初為人所未知之應物感物之道』之尋求」；而依本文，則朱子之「格物窮理」，須轉解為人即其存在之實感，於其所應所感之一一具體特殊者，反思其內在而超越之存在目的，更即一一具體特殊者之一一目的，反思其統體之超越之普遍性目的，以縱貫一一具體特殊之目的。然則人於其所感所應之物所知愈深微，其所反思之一一目的與統體之普遍目的之關聯貫通，亦將愈精粗無遺、表裏通達而有序，而人之感應實踐，亦將愈浹

92　詳見唐君毅撰：《中國哲學原論・導論篇》，頁313。

93　同上註，頁315-316。

洽率性而無憾。此即康德所謂人作為自然之「最後目的」如何可以通過「文化教養」而自我實現為「終極目的」之事。[94] 在唐先生則可說為:「所以言窮理之事,必待人之『據其已知之理而益窮之,以求至乎其極』;必『至用力之久』,方能『豁然貫通』,『於眾物之表裏精粗無不到』;然後『吾心之全體大用無不明』也。」[95]

　　唐先生另有文化哲學鉅著《文化意識與道德理性》(上、下冊),所論遍及人類文化之各部,以見「何種抽象普遍之善道,當於一具體情境中表現」以及「以何種具體之行為、應具體之情境,此某一種之善道之具體表現,方為為實際可能」,而歸於萬物之靈之「理性的存有」人類如何即着其為自然之最後目的而有待、而追求終極目的之無待,唯通過文化教養、文化創建,變化氣質,把生命自我實現為即自然目的而合於道德目的(終極目的)、「人德之成就同時是天德之流行」之真實存在。

廿二、結語:人之在其自己、感應其自己、超越其自己與實現其自己 ──「人是甚麼?」

　　本文〈目的論與即生言性、即理言性、即心言性〉用意初欲藉唐先生對中國各家言性思想之分疏之成果,重以超越的反省的方法,逼現「目的性原則」(涵終極目的、本質目的與合目的性原則),以之作統一原則,為唐先生之龐大論述稍作綜合;更借康德的人性論作參照以助成論述。康德十八世紀之德國哲人,尚能本向內反省之態度,通過人的動態的意志行為,而頗識得人性內在的理想性及體性;而今之國人及今之為西方科學哲學宗教之學者,亦漸知之,唯又常轉作科學的人類學,或從生理,或從心理之反應機制,來作討論(如講成

94　參閱註 82,《判斷力之批判》下冊,第八十七節,頁 169-181。
95　同註 92,頁 319。

意義治療學），喪失哲學本義，此實非可喜之事。故本文所論，大張由「具體的人（我）之動態的意志行為，而發現得人性之內在的理想性（目的）及體性（自我實踐為合目的理想之生生之性）」，以及具體的理性的存在者（人），在其處境之「居內外前後之交之中性之生幾」之義。唯本文涉及之「目的性原則」（涵目的性與合目的性原則），雖源自康德之文，而康德所為必如唐先生所云，乃通過反省自我的動態的意志行為，而識得人性內在的理想性及體性，而發現此超越原則。今本文欲為唐先生一一加以分疏之各家言性思想，為之作綜合，以此目的性原則為綜合原則，亦是本人隨唐先生之分疏，經過重重之義理還原，發現此目的性原則原就是唐先生所分疏的各家言性思想之核心，「若自一無窮淵深隱微若不可見之泉源」、突破各家思想言說之語言牢籠，不喚而出，避無可避，真切如遇故人。由中國人性論之原內藏此一超越原則，即此「目的性原則」而言人學體性學之人性，言「人之在其自己」，言「人之在並對其自己」，是則此「目的性」即人之為人之動態的自體自性，即人之「物自身」，至此康德遺留的「物自身」一大疑案，亦可藉此番人性論而謂「連環可解」矣。是中國言性思想轉回來證成康德哲學進一步發展可完成其自己之可能。此可參閱本人兩年前所撰〈康德、牟宗三「物自身」問題之回顧與哲學省察〉一文。[96]

「目的性原則」之發現既根源自人對其所處之具體境況之反省，並因此反省，觸動人之居內外前後之交之中性之生幾，而性分不容已，此程明道所謂「天地間只有個感與應而已，更有甚事。」王陽明所謂「無聲無臭獨知時，便是乾坤萬有基。」唐君毅所謂「全部之思想義理，皆未嘗不可歸攝在此一『從心從生之性字』所涵之義之內，而更無一絲一毫之漏洩。」以此，而自可為各家言性思想之綜合原則提供存在的說明矣。

---

96 同註 7。

　　康德說哲學的全部業績表現在問：「人是甚麼？」唯康德之問必是靜態地問，以至靜態地分析地答。中國哲學則必動態地問，而中國人性論必動態地答之曰：當「人在其自己、感應其自己、超越其自己，實現其自己」亦即「乃若其情」之時，則「知道人是甚麼（知人曰哲）」。謹以此文迴向唐師在天之靈。四十年前的 1 月 18 日，唐師大病在身仍親授「經子導讀」，聲音沙啞悲切而堅定，半月遽逝，是偉大哲學家的最後一課。2018 年 10 月 30 日初稿。

　　（2018 年新亞研究所、香港中文大學哲學系合辦「紀念唐君毅先生逝世四十週年國際學術會議」發表論文。）

目的與歷史文化

—— 理一分殊與歷史的起源與目的

第十二章

契約的？ 或神聖的？

—— 從文化存有論之契約論和理念論看唐君毅先生之永恆國家觀

一、基本思考：文化世界之存有問題

　　人類文化之根源之論，其實可以很直接、很單純，就是：就人類文化之為人類文化而正視之，以其為人類文化故，只能是源自「人之異於禽獸者幾希」的那點靈明，而不會源自人之自然生物性的種種反應機制，以及甚麼經驗自律、歷史積澱。若是，則生物界其他生物早該有文化，無待人類創造文化並依人的認知理性和根源的思考而問：「人類文化源自哪裏？」

　　就人類文化之為人類文化而正視之，甚至不能說人類文化源自哪裏。說人類文化源自人的那點靈明，然人的那點靈明須顯用為靈明方可云有，不顯用而歸寂則不可云有。昔日文化所無者，今日之人的靈明認為當該有而創造之，並依今日所創造之有，反照昔日而知昔日所無，則無而能有。昔日文化有而今日之人的靈明認為不該有而捨棄，則有而能無。故人類文化即人類文化意識的顯用，不源自哪裏。問「人

類文化源自哪裏？」本身已是一件具文化意識之事。人依根源的思考而問人類文化源自哪裏，這問本身即顯露了人的文化意識、人的那點靈明在思想上的躍動。這個追問本身即構成和衍生系列文化事件，並反回來影響和決定已成文化，為已成之事實世界帶入不決定性。

　　文化本源之問，本身即文化意識之顯用，並顯示一理——存在之理、根源之理或實現之理。而理之為理，只能在人心的活動和心的作用方向與所遇者結合中發現。心的活動原是整個、渾淪、無軒輊彼此之分，而自限其活動與作用方向，就是所謂理性。康德說「理性就是提供理則的能力」，其實就是心自限其活動方向並自我觀照省察的能力。心活動並自限一方向以顯示一理，心活動並自限另一方向以顯示另一理，此見理性立法之艱難。由無方向而有方向，以及方向與方向總難免交錯、重疊、恍惚，如何分別、解紛，此見理性思辨之艱難。而理與理之間，既常交纏衝突，如何「喜則和而理」、「憂則靜而理」（荀子語），此見理性綜合、終始條理之艱難。而損之又損，一一還原，人的意識從理執中還原為純粹意識，世界因而還原為純粹現象之如如，雖云無家可歸，但見一心之轉；道家遂云「無名天地之始，有名萬物之母」之「無／有／玄」之「玄理」；佛教天台宗云「從無住本立一切法」、「一念無明法性心」之「空理」；儒家則見一心之轉之誠與明而住而為本為體為性，而有體有用，而云「性理」。問文化之本源，以至問存在之本源，中國三大教，道家以玄理應之，佛教以空理應之，儒家以性理應之。玄理、空理，只能是境界論的回答；唯性理是活動的實在論的回答，以有體有用故。

二、政治之道與理與心

　　心之由全幅的感而遂通天下，而自限自定方向，並建立各方向之理則以控馭在方向中之活動使可以持續。心在紛馳中既可一往不返入於虛冥；亦可分裂為識心，破裂斷離；亦可綜攝各方向之活動

而歸於智心，施設超越原則以統御各方向之活動之理，建立各理之理序，而云「道」；亦可靜化為純形式或純數之理之展現，而為萊布尼茨（Gottfried Wilhelm Leibniz, 1646-1716）所謂之「清明知識」；亦可理寂不起，歸於如如。是見理亦有性質之不同。昔魏初劉劭《人物志》有「四理」之說，曰：「夫理有四部，明有四家」，「若夫天地氣化，盈虛損益，道之理也。法制正事，事之理也。禮教宜適，義之理也。人情樞機，情之理也」（《人物志》〈材理第四〉）然則道理、事理、義理、情理，四理四明，各自獨立，是則道理家不必解事理，情理家多違義理矣？劉劭故接曰：「四家之明既異，而有九偏之情。以性犯明，各有得失。……此所謂性有九偏，各從其心之所可以為理。」此見劉劭之心性只是燭理之心性，非「自誠明，謂之性」之心性。以儒家之見，情、事、義、道，而有理，是皆在心的統攝安排之中，皆須「說得通」，既在一明之內「說得通」，則即可通於他明他理；與他理相遇而相互「說得通」，而有所謂融貫之理、總持之理，此雖不即是「自誠明，謂之性」之性理，卻是因性理之有，而能貴本、見合見通，以歸太一之貫通之理，唐君毅先生以「文理」名之。

　　唐先生有〈論中國哲學思想中「理」之六義〉一文，平列六理，又依各理之特被重視提出之前後次序，而為：文理、名理（或玄理）、空理、性理、事理、物理。唐先生以先秦諸子所重首在「文理」，並即是說，唐先生認為中國哲學思想從一開始就表現為文化哲學。

　　　文理之理，乃人倫人文之理，即人與人相互活動或相
　　互表現其精神，而合成之社會或客觀精神中之理。[1]
　　　吾人謂「理」之原義，是指人之活動之歷程中之次序
　　條貫，因而不只有分別義，且有總持義。[2]

1　唐君毅撰：《中國哲學原論・導論篇》，收入《唐君毅全集》第十二卷（台北：台灣學生書局，1986 年），頁 24。
2　同上註，頁 41。

文理者，禮文之理，社會人文之理。文理乃指人與人之相交，發生關係，互相表現其活動態度，而成之禮樂社會政治制度之儀文之理而言。（……）此文理乃由人之相互表現其自內而外之活動所成。人自內而外之活動有段落，又以所對之他人他物而異，則有分別義。故《禮記》《中庸》曰：「文理密察，足以有別也。」然各人之活動，由禮樂加以聯繫貫通，以相交於天地、君師、先祖，即見合見通，則文理亦有總持義。故《荀子》〈禮論〉謂「貴本之謂文，親用之謂理，兩者合……以歸太一，夫是之謂大隆。」[3]

在中國文字之「理」兼有動態的意義，常言「治理」、「理順」。人之活動而能貫徹終始，人與人相交而能見合見通，即顯示有理存焉。反過來說，須有人表現其自內而外之活動，且活動而持續，方可言理；亦須有人與人相交，互相表現其活動態度，而求合求通，方可言文理。然則中國思想最早言「理」，是首重縱貫之創造（實現）之理，即一目的性之活動，其目的與歷程之開展、終始條貫、善生不息之道之謂。故《易傳》曰：「善始者智也，善終者聖也。」此道由橫攝而認識之即謂理。後之宋明理學陸、王一系言「心即理」，其根本即從此義來，是亦縱亦橫。程、朱一系言「性即理」，偏於把「理」看成個靜態的、只待發現的「存在的所以然」（「存在之理」），偏於橫說。朱子當然亦有性之自我實現義，但性之自我實現仍須先認得個理，遂一念支離。[4]荀子謂「貴本之謂文，親用之謂理」，其本是指禮義之統緒，貴本是隆禮義，化性起偽，「喜則和而理」、「憂則靜而理」，故曰親用之謂理。理在親

3　同註 1，頁 44-45。
4　參閱吳甿著：《玄理與性理》下篇，〈朱子與道家〉（香港：經要文化出版有限公司，2002 年）。

用禮義，化性反本，以歸太一。荀子之文理亦可是程、朱言「性即理」
之一根本來源。唐先生以「性理」言宋明理學之理則涵蓋程、朱之「性
即理」與陸、王之「心即理」，而為「心即性即理」，非只限於「性即理」
之理也。

　　性理是人之所以為人 —— 實現為人（成為仁者、成為自由，因而
進入歷程）之理，人要實現為人，即須在實踐中，而有人與自我、人與
人之相交之道之理，即文理。人與自我、人與人相交，不能無事，而
有具體之事之成敗順逆，以及事事相續並引生新事之理，即事理。具
體之事之所在物而作客觀對象看其存在的構成之理，即物理。言政治
之道，固以人與人相交之道之文理為首要，而不能不落實於事理。而
言政治之道，離開性理為超越之目的性原則，則亦不能言文理、事理。
由體會萬物之無目的又自然合為一宇宙整體，而反思為一無目的而自
然合目的之道，王弼曰「聖人體無」，此道家玄理。玄理者，自然歸復
之理，亦可維護性理天地之純，並活轉文理、事理。佛教空理本應在
政治之道之外，亦以在政治之外為合理，然轉手亦可成一種政治思想
或更為某一政治思想所用。是則政治之道無一理可遺。

三、存在之迴旋與「理性之原罪」

　　唐先生平列六理，至於此六種同稱為理者在結構上之關係，以及
六理如何可關連會通？由誰關連會通？唐先生在文末只說此問題「是
另一純哲學之問題」、「此當然是一極難答之問題」。[5] 其實，在唐先生
哲學，此問題一點也不難回答。本文上之所言，亦可已是一種回答。
要之，唐先生所言六理，一一都是人心之活動並在一方向自內而外的
開展中，與所遇者結合、持續活動所成之理，此各理之有，自當一一
歸屬於立理顯理之心，而心內在於人的生命存在，人的生命存在植根

5　同註 1，頁 89。另參閱吳甿：《玄理與性理》，〈序論：理與心〉。

於所在歷史文化山河人民，山河人民歷史文化須在相應意識中，亦即須在心之震動中存在為山河人民歷史文化。康有為謂「登高極望，輒有山河人民之感」，山河人民遂內在於人心並壯大心之自內而外活動的強度和敏感度，而性分不容已，並依心活動之方向立理顯理，各理又一一統屬於心之最高原則：讓應該存在的存在，讓不應該存在的不存在。如是即超越於山河人民歷史文化，超越於人的生命存在，超越於心所立所顯之一一之眾理，眾理並只在這永恆的存在的迴旋中顯用，而統屬於感通之心和最高原則，而無一理可離心；若有理離心，則必將墮入「理性之原罪」，「文化之惡」。

四、超政治與政治烏托邦

政治之道本乎性理，直接關連於文理、事理，以至無一理可違，最後並須接受歷史判斷和道德判斷的雙重判斷，然則政治之道難矣，險矣。亦唯有道德意識者知其難，知其險，知其惡。「作易者，其有憂患乎！」此儒者之嘆。道家、佛教則可說為從根上消除政治。佛教天台宗說「從無住本立一切法」，一切法無本無住。華嚴宗即事空事、即理空理，而說事理無礙、事事無礙。然則法執、事執、理執、本執、住執，以至一切有，一皆掃蕩。然空理一旦離心，轉手亦可成為一種政治思想、一種烏托邦。號稱康聖人的康有為，託聖改制，卻常在空門徘徊，竟倡「去九界」：去國界、去級界、去種界、去形界、去家界、去產界、去亂界、去類界、去苦界。其門人梁啟超評曰：「其最要關鍵，在毀滅家族。有為謂，佛法出家，求脫苦也，不如使其無家可出；謂私有財產為爭亂之源，無家族則誰復樂有私產。若夫國家，則又隨家族而消滅者也。」[6] 反對康聖人之今文經學之託古改制，而說六經皆史，講古文經學的章太炎，同為空理所炫，不甘示弱，亦倡「五無論」：

6　梁啟超：《清代學術概論》，第二十四章（台北：台灣中華書局，1973年）。

無政府、無聚落、無人類、無眾生、無世界。[7] 與康有為爭無鬥空。康有為、章炳麟，中國近世讀書之人也，而無理若此，豈非嘖嘖怪事！寡理離心，一往不返之罪也。

佛教空理，見事空事，見理空理，到華嚴宗言「四法界」而說「無礙法界」：「無礙法界，具性分義，不壞事理，而無礙故。」（澄觀《華嚴法界玄境》）故云「事理無礙，事事無礙」，是佛教原不許把個空理執成個毀滅原則而說「涅槃寂靜」，然佛教對於人與自我、與家庭、與社會、與國家與天下之關係，到底仍是個「情有理無」。「如來藏隨緣成阿賴耶識，此則理徹於事也；亦許依他緣起無性同如，此則事徹於理也。」（《大乘起信論記》）用政治語言說，既是依他緣起無性同如，隨緣成阿賴耶識成世間，虛妄唯識，不特諸關係無真實性，諸元亦無真實性；若有諸元諸關係，當視之為「契約」（約定俗成，性空唯名），正是情有理無，緣起無性。既是契約，則雖有守信約之義務責任，但仍可隨時要求解約；當契約之一方棄約，另方亦即可棄約。又，在佛教立場，為得解脫、免除煩惱，修行的每一步，不都在解約麼？

五、從道家看儒家人格主義之得失

道家亦是從根上消除政治。政治若成純政治，就違反自然。道家之道，是「人法地，地法天，天法道，道法自然」之「自然之道」；是「不禁其性，不塞其源」之道（王弼）。正因此，道家與佛教有根本不同，即認為：若自然有個人與自我、與家庭、與社會、與國家天下之關係之形成，只要此諸元諸關係並非互為手段之關係、或人為隸屬關係、或契約關係（天啊，契約，難道這裏在講買賣！），而是自然關係，則正不必人為地毀壞之以求解脫。當然，道家玄理否定實在論，但亦不

7　章炳麟：〈五無論〉，原載《民報》第十八號，收入《章太炎全集》第四冊（上海：人民出版社，1985年），頁431。

講性空唯名，不講契約解約，只講相忘於道術，而堅決反「殉」：「自三代以下者，天下莫不以物易性矣。小人則以身殉利，士則以身殉名，大夫則以身殉家，聖人則以身殉天下。故此數子者，事業不同，名聲異號，其於傷性，以身為殉，一也。」（《莊子》〈駢拇篇〉）為此，莊子首倡「內聖外王」、復見「天地之純、古人之大體」（《莊子》〈天下篇〉），其實是一種人格主義的路線，由內聖之無為開外王之以物觀物，以家觀家，以天下觀天下。

儒家本來也是一種人格主義。但與道家玄理之「聖人體無」（王弼）「無目的而自然合目的」那一路不同，儒家是「天德流行」、「人文化成」的「目的 —— 歷程 —— 人文化成 —— 目的」之性理系統。本人曾從人格主義及自主性之觀念，比較儒道二家在「目的 —— 手段」結構上各自的困難：

　　道家（老莊）思想主要乃對着儒家「人文化成」這一套而發。道家若有「自主性」方面之思想，亦必是對着儒家的以「合理性」為最高原則以構造並調解「目的 —— 手段」的人格主義這一套而發。儒家認為「人是自主的」這一命題是毋庸置疑的，並將之置定為其人格主義的基礎，但同時，與「人是註定為文化的」這一命題相結合，成為「目的 —— 手段」結構。如是，人既是最高目的者、自主者，同時即是自然秩序和道德秩序的立法者（反思者），亦因此，人令自己成為實證、實現人依反思判斷力所思之目的秩序、人的自我人格理想之手段工具和真正自由者。對此，道家深表憂慮。道家看到：人既自覺為最高目的者、自主者，並本其反思判斷力藉賴知性所提之法則、理性所提之終極目的，以之為自然秩序和道德秩序立法，此即令人自身以及自身所在的世界一俱為此目的秩序所決定，而淪為此目的秩序之手段工具，而俱不能自主、自由。又，

人若自覺為自主者、自然世界和人格世界的立法者、目的
者，並以成為如此真實存在為目的時，人即令自己及自身
所在世界不再能成為此目的之自然合目的的手段工具，而
唯進入自我破裂、內訟、自罪，而無力。這種自主性的困
難（軟弱性、兩難、弔詭、背反），在真正的道德實踐中，
由感受者感受，由承擔者承擔，而最能明察及暴露之者，
是道家。[8]

　　但對儒家來說，道家所暴露者都在預料和承受之中，並即都是性
理系統的辯證展現之環節。順之則生天生地，逆之則成聖成賢。要言
之，唐先生言六理，性理是實體之理，空理是寂化之理，玄理是有無
互相歸復之理，皆屬「體性」之理；而文理、事理、物理屬「體用」之
理。性理既是實體之理，更要求體用俱實，由體性直貫體用，故常言
「體經用史」。

　　　　在歷史存有層方面，儒家無懼於人的本質的向外拋
出，把自己的良心向客觀事務實化、終始條理地開展在
「目的 —— 手段 —— 目的」結構中自我揚棄的，在異化中
步步落實、步步歸復、步步拋出，步步憂患的「目的者」
自主地選擇每步異化環節以自我為手段實現自我的實踐之
路。儒家這種入世的個人主義和道德主義，可以理解為最
有內在緊張的人格主義，其緊張性不遑多讓於黑格爾所描
述的康德那瀕臨絕望的道德主體，如上文所提；又可以理
解為絕對唯心論的，因而超越層與歷史存有層皆在「心」

8　本人 2004 年 4 月出席台北「道家思想國際學術會議」所交論文〈自主性之後——道
　家「雙向排拒」所開啟之自主之門〉後收入楊國榮、溫帶維主編：《中國文明與自主
　之道》（香港：匯智出版有限公司，2008 年）。

的活動中被作兩極性的拋出、同時即證源自一心，而被綜和、被超越，從而不突顯二元論的對抗性緊張，如韋伯（案：Max Weber）特別要指出的；但對別爾加耶夫（案：Nikolai Berdyaev，俄國當代哲學家）而言，儒家這樣義無反顧地將主體性向外拋出，在精神異化物上尋找自主性客體化的證明，實證自主性和歸復主體性，這對於自由主體未免太沉重、太緊張，太無了期。[9]

這「太無了期」必須通過外王之客觀化、制度化來了結（了結而不了結）。民主政治之肯定從來不是問題，問題是如何依性理為民主政治提供最堅實支持，捍衛並照亮民主之路。而人的本質的步步落實、步步拋出、步步歸復，在政治上則表現為個人、家庭、社會、國家、天下，各環節、各元的實體化和互相貫通（以有普遍心故），如是無一環節可缺，並無一環節可離心而自我突顯為最高原則或唯一目的性原則置其他環節為手段工具；而道德理性、普遍心得成為最高原則。雖然國家是各環節的現實的統一原則和現實統一意志，如黑格爾所云：「神以其自身在地上行走，這就是國家。」[10] 但儒家始終認為這在地上自己走動的神需要理性為主導的人格精神作主宰，方不至於盲爽發狂，此則道德理性、自由、法制必為儒家國家觀之最重要支柱。依此義之國家觀，國家既是道德理性與自由精神在現實的最高表現，則國家意識強者，其民主意識必強，而非現在政客所表現的所謂「國粹」與「民粹」的對立。

<hr />

9　同上註。

10　黑格爾撰，托馬斯・馬爾科姆・諾克斯 (Thomas Malcolm Knox) 英譯：*Hegel's Pilosophy of Right*, §258。中譯本見范揚、張企泰譯：《法哲學原理》，第 258 節（北京：商務印書館，1982 年），頁 259。

六、唐君毅哲學與黑格爾哲學之基本分別

唐君毅哲學與黑格爾精神現象學的最大不同，是兩家的最高觀念不同，因而根本性格不同。黑格爾的最高觀念是絕對精神、絕對知識，並懸置之為人類歷史的最後目的，從而轉過來「規定」人類歷史的行程，並為人類歷史文化提供目的因和動力因，因而亦是人類歷史文化之謎的理性的照明、說明，而結果，在政治哲學中，國家成為在地上行走的神。黑格爾哲學的最大貢獻是發現了「客觀精神」，以客觀精神說歷史，客觀精神既是人的自由意志的自我肯定與自我否定之辯證表現，又是互為主觀而在辯證中客觀化的集體精神。但黑格爾終不免被人以其歷史哲學、客觀精神之名義，發展為以權力意志為絕對精神之歷史英雄主義，以至集體主義之互為主觀的逃避自由、集體奴役。唐君毅哲學的最高觀念是道德理性、文化意識，並即之而說心性、性理，因此，人類歷史文化根源於人的心性、道德理性、性理、文理，而非服務於一外懸的歷史目的。由過去的歷史文化不能證明人類服從於一最後歷史目的（因為歷史正有待歷史意識和目的性原則之照明），除非此目的性由人當下「逆覺體證」之，而自明實證，否則，目的性終「只是一超越的主觀性原則」（康德）。為此，黑格爾把歷史目的又規定為「自由之實現」，而自由就是意志：「自由是意志的基本性質，正如重量是物體的基本性質一樣……。自由意志的關係也是一樣，因為自由的實體就是意志。沒有自由的意志乃是空言。同時，自由只作為意志，作為主體，才是現實的。」[11] 黑格爾認為這樣一來歷史目的即可以與人的現實的意志結合，而內在於歷史同時超出歷史，這當然是黑格爾最重要的智慧。雖然黑格爾自己經常違反這項智慧，其中重要的一次，是黑格爾以人的自由意志的最初表現（對其自己，成為現實的意志）是

11　同上註，第四節。

佔有財產，「從需要方面看來，佔有財產就好像是滿足需要的一種手段。但真正的意義，從自由的角度看，財產是自由最初的『定在』，它本身是本質的目的」，「這即構成佔有的真實而合法的因素，構成所有權的規定。」[12] 把人的自由意志的最直接表現放在財產佔有權，更因財產佔有需要他人的承認，遂說到「自然法」，說到「財產所有權是人格的定在（具體化，embodiment of personality）」。[13] 對黑格爾這個說法的一個直接駁議是：動物世界亦有財物佔有，包括食物、巢穴、以至領地，亦得到其同類的承認，但顯然不能說這裏發生了自由和自由的定在（具體表現），以至「人格的定在」。此外，另一個同樣直接的駁議是：財物的佔有須有待於外，以至當作財物看的人的身體的佔有和自我支配亦有待於外（有待於父母給我一副健全或殘缺之身體，以及上天定我夭壽），既有待於外，何來自由。

七、唐君毅哲學對人有自由之直接說明

人有自由意志、人有自由的最初表現，須有一個更內在且更超越的說明，或者說，一個人人都能自證自明的說明。我想，這是唐君毅著述裏到處可見的最敏銳而且最堅持的一個原則。這個原則，唐先生直接以道德理性說之。道德理性的當下提出無條件的道德法則 —— 這是人人可自證的存在實感。所有外在條件都只能作為其表現之內容的條件規定性，而不能阻止其呈現和作表現（實現）於各種不同的條件系列，並在表現中自證自成為自由者，或自棄者、逃避自由者、背叛者。包括被稱為「罪性」的表現，亦須在人有自由的認定下方可判稱其為罪。唐君毅的道德哲學當然不會排拒黑格爾哲學的歷史向度，毋寧

12　同註 10，第四十五節。
13　同註 10，第五十一節。

說，唐君毅哲學是最能了解黑格爾「精神 —— 現象」、「目的 —— 歷程」之「辯證綜合」、「體用不二」方法學（在西方，這是極罕見的）的大綜合唯心論，他的道德主義取向，把黑格爾向外拋出的歷史目的，重新收回並內在於道德理性從而實證化，歷史理想主義充實為道德理想主義從而證成歷史（若歷史主義則層層向下還原，結果沒有歷史）、證成歷史目的。歷史不能無目的。「無目的的歷史」是自相矛盾的。地質無目的，故地質自身無歷史，地質史只是有目的（實踐目的與知性目的，包括形式目的）的人所寫的地質演變史。人類歷史必由目的貫穿而成，終極目的就是自由之實現，而自由須由善意志顯用方得實證。

八、道德理性作為創生原則
—— 唐君毅文化哲學之首義

在唐君毅哲學，道德理性主要不是用作裁判和限制之原則，而是用作創造原則和成就原則，特別在唐君毅最重要的哲學遺產文化哲學裏，道德理性更是根源性原則。唐先生在其文化哲學鉅著《文化意識與道德理性》這樣開篇：

> 本書之寫作，一方是為中國及西方之文化理想之融通建立一理論基礎，一方是提出一文化哲學之系統，再一方是對自然主義、唯物主義、功利主義之文化觀，與以一徹底的否定，以保人文世界之長存而不墜。本書之內容十分單純，其中一切話，皆旨在說明：人類一切文化活動，均統屬於一道德自我或精神自我之超越自證，而為其分殊之表現。人在各種不同之文化活動中，其自覺之目的，固不必在道德之實踐，而恆只在一文化活動之完成，或一特殊的文化價值之實現。如藝術求美，經濟求財富或利益，政

治求權力之安排……等。然而一切文化活動之所以能存
在，皆依於一道德自我，為之支持。[14]

本文前部已就唐先生所提之六理與六理之結構與統屬問題作過討
論，對唐先生這裏說一切文化活動均統屬於一道德自我，當亦可推知
其故。今再沿前之所論，專就個人與政府、個人與國家之關係問題，
亦即現代政治之核心問題，再加檢視，重看唐先生有關思想。

九、盧梭契約論與公共意志說

歐洲自文藝復興之後，科學權威日漸取代教會權威，許多傳統神
聖觀念遭受衝擊。在政治思想方面，權威主義的國家論逐漸被社會契
約論的國家論覆蓋。契約論的最著名代表當然是盧梭。他的《社會契
約論 —— 政治權之原理》成為劃時代的著作，而其根本觀念其實「簡
單」得很：「假如我們把社會契約中無關緊要的話棄置不談，我們就可
以簡述其要件如下：我們各將自己本身連同所有一切權利與權力，一
併置於『公共意志』的最高指導之下，同時我們每個成員都是全體不
可分的分子。」[15] 個人交出自身連同所有權利予社會全體，換得社會全
體一致同意的以平等相處為原則的保障，盧梭認為這對於每個人都是
「一筆有利的交易」(profitable bargain) [16] 即現今流行的「共贏」。交易
的結果，是國家的產生，而國家主權之表現唯在「公共意志」(general

14　唐君毅：《文化意識與道德理性》，〈自序 (二) ——明本書宗趣〉，收入《唐君毅全集》
　　第二十卷 (台北：台灣學生書局，1986 年)，頁 5。
15　盧梭：《社會契約論——政治權之原理》(Du Contrat social,ou principes du droit
　　politique) 第一卷，第六章。另參閱張翰書：《西洋政治思想史》，第二十一章 (台北：
　　台灣商務印書館，1961)。
16　同前註，第二卷，第四章。

will）：「締結而產生一個道德集合體（moral and collective body），由締約者全體和合而成，以代替締約者個別人格。這個道德集合體，由此締結，而得一和合（unity），得共同之我（common self），得生命和意志。」[17] 而公共意志為締約者全體之普遍意志。用儒家的話，公共意志近乎孟子「心之所同然者何也？謂理也、義也」之「理義心」加上其國民之身分，如是所表現之「文理」。所謂國民身分，依盧梭，則即以居留行為表現之社會契約者身分，[18] 亦即公民身分（citizens）。但此「公共意志」之確義，其與孟子「心之所同然」之義相距有多遠？在盧梭之言論，有時極顯，有時極晦。當他說「公共意志一旦附着於個別對象，就變質了。當意志是公共意志時，就不應對某個人或某個個別之事實，有所附着。譬如，雅典人任命或撤免其首領，這時候，……嚴格說，他們就根本不復有任何公共意志了。」[19] 將此說與其「天賦人權」（人生而自為目的）、「人生而自由」等話結合，很容易將之逼近公民意識化了的孟子「公理公義心」之義。亦可據此說盧梭社會契約「締結而產生一個道德集合體」之國家神聖義；亦可據此而清楚區別國家與政府。國家由「原始契約」（original compact）即社會契約的最初締結而產生，屬公共意志；至於政府，若為民主政體之政府，則只是公民在「原始契約」精神下所制訂「取決於多數」這樣一種選舉制度、由民主選舉而產生（或罷免）。「假定當初沒有原始契約，……少數人何以有服從多數人的義務，為一百個願有領袖的人，何以有權否決十個不願有領袖的人。以多數來取決的選舉制度，也只能由社會契約建立，而眾人對於此項契約，至少曾有過一次全體一致的同意。」[20] 然則民主政府產生於全民現實意志之「取決於多數」的選擇，是有時限的臨時契約，宜稱之為「合同」（agreement）。這時，公共意志是國家的超越原則和存在

---

17 同註 15。
18 同註 15，參閱第四卷，第二章。
19 同註 16。
20 同註 16，第一卷，第五章。

之理（實現之理和創造之理），亦即「性理」與「文理」。而取決於民意之多數的選舉原則和據此原則組成之政府及其施政原則，則屬國家之內在原則和構成之理，主要關連於「事理」。最高權力仍在公共意志，主權在民。如是之公共意志有近於與公民意識結合之孟子之理義心，亦其後康德「普遍的立法形式」、「普遍意志」等觀念的前導。但當盧梭說「公共意志固然是對的，但是引導公共意志的判斷卻非永久開明。我們必須使公共意志洞悉事物的本來面目或其當然之現象；必須示以其所尋求的正當途徑，而免於個人意志的引誘；必須教以明察天時地利；又必須使能權衡易見之近利的誘惑與隱蔽之遠禍的警惕。個人看到幸福，卻摒棄；公眾渴望福利，而迷茫。二者都需要指導，前者必須強使其意志合於理義，後者必須教導使知其所欲者為何物。而後民眾的開明可達致社會中知識與意志的合一。」[21] 這時的公共意志只是與公民意識結合的「人生而有追求幸福的自然權利」之群眾現實意志。此則近乎孟子之「口之於味也，目之於色，耳之於聲也，鼻之於臭也，四肢之於安佚也，性也，有命焉，君子不謂性也。仁之於父子也，義之於君臣也，禮之於賓主也，智之於賢者也，聖人之於天道也，命也，有性焉，君子不謂命也。」（《盡心下》）的「命」 —— 包括食色小體之命與義理大體之命。及後之康德的「兩個意志」（自由意志與現實意志）說或即源自盧梭此說。

十、康德之契約論的國家存有論

對康德來說，盧梭的社會契約的國家論是不可抗拒的，但並非因為盧梭發現了國家的歷史的起源，而只是因為盧梭說出了國家存在之理性的根據，即國家的存在之理。無論盧梭或康德，其實人人都知道，人類歷史從不曾發生由社會契約建立國家之事。已經消亡的和現存的

21　同註 16，第二卷，第六章。

所有國家，沒有一個是經由社會契約的、人民自己組成的，而每一個
國家的產生卻都附有一部充斥着戰爭、陰謀、談判、篡奪，種種罪惡
的關於她的歷史。盧梭如是說：「從名詞的嚴格意義言之，從來沒有，
而且永遠不會有真正的民主政體。」[22] 康德如是說：「不必假定此契約
（按：指盧梭之社約）曾經確屬事實；其為事實，亦誠不可能。」[23] 當盧
梭、康德如是說時，一個關於國家存在的理性根據和民主政體的理念
形成了。

> 原始契約（original contract）乃是一個文明（因而也
> 是）且完全合理的組織得以可能創建於人間的唯一條件，
> 也是國家可以建立的唯一基礎。而此種基本條件 —— 無
> 論稱為「原約」或「社約」—— 可以理解為：人民的一切
> 私人的與個別的意志聯結而成為一個共同的與公共的意志
> （one common and public will）。[24]

在康德，社會契約的國家論不是作為國家起源論、或歷史知識而
有意義，而是作為「國家成立之唯一文明且合理根據」之理念（an idea
of reason）而有意義：

> 藉着此理念（按：指社會契約），組織國家的程序之
> 正當，才成為可想像。[25]

並且，在一國之實際政治中，社會契約論作為理念，若能深入人

22　同註 16，第三卷，第四章。
23　見康德：〈政治正義原理〉（The Principles of Political Right）一文。轉引自張翰書：
　　《西洋政治思想史》，頁 409。
24　同上註，頁 409。
25　見康德：《法律哲學》（Philosophy of Law），英譯本，頁 169。另參閱張翰書著：《西
　　洋政治思想史》，頁 410。

心，「可約束每位立法者使其每次制定法律，乃出自全民聯合意志（the united will of whole people）並且約束每位屬民，就其作為一公民而言，他須將法律視為確曾經得他自己的意志的同意」。[26] 康德此處之用心，可比於中國儒家之言「三代之制」：「三代以上藏天下於天下，三代以下藏天下於篋筐」（黃梨洲〔1610-1695〕語）。其意義不在歷史事實，而在「天下為公」之理念。不同於康德的是，儒家在這裏託古，是欲表示「天下為公」不僅是理念，且曾經是事實。《孟子》〈萬章篇〉細細言之，用心可見。則不僅可以建立理性原則和理想，且應付諸實現，而前人曾經實現（至於傳說之三代是不是社會契約，不在此論，盧梭、康德於此都不論）。

康德以其全部哲學思想皆立足於人的主體性，而成為德國自由主義的第一個代表；亦因以「批判的還原」為最重要的哲學方法，康德一如儒家，首先是一個自由人格主義者，為此，在政治思想方面成為社會契約論者。然而，儒家發現人格的自我實現同時即是精神與物質、意志與知識、自由與秩序之辯證綜合，亦是個人與自我、家庭、社會、國家、天下之關係的實化和合理化的步步開展和最後向人格王國回歸，而發展為「盡心知性知天」式的「整體論的活動的目的論」、或曰「根源論的超越論」之形態；思想上則轉用莊子「內聖外王」之理念而充實之以道德性，而云「綜和的盡理」、「綜和的盡氣」（牟宗三語）；既不是功利主義的契約論，亦不是權威主義的神聖論（若黑格爾之謂國家為在地上行走的神），而是道德人格主義的盟誓論（oath）或曰真正的公共意志論（諸理具足、充分實現而皆可客觀化）。康德則又以「人有自由」為智及而不能證實之物，故「公共意志為主權」亦只能是純粹理性的一個觀念，一個抽象（abstraction）、想像之物（Gedankending）。為着主權者須有一種客觀的實現，康德在實際政治思考中常表現為政治權威主義，而與契約論之態度大異，更與儒家的「湯武革命」義相

26　同註 23。

反：「甚至於倘若最高權威，或作為其代理人的主權者違背了原來的契約，因此在人民的判斷中已失去立法的權利，但以政府已被授權，縱然如此暴虐，也不能容許人民以抵抗權去作為與國家相敵對之勢力。」[27] 以康德思想之開明，這般驚人之論，只能理解為來自實際的人物分裂。西方人物的自我分裂，一如其現實文化，常令人錯愕不已。即此言之，幸好他們有神。

十一、黑格爾之國家神學

黑格爾則是一貫的歷史理想主義者，或曰歷史理性權威主義者，以及政治思想上的國家神論者。黑格爾認為，盧梭的以公共意志為要件的社約論，無論作為國家起源之想像，或作為國家之理念，都是庸俗的；不僅庸俗，更有可能導致「最可怕和最殘酷的事變」。

但黑格爾所云之公共意志，到底與盧梭所說相距多遠？先看黑氏這段話：

> 現在如果問，一般國家或竟每個特殊國家以及它的法律和使命的歷史上起源是或曾經是怎樣的，又如果問國家最初是從家長制關係、從畏懼或信任，還是從同業公會等等中產生出來的；最後如果問，這些法的基礎是怎樣地在意識馬上被理解而鞏固下來的？是把它看作神聖的和實定法呢？還是把它看作契約和習慣呢？那麼，所有這些問題都與國家的理念無關。這裏，我們僅僅在談論對國家的哲學上的認識問題，從這一觀點說，以上那些都是現象，是歷史上的事物。再從一個現實國家的權威說，如果這種權威有甚麼根據的話，那麼這些根據是取之於國家有效的法的形式的。

---

27 同註 23。

　　哲學所考慮的僅僅有關所有這一切問題的內在方面，有關被思考的概念。盧梭在探求這一概念中作出了他的貢獻。他所提出的國家原則，不僅在形式上（好比合群本能、神的權威），而且在內容上也正是思想，而且是思維本身；這就是說，他提出意志作為國家的原則。然而他所理解的意志，僅僅是特定形式的單個人意志（後來的費希特亦相同），他所理解的普遍意志也不是意志中絕對合乎理性的東西，而只是共同的東西，即從作為自覺意識的這種單個人意志中產生出來的東西。這樣一來，這些單個人的結合成為國家就變成了一種契約，而契約乃是以單個人的任性、意見和隨意表達的同意為其基礎的。此外，又產生其他純粹理智的結果，這些結果，遂將國家之作為絕對神聖者及其絕對權威和尊嚴，一併摧毀。因此之故，這些抽象推論一旦因時得勢，就發生了人類有史以來第一次不可思議的驚人場面：在一個現實大國中，隨着一切存在着的現成的東西被推翻之後，人們根據抽象思想從頭開始建立國家制度，並希求僅僅給它以想像的理性東西為其基礎。又因為這都是缺乏理念的一些抽象的東西，所以他們把這一場嘗試終於搞成最可怕和殘酷的事變。[28]

　　黑格爾的《法哲學原理》出版於 1821 年，他說的「發生了人類有史以來第一次不可思議的驚人場面」當有所指。隨後的西方世界一再出現不可思議的驚人場面，從《新教倫理與資本主義精神》的作者韋伯（Max Weber）之「解咒」（西方現代化是一次解咒）看來，是一點也不奇怪。這裏的「公共意志」正是黑格爾所說的「不是意志中絕對合乎理性的東西，而只是共同的東西，即從作為自覺意識的這種單個

28　同註 10，《法哲學原理》，第 225 章，頁 254-255。

人意志中產生出來的東西」。黑格爾譴責把這種公共意志取代真實理性，一如傳統中國人之譴責以眾暴寡，以至暴民政治。但盧梭的「公共意志」本義似非如此。盧梭本義應該是與公民意識結合的人人心中的那點靈明（或曰道德理性）所形成的取向，故盧梭說到「公共意志是對的，並且總是趨向於公共利益」。[29] 即公共意志本身即有一種內在要求，要求自覺意志者不以私利為目的。因為欠缺中國心性論傳統，沒有由孟子「性善論」帶出的善意志論問題之長久激辯所培養的主體論方法學的智慧，盧梭不能說明為何公共意志總是善的／向善的，並因此得辯證公共意志之可能 —— 以其為普遍意志而非私自意志故。康德幾乎完成這個普遍意志的論證，但止於邏輯層面（道德概念的說明），以致在政治思想上，一方面講社會契約論，並以之為國家理念，一方面又反對解約、反對驅逐背棄契約的主權者。至於黑格爾這方面的思考，本人曾在〈歷史理念中的自由與道德〉一文中有如下討論：

　　　　黑格爾一如中國哲人，強烈反對那種從個體之間的契約關係來理解「法」的見解（如霍布斯、盧梭，黑格爾認為康德亦在內）。「法」不應被理解為消極的、限制性的、外在的形式、抽象的普遍物，不應被理解為僅為保障個人免彼此侵犯擾亂而被迫將各個私人意志連成一「公共意志」之社會契約。「法」來自先驗的理性理念，是「理性的意志」。它不來自經驗，也不能還原為幸福，對幸福的理解人各不同，自由、平等、人格獨立不得受侵害等，則有普遍性，而來自先驗理性。法是「自由意志的定在」。[30]「法是一般神聖的東西。這單單因為它是絕對概念的定位、自

29　同註 15，第二卷，第三章。
30　同註 10，頁 36。

我意識着的自由的定在之故。」[31]「定在」即限定與客觀化，並即「主觀的自由精神」自我意識為有限，並客觀化（對象化）自己。雖然在法的階段，只是最初步而且是抽象的形式的開出（定在）但卻是「揚棄人格的純粹主觀性」[32] 之一步。由揚棄人格的純粹主觀性，使作為理念而存在的人，得「給他的自由以外部的領域」。[33] 以成就家庭、社會、國家、天下，以及歷史。

如是，「法」不是為着人的有限性而設。若僅為人的有限性，則無需有「法」，而只需「無法無天」（森林法則）。「法」乃來自人的無限性並正因此種無限性而自我要求為有限——亦即自律。一個最富無限性的存在必定同時最富具體性。否則，其無限性將淪為絕對有限——虛無。[34]

要言之，我認為黑格爾與儒家一樣，要從「人的實現」看待「法」與「國家」的存在根據，因為，亦唯如此討論國家、法，才是思想的、哲學的，而非表面的、發生學的、歷史知識的。只有人這種理性的存在者，亦即「在有限性中知道自己是無限的、普遍的、自由的存在」[35] 的自覺意識者，才需要法律、需要國家，以使無限性實現為真實的無限性；並為了這一目的，由自由意志與公民意識結合而成「公共意志」成為可能，而非只是一理念。人類既已走出森林，無需那些沾沾自喜的假學究把人向下還原為動物，把法向下還原為森林法。

31　同註 10，頁 37。
32　同註 10，頁 37。
33　同註 10，頁 30。
34　同註 29，吳甿撰：《實證與唯心》下冊，第六章〈歷史理念中的自由與道德〉，所引諸段見頁 228-230。
35　同註 10，頁 43。

那種自詡自封的哲學思想，在把對真理的認識宣佈為一種愚蠢的嘗試時，也就把一切思想和一切素材都拉平了，正像羅馬皇帝的專制政治把貴族和奴隸、德行和罪惡、名譽和恥辱、知識和無知等同起來，彼此不分。因此，真實的事物的概念、倫理性東西的規律，也無非就是私見和主觀信念；最惡劣罪惡的基本原理，作為信念，與倫理性的規律在價值上視同平等；同時，任何貧乏的特異的客體，以及任何枯燥無味的材料，也與構成所有能思維的人的興趣和倫理世界的樞紐的那些東西，在價值上視同一律。[36]

每個時代，黑格爾的時代、唐君毅的時代，以及今日，我們都會遇到這種平等主義，有時亦稱相對主義，以及所謂多元論。完全欠缺思想的人，把哲學問題看作在他們手裏早已解決了，「而理性再一次理性、無限次重複的理性，則遭到非難、蔑視、詛咒」。[37]

黑格爾既以「人的實現」看國家與法，則人唯以成為一國家之成員為其能客觀存在之真理：「由於國家是客觀精神，所以個人本身只有成為國家成員才具有客觀性、真理性和倫理性。」[38]、「國家是絕對自在自為的理性東西。……在這個自身目的中，自由達到它的最高權利，正如這個最終目的對單個人具有最高權利一樣，成為國家成員是單個人的最高義務。」[39] 總之，與功利主義以國家為保障個人之生命財產、促進幸福之國家觀不同，黑氏認為國家是神聖的，不僅因為國家是「地上的絕對權力」，[40] 亦因為：

36　同註 10，頁 9。
37　同上註。
38　同註 10，頁 254。
39　同註 10，頁 253。
40　同註 10，頁 346。

國家是倫理理念的現實 —— 是作為顯示出來的、自知
的實體性意志的倫理精神。這種倫理精神思考自身和知道
自身，並完成一切它所知道的，而且只是完成它知道的。
國家直接存在於風俗習慣中，而間接存在於單個人的自我
意識和他的知識和活動中。同樣，單個人的自我意識由於
它具有政治情緒而在國家中，即在它自己的實質中，在它
自己活動的目的和成果中，獲得了自己的實體性的自由。[41]

換言之，國家是神聖的，只因為國家的存在本質，乃是人，每個
能顯示出來的精神實體，實現倫理使命，從而充分實證自己獲得自己
的實體性的自由，這整系列活動的「因」和「果」、目的和歷程 —— 就
是國家。唯從「人的實現」／「精神自由的具體充分實現」這根本處說
國家是神聖的，並且國家只神聖地存在於歷史文化和單個人的國家意
識之中 —— 直接存在於風俗習慣之中，間接存在於個人的國家意識、
特別是他的政治意見、政治情緒之贊成或反抗之宣示中。依此思想，
黑格爾應該進一步說明：任何無理剝奪國民政治權利，首先是國民生
活之文化傳統風俗習慣，以至國民的政見和政治情緒之自由，等同於
將國家從根拔起。若本來就是國家否定論的一個「純政權」，國民不復
為國民而只是「人民群眾」，無人能在其中實現為倫理者，實現為「顯
示出來的、自知的實體性意志的倫理精神」之其中一個成員；無人能
由個人的自我意識之具有政治情緒從而在國家中在自己活動的目的和
成果中獲得實體性自由，而回到人自己的本質；更嚴重的是，原有的
歷史文化和風俗習慣，被有計劃地污衊和鏟除，這時，國家失去直接
的和間接的存在性，成為國家否定論的一次成功實驗。

黑格爾這種國家神聖論，人們若不深究其義，則將像契約論一樣，
在實際政治上付出沉重代價。簡言之，若欠缺道德心的顯用之置政治

41　同註 10，頁 253。

生活於性理以及諸理的相關開展中，而任由政治成為純政治，歷史成為一往不返的事的「政治正確」之解讀重組，則無論契約論或理念論，都只是不可免之惡的自我合理化，同時即是國家的自毀和民主的自我否定。

十二、唐君毅對契約論之批評及論國家與政府之區分

經過以上對契約論和理念論的國家學說的討論，我們可以回到唐先生的龐大思想體系。

唐先生有關政治及國家的思想，散見於他的各種文化性著作，而以《文化意識與道德理性》一書第四章〈政治及國家與道德理性〉之討論最為集中和最富哲學思想。唐先生以八萬字篇幅，從權力，客觀價值，社會公共組織及團體，政府、人民、主權、土地之理念，國家之起源，法律，政制比較，民主政治，國家與超國家，世界和平等方面，以超越的反省法，對上述各方面之人的政治活動的存在本質，歸復到人的道德理性以作說明。反過來說，唐先生認為，離開人的精神活動和道德理性，所有人類政治活動不能理解。

關於國家起源，唐先生逐一批評包括馬克思、霍布士、休謨、邊沁、穆勒、洛克、盧梭、斯賓塞等人之國家學說，認為皆不能為國家之存在，提出必然性之根據及理性的說明。其中馬克思更是以國家為階級壓迫之工具、最後歸於消亡之國家否定論，此不論也，此外，即以契約論為最重要。

以代表契約論的盧梭來說，唐先生認為其國家學說有一根本錯誤：

> 盧梭錯誤之關鍵，在以國家為政府與人民之結合體，而以政府及個人意志集合成之「公共意志」所組成，而個人又可收回其天賦人權以推翻政府而若再歸於原始之自然狀態，其說遂不能建立國家存在之必然性。然政府中之個

人可推翻，實際政府可推翻，而國家不可推翻。國家必有
政府之理，亦不可推翻。國家之不可推翻，由於人之理性
自我之必要求客觀化；國家必有政府之理不可推翻，由政
府乃依於人民之「肯定要求他人之政治活動」之政治活動
所建立，政府乃國家之必然要素，此如前論。而實際政府
與政府中人之所以可推翻，革命之所以為正當，並不需根
據於天賦人權隨時可收回之論。此乃根據於吾人之理性自
我之客觀化所要求組織之政府，必須為能實現其自身之目
的，即求國家中一切個人團體之活動融和貫通之目的者。
國家理念中所包含之政府理念，必當為以達此目的為事之
政府。如實際之政府不合此構想，則人即可根據於其國家
之理念所包含之政府理念，以改進之，以致推翻之，以完
成理性自我客觀化之目的。如是之對實際政府之改進與推
翻之行為，同時即為能建政府與國家者，亦唯一合理之要
求改進推翻政府之行為也。[42]

　　唐先生這裏所理解的「公共意志」，是盧梭「公共意志」歧義中
之一義（所謂「求同存異」，或譯「小差別大總和」——the grand total
of the small differences），[43] 當盧梭說「公共意志」不必關係於人數之
多寡，而「關係於使他們聯合一致的共同利益者較多」[44] 時，則有「代
表意志」之義。契約論之最大危險，在盧梭直接以國家為政府與人民
之結合體，此則人民若不滿政府，與政府解除契約，則國家即陷於解
體，而歸於無國家之自然狀態。此則一方面使國家被綁於一具體之政
權，政權可被推翻，故國家即失去存在之必然性。另一方面則可使一

42　同註 14，頁 247。
43　同註 15，第二卷，第三章。
44　同註 15，第二卷，第四章。

具體政權以危害國家為名禁止人民對其行使契約之要求，致使契約論無效。

　　唐先生進一步指出，政府與國家之分別，除了在理念層說政府之理念乃包含於國家之理念中而不能獨有其存在性，故曰國家必有政府之理亦有其必然性。據此，我們即可否定「純政府」或「純政權」本身有存在性。此外，說政府與國家之分別，必指一實際的政府與國家之分別。

　　　　故國家為不同時代之人民之國家意識所自覺的支持，
　　而一實際政府則可只為某一時代之特定政治制度下之人民
　　之政治活動所表面的支持。吾人前謂國家之要素，必需包
　　含政府，乃謂人肯定國家必然要求政府之存在。然一實際
　　政府之存在，則不必能真適合於全體人民要求政府存在之
　　真正目的。全體人民之真正國家意識，亦不必即當支持一
　　實際之政府。而支持一實際之政府者，遂只可為一時代一
　　群人民表面的共同肯定。[45]

　　　　如政府之名而實有所指，其所指者，便只能一一實際
　　存在之政府。而所謂實際存在之政府，即只能是依一定治
　　理國家之方式以從事政治活動之人所結合之一團體，而被
　　一時代人民肯定之為正在實際負擔治理國家之責，而在政
　　治上加以支持者。而如是之實際政府，則明未必真能實現
　　人民之國家意識之所要求，並即明不必真能實現國家意
　　志。而真正之國家意志，即可只寄託於現有之實際政府外
　　人民之真正的國家意識中。由是而實際政府之不存在，或
　　一國家中諸政府並存而互相衝突不能統一，皆非國家意志
　　之不存在，亦非國家理念中不含政府之理念、人民之國家

45　同註 14，頁 266。

意識中不要求政府之存在之謂。而人民之推翻政府，求一統一之政府，正所以實現國家意志，實現國家理念中包含之政府理念，完成人民之國家意識對於政府存在之要求。由是而一國家之政府，儘可在實際上有一時之不存在，實際上之政府亦儘可有多個，而國家意志及人民之國家意識，則無時不存在，亦無時不表現於人民求政府之存在及其統一之要求中，及合乎道德意志之各種社會文化活動及政治之活動中者也。[46]

此國家與政府，與實際政權之分別與證成，關涉重大，而契約論並無良策。即康德亦在出現契約論自造的或者自然的野蠻狀態、寧接受政府的非法統治，而在此兩難中，被迫背棄其自由主義，暴露契約論的貧乏。

十三、唐君毅之道德理性理念論的永恆國家論

西方國家學說中，唐先生以黑格爾之說較合理，並舉三點說之：一為國家之存在乃人為完成人之理性自我道德意志之客觀精神。二為國家之建立須有普遍的客觀化的活動，而凡能普遍的客觀化的活動必依於或合於人之理性活動道德意志，故一國家之建立必有此國家之歷代人民無數之奮鬥之合理性，而為一清淨法等流之結果。三為國家乃為包括我個人在內之一大精神實體或一大人格，此義即謂一國之人與我皆須由各種特殊之理性活動之客觀化、互相規定、互相融合而形成一具體而普遍之個別的人格自我，再而形成一普遍之國家之人格自我。如是，人視國家如一大人格自我之精神實體，如包括各個人之意志之大意志。

46　同註 14，頁 267。

　　唐先生特別指出，國家之存在，因本於「人的實現」而有必然性，且有永恆存在之意義和根據。

　　唐先生即就黑格爾所云國家如為一普遍的自我人格而有其意志，而說，此國家之有意志之說，仍畢竟依於人之能忘記人自己之絕對超越的超越意識而成立。但：

> 　　國家仍不能真離此超越之理性自我超越意識與其道德意志，而自有自我人格，另有其獨立之存在性與意志。國家之存在，仍畢竟只由人超越的理性自我之超越意識所肯定，而為自此超越意識出發之理性活動求客觀化之意志或道德意志所支持。[47]

　　而超越精神之為超越，在其所念為無限，則國家之存在不再限為一有限之時空之特定存在，而可即於人之絕對之超越意識之互相涵攝，而有其長久存在之道德必然性和可能性。

> 　　所謂吾人之真正理性自我道德意志能支持縱貫時間中之國家存在者，乃因吾人之真正理性自我之求客觀化其理性活動，而表現為道德意志，乃自始即為一超時空，而縱貫一切時空之意志。蓋當吾在一特定時空或環境中表現之一行為活動，如吾人認為由真合理性之理想觀念作領導，吾必肯定之為任何有理性之存在，在此環境下，皆當如此行為活動者。亦即吾人必肯定之為普遍永恆的正當，且要求希望普遍永恆的被人判斷為正當，而為任何時任何人在同類環境下，所當仿效而普遍的客觀化之者。故吾雖在一特定之時空表現此行為活動，然橫遍四海縱貫古

47　同註 14，頁 258。

今之一切人，則皆為我此普遍客觀化吾之理性的活動之道德意志所直寄其超越的希望與要求者。誠然，我不能知四海古今之一切人一一之為誰，然吾仍可思此四海古今之人為一一存在之人，而概括的寄此希望與要求於其上。而四海古今任何人與我相同之合理之行為活動，即皆為吾之理性活動與道德意志之普遍的客觀化之要求與希望之一直接的實現。由是而吾人亦遂可言，在不同時空之不同人所表現之相同的理性活動道德意志，皆為互相直接實現其普遍客觀化之希望，而要求相互結為一體者。而一切人之不合理不道德之行為，則皆為一切不同時之一切人之欲其理性活動道德意志普遍客觀化之希望要求，得其貫徹，而欲加以否定而改進者。吾人如深知此理，則知過去一切聖賢之心，與一切善良人之心，皆即在現在，而現在人的真正之理性活動道德意志所發之行為活動，如能與之相同或一部分相同，皆直接完成其超越的希望要求，而直接實現其心表現其心者。[48]

由是縱貫時間之流中存在之國家中，一切時代一切人之建立國家之意志行為，即為吾現在之真正的理性自我道德意志所發之此一念，所結之為一體，而支持之者。由是吾人遂可言，國家雖為縱貫時間之流之存在，而超越於沉陷在特定時空之經驗與私欲之我之外，然不能在我之能超越此特定時空之真正的理性自我道德意志所發之一念之外。[49]

而吾又明可將吾之當下之一念本身普遍化，而再寄一超越的希望要求於無疆之未來人，望其同有此心願與努

48　同註 14，頁 259-260。

49　同註 14，頁 261。

力，同有此超越的希望要求之本身。則萬萬世之後之人，
同一之心願與努力，同一之超越的希望要求，亦即未嘗不
與我相遇於旦暮，而結為一體。[50]

　　此唐先生之永恆國家論亦本於人的道德理性之普遍性與貫通性、
永恆性。亡人之國固是大惡，自亡其國更不可恕。然則在倫理秩序中，
國家得以居於最高之實位，而個人與國家之關係，是為天命的、天倫
的、神律的。人與自我、與家庭、與社會，與政權政府之關係，固亦
是道德倫理的（中國人說的五倫），因而亦是天命的、天倫的、神律的，
而非僅只契約的，但對「人的實現」而言，就此實現之環節之充分具足
而言，國家仍是精神自由客觀化所託之最後實體。

　　　吾人亦可說國家包含真善美與神聖之價值。直接自國
　　家為道德意志之客觀化，以完成吾人道德意志而言，即至
　　善者。自道德意志皆本於一理性自我之普遍理性活動言，
　　則道德意志之客觀化為國家，即普遍理性之實現於人群，
　　而為至真者。自國家之包括各種團體個人之不同活動，及
　　在其歷史之發展中，恆歸使此諸活動之發自私欲而相衝突
　　者，皆相抵銷，而歸於和融貫通，而合於不同時代地位之
　　人之理性自我道德意志所共同要求言，則為一種美之具體
　　實現。自其可視作超越個人之精神實體普遍人格為個人之
　　理性自我道德意志所肯定為包括諸個人而縱貫時間以存在
　　者言，則含神聖之性質，為超越而現實之神聖事物。因國
　　家非只是一謀人民福利之工具，乃吾人可於其中發現真理
　　美善與神聖之價值者，而國家之存在，即一方所以完成吾
　　人之道德意志，一方亦值得吾人對其理性基礎加以真實之

50　同註 14，頁 262。

了解，對其歷史加以審美的欣賞，對其超越的存在加以宗教性的禮讚者。[51]

　　此義亦中國歷代儒者之一貫看法。儒家既不另設一彼岸世界為「人的實現」之終極之所，亦不云歷史終結、末日裁判，則家國文化即儒者的終始道場和永恆歸宿。此則不能無憂，「進亦憂，退亦憂，然則何時而樂耶？其必曰：先天下之憂而憂，後天下之樂而樂」。是則只有憂沒有樂，或曰憂樂同時，歸而無歸。國家安靖，政治清平，士子之責任，成為歷代中國知識分子之一最內在和最客觀的生命議題、人格標記；同時亦就是儒者終身之疾，不可逃的「試探」和「考驗」。因此不能沉默，不能坐視，不能袖手竊笑，不能清談玩弄，更不能助紂為虐，唐先生的嚴正和悲憫，無人可及。唐先生與他的文化盟友牟宗三、徐復觀、錢穆諸子，僅以個人的人格力量和標示一時代的最高學養，保留中國文化命脈於海外，亦即凝聚中國國魂於海外。牟宗三稱唐先生為「文化意識宇宙中的巨人」，此則不僅中國民族的國魂文命有唐先生之護持，世界各族各國之國魂文命，亦有唐先生之護持。

　　（2004 年 12 月「香港中文大學的當代儒者」國際學術會議論文，後收入《香港中文大學的當代儒者》（新亞學術集刊）2006 年 10 月第 19 期。）

51　同註 14，頁 261-262。

第十三章

從「軸心」說看中國文化之命運與人類之前途

—— 紀念〈中國文化宣言〉發表五十週年

一、引 言

〈中國文化宣言〉（原名〈為中國文化敬告世界人士宣言：我們對中國學術研究及中國文化與世界文化前途之共同認識〉，下簡稱〈宣言〉）由唐君毅先生執筆，撰寫於 1957 年，牟、張、徐、唐四位著名學者聯署發表於 1958 年元旦日，距今整五十年。十年前，即〈宣言〉發表四十週年，本人曾應約撰寫〈赤手爭剝復，毋忘貴時中 —— 紀念中國文化宣言四十週年兼重提中國哲學現代化論題〉一文以為紀念[1]。當時用意主要仍是一方要矯正國人漠視中國傳統文化與哲學之鄙陋心態，一方則要堅持加強與深化與西方文化與哲學之對話與會通；為此，重提重說哲學的本義本命，反對「哲學的狂熱」與「反哲學的哲學狂熱」，

---

1 此文刊於《鵝湖學誌》第二十一期，後收入《實證與唯心》第十一章（香港：經要文化出版有限公司，2001 年）。

亦即反對「哲學萬能論」與「哲學無用論」，反對「反理性的極端悲觀主義」與「反理性的極端樂觀主義」，以維護哲學，維護人的實踐性與人的理性，以證中國文化與世界前途有着共同之命運。不覺十年又過去，今提筆寫此文，已全無初讀〈宣言〉時之「迂闊」之感，所有唯是〈宣言〉發表五十年來的時代風雨，〈宣言〉所勸告、忠告的、都一一到眼前來，一一被抹去消失無蹤，又一一攔在面前；所餘唯那份從未可以釋懷的沉重感。

二、歷史的意義與意義的歷史

我們打開歷史書，以為看到了歷史，其實我們看到的，只是我們的歷史意識被某些文字符號挑動，從而進入解讀性認知和想像，在思想裏重構重組那在現實中已不存在，但「在時間中永遠存在且足以觸動我們的歷史意識的東西」。與此同時，每次的觸動與重構重組，都使我們的某些認知與想像得到強化或弱化，而我們的歷史意識中的意義結構、形式結構及其中的內容亦有可能重新調整，如歷史事實間的因果關係，人物行為之目的與手段之關係，以至對於歷史判斷之事實之「有」或「無」之意識，亦因我們作為現在生活着的感受者而可能出現調整（選取、對焦、反顯、扭曲等等）。換言之，所謂「歷史存在」不能離開我們在世者之歷史意識之照顯並作如是這般之照顯。離開在世者之歷史意識之照顯，再無一個甚麼「歷史物自身」孤懸在甚麼「時間」中。

一現實生活中之事物之「有」，乃「有」於我們的自覺意識向各方開展活動而遭到某種阻礙，如視覺受阻礙而發現一物象之有，聽覺受擾而發現一聲之有。但我們的歷史意識自覺向過去活動，自不可能遇到任何外在之阻礙而發現任何「有」，除非有阻礙來自歷史意識自身，如遇一歷史記錄並對之解讀，而湧出價值意識，而觸發歷史意識之正視而發現「有」。此見歷史意識不能為一外遇意識，而必須為一內感意

識並自覺為內感意識。此說並非否定有一客觀已成的歷史事實及事實真相，相反，此說乃要求我們當涉及歷史時，我們的自覺意識必須為一真正的歷史意識，並由此歷史意識之必須為內感的而排拒任何外在之阻隔，以直遇歷史事實並說出真相。是知此所謂客觀已成之歷史事實又必只存在於我們之共同的歷史意識 —— 亦即只存在於我們之為着未來而回顧過去之「溫故知新」意識中。關此，唐君毅先生有一段話言之甚諦，本文不妨再摘引之如下：

> 我們如真由歷史事實之意識，以看歷史事實，則我們將見我們初步反省中，所謂一歷史事實所具有之四性質或四義，即歷史事實為屬於已成之過去世界的、客觀自己存在的、單獨而唯一無二的、自有其絕對的本然的真相，可為吾人之所了解記錄之四者，皆無一能不待另一相反之義之補足而成立。此能加以補足之四義，則一為：視已成過去之歷史事實，其意義亦由新生出的事實而決定，換言之，即亦為由方生之世界，與現在未來之世界之為如何，而決定者；二為：歷史知識之世界中，根本無分別單獨的，而只客觀的自己存在的歷史事實之自身，只有具各種普遍意義，而在一關係的全體中存在之事實；三為：所謂客觀的歷史事實，乃相對於主觀的歷史意識，而呈現其各方面的真相者；四為：所謂其絕對的本然的真相，亦只在此相對於主觀而呈現之各方面之真相之中，被了解、被記錄，另無客觀外在的絕對的本然的史實之真相，可為人之所了解而加以記錄者。由此而歷史學中之所謂客觀的歷史事實，皆應同時為涵攝於人之主觀的歷史意識之中之事實，而歷史學之所以為歷史學，亦即只在成就人之歷史意識或學歷史之生活，而此歷史意識與學歷史之生活，則屬於人之整個的存在，為人之精神之表現一方式，所以成就

人之整個精神生活文化之充實與提高，且必需見其用於當
前之社會政治文化之推進等義，亦即皆可次第建立，而昭
然明白矣。[2]

　　由「歷史事實之意義以看歷史事實」，是歷史原不能離開一意義系
統、意義結構。中國人常言之史識，即透視一民族歷史之理想目的、
核心價值，以明其一一歷史事實之存在之理及其統貫之理，並返回來
正視一一歷史事實。毋意、毋必、毋固、毋我，以證此統貫之理為
含攝性理、情理、物理等各理而後有之事理之理，並以事理之理照明
一一歷史事實。

　　這種意義論的歷史觀，在近代西方，康德以「歷史理性」稱之，「歷
史理性」者，肯定歷史有理性有意義。唯歷史之意義與理性往往隱蔽
於一一歷史事件之後。雖隱蔽於後，卻不表示歷史只是一堆無目的無
意義之事件串。黑格爾繼之而將「歷史理性」神學化，而有其以日耳曼
民族為世界歷史終極理想地之「歷史哲學」。近五十年，則有同屬德國
之卡爾・雅斯培（Karl Jaspers, 1883-1969）的《歷史的起源與目標》，
宣稱對歷史之理解根源於此時此地的人的現實的整體存在，亦即「歷
史從來就是現代的歷史」（原為義大利歷史哲學家貝尼季托・克羅齊
〔Benedetto Croce, 1886-1952〕所說）。

　　雅斯培直接這樣說：「我們只能通過對意義的理解來領悟事實，而
理解生來就是評價。理解雖然在經驗上依賴於各個獨立論據的積累，
可是單單通過這論據絕對產生不出歷史解釋。」[3] 他坦言意義論的歷史
觀使他發現了「軸心期」：「人的整體存在就是歷史研究的求知工具。
『每個人都理解他內心所孕之物。』理解的根源是我們自己的現存，是

2　見《唐君毅全集》第七卷（台北：台灣學生書局，1991 年），頁 129-130。
3　卡爾・雅斯培撰，魏楚雄、俞新天譯：《歷史的起源與目標》（北京：華夏出版社，
　　1989 年），頁 17。

此時此地我們最具體的現實。這樣,我們上昇得越高,便越清楚理解軸心期。」[4]

雅氏此書於 1949 年出版,1953 年被譯成英文。我常猜想當時定居美國的張君勱先生是看了這書,感慨莫名,適逢唐君毅先生來美,二先生晤談,遂有〈宣言〉之事。唯此解釋可消我何故當時中國四學者為中國文化力挽狂瀾而尚有餘力向西方人士討公道,何其迂闊太甚之疑。如是,則〈宣言〉除是一申論中國文化之永恆精神價值之重要學術寶箴並隨時間而增加其「所凝集的作為中國文化之旗幟和當代思想與新儒學論題之觸發點與交匯場的高度意義體之身分」外,更是一即時對來自西方學術重鎮理論挑戰而作回應的代表中國心靈的哲學文獻;此何迂闊之有?只是本人固陋罷了。

雅斯培的「軸心期」說將黑格爾所說理性的太陽從東方昇起,經過中東,漸次到西方,日落於日耳曼,世界各主要民族逐次表現,最後光輝歸於歐洲,這種唯一絕對精神之歷史行程之神話,徹底改寫為:二千五百年前同時獨立地出現了中國、印度、西方三大文明軸心,鼎足而立,支配人類強使進入真正歷史,直至今日:

> 最不尋常的事件集中在這一時期。在中國,孔子和老子非常活躍。中國所有的哲學流派,包括墨子、莊子、列子和諸子百家都出現了。像中國一樣,印度出現了《奧義書》(Upanishad)和佛陀(Buddha),探究了一直到懷疑主義、唯物主義、詭辯派和虛無主義的全部領域的哲學可能性。伊朗的索羅亞斯德(譯者註:祆教創始人)傳授一種挑戰性的觀點,認為人世生活就是一場善與惡的鬥爭。在巴勒斯坦,從伊利亞 Elijah 經由以賽亞 Isaiah 和耶利米 Jeremiah 到以賽亞第二(Deutero Isaiah),先知們紛紛湧

4　同上註,頁 18。

現，希臘賢哲如雲。其中有荷馬、哲學家巴門尼德斯、赫拉克利特和柏拉圖，許多悲劇作者，以及修斯底德和阿基米德。在這數世紀內，這些名字所包含的一切，幾乎同時在中國、印度和西方這三個互不知曉的地區發展起來。這時代的新特點是，世界上所有三個地區的人類全部開始意識到整體的存在、自身和自身的限度。人類體驗到世界的恐怖和自身的軟弱，探詢根本性的問題。面對空無，他力求解放和拯救。通過在意識上認識自己的限度，他為自己樹立了最高目標，他在自我的深奧和超然存在的光輝中感受絕對。[5]

這三大軸心各有其精神特性，以我們自己的語言重說雅斯培這段話，是西方文化主要表現「驚怖意識」，即雅氏所謂「人類體驗到世界的恐怖和自身的軟弱，探詢根本性的問題。」印度文化主要表現「苦業意識」，即雅氏所謂「面對空無，他力求解放和拯救。」中國文化則表現「憂患意識」，即雅氏所謂「通過在意識上認識自己的限度，他為自己樹立了最高目標，他在自我的深奧和超然存在的光輝中感受絕對。」而作中西印三大文化之精神特性的比較研究的，在中國，比雅斯培早二十年有梁漱溟的《東西文化及其哲學》。梁漱溟的《東西文化及其哲學》格局開得沒有雅氏《歷史的起源與目標》來的大，但契入有餘，精警透闢，又態度謙讓懇切，對西方及印度文化精神之光彩致意再三，對中國文化因早熟而來的弊病痛下針貶、毫不留情。而其以文化本體論的體性學體用學以言文化精神比較、歷史階段、理想文化，正所謂究天人之際，通古今東西之變，此則雅氏思想與之有不謀而合，而又大相逕庭之處。其中有頗應深入討論以觸發新義之幾。今因時限，提到即止。雅氏本其歐洲人身分，對西方這個軸心之特質，極盡表揚的

5　同註3，頁8-9。

能事，在揭露其限制性時不忘投以最大的信心。至於中國、印度，則雅氏所知甚少，罕有懇切之言，宜乎中國四大學者發表〈宣言〉另外申論之以昭告世人。

　　雅氏是與馬丁‧海德格（Martin Heidegger, 1889-1976）齊名的二十世紀西方最重要之存在主義哲學家，故其《歷史的起源與目標》一書，與其說是一歷史書、歷史哲學書，不如說其為雅氏關於其存在哲學觀念的一次演繹，不過借助了一些世界歷史的籠統考察。正如他在此書的〈序言〉所說，此書只為說明：

> 　　現存通過我們使自己內在的真實活動獲得歷史基礎而得到實現。另一方面，現存通過它內部潛伏的未來而獲得實現。我們依靠拒絕或接受自身的各種傾向，使它們成為我們的屬性。
>
> 　　獲得了實現的現存允許我們在永恆的本源中扎根。歷史指引我們超越所有的歷史而進入至高無上的全面理解綜合（the comprehensive）—— 那是最終目標。思想雖然永遠不能達到這個目標，然而卻可以接近它。[6]

　　這卻正可引起我的注意：雅氏思想，其「存在／現存」以及「歷史」的概念，很接近中國儒家孟子、荀子以至《易傳》、《中庸》之思想。並因此中國式解讀的介入，雅氏此書又具有了文化哲學和歷史哲學的意義價值 —— 至少在西方思想領域，在其全知的因而封閉的、單向的傳統歷史觀及在黑格爾的獨一精神現象學之歷史神學之外，可以有一稍開放的、人文形態學的理想主義歷史觀，以開展與中國歷史觀較為相應的對話，從而可以使各形態之歷史介入現存，並釋放能量，指引我們超越所有的歷史，嘗試進入一個人類全面理解綜合的新時代。這

6　同註 3，頁 1-2。

正是〈宣言〉四位學者的根本關懷和〈宣言〉精神所在。今紀念〈宣言〉五十週年，除正面闡釋〈宣言〉思想以外，尋找一個相應而可以互相衝擊的參照系統，或更有擴大增加〈宣言〉之存在意義之意義。本文之寫作，將沿此心意而展開。

三、共同的人性與鼎足而立的三大歷史文明軸心

從《歷史的起源與目標》一書之書名與內容，可以看到雅斯培在嘗試一個對於西方思維是新的歷史觀：首先是多元的自然形成的史前和古代歷史狀態，接着，人類在二千五百年前不約而同地躍入「軸心期」，在中國、印度、西方，互相隔絕地形成三大軸心，並把鄰近地區民族強行捲進、帶入真正歷史。三軸心各自不斷擴大或縮減，成為各自之歷史行程。直至現代技術出現，一切都改變了。人類歷史是否將進入統一期？此歷史的統一是以誰為軸心？

雅斯培這樣刻劃自軸心期以來直至現在的世界歷史結構：

一、在所有地方，軸心期結束了幾千年古代文明，它融化、吸收或淹沒了古代文明，而不論成為新文化形式載體的是同一民族或別的民族。……與軸心期光輝的人性相比，以前最古老的文化十分陌生，似乎罩上了面紗，人彷彿仍未有真正甦醒過來。

二、直至今日，人類一直靠軸心期所產生、思考和創造的一切而生存。每一次新的飛躍都回顧這一時期，並被它重燃火焰。自那以後，情況就是這樣，軸心期潛力的甦醒和對軸心期潛力的回憶或曰復興，總是提供了精神動力。對這一開端的復歸，是中國、印度和西方不斷發生的事情。

三、軸心期雖然在一定的空間限度裏開始，但它在歷史上卻逐漸包羅萬象，任何未同軸心期獲得聯繫的民族

仍保持『原始』繼續過着已達幾萬甚至幾十萬年的非歷史
生活。生活在軸心期三個地區以外的人們，要麼和這三個
精神輻射中心保持隔絕，要麼與其中的一個開始接觸，在
後一種情況下，他們被拖進歷史。例如，在西方有日耳曼
民族和斯拉夫民族，在東方有日本人，馬來西亞人和暹羅
人。對許多原始民族來說，這種交往導致了他們的滅絕。
生活在軸心期以後的全部人類，不是保持原始狀態，就是
參與當時唯一具有根本意義的新事態之發展過程。歷史一
旦產生，原始民族便成為史前殘餘，他們占據的空間不斷
縮小，並且只是在現在才達到了盡頭。

　　四、從三個地區相逢之際起，它們之間就可能存在一
種深刻的互相理解。在初次相遇時，他們便認識到，他們
關切同樣的問題，盡管相隔遙遠，但他們立即相互融合在
一起。當然他們並不共同信奉一種唯一的客觀真理，不受
這種真理束縛（這種真理只會在科學中發現，科學在方法
論上是有意的，它能迫使人們普遍同意其命題，所以它能
傳遍全球而無任何改變，並有權要求全體合作。）但是，
他們在彼此相遇中耳聞目睹了真實而絕對的真理，即歷史
上不同血緣的人類所實踐的真理。[7]

　　有論者認為「雅斯培的歷史觀明顯受到了中國古代老莊哲學思想
的影響，這在全書中可不時地看到。」[8] 雅氏之說固擺脫西方傳統的上
帝神學的，或普遍理性的、絕對精神的那種普遍統一的單向的歷史觀，
而採取一種多元的人文型態學的，亦即多軸心的人類歷史景觀；但雅
氏又並不放棄以歷史的統一為人類歷史之未來目標，更遮掩不住他的

7　同註 3，頁 13-16。
8　同註 3，〈譯者序〉，頁 11。

歐洲民族優越論的白人心態，在承認中國、印度為獨立的文化體並予以讚美時，又盡量貶抑其現存的生命力，而視為已在博物館的或將進博物館的。當然，包括西方軸心傳統文化，依雅氏之言，到現代技術出現亦一概被掃入博物館——三大軸心文明紛紛落幕，這時，「歐洲人亦首次亮相了。」雅氏之說當然不能算為道家的。道家的「樸散」論、「齊物論」、「歸根」論、「道法自然」論等等，只可能導致超文化論之超歷史觀，而不可能是軸心論。雅氏亦不能算是歷史主義，「歷史主義的實質就在於用對歷史的個別理解來代替對歷史的一般化看法。」雅氏有很深的共同人性論之哲學意識，不允許他完全接受歷史主義之相對主義多元論。雅氏之說，從好方面說，有近於意義論的開放的形態論之歷史觀。

四、開放的歷史觀與封閉的歷史觀

依本人之見，有四種不同的歷史觀，為：

一、封閉的先知主義的信仰神學之歷史觀（如「失樂園」），

二、封閉的科學全知之先知主義的歷史觀（如「唯物史觀」則為封閉的革命先知主義之歷史觀），

三、開放的不可知論之歷史主義歷史觀（如泛多元史觀），

四、根源目的論之意義論與開放的形態論之「道並行而不相悖」之歷史觀（如中國史家常言之「體經用史」之歷史觀）。

關於前三種歷史觀，本人曾依意義論對之有一總持的嚴肅的批評：

由迷信有一純客觀外在的事實真相為歷史認知之所對，認定此真相為一已定的、已成的，或「自己完成」的，只待人去加以反映、了解的；由此，「歷史」或歸於成為逐次向下一層之史實之平鋪的瑣屑考證，但又並不真能循一到底之方法（根本無此方法）以達於最下層（根本無此

最下層）之所謂歷史真實，遂由求知所謂絕對的本然歷史真實，而沒入於四散而無歸的所謂歷史真實而無「歷史」、這種由歷史主義而來的虛無主義。這是「歷史真實性之錯置」的一般型態。「歷史真實性錯置」之特殊型態為「歷史」因歸於成為離開人的主觀意識與當前存在而「自己完成」的「離史」（離於人心而斷其為有），由這種「離史」觀亦可引生另類歷史主義，可稱為神諭歷史主義、符咒歷史主義或科學主義之歷史主義。這類歷史主義原為尋找解釋「離史」與「離史」如何連結為所謂「歷史階段」而繫於某一「歷史目的」而為「歷史規律」中之各個「歷史階段」。但既為「離史」，這種連結自不能在每代人對前代歷史之肯否態度及對當下存在狀態之選擇中尋找，便只能在超歷史的神、或似內在於歷史而實被神化為超歷史的「生產力」之類中尋找，而為「神諭的」或「科學符咒的」歷史主義。為着某種「神諭」或「符咒」式的「歷史目的」，「歷史」又可歸結成為在「進化」（或「退化」）中因而可被全部逐一否定（如「失樂園」、「吃人的帳簿」、「五千年苦難」）的人類失敗記錄。基於此種單向度（時間之單向與價值之單向）歷史觀之「非此則彼」的意識，一種救贖式的命定的烏托邦整體社會工程、人類改造運動，成為這種歷史主義信奉者幾乎唯一的實踐選擇——這正是人類剛剛經歷過的，由徹底西方思維的錯誤歷史觀，轉生一套政治神話，鼓動延續近一世紀的政治災難。此正見歷史在詮釋中並引生行動、引生歷史，正確的詮釋引生正確的行動，虛妄的詮釋引生虛妄的行動。而反證歷史真實不在「離心而獨斷其為有」之「所」中，而在每代人之「溫故知新」之真誠地「能所合一」中，不能合一則妄。從而拒絕任何離心而泯能歸所之歷史主義，拒絕各種因「歷史真實性之錯置」

而來的歷史神秘主義——所謂「科學唯物史觀」正是最迷
信的歷史主義。[9]

至於第四種歷史觀，沒有人比太史公司馬遷講得更好：「究天人之
際，通古今之變，成一家之言。」今試釋之：

「究天人之際」：人類有共同的根源的人性，既深藏於所在不同的
歷史文化之內，又引領各文化自我超越走向理想目的，並或顯或隱、
或強或弱表現於每一代人。因此，「通古今之變」：人類的行為是可以
理解的，並且可即於人當下之存在之「通」而理解。離開當下人在世之
存在態度與實踐意識，歷史不可理解；反過來，離開歷史意識，人所
在世界不可能有意義的理解。歷史之沿革變易，亦只能在人的歷史意
識之「通」中理解，亦即不可以一全知式的先知甚麼「歷史規律」、「歷
史目的」、「歷史必然」，以強解歷史、奴役歷史同時亦奴役強制在世者
一同走向虛妄，走向終結歷史以為對歷史之理解。王船山謂「有即事
以窮理，無立理以限事。所惡乎異端者，非惡其無能為理也，囿然僅
有得於理，因立之以概天下也。」（《續春秋左氏傳博義》卷下，頁 4）
痛哉斯言。因此，「成一家之言」：歷史往往被視為即史家之言，而史
家之言隨即被視為即是歷史。最偉大的歷史學家司馬遷則說史家之言
只是一家之言，是史家本其史識史知史見及史學家個人的「究天人之
際，通古今之變」之工夫所至「追體驗」（徐復觀先生言）所成之一家之
言。若有人認為有全知式歷史或者研究全知式歷史之史學方法，更借
現代超級迷信「科學的總體知識」之名，宣稱有非一家之言之終極完成
之客觀歷史，第四種歷史觀（即開放的根源目的論的歷史觀）認為，這
本身已是對史家的存在的漠視和貶抑，同時亦是對歷史和科學的根本
無知。關於現代迷信，雅斯培如是說：

9　見吳畋：《實證與唯心》（香港：經要文化出版有限公司，2001 年），頁 261-262。

認為世界在整體上和原則上是可知的錯誤的科學概
念，產生了一個錯誤結果，即認為它（指整體知識）是科
學的根本的完美。……近幾個世紀以來它把一種新現象引
進歷史，即人們不僅要通過知識這種有意義的方式，在世
界範圍內和無數人類條件的總和中，幫助自己，而且要通
過（被神化了的科學家自以為掌握的）總體知識，只以智
力方式就把世界整體安排得有條不紊。這類典型的現代迷
信希冀科學做力所不逮之事。它把科學對萬事萬物假設性
的總體解釋，看作是最終完成的知識。它既不了解獲得科
學成果的方法論途徑，也不了解科學成果只適用於某個特
定時空的界限，就毫無批判地接受科學成果。[10]

五、科技文明與無家可歸和心靈的魔化

雅氏排拒「（被神化了的科學家自以為掌握的）總體知識」這種現
代超級迷信，因為科學本身正亦反對有這種「總體知識」。而自覺反對
有「總體知識」的現代技術文明卻正「越來越明顯地成為人類的命運」：

技術已給人類環境中的日常存在造成了根本轉變，它
迫使人類的工作方式和人類社會走上全新道路，即大生產
的道路，把人類的全部存在變質為技術完美的機器的一部
分，整個地球變成一個大工廠。在此過程中，人類已經並
正在喪失其一切根基。人類成為在地球上無家可歸的人，
他正喪失傳統的連續性。精神已被貶低到只是為實用功能
而認識事物和進行訓練。這一變質的時代的最初作用是災

10　同註 3，頁 110。

難性的。今天我們的生存已不可能發現合理的生活形式。現在在人的自我意識中支撐他的真實可靠的東西，幾乎沒有甚麼來自現代世界。因此，個人或者被對自己的深刻不滿所壓倒，或者以自我忘卻來解脫，把自己變為機器的一個零件，自暴自棄，不去思考其至關重要的存在，其存在變得失去個性，在不必懷疑、不受檢驗、靜止的、非辯證的、易於交換的偽必然性的邪惡魅力引誘下，喪失了對過去和將來的認識，退縮到狹隘的，對他並不真實的，為自己需要的任何目的而作交易的現實中去。[11]

雅氏所言，代表了西方本位思想家對現代科技文明的厭惡。西方軸心本來的重知的全知主義（包括全知的神學、全知的懷疑論、無神論和唯物論）之傳統造成種種災害和思想上的不成熟，到反全知的現代科技制度又造成種種人性災難和整體文明方向的迷失。西方思想因此又寧可或以全知的傳統先知主義，對抗來自同一軸心母體的現代偽先知，或以反全知的現代科技思維硬撐這四分五裂的現代文明：

這整幅畫面給我們印象是，精神本身被技術過程吞噬了。甚至科學也得服從技術，代代相傳的結果加強了這一趨勢。這可以解釋為甚麼如此眾多的科學家在其專業之外表現出驚人的愚蠢，也可說明為何如此眾多的技術家在其職務之外智力極其貧乏。須知他們的存在目的雖是完成這些職務，但這其實並非他們生活的全部意義；這也可以揭開為何世界變得越來越非人性化和缺乏幸福的秘密。[12]

11　同註 3，頁 114。
12　同註 3，頁 112-113。

　　受現代教育訓練的現代頭腦，在其專業外，表現得驚人地愚蠢和智力極其貧乏的，又何止是雅氏所指的科學家、技術家，更可以是本來據說要擔當對人類生命心靈整體存在提供根源性說明的哲學家。請看西方哲學學者如何看待自己從事的工作：「社會只是由各個獨立而封閉的小系統（如經濟、科學、法律、宗教）構成，而哲學只是科學這個小系統之下的一個小系統，『它使用自己的語言，跟同在科學之內的歷史學或心理學的語言不同，它更遠離於科學之外的其他社會系統，比如政治和宗教，因為這些系統依靠的是完全不一樣的編碼』。」[13] 更何況西方現代哲學已不喜歡講「大哲學」，只講「小哲學」，如分折哲學、邏輯學、倫理學、美學等等以及再分而又分之小系統，從事這種「小小哲學工程學」的哲學家，當離開他的專業，有人可以不表現為驚人地愚蠢和智力極其貧乏，那倒是驚人了！

　　可悲的是，這源於西方的一切，而今全倒映於世界了。此即雅氏所說的「間歇期」，原來的三大軸心都失卻生命力，期待第二次軸心期的出現。但在這個時代，當這種社會分工的分裂，與人的生命心靈的自我分裂隔絕相結合，在哲學研究之態度上，則可以出現一種唐君毅先生所稱的「最不仁之一魔性的心靈」：

　　　　無論此宇宙、人生之為如何，吾人皆可以本哲學中之一觀點，以觀照其意義之如是如是，而形成一宇宙觀、人生觀，而止。於此中，人自亦可對此所知之宇宙人生意義之如是如是，形成邏輯性命題，更推演其涵義，見其中皆有真理。更可觀此觀照中之宇宙人生之意義，其互相照映所成之美的境界，而表現之於文學藝術等。即此宇宙人生全是罪惡，此罪惡之相照映，以成罪惡之境界，亦非必無其美。……由此而無論此現實存在之世界如何變化，人同

13　同註 9，頁 356。

可以一觀照心遇之，而皆有所觀照，以有其所知，並加以
表現，其中皆有美與真之存在。於是此觀照心，即可永有
真與美可寄，亦永能不為此現實存在世界所傷害，而此心
之存在，大可隨此現實存在世界之無盡的變化而恆與俱往
俱運。……然果世界全是罪惡、矛盾、衝突、虛妄不實，
而人仍只有此一隨處觀照，而安然不動之心靈，則此同時
為一最不仁之一魔性之心靈。[14]

此「最不仁之一魔性之心靈」當表現對異國人民及其歷史文化之
研究態度之冷漠無情，視他國之一切為死材料，或只為文物的興趣、
傳教的或政治的目的，如〈宣言〉所指西方部分漢學家之研究中國文化
之態度，已夠令人難過，若表現為對付自己國族及其歷史文化之態度，
則只能無話可說了。

但當此一最不仁之魔性之心靈與人性中的根本惡（如嫉恨心）糾
結，則可成一種浪漫的邪惡，一種「革命年代」。由十九世紀末起，世
界到處充滿西方軸心的氣味：

十九世紀末期，歐洲似乎統治着世界，這被認為是最
終局面。黑格爾的話看來要被證實：歐洲人進行了環球航
行，對他們來說，世界是一個球體。凡是尚未落入他們控
制的，不是不值得費心，就是注定要落入它控制。

自從那時以來，世界發生了多麼大的變化！由於採納
歐洲的技術和歐洲民族主義要求，世界變成歐洲了，並且
正在成功地使技術和民族主義轉過來反歐洲。作為歐洲的
歐洲不再是世界佔統治地位的因素，美國和俄國使歐洲相
形見絀，歐洲的命運取決於美蘇的政策。如果當一場新的

14　同註 2，第二十三卷，頁 606。

世界大戰使全世界都陷於毀滅的風暴之中時，如果歐洲在
最後一刻並未把自己聚攏在一起，使自己變得更強大得足
以保持中立的話，那麼它就放棄了它原有的世界地位了。

　　歐洲精神確實也滲透了美國和俄國，但它們不是歐
洲。美國人（儘管他們有歐洲的起源）可能尚未在自己的
土壤上找到新的自主意識和新的根源，但他們的目標顯然
是要這樣做。俄國人在東方和他們各民族的歐洲混合起
源中有自己的歷史母體。在精神上，俄國人的母體是拜占
庭。不過，不掌握任何決定權的中國和印度的重要性將在
今天增長。它們擁有不可取代的深厚的文化傳統和大量人
口，這些正在成為人類的一個因素 ── 同所有其他正在
當前人類的巨變中尋求出路的民族一樣，都在被迫投入到
這種巨變中去。[15]

　　中國被迫投入到西方發動的巨變中，徒「擁有不可取代的深厚的
文化傳統和大量的人口」，雅氏除調侃中國人之外，不會遺留甚麼給我
們。除非我們自己發現軸心說對中國的意義。

　　我們必須告訴自己：中國正在被迫投入巨變中，或者憑藉其不可
取代的深厚的文化傳統，並經溫故知新、返本開新的智慧，同化那異
質的巨變，仗賴祖先遺下的智慧、大量人口和廣袤領土，成為人類的
新的穩定重心；或者在巨變中，為別的軸心所捲去，成為無家可歸者。

六、備忘與解咒

　　本人近年因講授「中國近代思想史」、「中國現代哲學史」等課，
遂不能隱瞞或逃避一些時代的痕跡，今藉紀念〈宣言〉五十週年，試翻

15　同註3，頁90-91。

開最新的歷史記錄，看看〈宣言〉念茲在茲這個軸心文化原來所在的土地，這些年來發生的重大事件（最簡單的數字。除特別說明外，均採取自中國內地出版物）。只有在這些事件和數字交織成的背景中，才會領略〈宣言〉那份近乎「迂闊」背後的沉痛，亦唯這種對時代的正視，能證我們今日紀念〈宣言〉發表之真正意義。一個自甘喪失文化傳統的民族是如何喪失學習吸收其他軸心文化、實現現代轉型的能力，而淪為時代的失敗者，為他文化的沉滓所惑，自甘於自奴自憐。（⋯⋯）

七、後軸心時期之新宗教與政治神話

於是，一種前所未有、既能滿足以上種種逆反與自欺欺人心，又至少在修辭層面上達到一種理想化、合理化、辯證邏輯化、系統化並以辭語奪取「科學的總體知識」和「歷史必然」（雖曰是偽先知的「必然」），更奪取「道德制高點」，這樣的「一套語言，兩種真理」的意識型態、近代資本主義時期之新宗教出現了。這是一場前所未有但又包含所有西方軸心元素、最西方而又最反西方因而反現代化的森林大火。英國哲學家羅素在接受訪問談論他對宗教的態度時說到：「支配着大量人口的一切偉大宗教都包含或多或少的獨斷。但『宗教』是個意義不確定的詞語。例如說，孔教可被稱是宗教，雖然他不包含獨斷。⋯⋯在歷史上最偉大的宗教裏，我偏愛佛教，特別是偏愛他早期的形式，因為他極少逼害因子。」[16]

這現代新宗教成為在「間歇期」的現代巨變中擁有集體失敗意識而卻望藉此成為救世軍的逆反者一次最後的解放：「哲學家只想解釋世界，而問題在於改造世界」，只需把歷史顛倒，把道德顛倒，把真理顛倒，則失敗的只是人類全部歷史文化和人類理性，而逆反者卻贏取了全世界。

16　牟治中譯：《羅素文選》（河北：國際文化出版公司，1987 年），頁 111-112。

　　二十世紀下半葉的中國既從五千年文明、三千年國魂文命、二千年道統文統、天地聖親師、四書五經中解放，則以上備忘之種種，又豈可曰無歷史因果貫於其中而為歷史之懲罰作為其存在之理？身為中國人，雖不忍說之為理之必然，而又不忍不說了。但這既成事實存在之存在之理，豈能擋得住人們依未來之存在、或歷史的目標而問其應否存在之存在之理，此為一；又豈能擋得住人們依道德理性當下即是而問此一一存在何嘗有存在之理，此為二；又豈能擋得住依自然之道而問此一一存在何嘗合自然存在之道之道理，此為三。由此無存在之理而長期現實地存在着，過去半世紀中國人的生活遂真生活為只剩下「活着」（余華名著、張藝謀早期電影）了，活得「天呵！我們只剩下歡樂了！」中國現代畫家張曉剛《血緣家族》系列、岳敏君《自畫像》系列、曾梵志的《最後的晚餐》，以及無數現代文學藝術作品隱晦而又激憤地、冷漠地，正在凝視這張現代中國人面孔。而造成這一切的、幾十年來宣說一種革命審判論的馬列信徒，現在忽然改說一種「向前看」哲學，不說「忘記過去就意味着背叛」了。換言之，只有擺脫這扭曲的民族主義，中國才能正式走出這二十世紀中國悲劇，才能成為堂堂正正的中國，而不是世界上最後之馬列主義殖民地。西方因原為多元，神界、人界、理界、物界裁截得分明，故變態不足為害；中國人頭腦圓融，其上者顯高明智慧卻不必思想嚴整，其下者足以自適卻難免於觀念混亂。故中國社會宜常態不宜變態，一旦變態，神魔混雜，這就難了。但解咒還須唸咒人，觀念之癌最後還須由思想之刃切割。

八、調適上遂與後軸心時代人類文化的命運

　　雅斯培謂世界正在巨變中走向歷史的統一。在統一之世界史是否只有唯一軸心，雅氏沒有明確的表示。我想，他是不願明說。張君勱先生、唐君毅先生都曾與雅氏晤面。唐先生曾說雅斯培這個人只顧說自己的，不聽人講話。

文化比較的討論，百年來數之不盡。〈宣言〉固是其中之一最具代表性者。在歷史哲學方面，有牟宗三先生所提：西方的文化生命是「分解的盡理之精神」與「分解的盡氣之精神」，中國的文化生命則是「綜和的盡理之精神」與「綜和的盡氣之精神」。但牟先生不說未來人類文化必是以何者為中心，卻說：「西方的文化生命，雖是『分解的盡理之精神』，卻未嘗不可再從根上消融一下，融化出『綜和的盡理之精神』。而中國的文化生命，雖是『綜和的盡理之精神』，亦未嘗不可再從其本源處，轉折一下，開闢出『分解的盡理之精神』。這裏，將有中西文化會通的途徑。」[17] 其實說「分解」，自是整體而有所開出以至於分解；說「綜和」，自是經歷了分解而有所綜和合會，「統之有宗，會之有元」之謂。今牟先生說「從根上消融一下」、「從本源處轉折一下」，則是從文化生命之根源處說自根上開分之「分解」的精神和自本源處融和之「綜和」的精神，兩者各自須有一自我之轉型，自根上開分亦可再從根上消融化，從本源處融和亦可轉折而開分，而人類文化將進入大綜和的時代。

本人曾借梁漱溟先生《東西文化及其哲學》之「三路向／三階段」說，轉解改說為中、西、印三文化精神生命之特質在一理想文化之結構學關係論的意義。然則「三軸心」、「三路向」、「三期」諸說，都只是分說，或歷史地說、或態度地說；若以理想的真實的文化生命說之，則只能是一機體生命的張力的表現。三大文化精神在辯證的綜和中，時或向前，時或向後，時或調和折中，本人曾詳論說之，今引數段以見其要：

轉解梁漱溟之文化三路向、三期說，是要轉出：

一、中、西、印三文化路向，梁先生說為「三期」，尋其本意，是「理想文化」之「實現次序」，我則進一解認此三路向為理想文化之邏輯結構的終始條理，而為辯證的「你中有我，我中有你」、周而復始的。因此──

17　牟宗三：《歷史哲學》第三部，第二章，第二節（台北：台灣學生書局，1988 年）。

二、自理想文化觀之三路向之任一路向都不應只是「一期」經而過之，因三路向之任一路向皆可是「理想文化」之必須環節與關係者，以至竟可是「理想文化」理念的提出者和永遠的出發點；

三、以三路向在歷史中實現為中、西、印三大文化，是見三路向皆具某程度之實證精神，又各以某義之實證精神為主導。

四、若梁先生所說孔子仁學與中國文化精神，及本人對之之解說不錯，依一理想文化之系統結構及終始條理，中國文化之「實踐的理性」、實證的大綜和精神和悠久智慧，相比於西方文化和印度文化，正是「居中」（不排斥向前，亦不排斥向後），既「超越」（超越於實然，但又超越於「一往向前或一味向後之超越」）而「實證」（綜合實證現量、比量、非量，證兩向於一心，實證相應於一「應然」），則中國文化並非為「第二期」可以經過之者；相反，西方的生活態度和印度的生活態度雖亦非必須經而過之者，卻始終應歸於以中國的生活態度為「正」和「合」者。雖則西方文化精神和印度文化精神皆為一理想文化機體不可缺之方向結構，並依中國文化當務之急，須極力強化西方文化所代表之一方向，在辯證中救中國文化之「正」和「合」。

五、是則梁先生的「文化三路向」、「文化三期」說若有意義，（正如奧古斯特・孔德之「人類智能三階段律」說若有意義），依本文之意，須由歷史學向度，轉為文化本體論的結構學，再由本體論的體用學，轉出發生學的次序思考。[18]

然則三大文化生命之精神特質自有其超越性，超階段性，超時代性，超民族性，而為人類精神之真實表現而有永恆的意義，不但不應減損之，且宜持護充實之、條暢之、理順之，調適上遂，道並行而不相悖。則人類仍有前途可言，中國仍有文化可言。

18　同註 9，第八章，頁 297-298。

（2008 年 4 月 29 日，台北「中國文化與世界宣言五十週年紀念國際研討會」學術會議論文，後收入李瑞全、楊祖漢合編《中國文化與世界：中國文化宣言五十週年紀念論文集》〔桃園：中央大學儒學研究中心，2009 年〕。）

第十四章

證示生命的學問
—— 從現代文明之斷裂，
看牟宗三「生命的學問」之意義

　　講座召集人安排我講牟先生的「生命的學問」。牟先生常稱中國哲學是「關於生命的學問」。牟先生自己的學問當然亦扣緊生命來展開，並歸結為生命的調適上遂，在時代中奮進。但牟先生在講學時則常先從西方那一套講起，知其格套而窮盡之，再而轉入中國這一套，復得見源頭活水。我這一講亦只能這樣講。

一、唐、牟誕辰百週年感言

　　兩個月前，本人出席在台北召開的「紀念唐、牟誕生百週年國際學術會議」並宣讀題為〈目的、體用與性相 —— 從目的論看唐君毅「心靈九境」之系統性格〉之論文，在宣讀論文後，有一段關於唐、牟誕生百週年的感言，如下：

　　黑格爾說：「情緒中不願承認任何未經思想認為正

當的東西，這是使人類感到光榮的一種偉大的固執。」哲學家似就是人類這種偉大的固執之子，他須為「何為思想認為正當的東西」而思想，並以日漸遠離世俗生活為哲學家之特種光榮。在黑格爾所在的西方，「當哲學把它的灰色繪成灰色的時候（案：意謂哲學把生活弄成為個概念世界，失去生命。典故是詩人歌德《浮士德》名言：「理論是灰色的，生命之樹常青。」），這生命型態就變老了。對灰色繪成灰色，不能使生命型態變得年青，而只能作為認識的對象。密納發（地方名）的貓頭鷹要等黃昏到來，才會起飛。」

　　西方哲學家所自傲的「不願承認任何未經思想認為正當的東西」這種表現人類偉大固執的光榮，以及以「超世俗生活」為標識的哲學家的特種光榮，在唐、牟二先生身上，竟都化為平淡無奇，成為二先生之日常生活生命本身。唐、牟的哲學，在把它的灰色繪成灰色的時候，卻注入了二先生莊嚴神奇的生命，在每點灰色處轉瞬生意盎然。因為唐、牟的哲學，正是最思辨、最理論的但又是為「惻怛之情之恆充塞於宇宙」、「自從一見桃花後，直到如今更不疑。」作說明和註腳的（唐先生）「實踐的智慧學」、是「生命的學問」（牟先生），故能直接引發生命真幾。

　　哲學的艱難，在為人類思想樹立典範，突顯一貫性和系統性，但又須避免思想因系統性、一貫性而自行被系統地簡化、平易化，因而繁瑣化；人類精神亦因尋求思想而思想化、自囚於概念自律，喪失創造的熱情，喪失證驗存在的智慧，以及精神自證自明、自我光復的決心。

　　哲學的艱難，又既要維護人類精神的實存與自由，證示精神的作用、精神如何在創造中證驗自己、擁有自己，但又須為人類精神指引一條理性的光照明的道路，確保精

神通向存在、成為存在，為此維護生命、維護精神、維護存在，而不是否定精神、誹謗生命，將人類拖向虛無之域。哲學因此不能不選擇在思想中、在言說中辯以示之，而不能只是交給歷史，太陽下山，思想才起飛。亦因此哲學不得不返回去而問：何謂精神？何謂存在與自由？何謂意義、目的？何謂言說？最後，哲學在顛覆者面前還須回答：哲學能知道甚麼？哲學應該做甚麼？哲學希望甚麼？哲學是甚麼？

唐、牟的哲學把這一切的哲學艱難，都化作唐、牟哲學的光榮印記，並把最艱難的哲學的艱難 —— 哲學的良知與判斷力，化作唐、牟哲學的偉大勝利！

唐、牟二先生以其哲學的勝利迴護三千年中華文化，並以哲學的勝利反哺其故國山河人民。

二、「觀解哲學」的終結與「哲學人類學」轉向

西方傳統思想慣於向外去開展其尋找真理之路，又與重知的態度相結合，由尋找事物的形構之理開始，建構「形式的體性學」（Formal ontology），此柏拉圖、亞里士多德所說之理型、形式、公理。是為橫觀橫攝的事物之存在之理，即一般所說的本體論。但僅有一物之形構之理不必涵有一物之存在，為說明有一物之實存再進而尋找事物之「實現之理」，是為縱觀縱說的事物之存在之理，即一般所說的「宇宙論」。但此所謂縱觀縱說的宇宙論，仍是外向的、外在的縱觀縱說，若柏拉圖的理型論，若中世紀的神學。向外橫觀而成的形構之理，與向外而向上縱觀而成的實現之理，兩者合為可以窮盡西方形上學之規模。由此種型態所討論而成功之形上學，牟宗三先生稱之為「外在的、觀解的形上學」，謂這種觀解的形上學的責任似乎只在滿足理論知識的條件，而不在滿足實踐實證的條件，雖也可以提出最後的真實、本體、

神等概念，然只是理論的，為邏輯圓滿而成立的概念，並不真能印證其存在的真實性。更無關於人的實踐的實證相應性。當蘇格拉底說「認識你自己！」他的學生柏拉圖很快就把這句話處理為：「認識人的理型！」再而很快有希伯萊宗教與希臘哲學結合而謂「人的存在之理」為：「人為上帝所計劃和創造」。西方哲學大致延續這種「外在的、觀解的形上學」。

西方直至十八世紀，方有康德出來，將全部哲學問題歸結為三問：人能知甚麼？人應做甚麼？人可希望甚麼？最後歸結為：人是甚麼？將全部問題之發生與答案都歸結到人自己身上。此則扭轉西方哲學的根本性格，由「外在的、觀解的形上學」轉而為「哲學人類學的、觀念的形上學」：

一、「世界之真實是甚麼？」不能離開「人能知甚麼？」（再而可問「人依何種機能而能知甚麼？」）以決定世界之真相是甚麼？

二、「道德的善是甚麼？」不能離開「人應做甚麼？」與「人不應做甚麼？」之方向而決定甚麼是善、甚麼是不善？

三、「終極目的、德福一致、真善美之合一」不能離開「人可希望甚麼？不可希望甚麼？」而轉動。

由是，真理的發現，不會在外面，也不會在上面單邊地、也就是獨斷地，由所謂客觀的已成之外在，強加於人。毋寧說真理只能伴隨着「人的發現」與「人的自我的實現」而步步透顯。

但康德很快地又自己把問題推出去作為一個認識論的問題：哲學人類學之「人的發現」的問題，再次對象化為「人性是甚麼？」——「人是甚麼？」的問題。在康德的人性論，人是註定為有限者——由有限而人只能知甚麼，不能知甚麼（包括人不能知「人有自由意志」、不能知靈魂、上帝之存在，以及「物自身」）；由有限而人只可以希望甚麼、不可以希望甚麼（包括人不可以希望成為無限、不可以希望有「智的直覺」）；由有限而人可有「真正之道德意向」，但真正的道德實踐須預設人有自由意志，而自由意志即無限之自我預期。人如何即有限而可無

限、而有道德實踐之可能？道德實踐之自由如何可落實於現實世界、藉自然因果改變現實世界、包括改變道德實踐者自身之生命存在？在康德又成為其思辨哲學之戰場，成為直接地就「自由界」與「自然界」這兩個性質絕然不同的概念之如何關連所作的一場搏鬥，最後唯訴諸於另一概念 ── 目的性概念，而又開展另一場搏鬥。卻渾忘此兩概念以至第三概念，以及哲學人類學的各個概念，包括「無限」、「有限」，「超越」、「內在」……唯是人的理論理性為着「道德如何可能？」、「人是甚麼？」而構造出來以便於思想以及持續思想有關問題者；原意在經過思想的合理性檢察，人即回到「我思之後（後設學之後）」，回到生命的實感實存之「幾」，回到生命的超越的還原、剝復：我一無所有、一無所是、一無所知、一無所望，「有鄙夫問於我，空空如也」，如是我置身全部存有之全，以及唯一存在可能之抉擇之自由。這裏正是生命的學問之中心道場，中國哲學的全部興趣即傾注於此，而曰心性之學。西方哲學家卻顯然醉心於這種概念的搏鬥，埋身於一往不返的道術之為天下裂，而渾忘生命自身存在。存在主義者齊克果說：哲學家寧可棲身在概念構築的華麗殿堂外邊的雜物房，讓生命可以呼吸，但理性之光也就照耀不到那地方。於是把生命的機會，索性交給超理性的神或非理性的盲目意志。

三、哲學的貧困和理性的黃昏

　　康德把「外在的、觀解的形上學」轉向為「哲學人類學的、觀念的形上學」，在牟宗三先生看來，已經是一個例外：

　　　　在西方這種傳統中，也有一個例外，那便是康德。他不從這種觀解的形上學來講最後的本體、如神，他是從實踐理性上來講。這便是觀解的形上學轉到「道德的形上學」，亦可曰「實踐的形上學」。然而康德也只是理論地這

樣指點出，這樣分解出，並未能進而再從工夫實踐上這樣
講出。（……）他把意志自由、靈魂不滅、上帝存在，都
看成是實踐理性上的「設準」，即由此「設準」一詞，即可
看出其並未能從心性上，經由工夫實踐以全幅呈露、印證
或實現此真實世界也。這就表示西方學術中缺乏了一種工
夫實踐上的心性之學。（見牟宗三《生命的學問》）

　　這結果是，在康德哲學那裏：物自身（人自身）者「實證」不了物
自身，自由意志者「實證」不了自由意志，目的性之存在者「實證」不
了目的性。概念思想只為成功為概念思想，拒絕生命在場。生命缺席
的結果，思想欠缺辯證，從而進一步隔離了生命存在通過自證自明和
自我實現，轉而為思想提供實踐的實證。生命不僅得不到哲學的渥溉
振拔，反被思想抽空變成蒼白，西方人唯有集體間歇中止思想、廢黜
理性，直接投向上帝、投入信仰。如是長期形成西方人的兩個極端世
界：一個是結構嚴密、由邏輯統治的世界，一個是上帝統治的神話世
界。「我們是兩個世界的公民。」弗里德里希・席勒（Johann Christoph
Friedrich von Schiller, 1759-1805）如是說；而李約瑟（Noel Joseph
Terence Montgomery Needham, 1900-1995）則稱此為「典型的歐洲痴
呆症」。
　　雖有人呼籲「思想的魅力服從於生命的顫抖」（岡道爾夫），但現
實是：西方哲學中的理性與人的生命存在，如果不是敵人便經常是陌
生人。這種理性與生命長期疏離的結果，觸發西方人自己一次又一次
對哲學理性的厭惡。黑格爾在《法哲學原理》〈序言〉曾經這樣描寫歐
洲社會當時的情境：「（哲學）那種空虛反思的忙迫活動（……）遭到
了種種侮蔑和輕視。最惡劣的侮蔑就是每一個人都確信，他能毫不費
力地對一般哲學加以判斷並進行論爭。人們從未對任何其他藝術或科
學表示過這樣極端的侮蔑。」當時歐洲社會對哲學侮蔑的一個理由，
其實源自哲學家不能聆聽生命最內在的呼聲，而總繞到生命的外面

去、到上面不知甚麼地方去尋找存在,「殊不知這樣做,他最沉重地
損害了倫理深處的衝動,即自由的無限的人格。」但黑格爾當然仍要
維護哲學理性,痛斥社會上到處都是反哲學的庸夫俗子,「明目張膽
地漫罵哲學,宣佈哲學的內容(即對神的概念認識、對自然本性和精
神本性的概念認識,對其真理的認識)為一種愚蠢的、甚且罪惡的僭
越,而理性再一次理性、無限次數重複的理性,則遭到非難、蔑視、
詛咒。」「在把對真理的認識宣佈為一種愚蠢的嘗試時,也就把一切思
想和一切素材都扯平了。正像羅馬皇帝的專制政治把貴族和奴隸、德
行和罪惡、名譽和恥辱、知識和無知等同起來,彼此不分。因此,真
的東西的概念、倫理性東西的規律,也無非就是私見和主觀信念;最
惡劣罪犯的基本原理,作為信念,與倫理性的規律,在價值上視為同
一;同時,任何貧乏的特異的客體,以及任何枯燥無味的材料,也與
構成所有能思維的人的興趣和倫理世界的紐帶的那些東西,在價值上
視為同一。」

　　一邊是脫離了生命存在的哲學理性,導致社會對哲學的非難、蔑
視、詛咒;另一邊則是以扯平一切、混同一切、庸俗化一切,而自許
為哲學的解放。既要維護哲學理性,但又厭惡傳統理性之遠離生命存
在,黑格爾誓要以其思想辯證法,「在現在的十字架中去認識作為『薔
薇』(意指生命)的理性」 ── 哲學只屬於這些人,「他們產生內心的
要求,這種要求驅使他們以概念來把握,即不僅在實體性的東西中保
持主觀自由,並且不把這主觀自由停留在特殊的和偶然的東西中,而
放在自在自為地存在的東西中。」真理這時似乎可以內在於自在自為
的生命存在了。但黑格爾很快又把裁判權交給歷史,自言哲學只是那
等待黃昏到來方起飛的貓頭鷹 ── 只是每段歷史落幕後,哲學才展開
對其意義(歷史之目的與動力)之理性的反省,並將之作為認識對象,
構造「歷史理性」之概念。如是,哲學只能跟隨人類行動之後,沉思其
存在之理。至於「教導世界應該怎樣」,黑格爾說:「在這方面,無論
如何哲學總是來得太遲。」他寧將歷史行程的決定權,交給「客觀精神

的發現者」、那些「英雄」、「先知」。由這一態度，我們知道黑格爾是一「兩頭明中間暗」的歷史理想主義者。當年朱熹批評陸象山「心即理」那套是「兩頭明中間暗」，依我看說得正是不錯，不過陸象山是把中間那段、須個人實踐實證的那段，如實地歸還道德實踐者自己之主觀精神，而由顯轉隱，由明歸密。此亦孔子「為仁由己，豈由人乎哉！」孟子「學問之道無他，求其放心而已」之義；玄學家說「獨化」，明儒劉宗周之慎獨亦是此意。黑格爾的「兩頭明中間暗」則恰相反。黑氏的兩頭明，指歷史的起源（包括人類歷史整體的起源與當下的歷史性實踐之起源）一頭，與歷史的目標、終極目的一頭，都很明確。主觀精神之躍起，從絕對實體中破裂，明開兩頭；人類（人）在歷史中歸復絕對實體，是為中間。中間暗者，歷史行程的每一步以及一步接一步，都是無數的條件項的綜合，包括主客觀精神的綜合，以及互為主觀的綜合，是為客觀精神之道場。在這裏，道德須轉向倫理，理性需要辯證，自由須在自我否定中實證為自由，最後成為判斷力之實習場，亦就是歷史理性之藏匿所。只有歷史落幕才有反思者發現歷史理性，而騎在馬背上的客觀精神──英雄，才是歷史的締造者。如此一來，拱手把歷史交給「英雄」以及追隨者。英雄及其追隨者的生命唯以權力意志為主，是歷史動力之所在，卻是永不會重覆發生的、可以預見的歷史之謎，故說中間暗。但亦因此，有憂患意識的、有沉重歷史感的東方聖賢豪傑，在西方人格世界裏不及先知、不及英雄。西方文化崇拜英雄、膜拜先知。

四、重知的先知論、不可知論與全知主義之偽先知

在西方的重知的真理追求中，原有濃厚的先知主義傳統，與此相應的，同時即有濃厚的不可知論之懷疑主義傳統。由在外面、在上面尋找真理、尋找先知，到康德折返回到「人是甚麼？」來尋找，到黑格爾則又放到「歷史」中尋找，而轉到尋找「騎在馬背上的先知（英雄）」。

由黑格爾的「客觀精神」的歷史主義，於是有人將之顛倒過來，並異變到底，而宣稱：真理不在上面的神，也不在人的生命自身，而是在外面、在下面、在「物質的歷史」與「歷史的物質」中。由「歷史的物質積澱」與「積澱的物質的歷史規律」決定一切、決定人的生命存在及其意識。因此，再沒有傳統之先知，而只有現代唯物論之「全知主義」，本其「全知」以改造世界、顛覆人類全部歷史文化底精神價值為號召並實踐之革命英雄、革命先知。

　　這是西方思想傳統性格發展至近代之必然結果。長期的先知主義與不可知論的對抗和交纏，離開生命之存在實感、任憑思辨理性構造概念、再直接就概念與概念間之關係而搏鬥，到最後問及「存在的真理」，就只能訴諸「先知」或直說「不可知」了。由「先知」（神話時代）和「不可知」（形上學時代）之反動，而為偽科學主義唯物論之「全知主義」，竟然自稱今日這個實證時代的西方思想之進步，但不幸正是西方頭腦製造的又一場最大的觀念災難。半個世紀前，英國哲學家羅素接受訪問時說：「支配着大量人口的一切偉大宗教都包含或多或少的獨斷。但『宗教』是個意義不確定的詞語。例如說，孔教（儒家）可被稱是宗教，雖然他不包含獨斷。」（《羅素文選》，頁 112）

五、現代迷信與生命的無家可歸

　　西方文明演變至今，由美國社會所表現者，一方面唯靠原有之基督教「神本」傳統及其價值系統之自然保守延續，由宗教之「神聖感」滿足人的超越精神，但日漸疲弱；另一方面則以人的感性生命之求滿足，由「物本」為動力而發展其經濟與科技文明，而科技主義獨大，浸至日漸取代「神本」，而成為現實的唯物論、行動的「物本主義」。牟先生早已經這樣警告西方現代社會之潛在危機：

　　　　希臘傳統演變的結果是物本，基督教是神本。而人

這一本是空虛。故西方人以其自己之空虛地位，乃急轉跌宕，傾注搖擺於神本、物本之間，而人的生命乃被牽扯分裂以奔馳。人，以其自己空虛之地位，與神間之關係，亦是處於情緒上急轉跌宕傾注搖擺之境況中，而毫無理之必然性以通之。（《生命的學問》）

神本動搖的結果，在西方唯是轉以物本成為新神學。在上世紀五十年代德哲雅斯培這樣直斥一種典型的現代迷信：

認為世界在整體上和原則上是可知的錯誤的科學概念，產生了一個錯誤結果，即認為它（指總體知識）是科學的根本的美。……要通過（被神化了的科學家自以為掌握的）總體知識，只以智力方式就把世界整體安排得有條不紊。這類典型的現代迷信希冀科學做力所不逮之事。（《歷史之起源與目標》）

這位二十世紀存在主義哲學家毫不留情批判我們這個現代文明：

技術已給人類環境中的日常存在造成了根本轉變，它迫使人類的工作方式和人類社會走上全新道路，即大生產的道路，把人類的全部存在變質為技術完美的機器的一部分，整個地球變成一個大工廠。在此過程中，人類已經並正在喪失其一切根基。人類成為在地球上無家可歸的人，他正喪失傳統的連續性。精神已被貶低到只是為實用功能而認識事物和進行訓練。這一變質的時代的最初作用是災難性的。今天我們的生存已不可能發現合理的生活形式。現在在人的自我意識中支撐他的真實可靠的東西，幾乎沒

有甚麼來自現代世界。因此，個人或者被對自己的深刻不滿所壓倒，或者以自我忘卻來解脫，把自己變為機器的一個零件，自暴自棄，不去思考其至關重要的存在，其存在變得失去個性，在不必懷疑、不受檢驗、靜止的、非辯證的、易於交換的偽必然性的邪惡魅力引誘下，喪失了對過去和將來的認識，退縮到狹隘的，對他並不真實的，為自己需要的任何目的而作交易的現實中去。這也可以揭開為何世界變得愈來愈非人性化和缺乏幸福的秘密。（《歷史之起源與目標》）

六、民主政治與生命之「本」

弔詭的是，由「神本」（雖已日漸虛脫）、「物本」（同樣來自獨斷論之迷信），這互不相容的兩個「本」硬撐對峙出來的一個現代文明，其極度不情願（因神本或物本皆在本質上有封閉性、排它性）而又無可奈何、最後真實貢獻給人類的，將是由「兩頭明中間暗」的「中間暗」（包括陸象山的主觀境界之道德，生命之奧密，以及黑格爾的客觀精神在歷史行程每一步的摸索發現）「暗」（政治學有所謂「幽闇意識」）出來的、或說因其為暗為奧密而要求制度化、量化、客觀化，「明明德」出來的「民主政治」之政治體制。而這民主政治，恐怕是人類歷史出現的最後一種政治型態。牟宗三先生即這樣說：

只要人間不是天國（上帝王國），只要人間需要政治，則民主政治就是最後一種型態；民主政治一旦出現，成一政治體制，就有永恆性。將來的進步不再是政治體制的改變，而是社會內容的合理化。……將來的問題是社會內容、文化、教養的問題，而不是民主政治體制的問題。（《中國哲學十九講》〈第八講〉）

我們說由「神本」「物本」這互不相容的兩個「本」硬撐出來一個現代文明，這現代文明的其中最真實成就，就是「民主政治」之體制；這裏有一個弔詭。因為，單就「神本」、「物本」這兩個「本」，並不能開出民主政治。常識也知道，漫長的西方遠古、中古時期，「神本」獨大，唯沒有民主政治；由希臘傳統演變出來的「物本」，亦無關民主政治。只有「神本」、「物本」落實於「人」這一「本」，更由「人」這個「人本」自覺「人為本」、為「主」，而反省歐洲中古漫長的宗教戰爭、種族戰爭歷史（據說經歷一萬四千多場戰爭），而本人性中本具的自由精神、人人平等、天下為公的理想，結合知識活動之對列原則、量化原則、多元原則，亦即牟先生說的「理性的架構表現」和「分解的盡理的精神」，在現實種種勢力之硬撐對峙、分裂外馳中，你死我活中，經長期奮鬥、曲曲折折地首先在西方實現出來的。亦即是說，民主政治之體制的建立，本來就不是那家文化的特產，或天賜神器；及其血漬斑斑，滿身傷口地掙扎出現，也不是一勞永逸地穩妥，不是歷史的終結。恰恰相反，是人類作為歷史創造者之歷史之真正開始，亦是各民族能否承受民主政治、維護民主政治的考驗的開始。這最後，要看「人」這一「本」能否健全地挺立，這正是生命的學問上的事。牟先生說：

> 生命的學問，可以從兩方面講：一是個人主觀方面的，一是客觀的集團方面的。前者是個人修養之事，個人精神生活昇進之事，如一切宗教之所講。後者是一切人文世界的事，如國家、政治、法律、經濟等方面的事，此也是生命上的事、生命之客觀表現方面的事。如照儒家「明明德」的學問講，這兩方面是溝通而為一的。個人主觀方面的修養，即個人之成德。而個人之成德是離不開國天下的。依儒家的教義，沒有孤離的成德。因為仁義的德性是不能單獨封在個人身上的。仁體是一定要向外感通的。（《生命的學問》）

七、由「主觀的悲情」之客觀化，轉出「客觀的悲情」，以證在時代中的「生命的學問」

　　中國人這時講生命的學問，而逃避客觀的集團方面的人文世界，如國家、政治、法律、經濟等方面的事，只收縮在個人的主觀修養，或更落在個人生命之呻吟裏，那只成了個偏至的生命、或偏枯的生命的以沫相濡或「他人是我的牢獄」（沙特語）。又或自許圓融無執，把儒道二家所言的真實生命的無限感通的「圓而神」，收縮到只是一個點，一個無性情無學問的食色之點，貌似公允，與世無爭。熊十力當年立於河壩，慨然嘆曰：「人生於當今之世，豈能無感觸。感觸大者為大人，感觸小者為小人，全無感觸者，直以人形而入於草木矣！」牟先生常引熊先生這句話，又把唐君毅題寫的「世界無窮願無盡，海天寥闊立多時」（原康有為詩）上句改為「世界有窮願無盡」，以表儒者心志之強度與願力之無限，而為存在的「客觀的悲情」。牟先生在《五十自述》有一章言「客觀的悲情」，寫道：

　　　　我那時的道德感特別強，正氣特別高揚，純然是客觀的，不是個人的。意識完全注在國家天下、歷史文化上。（……）我在一般社會人心的左右顛倒塌散中站住自己而明朗出來，是需要很大的苦鬥的。我的依據不是現實的任何一面，而是自己的國家、華族的文化生命。（……）國家、華族生命、文化生命、夷夏、人禽、義利之辨，是我那時的宗教。

　　　　客觀的悲情不只是情，也是智，也是仁，也是勇。這是生命之源，價值之源的純精神王國。耶穌內心瑩徹，他所肯定的，是他的天父，而我所肯定的，則是華族歷聖相承所表現的文化生命。不是文化的遺跡，是「滿腔子是惻隱之心，通體是德慧」的孔子所印證的既超越而又內在的生命之源，價值之源。

生命的學問在今日更顯迫切：

　　在物化的現代文明裏，人，以其自己空虛之地位，與神間之關係，亦是處於情緒上急轉跌宕傾注搖擺之境況中，而毫無理之必然性以通之。此吾上文所以謂契氏（案：即齊克果）所表述之「關節輪廓」猶是外面之話也。人與神完全隔離。神之超越性自可承認，但人與神若完全隔離，而無心性之學之「理之途徑」以實現向上一機之超轉，則徒憑「依他之信」乃為不足者。人極立，則神極與物極俱可得其所，人極不立，則神極與物極俱不得其所。此中國儒者心性之學之「立人極」之所以大也。

　　現在有人謂儒家學術非科學，非民主，非宗教，然不反科學，不反民主，亦不反宗教。此說甚善。非科學，以其學問之用心不在此。不反科學，因儒者本主「明倫察物」，若能開出，正是善事，何需反之？非民主，因其在歷史發展中，於政治形態上未開出民主制。不反民主，開出亦正善耳，何反之有？非宗教，因其攝宗教精神於人文。不反宗教，因其立人極而使神極與物極俱得其所，正所以善化宗教，何可反耶？（西方宗教上之殘酷愚昧正是惡化。）是以吾人現在不必單看中國沒甚麼，而須看西方所有的甚麼，其本質如何，其貢獻如何，中國所沒有而特有的，其本質如何，其貢獻何在。如此拆而觀之，則由西方之所有，正見其所缺的是甚麼，由中國之所無，正見其所備的是甚麼。如此而見其會通，則人類文化始有其前進之途徑與各上一機之超轉。是以吾常說：察業識莫若佛，觀事變莫若道，而知性盡性，開價值之源，樹立價值之主體，莫若儒。此即是中國儒家學術之特色，足以善化一切消融一切之學也。故為人間之大本。（《生命的學問》）

　　生命的學問，在中國心性之學裏、在牟先生的生命裏，必表現為從外在化中自我提昇起來而向內轉以正視生命、轉動生命使純淨化，而同時即是生命的無限感通而瀰淪六合。自我生命之感通而有個人精神生命昇進之事，這裏出了問題，即不能不有「主觀的悲情」。生命向客觀的人文世界之存在感動，則有生命之客觀表現方面的事，這在現代更是處處都可以出問題，即不能不有「客觀的悲情」。「客觀的悲情是悲天憫人，是智、仁、勇之外用。主觀的悲情是自己痛苦之感受。智仁勇是否能收回來安服我自己以解除這痛苦呢？」如何再主觀地恢復此感通之悲情之不息，由主觀的悲情而轉生覺情仁體，證苦證悲證覺，再由「主觀的悲情」轉向「客觀的悲情」，轉向家國天下、歷史文化之大是大非，這一來一往，大開大合，正是實踐工夫之所在了。這就是牟宗三先生所揭示的生命的學問。

　　（2009 年 11 月 6 日，香港中央圖書館「紀念唐君毅、牟宗三誕生百週年」演講會講辭。）

第十五章

儒家與中國文化之基本性格
—— 從士人傳統在今日之喪失說起

一、引言：心性之學與人格世界

剛才主持人講到三十年前聽我講課憶少年時每夜在陽台耽望星空，想這滿天星體，互相距離多少光年，地球只是其中渺小之一，人更是地球之渺小之一，我這渺小之一到底是誰？為何而生？於是有一年的夏天，我失眠了。每夜當家人睡去，老掛鐘的陀擺聲和正點報時的敲鐘聲，每一下都驚心動魄。我那時大概是小學三、四年級。那年，我父親被劃為右派。有人說，哲學來自驚奇。又有人說哲學（形上學）來自對其所在世界之不可接受。我的哲學有來自星空的驚愕，又有來自人間的恐怖。後來讀書，看到說，當說宇宙如何浩瀚、人生如何奧秘，這時候人的心量已經廣大浩瀚深邃到把宇宙人生都包涵進去了。再浩瀚的宇宙不及人心浩瀚，最奧秘的人生來自人心奧秘，恐怖驚懼亦唯一心所感。我當下就明白了。這就是心學，哲學中的哲學，實證的唯心論，真正的理性的理想主義。看來我的失眠是值得的。

　　今天的講題〈儒家與中國文化〉，是主辦者定的。題目大得很，講的就是這一個哲學，心性之學，如何在歷史文化中逐漸自覺形成，形成以孔子為理想人格的儒家；又如何主導構建一個文化，二千多年來維繫這個文化、指示發展方向，卻在近代遭遇前所未有的內外交困之局，至今仍在存亡繼絕之際。中國文化或如其他文化，若埃及、希臘、羅馬、巴比倫、歐洲中古宗教、婆羅門教等諸文化，「完成歷史使命」而走進歷史，走進博物館；或「殷憂啟聖」（現代的「聖」由真正的知識分子共同承擔），憑藉其成熟的（圓熟的）智慧，一方吸收另支文化之正面啟示，勘破其負面之虛幻性、魔性；一方借助人類智性在現代之普遍迅速成長成熟，並共趨向於實證的性格，實踐的性格，超越而內在的普世的性格（「人同此心，心同此理」），此即日趨於接近中國文化之基本性格，由此認識，中國文化當重拾自信，內外解咒，在重新自我認同中復興。

　　一個文化之為一個文化，須一民族在終極目的、核心價值、價值秩序，以至語言與歷史之連貫方面有足夠的自我認同。而一個文化之所以不同於別的文化，歸根到底，是一個文化的主導哲學，亦即自我認同的那個觀念系統不同於別的文化。以「心學（真正唯心哲學）」說之，實即不同的哲學對「心」（或曰精神）的發現有不同，由之其所主導的文化即有不同。對「心」的發現之不同，先可大分為兩系。

　　一系是從心的不同功能作用來發現心，一系則是從心的不同功能作用皆根源於心，統一於心，來發現心。從心的不同功能作用而再各執一端來發現心，又可大分為兩路。一路從心的向外的功能作用來否定心，如唯神論、唯物論以心的向外用思、作用之對象化，反過來否定心；另一路則從心的特定的功能作用來發現心並肯定心的，如孟子、墨家、莊子、荀子、程朱、陸王、佛教唯識學、天台、華嚴、禪宗，以及西哲康德、黑格爾等，即分別以心的德性、知性、邏輯理性、虛靈性、統御性、分別性、超越性與同化性、自性等等，來發現心（精神、活動）和肯定心（主體、存有）。

　　另一系是從心的不同功能作用皆根源於心、統一於心來發現心、肯定心的。如孔子儒家是從文化創造之主體存在之整體性、一本性，「志於道，據於德，依於仁，遊於藝」，一切文化構建統攝於六藝，六藝統攝於一心，孟子從「先立其大體，則小體從之」，荀子從「知道心」、「主宰心」，來發現心、肯定心的。如道家則從回歸自然存在之道，「為學日益，為道日損，損之又損，以至於無為，無為而無不為」，內聖外王，道通為一，來發現心、調適心的，而言「故常無欲以觀其妙，常有欲以觀其徼」。周易則從「先天而天弗違，後天而奉天時」、自然目的與人文目的之合一、「寂感真幾」，來發現一貫通心、判斷心。（康德第三批判亦力陳此通貫心、判斷心，但限其為一超越的主觀心和特殊的心靈功能。康德無中國工夫論、實踐的實在論之支持，故其判斷力與目的論不能說實。）

　　由儒家主導、道家輔導的中國文化，由是特重文化之整體性（部分與全體之有機關係）、貫穿性（未來之理想目的照明過去之實然，顯示現前之應然）、持久相繼相生性（精神與身體、心與物、理性與感性，並非二元對立關係，亦非單向的體用之關係，或目的與工具之關係，而是辯證的互為體用之關係。體依用而加深宏，用依體而轉繁興）。由是，儒家、道家之根本用心，是一一具體生命在文化中的自我實現與調適上遂，而猶重人格世界之建立。故曰：「乾道變化，各正性命，保合太和，乃利貞。」在人格世界裏，儒家主要負責提起，道定主要負責放下。代表儒家常提起的精神，「通古今，辨然否，能任事」者即所謂「士」。《史記》曰：「千人之諾諾，不如一士之諤諤。」則所謂「士」即今日嚴肅義之「知識分子」。儒家特別專注於「士」精神的啟導與士人隊伍的培養，而士人亦成為中國文化和歷史行進的脊樑。士人精神的盛衰，標示中國文化的盛衰，士人隊伍的存亡繼絕，標示着中國歷史文化的存亡繼絕。然則今日講儒家與中國文化，不妨從「現今中國還有士嗎？」講起。

二、中國還有知識分子嗎？

幾年前中文大學召開「當代儒家學者與中文大學」國際學術會議。在開幕式上有學者提到：「現在歐洲只有七個知識分子、美國只有三個知識分子」。我不知道他有何根據，只奇怪他沒有說在中國尚存幾個知識分子。我於是現場作了回應。這件事我後來在講課時常提到：中國當今還有知識分子嗎？

有關如何才算是知識分子，天津外國語文大學潘道正教授引了美國學者愛德華・薩伊德（Edward Wadie Said）的話，和我們新亞研究所第一屆研究生、歷史學家余英時的話，來作標準：

> 「真正的知識分子在受到形而上的熱情以及正義、真理的超然無私的原則感召時，叱責腐敗、保衛弱者、反抗不完美的或壓迫的權威，這才是他們的本色。」[1] 而著名美籍華人學者余英時則把知識分子分成了三種類型：一、能識文斷字的人；二、才智出眾、術有專攻的人；三、學識淵博、品行卓越，且憂國憂民，積極參與社會，行使着「社會的良心」的人。三種類型中只有第三種才稱得上「知識精英」：「這一類型的知識分子決不會是僅僅關懷一己利害的『自了漢』。相反地，從求真的精神上所發展出來的道德情操自然會引導他們去關懷文化的基本價值，如理性和公平。」[2] 可見，並非有「知識」就能成為精英。余英時的「知識精英」就是薩義德所說的「真正的知識分子」，他們最突出的特徵就是敢於求真，有擔當，或者像薩義德以身

1　潘文原註：見愛德華・薩伊德撰，單德興譯：《知識分子論》（北京：三聯書店，2002 年版），頁 13。

2　余英時撰，潘文原註：《中國知識分子論》（鄭州：河南人民出版社，1997 年版），頁 118。

作則的那樣，敢於「向權力講真話」。

對於儒家文化氛圍裏的中國人來說，這個標準實只是最低標準。歐洲十八世紀啟蒙運動的重要領導者狄德羅說：「儒家是真正的知識分子的宗教。」換言之，真正的知識分子最後的精神嚮往與歸宿，只能是儒家，就是成為擁有「從求真的精神上所發展出來的道德情操」、「敢於向權力講真話」的「形而上的熱情，以及正義、真理的超然無私的原則」並且自覺服從此原則之感召，「富貴不能淫，貧賤不能移，威武不能屈」，有知識有信念，有人的本質的人，傳統社會稱為「士」。一士諤諤，最受社會敬重，讀書人理想人格之所在。當年海瑞罵皇帝，罷官歸鄉里，鄉民夾道歡呼。

這「士」的出現，在中國歷史發展中，既是在歷史文化和社會建構中逐漸形成，而為社會政治文化建構原則的提供者和建構之中堅，歷史行進之脊樑。同時，如上所說又必是此文化傳統、社會結構的內在的批判者與命定的抗爭者。當時代發生重大轉折或迷失方向，儒者／士或不得中道而行，必也狂狷；狂者進取，狷者有所不為。狂狷之精神特質只是一個「誠」。「誠至無生死，狂狷是也。媚世求生，汩真性情，鄉愿是也。國以鄉愿亡，以狂狷存。」（歐陽竟無語）[3] 士亦以狂狷存，以鄉愿亡。

唯狂狷所依，必以中道為正。不幸的是，有假狂狷而反噬其正者。古代的不說，近世則有感染西方革命先知主義之狂熱者，反噬儒家，顛倒一切，利用一切，折騰幾十年，中國落得難覓一士的境地。或換一個角度，中國現今或正是「士」的最大孕育地。事實上，無數高貴的靈魂從未屈服並在崛起，在「士」傳統的祖國。

3　見賀麟：《當代中國哲學》（重慶：勝利出版公司，1945 年；嘉義：西部出版社，1971 年），頁 9。

儒家文化精神的最大特色，是有教無類，致力啟發陶鑄「真正的知識分子」，亦即君子人格「士」的培養，牟先生稱之為「生命的學問」。一切歷史文化的理念與實踐、奮鬥與成果、夢想與崛起，離開生命的反省與實證實現，將一無是處，只停留為夢（好夢或惡夢）。

三、儒家的儒家與中國文化

折騰了大半個世紀，我們也該回到孔孟的儒家，看看儒家的本義及其根本用心之所在，以重新發現士人之精神特質從而發現儒家及中國文化在今日的意義。以下，試說我所理解的儒家和儒家主導的中國文化。唯內容太多、太廣、太深，只能以題點的方式，略作點題而已。

（一）儒家與中國思想之實證傳統

中國思想很早即告別神話，重視實感、實知、實證、實踐，反對把猜測當作實在，「六合之外，聖人存而不論；六合之內，聖人論而不議。」

　　《論語》：「蓋有不知而作之者，我無是也」「知之為知之，不知為不知，是知也」「君子名之必可言也，言之必可行也。君子於其言，無所苟而已矣」「子不語怪力亂神」「樊遲問知。子曰：務民之義，敬鬼神而遠之，可謂知矣」「鳥獸不可以同群。吾非斯人之徒與而誰與？」

　　《中庸》：「君子之道，本諸身，徵諸庶民，建諸天地而不悖，考諸三王而不謬，質諸鬼神而無疑，百世以俟聖人而不惑。」

　　《大學》：「博學之，審問之，慎思之，明辨之，篤行之。」

對於有非由實感，唯由思辨作超越推演而生之觀念獨斷，隨之而有種種思想病痛、虛妄顛倒；再又以思辨尋病根，如是病而又病，永不能出。此西方思想傳統之基本狀況，印度思想亦多有之。近代實證主義之父、法國哲學家奧古斯特・孔德（Auguste Comte）在所必斥。孔德在《實證主義概觀》中說到「人類智性發展三階段律」，以西方思想史言，十三世紀之前為「神學階段」，十三至十七世紀為「形而上學階段」，十八世紀開始進入「實證階段」。以此劃分，則中國思想自孔子即進入實證階段。中國思想之一一重要觀念，必根於生命存在的實感，實事實理，實證相應。「子不語怪力亂神」實為中國思想之傳統也。孔德謂：「實證主義之趨向，以其最初之特性即真實之故，應使感情（案：即道德感，孔孟之「不安」、「不忍」）有系統的高出於理性，如其高出於行為言，此即將為一般人所覺悟。最後以道德之條件與心之條件合一故，真正實現『哲學』一名字源上的價值。」而實證之知之特性有六條：一、實證與空想相對；二、實證與無用相對立；三、實證與矇昧相對立；四、實證與斷裂論相對立；五、實證與非社會之出世間態度相對立；六、實證與「絕對」（案：指客觀實在論之所謂絕對）相對立。孔德所言，句句與儒家孔子相呼應。其篇首語這樣概括實證時代的哲學使命：「一切真正哲學的目的，是構造出能夠包括人類生活每個方面（社會的與個人的）的一種體系，即它能包含人類生活由以構成的現象、思想、感情和行動。」[4]

孔德的年代緊隨歐洲十八世紀中國熱，其所創立的「實證主義」，可徑視為儒家之歐洲版（此與後來技術化平庸化了的英美實證主義不可同日而語），亦可徑視為儒家之現代宣言。（可參閱吳甿〈孔子與中國思想之實證傳統〉，收入《實證與唯心》，香港：經要文化出版有限公司，2001 年）

4　奧古斯特・孔德撰，蕭贛中譯：《實證主義概觀》（台北：商務印書館，1938 年），頁 62-63。

（二）儒家之自然的宇宙觀與人生觀

由實證精神，中國思想沒有「造物主之上帝」觀念，沒有「隱蔽的神聖計劃」以及「救贖」、「恩典」、「奉獻」、「犧牲」等宗教概念。中國人相信宇宙人生之自然的（自然而然的）性格，並即自然而反省自然，而曰「順之則生天生地，逆之則成聖成賢」。

> 《詩經》：「天生烝民，有物有則；民之秉彝，好是懿德。」
>
> 《易象・傳》：「觀其所聚而天地萬物之情可見矣。」「觀其所恆而天地萬物之情可見矣。」（案：情者實也，實者情也。）
>
> 《易・繫辭上》：「仰以觀於天文，俯以察於地理，是故知幽明之故；原始反終，故知死生之說。」
>
> 《易・繫辭下》：「古者包犧氏之王天下也，仰則觀象於天，俯則觀法於地，觀鳥獸之文，與地之宜；近取諸身，遠取諸物，於是始作八卦，以通神明之德，以類萬物之情。」

牟宗三先生在《周易的自然哲學與道德涵義》一書中說周易之自然世界是有條理的，「是自然生成的。這種有秩序的世界是很美的。中國的民性始終是陶養在這種自然美的秩序中而形成」。「這種世界，是有意謂而可理解的，且以為這都是自然的，都是真實的」，「總之這種思想是：一、注目於自然界；二、自然界是有條理的；三、天人合一；四、世界之可理解；五、事實之生成觀，一切皆由之而派生出。這種根本觀點，在現在看來是對的，這種思想是有出路的，是不固執的；這種態度能產生出科學，能有清楚而有條理的思想。」[5]

5　牟宗三撰：《周易的自然哲學與道德涵義》（1933 年初版）（台北：文津出版社，1988 年改版重印），頁 102。

　　今申述牟先生之意，中國人的世界觀是：一、不以自然界為虛幻，不誹謗生命而另注目於神或物；二、生命之成長顯示自然條理；三、人是自然界最高綜合體，人的精神性顯示其超越於自然生命，同時顯示其內在於自覺的自我反省的理性生命，而曰「天道性命相貫通」；四、世界可依合法則、合情理、合目的作解釋說明，而非荒謬無理；五、世界是自然生成，無造物主、無預定劇本或所謂離開人的意志的歷史必然規律，人生不是一場傀儡戲，亦不是隨意胡鬧劇。

　　中國人認為與其信託不可知之神、神秘計劃、歷史意志，不如信託經已實證存在的自然生命世界其整體存在與一一存在的條理（性理）與在存在的反思中的目的意義。大自然直接可信、親切而奧密。整體自然彷彿向人生成，人注定為自然界之最高目的者，人須相應於其在自然界之身分，亦即作為目的者而維護自然、條理自然、理解自然，予自然界以知識的照明、意義的貫穿、活動的方向與活力。儒家所謂人文化成者即以此自然哲學為基礎，科學亦從此而產生。中國古代未能產生科學，是古人之求真精神既注目於自然界而發現自然世界，即很快意識此自然世界之如此這般實與人的求真精神不可分離而轉而注目於求真精神之自身，注目於精神主體如何可能求真。借用康德以及孔德的話，即注目於知識之條件、道德之條件與心之條件之合一。儒家貫之以「誠」：「誠者物之終始，不誠無物。」道家歸之以「虛靜而一」。此則由注目於自然界，轉而注目於求真精神，再而注目於求真精神如何通過實踐而自我建立。建立之則一真一切真，毋自欺。此本身亦一懇切誠摯而艱難的求真之道，遂獲得偏於反省活動的中國讀書人的長期注目，又「以其最初之特性即真實之故，應使感情（案：指道德感）有系統的高出於理性（案：指知性），如其高出於行為言，此即將為一般人所覺悟。」（孔德言）而成為過早進入實證時代的中國人的信條。儒家道家不反科學，不反民主，此人皆知之，唯正因此「不反」，不能「反出」一個「為科學而科學」、「為民主而民主」的，宰制的（對抗的）、抽象的、量化的、疏離的，

所謂「工具理性」；由異化而客觀化、制度化、中立化、現代化。此不能「反出」可說為早熟亦正是其今日之所欠缺，而深為國人詬病、必須彌補者，而責無旁貸。

中國人之注目自然風物的又一個理由是人格性的比附。認為自然風物似無意志，而有自性，寧死不肯屈從於他者之意志。世俗之人自己雖似有意志，正因此常自棄自奴，屈從於強者之意志。故中國藝術精神攝壯美於山水自然美、攝崇高於君子人格美，而無需神魔交戰以及命運的安排，是中國人深信自然風物自有「不屈己以從人」之秉性，足以寄託讀書人的人格理想。

（三）人文主義：由周初原始宗教之轉向人文精神，孔子「繼之者善，成之者性」而確立「即宗教即道德即人文化成」之儒家人文主義

《易傳》：「觀乎天文以察時變，觀乎人文以化成天下。」

《尚書》〈大誥〉：「天命靡常」「天威不可信，民情則大可見。」

〈酒誥〉：「人無於水鑒，當於民鑒」「視民利用遷」。

〈太誓〉：「天視自我民視，天聽自我民聽。」

〈君奭〉：「天不可信，我道惟寧王德延。」

《左傳》〈桓公六年〉：「夫民，神之主也。是以聖王先成民而後致力於神。」

〈僖公五年〉：「國將興，聽於民；將亡，聽於神。神，聰明正直而壹者也，依人而行。」「祭祀，以為人也。民，神之主也。」「鬼神非人實親，惟德是依。故周書曰：皇天無親，惟德是輔。（……）如是則非德，民不和，神不享矣，神所憑依，將在德。」

在《論語》裏，孔子所言全屬這種人文主義，至於說到鬼神生死，仍是依此全幅的人文主義精神而回應之。

> 《論語》：「子不語怪力亂神。」「季路問事鬼神，子曰：未能事人，焉能事鬼？」，「曰：敢問死。曰：未知生，焉知死。」「祭如在，祭神如神在。子曰：吾不與祭如不祭。」

此與西方思想之「神本主義」、「物本主義」，在根本精神方向上即不同。而時至今日，人文主義已成世界思想之主流或曰「共識」。一切特殊之宗教，若天主教、基督教、伊斯蘭教、佛教、道教，皆不可以離開此人文主義之共識而云「唯一上帝」、「唯一真主」之原教旨主義之「己之所欲，必施於人」。否則，這一個世紀，以現時之科技力量，必是統一毀滅之世紀。

神本主義（以神為本）所開，其宗教精英往往表現一種孔德所指稱的「斷裂論」、「非社會的出世間態度」，亦即「非此即彼的」、「絕對」的態度，「非實證」的態度。此固盡顯超越精神，卻有點「以誹謗生命而來的超越」（尼采語），即欠缺對超越精神之再超越，使回到「實情」（真實）。物本主義（唯物論）乃唯神論之顛倒對立，目標相反，論證方法手段相似，皆以人性隸屬於神意或物性之權威為務，人須自覺為神的奴僕，或「生產力」之工具，為人的職志。唯人服從神，而神命人成為真實的人，則神本主義可依歸於人文主義而為人文神學。人服從於自稱是物質生產力之先進代表之「集團意志」、「黨意志」，此意志唯以犧牲一切存在，唯以此集團之存在（知識、權力和財富之絕對佔有權）為意志（唯物論之權力決定論之所謂意志），此唯物論之所以無可救藥，唯待其自我否定而消亡。原教旨神本主義、物本主義是極權主義的觀念來源，亦是當今恐怖主義的變異根源。人類的前途不能交給原教旨神本主義和唯物主義。人類須奪回在實證時代所應有的自主權：「以其最初之特性即真實之故，應使感情（道德感；孔孟之不安、不忍）

有系統的高出於理性，如其高出於行為言；此即將為一般人所覺悟，最後以道德之條件與心之條件之合一故，真正實現哲學一名字源上的價值。」（上引孔德言）此即儒家（包括道家）人文主義（以心為本，或曰實證唯心論）精義所在，而為當今有識之士所重。亦是一切宗教之常態大本，而各教得以「道並行而不相悖」之大道之所在。

（四）憂患意識（「道德主體之發現」與「人的發現」）與西方「驚怖意識」、印度「苦業意識」相對而三，而有人類文明「三軸心」（雅斯培）之說

德哲雅斯培在 1949 年出版的《歷史的起源與目標》一書裏這樣論說中國、印度、西方（歐洲）三大軸心文明之出現：

「在這數世紀內（案：指西元前六世紀後之數世紀）這些名字所包含的一切，幾乎同時在中國、印度和西方這三個互不知曉的地區發展起來。這時時代的新特點是，世界上所有三個地區的人類全部開始意識到整體的存在、自身和自身的限度。人類體驗到世界的恐怖和自身的軟弱，探詢根本性的問題。面對空無，他力求解放和拯救。通過在意識上認識自己的限度，他為自己樹立了最高目標，他在自我的深奧和超然存在的光輝中感受絕對。」[6]

「這三大軸心各有其精神特性，以我們自己的語言重說雅斯培這段話，是西方文化主要表現『驚怖意識』，即雅氏所謂『人類體驗到世界的恐怖和自身的軟弱，探詢根本性的問題。』印度文化主要表現『苦業意識』，即雅氏所謂『面對空無，他力求解放和拯救。』中國文化則表現『憂患意識』，即雅氏所謂『通過在意識上認識自己的限度，他為自己樹立了最高目標，他在自我的深奧和超然存在的光輝中感受絕對。』」（見吳旳〈從軸心說看中國文化與世界之前途〉一文）

---

6 卡爾・雅斯培撰，魏楚雄、俞新天譯：《歷史的起源與目標》（北京：華夏出版社，1989 年），頁 7。

《易·繫辭》：「易之興也，其於中古乎！作易者其有憂患乎！」孔穎達《周易正義》曰：「此之所謂周易也。易者其有憂患乎者，若無憂患，何思何慮，不須當作。今既作易，故知有憂患也。身既憂患，須垂法以示於後，以防憂患之事，故繫之以文辭，明其得失與吉凶也。」故「易為君子謀，不為小人謀。故撰德於卦，雖爻有小大，及繫辭其爻，必喻於君子之義。」（《橫渠易說·繫辭下》）「夫易不可以占險。」（《左傳昭公十二年》）

古人占卜，唯於合德合理之事而欲預知其成敗得失，以作事前之安排抉擇；故自知不義而占，謂之「占險」，《易》不可以占險。「作易者其有憂患乎」，此不同於純粹道德意識，單純的道德意識不問成敗得失；只問原則、動機，不問原則、終極目的如何在限制中落實開展及其存在之狀態、成敗吉凶。但作易者必顧及之。此「倫理」之不同於「純粹道德」概念也，而「實現」亦不同於「表現」也。儒家思想重視實現，故重倫理。西方思想重視表現，故重宗教。

徐復觀先生區分憂患意識與宗教之虔敬、驚怖意識之不同，指出：

> 在憂患意識躍動之下，人的信心的根據，漸由神而轉移向自己本身行為的謹慎與努力。這種謹慎與努力，在周初是表現在「敬德」、「明德」等觀念裏面。（……）周初所強調的敬的觀念，與宗教的虔敬，近似而實不同。宗教的虔敬，是人把自己的主體性消解掉，將自己投擲於神的面前而徹底依歸於神的心理狀態。周初所強調的敬，是人的精神由散漫而集中，並消解自己的官能欲望於自己所負的責任之前，凸顯出自己主體的積極與理性作用。[7]

7　見徐復觀撰：《中國人性論史》，〈先秦篇〉（台北：台灣商務印書館，1999 年），頁22。

而憂患意識與苦業意識之區分，則在苦業意識正視此「順之則生天生地，逆之則成聖成賢」為苦為業，而證涅槃為樂為淨。一是全幅的正面的負責的承擔的態度，一是徹底地捨離的、還滅的如如（如是如是）的態度；前者突顯一事主的道德意識中之艱難主體，故儒者必曰為學不易，為人艱難。老人常說「成德不難，德成為難。」後者突顯一業主的苦樂意識中之寂化還滅主體（即自覺而還滅之之活動當下而曰主體、涅槃、佛性），故佛家必曰：「看得透」不易，「忍得過」最難；此即不安而安、不忍而忍，「忍不可忍者，萬福之原。」與憂患意識最不相契；儒者最看不過，而謂何其太忍。佛教必曰不忍又如何。耶教則以上帝之名義定何為忍，何為不忍。不管如何，然則「不安」、「不忍」原為三教共同認定之人性體性。如何回應此不安、不忍，成為各教之分水嶺。唯儒家不逃避，直接承擔之為其教義根底，表現為陽剛的性格，是故而有憂患。

（五）儒家「生而平等」與「分位之等」之涵義

盧梭謂「人生而自由，但無時不在枷鎖之中」，結果是並無自由，只有轉向從人類之文明向後撤，回復為「自然人」；或委身於上帝之信仰，在上帝面前人人平等，由人人平等暫忘自由。中國人則說「人生而平等，但無時不需自我創造、自我實現，因而註定人人在自由中。」結果是並無賢愚不肖之平等，只有轉向人格世界而言自我奮鬥之自由，成就文化秩序與人格世界之價值之分位之等。是自由落實為文化創造、人格世界之分位之等，而價值之分位之等開放為人格之自我創造、自我實現，而言在人格之自我創建上人人自由平等。

中國從來沒有固定的階級，沒有階級戰爭，也沒有宗教戰爭，只有改朝換代，官逼民反，所謂太平世、昇平世、據亂世之循環。這當然不符合西方宗教之歷史終結論之所謂歷史階段劃分，特別是馬列主義之歷史劃分。首先，中國社會從未出現「奴隸社會」，封建制在秦統一天下後即結束，秦漢以後直到清朝一直為中央集權或曰君主專制，

或西方人無以名之之「亞細亞方式」，這向來是史學界的共識。早年，中國內地學者趙錫元〈試論殷代的主要生產者「眾」和「大眾」的社會身分〉一文指出商代的主要生產者「眾」是自由農民而不是奴隸。（此文載《東北人民大學人文科學學報》1956 年第四期）。李鴻哲〈「奴隸社會」是否社會發展必經階段？〉不僅反對中國曾出現所謂「奴隸社會」，更指出古代各國中，奴隸制只在地中海沿岸少數國家如腓尼基、希臘的雅典、迦太基和布匿戰爭後的羅馬出現，並非社會發展的必經階段。（此文載《山東大學學報》1957 年第十期）。

中國沒有歐洲社會之僧侶、王室、貴族、平民之階級，沒有印度之種性階級，中國只有文化秩序（尊尊親親）與人格世界（天爵人爵）之分位之等。

《禮記》〈郊特牲篇〉：「天下無生而貴者。」又曰：「古者生無爵，死無諡。」爵表位諡表名。所謂「貴」，由分位觀念而形成。分位者，「尊尊之等，親親之殺」，是表一文化系統之價值秩序。《周書》〈諡法〉：「諡者，行之迹也。號者，功之表也。車服者，位之章也。是以大行受大名，細行受細名。行出於己，名生於人。」「躬之不淑，受譴人天。元首之尊，莫逃公議。此所以為名教。」（見柳詒徵《國史要義》）[8]

　　人無生而貴。自其生物之生言，皆平等平等。此為生之原質。必套於文化系統中，而後見其貴賤。是以中國貴賤觀念，自始即為一價值觀念，非先天固定階級之物質觀念也。由文制而定貴賤。即由生之原質而至人道也。人之所以為人，由文化系統而見，亦復由內在道德性之自覺而見。由乎前者，始於周文，孟子名之曰「人爵」。此為政治的、社會的，客觀的。由乎後者，始於孔孟，孟子名之曰「天爵」。此為貴於己，為道德的、形上的，亦為精神

8　參閱牟宗三先生：《歷史哲學》（台北：台灣學生書局，1962 年增訂版），頁 52-56。

之絕對主體性之彰顯。其於社會文化意義，見於春秋後，儒家及士人之興起。吾前藉「譏世卿」以明中國政治上治權之民主與政權之定常一問題。今再藉爵與諡（位與名）以明中國由「分位之等」轉移階級對立於無形，形成中國一律平等之觀念。中國自古即無固定階級世世相傳於人間。士農工商，非階級之意。（⋯⋯）至秦漢統一後，治權之民主成立，皇帝以下，一律平等。固定階梯之消除，尤為世人所周知。以價值觀念領導政治，消除階級，此為中國歷史自始已然之基本意識。後來士人握治權，其於階級之消除，貢獻尤大。[9]

中國社會「倫理本位，職業分途」（梁漱溟），沒有階級，代之以分位之等。分位之等不應世襲（「譏世卿」），而是流動的，並看重在人格上的高低貴賤。此自一方面言不利於集團意識之形成（無固定階級）而有礙於現代政黨政治；自另一方面言，政黨政治亦不能無分位之等之價值觀，這時主要是尊尊之等，孟子所謂「人爵」，以成功其為政黨政治也。而中國傳統之看重人格上的分位之等（孟子所謂「天爵」），則可以救現代政黨政治之日趨墮落無恥。

（六）「仁義內在」與「內聖外王」

分位之等之價值觀之形成，所以區分文明與自然也。艾儒略（Giulio Aleni, 1582-1649）稱「亞細亞者，天下一大洲也。人類肇生之地，聖賢首出之鄉。」（《職方外記》，1623 年）「人類肇生之地」，自然也。「聖賢首出之鄉」人文也。分位之等之價值觀有如日出，把一切平平等等之昏暗照破，從此有高低貴賤，有賢愚不肖，此聖賢首出之義也。黑格爾謂「理性的太陽從東方昇起，萬物同被一光籠罩而成大

9　同上註。

一統。」此全不解聖賢首出之鄉之聖賢首出之義正是分位之等之價值秩序之發現。不唯此也，儒家更發現此分位之等之價值秩序之根源在人性之仁（感通性）。「易無思也，無為也，寂然不動，感而遂通天下之故。」（《易‧繫辭上》）「感而遂通天下之故」者，仁也。由感通天下之故，而知「天地鼓萬物而不與聖人同憂」，由之不能沒有分位之等，由分位之等而客觀化應與不應，是與不是，宜與不宜，義與不義。故孟子由孔子之仁學，直開「仁義內在」而說「性善論」。仁義內在者，「分位之等之價值秩序根於人性之感通性」之論，亦即康德之「人是甚麼？」及「自律道德」之論。這根本不是黑格爾所理解的萬有齊同無區別的大一統，或萬有機械秩序之大一統。

《論語》：「唯仁者能好人，能惡人。」「仁遠乎哉？我欲仁，斯仁至矣。」「顏淵問仁。子曰：克己復禮為仁。一日克己復禮，天下歸仁焉。為仁由己，而由人乎哉？」「仲弓問仁。子曰：出門如見大賓，使民如承大祭。己所不欲，勿施於人。」「人能弘道，非道弘人。」「當仁不讓於師。」到孟子，把孔子所說的「仁」直接說為「人性」（人以感通為性），即以惻隱、怵惕、是非、辭讓之四端之心，亦即感通之仁心，為人之所以為人之性（本質）。因此他反對告子之中性論以人性中本無道德意識、分位之等之自覺，則仁義成為全由外力施加給人性之規範。此不僅與道德之自由、自主、自律義相違，且可能肇始「率天下之人而禍仁義」、陷仁義於不仁不義之惡果。以下是一段著名的對話。

　　《孟子》〈告子上〉：「告子曰：性猶杞柳也，義猶桮棬也。以人性為仁義，猶以杞柳為桮棬。孟子曰：子能順杞柳之性而以為桮棬乎？將戕賊杞柳而後以為桮棬也？如將戕賊杞柳而以為桮棬，則亦將戕賊人（人性）以為仁義與？率天下之人而禍仁義者必子之言夫！」

告子以人性為材料（中性），以仁義為模範。孟子質問他：若人性

中本沒有仁義，如果以為可以通過改造他、強制他成為仁義，這種人性論仁義論不啻提供一種換心術、洗腦術之合法理論予反道德、反仁義之徒，以奴役人類矣！故斥其言為「率天下之人而禍仁義者必子之言夫！」孟子之性善論實即「價值本根於人性論」，亦即仁義內在。他於此有長篇討論，要點正是如孔德所言「以道德之條件與心之條件合一故」，人若能回到人的實情，則可以為善，此善乃所謂道德意義的善。人亦可以為不善，是人不能盡其本性之才，而違反本性。故雖曰性善，仍須能盡此性此才，方可實現為善。

> 《孟子》〈告子上〉：「乃若其情（情實）則可以為善矣，乃所謂善也。若夫為不善，非才之罪也。（……）仁義禮智非由外鑠我也，我固有之也，弗思耳矣。故曰求則得之，舍則失之。」

由「仁義內在」，價值根源以及分位之等之價值秩序得到實證的根源的說明，如是可言社會政治經濟文化之建制。此則不同於耶教之「上帝的歸上帝，凱撒的歸凱撒」之斷裂二分。莊子以道家之自然玄通而首倡「內聖外王」，孟子則由「仁義內在」而進言「盡心知性知天」而立天命。天命者，由人道而證天道，由天道人道而建王道（或曰由人極而太極而皇極之三極之道），之價值秩序之超越根源也。由天命而建道統立學統，《中庸》開篇即謂「天命之謂性，率性之謂道，修道之謂教」。由道統學統開政統。政統者，以今語說之，即政權實現民主也。由政權之民主保證治權之民主，真正實現民主政治。民主政治者，實一國家民族之集體現實精神，及其學術思想文化之主觀精神得自由開展，以盡人之性、盡物之性，並通過民主之程序，作客觀表現也。這原是一文化生命之自我發現、發展、自我完成之事，故曰「內聖外王」。只因現代之衝擊，為突顯在客觀精神方面之要求，近世學者有將「內聖」與「外王」拆開，說「新外王」云云者。

「內聖外王」首見於《莊子》〈天下篇〉，原表道術之「一」而不裂，非今日流行的拆開為「內聖」、「外王」。（……）將「內聖外王」拆開來解經的是當代新儒家熊十力。熊氏之後，「內聖」與「外王」似有日漸分開之勢。[10]

把內聖與外王拆開，表示內聖所重在道德，在個人主觀生命之克己復禮、自我超越、自我實現，各正性命；外王所重在知識層、在社會生活秩序之客觀建構，「乾道變化，各正性命」之可能。然究實言之，道德並不能離開知識，須由知識提供客觀條件及位分之知，道德主體方可作具體行為之抉擇，而知識之主體亦不能離開求真之價值取向。求真之意識行為本身即來自性分之不容已。莊子說「內聖外王」其意是「內言聖，外言王。然內、外、聖、王，道通為一」，最反對將內、外、聖、王作抽象的割裂。此意與儒家同。近儒將內聖解作「體」，外王解作「用」，雖有語病，若堅持「體用一如」，亦無大礙。此「內聖外王」仍當歸於為文化根源之一本性去理解為宜。「欲了解中國文化，必須透過其哲學核心去了解。而真了解中國哲學，又還須再由此哲學之文化意義去了解。」[11] 然則一文化之發展之可能，須回到此文化之根本去，方可生根成長。

因此，本文化發展之需要而言，中國需要現代化，需要科學，需要民主政治，但這些需要既都是文化發展中之事，所以必須先護住其文化生命之命脈，這些需要始能自內部自身之要求而自本自根地被發展出。決無專以摧毀文化生命、奴役人民為事而可以發展其文化者。所以，疏

10　參閱吳畋著：《實證與唯心》下冊，〈超政治與政治〉（香港：經要文化出版有限公司，2001 年），頁 317-318。
11　《唐君毅全集》第四卷（台北：台灣學生書局，1991 年），頁 16。

通中國文化生命之命脈，護持人道之尊嚴，保住價值之標
準，乃是這個時代之重要課題。這不但是解決中國問題之
關鍵，同時亦是護持人類自由之關鍵。[12]

（七）「正德，利用，厚生」（春秋「三事」） —— 儒家之經濟思想

　　至於在經濟民生方面，儒家思想大概在「藏富於民」、「不擾民」、
「不與民爭利」之自由經濟與「仁政」式的民生、民享之質的社會主義
之間，既反對社會法西斯主義、黑社會主義，又反對福利主義、姆姆
政府政治。在有為與無為之間，倫理本位，職業分途，士農工商，就
這樣維持了二千多年，長時間為世界其中最富強，政經最發達的國家。
不以宗教、種族、階級之名義、革命之名義橫徵暴斂，破壞經濟，製
造動亂戰爭。不以誹謗生命來表現超越，不以宗教狂熱、種族狂熱、
階級狂熱為修道之教，不以出世間、末日、歷史終結為終極關懷，因
此之故，不能出現以救贖為動力的宗教革命、政治抗爭，不能出現清
教徒式資本主義精神，亦不能出現以享樂消費為動力的縱欲式資本主
義。而唯出現以美德、光耀門戶、光宗耀祖、子孫永享、「三不朽」為
動力的歷代儒商、儒農、儒匠、儒醫、儒將。又因此故，「富不過三代」
（功業只能夠是個人奮鬥之成果，為財富而財富之意識不夠強，財富累
積不夠集中，倫理本位、職業分途，「均無貧、和無寡」之意識深入社
會各階層）。這構成儒家在今日資本主義時代的特殊地位與身分，若
孟子所言之「無恆產而有恆心者，唯士而已」之特殊地位與身分。這需
要當今儒家有所自覺與抉擇。

　　　「正德，利用，厚生，謂之三事。」（《左傳》〈文公七
　　年〉）

12　見牟宗三：〈唐君毅全集序〉，收入《唐君毅全集》第一卷，頁 5-6。

「民生厚而德正，用利而事節。」「夫民，生厚而用利，
於是乎正德以幅之。」（《左傳》〈成公、襄公二十八年〉）

「丘也聞有國有家者，不患寡而患不均，不患貧而患
不安。蓋均無貧，和無寡，安無傾。」（《論語》）

「邦有道，貧且賤，恥也。邦無道，富且貴，恥也。」
（《論語》）

簡言之，儒家必正面肯定一切釋放生產力、財富以利用、厚生之
經濟模式、科技力量。從無人說儒家壓抑經濟和財富增長、窒礙科技。
眾所周知在十九世紀前中國一直是世界上相對富裕的先進大國。但儒
家確實不以科技或經濟增長、社會財富的累積為最高價值，總把「正
德」放在前面，亦是事實。

（八）春秋大義、忠恕之道與湯武革命 —— 儒家之正義觀

以下，稍申儒家言「恕」、言「直」與「春秋大義」之義：

《論語》：「曾子曰：夫子之道，忠恕而已矣。」（朱熹
註：「盡己之謂忠，推己之謂恕。」）「子貢問：有一言而
可以終身行之者乎？子曰：「其恕乎！己所不欲，勿施於
人。」

是見所謂恕道，必從「觀過斯知仁矣！」（《論語》）為根據說起。
當發現有可惡、可厭、可責者之過失、劣行，以至惡行、罪行時，即
反省自身之反應，問此惡、厭、憎之感憑何而起？必曰依心之感通而
起，而知「唯仁者能好人能惡人」（同上）。既知仁，而依仁心好人惡
人，則必不允許自己做可惡、可厭、可憎之事，成為自己所惡所厭所
憎之人。故《大學》謂：「所惡於上，毋以使下；所惡於下，毋以事上；
所惡於前，毋以先後；所惡於後，毋以從前；所惡於右，毋以交於左；

所惡於左，毋以交於右。此之謂絜矩之道。」而《中庸》亦謂：「君子以人治人（案：意即以同理心、同情心待人治事），改而止，忠恕違道不遠。」此亦內聖外王一本之義。孟子言「萬物皆備於我矣，反身而誠，樂莫大焉。強恕而行，求仁莫近焉。」最得忠恕真意，是反求諸己，一切從盡己、推己做起，則天下歸仁。所言並無直接關於如何對待懲處人間之可惡、可厭、可罪者之劣行、惡行、罪行，以示人間公義、以張天地正氣的意思。這方面的意思，另有《春秋》作最嚴正的表明。

故儒家言恕，從不會說人們應該接納、寬容所惡所厭者之劣行、罪行，也不會說「愛你的仇敵」。至於「己所不欲，勿施於人」，是從己所不欲而知惡之可惡，而得驚覺，不容自己蹈於此等惡與罪，正是為道德法則之威權作生命的存在之實感的證明，由「觀過斯知仁」而內外一致、知行合一地厭惡、拒絕、否定此等劣行、罪行，更希望有一客觀存在的制裁力量，防止及懲罰此等惡行、罪行。故言道揆法守；家有家規、族有宗法，鄉有鄉議，國有國法以至國際法庭。不僅此也，除了地上的法庭，尚有歷史而言歷史法庭、言「春秋大義」，有宗教而言終極法庭、言天譴、神譴；有良知而言良心法庭以總攝之。儒家從不苟容、絕不允許見有罪惡之行而輕言寬厚闊略，或有虐民以逞，隔個二、三十年再「平反」，而說「向前看」。儒家必視此等所謂寬恕之言行為最卑賤無恥，大甚於「匿怨而友其人」者。西哲康德謂「己所不欲，勿施於人」會造成對罪惡之容忍。是見天下人對恕道之誤解誤會，連博學深思的康德亦不能免。其實讀儒書的中國人亦歷代多錯解。這種錯解，有是故意借「忠恕」之名，「文其怠惰恇怯之劣根性」以「恕己恕人」者。宋代儒將文天祥有一段說「恕」的贊辭，先力數各代言「恕」之弊，義正辭嚴。其辭曰：

> 自漢儒以大中訓極，而極之流（案：指末流、流弊），
> 遂為苟容。（……）自唐儒以博愛謂仁，而仁之道，遂為

小惠。（……）漢晉以來，有恕己恕人之說，而恕之弊，遂為姑息。至先儒（案：當指朱子。承朱學之真文忠公真德秀解「恕」謂：「恕之一字，學者多認為寬厚闊略之意，其實不然。」「恕者如心之謂，非寬厚之謂也。」見《真文忠公文集》第十八卷、第二十卷）以恕為如心，而學者始明恕。（……）有志於學，特以恕為入門，則其幸生於道學之世，而不至於涵忍混貸，以淪於漢唐之陋也，審矣。（《文天祥全集》第十卷）

近人梁啟超對儒家恕道之被曲解而流而為忍道，可謂忍無可忍，直斥為自淪於「無骨無血無氣」之奴隸之途。

> 吾中國先哲之教，曰寬柔以教，不報無道；曰犯而不校；曰以德報怨。此自前人者有為而發之言。在盛德君子偶一行之，雖有足令人起敬者，而末俗承流，遂借以文其怠惰惺怯之劣根性，而誤盡天下。如所謂百忍成金，所謂唾面自乾，豈非世俗傳為佳話者耶？夫人而至於唾面自乾，天下之頑鈍無恥，孰過是焉？今乃欲舉全國人而惟此之為務，是率全國人而為無骨無血無氣之怪物，吾不知如何可也。中國數千年來，誤此見解，習非成是，並為一談，使勇者日即於銷磨，怯者反有所借口；遇勢力之強於己者，始而讓之，繼而畏之，終而媚之，弱者愈弱，強者愈強。奴隸之性，日深一日。（《飲冰室全集》專集第三冊，中華書局，1932 年）

若梁任公當年這般氣憤於以忍為教，則今日目睹鋪天蓋地的「向前看」，除痛斥「是率全國人而為無骨無血無氣之怪物，吾不知如何而可也」外，吾復不知其能如何而可也！

　　本人今所能說者，國人這等劣根性的養成，與儒家忠恕之道全無關係，而必與錯解忠恕之義，或誣儒、反儒、鄉愿之流大有關係，而與喜言「忍」者大有關係。近代中國民性漸淪為言忍、言犯而不校、以德報怨，做慣了奴才，或想做奴才而不得，這時，而有極言「階級仇恨」，以怨報德、無犯而校之新宗教進來，一舉滿足這等奴性與暴民性（奴性與暴民性正是互相補償之關係，一根而發，皆不依理而依勢依術依利依力），舉國反孔揚法揚墨（法家言勢言術、墨家言兼愛，皆依勢依利，不是依理。依理只能是「惟德是依」、「好善惡惡」、「親親而仁民，仁民而愛物」之忠恕之道）。

（九）「志於道，據於德，依於仁，游於藝」──儒家之「六藝」（禮、樂、射、御、書、數）說

　　儒家文化哲學，概之曰「六藝」之說。舊說「六藝」為「禮、樂、射、御、書、數」，又有依經而言六藝者，為「詩、書、禮、樂、易、春秋」，可互通；而皆攝之於「志於道，據於德，依於仁，遊於藝」。一句之中，為整體性精神生命作各方面特殊表現之義。雖是各方面之特殊表現，而可相互感應銜接、輾轉相生，故可逆轉，由遊於藝，復而依於仁、據於德、志於道。六藝云者，非分別隔離之謂，乃一根而發，相視而親之謂。自一人格生命而言，六藝可說為是一文化生命之自我實現、自我超越完成。重統類、隆禮義的荀子曾這樣理解士、君子、聖人三種境界：「好法而行，士也；篤志而體，君子也；齊明而不竭，聖人也。人無法則倀倀然，有法而無志其義則渠渠然；依乎法而又深其類然後溫溫然。」（修身篇）此即一本論人格義之從客觀精神而主觀精神而超主客觀精神。近人馬一浮於此甚有領會：「六藝本是吾人性分所具的事。吾人性量本來廣大，性德本來具足，六藝之道即是此性德中自然流出的。性外無道也。」「一切道術皆統攝於六藝，而六藝實統攝於一心，即是一心之全體大用也。」「天地一日不毀，此心一日不亡，六藝之道，亦一日不絕。人類如欲拔出黑暗而趨光明之途，捨此無由也。」（〈宜山會話〉）

馬一浮先生是從「體」上講，自內而外，自上而下地講，以「體」攝「用」上講。今亦可迴旋着講，講六藝一日不毀，六藝之道一日不絕，此心亦一日不亡，天地變化草木蕃、六藝繁昌而道不變。則是從「用」上講，自外返內，自下覺上講，是以「用」證「體」，攝體歸用。體用互證、互濟，是徹底的實證唯心論的文化哲學。

以用證體，無恆產而有恆心，專事六藝者，豈非士子乎！士子的格調決定一文化的格調，士子的存亡標示一文化的存亡。猶記黃賓虹死前之一年在其最偉大的山水大中堂留白處滿滿題字，滿得最後連「賓虹」二字也沒有地方寫。題辭內容竟是關於唯心唯物之辯，有「老子言聖人法天，本大自然。孔門設教，分為四科。天地生人，惟（人）最靈，是為三才。才德出眾，稱名君子。自強不息，居仁由義。從科學中保存哲學。近今歐洲、學者倡言，藝術增進，初尚靈學。君學唯心，民學唯物。改造變化」之語，令觀者扼腕慨嘆。錘子加鐮刀的哲學逼得連握毛筆的偉大畫家都喘不過氣了，要在其為己之畫上寫出憤懣；逼得慣拿錘子鐮刀的人都逃到深圳河另一邊去了。士農工商，禮樂射御書數；當士子受辱，六藝無道，士固無存，工農商學兵焉得有天地有光明？此士子受辱、士風無存，又可以自我蛻變、名存實亡的方式進行。荀子當年即有「古之所謂仕士者」、「古之所謂處士者」與「今之所謂仕士者」、「今之所謂處士者」之區分，其言曰：

> 古之所謂仕士者，厚敦者也，合群者也，樂富貴者也，樂分施者也，遠罪過者也，務事理者也，羞獨富者也。今之所謂仕士者，污漫者也，賊亂者也，知睢者也，貪利者也，觸抵者也，無禮義而唯權威之嗜者也。古人所謂處士者，德盛者、能靜者也，修正者也，知命者也，箸是者也。今之所謂處士者，無能而云能者也，無知而云知者也，利心無足而佯無欲者也，行偽險穢而強高言謹慤者也，以不俗為俗離縱而跂訾者也。」（非十二子篇）

　　荀子原是建制的儒家，重知統類，重法君道，重事理名理，重典章制度，「隆禮義而殺詩書」。法君道者，法「聖人盡倫，王者盡制」之道也，其理想人物實是一儒家的政治家，依之則六藝須歸於「將原先王，本仁義，則禮正其經緯蹊徑也。若絜裘領，詘五指而頓之，順者不可勝數也」（勸學）之「倫類之通，仁義之一」。其特重客觀精神之禮義，重正名，亦以此客觀精神之禮義、正名，而斥「今之所謂仕士」之「無禮義而唯權威之嗜者」之污漫、賊亂、恣睢、貪利、觸抵、無禮義；「今之所謂處士者」之無能而云能、無知而云知、利心無足而佯無欲、行偽險穢而強高言謹愨，以不俗為俗離縱而跂訾。而有「古士」與「今士」之區分，實即「士不士」也。荀子必不可能以建制故，容忍士人自我蛻變為「無禮義而唯權威之嗜」而唯權威是從的小人。荀子無法想像的是：不僅士可以不士，六藝亦可蛻變為極權政治之工具，而「藝不藝」。荀子論學，亦說到蛻變：「君子之學如蛻，幡然遷之。故其行效，其立效，其坐效，其置顏色出辭氣效。無留善，無宿問。」（大略篇）說的是知之即行之效之，無有留餘。此見「知行合一」之「知」之至關重要。然「知」之重要，實由「知道甚麼」及「如何知道」決定。康德說全部哲學問題最後只是知「人是甚麼？」。有說「人是甚麼？」須從人的歷史文化、即六藝之道、君子之道、先王之道之認取（此荀子之「知道」之義）而知。然歷史文化、六藝之道之知，又正須從人的終極關懷、終極目的，並以此終極目的為人的本質（人性）之反省，由反省所依之合目的性原理，貫穿全部歷史文化、六藝各部，「統之有宗，會之有元」（荀子之用語）地知之。此故荀學必有待於孟子「盡其心則知其性，知其性則知天矣」之學。由知人的存在之性分不容已地趨向於人所反省而自我建立的終極目的，而幡然遷之，說蛻，此君子之學也。今則相反，逆向終極目的，無禮義而唯權威之嗜，唯權威是從，幡然遷之，是趨向於不學無術、無恆無守，亦如蛻，悲乎！是知人的終極目的實即人的根源之地，終極目的之發現實即根源本性之自覺而性分不容已，非外騖可得也。而歷史文化自此中心流出，六藝自此中心開出。

（十）「極高明而道中庸」與「極高明而道時中」，以及「極中庸而開
　　　形上與形下、道與器、超越與內在、主觀與客觀、目的與工
　　　具、性智與量智、縱貫與橫列、殊途與同歸、一致與百慮、
　　　不易與變易、經與權、圓而神與方以智」——儒家的「常道」
　　　與「時中」義

　　這段本是針對由西方文化所主導的現代文化的對列的、分頭的、
動之愈出的「用」的智慧，我們須正視之，吸收之，培養此現代之「充
分打開」的意識，而說的。此有似於孟子當年之「十字打開」。相比於
程明道答問：「心如何是充擴得去底氣象？曰：天地變化，草木蕃。」
今日似更需要涉及結構性的開發與構建，不只是一心直道之充擴而
已。多年來有關研討甚多，今不能及。惟以「極高明而道中庸」與「極
中庸而道時中」之「高明」、「中庸」、「時中」三義，略提及此題。回顧
前之所言，焉有充分打開的心靈，不能開發構建現代中國文化者？說
到底，仍是一心充擴，天地變化，草木蕃，而還天下於天下。

四、餘言：中國往何處去？

　　這次演講，原來打算就學校授課講「周易哲學」所關涉到的幾個觀
念來講。主要講文化的儒家、建制的儒家、「極高明而道中庸」的儒家，
「極中庸而道時中」的儒家，「不易、變易、簡易」的儒家。不意看到學
者呼喚士人之文，須呼應之，轉從主體意識之自覺的儒家、道德的儒
家、自發的自我實現的儒家、仁智勇之勇者儒家、批判的儒家，這個
時代缺場的士人儒家來講起，不覺間也講了十條，總之圍繞一個士人
其人格要素及其所關懷。十條講畢仍意猶未盡。忽然想起辜鴻銘說中
國人精神「單純、博大、深刻、精妙」，完美的很，為今日的中國人計，
我願加一項：大勇。此大勇，「即敢為真理而說話。近人並非真無是非，
只因忌諱顧慮太多，遂閉悶而不敢言，馴至委曲真理而走邪。此即為

恐懼所威脅，而無宣說真理之自由也。此種不自由，最為痛苦。故免於恐懼之自由，實為人類最高之自由。」[13]

（2014 年 7 月 18 日，香港中央圖書館「中國文化講座」講辭。）

13　見牟宗三撰：《名家與荀子》（台北：台灣學生書局，1979 年），頁 276。

第十六章

從「成聖之途」說「成人之途」
與「聖之時者」

　　主持人約請我就「成聖之途」之題目，出席這次座談會作發言。我當時即說儒家主要關心的是如何可做真正的人，是「成人之途」，「成聖」只是為的「成人」。直到今天早上準備這個講稿，決定就依照這個說法談談這「成聖之途」。時間倉促，我唯借助幾篇舊文完成這個說法。

一、人為何要「成聖」？

　　「成聖」就是超凡入聖，就是自我超越。人為何要「成聖」？自我超越？孔子謂即於存在的感觸，不安、不忍之仁。孟子謂「性分之不容已」。中庸謂「天命之謂性，率性之謂道，修道之謂教。」即天命內在為人性，而人性之為人性之理即要求實現為人，如何可實現為人即率性之途。學問之途無他，修行此率性之途而已。簡言之，為人之性雖內在而超越，自我要求我們率性、「成聖」。老莊的存在的感觸

卻是針對「人文化成」這一套，集中為：凡已成之「文化」皆是欠缺、是不幸，須返回自然。「人法地、地法天，天法道，道法自然」。道法自然者，不要把「道」外在化。文化須自然而然，不禁其性，不塞其源。然則老莊是「絕聖棄智」，理想人格是至人、神人、博大真人，其實踐原則是「為道日損，損之又損」，以無功、無為、無名為「成聖之途」也。佛教的存在的感觸是「無常」，是「有漏皆苦」，亦不以率性成聖為理想，而以解脫、清靜、常樂為理想，曰涅槃、成佛。以上是中國儒道釋三教的態度。西方基督教的態度，其存在的感觸是「人之子無家可歸」，故必以分裂現實之存在，由服從上帝之神諭、得上帝恩典為依歸。康德則以人之作為理想的存在之心靈機能之「必然的興趣」（此「必然的興趣」康德以「哲學的宇宙性的概念」說之）故，必超越的開啟一「自由概念之界域」以超臨於現實世界之上。黑格爾則以「自我超越」為「精神」本性，人若不停留為純物質之存在，則必以精神在存在中得以表現為其存在之證明，亦即精神在現實存在中實證為自由精神，為人的本質本性，但黑格爾偏重於「在現實存在中表現精神」之義，故特重「客觀精神」，不說「成聖」，而喜說「英雄」，英雄者，「騎在馬背上的世界精神（客觀精神）」。此則偏重集團主義、英雄主義、某義之歷史主義；其以英雄為「歷史的人格者」，而不是以宗教的、或道德的「聖人」為「歷史的人格者」（梁啟超《歷史研究法》之用語）。以近代存在主義的幾個代表人物言，齊克果是「以虛無為用，投向存在（為上帝信奉者）」，「成聖」只是「投向一唯一真實存在之上帝」之「投向」之無限歷程。尼采雖說「反基督」其實是自立為基督，自立為主，「給大地以目的」、「教人以他們存在的意義」、自我創造為「創造者」（超人），鄙棄「下等人（自甘為奴者）」、「奴隸」。尼采要成為不斷自我超越的「超人」而不要成「被創造的聖人」。加布里埃爾・馬塞爾（Gabriel Marcel, 1889-1973）與尼采相反；尼采生長於一個過於虔敬的三代牧師的家庭，感到窒息，而馬塞爾生長於一個宗教氣氛過於淡薄的新教家庭，這種非宗教的家庭氣氛同樣令馬塞

爾感到窒息；當四十歲思想成熟，他受洗成為天主教徒，成為「密契主義」者。

「人要成聖」是否人性的本質？抑或只是一偶然之「覺悟」？馬塞爾有如下一說：

人與生俱來在一不安狀態，基於人的「有限」，而有要求從「欠缺性之存有向實在之存有進發的願望」（The aspiration of a minus-being towards a plus-being），此即人之存在是由欠缺／不安／開放（由欠缺故必不能自我封閉）趨向另一實在之存在（如「愛」）。故凡佔有（having）／麻木／封閉／自欺，是必互為外在、非必然的，並且是互相佔有、奴役的、囚禁的（如「權」、「術」，如俗語說的「盲塞」），自欺的！自欺不能持久，「當一個心靈總對自己所在之現象世界中之地位感覺根本不可接受時，這個心靈就是形上學意味的。」

一個有形上學意味的心靈，是人自我實現為真實不自欺的通向存在之道的終始保證；而這有形上學意味的心靈唯來自總對自己所在之現象世界中之地位感覺根本不可接受。然則馬塞爾認為人為何要成聖（依其耶穌教之說法即成為上帝所許諾／責成的真實存在者）之問題，既屬於人性的本質，又關乎人的存在的破滅感；由人的存在破滅感之不可免，說人與生俱來的形上學的渴求，此渴求為人的本性，亦即有必然性。由「人能希望甚麼？」而問「人能知道甚麼？」「人應做甚麼？」這是所謂有理性的宗教之共同道路。而「成聖之途」由此打開 —— 其實，依實言之，整個超越界，形上界、宗教信仰中的神聖界、聖道，唯由此存在的實感而打開而有。然則，反過來說，人之生為有限者、欠缺者、不安不忍者，固可說為有形上學的必然性，亦可說人之有「生而為有限者、欠缺者、不安不忍者」之存在的實感，更能反省此存在的實感，由此生命之有限、欠缺，反思生命必有一超越之圓滿存在、一終極目的、意義，此反省、反思本身成為全部形上學、神學、宇宙論、目的論之可能的存在的根據。

二、形上學與成聖之途與生命存在之奧密

我們說人之自我要求超越、要求「成聖」——成為圓滿者、自由無限者,有形上學之必然性;反過來說,人之現實生命之為欠缺、有限而要求超級、成為自由者、圓滿者,是為全部形上學之可能的根據,亦即哲學思想之所以發生的存在的根源。

而這樣說即意味着:哲學之為哲學必須是形上學:或由智測智及的形上實體(如天道天命),而照察說人的生命及現實世界之存在為欠缺、為有限,而必萌生「欠缺性之存有向實在之存有進發的願望」,遂有哲學、形上學;或緊扣着生命存在的焦慮、不安,而即此「欠缺性之存有向實在之存有進發的願望」之生命存在之奧秘,說必有形上實體之天道天命、終極目的。本人有一文,說到形上學與此生命存在之奧密,從康德的形上學概念說起:

> 形而上學,依據我們現在所採用的看法而言,它是一切學問中唯一的一個如下所說的那樣一種學問,即:此學問膽敢許諾通過一種很小而集中的努力,它將在一很短的時間中即可達到這樣的完整,即如它將無工作可以留給我們的後繼者那樣的完整,所謂它將無工作可以留給我們的後繼者,意即它除「我們的後繼者依照他們自己的喜愛,依一種教導(說教)的樣式,無需他們之能夠去把任何東西增加到它的內容上,而即可去適用之」,這種適用之的工作外,它將再無任何其他工作可以留給我們的後繼者。因為此門學問不過就是一切我們的通過純粹理性而有的,系統地被排列起來的所有物之「清列」。在此門學問之領域內,沒有甚麼東西能夠逃避我們。理性完全由它自己所產生的任何東西決不能被隱蔽,一旦公共原則已被發見,它即被理性自己所暴露。此種知識底完整的統一性,以及

這一事實，即：「此種知識只從概念而被引生出，完全不為經驗所影響，或完全不為這樣的特種直覺，即如那『可以引至任何決定性的經驗以擴大或增加這種知識』，這樣的特種直覺所影響」，這一事實，便可使這個不被制約的（絕對的）完整性不只是為可實行的，而且亦為必然的。[1]

康德此說，仍偏於為西方智測的形上學；既是智測的，則真可以說缺少一個公認的標準。亦以此故，現時一般弄哲學的人，以為餘下的工作只是把形上奧密轉化為問題，再把問題轉化為沒有問題，是謂解惑。這或者是智測之路走到最後而有的一步。但後繼者為何總是依照他們自己喜愛及所選擇的樣式去採用一種形上學，「大自然為甚麼一定要以『不停止的努力』降給我們的理性，我們的理性因着此不停止的努力總是去尋求這樣一種途徑，好像這途徑是理性之最重要的關心事之一似的」[2] 此豈不正是形上學本身之問題與奧密。形上學在中國自始表現為「生命的學問」，是即奧密而守住這點奧密。生命無惑時，則「昔本不迷今不悟，心融境會豁幽潛」。生命有惑時則惑就是道，就在這惑之反省上構築自己的形上學，實證人生；然後發現，這原屬於自己的形上學，同時是全體人類性情之正、人生之真之返本實證。玄學史及佛教史專家湯用彤謂：「中國之言本體者，蓋未嘗離於人生也。所謂人生者，即言人生之真之實證為第一要義。實證人生者，即所謂返本。而歸真、復命、通玄、履道、體極、存神等等，均可謂返本之異名。」[3] 這是與西方觀解智測完全不同的實踐實證的形上學之路。牟先生說得好：「在一切問題性的辯論以外以上是有一個精誠的道德意識所貫注的

1　康德撰，牟宗三譯：《純粹理性之批判》上冊（台北：台灣學生書局，1983 年），頁 21。
2　同上註，頁 31。
3　湯用彤撰：《往日雜稿》，收入《湯用彤全集》（石家莊：河北教育出版社，2000 年），頁 188。

原始而通透的直悟的」。

則哲學的本義，與一般人的解惑論相反，卻是必視哲學為生命存在為真實的實證之學。正確的哲學態度，視生命所發生的一切問題皆真實不妄，並為其為真實不妄，提供根源的說明。當一切問題通過辯證而還原到問題的活動中心，即精神生命活動自身，而知一切問題性的辯論，可以依精神活動之為思辨的、概念的，而動之愈出，無窮無盡；亦可以依精神生命之為反思的、實踐的，而隨時以戲論而中止之，生命退藏於密，成為決意者、知行合一者，成為真正主體。哲學的本義，就是要以問題性為線索，發現在一切問題性的辯論以外以上是有一個精誠的道德意識所貫注的原始而通透的直悟的直悟者之精神實體。此一精神實體之發現，非就中止了一切問題性的辯論，或取消了一切問題；相反，乃是證實一切發自生命之問題皆真實，並將由此觸動引生新的存在和新的問題。而這也就是哲學的密命。

在上述文章的結語處，本人不無感觸地說：

哲學回報給哲學工作者的一個智慧，就是：無人可貪天之功以為己功 —— 每個時代、每個民族、每個人都有責任構築他自己的形上學以發現真我、捍衛自由、自我實現。世上沒有一勞永逸之事，亦無人可以在此代勞。正因此，無人可以取消形上學，一如無人可以宣稱最後哲學經已完成。形上學與人類精神存在相終始。或如實說形上學代表生命存在的現實（此岸）與理想理念（彼岸）之兩岸存在以及兩岸可以有關連之根源的說明，雖說其偏於彼岸存在之可能說明。凡有存在感的人，這兩岸存在之意識必都顯明，唯如何即此岸存在以達彼岸世界，此彼岸世界為何義之彼岸世界，則為存在者個人生命之奧密。

朱子說陸象山「常是兩頭明、中間暗」，齊克果說「通向上帝之道只容個人穿過」，玄學家說獨化，亦是此意。故凡暴露天下以宰制天下者，儒家必反之：凡盛言儒門禮制之隆而不及四端之心、仁義內在者，儒家必斥之：凡言溫良恭儉讓而不言天理人權公義者，孔孟必視之為鄉愿而逐之。凡作問題（problem）與奧密（mysteries）之區分，而只知

轉奧密為問題，不知即問題見奧密，知言養氣，窮理盡性者，儒家寧拒之以守生命之尊嚴，自由之可能。就哲學言之，此亦形而上學之可能，哲學之存在的意義與使命之所在。[4]

三、人如何可「成聖」
──「自由意志與自律道德是如何可能的？」

由人為何要成聖，以及哲學（形上學）如何討論人成聖，我們進到人如何可成聖？在哲學上，依成聖即成為自由無限者、成為目的者、成為道德者而言，人如何可成聖即「自由意志自律道德如何是可能的？」之問題，亦即人的自主性如何是自由自律的、純粹的問題。本人在〈自主性之後〉一文有如下討論：

中國傳統思想有關「自律道德如何可能？」的思考中，我們發現這裏沒有「主──奴」結構的影子。中國思想從來欠缺「主──奴」結構，尤以儒、道兩家為然。中國思想欠缺「主──奴」結構，為此要付出代價，這代價便是中國人格結構欠缺一種由「主──奴」結構養成的悲劇性的「緊張性」。《新教倫理與資本主義精神》的作者韋伯這樣描述儒家倫理所欠缺的這種「緊張性」：

（儒家倫理）從未出現與「世界」的緊張關係，因為就目前所知，（儒家思想裏）從未出現一位超越現世的上帝作為道德先知來提出倫理要求，也沒有出現精神替代物來發出召喚，以令堅決而忠實履行之。[5]

儒家倫理中，自然與神祇、倫理期望與人性缺陷、罪

4　吳畋撰：〈昔本不迷今言悟，心融境會證幽潛──為黃慧英教授《從人道到天道》一書序兼說一種哲學觀〉，此文收入《從人道到天道》（新北：鵝湖月刊，2014 年）。

5　Max Weber *Religion of China* (Edited by Hans H. Gerth With an Introduction by C.K. Yang) (New York, 1951), pp.229-230.

惡意識與得救欲求、今世行事與來世補償，以及宗教責任
與社會政治現實之間，任何緊張性都不存在。[6]

認識儒家倫理的人，都知道在儒家的世界裏，確實沒有那位超越
現世的上帝作為創世者設計一切，甚至也可以說沒有出現崇高地位的
精神替代物發號施令並強制執行；儒家因此不會體會「主 ── 奴」的
緊張性，以至「為奴隸的主人」與「為主人的奴隸」的「緊張性」，從而
不曾由此「緊張性」轉出現代「人權」觀念 ── 從「客體化的人」說「人
的權利」（此雖然不同於現代極權政治之剝奪人權，而只從吃飯、生存
說人權），也就不曾借助上帝這個絕對全知或其他超越的精神替代物，
鍛造「使命」、「天職」觀念，將人的「自主性」完全提昇／委託於「成
為上帝的選民」這唯一意願之下，建構全體成員受控的這樣一個「現代
資本主義社會」：

　　這種禁欲主義（指新教倫理）最明顯一致的目標，就
是對生活作息進行監督，並賦予有方法論基礎的組織。它
的典型代表就是「選民」，而它的典型結果，就是使社會關
係變成理性化、功能化的組織。[7]

這就是韋伯的著名理論：說中國沒有出現資本主義是因為儒家的
「自主性」欠缺緊張，沒有新教清教徒那份遙想上帝這「唯一的主」而
思「我如何做才能被選作神的奴僕」所形成的「實現終生目的：成為上
帝的工具」之意義結構。說儒家「自主性」中欠缺「神 ── 我」結構之
緊張性，這是不錯的，甚至可以說是相當深刻的一個發現；但認識儒

6　同上註，頁 235-236。

7　馬克斯‧韋伯撰：《經濟與社會》，頁 556。轉引自邁克爾‧普西 (Michael Pusey)
　　撰，廖仁義譯：《哈伯馬斯》(台北：桂冠圖書公司，1989 年)，頁 57。

家倫理的人都知道，這並不等於儒家「自主性」欠缺本身的緊張性，或儒家的道德主體被視為現實地強大到從未遭遇嚴重抗拒，以至失去表現其強大和緊張性的機會。

儒家對道德主體的體會確實不允許其將此道德主體知識化（外在對象化）或「超智化」（神秘化），因而亦難於接受將自我置身於一「精神替代物」的權威之下，在韋伯所稱的「緊張性」中，在驚怖中，完全自主地捨棄「自主性」，歸依大主，由最高神攝收，不再緊張。在道德生活裏，明顯地，儒家的「自主性」貫徹始終，而憂患及緊張性亦貫徹始終。「善始者智，善終者聖」。儒家自主性的「緊張」，不是「主 —— 奴」或「神 —— 我」的二元論緊張，而是「仁 —— 不仁」、「盡心 —— 知性 —— 知天」、「體 —— 用」、「本 —— 末」、「大體 —— 小體」、「翕 —— 闢」、「終 —— 始」、「理一 —— 分殊」、「天 —— 人」、「道 —— 心」、「經 —— 權」、「兩極 —— 歸宗」的整體論的、方向論的、實踐論的緊張，亦即「兩極論的而非二元論的緊張」。就「緊張」之語意原指一精神品格而言，儒家自主性的「兩極論緊張」屬最內在的自我揚棄，而為最緊張的「人格緊張」：徹底的人格主義、徹底的唯心論的、方向論的、實在活動論的「存在的緊張」。所有重要的近現代存在主義哲學家都在言說這種「人格主義」的「存在緊張」。對西方人來說，這種陌生的遲來的「人格緊張」徹底改變了他們對自己的宗教文化的評估；在西方現代思想裏，成為拒絕其先知主義傳統以及由先知主義而來的極權主義、恐怖主義，但又不欲甘於平庸主義的新哲學底方法論。相比於歷史終結論之末世論，儒家這條路太艱難。連批評儒家倫理欠缺緊張性的韋伯，也看到儒家這條路的特別艱難性，或者是現在看來，最理性、最合「現代性」的緊張性：

> 儒家倫理中沒有救贖觀念，沒有從靈魂轉移或來世懲罰中得救的欲望。儒者肯定生命，故並不希求從生命中解脫；亦不希求從社會或世界中解脫，因為世界與社會亦是

儒家視為當然而加以肯定的。於是，儒者唯有通過自我克制、戰戰兢兢地面對這個世界。[8]

四、成何種型態之「聖」？

儒家是很明確說人可成聖成賢，一如道家說成至人，博大真人、神人，佛教說「眾生皆有佛性，皆可成佛」。唯儒家、道家、佛教之理想人格（聖賢仙佛）各自不同，而在各自成聖之途之階位、分位之等及終極理想，亦必不同也。

孟子謂「可欲之謂善，有諸己之謂信，充實之謂美，充實而有光輝之謂大，大而化之謂聖，聖而不可知之謂神。」此即以「可欲」為始，以「不可知」為終；亦即以人註定為有理想目的，並且由可欲之善始，逐漸充實上昇，由善，而信，而美，而大，而聖，而神。即由內而外（可欲之謂善），而返回（有諸己之謂信）、自我充實（充實之謂美），而再由內而外，自誠明、自明誠地照明所在存在（充實而有光輝之謂大），所過者化，所存者神（大而化之之謂聖，聖而不可知之之謂神）。成聖者，成為其生命存在為能「所過者化，所存者神」之圓滿人格者，此即儒者之理想人格。唯此儒者之理想人格「聖人」其終極理想，是為無限，無限者正不可以極根為限也，亦即不可以「無限」為限也，故返回來即於有限而無限，即無限而有限，而不可對象化地規定之，故曰「不可知」而為「神」，「聖而不可知之之謂神」。神者非神秘也，乃徹底真實化、內在化、超越而超越超越也，易傳「神無方而易無體」之「神也」。此儒者成聖之途，而歸於「聖而不可知之」。

據日人木村泰賢（1881-1930）在《人生的解脫與佛教思想》[9]曾分

8　同註 6，頁 156-157。

9　木村泰賢撰：《人生的解脫與佛教思想》（台北：協志工業叢書出版股份有限公司，1976 年）

別說解脫論之四型態，為：一、由最高神攝收而得解脫；二、向上意志從客境中獨立，即解脫；三、向下意志之否定，即解脫；四、由契悟宇宙萬物與我為一體，為解脫。今借之改說四型態之「成聖之途」。

一、「由一最高神攝收而得解脫」。此為他力論一元權威主義成聖（得救）觀。由一最高神攝收，此一最高神若為人格神，而又超出人的認知能力、不能作公開顯示，則此一人格神必落在各自表述中成為封閉的、排他的，浸至被作集團式的盜取綁架以備權威主義之運用。此西方連綿不斷的宗教戰爭、民族戰爭之思想根源。

二、「向上意志之從客塵中獨立出來，即解脫」。此為意志主義之與物為對之二元論之成聖（解脫）觀。

三、「向下意志之否定、寂滅即解脫（不另立向上意志）。」此為唯意志主義之意志還滅解脫論。

四、「由契悟宇宙萬有之與我為一體，而說解脫」。此則由最高神之退隱，由藏天下於一神，歸於藏天下於天下，藏天下於「乾道變化，各正性命」。無人可貪天之功以為己功，亦無人可貪各正性命之功以為神功。神得以進化為「乾道變化」，亦即宇宙萬有趨向於人的生命法則，而人性趨向於自具的終極目的：成為自由者並繼成宇宙萬有之生生不息。易曰「繼之者善，成之者性」，詩曰「天生烝民，有物有則，民之秉彝，好是懿德」。此之曰「乾道變化」，曰「神無方而易無體」。而人得以由主觀的契悟，進至客觀的契悟，進至為超主客觀的契悟，而曰「與宇宙萬有為一體」。此「契悟宇宙萬有之與我為一體」實即由我之當下存在之根本意義之反省，而有目的性原則之提出；由終極目的之肯定，目的論之建立，哲學的人類學與宇宙性概念同時得以證立。

木村泰賢此第四義之解脫觀，若只說「契悟宇宙萬有之與我為一體」則與儒道二家無別，以至可通以神為宇宙萬有之主之基督教。唯儒家不說「解脫」而說「吾非斯人之徒與而誰與？」「萬物皆備於我，反身而誠，樂莫大焉！」說「盡心」、「率性」、「立命」，道家不說「解脫」而說「遊於玄」、「守母待子」、「安命」，基督教不說「解脫」而說「神役」、

「天職」、「救贖」。儒家「由契悟宇宙萬有之與我為一體」而「天行健，君子以自強不息」，是實體實理實證實用之創造的一體活動之實在論。道家「由契悟宇宙萬有之與我為一體」而「齊物論」，「逍遙游」，物我相忘，是玄體玄理玄用之玄覽的「無以全有」之一體自由境界論。基督教「由契悟宇宙萬有之與我為一體」是以虛無為用，投向神體神迹神恩神用之歸向一神論之實在一體論。唯佛教「由契悟宇宙萬有之與我為一體」而說「解脫」，是體空性空理空、我法二空之唯名唯識唯心之同體還滅歸寂論。以解脫說「契悟宇宙萬有之與我為一體」之意義，或可分兩解，一解作以解脫為從我執之自囚中解脫以歸於「與宇宙萬有之與我為一體」，一解作以「契悟宇宙萬有之與我為一體」而一體空如、同歸寂滅。兩說解脫，前解不限於佛教，後解方為佛教專有之解脫觀。

五、「終極成聖」之哲學省察
—— 成為「依照圓善之概念而為實踐的者」

「終極成聖」意謂「成聖之途」之判教：何謂實現為圓滿的理想人格之問題。今借康德的「自然」、「自由」、「終極目的」三概念說此「終極成聖」之意義。

本人有一文題為〈康德、牟宗三「物自身」問題之回顧與哲學眷察〉其中第十三節，提出「依照圓善之概念而為實踐的者」之可能性及其意義。今節引如下：

由儒家目的論最後成就的不是甚麼客觀宇宙目的，而是存在的感通中的反思者、實踐者自己。我們可依康德的最後哲學問題「人是甚麼？」而進一義，曰：人是註定為自我實現者。康德發現有「依照自然之概念而為實踐的者」[10]，又設想有「依照自由之概念而為實踐的

---

10 康德著，牟宗三譯註：《判斷力之批判》上冊（台北：台灣學生書局，1992 年），頁108。

者」[11]，康德樂意見到有「依照合目的性概念而為審美活動者」，但康德沒有說有「依照合目的性概念而為實踐的者」。本人今則以儒家目的論的名義，說此「人的發現」：人的存在之真實在是「依照合目的性概念而為實踐的者」，亦即「依照以自然概念與自由概念之綜和為目的概念而為實踐的者」，亦就是「依照圓善之概念而為實踐的者」。

　　當康德說「依照自然之概念而為實踐之者」、「依照自由之概念而為實踐之者」，康德自己是否意識這樣說同時亦就證示了二者同屬於同一實踐主體，同屬於一「依照最高終極目的性概念而為實踐的者」。唯此「依照最高目的性概念而為實踐的者」能夠區分二者，並能統合二者。以此「依照最高目的性概念而為實踐的者」原就源自「依照自然之概念而為實踐的者」和「依照自由之概念而為實踐的者」的哲學區分之反思，依辯證邏輯，此哲學區分之真正作出，必本於一哲學的根源的同一。「依照最高善（圓善）之目的性概念而為實踐的者」即此根源之「一」。就純粹哲學思辨而言，沒有目的性原則，「依照自然之概念而為實踐的者」此語不可理解；同樣，沒有目的性原則，「依照自由之概念而為實踐的者」一語亦不可理解。以「實踐的者」一語即涵「依一目的方向而持續之行動」之義。如是，「自然底哲學」之形構之理與「道德底哲學」之應當之理，依「實踐」之名義而會通於目的性原理。實即在實踐中以應當之理統御形構之理，而為縱貫的存在之理。故可曰縱貫之為縱貫者，實涵「依照自然之概念而為實踐的者」與「依照自由之概念而為實踐的者」之二義之應當之理。由「依照自然之概念而為實踐的者」之應當之理之命令，則決定生命開展為一由物理（形構之理）決定的自然反應系統，或換成實踐論的語言，決定生命開展為一以服從物理（生理）為目的之活動的實踐者：一順應順取之主體。由「依照自由之概念而為實踐的者」之應當之理之命令，則決定生命在自然生命、情感氣質生命、人格生命之「性成命定」的種種限制中，仍以尊敬道德

11　同註 11。

法則之尊敬為自由決意之唯一動力，生命實現為自由徹上徹下之縱貫原則之實踐者、一道德主體。由是言之，各種生命取向所成之人生，並非真離開實踐理性之應當之理之縱貫所貫。而縱貫的應當之理若無各種性向之生命主體受其所貫而同步開展出對應當之理之實現之存在的限制與擴張之自覺，則應當之理只直接的貫注為一道德主體，直接統御此「依照自由之概念而為實踐的者」之自然生命、情感生命、氣質生命、人格生命之存在，以統一投向此應當之理之應當，而忽略及錯過其道德實踐之當前限制與可能之存在與擴張。此道德實踐之當前限制與可能擴張，一方涉及應當之理之成為存在之理，一方涉及此道德實踐者其自然生命、情感生命、氣質生命與人格生命之存在的需要與潤澤，以及此一實踐行為之公共性格。而德福一致之圓善概念，必為應當之理之最高理念，即依照自由之概念而為實踐的者之最高目的；其實現須知識主體之全面介入。故世上固無無縱貫之理作貫注之橫攝活動（以橫攝活動亦須縱貫活動之自我中止及靜態化而轉為橫向的活動，以及持續此橫攝活動進行之動力故），亦無無橫攝之形構之理作客觀化存在之所資所對之縱貫活動（以縱貫活動亦須有所對有所成故），雖兩者所依之原則完全不同。故謂應當之理必涵存在之理，而存在之理必涵實現之理與形構之理。

然則，當實現一應當之理，意即此應當之理已貫通此實踐者之多重生命及其所在自然界之存在並成為統一之存在之理 ── 其中包括守護或否定實踐者之多重生命存在及其所在自然界之原有之存在之理（形構之理），而代之以「其命維新」之新命之存在之理，唯此方可謂「實踐」。此則應當之理必統攝涵蓋存在之理，而存在之理先於（形而上之先於）氣化之存在。故朱子曰「理先氣後」。此應當之理為形而上之先在之理，此說究又依何理？必曰：應當之理之為應當之理，只以應當為理，別無他理可依，既無他理可依，故應當之理必為絕對的先在之理。此是了義，窮極之說。若必分解地說，則應當之理必由一反思判斷力即着一具體生命存在，反思其存在之超越之所以然，此生

命存在之超越的所以然即所謂存在之理。此超越的存在之理既由反思判斷力以目的性理念之方法來提出，表示此超越之存在之理內在於生命，而為生命存在之應當之理，亦即「應存在而未存在之理想目的如何成為存在」之理。應當之理既以未實現為存在為其呈現之條件；應當之理又須先有存在者，再有存在者有所感觸、反思其存在之超越的所以然，並以目的性說此超越之所以然，而方有此應當之理。此則存在先於存在之理，存在之理先於目的性原理與應當之理。故存在主義者說「存在先於本質」，朱子亦有感於此，而曰：「氣強理弱」、「理寓於氣」、「觀萬物之異體，則氣猶相似而理絕不同」。

應當之理既以未成存在之理，為應當之理呈現之條件；然則應當之理是否以永未實現、永在未來，為其存在之性相？必曰：然，又非然。應當之理憑依自對「氣」及氣之存在之理之反思故，應當之理自目的論言，實呈現為兩態：為未實現之應當之理與已實現之應當之理。

未實現而要求實現之應當之理，實即陸王之「心即理」之理，亦即生生之理、創生原理。應當之理之「應當」，今可視為一動態的和結構的目的性原理，以其超越而內在故，必要求實現於存在，緊密連結主觀精神與客觀存在之兩極，而為綜合原則，必涉及存在與存在之秩序，永在未存在與已存在之間甚幾甚微，而為「先天而天弗違」之創生之理。

已實現之應當之理即朱子之存在之理，以應當之理已結合氣之理而成為存在之理。此則為「性即理」之理，可視為一靜態的或結構的目的性原理，以此應當之理之「應當」已作為目的形式與動力轉動氣之存在，使理實現於氣而為合目的性之存在，亦即合理之存在。天地萬物之存在離不開此合目的性、合理性為其所以存在之理。此理、此目的性原理已成為綜合原則緊密結合主觀精神與客觀存在此兩極，並進入存在與存在之秩序，使存在成為可續的並且為結構性之存在。凡存在的都是合理的，凡合理的都是存在的。此則為「後天而奉天時」之存在之理。

在「依照圓善此最高目的性概念而為實踐的者」說來，唯未實現之應當之理是其實踐之目的，此即「理先氣後」之理；而已實現之應當之理即存在之理，存在之理涵形構之理與實現之理，亦即「依照存在之概念而為實踐的者」之理，即「氣強理弱」、理在氣中，自內而外，合氣歸理同時注理於氣之「時中」之理。其依照目的性概念而實踐，即致力於將個「理」步步存在化、氣化。但與此同時，即着此「理」之步步存在化之「氣」（器）步步反思其存在之超越目的，更步步強化此反思、自覺其生命存在與目的理想之距離不近反遠，而為「天之戮民」。而此步步自覺其生命存在與其目的理想之拉開，正證顯生命存在之不斷打開、擴充、壯大。「可欲之謂善，有諸己之謂信，充實之謂美，充實而有光輝之謂大，大而化之謂聖，聖而不可知之之謂神。」即此「大而化之、聖而不可知之」，可知理學目的論並無目的，唯以生命存在之翕闢、自我超越、成為自由無限、成為創造為目的。

六、「聖之時者」—— 由「成聖之途」而實踐「成人之途」並成為在時代中奮進的儒者

由「成聖之途」、「成人之途」以及「依照圓善之概念而為實踐的者」，本人願接着講「聖之時者」。儒家之聖人，曾有不同型態之說法，所謂「聖之清者」、「聖之任者」、「聖之時者」種種。自孔子被定為「聖之時者」，而孔子為儒家的聖人，則儒家的聖人典範，是必以「聖之時者」為正宗之儒家聖人理想人格。聖之時者，即儒家之理想人格必實踐實現於現實世間並「觀水有術，必觀其瀾」地「瞄準時代問題之中心」（哈伯馬斯語），「學而不厭，誨人不倦，發憤忘食，樂以忘憂，不知老之將至」，在時代中奮進之儒者。

辜鴻銘說中國人精神「單純、博大、深刻、精妙」，完美的很，為今日的中國人計，我願加一項：大勇。此大勇，「即敢為真理而說話。近人並非真無是非，只因忌諱顧慮太多，遂閉悶而不敢言，馴至委曲

真理而走邪。此即為恐懼所威脅，而無宣說真理之自由也。此種不自由，最為痛苦。故免於恐懼之自由，實為人類最高之自由。」[12] 當今之世，沒有大勇，甚麼單純、博大、深刻、精妙，全是反話、夢話，自欺欺人之言。另一方面若中國沒有免於恐懼的自由，甚麼知識分子、士人君子、儒家、中國文化，唯向歷史在這裏一次又一次沉思中去尋找，向恐懼、不幸、「高貴是高貴者的墓誌銘，卑鄙是卑鄙者的通行證」去尋找。回到中國的思想語言，前輩學人胡秋原先生說得好：「中國古代並無相當於 Freedom 或 Liberty 之詞。漢末及隋唐以降，常有自由二字，但乃『隨意』之意，與今日『自由』不同（如古詩〈孔雀東南飛〉「汝豈得自由」，杜甫「送客迎春可自由」，柳宗元「欲採蘋花不自由」）。這原因，在其他國家，自古有奴隸制，自由乃對奴隸而言者。中國自來為自由民之國，所以反缺此詞。質言之，人以自由為奇，我以不自由為奇。同樣，希臘人之『德謨克拉西』以公民為限（案：公民指雅典城邦一小部分特權人士，「有權參加議事和審判職能的人」，不包括僑民和奴隸），而中國自古視舉國為同胞。此不是說中國沒有不良政府、侵害人權，然一向認為『無道』、『不法』，以此即『虐民』、『擾民』、『與民爭利』之事是也。……近於『自由』二字者，則有『無為』。無為不是要人民無為，而是要政府少管人民閒事。此外尚有『自得』、『自在』、『自然』。前二者指精神之自由狀態，後者如道家之自然，實又與克己派及後來羅馬人所說之『自然法』相同，且有更多的人文傾向。」[13] 胡先生偏於說消極義的自由，未及說「我欲仁斯仁至矣」、「先天而天弗違」之儒家義之自由。「質言之，人以自由為奇，我以不自由為奇。」中國人，無論是改用西方思想語言的，還是沿用中國思想語言的，都不能不面對自由民主這一基本課題，都不能不面對未來的歷史裁判。亦是

12　見牟宗三撰：《名家與荀子》（台北：台灣學生書局，1979 年），頁 276。
13　見胡秋原撰：《古代中國文化與中國知識分子》（台北：學術出版社，1988 年），頁 216。

從「成聖之途」回歸「成人之途」，並自我定位為在時代中奮進，以「聖之時者」為理想人格的儒者，所不能不面對、不承擔者。

（2017年6月16日，香港華明神學院「儒家思想與基督教之對話」座談會講辭。）

第十七章

一個寫在校門的理念：
香港中文大學

一、本文緣起

《中大四十年》編委會的同學在我的辦公室留了字條，要我就「中大的理想及其沒落與轉型」這題目寫點甚麼——從「新亞精神、中國文化、中西文化溝通」這三方面去寫。我因此知道同學們很認真了。但他們到底找錯人了，我不是中大早期學生，以至不是中大學生。我只是在新亞書院創辦者唐君毅先生和他的學術盟友留守的新亞研究所讀書的。發現字條時，截稿期限已到，我想我不必自己去撿起這麼個題目。但不久就接到編委同學的催稿電話，當時忽然就答應了。原因或者正是他們找錯了人、又出了這麼個沉重題目。我忽然想寫點甚麼。

我忽然想為「理想——沒落——轉型——？」這個題目寫點甚麼。這種題目總透着一份預備說教的氣味——連說教者也半途想換題目的氣味，卻忽然教我愧疚，悚然回想甚麼時候起不在這種氣氛中了。那句到處有人說的「生命中不能承受的輕」。在沉重與失重之間，人寧可選擇沉重，但因此他懼怕了。

　　由生命所能或不能承受的輕或重，我想到：一個人，或任何精神性的存在，他的「精神」立即使他的「存在」成為問題 ── 他的存在不再確定，而成為有待成為的。「精神」意謂「超越」，意謂「選擇」與「自由」，「精神性的存在」意謂必須通過自行抉擇，建構自己的存在與不存在。存在與不存在的落差所形成的張力正來自理想之拋射。理想返回照察現實，在現實中發現存在與不存在，更發現甚麼應該存在，甚麼不應該存在。由是構成「精神 ── 存在 ── 理想」之緊張關係。

　　今既寫「中大理想」，即從「精神 ── 存在 ── 理想」三者之緊張關係說起。

二、「理想」之精神性與存在性

　　精神 ── 存在 ── 理想，三者互存互動，一在俱在，一寂俱寂。在特定表述中，或具體領會中，可以以某項為首出、為主導。

　　下以「精神」為中心，看中西思想中有關精神與存在與理想之說。

　　一、中國思想中，「精」、「神」原為二事二名。「窈兮冥兮，其中有精，其精甚真，其中有信。」(《老子》)「以本為精，以物為粗。」(《莊子》〈天下篇〉)「大而化之謂聖，聖而不可知之之謂神。」(《孟子》)「神無方而易無體。」(《周易‧繫辭》)「精者神之氣，神者人之守。」(《淮南子》〈精神篇〉)皆分言精、神。「物生有形，形有神精，能知精神則窮理盡性(《劉劭》〈人物志〉)。則又漸合精、神為一名，以之指人物之「本」、「守」，而為「氣動之原」，「生命之理」、「情實之性」。精神統御形身，形身受精神支配，「睟然見於面，盎於背，施於四體。」(《孟子》〈盡心上〉)踐色踐形，則精神不離形色，通過形色表現來自我實踐實現，此即常言所謂「既超越而內在」。此與西方思想之言「精神」(Spirit)有大不同。西方思想特重「精神」(spirit)之「非物質、單純而實體性的存有」之義，是則精神可與任何形體完全分離。

　　二、中國思想較重精神的自覺自明，步步肯定，「工夫所至即是本體」，本體原是精神現象之澄明化，無執無染、調和暢通，體現精神的自我定位與自由抉擇。西方思想較重精神的自我意識、自我限定和擴張反抗，突破外部限制，表現精神的無限追求和自我控制。然中西思想皆贊同精神能藉着對自己的自由抉擇從而擁有自己，實證自己於歷史文化之中。

　　三、中國思想較重精神的「上下與天地同流」，「贊天地之化育，與天地參。」（儒家）「至人無己，神人無功，聖人無名」、「莫之命而常自然。」（道家）「截斷眾流，壁立千仞，隨波逐浪。」（禪門）是高度緊張和超緊張而歸於合目的性之平順。西方思想較重精神之「與物為對」、「與神訂約」、「非此即彼」的誓不兩立而歸於合法性之緊張不平。然皆肯定精神是這一切之燭照者、起動者、體現者和超越者；精神自由選擇，反對奴役。[1]

　　在一次哲學會議的閉幕座談會上，我為引言人，以「哲學的良知與判斷力」為題，說到哲學家應該為哲學說話，而哲學應該為良心說話，為良心「提供」（磨練）判斷力，包括「決定判斷力」與「反思判斷力」，並以這兩種判斷力為人類的歷史文化說話。但哲學既為「學」，「為學日益」，往往久之自結自成一觀念體系，隨名立義，帝網重重，在觀念路上一往不返，成為意識型態（ideology，意底牢結），離開存在的實感實證，是哲學又最易喪失良知和判斷力。精神品格的自救之道，是道家的「為道日損，損之又損」，而歸於儒家的「乃若其情（情實）」、「四端之心」，經歷良心的法庭，再重新以思辨理性檢查那一套套的觀念，揭出其中的虛妄，包括邏輯上的虛妄和實證上的虛妄，同時即證示一追求精神純粹之精神實存 —— 實存於心之即寂即照、即寂即感。

1　參閱吳甿著：《實證與唯心》上冊，第四章〈「兩極歸宗」與中國哲學精神〉（香港：經要文化出版有限公司，2001 年）。

一切文化事業，皆是人的精神在特定條件限制中要求理想之實現，同時即反過來制約人的精神，如是精神須倚待精神自己亦即「心」的靈明靈動，重新提起，不斷擺脫異化。

由是，我們可以回到談論中大理想。

三、中大理想之原始精神特質 ── 以新亞書院為例

一切可以說為「文化」的活動、事業，皆源自人的精神；一切文化活動事業的理想性本於人的精神品格，而精神品格本於人的能感、能寂、能照之純粹性；而一切文化事業之所以能將理想與現實條件結合，獲得歷史性，而又能堅持理想，則有賴於人「心」之有「通」（與天，與人，與物，與過去未來通）和「識」（由見識而識見，雙向判斷力，向下可決定判斷事物之性質，轉上即可反思判斷──存在事物之「存在之理」／意義／目的／理想），而為一「通識心」。我們對中大成員書院當年的教育事業，即應循此「精神的實現」予以體會。這種體會本身，亦是一高度精神性之活動，其心境亦當須相契於當年創校者云。

本文亦只能以新亞書院為例，追溯體驗當年新亞創校人的精神道路，溫故知新，或可觸動同學們對今日之大學理念與大學生的自我認同作一反省。

（一）無所為而為 ── 為學問而學問

首先，新亞書院創辦人他們辦新亞就為的辦新亞，此外也沒有甚麼別的目的，當年進來新亞唸書的青年就為的唸書而唸書，客觀上也不能再有別的甚麼目的。這個「無目的」，我以為正是「新亞精神」最深密亦是最真實最有生命力的源泉所在。孔子曰：「古之為學者為己」（《論語》〈憲問〉），即說古人為學沒有別的目的。「子墨子問於儒者，曰：何故為樂？曰：樂以為樂也。」（《墨子》〈公孟篇〉）儒者答墨子曰：音樂就為音樂，難道還需要甚麼目的？德哲約翰・戈特弗里德・赫爾

德（Johann Gottfried Herder, 1744-1803）說：「人們建立的一切制度、科學和藝術，若與真理相符，即無需任何目的。」[2] 說的也是這個意思。錢穆先生寫的新亞校歌：「手空空，無一物。艱苦我奮進，困乏我多情。」與錢先生一起創校的唐君毅先生說：

> 新亞書院之同仁結合，純粹代表中國之「士的精神之延續」，而此外之甚麼也莫有。手空空，無一物。此正是新亞此一團體之特色。則我們今天希望新亞同仁與同學，無論在新亞與不在新亞，都是一獨立自由的人格，一士，國士，天下士。[3]

說的亦正是以培養「士」精神為目的而其實沒有目的 —— 成為「士」正無需任何目的。我現在發現新亞精神的深義是這精神自己要求顯現而別無目的。我這發現本身亦無目的。我只是如是體會了這番精神，一如我當初進新亞研究所唸書之全無目的，只為的唸書而唸書，連拿學位的念頭也沒有，連每學期修讀的成績亦從未理會，就這樣讀到畢業不能再讀。研究所的老師亦是為學問而學問更無目的。歷史學組的嚴耕望先生有句話最得我心，他說：「只要有飯喫，有書讀，於願已足！」雖身為中央研究院院士，於他何涉。這「無目的」、「無為而為」的精神，在今日中大校園，從大學站、運動場一直望上去，簇新的教學樓逐次擠掉原先的翠綠山坡，直到山頂高聳的新亞水塔，它是仍到處滲透，還是蒸發了呢？當然人亦可問：這無為而為的精神在今日尚有意義乎？

最為香港學界熟悉和尊崇的教育家蔡元培當年接掌北京大學，大事改革，其教育理念最得此「無目的」三昧。一位老北大這樣記述其事：

---

2 轉引自鄒進：《現代德國文化教育學》（太原：山西教育出版社，1992 年），頁 86。赫爾德此說可為儒家「無為而為」精神作了註腳。

3 見《唐君毅全集》第九卷（台北：台灣學生書局，1986 年），頁 519。

　　蔡孑民到北大當校長，首先改制，其中一件就是將北大的工科歸並到北洋，他認為大學是研究純理論的學問的地方，愈是離實用遠的學問，愈是要在大學研究。至於工、農、醫等，都是與實用技術有關的，應該與大學分開，另成立職業學校性質的專門學校。入這種學校的人的目的，在於得到一種技術，以為他將來的職務的準備。至於上大學的人，則是為學術而學術，不求致用，也不是為將來職業準備。[4]

　　看來蔡元培很受古希臘嚴格區分「文雅教育」（Liberal Education，施於貴族）與「職業教育」（Vocational Education，施於役僕）的影響，又或者是中古歐洲之尊「三學」（Trivium，文法、修辭、論理學）而次「四術」（Quadrivium，算術、音樂、幾何、天文學）之餘緒，又或是感於中國官學（為人之學）與民學（為己之學）分流之傳統，而反其道而行之，以官學而效法於中國民間書院，特別是宋元書院那種「列屋而居，書聲徹戶外，皋比之坐，問難無虛日，可謂盛矣！」（馮桂芬《重儒官議》）之為學而學。但蔡元培把「無目的」與「有目的」截然分為兩類，亦即將中國儒家傳統「六藝」（禮、樂、射、御、書、數）、「七略」（輯、六藝、諸子、詩賦、兵、術數、方技）、「七學」（國子、太學、廣文、四門、律、書、算）之教育裂而為二，而獨尊「無目的」教育為大學理念，此固見教育改革家之非常手段，亦必是有見於舊京師大學堂「今之為學者為人」（今人為學為的是為人所用，為做官、找職業）之學風鄙陋而有之對治之方。而北大果然脫胎換骨，一時豪傑輩出，風雲際會。

　　蔡元培這樣劃分「大學教育」（無目的之為己之學）與「職業訓練」（有目的之為人之學），今日看來亦不能說真得「無為而學」、「無目的」

4　馮友蘭：《三松堂全集》，第十三卷（鄭州：河南人民出版社，2000 年），頁 768。

深意，亦與孔門「有教無類」、「大學之道」、「吾道一以貫之」之教育思想有隔，亦與我們今所說的理想的大學教育有不同——雖云無為而為，無目的，但理想的現代大學教育正要將此無為而為、無目的之精神深植於每位學習各門專業知識的同學心中，提昇每位同學的「人的自覺」於學習各門知識之活動中，真正體會所有知識技術源自人的理性，而理性的動力來自精神——精神在抉擇中，精神今藉着選擇科技，以成就現代文明，成就精神之現代性格；同理，精神亦可選擇轉移現代、超越現代。而精神只是藉這抉擇實現自己擁有自己，而別無目的而無為而為。當年新亞精神之深密義亦應作如是觀。由是我們可進至各義。

（二）有所為有所不為 —— 為文化使命而學問

我們說新亞書院的創辦人一如所有的文化創造者，在根本處只為創造而創造，為文化而文化而別無目的；但新亞的創辦人自己卻很明白自己的教育事業抱負着一大「目的」，或說一大「職志」、「使命」。唐先生當年這樣「敬告新同學」：

> 我們新亞是一所在患難中創立的學校。我們鑒於百年來國脈文命不絕於縷，人類世界之亂源，究其深因，本質上唯是一個文化問題。我們深知：要復興我們的國家，必先溝通世界之文化。因此，我們於創校之初，即以復興民族文化、溝通世界文化為我們全體師生之職志。[5]

這種話現在的同學聽來或無甚感覺，以老生常談視之。這無感覺、視之為老生常談，正證新亞所秉持的使命和後來的中文大學的教育已深入人心，為社會所肯定，一道同風，再無可疑。這無可疑在五十年

5　《唐君毅全集》第九卷，〈敬告新同學〉（台北：台灣學生書局，1986 年），頁 470。

前卻甚危疑。彼時此地辦一所講中國文化的書院，她的存在根據，除了文化使命感之外，其餘都在危疑之中，都在「流亡」之中。唐先生對這點看得很清楚：

> 新亞書院之原始精神，只是中國內地變色以後，炎黃子孫流亡在香港者，想對中國之文化與教育，負一點存亡繼絕、返本開新之責任之一種表現。從這點說，新亞書院在先天性質上，只是一流亡學校。[6]

這在唐先生並非甚麼特別沉痛語，而只是寫實語、緊迫語，卻也再次講出了哲學家／士／儒者對人類命運、中國文化之存亡繼絕之焦慮和他所選擇的承擔之路：此即在香港與志同道合的流亡者結合為士的團體，辦教育講中國學問，保存中國文化慧命於海外一隅。經過社會認同，遂成為新亞書院之原始精神。這精神與時代緊密相連。精神之躍起固是因為客觀的時代問題之壓迫，但所謂時代問題之壓迫，即證一感受此壓迫者，亦即說有一精神者，感觸者，能感觸時代，通過感觸，證示精神之存在和時代問題之存在。非是有此一時代，便決定有此一感觸和感觸者；乃是精神在感觸中，精神無限，感觸無限，唯在感觸中能透視時代、瞄準時代問題之中心，並投注其關懷和承擔，由是而辦學，抱負一堅定目的而辦學 —— 我認為這正是新亞精神最顯著亦是最真實最有生命力的另一源泉。這亦應是當年在香港民間辦學的教育家的共同精神，有感於國脈文命不絕於縷，在這自由與奴役之爭的時代，維護學術文化、維護自由，而有後來的「中文大學」。

我們今日說中大理想如何如何，豈能逃避上述之義。這所現在聞名邇邇遐邇的著名學府，只需想想她的「中文大學」的校名，也就應該知道

6　《唐君毅全集》第九卷，〈新亞書院之原始精神與同學們應自勉之一事〉（台北：台灣學生書局，1986 年），頁 486。

她與生俱來那份自負和人們對她的期望；從她的原始精神／使命／職志，也就應該知道她為何要堅持她的理想／目標／宏願，也就應該知道她現在得到甚麼、又失去甚麼了。

　　一如所有擁有歷史的成功事業，她現在得到著名大學可以得到的最好的一切：名聲、榮譽、英才、校史、週年紀念。她以整座大山為其校園，建築物雖然雜駁，無風格可言，自建成那日即被批評，謂與校名不配，卻幸有山石林木遮掩，在上山落山轉彎抹角之際，景物遷移，也就忘記她原本可以如何典麗、如何素雅。那唯一有趣的庭院是中大文物館，仿四合院結構，天井圍繞一淺水池，養錦鯉數尾。文物館藏品中蘇仁山一項即可稱傲於世。四年前為孔子誕生二千五百五十週年，校方甚至在山頂新亞水塔叢林處樹立了孔子銅像，工藝創了笨劣之最，或正應合這時下之世風。有學生跟我說，那人是故意的。猶記當年正值國內「批孔」運動，海外華僑特意捐了一座孔子銅像給中國文化研究所，而校方竟把銅像藏到地下室。當前全人類對抗 SARS，中大醫學院站在最前線。1992 年畢業的謝婉雯醫生殉職，讓每個中大人深感悲傷和凝重的驕傲。總之，這是一條藉抉擇自己而擁有自己之路。由新亞人、崇基人、聯合人，而為中大人，她失去的難道只各自之歷史與記憶？

　　世上一切擁有歷史的成功的故事，他們得到的都一樣，失去的卻各不相同。有人以為要得到全世界，必須自拔其國族文化之根，自輕歷史運會之命，浮在半空，以到處窺探採摘為得到全世界；有人則以淺薄為聰明，以僥倖而沾沾自喜；有人則從國族文化存亡繼絕之感之痛，而感應了大時代之脈動、歷史之方向、人類世界之共命，以此感應之實踐實證，為得到世界之實。此所言之「世界」，惟存在於各各特殊歷史文化者之深根厚植中，各各特殊文化者之根深植於歷史文化，相互連接感通，而在人類理想同一天空下，各自長成不同文化之樹，長成世界文明之林。沒有一個浮在半空的世界，沒有一株「世界樹」，也沒有一位「世界人」，一如沒有一個沒有出生地的名字；若他被迫流

亡，仍須靈根自植，扎根於生命所攜帶的文化故土，感受並同化陌生的土風水情，在同一天空下長成他應該長成者。

「香港中文大學」，她的名字鐫記這一切，為着有人故意忘記這一切。當忘記亦被忘記，她的週年紀念將每次觸動人們的記憶和思考。

（三）民間辦學、書院精神 —— 不死的傳說

中文大學建校原遵行書院聯邦制，不幾年，香港政府策動改制，由書院聯邦制改成統一制，只餘各書院之老名，原來各書院之教學特色和自負之教育宗旨不復存在。此「不復存在」之感與書院原來之教育理念的使命感之強度成正比，如是新亞書院受到嚴重傷害。

由民間辦學之書院制而為官助民辦制的中大時代的終結，一個官辦的統一的中大時代來臨，這其中的重大轉變所帶給中大的成功和創傷、發展和沒落，留待歷史去評說，本文只想因應此段中大史實而帶出民間辦學之意義的思考。

中外歷史一個令人深思的現象是：一些原創性的思想家、學問家、政治家或時代的擔負者，這些後來成為學術議題的人物，往往是在民間講學中出來的。遠的如「軸心時代」中、印、歐三大文明的締造者，不用說都是在民間講學而後來長遠地影響歷史的。拿中國來說，孔子創辦私學而成為萬世師表，他的思想影響力至今恐仍在擴大之中。秦火代表了中外獨裁者對民間私學的恐懼和仇恨。暴秦一倒，漢代民間私學與官學一起復興，郡、國設學（太學），縣、邑設校，鄉、聚（村）設庠、序；當中官學、私學、民辦官助，官辦民助，都會有。至東漢順帝年間，洛陽太學生達三萬餘人，校舍二百餘房，近二千室。北至武威，南至邊遠的桂陽，「四海之內，學校如林，庠序盈門」（班固《東都賦》）。當時無論官學或私學學生更參與政治、評議朝政，著名的有郭林宗等三萬太學生，結納名士陳蕃、李膺等人，抨擊當朝宦官，掀動風潮，開中國學生運動一千八百多年延綿不斷以至於今之光榮傳統。魏晉喜論才性玄理，清談駁難，私庭講學之風大盛，據記聽者可

達千餘人。隨着佛教傳入，助長讀書山林之風。名山古剎既富藏書，又得寺院之便，著名的有白鹿洞書院、岳麓書院、應天府書院、嵩陽書院、石鼓書院、茅山書院等六大書院。有的延續千年以至民國，如岳麓書院就曾經先後聚集過宋明理學大師朱熹、張栻、王陽明等人，培養了包括後來清代王夫之、魏源等大哲學家、啟蒙思想家及各式領袖人物如曾國藩、左宗棠、郭嵩燾、唐才常等叱吒風雲的人物。元代私立書院有百餘所，遠至瓊州也開設有東坡書院，著名粵劇《搜書院》故事就發生在這裏。明清的官立學校因八股文而更加無生氣，能留住讀書種子的仍是私學書院，明代書院故多民辦。至清代，書院多被收歸官辦，加以箝制，則如殖民地政府之急於將民辦書院改為統一官辦，那情形是不難想像的。遂有民國初年之教育改革，蔡元培的辦法其實只是援民學以救官學，向全國各地民間禮聘各方實學之士，「兼容並包」、「教授治校」、「為學術而學術」（當時北大口號），一時朝氣蓬勃。而全國各地民間辦學講學如雨後春筍，論辯駁難，風起雲湧，則亦無分官學私學矣。「中國幾乎變成了世界學術的縮影，各種主義、黨派、學派、教派紛紛傳入，形形色色，應有盡有。一個時間，中國歷史出現了春秋戰國以後的又一次百家爭鳴的盛況，在學術思想界、文化教育界，產生了許多前所未有的代表人物和代表著作，呈現空前繁榮的景象。」[7] 這個百家爭鳴、空前繁榮隨着政局而終結。台灣的民辦大專院校卻愈辦愈多，已到了招不足學生的地步。香港的香港大學則據傳蘊釀轉為私校，與外國的名校看齊，如美國的著名學府哈佛、哥倫比亞等長春籐系大學一直是私校。說到這裏，我們也就不難明白當年新亞書院師生對政府策動改制，由民辦書院而書院聯邦而中央統一官辦，所表示的憂慮和憤慨了 —— 當然，若無對文教事業特質和教育史的了解，無「傳道、解惑」（全人的培養）方面的教育理想，而只以「授業」視之，則不必明白這種憤慨和憂慮。

7　見周谷城：〈民國叢書・序〉，《民國叢書》（上海：上海書店，1991 年重印。）

　　然而，本文這裏並不認為中文大學現應回復為私校書院，亦不認為統一制的中大沒有成就和優勢。統一制、聯邦制、私立制之優劣得失，其標準該如何訂，本人全無這方面的知識和談論資格。或正因此，本人這般談論有一種距離上的客觀性，亦即是說，這般談論原是超出中文大學而談論大學理念與實踐，或是說是以中文大學為題，而觸發我們重新思考大學教育的各種範型：官學、私學、私學鄉助、私學官助、官學民助、官學民辦，等等，這不同範型所代表的精神意義和可能性，以及我們應有的自覺的抉擇 —— 至少在精神上。

　　就中文大學的現況而向前看，選擇「官學民助」或是一個有趣的思考。雖然事後想來，當年中大以書院聯邦制創校，說不定創造了一個最切合中外大學教育理想和可能性的香港模式，這香港模式的大學理念和實踐，假以四十年，到今天可能已成為中外教育史上的重要創舉，成為中外大學教育的新理念新傳統。惜香港當年錯過了。

（四）教育與超教育 —— 教育生態學

　　由上所說，我們可以進到教育哲學中一個最古老而富爭議的問題，此即：傳統教育所注重的人的品德性情、一個理想的人格，可學不可學、可至不可至，可教不可教的問題。

　　這個問題與人類文化典範的形成俱始。在古希臘，品德性情問題被處理為知識問題（know-that），如「公正是甚麼？」經過辯證，結果是不可知。蘇格拉底遂問：「德性可教乎？」後來，希臘的重知的精神與希伯來宗教結合，以耶穌為神之子，不可知、不可學，故亦不可教。可教可學者唯如何無條件服從啟示，如亞伯拉罕之獻出獨生子。耶穌屬神，不屬「理想人格」，故不可學，不可教，更不可至。亞伯拉罕以下諸聖徒才是「理想人格」，可學可教，也可至 —— 成為神的忠僕。由是中古歐陸教育分成兩截，神和神的意圖（隱蔽計劃）不可知、不可教；神所造的世界，神之跡，以及人當如何侍奉神，則可知可教可學。神學是學論證神在知識的盡頭（或以外），科學是學認知知識範圍內的

神之跡。這種泛知識而又權威主義的教育，到了現代出現危機，即：
上帝已經隱蔽，學做祂的忠僕是否適當？且從知識上可學可教乎？

　　中國教育思想自始認為人的品德性情須待教育去啟發、熏陶，至
於可以教可以學到甚麼程度，由孔子開始即持一開放態度。謂人皆可
成聖成賢，只為「聖人者先得我心之同然」，故能「聞一善言，見一善
行，若決江河，沛然莫之能禦」(孟子)故中國的聖人是道地的「理想
人格」，不是神或神之子。這理想人格原非一套外在的行為心理範本，
學者要屈己從人地去模仿者。理想人格只是自我生命的純粹化，將那
被習氣囚禁的真性情釋放，「率性之謂道」，若決江河，便可成聖人、
至人、真人。學，便學這點道理，非學甚麼德目大全；至，便至一念
的誠明，非得甚麼神通廣大。此則以聖賢屬理想人格，可學可至。漢
代思想開始將聖人超離於理想人格，以聖人為「天縱之聖」(董仲舒)，
「聖人不學自知」，「非積學所能至」(王充)。魏晉人則謂「學聖人者學
聖人之跡」(郭象)，又謂「降聖以下皆須學成」(《論語集解皇侃疏》)。
此即謂理想人格(賢人君子)可以學至，聖人超出理想人格，故不可
學至：「經雖明言孔亦學，但意在勸教，百姓雖須學，但聖人固無所
謂學。」(同上)此時佛教傳入，遂有佛是可學不可學，可至不可至的
問題，在佛教史上，演變為著名的漸教與頓悟之辯。大抵成熟的漸教
認為佛教修行乃一逐漸擺脫習氣、克服無明的歷程，「必要研粗以至
精，損之又損，以至無損。」(竺道生《法華注》)故須漸教漸學。頓悟
教派則謂若人不能即生滅而反思一如來藏自性清淨心，則亦不能即染
還淨，煩惱即菩提。而此真如心實亦無心，無住無本。故曰：「實相無
一可得，悟之則理盡，不悟則面牆，何應有淺深之異？」(竺道生)悟
就徹悟、頓悟，不悟就像對着一堵牆，哪來那麼多淺深階級之異？然
無論漸頓都認同佛是一理想人格，可學可至。而此理想人格可學可至
之義，換一個說法「蓋是聖人提理令近，使學者自強不息。」(肇論疏)
即謂教育的意義，其實在使學者自強不息，豈有他哉！至宋明理學，
此義大盛而說得更平實，謂是「變化氣質」。

「變化氣質」，說的何等中肯。所有無論甚麼知識、專技，根本來自人，亦只能通過人去掌握、去起作用，而人總是一整全的生命者，知情意雖可分而實不可分。你要學甚麼、如何學，將來用在甚麼方向上，如何用，這就顯出你的「氣質」了。教育就為的使「精神→存在→理想→」這生命結構迴轉不已，昇進不已，變化氣質，「率性之謂道」，「命日降，性日成」。一句「聖人提理令近，使學者自強不息」透露多少教育智慧。我願仿今流行說法，稱為「教育生態學」或「教育生命學」。

說到教育生態學，我想到不久前香港大學副校長李焯芬教授一次對我說：大學為培養同學多方面興趣，想在假期開一些班，「結果超過六成人報讀電腦」，他語氣帶着難過。過了一段時間，他又向我重提這事 —— 為他的學生慚愧。李校長是工程學家、科學家，他為他的學生只顧學專技感慚愧。我聽後亦感慚愧，為我早已沒有這種感觸而慚愧。我因此想到唐君毅先生晚年對新亞學生的失望。唐先生發現香港青年欠缺對有客觀意義的大問題的真感受。

> 真能不斷刺激人之心靈生命上進之問題與困難，都是有客觀意義的，如學術文化教育的問題，初只是一些純個人主觀的問題，則他縱然讀了大學得了學士、碩士、博士，當了學者名流，他的進步，仍是到一階段而止，以後便是一行屍走肉的人。然而人之有無一些客觀的問題在心，則一般說，要在青年時，由一些感覺，而自己培養。[8]

這涉及深層教育生態了。或者說，涉及教育的生命學了。康有為謂「登高極望，輒有山河人民之感」。天地也參與教育，然奈無感者何。

或者有人說，現代教育無需負擔過重，現代社會所需要的亦只需是專家和享樂者，亦正是你說的行屍走肉的人。韋伯早說過：「（在這

---

8 《唐君毅全集》第九卷，〈敬告新亞二十二屆大學部及研究所畢業同學書〉（台北：台灣學生書局，1986 年），頁 595。

裏）專家沒有靈魂，縱欲者沒有心肝，這個怪物幻想着自己已達到前所未有的文明程度。」[9] 這就是現代，你只有接受。印度聖雄甘地堅拒接受，他譴責現代七宗罪為：一、沒有原則的政治。二、沒有道德的商業。三、沒有勞動的財富。四、沒有個性的教育。五、沒有人性的科學。六、沒有良心的享樂。七、沒有犧牲的信神。甘地被殺是否象徵理想主義的終結？甘地的「有個性的教育」會是哪種教育？

韋伯警告說：「沒有人知道將來會是誰在這鐵籠裏生活，沒人知道在這驚人的大發展的終點會不會有全新的先知出現，沒人知道會不會有一個老觀念和舊理想的偉大再生，如果沒有，也沒人知道在某種驟發的妄自尊大情緒掩飾下會不會產生一種機械的麻木僵化。」[10] 我們已經知道全球化趨勢將把全人類領到這現代性牢籠裏生活；我們亦知道籠的擴展和精緻化修飾，已令不少人產生前所未有的文明幻想，開始一種機械的麻木僵化 —— 我們知道這一切都已經發生，這驚人的大發展的終點彷彿已經來臨。我們唯一未知的是：在向神的迷信和向物的迷信雙雙幻滅後，「會不會有一個老觀念和舊理想的偉大再生」。以及，教育是否與這個再生關連。

以上，算是對中大四十週年的感言。把話說大，也是有意的帶出有客觀意義的問題，帶出沉思。齊克果有一天在花園獨坐，想到：人人都盡力把人生弄得輕鬆，或者需要有人把它重新弄得艱難。「我就是這個人！」齊克果點燃雪茄，「我把在每一處創造困難看作是我的使命！」大學生們，學會艱難，將理念寫進人生。

（香港中文大學建校四十週年感言，寫於 2003 年 5 月，必照樓，後刊於香港中文大學學生會《中大四十年》特刊。）

9　馬克斯・韋伯 (Max Weber) 撰，于曉、陳維綱譯：《新教倫理與資本主義精神》（香港：三聯書店，1987 年），頁 143。

10　同註 9。

目的與生命美學

—— 藝術生態學中的無目的與目的

第十八章

目的論與生命心靈境界

如今講文化問題，特別是講哲學問題，日趨向於在中西文化對話、中西哲學交會的背景中進行。我們今天講美學，想通過美學講人性論、講哲學的人類學，也打算在中西哲學會通，中西美學比較的語境中進行。我選擇從康德的批判哲學、康德美學、康德遺留的哲學問題，講起。

一、從目的論到生命美學
—— 從「人是世界存在之照明者」到
「人是世界存在的終極目的之發現者」說起

康德的批判哲學最後必然歸結到人學（哲學的人類學），從人學體性學（近乎中國哲學之心性論）說人類文化各領域之「存在之理」。康德的第三批判（《判斷力之批判》）從審美之可能，說人是萬物存在以至世界存在之終極目的（最後目的和最高目的），因此，人值得是一一具

體物之內在目的以及宇宙整體目的之發現者,更即此說當一物之表象(意象)符合其存在目的,必引生一愉悅之情,此即所謂審美。康德正本此主體論哲學建立其劃時代之目的論美學。

康德美學屬目的論美學,此由康德以合目的性原則為審美判斷之超越原則,表明無遺。目的論美學可以有多種型態,今且不論其他型態,只說康德美學初表現為一主觀目的論美學,隨着其所論種種,康德美學實可以發展成為一生命境界論的美學,或一絕對目的論美學。此則需要進一步疏理。本人認為,第一步可以即審美判斷之為一主觀目的論而窮其極,以至於主觀之為主觀之終極處,排除任何後天之特殊目的,自我還原為一無目的之純粹我,亦即「人存在之在其自己」之無意志狀態、之「無我之我」。此「無我之我」為審美活動之還原之剩餘。第二步由此審美活動還原剩餘一個無我之我,而思此無我之我必待人之為世界存在之發現者、照明者、立法者,即之而有超越之還原,而方自覺自明;亦即由「寂天寞地,必有事焉」之「必有事焉」而歸於「寂天寞地」,由人既能開啟世界,復能超越的還原至寂天寞地,自證自明有一獨知者負責乾坤萬有基。而我是有可能做到此一超越的還原的 —— 只需逐一剝落我對我參與呈現、照明的世界之各種執着/積習/期許,復歸為一純粹我,退藏於密,潛存一切將發而未發的可能性之「全」。此為在活動中實證其自己、歸復其自己。第三步,既歸於「無聲無臭獨知時,此時乾坤萬有基」矣,復而「無極而太極,太極生兩儀」,陰陽相銜,前後相望,內外相映,「天地間只有個感與應而已,更有甚事。」(程明道)「日月疊璧,以垂麗天之象;山川煥綺,以鋪理地之形。」(《文心雕龍》〈原道〉)「天地萬物之理,無獨必有對。」(《二程遺書》)有存在,必有活動;有活動,必有虛實;有虛實,必有消息;有消息,必有目的方向,而有向必向於實現而無向(符合之、實現之即無向),由無向而「寂天寞地,必有事焉」,無極而太極……。如此往返迴旋於現象界與超越界(目的王國)之間;由存在的現象學的還原而回到現象,中止判斷;由存在的超越的還原而將萬有收攝於瞬間意向;

在乍有還無、類與不類之際，生命體會一種無目的與目的、超越與定在之間之主觀的自由；此即可發展為一活動論的、自我發現的、生命生態學的境界論美學，而與中國之心性論之境界學互相呼應，互相發明。

主觀目的論者從具體存在者之存在入路，深思默想其如是存在之目的（其如是存在之超越的存在之理），若說在此具體存在者身上發現美，此所謂發現美，實即發現此對象表現為符合其「存在之理」（存在之理含一物之內在目的及其形構之理），隨即引發作此「合目的性判斷」之判斷者一種愉悅之情，此愉悅之情即所謂美感。美即美感，在此（主體）不在彼（客體）。

由此說來，主觀目的論美學的核心問題，在：當即着一具體對象，反思其內在目的，再由此目的所要求之存在之表現（如亞里士多德「四因說」之材質、形式、動力與目的之相配相應，中國美學所重之形神呼應、氣韵生動、翕闢成變之生生之幾），照察當前事物，而有所謂「合目的性」與否之判斷；此「合目的性」與否，唯以判斷者能否伴隨其判斷而生出愉悅之情為判準；能引生愉悅者為合目的、為美；否則為不合目的，為不美。此所謂「合目的」、「不合目的」既以能否引生判斷者之愉悅之情為判準，然則此「合目的」、「不合目的」唯屬於判斷者當作這樣一個判斷之時，其生命與所審視之對象之存在的感應。既曰存在的感應，則又同時關涉反思活動中之對象與反思主體當下存在之生命生態之合目的性之「同、異、離、合」。然則，除非人是一擁有超越之目的者（理想主義者），或說以目的性之尋找為其存在之實感，並以此實感為人性之本質者；或直說人須為天地萬物提供目的性原則，並希望成為合目的性者；否則不能有審美。同理，人除非排除所有個人之現實目的，而為凌虛觀照者，否則不可能有審美。

二、康德論「人是世界存在或宇宙本身之終極目的」以及「人如何可成為世界存在之終極目的」

(一)「理性的存有者」——人，其道德立法使世界事物互相隸屬的目的之連鎖得到最後的附着點；故作為立法者——人，有資格成為一終極目的者

　　世界萬事萬物以因果律相串連，但整個因果串系之落實，無論是終極目的或第一因，皆在知識理性不能到達之彼岸；反過來也就是說，整個世界存在之被理解為一大因果串系（或曰整個世界被理解為一互相隸屬的目的之連鎖），只是一基於知性為自然立法而成的知識法式，它來自知性，止於知性。知性自身只是理性精神客觀化自己（形式化、普遍化、抽象化）而有之一步自我疏離，離其自己以對其自己，以成就屬於人的認知世界（命題世界）。並因此，知識世界只負責構造命題，組織命題，檢察命題，只涉及命題之經驗的性格，而不負責任一命題之實在論之實有的對應性說明，故說因果律只是一軌約原則，而整個世界事物互相隸屬的目的之連鎖，或曰在因果串系中之萬物之性相，依人對其所在之因果關係中之地位之不同之理解，而動之愈出，永無窮盡不能有終止之處。直至人以其道德立法者身分宣示自由意志，由自由意志之實踐性格，為所在世界引入不決定性，為所在世界之因果串系帶來第一因，「自由」遂得成為宇宙論概念，為世界萬物之存在提供「主觀」但又是終極的實踐說明。這「主觀」而又終極的「無聲無臭獨知時，此是乾坤萬有基」之世界存在之實踐的工夫論的說明，實乃即着「知性為自然立法」，故「知性必須被視為是那些現實上被發見於事物中的諸形態的可能性之原因」而來的進一步尋求這種知性所依之客觀的根據之要求。這客觀的根據它能夠去決定這有產生性（有為）的知性，決定之而至於其所知與其所產生（所為）相合，此客觀的根據就是「終極目的」，所有「有如此這般的形態與關係」的諸事物即為那終

極目的而存在。[1] 由終極目的，觸發存在者自我實現為合目的者之動力因、當下存在之合目的性之形式因，而攝材質因於合目的性之活動中，即活動說存在。當我們這樣設想而又不至陷入「意匠設計」宇宙論之泥淖，我們必須確定有一類存有，其存在着是必然地要當作一睿智因之終極目的而存在着的。康德這樣說：

> 　　人實有知性，因而結果亦實有一種能力去把其慎審選擇之目的置於其自己之前（吳案：即所謂「精審原則」）。人實是這樣一個存有。若把人視為地球上（世上）唯一的這樣一個存有，則人確然是自然之合格的主人，而且設若我們視自然為一目的論的系統，則人便是生而就是「自然之最後一級的目的」（der letzte Zweck der Natur）。但其為自然之最後一級的目的總是依據如下之條件，即他須有睿智與意志去把「對於另一種目的之關涉」給予自然並給予於他自己，這所關涉到的另一種目的乃即是那「能夠是自足而獨立不依於自然」的目的（吳案：即所謂「自由目的」或「道德目的」），因而結果也就是說，是那「能夠是一終極目的」的目的。但是像「終極目的（final end，Endzweck）這樣一種目的必不可在自然中被尋求。[2]
>
> 　　現在，在世界中，我們唯有這麼一類存有，其因果性是目的論的，或說其因果是被指向於「目的」的，而且這類存有他們同時也具有這樣的性格，即他們之為其自己決定目的所依照的那法則是被他們自己表象為「無條件而不依待於自然中之任何物而卻又在其自身即是必然的」者。

1　康德著，牟宗三譯註：《判斷力之批判》下冊，第八十四節（台北：台灣學生書局，1993 年 1 月初版）。
2　同上註，頁 135。

屬於這一類存有的那存有就是「人」，但是這所謂「人」乃是被視為是一「智思物」（noumenon）的人。這樣的人乃是如下所說那樣唯一的一個被造的自然物，即它雖是一智思物，然而其特殊的客觀性格卻猶能使我們在其身上去承認一超感觸的機能（即其意志之自由），並能使我們在他身上去覺知自由意志之因果性之法則與自由意志之對象，而這自由意志之對象乃即是「此自由意志一機能能夠把它當做最高目的（即世界中之最高善）而置之於其自己面前」者。[3]

　　現在，在視之為「一道德存有」的人之情形中，或在同樣視之為一「道德存有」的世界中任何其他「理性的存有」之情形中，那是不許我們進而去問：「他為甚麼目的而存在」這個問題的。他的存在自身內在地就含有這最高的目的；只要他能夠，他便可以把全部自然隸屬於這最高的目的，或至少他必不可把他自己視為是「隸屬於自然方面之任何勢力以對反於那最高的目的」的。現在，假定世界上的事物，就其真實存在而言，是一些有所依待的存有，而即就其為依待的存有而言，它們即有需於一最高的原因為依照目的而活動者：假定是如此云云，那麼，「人」便就是創造之終極目的（即世界的存在或宇宙本身之終極目的）。因為若無人，則互相隸屬的目的之連鎖必無最後的附著點。只有在人中，而且亦只有在人之作為那「道德法則所可應用於其上」的個體存有中，我們始在關於目的中找到無條件的立法作用。因此，此立法作用就是那唯一能使人有資格成為一終極目的者，這終極目的乃即是「全部自然所要目的論地隸屬到之者。[4]

3　同註 1。頁 144。
4　同註 1，頁 144。

　　人的知性使人有能力置身成為大自然之合格的主人，因知性能使人把經審慎選擇之目的（如大自然存在之持續存在、符合自然目的之存在秩序、某義之「自然法」、以至「幸福」）置於其自己之前，指導人的行為並以此確信人生而為「自然之最後一級之目的」（最後目的），宣佈人確然是自然之合格的主人。設若我們視自然為一目的論的系統，而這自然目的論系統能得以完成所需之最高目的，由「造物主上帝」之「意匠設計」早有安排而無需置疑，則擁有知性所提供的「精審原則」的「人」，既為地球上（世上）唯一的這樣一個存有（知性者），則人確然是自然之合格的主人與「最高目的者」（最後目的者）—— 但只能身處於造物主上帝所設計及安排之國度，行使「知性為自然立法」之特權，藉此立法作用使人有資格成為自然之合格主人、同時亦即自然之最高目的者（最後目的者）。一旦離開上帝之設計安排，人依知性所施設之因果法則將世界事物納入因果串，只成功一個知識的構造，其終極處並沒有一個實證的說明；存有論地說，整個互相隸屬的目的之連鎖最後沒有附着點（上帝存在，或說「神的意匠設計」原是最後的附着點）。

　　除非，在上帝神性之外，我們發現：在世界中，我們確有一類存有，其因果性是實踐的目的論的（自我實現的），而且這類存有其為自己決定目的所依照的法則，是「無條件而不依待於自然中之任何物，而卻又在其自身即是必然的」者，亦即必以「最高善」之實現為其意志之對象，並因此得承認其身上原具一超感觸的機能（即其意志之自由），能把「自足而獨立不依於自然」的目的給予他自己並給予自然（康德原說「給予自然並給予於他自己」），從而為整個互相隸屬的目的之連鎖提供一最後的附着點。這類存有的那存有，就是「人」，或曰「一道德存有」的人。他的存在自身內在地就含有這最高的目的（最高善的實現）；只要他能夠，他便可以把全部自然隸屬於這最高的目的，至少，在觀照中，在對世界之沉思默想中，他可以把全部自然隸屬於這最高目的，從而建立世間事物的內容意義之關係結構，亦即世間事物之價

值秩序；而一方得證真善美之價值論之存有論之根源，一方得證真、證善、證美之獨立的價值系統之說明，而為科學、倫理學、美學提供一超越的、實證的人性論根柢。

(二) 人既為世界存在之最高目的，而使世界存在獲得價值，並因此人存在非以幸福為其目的，而是以「成為自由（自律、善意志之培養和教化）」為其目的

「人」，作為一「理性的存有」其之真實存在，不僅關涉及「人」之自身，且關涉全部世界：世界中的事物以及世界自身之真實存在、一切千差萬別、精巧絕倫的生命形態，以及擁有這千差萬別的生命形態各種系統的那全部複合體名曰「世界」者，這一切存在的意義——這一切存在之始因、終極目的、價值秩序，簡言之即「存在之理」之實存。換言之，若無「人」（道德法則所可應用於其上之理性的存有）在世上存在，全部世界必然只是一徒然無謂者、無意義者，以至即使其可被照見或暴露於某種「知性」，世界之存在亦不能從「其被認知」這一事實而獲得任何價值；借存在主義者所言則世界存在為一大荒謬（無終極目的、無確定意義、無獨立價值、無必然性。存在主義即有人以人之存在本身為一大荒謬）。因此，深切言之，不是「自然人」或「知識人」使世界存在獲得終極目的和價值，而是「道德人」使世界存在獲得終極目的和價值，而人遂得必以「成為道德者」、「成為自由」作為人存在之首要目的。

　　　　茲有一判斷，即使是最普通的知性，當它反省世界中的事物之存在以及世界自身之真實存在時，也覺得這判斷是不可抗拒的。這判斷便是這斷定，即一切千差萬別的生命形態（儘管它們可與最偉大的技巧相協調並與極度變化多端的合目的的適應相聯繫），以及甚至那「擁有這千差萬別的生命形態之各種系統」的那全部複合體，即這不

很正確地被名曰「世界」者，這一切，如果人類，或一種
理性的存有，不被發見於其中，則它們必應是無所為而存
在着（即其存在必應不是為甚麼東西而存在）。換言之，
全部世界，若無人存在於其中，必會只是一純然的荒野，
一徒然無謂者，且亦無終極目的者。（……）如果此對世
界之沉思默想除只照見或暴露無終極目的的事物外，它一
無所照見或暴露，則世界之存在便不能從「其被認知」這
一事實而獲得一價值，世界之一終極目的必須被預設為
是這樣一個物事，即關聯於此物事，對於世界之沉思默
想其自身就可以有一價值。可是那並不是在關聯於快樂
之情或此情之綜集中我們始能思考宇宙本身或世界之存
在為有一特定的終極目的者，那就是說，那並不是因着福
利，因着享樂（身體的享樂或心靈的享樂），總之，因着幸
福，我們始看重那世界的存在之絕對價值。因為「人，當
其存在時，使幸福成為其自己之終極意圖（final purpose：
Endabsicht）」這一事實並不能供給我們以任何理由之概念
以明人為甚麼一定要存在，亦供給不出人自己所具有的那
任何價值之概念，對此價值概念而言，人之真實存在必可
被使成為可愉悅於人者。（案：意即以幸福為終極意圖這
一事實亦供給不出人自身所具有的那「可使人之真實存在
為可悅」的任何價值之概念。）因此，要想我們可有一理
性的根據去說明自然（當其被視為是依照目的之原則而成
的一個絕對整全時）為甚麼必須與人之幸福〔之條件〕相
一致，則人必須早已被預設為是創造（宇宙自身）之終極
目的。依此而論，那只有意欲之機能（意志）它才能給出
這所需要的「關涉點」—— 不過須知，這所謂意欲機能不
是那「使人依待於自然」（通過感性之衝動而依待於自然）
的那個意欲機能，即是說，不是如下所說那樣的意欲機

能，即在關於這意欲機能中，人之存在的價值是依靠於人所接受者或所享受者：不是這意義的意欲機能。正相反，人之存在的價值乃是這樣的價值，即這價值乃單只是人所能給予於其自己者，而且這價值亦正存於人之所為者，正存於「人在意欲機能（意志）之自由中活動」所依靠的那樣式以及所據的那原則，這價值亦並不可被視為是自然的連鎖中之一環節。換言之，一個善的意志乃正是人之存在所單因以能有一絕對價值者，而且在關聯於善的意志中，世界的存在始能有一終極目的。[5]

（三）只有「理性的存有」能在根源處（即在自然系列之窮極處）以「創造」（自由）為世界存在之第一因，而超出自然系統之所有關係，但同時內處於自然系統，以「自我實現」證成世界存在之終極目的：「成為自由（創造）」

目的論美學認為美（美感）不可被理解為使人依待於自然的意欲機能（感性之欲望）得到滿足之快感，美感（美）正好是通過對感性欲望之超忘，或節制，或所謂昇華，以體會「人在意欲機能（意志）之自由中活動」，而有之「可欲之謂善，得諸己之謂信，充實之謂美」（孟子）之生命喜悅，而徹底自我區分於「自然連鎖中之一環節」之「有生命的但卻是非理性的存有」（如動植物）之徒滿足自然意欲之快感。藉着只有「人」有美感（欠缺理性的動物沒有美感，欠缺感性的神亦沒有美感）這一美學事實，我們可以自由體會只有「人」這類「有生命的又是理性的存有」能以其理性立法（道德）為世界存在證成第一因，同時證成「自由」概念，而超出自然系統之所有關係，但又同時內處於自然系統，以反思判斷力為自我存在以及全部世界提給一絕對目的（終極目的）；即一方審視眼前之具體存在是否合目的 —— 具體之體性、體用、體相之

5　同註 1，頁 158-160。

呈現是否合目的,一方即攝眾多目的於一整體目的,反思其是否合其超越目的——「生生」之終極目的;與此同時,更以「人在宇宙中之自我定位」之「自我實現」,證成「創造」亦即「自由」為自我存在以及全部世界存在之終極目的;而非以自然對「理性的存有」之所有關係之要求滿足(幸福)為其目的。

> 　　如果世界只由無生命的存有而組成,或甚至只部分
> 地由「有生命的但卻是非理性的存有」而組成,則這樣一
> 個世界的存在必不會有任何價值,因為在這樣的世界中
> 必不會有任何存有它對於「甚麼是價值」會有絲毫概念。
> 另一方面,如果世界中實存在着理性的存有,又如果雖即
> 存在着理性的存有,然而這些理性的存有之理性卻只能
> 夠在「自然對這些理性存有」所有之關係中,即是說,只
> 能在「這些理性存有之福利」中,去安置「事物之存在之
> 價值」,而並不能夠由根源處,即在這些理性存有之自由
> 中,去為這些理性存有自己獲得一種存在之價值,如是,
> 則在世界中誠可有相對的目的,但卻並無絕對的目的,因
> 為此類理性的存有之存在必總仍然會空無一目的。(……)
> 我們使用「創造」(造化 Creation: Schopfung)這個字時,
> 我們只是用之去意謂這裏所說者,即去意謂一世界的存
> 在之原因,或去意謂世界中的事物即諸自體物的存在之
> 原因。此亦就是此字的嚴格意義之所傳達者:「創造(造
> 化)就是一個體物(自體物)之實現」(意大利文為 actuatio
> substantiae estcreatio,即 Creation is the actualization of a
> substance)。[6]

6　同註 1,頁 172。

（四）康德論崇高：當一自然對象之量度超出人所能想像之自然系統之所有關連，人遂得中斷慣常的知性作用，人的自然概念被迫向於「超感觸的基體」（物自身）而運思，如是就到達與人的存在之「超感觸的基體之同一基體（根源）」，隨即湧現一「越過每一感官之標準」之偉大性，此偉大性並非是對象的，而是人的心靈的，是人的心靈對「人之所以為人之超感觸的基體」之觸動，而喚起的對人性之讚嘆！

　　轉過來說，由體會「人」之能以其實踐理性立法，為所在之世界存在帶入不決定性，證成自由因，一方超出自然系統之所有關係，一方內處於自然系統以為其根柢（笛卡兒謂哲學之樹以形上學為其根柢）以轉動自然，為自然提供目的因、形式因、動力因，而攝材質於經驗，即經驗說緣起性空，說現象無自性，唯以主體之意向性之起用為「量智」或「性智」而決定其存在性：或決定之為一堆物量；或即「無自性」而撤消萬有，唯餘空如；或即量智、空智而歸於意向性之「向」與「無向」、或寂或照，或「寂感同時」，言「攝存有於活動」，而言熊十力所謂「性智」，由性智直覺（創造）一現象存在之內在目的與超越目的，而有價值之分位之等，以及絕對價值。性智之性唯以仁德為性，亦即以感通、創造為性。只要他能夠，他便可以把全部自然隸屬於這「成為自由、成為道德、成為創造」之最高目的；至少，他必不可將自己隸屬於自然方面之任何勢力，以對反於於那最高目的。即使大自然一改平日的旖旎明媚而為狂風暴雨、黑浪滔天、地裂山搖，萬仞懸崖傾塌於前，他震驚不已，但仍屹立面對，同時以身為自然生命渺小無助而痛心疾首，這最易折斷的脆弱生命卻是全部世界（包括眼前這狂暴無情的世界）的擔載者、承受者、決定者，以及這一切之呈現者、唯一的意義希望之所在。我們因此發現在人所面對的「自然」與人的「意識」這兩者（這兩者合演出那驚心動魄的一幕。平日則稱為「經驗」者）之基礎地方而為其根據者，是「越感觸的基體」，即我們的「心靈氣質」

或曰「人格」，仍獨立不阿，絲毫不屈服，讓作為「理性的存有」的我們自己感動不已。這沉浸於痛苦而穿越痛苦的勝利感、奮鬥感、昂揚感，即所謂「崇高」。

當一自然對象之量度是如此之大以至於想像力費其對於此量度之綜攝之全部能力亦徒然而無效時，這自然對象之量度便必須把我們的自然之概念帶到一如下那樣的超感觸的基體上，即這一超感觸的基體乃即是那居於「自然」以及「我們的思想能力」這兩者之基礎地方而為其根據者。一如此樣的超感觸的基體，其為偉大是那「越過每一感官之標準」的偉大。這樣說來，那並不是「對象」，而實是「賞鑒對象」的那「心靈之色調」（拍調或狀態），它才是我們所須去評估之為崇高者。

因此，恰如美學判斷力在其評估「美」中把自由遊戲中的想像力關涉到知性上，以便使這想像力和「知性之概念一般」相諧和（而卻並無這些知性概念之任何決定），所以美學判斷力亦於其評估一物為「崇高」中，便將想像力關涉到理性上，以便使這想像力和「理性之理念」（非決定地表示的理性的理念）有主觀的相諧和，即是說，以便去誘導出一種「心靈之氣質或拍調」，這心靈之氣質或拍調乃是符合於確定的（實踐的）理念之影響於情感上所產生的那拍調者，而且它亦是與那樣所產生的拍調相融洽而共契者。

此義使這一點甚為顯明，即：那真正的崇高必須只在下判斷的主體（人）之心靈中被尋求，而並不是在這樣的自然之對象中，即在那「經由對之所形成的評估而引起此心靈之氣質或拍調」這樣的自然的對象中，被尋求。真正的崇高實並不是在這樣云云的自然之對象中被尋求，而且

只必須在下判斷的主體（人）之心靈中被尋求。有誰會將
「崇高」一詞應用於這樣的無形狀（吳案：超出感官、想像）
的山叢，即「連同其冰塊之金字塔而互相凌駕高聳於荒野
無序中」這樣的無形狀的山叢呢？或又有誰會將此詞應用
於那黑暗而有風暴的大海洋，或那類乎此者呢？（案：意
即無人會說這樣云云的無形狀的山叢以及這樣云云的大海
洋為「崇高」）。但只是在對於這樣無形狀的山叢以及這樣
黑暗的大海洋之默識而卻並不注意其形式中，心靈乃將其
自己縱肆於想像，並縱肆於這樣的理性，即這理性雖完全
無任何確定目的，然而它卻與那想像力結合在一起，而且
其與之結合在一起亦只是想擴大這想像力之眼界或意圖。
夫心靈既如此，如是，它遂感覺到它自己有所升高，即在
其自己所有的對於其自身之評估中，於見到盡想像力之一
切力量仍不足以與理性之理念相齊等時，它遂感到它自己
有所升高。[7]

三、二重「目的性」之合一：
「終極目的」與「人的發現」

（一）「窮美見德」：在「合目的性原則」之後，要求「終極目的」

由美學判斷之「合目的性原則」，而窮盡至極，而要求在「合目的
性」之後（後設學的後），有實在的超越的「終極目的」之存在；由向外
尋找此終極目的，發現徒勞無功，而必返回至提供此合目的性原則之
反思判斷力，從而體會此要求「終極目的」是「直接地與最純粹的道德
情感相連的」（康德言），而返回至此反思活動之觸發的根源（主體）：

7　康德著，牟宗三譯註：《判斷力之批判》上冊（台北：台灣學生書局，1993 年 1 月
　　初版），頁 246-247。

　　正只是那「傾向於想去擴大其道德情感」的心靈，它
才在這裏自願地想像一個「不存在於世界中」的對象（案：
指上帝）。（⋯⋯）其根源即是我們本性中之本有的最初
的道德性能，此一性能，作為一主觀的原則，它將並不許
我們在通覽或默識世界中以世界之通過自然原因所引生的
那合目的性為滿足，但卻引導我們去把一作為基礎的最高
原因引介入世界中，這一最高原因乃即是那依照道德法則
而統治者。[8]

　　當大自然以其力與量之超出自然系統之所有關連之想像，而中止
我們以合目的性原則作判斷時，直接逼現在主觀的合目的性之觸發根
源地，自身須有一超越之終極目的，以使此反思活動主體得以此為內
在目的，自我實現為「即反思活動而為終極目的者」，使全部自然因果
串系獲得一系統性之完整，而不至於無窮後返，以至兩頭落空，成了
個「兩頭暗，中間不明（沒有個附着點）」（朱子說陸象山「兩頭明，中
間暗」。兩頭皆着實，中間是個人工夫所歷之歸於密。正是朱子自己
未透，卻說對陸象山反對支離之言）。此終極目的因而只能是超出自
然系統之「自然」的「自由」（自由，故不是人的情識投射所成之人格神
之預定計劃），並因「自由」，為人與人的世界帶入超出自然系統之終
極目的，藉終極目的，而有存在的「意義」（價值、秩序、存在的真實）。
此終極目的只能在主體方面尋找，這就是「創造」，而「創造」只能通
過自由、自律、道德立法來證明，無而能有，有而能無，自然世界與
自由世界因此獲得連結：在審美判斷中得到觀照的意義的連結，在目
的論判斷中得到實踐的意志的連結並涉及存在。

　　人通過所審視之一對象而作反思，反思其如是存在所繫屬之超越
目的（未實現，以至未清晰意識之目的），以之照臨當下，而發現其

8　同註 1，頁 166-167。

當下之存在樣式與反思判斷之所思其應有目的若合符節，此「若合符節」之瞬間之感，遂立時解消了目的與存在之兩極化緊張，從而似乎亦就安頓了、適時制止了、預防了可能再起的反思活動，以至解消或在一段時間裏麻醉或罷免了人之主體意識，將人從種種立法活動之破裂緊張中解放出來，如是伴隨一種無目的的自在之感與愉悅之情。但人之自覺的主體意識永在分裂存在，分裂為「應是」（「當然」）與「所是」（「實然」）、「未然」（理想目的）與「實然」（現實）、「自由」與「他由」……。形象地說，分裂為「形而上」與「形而下」兩界（古義有解謂：人以上者為形而上，人以下者為形而下），而行走其中。「天地間只有個感與應而已，更有甚事。」（程明道）能感能應，是生命之特權；全感全應，是理想之生命。由存在之破裂，人的道德意識愈強，愈是自覺自感「人生過處唯存悔，知識增時只益疑」（王國維句），則離安樂愈遠；難得在此「合目的性」判斷中，暫時得到「安頓」或曰「懸解」（由懸掛而放下得解脫。莊子義）。隨着主體性一一剝落，恍如如從種種縛繫中脫身，復其為一無主體性之純粹主體，體會一種空靈、無為、無憂、無限之自由（自在）之感，此道家莊子之「逍遙」義合真善美於一體而為「天地有大美而不言」。然既已謂「天地有大美而不言」矣，且得無言乎？如是有言，有不言。不言者，意謂無言說者（主）與所言之對象（客）之區分，以至無言說中之「人為符號」與「自然符號」之區分、無「思指」（內容）與「所指」（外延）之區分，無區分故不可說，而歸於整體論的藏存一切可能目的之「全」。即此不可說的整體論的藏存一切可能目的之全，而推出去說之為「形而上」，此「形而上者謂之道」之「道」意即擁有一切存在之可能目的之全。此「道」運行之天地無有不合目的者，亦無有目的可言，以「全有」故，「全有」故「無」。魏晉名士故曰「無以全有」。天地無目的唯以「無」為目的，故天地有大美而不言。今既言之矣，則已強分「形而上」與「形而下」，強分主客，由主客相對之格局，依反思判斷力所提之主觀的超越的合目的性原則，判斷一具體對象其體、其用、其相之合其目的，如是伴隨有愉悅之情，

而曰「美」，而有所謂主觀目的論之美學可言。唯此主觀目的論所反思之一存在物事之內在目的，卻正是此存在物事之實際目的、工具性目的、外在目的之逐一解除（消極的放棄客觀目的理想）或逐一超越（積極的達成目的而涵蓋、超越原先之目的而頓時無目的），超越以至於捨離內外目的，而終只是一無目的之在其自己之自在。此主觀目的論辯證之歸於終極無目的，是目的論論述發展至辯證的一次自我歸寂歸默，有如日落，萬物畢羅，莫足以歸，天地有大美而不言（此並非如黑格爾取笑謝林，在昏暗中所有乳牛顏色無有差異；而恰相反，是主觀目的之方向性之取消，萬物自存自照，「吹萬不同，怒者其誰？」）。由此主觀目的論辯證之歸於終極無目的，則反思活動可折返回頭反思整個反思活動之觸發、以及合目的性原則之提供，正根源於此無聲無臭時乾坤萬有基之獨知，而一觸即發（佛教言「一念無明法性心」，道家言「自無極而太極」，儒家言「仁者心動」、「寂天寞地必有事焉」），迎來本體宇宙論創生原理之日出，由日出而方有今之日落；再而可有「日方中方睨」之即照即寂、即寂即感之圓說。此莊子齊物論原旨之即萬殊言齊（如「天籟」義之「吹萬不同，怒者其誰」），即齊言非齊非不齊。其中之關節，在如何由主觀目的論之「無目的而自然合目的」之自由體會，契入「道德目的」與「自然目的」之實踐的目的論的綜合：人是自然之最後目的（最高目的），唯人之為自然之最高目的者，非以擁有自然之一切可能目的之「物質之綜集」（幸福）為其存在之目的，而唯以人能自由地為自己設置目的（終極目的，自然目的以外之自由目的，即道德目的）並能自我教養（文化）為適合於其在宇宙中之自我定位的自由目的之合目的者，以此為人之存在目的。此康德目的論之勝義；《中庸》則以「尊德性（終極目的）而道問學（即超自然系統之終極目的，而以自然之最後目的之身分自我教養為適合於在宇宙中自我定位之目的。是尊德性中，自有道問學，道問學中，自有尊德性）一句概說之。儒家以道德目的涵攝自然目的，道家以自然目的涵攝道德目的，在具體的德性工夫中兩家互有出入來回，而九轉還丹、生生不已。此生生

不已之自由自然道德論所開示的，唯是即自然目的（自然之最後目的）而言道德目的（終極目的），即終極目的（自由目的）而言自然目的（自然之最後目的），而「人德之成就同時是天德之流行」（唐君毅語）。由觀照的「無目的而自然合目的」之主觀的自由體會，躍進至實踐的「終極自由目的而窮理盡性以合目的」之客觀的自由體會，此儒道兩家成德工夫之「兩頭明，中間暗」。必待魏晉玄學，由名士王弼之「聖人體無，無又不可以訓，故不說也。老子是有者也，故恆言其所不足。」向秀、郭象之「獨化」、裴頠之「崇有」，以至嵇康之「聲無哀樂論」而暢論之，至少在玄悟中，在主觀體會中透視之，是為會通孔老。

（二）康德的道路：由「道德目的論」與「自然目的論」而「前進」到神學

與中國儒道之寄望於人的成德工夫之能將「道德目的」與「自然目的」予以綜合而曰「終極目的」不同，康德一如既往，在大量的人學體性學有關問題的論證之後，不可免地涉及「終極」、「根源」、「第一因」、「物自身」，這時，康德總是把批判引導向信仰。即如此由反思判斷力所提的「終極目的」之論證問題，康德很有安排、謹慎地將之處理為：「道德的目的論」原為着人在世界上、「在外在條件下去真實化那道德目的」之可能性，而要求於自然系統；但「自然的目的論」沒有能給我們任何指導，以配合道德目的。如此一來，道德與真實自然斷成兩截。為着「道德目的論」與「自然目的論」相連繫，我們必須由「道德目的論」與「自然目的論」前進到神學，由上帝擔任此一「終極目的」。故康德最後仍是一不可知論者因而是一上帝論者。

> 我們有一自然的目的論，這自然的目的論為我們的理論的（知解的）反省判斷力供給出充分的證據，供給之以便使我們能夠去承認一「睿智的世界原因」之存在。但是在我們之自身內，而且更可說，在一理性存有一般之概念

中（所謂理性存有即是那「具有其因果性方面之自由」的
存有），我們復亦發見一道德的目的論。但是由於我們自
己之「關涉於一目的」（die Zweckbeziehung），連同支配
此「關涉於目的」的法則，可以先驗地被決定，因而也就
是說，可以被認知為是必然的，是故道德的目的論並不有
需於任何睿智的原因在我們自己之外以便去說明這內在而
固具的合法則性，（……）但是雖然如此，此道德的目的
論之處理「吾人」卻是把「吾人」當作世界中之存有而處
理之，因而也就是說，把「吾人」當作與世界中的其他事
物相連繫的存有而處理之；而這些同一道德法則又皆囑
咐我們去把我們的考慮轉到世界中的這些其他事物上，
把這些其他事物或視之為目的，或視之為這樣的一些對
象，即在關涉於這些對象中，我們自己便就是終極目的。
如是，這道德的目的論是這樣的，即：它要處理「我們自
己的因果性」之關涉於「目的」，或甚至關涉於我們在世界
中所必須提出的那「終極目的」，以及處理那「潛存於世界
與道德目的間」的交互關係，並還要處理「在外在條件下
去真實化那道德目的」之可能性（關於此事，沒有自然目
的論能給我們任何指導）：要處理這些問題的那道德的目
的論它要發出一個必然的問題。因為我們必須問以下之
問題，即：這道德的目的論是否真迫使我們的理性的判斷
（vermünftige Beurteilung）要走出世界之外而去在關於「自
然之關聯於我們的存有之道德邊」中尋求一睿智的最高原
則，尋求之以便我們可以形成一自然之表象為「能展現合
目的性」者，其能展現此合目的性是亦在關聯於我們的內
在的道德的立法以及此道德的立法之可能的真實化中而展
現之：這道德的目的論是否真迫使我們的「理性的判斷」
一定要如此云云嗎？這一必然的問題，我們必須要問。因

此，茲確有一道德的目的論。這道德的目的論一方必然地
與自由之法理（nomothetic）相連繫，一方又必然地與自
然之法理相連繫，其必然地與此雙方之法理相連繫正恰如
市民立法之必然地要與「行政權在甚麼地方被尋求」之問
題相連繫。事實上，在這裏，茲有與被發見於每一事物中
的那連繫相同的連繫，所謂每一事物中之事物乃是這樣的
者，即在此等事物中，理性要去對於那「只依照理念而可
能」的某種齊一的事物秩序之實現指派一原則。在這裏，
即有與那被發見於這樣云云的每一事物中的那連繫相同的
連繫。如是，以下我們將首先去展示理性如何由上說的道
德的目的論以及其與自然的目的論之關係前進到神學。[9]

　　首先，我們有一自然目的論。即使後來的達爾文演化論可以取消
關於一造物主之思想，亦不能取消有關自然向其最後目的而生生之自
然目的論思想。我們復有一道德的目的論，此道德的目的論，康德認
為可以先驗地被決定，因而也就是說「可以被認知為是必然的」。接
着，我們復需要有因為道德目的之涉及「存有」，而必須發見之「終極
目的」，以便處理那「潛存於世界與道德目的間」的交互關係、「在外在
條件下去真實化那道德目的」之可能性等問題。這「終極目的論」全因
道德目的論一方必然地與「自由之法理」相連繫，一方又必然地與「自
然之法理」相連繫，而迫使我們的理性的判斷要走出世界之外去尋求
一睿智的最高原則，以便我們可以形成一「能展現合目的性」之自然之
表象（「美的表象」），其能展現此合目的性是亦在關聯於我們內在的道
德的立法以及此道德的立法之可能真實化（「善意志」與實踐之「真」）
中而展現之，亦即是在終極目的（最高善、圓善）之尋求中，這一切發
生關聯。雖然在現實中我們看到有德行的人的身邊總環繞着欺騙、冒

9　同註 1，頁 169-171。

潰、嫉妒，而正直的人常遭受虧乏、疾病，死非其時。但為着尊敬道德法則之尊敬之情不被那理想的終極目的（圓善、德福一致）之落空而被減弱──

> 則他必須假定世界底道德的創造者之存在，即是說，他必須假定上帝之存在。由於此假定至少並不含有甚麼本質上是自相矛盾的成分，所以此正直的人可以很容易地從一實踐的觀點來作此假定，那就是說，至少為形成「道德地規定給他」的那個「終極目的（最高目的，即圓善）底可能性」這一概念之故而去作此假定。[10]

（三）孟子的道路：「即自然目的言性」與「即道德目的言性」之統一於「盡心知性知天」

在中國哲學，「自然目的論」與「道德目的論」皆統攝之於心性論，則兩者之相連繫（相通、相感、感應）只需一個「誠」（「誠者物之始終，不誠無物」）。這方面的思想資源在中國只會多有，不會稍欠。就理學而言，程明道明言「天地萬物之理，無獨必有對，皆自然而然，非有安排也。」（《二程遺書》），明言「天地間只有個感與應而已，更有甚事。」（《二程遺書》）朱熹則言「理之四義」（自然、當然、能然、必然），固以「當然」為切要處，然以四理俱備為好（「此意甚備，但要見所當然，是切要處。」）（《朱子大全》，第五十七卷），而王陽明直說認知系統之知，與意志系統之行（根源的行動）本一（「知行合一」），說「無聲無臭獨知時，此是乾坤萬有基」。其實早在孟子，已有很精到的說明。

> 口之於味也有同嗜焉，耳之於聲也有同聽焉，目之於色也有同美焉。至於心，獨無所同然乎？心之所同然者何

10　同註 1，頁 181。

也？謂理也義也。聖人先得我心之所同然耳。故理義之悅
我心猶芻豢之悅我口。

　　朱子註曰：然猶可也，草食曰芻，牛羊是也；穀食曰
豢，犬豕是也。程子曰在物為理，處物為義，體用之謂也。
孟子言人心無不悅理義者，但聖人則先知先覺乎此耳，非
有以異於人也。程子又曰，理義之悅我心，猶芻豢之悅我
口；此語親切有味，須實體察得理義之悅心，真猶芻豢之
悅口，始得。（《孟子》〈告子上〉）

　　朱子註第一句只是解字。第二句引程子（二程皆可）曰「在物為
理，處物為義，體用之謂也」，似從「天地間只有個感與應而已」說體
用之「無獨必有對」，此中有深思，惜未多說。第三句言聖人非有異於
人，第四句言須實體察得理義之悅心真猶芻豢之悅口，始得。後三句
皆引程子曰。今試重解這段孟子。

　　這段話涉及二重目的論，以及即目的言性（功能、性向）之二重
人性：自然目的論與「即自然目的言性」之性，與道德目的論與「即道
德目的言性」之性。上句「口之於味也有同嗜焉，耳之於聲也有同聽
焉，目之於色也有同美焉。」屬於自然目的論，剋就人的自然感官之
感應功能之趨向於以自身之自然自律為目的，或曰以自身感應之趨向
於合目的為目的，即此目的言性（功能、性向），並因此證得人之感性
雖在現實上因人而異，但剋就各感官所屬目的而言其性能性向，則必
以合目的之性為其原則；是知凡合其目的性之感知，必亦是相關之人的
感性知覺之普遍性之所在，或其「客觀化」（依懷德海），同時是愉悅
之情生起之機緣，以感性在此不受任何外加之制約，自然自發合目的
故。並因此而觸發人的生命存在得以從「人為之而存在之目的，及由
目的浸潤陶鑄成的種種性向」中解放出來，從動物性之衝動、理性之
計量、功利性、知性之概念決定，以至人在世界中之自我定位、尊敬
道德法則之尊敬中解放出來，回復為一寂感真幾之即感即應，「天地

間只有個感與應而已」之「無獨必有對，皆自然而然」之純粹意向之自為自在。口以感應於味為性，而以「甘」為其目的；耳以感應於聲為性，而以「和」為其目的；目以感應於色為性，而以「美」為其目的。亦以自然感官之感應之趨向於「甘」、「和」、「美」故，藉此獲得「同然」之普遍性故，人的「生之謂性」之自然目的性得以證立。既說自然目的，則食色之性雖初是為保存一自然生命之自身狀態並延續其自身狀態於後代之欲之能，以之為性，而終進至為以培養習得一自律性於其自身，以感應之自然合目的性之「同然」，為自然之理、為自然目的，即此「生命自然自律之性」言「目的」，再即此生之目的言性，言「生之謂性」。

《二程遺書》所記之言最有感觸：「天地之大德曰生。天地絪縕，萬物代醇，生之謂性，萬物之生意最可觀。此元者，善之長也，斯所謂人也；人與天地，一物也。」（《遺書》十一）「一陰一陽之謂道，自然之道也。繼之者善也，出道則有用。……成之者卻只是性。……如此則亦無始無終，亦無因甚有，亦無因甚無；亦無有處有，亦無無處無。」（《遺書》十二）

此自是以「生命之創生」為天地之大德。「生命」不是起於「無明」，不是緣自「業報」；生命自身固是一「生死場」，但不是「苦」，亦不是「罪」；「生命」來自天地絪縕，萬物代醇之生之意、生之性。「生命」亦非全然是一團物理材質，而是其「生之自身」即是一生之性，一生之意，一「無因甚有，亦無因甚無」之生生之謂性。此以生為性之「生命」，在「生命」之外而觀其所在之場有之有而言，其本質就是欠缺、就是痛苦，就是苦罪；自「生命」之自己之內在而內外充實推擴而言，則是「繼之者善，成之者性」；在「人生」而前後相望而言，則曰「此元（元始）者，善之長也，斯所謂人也；人與天地，一物也」。雖曰「決諸東方則東流，決諸西方則西流」，然終是水性向下，人性向善（「人無有不善，水無有不下」）。「生」之在世界既自為一始元、一生之性、生之意，正因此，一自覺的生命須對其自己的行為負有道德的責任。在

人須對其行為負有責任的常態中，每日發生的事實是：人無需為自己的善行找理由，人只會為自己的惡行討藉口。在涉及人類人性中道德的惡之起源的一切看法中，康德認為「一切看法中之最不適宜的看法，便是去把此惡表象為是因着由我們的第一代祖先而成的遺傳而傳到我們身上來者」[11]。康德明顯地是針對其基督教神學傳統之「原罪」說法。今日讀之，可將康德之批評深化，轉其適用範圍於一切將時代之罪惡不幸委過於種族遺傳、業力、原罪、歷史文化，唯求為當事者脫罪責之種種說辭。

朱子註「孟子曰：仁，人心也；義，人路也。」引程子謂：「仁者，心之德。程子所謂心如穀種，仁則其生之性是也。」仁，乃人心如穀種之有感必有應，能生、能生生之德之性；而即此德之性言理、言道。此為由內而向外向上，言生之謂性。若轉「自內而外、自下而上」而為「自上而下、自外而內」地說，由「即生言性」之向生之能，而言此生之能之必歸於自然自律，而為一合目的性之生。由自然自律合目的性之生，必因此獲得人性之同然之普遍性、必然性，而為一能生而又生，以成其生之自我充實。由自我充實之自內，又必有感有應，有應必有能地日趨於高明廣大，而通於天地萬物之生命，見其為一體，能使生命成為神聖者；此一生命之實感，正證成此中必有一道一理，內在於此生命之中，而為人性中「根源的由向生之能力」，上昇為「根源的向善之能力」；由根源的向善之能力之發現（或曰「恢復」），證人性中根源的向善之能之本，及向善之向之終極目的，即實現為一「即心言性」之「理義悅心」之仁體，而盡心知性知天。此乃上引孟子言性之下句「至於心，獨無所同然乎？心之所同然者何也？謂理也義也。聖人先得我心之所同然耳。故理義之悅我心，猶芻豢之悅我口」之要旨。人心無不悅理義者，聖人先知先覺，但非有以異於人也。此下句在自然目

11　牟宗三譯註康德《單在理性範圍內的宗教》之首部。牟宗三著：《圓善論》（台北：台灣學生書局，1985 年），頁 107。

的論之人性向善論之後，另說一道德目的論之「理義悅心」之「心即理」之「性善」論。

　　孟子之合「自然目的論」於「道德目的論」之人性論，一舉解決了道德哲學一系列重大問題，如：

　　一、自由、自律與道德立法之關連問題；

　　二、道德實踐之動力，「知之者不如好之者，好之者不如樂之者」問題；

　　三、道德法則之主觀與客觀、獨一性與普遍性問題；

　　四、仁學中感通性與方向性問題；

　　五、向善論與本善論之關係問題；

　　六、真善美之合一說與分別說問題；

　　七、自然、當然、必然、能然之「四理皆備」問題；

　　八、德福一致問題；

　　九、知行合一（本一）問題；

　　十、仁、誠之宇宙論意義問題；

　　十一、「盡心知性知天」、「工夫所至即是本體」之問題，亦即康德的「智的直覺」、「反思判斷力」之問題；

　　十二、「兩頭明，中間暗」問題；

　　十三、「善進惡亦進」問題；

　　十四、「理一分殊」、道德意識與歷史文化之關係問題；

　　十五、目的與體性、體用、體相，踐形、踐色、「性分之不容已」之問題；等等。

　　關於孟子所代表的儒家人性論，其所證示的人的生命存在之體性，本人曾在析論唐君毅著《生命存在與心靈境界》此哲學巨構之系統性格時，有如下說法：

　　　　生命心靈之為存在，其存在之體性，依儒家，首先必是一有，此有即是一感通之能；此能又必以成為大能，

繁興大用，以實現感通之存在之理為能，並在每次實現之同時自我超越而出，以維持此能之永能，使免止於以為完成而不再為大能。大能之為大能，在以其能，為已成之存在世界帶入新可能性，亦即為一切已成之有，帶入無、帶入虛空，以轉動一切有，而為存在的迴旋，向着此大有大能之「成為大有大能」，也就是「成為生命心靈之存在的本質體性之實現的無限」、「成為精神」、「成為自由」之理想、目的而趨進。超越一切已成已在，讓一切已成已在，成為生命心靈存在體性之大能之超越性之肯定與否定之所對，而轉為生命心靈之實現目的性存在的「環節」、「歷程」、「內容」，而歸於凡被肯定者同時被超越，而唯顯實、內存此本質體性。「君子所過者化，所存者神」之謂也。也就是說，自生命心靈之本質體性而言，此感通性之大有大能，存有論地（而非時間地）先於生命之具體存在，並內在於此生命心靈之存在而為其本質體性，在生命之內導引他、率領他，同時告誡他：生命只受制於一種天命之約束，即「成為人——成為仁者！成為本真存在！」此一終極目的，而生命存在藉此一步步開顯實現。即此可曰「本質先於存在」。自生命心靈之感通之大能而要求實現此大能、實現生命成為「真實存在」，亦即如實實現其本質體性之生命而言，此純感通性同時使其生命心靈存在首先須自覺為被決定（知天命）、有內容、有所有，而即此定在定有顯其自我超越之大能。此生命心靈之大能藉穿越一切已成已有，使生命心靈存在由一定在定有而自忘、自損為一大虛空、空靈，而有待於一一感通及所穿越之內容以為其生命心靈存在之內容，而得以此穿越、超越之能為其本質。即此可曰「存在先於本質」。換一個說法，自體用而言，必言大有大能，「本質先於存在」

與「存在先於本質」俱可說，而因此需要一綜和，一超越之綜攝，一辯證的相即。自性相而言，必言性空唯名，無以全有，存在與本質俱不可說。即此俱不可說，生命遂從存在與本質，從體用中解放，觀照凌虛。綜攝體用與性相而可說者，唯生命心靈存在之終極目的性之發現與實踐實現，即着存在目的的發現與實現而言即活動即存在，即存在即活動，可言體、言相、言用，言生命存在心靈之諸境。[12]

四、生生之性：精神現象學與意境表現主義

此合自然目的與道德目的為一之生命存在心靈之諸境，正所謂「形動不生形而生影，聲動不生聲而生響，無動不生無而生有。」（《黃帝書》，引自《列子》〈天瑞〉）換言之：無動不為神，無神不為有，無有不有無；精生於道而曰神，形生於精而曰道。中國哲學歷來就是精神現象學與實踐的自我實現的目的論，簡稱實證唯心論。

此合「自然目的」與「道德目的」而曰「命日降，性日成」之人性論，在美學方面，必主張一種目的論之意境表現主義。目的論之意境表現主義，簡言之意謂：美是一擁有反思判斷力之心靈，對其自己之生生之性及此生生之性所在之世界之生生，在反思中提供種種目的，每當一目的「實現」（或僅只在形式上通過想像之表象而實現），因目的性之提出、理想與現實對望而產生的存在的破裂、緊張，瞬間消逝，一種如釋重負之感在反思者心中悄然而生，生命呈現為無目的狀態，無所向、無所為，「聲無哀樂」，「澄懷味象」。此可稱之為由有目的而歸於無目的之消極義之美感。

---

12 吳甿撰：〈目的、體用與性相 —— 從目的論看唐君毅「心靈九境」之系統性格〉，《鵝湖學誌》第六十期，2018 年 6 月。

　　此外，又因目的性之提出者再可反省此目的性之存有的根源，原在立法者自身之生生之德、感通之能之性。「其根源即是我們本性中之本有的最初的道德性能，此一性能，作為一主觀的原則，它將並不許我們在通覽或默識世界中以世界之通過自然原因所引生的那合目的性為滿足，但卻引導我們去把一作為基礎的最高原因引介入世界中，這一最高原因乃即是那依照道德法則而統治者。」（康德語）我們「情不自禁」（道德感使然）去「把一作為基礎的最高原因引介入世界中」，此「最高原因」（第一因），康德仍交給上帝，儒家則寧可一貫地服從理性（包括知解理性、自然理性與道德理性），由反思者一力承擔。反思者的生命存在依其自擇的在宇宙中之自我定位及其自我實現之工夫所至，其「境界」可以有不同，唐君毅先生約之為「心靈九境」：依上下觀、內外觀、前後觀，由世俗之客觀境之「萬物散殊境」、「依類成化境」、「目的手段境」，轉到主觀境之「感覺互攝境（身心境）」，此四境可約說為形下境；轉至主觀境之「觀照凌虛境」，以「觀照凌虛境」為「環中」、「道樞」，而轉昇到超世俗之主觀境之「道德實踐境」，以至「超主客觀境」之「歸向一神境」、「我法二空境」、「天德流行境」三境，此四境可約說為一般所謂形上境。形上四境，形下四境，加上「環中」之「觀照凌虛境」，共開為九境，而各境互攝，九轉還丹，歸於以「天德流行境」為終極目的理想境而開九境。此九境所示，雖有終極境可歸依，而人生所歷各境以至可能經歷之境，實皆依反思活動而起，因而必有取向、層級之不同；雖有取向、層級之不同，每一取向、層級之生命存在都有其自己之目的，唯在生命選擇之轉進迴旋中，原先固有之目的，亦轉瞬由有而忽焉歸無；原先沒有顯現之目的，由無而忽焉顯有。老子所謂「此二者同出而異門，同謂之玄；玄之又玄，眾妙之門」。此則不僅在由「有」（有向、有目的）而歸於「無」（無向、無目的），如釋重負卸下主體性之沉重，因釋放而感受自由（消極義之自由），由體會自由（自在、自然合目的）而起之美感之外，且可在由「無」（無向、無欲、無目的）而歸向「有」（有向、有目的、「可欲之謂善」），由「有」

（有向、有目的、「可欲之謂善」）歸於「無」（由達成目的而「得諸己之謂信」，而無向、無目的）之迴旋轉進之間，體會一種主體性生命存在之生生之自由，而起之美感（有而可無、無而可有，主觀而可客觀化，客觀而可還原於主觀；即活動之有向而言互為存在，即活動之無向而言互為不存在；或反過來，即存在之反省而攝存在於活動，未實現目的之活動，或已實現目的之活動之中止與新的否定與超越，之自然自由合目的，「回也見新，交臂非故」）。此可稱之為自我實現、自我觀照之生生之幾之自然自由合目的之積極義之美感。孔子所謂「仁者樂山，智者樂水」，「觀水有術，必觀其瀾；日月有明，容光必照」，孟子所謂「可欲之謂善，得諸己之謂信，充實之謂美，充實而有光輝之謂大，大而化之謂聖，聖而不可知之謂神。」荀子謂孔子稱「君子見大水必觀焉」：「孔子觀於東流之水。子貢問於孔子曰：『君子所以見大水必觀焉者，是何？』孔子曰：『夫水遍與諸生而無為也，似德；其流也埤下，裾拘必循其理，似義；其洸洸乎不淈盡，似道。若有決行之，其應佚若聲響，其赴百仞之谷不懼，似勇。主量必平，似法。盈不求概，似正。淖約微達，似察。以出以入以就鮮絜，似善化。其萬折也必東，似志。是故見大水必觀焉。』」（《荀子》〈宥坐〉）此中國山水畫之哲學底蘊也；而山水畫固非寫實主義。亦非象徵主義，唯以意境表現主義成為中國畫之大宗。以至一山水畫中可有多重多義迴旋轉進、幾度出入雲水，渾厚華滋而空濛廣漠，「寂天漠地，必有事焉」，集種種積極義之創生之美，消極義之玄美，超消極積極義之壯美、崇高美於一境。康德的以形式（形式之無目的而自然合目的）為主的所謂「優美」，以內容（突破一切形式而折返主體）為主的所謂「崇高」（康德仍寧可最後將之歸屬於對上帝的讚嘆），依中國美學皆攝之為生命心靈存在徘徊於「有」（有向，有目的，有所繫、所成，有名）與「無」（無向，無目的，無所繫、無所成，無名）之間，驀然回首，之其中一意境，而內容與形式、理念與顯現、外摹仿與內摹仿、摹仿與表現、表現與象徵、象徵與移情、移情與直覺、直覺與知解……，非真可為實在論之二分獨立、

相離相異者，而是必依其所以二分之反思判斷所提之目的性方向而趨向之、正反表現之，「在氣化中帶出的（不同的）光采」。

五、目的論美學之諸型態

本人曾依合目的論原則，分說有目的的目的論美學與無目的的目的論美學，而有六種型態之可說：

一、美是一事物其性相符合其存在程態所須涉及之內外相關目的之合目的。此為經驗實在論美學，或實用主義美學；此中仍有其多層級多義之相關性與辯證的參與性可說。

二、美是一事物表現其各部分和諧統一而為某整體性的無目的，以中止審美主體方面之外在人為之主觀目的，而自然合目的，由此自然合目的性判斷而隨伴愉悅之情，即美感，美感即「美」。儒家道家某義之境界美，康德之論自然美，優美，皆屬此義之美學。

三、美是一事物其存在性相符合其自己的目的，以此為事物表現自己之唯一適切原則。事物自己的內在目的，涵自然內在目的（自然目的），和自我超越之內在目的（道德目的），如是事物之性相以表現事物之自我實現（統一實現）為合目的，合目的即美。廣言之，在客觀事物則可曰「終成美」。然一事物之是否「終成」（在自然物即符合其所謂本質自然目的，在理性的存有，即人，則曰須符合自然目的之於道德目的）亦終不能離開人之反思判斷之自無極而太極，以及人在宇宙中之自我定位。如是，「終成美」在人物而言，則只能是主體方面（人自身）的人性美、人品美、人格美（孟子之「充實之謂美，充實而有光輝之謂大」）。朱子「格物窮理」所窮之理，似經常表述為泛存在之理，即一已存在之人或物之性而窮其理，所得或為形構之理而常混入為「理先氣後」之「超越的存在之理」。如即一苗而窮苗之性之理，此理可為苗之形構之理（植物學之理）而可說之為：苗之為苗之氣，必依苗之為苗之形構之理，或曰物理，之理。此則苗而可秀有苗而可秀之

理，秀而可實有秀而可實之理；一旦苗而不秀，秀而不實，則亦有苗而不秀、秀而不實之理（如謂「枯槁有枯槁之理」）；而為「內在的性理論」（康德所謂「內在的目的論」之理）。然朱子原意是說人性，故必即人的內在的自然目的性之性理，而說人的超越的目的論之性理。但朱子之言說卻常說為內在的目的論之性理論。內在的性理論只能說理氣不離不雜，不能說理先氣後；只能說事法界、理法界，不能說事理無礙法界，更不能說事事無礙法界。但朱子則即此必言「存天理而滅人欲」：在自然物言，存苗而可秀、秀而可實之自然目的（內在目的）之天理，而滅人為戕害、截割之人欲；在人物言，存成德、成自由之終極目的之天理，滅自暴自棄、縱情無度、違反自然目的以及麻木不仁、違反道德目的（「天命之謂性」）之人欲。朱子之密義是人由格物窮理而得以自覺為自然之最高目的者、而可為天地立心、為生民立命者，有德者；並因此發現人之能成為有德者、自律自由者全在於人之作為自然之最高目的者，並非以其能擁有一切可能之自然目的之物質條件的綜集，以得「幸福」而為自然之最高目的者，而是人能綜攝一切可能之自然目的，使趨向其自由地擇定之目的，並通過「文化教養」使自己生命存在為適合於此自由目的 —— 終極目的。此康德在《判斷力之批判》〈目的論判斷力之批判〉裏暢論，而與朱子之「尊德性而道問學」遙相呼應者。唯朱子在講論時常把「尊德性而道問學」講成「舊學商量加邃密，新知培養轉深沉」，也就是近乎把「成德」講成「成學」，把「判斷力」講成「學力」，把「哲學」講成「哲學史」，把「美學」講成「藝術論」了。這「成德之學」在朱子、康德以至今日正在努力「成學」的我們，當然是極具意義之事。然就義理、就哲學批判而言，這自然是歧出，在中國哲學史，便成功了此朱子言「性即理」之格物窮理，陸象山譏為「支離」，之一大公案。唯朱子之格物窮理，亦可理解為即一一具體存在物而反思其超越之存在之理，此超越之存在之理，實本是朱子欲說而說不清楚的目的性原理（涵目的性與合目的性原則）。在物則為苗而可秀，秀而可實之理；即苗而可秀、秀而可實而言合目的性、言

合目的性之美；若苗而不秀、秀而不實，則不合目的、悖理、不美。在人則為人實現為人，更以人之為「萬物之靈」之性分，實現與「世界存在或宇宙本身之終極目的」為一，之目的性原理。則朱子「格物窮理」之理，以朱子之意詮釋朱子之言，其密義當為即一已存在之人或物而「格」（認知與反思）其所蘊之性，以窮其未實現而欲實現將實現之目的性，更以此未實現之目的性，檢視當前之人（自我）或物之表現，是否合其目的性，之理。此則朱子之「性即理」亦可通於象山之「心即理」，而同屬孟子之學。而「性即理」可開出人格美。

四、美是一事物其性相表現為無目的，能排拒所有有關於它的目的性之聯想。此乃第二義之中止人為主觀目的之進一步，而為存在本身非有目的亦非無目的。目的性概念來自反思判斷力之反思判斷，若中止反思判斷，則無目的性可言，故亦無欠缺、無差等；無欠缺、無差等故，無苦亦無樂，無有亦無無，主體性解放為純粹主體（無主體性之主體、無我之我），而物我相忘；無主客、無形上形下，以至無前（已實現）無後（未實現）之對立、分別；即此而可曰潛存一切可能目的之「全」，亦可曰擁握觸發任一目的性活動之可能性之「全」，故曰「守母待子」，曰「道樞」、「環中」。「天地與我並生，萬物與我為一。既已為一矣，且得有言乎？既已謂之一矣，且得無言乎？」此莊子知不可言而言，言與不言之間，終歸於默之境界。將莊子境界對象化，亦可謂當其之表現符合其由「損之又損，以至於無目的」之「合於（趨向於）無目的」；更由「吾喪我」當下撤消一切目的（包括「以無目的為目的」之目的）；由「本無」（本無目的，故亦無所謂「合目的」）而歸於「齊物論」、「逍遙遊」之「天地與我並生，萬物與我為一；既已為一矣，且得有言乎？既已謂之一矣，且得無言乎？」之雙向排拒，返璞歸真，而謂莊子表現一無向自在，空靈絕緣之美的境界，以無目的因而無不合目的故。

五、美是事物之性相表現為衝破其曾擁有的目的，並超越任何特定目的，更超越此超越，而歸於「所過者化，所存者神」，以此為合目

的，孟子之「大而化之之謂聖，聖而不可知之之謂神」之精神美。康德之論「崇高」亦有似之。唯康德主要通過對象之力與量之大之超乎想像，從而中止任何有關自然目的論之合目的性判斷之可能，從而折返，發現並確認主體方面之精神意志之自由無畏，正面對抗以至越過一切自然力量之威脅，突顯主體之服膺道德目的，以至由主觀目的之排除，越過客觀道德目的，以表現一超主客觀之神聖性，以此為目的，之崇高美；孟子更化此崇高美為「天地氣象」，而不言崇高、不言美，以防「艷陽迷鹿」，崇高相可以傷人。

　　六、美是以上五種美學之合目的性原則之依次採用與一一「超越」 ── 或向實在論之目的論方向靠攏，而為真善美之合一說中之活動論原則（不決定性原則）；或向活動論之目的論方向靠攏，而為真善美合一說中之實在論原則（以愉悅之情為決定性根據之決定性原則）；或守母待子而終九轉還丹，盡觀種種美學合目的性原則之「無向而有向，有向而無向」之「玄」，而玄之又玄，復歸寂感真幾，而為每一次美的呈現提供超越的生態學根據；亦可在「現象學的還原」與「超越的還原」之後，藏存一一的超越與還原，成為美學判斷主體（在決定性判斷與反思判斷兩者之間的瞬間轉換者），當其生命存在生態（自然感應、知識生態、道德目的與自然目的之辯證綜合、審美與藝術創作之往復生態、藝術符號與美學解讀之共感共存之呈現生態）每次出現「氣化中之光彩」，即為此「氣化中之光彩」提供目的性原則，而據此得稱為生命美學。牟宗三先生曾謂：「美主觀地說是妙慧之直感，客觀地說是氣化之光彩，並不依於理性上。因為是妙慧之直感，故與認知機能無關；因為是氣化之光彩，不依於理性上，故合目的性原則為不切。」[13]本文此處則認為美既關涉於直感，又關涉於認知機能，且必有事於理

13　牟宗三撰：〈以合目的性之原則為審美判斷力之超越的原則之疑竇與商榷〉，康德撰，牟宗三譯註：《判斷力之批判》上冊（台北：台灣學生書局，1992 年 10 月初版），頁 78。

性，有感於道德意識（或正或反），而涉及反思判斷力自我軌約之合目的性原則，在諸關節互為存在之生態中，觸發美的契機，發現「氣化中的光彩」。

六、文化本源論批判與當前人類文化之自我表現

關於人類文化之本源論，本人曾有一直截之說，說就人類文化之為人類文化而正視之，只能說是人類自己創造，不能再問人類文化源自哪裏。

> 人類文化之根源之論，其實可以很直截、很單純，就是：就人類文化之為人類文化而正視之，以其為人類文化故，只能是源自「人之異於禽獸者幾希」的那點靈明，而不會源自人之自然生物性的種種反應機制，以及甚麼經驗自律、歷史積澱，若是，則生物界其他生物早該有文化，無待人類創造文化並依人的認知理性和根源的思考而問「人類文化源自哪裏？」。

> 就人類文化之為人類文化而正視之，甚至不能說人類文化源自哪裏。說人類文化源自人的那點靈明，然人的那點靈明須顯用為靈明方可云有，不顯用而歸寂則不可云有。昔日文化所無者，今日之人的靈明認為當該有而創造之，並依今日所創造之有，反照昔日而知昔日所無，則無而能有。昔日文化有而今日之人的靈明認為不該有而捨棄，則有而能無。故人類文化即人類文化意識的顯用，不源自哪裏。問「人類文化源自哪裏」本身已是一件具文化意識之事。人依根源的思考而問人類文化源自哪裏，這問本身即顯露了人的文化意識、人的那點靈明在思想上的躍動。這個追問本身即構成和衍生系列文

化事件，並反回來影響和決定已成文化，為已成之事實世界帶入不決定性。

文化本源之問，本身即文化意識之顯用，並顯示一理——存在之理、根源之理或實現之理。而理之為理，只能在人心的活動和心的作用方向與所遇者結合中發現。心的活動原是整個、渾淪、無軒輊彼此之分，而自限其活動與作用方向，就是所謂理性，康德說「理性就是提供理則的能力」，其實就是心自限其活動方向並自我觀照省察的能力。心活動並自限一方向以顯示一理，心活動並自限另一方向以顯示另一理，此見理性立法之艱難。由無方向而有方向，以及方向與方向總難免交錯、重疊、恍惚，如何分別、解紛，此見理性思辨之艱難。而理與理之間，既常交纏衝突，如何「喜則和而理」、「憂則靜而理」（荀子語），此見理性綜合、終始條理之艱難。而損之又損，一一還原，人的意識從理執中還原為純粹意識，世界因而還原為純粹現象之如如，雖云無家可歸，但見一心之轉。道家遂云「無名天地之始，有名萬物之母」之「無／有／玄」之「玄理」；佛教天台宗云「從無住本立一切法」、「一念無明法性心」之「空理」；儒家則見一心之轉之誠與明而住而為本為體為性，而有體有用，而云「性理」。問文化之本源，以至問存在之本源，中國三大教，道家以玄理應之，佛教以空理應之，儒家以性理應之。玄理、空理，只能是境界論的回答；唯性理是活動的實在論的回答，以有體有用故。[14]

---

14 見吳甿撰：〈契約的？或神聖的？ —— 從文化存有論之契約論和理念論，看唐君毅先生之永恆國家觀〉，《香港中文大學的當代儒者》2006 年 10 月（新亞學術集刊第十九期）。

　　是見人類文化本源之論，若離開人性，離開人的文化意識、道德意識的性分之不容已，離開人在宇宙中之自我定位、自我實現的自由，離開文化創生的根本因、目的因、形式因、動力因，而只是從人的意識之所對之「材質」（至於「材質」到底是甚麼，他們從未深思過），或已成已在之「現實」（到底「現實」是甚麼，他們也從未深思過），或材質化了的成品，去找文化的本源，再而沿時間軸無窮後返，從「歷史發生之先後」（到底「歷史」是甚麼，他們也從未深思過）去找文化的本源；輕者病枝蔓、病支離，重者病顛倒、病喪心。凡這種以時間上先在的、已在的材質、物質（或材質化、材料化了的文化成品），解讀一切、決定一切、奴役一切、否定一切；這種離本喪心的文化本源論，只能為人類文化帶來災難，而其論證本身必歸於自我否定不已，歸於純否定，如近代唯物論所為。本講今則「復其見天地之心」，即着人性、人性之「性分之不容已」；即着人性之「歷史的性格」或曰「歷史理性」；即着人類歷史文化的一切成果；重看人類文化之本源，正是「知行本一」，「心意知物，理一而已」。

　　人類過往歷史所顯示，一般的說法：西方希臘時期是唯理（理型或理念）論，到中古時期以唯神論勝，其宗教文化意識以「驚怖意識」為主導；到現代則轉講經驗主義而益增懷疑，陷於不可知論、唯用論，而求救於神學，信仰與實用，二元對立並行。古印度文化以物本論為勝而益厭棄之，而有佛教之出現；其宗教文化意識以「苦業意識」為主導，後轉為唯識再而唯心，一心所念唯輪迴與解脫。中國文化一貫地以人本（心性）論為勝，其文化意識以「憂患意識」為主導，是憂其存在與自我定位之是否合情、合理、合終極目的，而一心廻轉，神物兩極皆為其所攝，兩極歸宗，歸向於人文化成理想目的之實現；而自無極而太極，太極開兩儀，乾坤並運；到現代則反動之，轉為全盤西化之物本論或神本論，欲重蹈西方之救贖之路。與此同時，自民國初年在學界蘊釀啟動的當代新儒學運動，經歷四代學人的哲學奮鬥，波瀾壯闊，取得世界性的迴響；「舊學商量加邃密，新

知培養轉深沉」，而典範樹立；正是「不愁說到無言處，還信人間有只今」。

七、結語：從目的論說生命心靈存在與藝術境界

多年前，本人有〈生態藝術與藝術生態〉一短文，說的正是由反思判斷力撐開形上、形下兩界，人行走其中，唯以人的意識主體之意向起用為「有執」或「無執」、「有向」或「無向」，再而是「向上」或「向下」、「向外」或「向內」、「向前」或「後返」，即此而依人在宇宙中之自我定位，兩極歸宗，遂有種種生命境界之可言。而作為生命存在境界之感性表現之藝術，因而有種種之生態可言。今附該短文於此，以為本講「目的論與生命境界」之結語，而此題目之觀念探索與文化開展，由該短文所言，或可得一開卷語云。

附錄：
生態藝術與藝術生態
——觀念的探索與根源的追尋

一

「生態藝術」一名，對我來講，有說不出的熟悉和陌生。單提「生態」、「藝術」，當然不會令人覺陌生，陌生來自二名相連為一名；如一老友、本有二名，驀然聽人講到此二名連為一名之人，便生疏了，回想原是一熟人，相認了便有說不完的話題。

我的意思是：「生態」與「藝術」，在某義上，其本一也；「生態」本是自然自身生化的藝術，而「藝術」本是人的精神向自然物貫注的生態。然則，「生態藝術」當謂：本乎（或發現）自然生態的韻律，再現此韻律於一切可能之符號（自然符號及人為符號），重證自然生態的藝術本質和藝術的自然本質；所有這方面的活動及成果，可稱「生態藝術」。此為生態藝術之廣義。生態藝術之狹義則為自然生態韻律之重現於人為符號。下文所說，以狹義的生態藝術為主。

二

然而，何謂「自然生態之韻律」？今試說三義：

一、「眾生輪迴六道，同在生死，共相生育，迭為父母兄弟姐妹，若男若女，中表內外，六親眷屬」（《楞伽經》）「所有卵生、胎生、濕生、化生，或有依於地、水、火、風而生住者，或有依空及株卉木而生住者，種種生類、種種色身、種種形狀、種種相貌、種種數量、種種名號、種種心性、種種知見、種種育樂、種種異形、種種威儀、種種衣服、種種飲食，處於村云聚落、城邑宮殿，乃至一切天龍八部、人與非人等，無足、二足、四足、多足，

有色、無色，有想、無想、非有想、非無想，所有如是等類，我皆與改隨順而轉，種種塵世、種種供養，如敬父母，如奉師長，及阿羅漢及至如來等無所異，菩薩如是平等，饒益一切眾生。」(《華嚴經》〈入法界品〉)

此為六道輪迴之自然生態韻律，簡稱相因韻律。

二、「天地合和陰陽，陶化萬物，皆乘一氣。」(《淮南子》〈本經訓〉)「氣泱然太虛，昇降飛揚，未嘗止息。」(張載《正蒙》〈太和〉)「一陰一陽，或動或靜，相與摩蕩，乘其時位以著其功能，五行萬物之融結流止，飛潛動植，各自成條理而不妄。」(同上，王夫之註)

此為元氣論之自然生態韻律，簡稱氣化韻律。

三、「天地之大德曰生。」(《易傳》)「天何言哉？四時行焉，百物生焉！天何言哉？」(《論語》)「常無欲以觀其妙，常有欲以觀其徼。」「萬物並作，吾以觀復。夫物芸芸，各復歸其根。」(《老子》)「備於天地之美，稱神明之容。」「天地有大美而不言。」(《莊子》)「無情有性」(天台宗)「萬物並育而不相害，道並行而不相悖。」「致中和，天地位焉，萬物育焉。」(《中庸》)

道德秩序、自然秩序、藝術秩序，融而為一。此為目的論之自然生態韻律，簡稱道德韻律或終始韻律。

以上，說自然生態韻律之三義。下試依中國藝術品評傳統，重說此三義，以期轉出生態藝術之品格論。

三

先看孟子的人物品評。「問曰：樂正子何人也？孟子曰：善人也，信人也。何為善？何為信？曰：可欲之為善，有諸己之謂信，充實之謂美，充實而有光輝之謂大，大而化之之謂聖，聖而不可知之之謂神。樂正子，二之中、四之下也。」（《孟子》〈盡心下〉）

是為六品：善、信、美、大、聖、神。說的是人格世界。《莊子》〈天下篇〉有相類說法：「不離於宗，謂之天人；不離於精，謂之神人；不離於真，謂之至人；以天為宗，以德為本，以道為門，兆於變化，謂之聖人；以仁為恩，以義為理，以禮為行，以樂為和，薰然慈仁，謂之君子。」是為天人、神人、至人、聖人、君子五品。若照中國藝術批評之「詩如其人」、「文如其人」、「畫如其人」的傳統，孟子六品說、莊子五品說亦可轉作藝術品評。

生態藝術既是人將所體會之自然生態韻律重現於可能之符號，而心物合一、天人合一，是則生態藝術之品格，決定於人的存在品格與人所體會之自然生態韻律的結合。而人之體會自然生態韻律為何義，關係於人的存在品格；人的存在品格，又何嘗可離於自然生態韻律之觸動感興而發乎情，止於義，成於樂。換言之，生態藝術的品格與藝術生態的品格，二而一。

孟子所言六品中，「大而化之之謂聖，聖而不可知之之謂神」之聖、神二品，莊子所言之天人、神人、至人三品，或曰已超出一切符號，化作不可知，此則不宜直作藝術品格。然孟、莊原話只說和光同塵、大而無大相、聖而不可方物，正表一種極高之藝術境界。對應於自然生態韻律之三義，孟子的六品、莊子的五品，可約為生態藝術之三品：

一、善、信 —— 可欲而有諸己，相遇珍重之相因韻律 —— 相當於莊子之「君子」；

二、美、大 —— 充實有光輝，氣韻生動之氣化韻律 —— 相當於莊子之「聖人」；

三、聖、神 —— 和光同塵，渾厚華滋之終始韻律 —— 相當於莊子之「天人」、「神人」、「至人」（依向秀、郭象註莊義）。

唐人論畫，有「神、妙、能」三品之說[1]，聖、神自當神品，美、大可當妙品，善、信可當能品。張彥遠《歷代名畫記》中，更易此三品說而為九品，自上品之上，說到中品之中，餘下不足論。其言曰：

> 夫失於自然而後神，失於神而後妙，失於妙而後精。精之為病也，而後謹細。自然者上品之上，神品為上品之中，妙者為上品之下，精者為中品之上，謹而細者為中品之中。[2]

最可注意者，張彥遠以「自然」高於神品，神品只居上品之中。「夫畫者成教化，助人倫，窮神變，測幽微，與六籍同功，四時並運，發於天然，非由述作。」[3]聖神至高矣，必失於自然而後得，此說與孟子稍不同，而本老子。後有「逸格」、「逸品」之說，更置「逸品」於九品之上。「逸」者，「拙規矩於方圓，鄙精研於彩繪。筆簡形具，得之自然。莫可楷模，出於意表。」[4]「逸」即自然也。「神」、「逸」何者為高，長期爭持不下，成為傳統畫論必涉及的論題，正見中國美學對「自然」、「天然」之極度推崇。

若無自然生態韻律之啟發，無天地萬類之相因相忘、天然並運，宛如一大生命之俄而流轉，一皆似無目的而自然合目的；若無中國山

1　如朱景玄言：「張懷瓘《畫品》，斷神妙能三品，定其品格。」見氏著：《唐朝名畫錄》，〈序〉，收入《全唐文》第 763 卷。

2　張彥遠：《歷代名畫記》第二卷，〈論畫體工用搨寫〉（鄭州：中州古籍出版社，2016 年）。

3　同上註，第一卷，〈敘畫之源流〉。

4　黃休復：《益州名畫錄》，〈品目〉（北京：人民美術出版社，1964 年）。

水之默示，中國美學恐不會有「逸格」之說。同理，無一「博大、深沉、純樸、靈敏」的心靈，去領會這一切之「有」與「無」、「可道」與「不可道」、「玄之又玄、眾妙之門」，中國畫論美學亦不會有「逸格」之說。

四

以上，為「生態藝術」之觀念探索。今可問：此「生態藝術」之名可有所指乎？或只是一理想名、空名？若有所指，人類以往之藝術活動中，可有此名所指者之品類？或至少體現以上所言生態韻律之其中一義者？

翻開人類藝術史，在眾多品類中，有兩個藝術傳統，顯示截然不同的藝術價值觀 —— 在自然與生態韻律上，涇渭分明。這便是中國藝術與西方藝術。

西方傳統藝術，藝術家（以畫家為例）恍如置身在場景之外，以從世界之外分得的理性，為自然立法，在知性主導中，與物為對地認識、安排和摹仿各物之知識元素。但同時，在超過十五個世紀的藝術史長廊中，八成以上位置，是對神的家族動態的揣測摹擬 —— 理性的另一傑作，而視自然為異端之母。在為罪惡感尋求補償的同時，是思辨理性的超凡構造和神性化。西方傳統自然觀一直搖擺在機械因果世界和上帝統治之神學世界這兩極（李約瑟稱為「典型的歐洲症狀」）[5]。西方藝術長期竭盡全力表現這兩極：摹擬上帝和摹仿上帝所造的世界。直至批判時代來臨，上帝隱退，而藝術亦走上回歸自然之路。然直至十九世紀「一八三零年畫派」成立，獨立的風景畫在歐洲始得以

5　伊利亞・普里高津 (Ilya Prigogine)、伊莎貝爾・斯唐熱 (Isabelle Stengers) 撰，曾慶宏、沈小峰譯：《從混沌到有序 —— 人與自然的新對話》（上海：譯文出版社，1987 年。）

真正獨立。[6] 但在西方，上帝隱退的震盪太大，其薄弱的人文傳統不足以維持世界秩序，藝術很快出現「叛亂」，以用藝術符號顛覆自然秩序為務，是為「現代藝術」。在西方藝術中尋找自然生態韻律，恐怕真需要「創造性詮釋」，從神的隱藏計劃中轉出。

反觀中國藝術，自周初原始宗教神話時代終結，再無任何勢力可以分隔人與自然。周代已趨成熟的人文傳統，堅持「觀乎天文以察時變，觀乎人文以化成天下」，自然秩序和文化秩序不離。從此，中國哲學一直不認為人可以置身於世界之外來談論或重組世界。中國詩人、畫家永不言倦地「在自然中看人生，在人生中觀自然」；或「有我」或「無我」地，與自然「相看兩不厭」。中國藝術因此失去主客的對立性和神人的緊張性，而為天人合一、物我兩忘的自然韻律的體現、調和。中國畫要表現的，不是外物的知識素質、亦不是畫家對事物的「印象」，或畫家個人的情緒。因此，中國畫不定「觀點」（非定點透視），轉色彩為水墨（非情緒），化形構為線條皴法（非實象亦非抽象），「無以全有」故處處留白讓空，以「無」保有及存活一切「有」，成為各部流動而全景虛靈雍穆（非斷裂局部、密封）。中國畫的文化生態，正如中國文化其他各部之生態，各部互為體用，相因相生。道、學、書、畫、詩、文、禮、樂，共冶一爐。如是，一幅山水畫亦就是一文化生命機體。她所表現的，不僅是自然山水之生態韻律，且是一人文生態韻律，是兩者之交織流行。滿紙筆墨只為寫出無限空寂與生機。「寂然不動，感而遂通天下之故。」「備於天地之美，稱神明之容。」民國以來的畫家中，黃賓虹渾厚華滋，最得第三義之道德終

6　由世界各地三十座著名博物館提供資料編成的大型精印套裝《世界繪畫珍藏大系》（上海：人民美術出版社，1998 年 1 月），首冊《文藝復興時期繪畫》（一）收十五世紀文藝復興腹地意大利名畫 150 幅。繪畫基督、聖母等者 95 幅，繪畫宗教神話者 40 幅。其他題材如人物肖像者 15 幅。風景畫一張也沒有。諷刺的是，主編是一位反宗教者，其寫的序文題為〈人文主義的禮讚〉，曰「他們高唱世俗的『人』的讚歌，提倡以『人性』反對教會的『神性』」云云。事實上所謂文藝復興仍籠罩在神的身影中。十五世紀前之西方藝術可想知。

始韻律，為儒家型之畫家；傅抱石空濛荒忽，險得第二義之空靈氣化韻律，為道家型之畫家；張大千中年僅入能品，偶得一義之相生環視韻律，晚年之《盧山圖》風神俊朗，卻兼得第二、三義，而秀美有餘，深厚不足，為畫家型之畫家。生態藝術、生態藝術家之名若有所指，在現代，捨此三子而其誰？而現代中國畫家首選，捨此三子又其誰？是知中國畫、中國藝術的現代新名，可謂生態藝術，而生態藝術可從中國藝術中獲得縱貫二千年的哲學觀念與藝術實踐的支持和說明，並認取其中典範。

五

中國六經以《詩經》為首，子曰「興於詩，立於禮，成於樂。」詩教自始不語怪力亂神之非自然世界，故「小子，何莫學夫詩！詩，可以興，可以觀，可以群，可以怨。邇之事父，遠之事君。多識於草木鳥獸之名。」對人與自己、人與人、人與自然之理想關係的期盼，是風雅頌諸篇的成立根源，亦是詩教的唯一目的與動力，而非關神人關係之重新修好，怖慄懸念於天國地獄、末日審判。換言之，人文生態與自然生態，從一開始佔據中國思想的核心，並與中國文學藝術俱始。

雖云「非斯人之徒與而誰與」，中國聖賢豪傑、詩人墨客，總常流連於山水田園，怵惕於春溫秋肅，留情於草木鳥獸。聖人與弟子言志，無非「暮春者，春服既成，冠者五六人，童子六七人，浴於沂，風乎舞雩，詠而歸。」朱熹註：「即其所居之位，樂其日用之常，初無舍己為人之意，而其胸次悠然，直與天地萬物上下同流，各得其所之妙，隱然自見於言外。」生態藝術之最高意趣，自不能外於「智者樂水，仁者樂山」、「天地有大美而不言」二語。其後之楚辭漢賦、魏晉文章、唐詩宋詞、元劇明清小說，縱有許多悲歌慷慨、豪放婉約、風詭雲譎、蜚短流長、將相豪傑、才子佳人，總是人情世間，而人間世情總關江堤風月、大漠孤煙，枯藤老樹昏鴉、小橋流水人家；於是青銅白石、

水墨丹青、玉帛絲竹、汝官哥定、西廂紅樓,三千年凝結積聚的不是神蹟、神恩、祈禱、咒術,而是天經地義、乾健坤順、陰陽五行、悲歡離合、「山無陵,天地缺,才敢與君絕」,最後「還缺憾於天地」,亦與神無涉。

中國的人生,歷來信任自然多於神。對據稱來自異界的啟示或符咒,多不理會,卻常聆聽來自自然的話語,感受一草一葉的顫動,以至於同體同步。「悲風愛靜夜,林禽喜晨開。山氣日夕佳,飛鳥相與還。此中有真意,欲辯已忘言。」(陶淵明)「請君試問東流水,別意與之誰短長。」(李白)「落葉別樹,飄零隨風。客無所託,悲與此同。羅幬舒捲,似有人開。明月直入,無心可猜。」(李白)「感時花濺淚,恨別鳥驚心。」(杜甫)「西北望長安,可憐無數山。」(辛棄疾)此處說美學之「移情」、「內摹仿」皆隔而見外。康德區分「優美」與「崇高」,似亦不相應。

在中國藝術,優美亦涉人格,而崇高不靠對抗自然。主體自由之戰從來不是人與自然之戰,亦非人與神之戰,而是主體之自我純粹化之奮鬥(工夫),解蔽除習,疏瀹五臟、澡雪精神;這時可呈現主體自由之根本兩態 ——「有目的/有向的自由」和「無目的/無向的自由」。有向的自由須目的性理念湧現並內在化因而實有實在化之,以及實踐;無向的自由亦須目的性理念湧現並遮撥之因而無不合目的、獨化無待,以及靜觀。而目的性理念是反省判斷力給予自身的範導性理念,以貫通自然世界與自由世界者。人的精神生命唯賴此目的性原則可與自然生態合一:當目的性理念呈現,照明世界之存在,「所是」非「應是」,「所是」之現實世界之「不應」,反顯出「應是」之目的性之「理想相」、「目的相」,此即目的性理念底存在生態以及有目的的行為之實踐底存在生態;當目的性理念呈現,照明世界之樣相,「所是」若合「應是」,「應是」之目的性再不顯其「理想相」、「目的相」,以其與「所是」相合而為「無目的相」、「自在相」、「如相」,此即目的性理念之「無」以及「自然合目的」之靜觀無為之審美生態。反過來說,由反思判斷而

湧現的目的性理念，其究為主觀的、抑或客觀的或絕對的目的性理念，此各層級之目的性理念，與當前「所是」，何為「相合」？何為「不相合」（破裂）？何為「超破裂」（超想像）？實又據於作反思判斷的人的存在生態，其為「常無欲而觀其妙」者乎？為「常有欲而觀其徼」者乎？抑或為「兩者同出而異門。同謂之玄、玄之又玄」者乎？魏晉玄學之或主「貴無」、或言「崇有」、或謂「自然獨化」，由此觀之，自有深意存焉！其皆欲為「自然與名教」、「自然與自由」尋找一理想生態也！而貴無、崇有、獨化三論亦構成玄學之思想生態，而「本末究竟等」。是知人作為判斷主體之生態（或為「決定性判斷」，或為「反思判斷」）與自然生態、道德生態、思想生態，皆相因相生，互補互動。由是，退而可言知識生態藝術：自由無限心自我坎陷為知性主體，開展「感性 —— 想像 —— 超越的統覺」以構造知識。康德稱此為「深藏人類心靈的一種藝術」。進而可言藝術創作與鑒賞之生態藝術：藝術家向外物貫注其主觀精神，使外物之存在形式成為相因的、或氣化互動、終始條理的。此即藝術家與藝術符號之相因互動、終始條理之創作生態。鑒賞家在藝術品前暫忘其原有意識，無私地體會藝術品所表現之韻律、亦即藝術符號所綜和的藝術家之精神與藝術品材料之生態韻律，隨即反思此藝術品所表現之韻律之合目的性，而感受一浹洽之美；再就此目的性之品位，定此藝術品之品位。此即鑒賞家通過藝術符號與藝術家共感共存生態，而為藝術鑒賞生態 —— 美的呈現生態。再可言文化生態藝術，以至人類各族文化互動共存之生態藝術。此是生態藝術一觀念之擴大，亦是藝術生態之觀念上的自覺。

　　生態藝術家與藝術生態之觀念探索和根源追尋，由上所言，或可得一開卷語。

　　（2018 年 12 月，南京師範大學美術學院專題講座講辭，2019 年 6 月訂正。）

第十九章

玄學與藝術生態學

一、綱 要

(一) 從「言意之辨」說意義與存在

　　藝術活動之特質，可說是人為其精神活動之通向存在而尋找中介物並自我沉迷，隱蔽於中介物。自我沉迷者，原有目的與主體性之雙忘。

　　在方法學上，藝術創作之重要論題，是作為中介物的語言符號（廣義），其與精神、存在之關係，以及如何自我隱蔽。

　　形神關係、言意之辨，原與中國人性論（哲學的人類學）思想俱始，並成為中國哲學之重要思想方法。被認為為中國哲學提供最多思想範疇、「最哲學」的魏晉玄學，正是由人物鑒識之形神之辨，而發現「體 —— 用」範疇，成為日後中國哲學最重要之一對範疇。由形神之辨與體用觀之運用，而有「才性四本」，討論人的外顯行為（才）與其本性（性）之關係，為「才性同」、「才性異」、「才性離」、「才性合」共「四

本」。再而觸發關於語言符號（廣義之人為符號）與「意義」（精神——存在）之關連對應問題，而有「言意之辨」，亦有四家，為：

一、言意同——以意為體，言為即體之用；離言無意，言意不二。此則只有「言內之意」，無「言外之意」，言意之關係為「一一對應」（同構對應）之關係。此歐陽建之「言盡意論」所代表。

二、言意異——以言自言，意自意，言意非體用關係而為二，亦即根本否定言與意之間有對應關係；此則言不復為「言」（意之負荷者）而以「言之自身」為目的，即以言自己為體，意為離體之用。如書法之字體，純音樂之曲音，只表現自己純形式的體性，不再負荷「意義」。此為嵇康之「聲無哀樂論」所代表。

三、言意離——以意為體，言為離體之用，言意非同、非合、非異，而以「言外之意」為「本意」或「精意」，「言內之意」為「非本意」或「粗意」。言意關係為「超一多對應」。此為荀粲「六籍乃聖人之糠粃」論所代表。

四、言意合——以意為體，言為用，言意不一不二，不即不離，以至言意互為體用，言自身與其所抒之意互相牽連引生。此則「言內之意」與「言外之意」相通，言意之關係為「一多對應」（同態對應）之關係。此為王弼「言不盡意」、「寄言出意」論所代表。

由「言意之辨」，即帶出「言為何義之言」、「意為何義之意」，「可言說者」與「不可言說者」，以及「何為意義？」「意義（精神——存在）如何呈現？」等問題。由「言意之辨」，遂可叩開意義之「存在之門」：意義之存在生態。

（二）從「成為意義」、「成為語言」之雙重失落，說美的契機

語言使用者，那個為精神通向存在尋找中介物的尋找者，他既發現了「語言」，發現構築語言可以使精神意義化，亦即精神因選擇和組建言意關係從而在關係中定在、存在化。語言之於人，是本質的——唯有語言可以同化人的自我，同化我與他人、同化人與外在

世界、同化目的與歷程、過去與未來，以至同化言與不言。語言使這一切被理解、落案、供出，結果令言說者身陷險境 —— 他意識所至，或者是「有意義」，或者是「無意義」。他於是嘗試逃避語言，為此求助於語言，以語言中止語言，或以語言引生新語系以否決舊語系；在語言與語言的互相對抗、衍生或對消中，意義有望呈現、存活。意義不是在「有言」中呈現，亦不是在「無言」中呈現，乃在「有 —— 無」與「非有非無」之際呈現、存活。是意義非在意義中呈現，意義乃在「成為意義」中呈現，並且須在「成為意義」和「成為語言」之際呈現、存活。

一旦「成為意義」和「成為語言」一起在符號中介物中自我迷失、隱蔽於如琮（玉器）、如三足爵（青銅器）、如「秀骨清相」（六朝佛像）、如「永字八法」（書法）、如「飛天」（敦煌）、如「大漠孤煙直」（詩）、如「枯籐、老樹、昏鴉」（詞）、如「瀟湘水雲」（古琴曲）、如「萬壑松風」（畫）、如「汝、官、哥、定、鈞」（宋瓷）、如西廂紅樓（戲曲小說）、如亭台樓閣（建築），則這隱蔽使意義不再「成為意義」、語言不再「成為語言」，而符號中介物（堅玉、青銅、陶瓷、木石、水墨丹青、革竹絲肉、遊廊照壁、之乎者也）不再是中介物。中介物失去原來目的，轉成為無目的的目的物自己之「在現 —— 現在（現而為在）」。這精神的異己化之證物，曾經歷多少目的與手段、目的本身、手段自身之破裂、對立、互相否定，曾經歷多少「有 —— 無」、「存 —— 亡」而成為如是如是之「現在（現而為在） —— 在現」，成為「意義」和「語言」之雙向排拒，言意道斷，成為「成為之沉迷」和「中止成為」，而為「如」，而為「玄」（老子：「故常無欲以觀其妙；常有欲以觀其徼。此兩者同出而異名；同謂之玄；玄之又玄，眾妙之門。」）。有人旦暮遇之，在她面前失神（莊子：「吾喪我」），相忘同化於此「在現 —— 現在」，此時，「意義生態」（言意生態）即轉為「美感生態」。美學只是美感生態之回顧和認知化之意義工程學。

（三）意義之終成、隱蔽與重生

　　藝術創作即把以「意義之呈現」為目的之意義生態，轉為以「意義之隱蔽」為目的之美感生態。攝義歸境，攝活動於形構，積衝突、破裂、否定而消融於當下所是。當下所是之任一「是」皆不帶任何目的，只以所是之如是「在現——現在」為目的，但是每一「是」皆含攝曾經之破裂、否定，而為當下之辯證的「是」。此每一「是」在無目的中又與其他之「所是」互相連結，而為無目的而整體合目的之「大如是」。藝術作品成為意義之幾與存在之幾的藏匿之所。中國畫重視「筆墨」，正以筆畫本身含攝高度之辯證的緊張，最能表現「有——無」、「隱——顯」之「幾」（玄機）。筆墨最能在「成為意義」、「成為語言」之同時，歸於「無意指」、「無所指」，歸於自身呈現為「成為筆墨」，而作如是如是之勾勒、苔點、皴、染。筆墨除成為筆墨自身之品格外，似無目的，而整體合目的地關連為樹石屋舍，關連為天地山水。大哉筆墨！

　　這無目的，似有意而無意，似有言而無言的如是者，含攝一切曾經發生及被中止之意義言說，而今成為最後唯一可能，作最後如是隱蔽和呈現——這樣，她成為終結者和肇始者，成為開啟一切意義言說之可能的「第一存在」和最後證物、對應者，成為「文物——文本」（our own heritage），成為「精神——存在——意義——符號——作用——」之藏匿所與發現者之礦藏。她等待發現者和他的發掘、究詰、沉迷之能力，以及「緣分」：他和她或者一觸即發，開始意義世界的復活、重建和成長；或者「嗒然若喪」，卸下意義世界之沉重；或者意義之呈現與隱蔽交相閃動互倚，而為「意義美」生態，同時即是藝術生態。

二、從哲學中心問題看中西繪畫之精神特質

　　從哲學的本體論之體性學而言中西哲學思想比較，則西方哲學可說為以「形與實」（現象與真實）的問題為中心之哲學，而中國哲學可

說為以「形與神」（現象與意義、形相與精神、存在與目的）問題為中心之哲學。

就繪畫活動而言，西洋畫家的傳統問題，是審視所繪畫之對象，並問：這到底是甚麼？怎樣才能畫到？中國畫家卻每當磨墨展卷，隨即寧神歛息，自問：我現在全身瀰漫一股剛中之氣，抑柔中之氣？我如何在筆墨中保有、體現之？

三、從「精神」到「風神」與「傳神」

「精神」一辭，始自莊子。〈天下篇〉稱「不離於精，謂之神人」，〈德充符〉譏人「外乎子之神，勞乎子之精」，〈刻意篇〉謂「水靜猶明，而況精神」；直以精神為辭，說當其虛靜，必靈明全照。

中國文字中，「精」與「粗」相對。「粗」指物質性、墮性，或「文」的程度較低者；「精」指能動性、主導性，靈動自由者，或「文」的程度較高者。精粗不同但同體，精主導粗，變化粗；粗從屬於精，但亦制約精。精既代表能動，並能為自己提出目的、規定方向，藉着抉擇從而擁有自己，此作用即所謂「神」。精神與物質相對，但卻是生命這統一體中居於主位而為精為神者，而這為精為神者不是靜止不活動之居於主位存在，而是通過作用來顯示其存在，能自我意識並因此躍起，通過自由抉擇從而擁有自己。[1] 莊子之後，漢《淮南子》即有〈精神篇〉，謂「精者神之氣，神者人之守」。劉劭《人物志》〈九徵〉謂「物生有形，形有神精，能知精神則窮理盡性」，所說「精神」略近於孟子之「盡心知性知天」，與莊子書的「精神」配解，則可以人之心為精，心之用為神；「精神」者，「承體起用，在用中見體」之謂也。

漢代思想權威主張性情二分，性善而情惡（董仲舒之說），形成對

1　參閱本人著：《實證與唯心》上冊，〈兩極歸宗與中國哲學精神〉（香港：經要文化出版有限公司，2001 年），頁 175。

個體性（情）之壓迫。魏晉人解放個性，一方把「情」與「神」連說為「神情」；一方將「性」活轉而歸於「心」，即於「心之用」，而為「精神」。易傳原謂「神無方而易無體」。孟子謂「大而化之之謂聖，聖而不可知之之謂神」。是則「神」指不可方物、不可確知之之聖功妙用。故「神」如風，無緣無故，來去無蹤，魏晉人遂說「風神」，直以風說神。「神」既又同時與「情」連用為「神情」（見《世說新語》〈賞譽下〉孫興公謂衛君長：「此子神情，都不關山水。」），則也就可說「風情」，以情承神，而神如風，來去自由。

由孔子的「天何言哉！四時行焉，百物生焉，天何言哉！」之「夫子之言性與天道不可得而聞也」，老子之「道可道，非常道；名可名，非常名。」之「道德」，到莊子的「精神」，到魏晉人的「神情」，由神情而「風神」、「風情」，以風說神，以風代神；是由「不可得而聞也」、「不可得而言也」、「不可得而名也」，而漸次說為「可得而觀也」、「可得而領也」、「可得而味之也」《世說新語》人物品評裏的「風」字皆由「精神」之「神」字之意轉來，如「風姿」、「風韻」、「風味」、「風骨」、「風期」、「風氣」等，皆由「神姿」、「神韻」、「神味」、「神髓」、「神期」、「神氣」等轉換而來，由神而風。這一路下來，可說是由形而上之「道」的超越性，而自我超越，而為可證會的真超越性，而歸於生命化、境界化；同時亦即「道」由不可道、不可名，而終仍不可道、不可名，但可「稱謂」、可「意會」、可「傳神」了。

四、精神與存在與活動

說到底，無論怎樣說「道」是客觀超絕之形上之道，總是人的心依某套路（所謂軌約原則）運思作用的結果。這結果若是被認定超出概念名言，便是不可道、不可名 —— 以建立此形上之道之心，原是要立此一超絕之道，以截斷言說、中止運思以「完成」運思。若謂立此超絕之道以為中止人之言說運思，只因人之運思言說常一往不返入於虛冥，

則正示立此超絕之道，原為保護存在、反哺生命，使不入於虛冥。

老子曰：「為學日益；為道日損，損之又損，以至於無為；無為而無不為。」是道家之道原是一「門 —— 道」，雙向排拒，既反形而下學之膠固（以「為學日益」說此膠固），又反形而上學之冥執（故「為道」不能「日益」，而須「為道日損，損之又損，以至於無為」），以保持生命純淨化、活轉化、暢通周流。魏晉玄學大家王弼遂說出驚人之語：「聖人體無，無又不可以訓，故不說也。老子是有者也，故恆言其所不足。」（見何劭〈王弼傳〉）老子是「有」者，有「無」也，有立「無的形上之道」之立也，故恆言「無」以去言止思，以防望名執實，以「無」為實有而入於虛冥。聖人則體會此天理流行，「四時行焉，百物生焉，天何言哉！」之無言境界，故不說「無」或「有」。後來理學家張橫渠說「聖人不言有無」，即源於此。

聖人不言有無，聖人大有而體無，開物成務，盡倫盡制，故只說隱顯、舒卷、元始要終。說有無是哲學家的事。老子是立宗者而近哲學家，莊子是哲學家而近文學家，故都喜說有無，然都不會是客觀實在論地說有無，而是「知人則哲」地、人學地說有無，即就精神活動之「照」、「感」、「寂」說有無。老子曰：「無，名天地之始；有，名萬物之母。故常無欲以觀其妙，常有欲以觀其徼；此兩者同出而異名，同謂之玄，玄之又玄，眾妙之門。」早已攝有無於人的精神活動，從「目的（或無目的）—— 歷程（或當下）」，意義論地、境界地說有、說無、說玄，說玄之又玄，眾妙之門。

如是，在中國思想裏，從來不是客觀實在或客觀宇宙秩序決定人的精神活動、決定人的感受和意向、決定人與其所在世界的呈現；而是人的精神活動的開與合，依不同的活動方向，或作感受，或作認知，或涉及目的實踐之存在的實感，直接參與世界呈現，並為各義之世界，其如是呈現，反省其呈現之存在之理。

世界只會在人的各種參與中呈現為「在」（有與無、善與惡、生與滅、常與斷、來與去、一與異）—— 正因此，世界可還原為「無」（「無

名天地之始」之無、無名，「稱謂之前」之「不決定」、「不是」）。人只需一一放下計執、計慮，人和人所在的世界即可一齊從「在」中解放，從「是」中解放，從「有」中解放，還原為「無」、「無名」、「不是」。此「無」正因為本身不是甚麼，甚麼也不是，並正為着排拒是甚麼，而說「無」，卻因此含藏一切可能存在之全，包括自我否定、自我超越、「元、亨、利、貞」、「始、壯、究」，以及「無」。此所以《易‧繫辭上》曰：「君子將有為也，將有行也，問焉而以言，其受命也如響，無有遠近幽深，遂知來物。……易無思也，無為也；寂然不動，感而遂通天下之故。非天下之至神，其孰能與於此！」朱子解釋之曰：「凡言易者，皆指蓍卦而言。蓍卦何嘗有思有為，但是扣着蓍卦，便應無所不通，所以為神耳。」（見《朱子大全》第五十三卷〈答沈叔晦〉）也就是說，人慣常在智性、有思有為中，因着計執、計慮，在種種有為法的夾纏裏，喪失判斷力，而反不能有為有行。蓍卦龜筮何嘗有思有為，人卻求決疑於蓍卦龜筮，正為其為無知無情之物，人扣着，遂亦可自忘人之有知有情，自居於蓍龜之下，同一為無知無情，而無思無為，世界頓時還原至寂然不動之未是未始狀態，而「幾」在其中矣，「易」在其中矣，一觸即發，感而遂通，非以知通，非以情通，乃以無思無為而通。這無思無為之神通，既可以義大利哲學家貝尼季托‧克羅齊（Benedetto Croce）所言之「直覺」比之，因克羅齊亦以無思無為說直覺；亦可以康德所言之「反思判斷力」或即所謂「智的直覺」比之，雖康德不認為人有智的直覺。智的直覺所通為「物自身」，亦即所謂「超感觸的基體」。康德認為人沒有智的直覺，只能知到現象界，不能知超驗界（物自身）。易傳所言之無思無為、寂然不動，感而遂通的世界，既不是感觸直覺參與起現之現象界，亦不是康德所言只作為智的直覺所直覺之物自身界（即超驗界），而是指一存在的契機，契機所涉之種種關連；由此種種關連，進而思存在之幾與意義之幾兩者之關連；以至目的與體性、目的與體用、目的與體相多重關連之豁然貫通。此智的直覺之所覺亦可指兩極融通而為一氣化存神、即存在即活動即表現即不存在

之意象世界、氣息世界、氣韻世界，「幾」在其中矣，「易」在其中矣，「理」亦在其中矣！而「幾」、「理」、「易」亦得在存神而一體氣化中深藏，深藏以有待於「無聽之以耳，而聽之以心。無聽之以心，而聽之以氣」者（《莊子》〈人間世〉）。「聽之以氣」者，徹底的現象論而徹底的意向論、而徹底的唯心論也，其中有「神」焉。

依感觸直覺開出現象世界，依知識理性開出命題世界，依智的直覺（或反思判斷）開出智思（物自身或目的論）世界，依實踐理性而開出自由（自律）世界；此康德的哲學分解之所分所立。證能以立性，證德以顯實，最後有賴於「智的直覺」或反思判斷力之證成落實。胡塞爾（艾德蒙德・胡塞爾〔Edmund Husserl〕）現象學則把各個世界之本質特性予以懸置，而反身審視這一一分立的各種世界，以及與之相應的人的主體性，層層剝落，作現象學的還原以現一「在其中自身絕對獨特存在的純粹意識」、「絕對存有之全，這種絕對存有，在正當理解中，就是含藏一切超越於其自身之中的，並且在自身內建構它們」。[2] 這實在有近道家之「玄」和佛教之「空」之還原，並可說很有儒家易學「復其見天地之心」之剝復意味。然無論儒、道、釋，其「絕對存有之全」都指向一未來之理想人格之境界，而不只為建立一現象的基本存有論以說明當前現象之一一法之存在根源（若佛教唯識學之「八識」之前六識）。即最富現象學意味的魏晉玄學，王弼言「貴無」、「聖人體無」，裴頠言「崇有」、「貴生」，向秀、郭象言「獨化」，雖似在辯現象與本體之有無，而其實仍是以一理想人格應有境界為立論基礎，以說一德化的，或道化的，自然目的與道德目的合一的玄學的自然秩序和境界論的本體宇宙論，而以自然秩序和氣化生態為德性生命和心靈境界之符徵。山水木石一一意象化為人格精神之表現，即存在即活動即不存在。唯道集虛，目擊而道存。然精神與存在，何者為體？何者為用？又其

2　艾德蒙德・胡塞爾撰，李幼蒸譯：《純粹現象學通論》（北京：商務印書館，1995年），頁 136。

為體用、本末、一多、主從，是同乎？異乎？離乎？合乎？遂成為玄學的基本思模和重要論式，所有課題悉被納入此格套去思辨體會，而「幾」在其中矣，「神」在其中矣，文心在其中矣！畫道在並中矣！

五、存在與存在的發現 —— 存在之光

魏晉人說有說無說玄，總不離人的精神的關翕、寂感、寂照，又總關連着人的氣性、才質、境遇、形相，而言體言用。換言之，魏晉玄學可說是最早的即着人的「存在樣態」（包括存在的時間樣態和情境樣態）而說有、說無、說玄、說本體、說宇宙生化的存在主義哲學。但魏晉玄學之為存在主義哲學，正是不把存在推出去而問：存在是甚麼？亦非將存在直線還原到存在之先而說虛無。玄學之為存在主義正要把存在收進來而聲言「存在不是甚麼！」而攝存在於感受，即感受言有無，證有無於活動與作用，即作用活動言體（或無體），即體（或無體）言精神，即精神而言「即活動即存在」或「即活動即存在即不存在」，即精神之存在活動而言迹冥、體用、形神，又即「體用」、「形神」、「迹冥」之為名，其有所指乎，其無所指乎，而有「言意之辨」，藉「言意之辨」而返回言者、意者、辨之者、默者之精神生態：其為寂然不動，感而遂通之寂感同時乎？其為寂然不動，感而遍照之寂照同時乎？其感其照有向乎？無向乎？無向而有向乎？有向而無向乎？而即精神生態言意義生態，即意義生態言語言生態，由語言生態而言存在生態（有謂「一切存在都只在語言中在。」換言之，存在只是對一一名言作實在論的期許，而與聲言「存在」之言不離。），由存在生態而「體無」（王弼曰「聖人體無，老子是有者也」。），以「無」為「存在之後（後設學的後）」、「語言之後（後設學的後）」，亦即以「無」為玄學之本體。本體既名「無」，亦即以無本無體為玄學本體之體性，而玄學即為一超形上學之形上學，一超本體論之本體論，此玄學之所以為玄學也。

　　「存在自身」不是甚麼，並正以每次「不是」透示存在，亦即以「存在之光」之光照自身為存在之本源，當存在之光返照自身而問：何為光？何為光之源？如是即進入存在之光，而自照自明。當目的論還原為本體論，本體論還原為現象學，現象學還原為存在主義，這是由「超越」而還原到「存在」之路。由存在再還原而為現象，由現象再還原而為純粹現象與純粹意識，由純粹意識還原為純粹建構，由純粹建構還原為「純粹自覺自身之絕對存有」這一「現象學的剩餘」，這是由「存在」而還原到「存在之存在／存在之光」之路。而「存在」成為這兩段路的終點和始點，成為哲學之中心概念。自某義言之，存在主義可說是要回歸古希臘之以「存在」概念為中心之哲學，但柏拉圖是以理型Idea、亞里士多德是以本質 Essence 為存在，現象只是現象故不存在；而存在主義則以現象為實證的基礎，即現象說存在（胡塞爾「回到現象！Zu den Sachen Selbst！」）。因存在主義之「存在」概念之內容不同於希臘哲學之「存在」概念，故存在主義之「存在」概念是否真的可代替西方近代哲學自笛卡兒、洛克、休謨等之「心靈」、「意識」、「自我」概念，以至康德、黑格爾之「理性」、「精神」概念之中心地位，而回到古希臘人以「存有」概念為哲學中心之哲學，實屬疑問。存在主義借用現象學的方法一路還原下來，不僅不能排除「理性」、「心靈」，相反，還原的結果，是精神、心靈的徹底隱蔽地內在化、本真化，而為氣化之存在所掩蓋，並因掩蓋而透露了心靈、理性之真實性、本真存在性。存在或先於（時間上之先於）理性心靈，但理性心靈始終在存在中變化存在、選擇存在。由是現象學在西方近代主體主義（由笛卡兒至康德所開啟）之後，再一次將西方哲學推向中國心性論，亦即由西方傳統之「現象 —— 本體」之實在論之學，轉型為中國傳統之「形 —— 神」「體 —— 用」之兩極歸宗（宗者，終極目的）論之學。換言之，中國之「形 —— 神」論、「體 —— 用」論、「理 —— 氣」論底哲學方法，在近代西方以現象學、存在主義、以及語言哲學之名，成為他們的新方法、新哲學，成為現代哲學主流。

魏晉玄學可說是最自覺為「形——神」、「體——用」論的哲學，亦是最有哲學方法學之自覺的哲學。魏晉人這種「形——神」、「體——用」論意識與方法學自覺的最早一次系統表現，是名辯「才性四本」。

六、「才——性」與「形——神」

「才性四本」者，論人的「才」（心之用曰「才」）與「性」（心之存在論之名曰「性」）的四種不同關係，曰：同、異、離、合，乃魏晉正始時期之名辯，[3] 今略舉之，並稍作引申評論。

才性同——外顯表現的才用種種完全符合其內在之秉性。此則才即性、形即神、用即體。此說無異於否認有才外之性、形外之神、用外之體，則其體其性為泛實在論之體和性，但反之亦可思為泛現象論之體和性，泛現象論本說唯象而無體無性，進而亦可以形為體，以才為性，說成現實主義。

才性異——外顯表現之才用種種異於內在之性。此則才自才，性自性；形自形，神自神。此說初看不通，才自才，性自性，然則性何由知？必曰「不可知」（康德之「物自身」亦不可知）。既不可知，則不宜說有「才」外之「性」而說「才性異」。然亦可另說為：依見聞之知知「才」，依超越的覺知之知知「性」，「才」「性」分屬兩層，故曰「才性異」。此又可問作此區分者，其之見聞之知之才，與其之超越之覺知之才，是同屬其同一之性，或仍異於其性而為異於其性之才？此有待進一步究詰者。

才性離——外顯表現之才用種種，遊離於內在之性，或曰只是內在之性之離體之用，雖有線索可尋，卻無固定對應關係，全憑解讀者

3　王僧虔〈誡子書〉：「才性四本、聲無哀樂，皆言家口實。」見《南齊書》，〈本傳〉，參閱吳甿著：《玄理與理性》上篇，第二章〈魏晉人物品鑒中「體用」觀念之覺醒——魏晉名辯「才性四本」析論〉（香港：經要文化出版有限公司，2002 年）。

心有靈犀。此說須說明內在之性兼形上超越之性和形下氣化之形構性兩層，故外顯之才用形相，不足以表現內在之性中兩層本性辯證綜合之緊張和自我超越、自我否定之演變創化，即此說才性離，說形不足以傳神，神亦不可以氣化為形相、作一一對應之表現。

才性合 —— 外顯表現之才用種種，皆相應於內在之性，雖非同構對應（isomorphism）而為同態對應（homomorphism），但不僅有線索可尋，且線索具普遍有效性／互為主觀（Inter-subjective）性。此說亦認為內在之性兼有形上之性（若孟子之心性、大體，莊子之道心、靈台，易傳之「神無方而易無體」之神、易），以及形而下氣化層之性（若孟子之小體，莊子之人心，荀子之生之謂性）兩層，而人總只能是一具體存在者，一統一的人格者，故兩層總須綜合，此綜合只能是辯證的綜合，即不能消滅其中一方而吞併之，或弱化雙方而歸於昏沉、以為綜合；而應為「兩極歸宗」之辯證的綜合，即兩極化愈強愈遠而愈要統一於其目的性之辯證綜合，而永在緊張中、永在迴轉中、永在活動中[4]。故其外顯之形相才用，亦總在活動中、自我揚棄中，但亦因有目的、有方向，而總有軌道可循，並與其內在精神之開合、人格之結構，有存在的呼應；而只要是人，依康德所謂「理性的事實」義，其目的方向與生命歷程，總有普遍性、可感通性，由是其所表現之形相才用，與其人格王國之體性，可以建立某義之對應關係，亦可作某義之客觀化、符徵化，而有某義之法度、法理之自然形成，並永在解構、重建、破壞與守持中，親證親立此種對應關係於可檢證性中。

七、風景與人格世界

「才性四本」所辯為外顯才用與內在本性的關係，其論式則直接繼

4　參閱吳盷：〈「兩極歸宗」與中國哲學精神〉與〈「兩極歸宗」與道德的理想主義〉，收入《實證與唯心》上冊，第四、五章（香港：經要文化出版有限公司，2001 年）。

承先秦至漢之人物鑒識之形神論，特別是漢代觀人之術。東漢末年之九品中正，觀人特重相法，深信由人的外貌，可推知其所秉之氣之清濁重輕，以及五行五質。王充有〈骨相篇〉逕稱「案骨節之法，察皮膚之理，以審人之性命，無不應者。」屬於定命論之「命相同」一路。魏初劉劭《人物志》言及如何衡量人的質品，有「九徵」之說，由內至外，為：神、精、筋、骨、氣、色、儀、容、言。屬於互動論之「形神合」[5]。其後六朝清談，人物品評益轉向純美的品鑒，甚少牽扯到實用才幹，以至德行亦被當作審美判斷之對象。人物品評不再有其他目的，人物品評只為人物品評，只為即着人物之言、容、儀、色、氣、骨、筋、精、神之具體生態，其當下之綜合表現，形容舉止，而思：人物當該如此——

> 如「勁松風下」，「森森如千丈松」（《世說》〈賞譽〉）；
> 如「歲寒之松柏，幽夜之逸光」（同上）；
> 如「雲中白鶴」，「九皋之鳴鶴，空谷之白駒」（同上）；
> 如「岩岩清峙，壁立千仞」，「巍如斷山」（同上），「汪汪如萬頃之波，澄之不清，擾之不濁」（《世說》〈德行〉）；
> 至於聖人，則「天地氣象」，「高山仰止，景行行止」。

奇怪的是，魏晉人的理想人物之「當為如此」者，雖事業不同，名聲異號，其被以自然風景物喻之，一也。只需把那萬頃波、千仞壁、斷山、雲鶴、白駒、勁松等之名，直喚一次，平常移來即成為人物之「傳移模寫」，而風神立現。這真是魏晉人物品題的大發現：自然景物之形相儀容，可傳人格世界之精神風骨。換言之，人格世界的理想典範，既不可概念化命題化，唯寄託於各類獲具目的性的自然景物自然

5　本人早年有文論及「人倫鑒識中心性形相之辨」，王充主「命相同」、劉劭主「形神合」、葛洪主「形相雕」而「命相合」。同註 3，上篇，第一章。

生命之存在生態，以自我觀照提煉之；或寄託於整體存在之目的性自己之天地氣象，以由內而外，再由外而內地轉出內信外仰。「人應當做甚麼？以實現人是甚麼？」不僅止於應當實現為善且應當顯現為善且美。然則人物品鑒本身即成就人格培養，而判斷力特別是反思判斷力亦因此得到特別牽動而趨敏銳，浸至成為中國思維方式之最大特色。而人物品題本身成為藝術。

八、人文之道與自然之道

自然風景物如何可符徵人物品格？這問題看似難以索解，其實，只需想到由人的外顯之言、容、儀、色，而氣、骨、筋，而通到內在之精，由精而神，此九徵與人的人格世界的可一一感應；是則自然景物之容色骨筋風貌，固可令人聯想到與之相類之人的言容儀色氣骨種種，以及相應之人格品性，此即所謂賦比興，而人物品題遂成為藝術。

再說緊些，自然世界若只是自然世界自己，壓根兒沒有人這種既有感性又有理性的存在的各種參與，或格物致知、或參贊化育、或止於觀照，則自然世界何來甚麼「風景」？何來甚麼「勁松風下」、「幽夜之逸光」、「空谷之白駒」、「嶷如斷山」、「萬頃之波」、「天地氣象」？沒有人的以各種身分的參與，自然世界甚至說不上有自然世界，說不上有松、風、夜、光、雲、鶴、山、峙、頃波，說不上「玄黃色雜，方圓體分」，更加說不上有「現象與本體」、「形與神」，以至說不上有「有」有「無」。沒有人的以感性參與以呈現現象，並返回依軌約原則追問「現象之存在的根源」而有「存在之理」之建立。橫向用思，則有事物之形相形構之認知；縱向反思，則有「目的性」觀念與「實現之理」的反思；止於無向，則無思無為，無以全有。人參與世界的呈現同時即建立文化世界，於是而有科學、宗教、哲學、道德、藝術；沒有人的各種身分的參與和心的作用，這一切都說不上。如今這一切都說得上且如實存在，卻早已是人的各種參與、互相作用的結果。我們現在又將這一

切還原到「未在」狀態，重新體驗這一切將在而未在、將有而未有之「幾」。「動而未形，有無之間者，幾也。」（周濂溪《通書》〈聖第四〉）從形神論看，這「幾」正可揭示一生態學的意義發生學，一如這「幾」在存有論所表示的生態學的存在發生學那樣；而「存在之幾」與「意義之幾」的相遇相生，更是眾幾之「幾」。然幾而無幾，無幾而幾，則謂之「時中」。朱熹說「易」之「時中」義，謂：「凡感之而通，觸之而覺，蓋有渾然全體，應物而不窮者，是乃天命流行，生生不息之機。夫豈別有一物，限於一時，拘於一地，而可以謂之中哉！」（《宋儒學案》第四十八卷）感而遂通，渾然全體，應物而不窮者，推開去說，便是天命流行、生生不息之機；然即感、通、觸、覺當下而說，便是承體起用，一觸即發，即活動即存在即目的，亦即除此當下之承體起用之外別無目的，此便是「中」，豈別有一物，別有一標準衡量以為「中」。是見「中」乃存在之幾與意義之幾的「無」，無幾而幾，幾而無幾，而歸於渾然全體之「有」，以及獨一無二之應物之不窮。故宋儒周濂溪說「幾動於彼，誠動於此」。這是就時中義說幾與無幾，而歸之於誠。

　　一事物之作如是呈現，原就是人的感受性對所遇物作如是感應而對象化的結果。人的感受性若排除人的理性介入，包括知性之計執、實踐理性之性分不容已，而止於純感受性；意識既不作進一步的橫向活動，而為純照純現；意志亦不作任何縱向活動，而止息意志／無意志；如是人最後剩餘為一純粹直覺、一無思無為之純粹感應者。由此無思無為之感受者所參與呈現之現象，乃未被區分，未決定，亦即未量化、未質化、未關係化、未程態化之純現象、純氣之象；人與人參與呈現的現象物因「無」（無思無為）而皆從種種存在網絡中孤離出來，同時即從種種意義網絡中孤離出來，亦即從種種目的串系、因果串系中解脫出來，有如無意義者、無目的者，無緣亦無體，無必亦無意，如如現為在（現在），無過去將來；故曰風物，物如風，風如物；曰風景，景如風，風如景。然而，人自我還原為無思無為之無我，意志為止息意志之無意志，是精神的休養棲息，「無」是遊子回頭之精神

的家,「無」又可以是自我放遂、泛若不繫之舟的無家。說到底,人終是一存在的感通、感受、感應者,人以感通、感受、感應而躍起,宣示人性之性;則並無一無意志之意志、無作用之精神、無主體之主體、無所感無所通之感通者,在天地萬物之外靜觀天地萬物,一如並無一個天地萬物可外在於人的感通感受感應,自現為天地萬物,自現為「玄黃色雜,方圓體分,日月疊壁以垂麗天之象,山川煥綺以鋪理地之形」之「道之文」(《文心雕龍》〈原道〉)。劉勰因說所謂「道之文」(天地之道之文采)實源於人文:「仰觀吐曜,俯察含章,高卑定位,故兩儀既生矣。惟人參之,性靈所鍾,是謂三才。為五行之秀,實天地之心。心生而言立,言立而文明,自然之道也。」(同上)天地之道之文,實源於人文,而人文之道亦自然之道,以「人文之元,肇自太極」(同上),而太極無極,只是一天命流行之生生不息;「惟天之命,於穆不已」之天命流行,又豈可離「惟人參之,性靈所鍾,是謂三才(天地人)」之存在生態 —— 或者說,三才之綜合的表現之幾。

九、存在之幾與意義之幾

雖云三才綜合表現之幾,然而到底天地人三才之中,「天何言哉,四時行焉,百物生焉,天何言哉!」(孔子)「天地有大美而不言!」(莊子),只有人可以講話,可以自照自問,並因着這自問自照,把自己從以「存在之幾」為主的「在其自己」之存在,破裂為以「意義之幾」為主的、「在其自己」並「覺其自己」的存在,即由「無聽之以心,而聽之以氣」的存在的三才之幾之氣運流行、生生不息,破裂為無思與思、無為與為、聽之以氣與聽之以心、存在與表現、存在與意義、存在之幾與意義之幾的兩在,並在覺照中,以意義之幾引導存在之幾、意義化存在之幾,由意義的辯證綜合,走向存在的辯證的綜合表現。

反過來說,一事物之作如是表現,既與人的理性覺知俱起,而存在與存在之理之提出原就是人的理性覺知活動之自證與證自證,存在

之光之能照、所照與證照。人的理性覺知以「意義」（目的、價值等存在意義）為首出，故可謂意義引導存在、照明存在；目的啟動實踐、範導實踐，並在實踐中拉開終極目的與現前目的的緊張、整體目的與局部目的的對立，並因存在的抉擇而謂存在之幾、存在的辯證。若無存在的抉擇，則亦無所謂存在之幾、存在的辯證。存在的辯證乃意義的辯證之迹，存在之幾表現意義之幾。意義之幾者，精神開合之間也；存在之幾者，氣之昇降聚散之際也；存在之幾與意義之幾之相應，幾而無幾，無幾而幾者，神韻也，氣韻也；偏於說意義之幾，則說神韻；偏於說存在之幾，則說氣韻；然皆存在不離意義，意義不離存在；而皆在活動中，即活動即存在即意義即目的即歷程，而又即而不即，不即而即，故說氣韻，說神韻。如是這般表現存在者，形相也，現象也，觀形相而感思其存在之幾，由感思存在之幾而感應其意義之幾；意義之幾即目的與歷程，即精神之開合。若無人的感通感應，天地何來目的與歷程、精神之開合？何來意義之幾？何來存在之幾？以至何來形相、現象？然則人如何感通、如何感應，正有如「上帝說『光』，於是有了光」之「存在之光」。存在之光之所照，存在也；存在之光之能照，精神也，神明也，光源也，光之對其自己也。光可以上下照，可以四周照，也可以環繞一對象來照；亦可以全照、透照、返照、自照。人如何感通感應，並依何種方式以呈現對象；一對象如何從無中顯現為有或從有中顯現為如此這般有，或從芸芸眾有中獨獨呈現此一有、特顯此一有，遂有多重意義、多重存在之幾可說。此多重意義、多重存在之幾之定在而表現之，大分若實用、若認知、若情感、若志之所之、若意志自身、若無意義而以自身為無目的之存在為目的。此多重意義、多重存在之幾，在人感通感照並以其方式呈現對象時即賦予此對象，同時賦予此對象在此呈現方式中之形相與其存在之理。此對象之存在之幾與意義之幾，即此對象之形與神；我們在一對象形相以外，尚可說其精神者，或就一精神意志而說其有氣象形象者，以此。此中國形神說之密義，亦是自然風景可以符徵人物精神品格的根據。

自然風景物的形與神，原就是我們的感通感應之參與所賦予。尼采這幾句話說得直截：「人最後在事物中找到的東西，只不過是他早前曾經塞放入事物的東西。」「人類認識世界的程度與人類認識自己的程度密不可分；也就是說，人類揭示世界的深度與人類對自己及其複雜性的驚訝程度相一致。」[6]

十、逃避語言與藝術的誕生

每當我們用語言揭示世界和表達對自己的驚訝的時候，我們便進入對語言這中介物的複雜性及其貧乏的驚訝。

魏晉「言意之辨」（見綱要）充分表示了魏晉人的驚訝，以至代表了我們今日最新的驚訝。

人是「符號的動物」（恩斯特・凱西爾〔Ernst Cassirer〕）[7]。人既是自然動物，應可在自然物界中安住，但其實不能，人須在意義中生活，為此，人註定為言說者（哪怕自言自語）並且逃避言說。

一方面，人發現語言之於人，是本質的 —— 只有言說可以逼令人的多重意義之自我在語言裏統一；只有語言可以使我與他人、與外在世界，同化於所在之語境、語意、語用、語本；亦只有語言使人可以同時擁有過去與未來、歷史與目的、自由與必然、有限與無限，以及言與默；語言使這一切被區分和擁立、一一落案，從而使人因為言說而成為理性成為人。另一方面，人又發現語言如何把成為理性的言說者逐出存在，喪失家園。言說使語言者身陷險境 —— 人既在語言（概念）中把世界分割為有與無、一與異、來與去、常與斷、生與滅、美與惡、善與不善、有意義與無意義、存在與不存在，人自己卻置身於

6　尼采撰：〈權力意志〉，引自《哲學譯叢》1989 年第二期，頁 606。

7　恩斯特・凱西爾撰，劉述先譯：《人論》（*An Essay on Man*），第二章（台北：文星出版社，1959 年），頁 34。

此分裂之外，並說：我們失去的只是存在，得到的是意義。這樣，人又如何可以藉賴語言重返家園？面對四分五裂的意義世界，人是否可「說」（！）：「我既能給世界以意義，故我能統一意義的世界。」或相反，「說」（！）：「在意義與存在兩者之間，我寧願選擇存在，至少，在選擇意義之前，讓我回到存在，無思無為。」

　　無論是意義主義，或存在主義，或理想主義，都因着語言而得言表自己同時離其自己，每次的言表同時即是一次異化。人嘗試逃避語言，卻每次逃入語言，為逃避語言而求助的語言；或以弔詭（paradoxical）語中止語言；或以遮撥語否定詮表語，再以雙遮語同時否定詮表語和遮撥語；或以轉換語引生新語以對顯舊語或否決舊語；在語言與語言的對抗、衍生或相銷中，意義有望顯現、存活。意義不是在「言」中顯現，亦不是在「無言」中顯現，乃在「言」與「無言」之際顯現，以至在「非有言」與「非無言」之際顯現、存活。是意義非在意義之自在中顯現，意義亦非在意義之他在中顯現，意義乃在「成為意義」、「成為存在」、「成為理念」之「成為 ──」中顯現，並且須在「成為意義」與「成為語言」之際顯現、存活，並且還須在無言歸默處顯現、存活。

　　人註定為言說者並且逃避語言，一如人註定為自由者並且逃避自由，人註定為理性者自律者並且逃避理性 ── 為此，藝術誕生了。

　　唯有詩、音樂、書畫、雕塑、建築，這種藝術語言，人可藉賴着來逃避語言並仍可宣示他繼續擁有語言、秩序，並且在自由中，以及「無」。反過來說，藝術只等待這一刻：當人們厭倦語言，為此求助語言而無助，但仍渴望證明精神在存在、意義在表現，而存在與意義須在自由中並逃避自由，在囚禁中體會無限，絕望於語言但仍拾起這僅餘的希望。

　　為表示對哲學語言引致不幸的失望，海德格說哲學應終結於詩。詩人蘇東坡則另有不滿，而謂「詩不能盡，溢而為書，變而為畫」；但畫家更無他望，只望他的書畫中有詩，或如無聲音樂；而音樂中最富

思想性的卻稱音詩，而最高的詩據說是哲學詩，而最美的哲學詩是哲人的生命。人為逃避語言而逃入藝術，精神為通向存在、表現意義同時隱蔽自己，只能在藝術各領地間繼續他的逃亡，繼續其言說者的命運，直至「無」，「無以全有」地返歸生命。生命本其「絕對存有之全」，等待下一次的逃亡，從而為自己開啟各個領地。

十一、人物美、自然美與藝術美

魏晉人物品評，其言說之特點仍是賦比興，由人物而景物、而詩文，再折回人物，一如魏晉玄學「以存有論、目的論的語言展開對話，卻始終在自然與名教之對辯與會通等問題及自我境界上用心。這正是魏晉玄學言說之特色：自我境界→本體宇宙論→現象論→目的論→自我境界。此魏晉玄學之內在結構也」[8]。自後，中國人物品鑒即常用風景物或文章典故作況喻並成為傳統特色。

與此同時，最自然不過的是，既可將人物山水化、詩文化：反過來，山水、美文亦可人物化。跟隨魏晉人物品鑒而來的，是文論、畫論、詩論之大量倒借人物鑒識之品題，以為文學批評藝術品評之資，同樣成為中國文學藝術評論之傳統特色。唐司空圖的《詩品》，共二十四品，為：「豪放」、「含蓄」、「雄渾」、「沖淡」、「悲概」、「疏野」、「纖濃」、「高古」、「綺麗」、「清奇」、「縝密」、「自然」、「勁健」、「典雅」、「飄逸」、「沉着」、「流動」、「洗練」、「精神」、「超詣」、「形容」、「曠達」、「實境」、「委曲」。二十四品中，只有「形容」、「實境」兩品指以存照、寫實為詩之其中兩類別外，餘二十二品皆標準的人物品題借作詩品題，是詩品即人品，人格即詩魂。至於字論、畫論亦如是，諸如「渾厚」、「凝重」、「博大」、「靜穆」、「空靈」、「灑脫」、「剛勁」、「傲崛」、「清雋」、

8　見吳甿：《玄理與性理》下篇，第一章〈「聖人體無」所開啟的自然目的論〉（香港：經要文化出版有限公司，2002 年），頁 216。

「荒忽」……，畫史畫論中俯拾皆是，亦無一不是來自人物品題。人物、風物、景物、詩、書、畫、樂，在品鑒中通而為一。說到底，沒有人的精神生命的自我觀照，尋找投射對象，表現自己並隱蔽自己，何來甚麼風景、風物、美文美音？此一自覺，在繪畫上則由人物畫而轉出山水畫，在詩歌上則由楚辭漢賦的感懷詩而轉出山水詩。人物徹底山水化，亦即山水徹底人物化了。

由人物，而山水，而詩畫音樂，而人物；在美的觀照、品評中一併同化於一意義符號，這符號代表一判斷，這判斷卻非判斷，只顯示一景象，這景象喚起之意象雖主觀但無私，特殊而普遍，自然故必然。由當前這景象之如是如是，而思其正當該如是如是而無需任何理由 —— 品鑒者從而體會一種絕無僅有的無理而合理、主觀而無我、感性而無私的欣悅。哪裏可令人體會這種欣悅和絕望（捨棄由破裂而產生的期望），那裏就有美。

世界作為世界呈現，從來在人的參與下呈現；一一具體的人參與一一具體的呈現；並由於呈現，一開始就同一了。「相對於外在是存在的形式，內在則是被決定了的被反映的直接性或本質的形式，但兩者都只是一種同一性，這種同一性作為一種孕育內容或絕對事實的基質，是兩者最初的、實質的結合，在其中，兩種決定性是無關緊要的外在因素。憑藉這種長處，它成了一種內容，而成為內在的整體同樣也成了外在的；但在這方面，外在性並非成為或者轉變的結果，而就是同一性本身。根據這種決定性，外在不僅在內容方面與內在具有同一性而且兩者都只是一個事實。」[9] 美／美感之本質即欣悅於此同一性。深藏於心的同一性牽引在世者尋找歸復、實現或遺忘之路：藝術之路、道德之路、宗教之路；而哲學則檢視其中之一一可能性，揭露藉同一性狂熱而出現的偽先知，並就宗教、道德、藝術而審思其超越

9　Arnold Vincent Miller (trans.) *Hegel's Science of Logic* (New York: Humanities Press, 1969), p.524.

原則之異同，以及此等超越原則與同一性原則之關係，更可以此等超越原則說明藝術、道德、宗教之間的衝突及會通之道，以示哲學之驕傲與「無」（無目的，「毋必、毋意、毋固、毋我」）。

　　陳子昂詩云：「前不見古人，後不見來者；念天地之悠悠，獨愴然而涕下。」《逃避自由》的作者弗洛姆說：只有人帶着哭聲來到世間，因為他知道，從誕生那一刻，當剪斷臍帶，他即永遠告別自然，開始只屬於他的一個人的特殊命運；他永不能回到母親的子宮，回到自然狀態了。人永不能回到自然狀態，卻自然地參與自然世界的呈現從而與自然世界同一，並且破裂；一方面純粹理性置身於世界之外照明和說明世界，為自然包括人自身訂立法則以便以人的方式理解和宰制世界；另一方面以同一性原則暴露人的自我放逐，而當發生這意識，人又再次被放逐。人帶着哭聲來到世界，因為他開始了一個世界並且知道他開始了。

　　當尼采說：「沒有甚麼是美的，只有人是美的！在這一簡單的真理上建立了全部美學。它是美學的第一真理。我們立刻補上美學的第二真理：沒有甚麼比衰頹的人更醜了 ── 審美判斷的領域就此被規定了。」[10] 這時，尼采否定了所有離開人的美學。當尼采說：「人最後在事物中找出來的，不過是他早前曾經塞放入事物的東西。」「人類認識世界的程度，與人類認識自身的程度密不可分。就是說，人類揭示世界的深度與人類對自己及其複雜性的驚訝程度相一致。」「（人）除了通過自己，此外再沒有其他通向世界之途。」[11] 這時，尼采又能否契會魏晉人物品評之運用山水語言，以及由人物美通向山水美和藝術美？雖然，尼采是意志論者，鼓吹酒神之狂熱沉醉，排拒理智之自囚和自我放逐，以重回「自然狀態」── 尼采意指之「自然狀態」、「世界本原」，正是一無目的而永恆輪迴的權力意志之征服和自我征服：「此刻

10　見尼采撰，周國平譯：《悲劇的誕生》（北京：三聯書店，1996 年），頁 321-322。
11　同註 6。

他覺得自己就是神」，「人不再是藝術家，而成為藝術品：整個自然的藝術能力，以太一的極樂滿足為目的，透過醉的顫慄顯示出來。」[12] 這與魏晉人以道家虛靜忘我重返世界本原，體會一「純粹在」之無意志狀態，全然不同。尼采的酒神是要體會解除人的自我意識，沒入「那似乎隱藏於個體性原則背後的」生命意志的「形而上的快感」。[13] 尼采要人通過對自己及其複雜性的認識和驚訝程度來揭示世界、通向世界。魏晉人則在莊子的「心齋」、「坐忘」中體會生命原來單純以至於「無」，以至於「天地與我並生，萬物與我為一」，「無聽之以心，而聽之以氣」；再轉由「體無」而通向世界之「無 —— 有 —— 玄」，再攝「無 —— 有 —— 玄」而歸於「寂照」，由「即寂即照」、「寂照同時」而曰「玄覽」。亦即通過對自己生命的複雜性的清除、無，「無以全有」地成全世界，還天下予天下。

十二、超越與還原 —— 生命的美學

尼采採信感官直覺，並以感官攝取之角度決定現象呈現，「透視（角度）決定了現象的特徵」[14] 故說「人類認識世界的程度，與人類認識自身的程度密不可分」，亦因此世界恰正複雜到如人類自身那般令人驚訝 —— 我的意思是：最可驚訝的是，無論人與世界複雜到甚麼程度，竟都統一於生命意志 —— 這個「若不能成為創造，唯一可替代的便是成為毀滅」（弗洛姆語）的永恆的顫慄和恐懼，而這亦就是世界的本原意志。魏晉玄學則會問：這複雜與驚訝依何而起？而這要成為意志的意志又何所自？曰：這令人窒息的驚訝和要成為意志之意志來自「一」的破裂而亟欲返於「一」以至不顧死活，若不能成為創造（「一」與「返

12　同註 10，頁 6。
13　同註 10，頁 30。
14　尼采：《道德體系》IV，第十二節。

於一」本身即源自「愛」與創造），則以破壞替代之，以求克服「我」的恐懼。「生命意志在其最高貴的犧牲中，為自身的不可窮竭而歡欣鼓舞 —— 我稱此為酒神精神。」[15] 這是尼采式的忘我以回歸世界本原意志「太一」。是知尼采的「太一」、世界本原意志就是生命意志的忘我化，就是要成為意志的意志、成為超越的超越，成為創造或破壞並且在忘我中成為「非此即彼」（齊克果名著之名）。如是存在不離意志，而意志之為意志即超越、即否定已在、即自我否定和肯定；故酒神精神必通過否定一切以自我肯定，故必穿越由人的感性參與呈現而又客觀化了的現象。「吞噬這整個現象世界，以便在它背後，通過它的毀滅，得以領略太一之懷抱中的最高的原始藝術之快樂。」[16] 一切對象之現象，包括藝術造型，都只是意志之定在和死亡之所，「美」不會躺在上面。「美」只會在讓意志成為意志、意象不只是意象，而形象在確認中被否定，在「無—有—玄」的瞬間，心如刀割、悲欣交集地閃現，並稍縱即逝。尼采由是屬意音樂：「酒神藝術家完全同太一及其痛苦和衝突打成一片，製作太一的摹本，即音樂，倘若音樂有權被稱作世界即意志的複製和再造的話。」[17] 而「酒神音樂家完全沒有形象，他是原始痛苦本身及其原始迴響。」[18] 是見尼采的世界本原、太一，實非世界本原、實非太一，而是生命意志本身；而世界本原、太一，只因生命意志要成為生命意志而被置定及認同，認同之以建立生命意志與存在的同一性，即超越。

　　由尼采這種以超越而達至還原、返至世界本原，又以還原而達至不斷超越的生命意志哲學的啟發，再有胡塞爾的現象學方法的兩種還原（現象學的還原、超驗的還原），結合笛卡兒所講「整個哲學像一棵樹，樹根有如形上學，樹幹有如物理學，而從樹幹伸出的樹枝則有如

15　同註 10，頁 350。
16　同註 10，頁 97。
17　同註 10，頁 18。
18　同註 10，頁 19。

一切其他科學。……」[19] 笛卡兒將形上學喻為哲學之樹的樹根，而非超出樹頂的甚麼。傳統西方哲學的不斷向超驗界昇進的超絕型態，到此逆轉為「內在的本源論」、「存在的根源論」的型態。康德以人學為中心的批判哲學，為近代西方哲學進一步向內在化深化提供最具方法學的可靠導航。黑格爾精神現象學之歷史目的論理想主義，把歷史目的內在化的同時又以客觀化之名，將之神學化、對象化。乃有存在主義誓言拯救被理性、歷史湮沒的個體人。齊克果選擇宗教體驗之非此即彼，以證存在的抉擇 —— 存在之本質在抉擇，而抉擇只能是一個人的抉擇。尼采則質疑抉擇的抉擇性來自信仰和目的性，此則只有信仰和目的性，沒有抉擇。尼采以抉擇之根本在意志，而意志之根本在生命，生命的本質是向着死、「並且過早或過遲地擁有自己的死亡」之「生命之在」。唯人如此地自覺意識命運如是，這是致命的因而必須超出抉擇，交由生命意志。生命意志超越信仰和目的，只以自身為目的即以超越為目的，即無目的，而為「求意志之意志」（The will to will）。「所有存在者都創造某些高於他們自己的東西」故「創造某些高於他們自己的東西」是「存在者」的標志和特權，唯「人」能創造某些高於自己的東西，故「只有人才存在」。故存在就是超越自己，忘我地成為強者、成為征服者（征服懦弱、征服恐懼，征服原來的我）、成為勝利者 —— 因而回到世界本原、與之合一，成為存在！神亦不過如此！美亦不過如此！

十三、精神存在之生態系統與超系統

西方思想由傳統的本體論、超驗論的宇宙論、神學、不可知論的物自身、歷史目的……；到存在主義乃全部予以顛覆，只承認人的最

19　轉引自沃爾特・考夫曼 (Walter Kaufmann) 撰，陳鼓應、孟祥森、劉崎譯：《存在主義》(Existentialism from Dostoevsky to Satre)（台北：台灣商務印書局，1984 年）

後存在實感：或回到憂懼和抉擇（齊克果），或只相信直覺和生命意志（尼采），或從死亡的真實反證存在的真實（海德格），或把自己逼到面對荒謬而仍抉擇之（沙特），或回到人學（「人是甚麼？」）而言存在（雅斯培），或由「高峰體驗」而言「冥契」（馬塞爾）；他們都利用同一方法，即所謂「現象學的還原」；雖曰「還原」，卻不是唯物論的向低向下去還原，亦不是唯神論的向超驗界去猜想，而是近乎儒家式的「剝復」、道家式的「損之又損」，還原到一切現象現在（現而為在）之「未始」與「始」之「幾」即此義而言「繼之者善也，成之者性也。」（此則成儒家）；或言「復其見天地之心。……寂然至無，是其本矣。故動息地中，乃天地之心見也。」（王弼註易語，此則成玄學家道家）；而存在主義者則即此還原所顯之「幾」，而各說其所體會之存在真實，而道術再為天下裂。他們唯一共同的是，都嚴拒任何獨斷論的外在實在論和超驗論，都要求回到言說之前，一切未始與始之「幾」的那「純粹在」。

　　問題是，回到一切未始與始之「幾」，亦即道家「損之又損，以至於無」，迹本圓融之「一」，「既已為一矣，且得有言乎？既已謂之一矣，且得無言乎？一與言為二，二與一為三。」此時，當要說「存在之真實」，就已經從「存在之真實」中破裂了。反過來說，亦即須從一存在本真中破裂，而後能說它是本真並且落空（失去所指，因已經破裂了）。「沒有可以離開意義的純粹在。倘有，人亦不可知之，更不可言之。」意義主義者如是說。「沒有可以離開存在的意義。倘有，亦必是空名；人雖可名之，必不可以言之，更不可行之。」存在主義者如是說。「沒有可以離開活動、離開作用的存在，一如沒有可以離開存在的意義與活動。倘有，必是妄作凶。」儒家道家都如是說。既不可割裂，且得有言乎？　故道家說「無名教」。既不可割裂，故攝存在於活動，攝活動於意義，即意義說目的，由目的看歷程，由歷程說秩序與存在，「與天地合其德，與日月合其明，與四時合其序，與鬼神合其吉凶。先天而天弗違，後天而奉天時」（易乾文言），「名之必可言也，言之必可行也」（論語），故儒家說「名教（以名為教）」。名教與無名教

結合，則可成一即意義即活動即存在之精神存在與精神現象之生態系統，圖示如下：

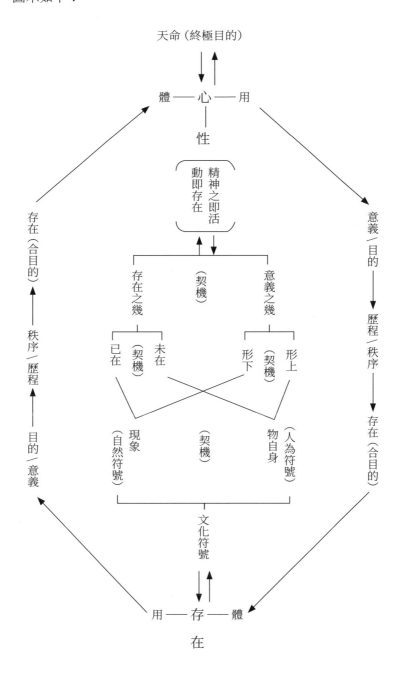

在這個生命系統中，精神通過意義化自己而實現自己、歸復自己，不斷自證、自誠、自明、自命，「命日降，性日生」、「命日降，性日成」，始、壯、究，周而復始。目的是精神成為精神、成為存在，物質是精神之所對，物自身是意志我、真我，形式是合目的，動力是生命、是超越與歸復。道家的「無」令這個系統自我超越而無限化、無「目的 —— 手段」化、無為化，使儒家的創生系統同時為超自覺之自然生態系統而超系統。故王弼特說「聖人體無」。

十四、玄學的三重存在世界與審美原則

「才性四本」的才、性及其關係，「言意之辨」的言、意及其關係，都可在上述生態系統之圖示中得到動態的理解。要言之，無論才性，或言意，只要它們在系統中的位置被作不同理解，它們之間的關係即隨之不同。是故有四本多說也。若說「才性四本」所論實乃「人的文化表現之能力」與「人的文化創造之根源、精神之存在性」的關係，則「言意之辨」所論為「人所約定俗成的代表意義的符號世界」與「人所建立命名的意義世界」的關係；合此兩論，玄學可涵三層存在世界：

一、人的精神之即活動即存在之世界。此即上述圖示中之由「心性」到「精神」到「存在」之周而復始之所示。此精神世界亦體亦用，故中國哲學稱為心性，既是文化創造之根源，亦是文化活動之目的；此即感而遂通天下之創造性自己之實在層。創造性自身不可方物，故曰「神無方而易無體」、「命日降，性日生」。

二、人的情識參與呈現的現象世界。此即圖示中由「心性」到「意義之幾、存在之幾」到「現象世界」之所示。人並且依目的性原則判斷及改變現象世界，使之合理化、意義化。人或止於參與世界之呈現並觀照贊歎，「玄黃色雜，方圓體分。日月疊璧，以垂麗天之象；山川煥綺，以舖理地之形。」（《文心雕龍》〈原道〉）此為外顯之現象層、形相層。

　　三、人所創造的意義世界。意義世界由語言構成。語言（廣義）由人創立，以之代表人所建立命名之意義目的和價值。此即圖示中與「現象世界」相連之所謂「自然符號」（自然事物之符號化）和與「物自身」相連之所謂「人為符號」可總稱之為「文化符號」而屬於人所創造的意義世界。「仰則觀象於天，俯則觀法於地；觀鳥獸之文與地之宜，近取諸身，遠取諸物，於是始作八卦，以通神明之德，以類萬物之情。」（《周易・繫辭》）「人文之元，肇自太極。幽贊神明，易象為先。庖犧畫其始，仲尼翼其終。而乾坤兩位，獨制文言。言之文也，天地之心哉！」（《文心雕龍》〈原道〉）此為一人文符號其內容意義與其外延意義之對應關係、此關係之生態所示的意義世界。外延所指必是無窮離多、動之愈出而無極，內容所涵則必有物有則而有極，故曰「無極而太極」，而太極無極。

　　此玄學所涵的三層存在世界。道德即此三層存在世界之「繼之者善，成之者性」，故曰「成德」。知識即以人為符號對原始現象及符號化的現象作合法則的命名與稱謂（決定性判斷），以建立自然秩序，滿足精神對其所對之世界作持續建構與重構。故曰：「為學日益」。然則藝術在三層存在中應作如何理解？在上述圖示之精神存在生態系統中又應作如何理解？

　　本文認為，藝術之意義，在一意象意境之呈現，由一意象意境之呈現止息所有意義、目的、作用、法則、存在之紛馳，攝義於境，攝存在、活動、作用於形相，攝衝突、對抗、破裂於當下所示現；如是，精神生命在此意象意境之始、壯、究之生成生態系統中無我化、無意志化。直至精神生命重新躍起，自覺成為意志，止息這止息，而感而遂通天下。則這曾經之止息正可以是「絕對存有之全」，「含藏一切超越於自身之中，有待重新建構它們」。而當如此說，藝術亦已不是藝術，而是藝術精神。

　　人物品鑒與風物風景、詩品畫論之互喻互況，其所以能如此，根本因為無論人物之生命境界，或風景物之意義化而成為意象意境，或

詩之品、畫之風之能進入言說，原就由人的精神作用所感應，或照或感地參與呈現，再而反思之，賦、比、興，並符號化之，或創作人為符號以表示之，在語言中同化，建構指稱，而有判斷；再依相類相近之判斷而互喻互況；其實全是一心之轉。正如精神存在生態系統圖示所示，是皆為人的精神活動之不同的往返，既參與一對象之意義及其呈現，再依判斷力加以判斷；以決定性判斷力判斷其為知識對象之性質內容，以反思判斷力判斷其存在之意義目的、更以此目的性衡量其如是存在之是否合目的，是為品評品鑒。但一對象其存在之目的，原就由人對此對象之如是存在之反思，由反思判斷力給出，給出予判斷者自己使能以一超越的統一原則統觀萬物，亦因此故各對象物之目的性可以相類相通，各對象物之如是存在而符合其目的性之原則方法亦相類相通，人物、風物、風景、詩、書、畫、樂之品鑒品評，故可互喻互況，通而為一心之寂感寂照之轉了。繪畫理論中的「形 —— 神」問題，亦可即此迎刃而解了。

十五、「形 —— 神」與寫實繪畫之生態意義

「形 —— 神」問題原是繪畫理論中最有理論意味的問題，亦正因此，歷來畫評論及者最多，而反不能得到哲學的反省批判。論者以為世間事物自有其形相，亦自有其精神。繪畫之言「傳神」，即言如果重現一事物形相同時傳達此物精神云云。說一物之形相似較明白，說一物之精神，已經難明白；再說一物形與一精神之關連，此關連又是何種關連，更是非常難明白。《淮南子》說到這種難：「畫西施之面，美而不可悅；規孟賁之目，大而不可畏。君形者亡焉。」(〈說山訓〉)「君形者」神也，神為形之君。今畫者畫西施之面、孟賁之目，徒形似而無「君形者」神。然則何謂「君形者」？又何謂「君形者亡」而獨遺形？然則有離形之神、離神之形乎？這都是言及之而有待於思辨，有待於「名之必可言之也，言之必可行也」之考察者。

　　另有一段文字，常被畫論家引用，見於《韓非子》〈外儲說左上〉：「客有為齊王畫者。齊王問曰：畫孰最難者？曰：犬馬最難。孰最易者？曰：鬼魅最易。夫犬馬，人所知也。旦暮罄（同覻，現也）於前，不可類之，故難。鬼魅無形者，不罄於前，故易之也。」這裏說的難，是以忠實寫形為難，鬼魅無形，無既定標準故易之。則不同於《淮南子》那段說的以形傳神之難。犬馬有形且人所知者，難在忠實寫其形且得其「君形者神」；鬼魅無形，則須造形以表之矣。鬼魅之形無既定標準，似可隨意為之，但亦可以此為難。此則以神寫形，以形傳神；各有各的難。繪畫作為藝術之意義本不在難易，而在所謂難易之為難易之存在生態所透顯之意義／意義生態、意義之幾：是難易在以形寫形乎？以形寫意乎，以形傳神乎？或以意取象、寫象傳意乎？以神寫形乎？——並且能自我隱蔽乎？

　　若以繪畫本來就是寫形寫實、重視事物之知，則擅長摹仿再現事物的西方繪畫，可說犬馬易畫，而鬼魅最難，以鬼神無形故，最後只能以人獸之形狀代表鬼魅諸神。這種所謂「忠實於視覺認知」的繪畫態度，使西方美術館擠滿纖毫畢現的人物（人體）圖像，而令人驚訝的是這大群人物，其身分不是旦暮可遇的現實人物，而是無人見過的諸神。最不可思議的是把鴿子的翅膀移到嬰孩的背上便成了天使，滿天飛翔。至於天使為何仍須拍動翅膀才能對抗地心吸力（敦煌的飛天說飛就飛），他們一定認真想過，結論是：一切都得服從知識，神仙亦不能例外。但同樣重要的是，這由知識統治的世界全體得服從神，為神的奴僕。於是我們讀到《文藝復興時期繪畫（一）》，所選包括達芬奇、米開蘭哲羅、拉菲爾在內所繪的一百五十幅名畫中，畫宗教神話的有一百三十五幅，只有十五幅現實人物畫和靜物畫，至於風景畫一幅也沒有。主編在序言裏還大談歐洲文藝復興由宗教轉向現世人生云云[20]。

20　見《世界繪畫珍藏大系》第一冊《文藝復興時期繪畫（一）》（上海：人民美術出版社，1988 年 1 月）。

十五世紀以前的西方繪畫，可想而知。

著名中國科技史權威李約瑟謂西方思想形成兩個極端世界，一個是機械律統治的知識世界，一個是上帝統治的超知識的神話世界，長期破裂成為「典型的歐洲癡呆症」[21]。慶幸有藝術打救，兩個世界至少在畫面上得到一種統一，這種統一如此「逼真」，很可慰藉破裂之緊張性，也就因此長久延續這個破裂和畫布上的統一。而「形 —— 神」問題，則可約化為：「形」就是寫實、摹仿、毫髮畢現，「神」就是神話內容、事件、情節，「傳神」就是如何重構重現神話情節並逼真地移寫、記錄於畫布或大理石上，雖然這「逼真」只是指向現實世界之感知對象，而非指向諸神，因無人見過諸神。這重構重組移寫的過程，同時即是藝術家把以「神迹之顯現」為目的之意義主義，轉為以「神學啟示之隱蔽」為目的之藝術生態之過程；同時亦是藝術家把自然物象符號化，把宗教符號物象化之過程（所謂「象徵主義」）。這過程足夠燃燒藝術家的認知沉迷和宗教熱情。雖說藝術是神的奴婢，但顯然這奴婢很感激主人使她着魔。

既然無人見過神聖家庭的任何一位成員，只要拉斐爾願意，鄰家女兒即可成為西斯廷聖母，這與漢代畫工畫神仙鬼魅不同。《淮南子》〈氾論訓〉說：「今夫圖工好畫鬼魅而憎圖狗馬者何也？鬼魅不世出而狗馬可日見也。」漢代懶惰畫工好畫鬼魅而憎圖狗馬是逃避以形寫象、以象傳神，卻無懼於以意造象、以象寫形；傳統西畫家則樂於以形寫實、合形為象（如小孩加翅膀成天使，老人加光環為聖神）、以象述事表意。然無論怎樣表揚寫實，以逼真為繪畫理想，其實無人真以為寫實逼真為繪畫藝術之生命所在。因此，正是持「維妙維肖」為繪畫欣賞之標準者，並不真的遵守此標準 —— 他們其實只是願意在畫布、石頭

21　見伊利亞・普里高津 (Ilya Prigogine)、伊莎貝爾・斯唐熱 (Isabelle Stengers)，曾慶宏、沈小峰譯：《從混沌到有序——人與自然的新對話》（上海：譯文出版社，1987 年）。

上隨時可見到維妙維肖的美好事物，最好是現實世間不能見到的「維妙維肖」的神聖美好事物。他們的「美的意識」，是落在所繪述的事情上，不是落在繪事雕工本身，亦即是說，他們的「維妙維肖」品評意識本身是非藝術的，除非這裏說的維妙維肖是折返而以人的美的意識為第一存在。最推崇逼真的人往往最反對逼真地繪畫一些他們認為不堪之事物，因為「不堪的事物」（如嘔吐物、腐爛的傷口）本身即含「不應該存在」、「不應該再現」。如是，逼真只是指向讓應該存在的不斷現而為在、逼真地現而為在。至於何者為「應該存在並長現而為在」，本是最直接最微妙而又最普遍的人學奧秘和感性之必然（合生命目的），但由於歷史文化長期自我揚棄的結果，形成不同的審美傾向和藝術典範（傳統）。在歐洲，則主要是耶教所表現的「恐懼 —— 救贖」意識，於是，歐洲藝術館便掛滿逼真地繪畫的被神拯救的希望。是知西方傳統繪畫其實沒有內在的「形 —— 神」「傳神」問題，只有「形 —— 肖」「寫實」（包括寫神話、寫印象，以至寫觀念想像之實）問題。

以寫實來寫神話、寫光影印象、寫想像，寫希望，亦即：一、把視覺參與呈現之事物形相，徹底予以對象化，再重現重組，將之適當符號化、意義化，以之組建描述神話世界及想像世界之形相；如宗教畫和部分超現實主義作品。此即所謂象徵主義。二、或在意義化、符號化之前，回到純粹視覺，忠實描繪視覺所提供關於事物之光影景象；如印象派。三、或由事物之景象，而思事物之如是存在，必有其如是存在之形構之理，發現事物之形構肌理之實並忠實於視覺以描繪之；如古典主義。西方傳統繪畫大抵可分以上三種型態，同一作品可只表現一種型態，亦可同時表現三種型態於作品各環節。此傳統西方繪畫之三型態都可以「以形寫形」、「以形寫實」及「命題賦形寫實」概括之。西方「現代藝術」則是以上三型態之反動，即反以形寫形，反以形寫實，反命題寫實，以至反覺知、反思、反常態、反藝術。

繪畫中即使是單純的事物形相的逼真再現，亦令人喜出望外，因為這直接的經由親手所出的呈示，是唯一使人從他人對事物之感知與

回應而親切獲悉他人與我共處同一世界；不僅如此，是他人與我對世界事物擁有共同感知與共同情感的唯一物證，即使事實並非如此，畫家亦已經在畫布上把我們同化了。我們不無自欺地感嘆：「天哪，畫家所畫的，竟和我所看到的（應該是「我願意看到的」）完全一致！」

十六、繪畫生態與美感生態

繪畫的原始衝動恐怕正來自這種自我同化以及我與世界、與他人同化的要求，亦即自我超越之要求。同化要求之強度與人自我意識為唯我論的存在成正比。而唯我論的退一步的反省和分析，即為唯識論。由當前視覺之所向，而統一我的各種知覺活動（眼與色、耳與聲、鼻與嗅、舌與味、身與觸）以「常有欲以觀其徼」；由當前視覺之成像和複寫再現，把客境之色同化於眼識以至諸識，並統一前此之視象與當前之視象；由視象判斷、視覺記憶與視象重構，同化知識與想像。又於今重思重現此境，不思不現此境以外之其他境，其作如是如是之唯一重現，使應現者現，不應現者不現；由現與不現，至少在畫面上同化實踐主體與觀照主體、觀照主體與經驗主體，亦即同化人的知性、道德與感情；由如何現如何不現，同化目的與手段。由繪畫的終始條理，所經歷的每一次否定以及再否定，視覺的轉移與時間的遷流，一一在畫面上同化、綜合成景象，成為如此如此。以至精神與意義、存在與活動、目的與歷程、主與客、境與識一起同化於繪畫，相忘於繪畫、隱蔽於繪畫；則繪畫成為以景象為本體而無體（「迹本冥」），故亦無用（銷用歸體，銷體歸象），唯象如如，成為文物、文本，成為唯我論與唯境論之交匯 —— 境我在此同化，並因此，藝術活動使人深味唯我論即唯境論的不可超越與超越。（由《人間詞話》引發的所謂「有我之境」與「無我之境」之辯自始即妄者，在以為有離我之境，有離境之我。除非其議論在深解唯我即唯境後，再說所謂有我之境、無我之境究何義，方可免無謂之譏。）中國畫創作最能體會箇中三昧並留下最豐富記錄。

中國畫家一直認為繪畫之為藝術，不在客觀地再現事物之形相（宗炳所謂「以形寫形，以色貌色」），或以客觀事物形相之改組模寫，述現神跡或英雄美人，而是在繪事活動本身，以及作品之作用，能夠成為繪事者其之與自我、與世界及他人在此中得以同化、因而互相區分、識辨，浹洽和暢，莫逆於心，配享一種周而復始的、默契的、反哺的、互為自由的、悠久意識的生命體驗。中國畫的處處留白、以至留下大幅空白，固是中國畫最發人深省之處，而其中一義便是表示：一切正在發生，畫事並未結束。

中國繪畫理論以「形 —— 神」（「傳神」）問題為中心，其中較早而有影響力的表述除顧愷之的「以形寫神」（《論畫》）「遷想妙得」（《魏晉勝流畫贊》）外，是南齊人謝赫《古畫品錄》中提出的「六法」。六法的首二法是「氣韻生動」和「骨法用筆」，可說是「形 —— 神」（「傳神」）論在具體創作論上的落實。

繪畫之為視覺藝術，即藉仗視覺、並訴諸視覺而進行的藝術活動。視覺以外的活動，其意義只為服務視覺，握筆的手原是聽使喚的，地位僅高於毛筆而已。話雖如此，畫家都非常留意自己握筆的手，一如鋼琴家每日留意鍵上的指頭。因為透上去說，視覺、聽覺亦只是感官而已，看着甚麼是甚麼、聽着甚麼是甚麼，如何會分別這樣不好、那樣才美；能分辨好壞美惡的是「心」——「視覺之心」、「聽覺之心」。然又說回來，我們都非常珍貴我們的視覺、聽覺，以及嗅覺、味覺、觸覺，唯識學所謂「前五識」。人只有通過五識來起現世界，人亦只能通過五識來感知世界。而奇怪的是，當人通過五識來起現／感知世界時，對某些事物之如是呈現，產生愉悅之感；對另是呈現，則生不悅之感。批判美學（如康德美學）認為此愉悅感即所謂美感（當如是呈現符合我們對之所作之自然目的性判斷）。但一物象之起現，原由我們參與而呈現予我們自己，為何我們對自己參與起現之物象，有悅與不悅之感？所有美學都駐步在這問題之前。

本文前面第九節對此問題曾有一獨斷式的回應，第十二節有一精

神主體與存在之生態系統圖示；要言之，所謂愉悅之感／美感，實源於人參與呈現一景象，當這參與之本身之生態足令參與者渾然忘卻這參與呈現一景象原是精神尋求意義化、尋求存在的一次尋求。他不再尋求，止息於景象之前 ── 不，是沉迷於參與呈現此景象之生態，既如釋重負，又心如刀割。他卸下沉重的主體性，卸下康德所稱「知識理性為自然（所是）立法」、「實踐理性為道德（應是）立法」之雙重立法者身分。當對象表現為「所是」與「應是」合一，對象即從人對其存在性之追究中解放，而主體亦還原為純粹意志、純粹意識，亦即還原為一無思無為、無目的手段、無待無望，無是無不是之純粹參與起現／感應者；此時「意義之幾」與「存在之幾」合一，人為符號與自然符號合一，精神與存在合一。精神活動生態系統圖示中的所有環節，這時皆歸於「無」、歸於「冥」，歸於任由一氣之流動、象現如如。所謂美感、愉悅之感，既非來自知性之合法則、欲望的滿足，亦非來自道德的勝利，這時唯是源自這種由「所是」與「應是」合一而喜出望外的精神的假期：「山川萬物之具體，有反有正，有遠有近，有內有外，有虛有實，有斷有連。……此生活之大端也。」（石濤《畫語錄》〈筆墨章〉）此山川萬物之具體（結體）生活之大端今一併現到眼前，理想即現實，現象即本體，所是與應是合一，夫復何求？愉悅之感、美感之生態學機要，即在此也。

　　藝術創作即試圖記錄、發現這樣一種可能，可能觸動並止息這一切可能之圖像、符號，或任何方式。以繪畫言，逼真地繪畫重現一物象，亦即把先在之物象定為目的、成果、理想；重現之之繪畫活動則為實踐、工夫、歷程。當繪畫忠實再現物象，遂達到一種在畫面上的所是與應是的合一，理想與現實合一，言意合一，意義與符號合一；由此合一，恍如回到故土，又似抵達目的地，既陌生又熟悉，而生的那份愉悅。此所以寫實藝術為最直接最單純最原始的發現美感生態者，亦是廣義之寫實藝術之所以為視覺藝術的忠實維護者及其恆久力量所在。

當先在的自然物象起現時已經選取「合目的」者、為「合理」者（何謂「合目的」、「合理」，見上文），而為「第一自然」，摹寫自然物象的繪畫作品被稱為「第二自然」。則我們的愉悅之感，既來自自然物象之起現生態，亦來自繪畫與自然物象之相肖生態，是則我們的愉悅是兩重的。撇開繪畫本身的因素不論，我們據此即可說「藝術美」高於「自然美」，以藝術美比自然美至少多一重生態故。

當圖像來自自然物象，但畫家加以重組、強化，或變形，以服務於主題（如宗教畫）或理念（如黃賓虹山水畫常自題「渾厚華滋」），則我們的愉悅之感，既有來自自然物象之合目的之起現生態，又有來自畫面所呈現者之第二自然之動態的和結構的合目的的藝術語言（廣義）生態，及其與自然物象之第一自然之關連符應生態，以至觀畫者與作品畫家之生命互感生態，而所有這些生態將以一畫面為中心作終始條理的表現，統一於更高之目的／無目的之整體論生命「道法自然」之目的；如是，我們的美學將美寄存於多重生態而歸於「一」生態之存在之幾。此所以石濤有「一畫」說：「天有是權，能發山川之精靈；地有是衡，能運山川之氣脈；我有是一畫，能貫山川之形神。」（《畫語錄》〈山川章〉）是自況畫家唯以貫天之權、地之衡於山川形神而為一畫，是為本事。

「自然美」源自人參與起現的自然物象，其符合「人作為感性者與理性者之兩重身分、兩重存在，並能自行反省提出目的、理想，以統一貫通此兩重身分兩重存在」，此一破裂者、立法者、目的論者、統一者之多重身分主體之「可欲之謂善，有諸己之謂信」，由釋放主體性緊張，自我得配享一安逸愉悅之情。自然符合人，並因此表現一種自我統一、自我完成的力量。「藝術美」則源自人能自由地捨棄自由以服從於一自擇的目的 ── 以重現自然美（即上文所說應該呈現者）為目的，並終始條理、完整呈現於一有限時空，而無目的。此以第一自然為摹本的所謂寫實藝術美之根源。然則非以自然為摹本的所謂非寫實藝術美的根源、非寫實藝術之美學，如何建立？

　　非寫實藝術（藝術史上許多流派之名稱很多是偶然的，可笑的，言不盡意的，包括「寫實主義」）指涉太廣，今只說表現主義藝術（包括具象和抽象）與中國畫（包括工筆與寫意）之特殊的美學生態。本來所謂第一自然、第二自然其實皆離不開人的感識等作用參與，而作如是呈現。表現主義藝術觀認為，人與其選取人自己參與起現的自然物象，重繪重現來進入美感生態取悅自己，為何不直接繪畫人自己心目中之所見與所感所念之另類第一自然來取悅自己，只要他深信第一自然的客觀性對美感生態來說並非不可替代；而他心中所見所感所念，雖是唯我的，但亦可以「成為」擁有獨特的具體的普遍性者，只需此時之我為一純粹之我。若以人心中之所見與所感所念為第一自然，則歷代人所遺留下之文字符號、器物造形，亦應皆屬第一自然而有待人「見」之者，見之而重現重繪之而為第二自然。若是，則歷代文物、文字、符號本是第二自然而今亦為第一自然矣。

　　寫實與表現的最大不同，有如「言意之辨」裏的「名號（指實語）」與「稱謂（抒意語）」的不同。但即使在語言哲學裏，繼語意學之後，人們的關注轉向語境學、語用學。他們開始意識：一語句的意義，來自言說時之示現生態而不是來自語句自身。指實語與抒意語的區分，有時有意義，有時無意義。繪畫裏的寫實，固是寫客觀物象，究其實仍是畫家之所「見」。繪畫裏的抒意（表現），即使是抒無象無形之意，亦必是將其意投射為視覺對象而表現之。畫家之所「見」或選擇知性可判識者，而云「具象」，或選擇知性不加決定者，而云「抽象」；繪畫裏的抽象只是知性不決定之象，何來抽象。

　　中國畫從來沒有寫實與表現之二分。中國畫裏沒有無表現之物象，亦沒有無物象之表現。工筆與寫意之區分本來就不嚴格，更無關宏旨。工筆正就是寫意，寫意正就是寫象。自然山川花鳥人物，固是第一自然，創作之素材；前人留下的所有意念以及文化符號，如漢字大小篆、隸、楷、行、草，器物造形、人物形象典範（如高士、仙、佛），亦視同第一自然、創作之素材，重覆表現之，「不信春風喚不回」地創

作新的第二自然、第三自然，創作新的人文符號。其中最特別最典型者，是為書法藝術。書法的第一自然是漢字亦即歷代法書，書法的第二自然亦是漢字但是今日表現之書法。《周易・繫辭》曰：「繼之者善也，成之者性也。」誠哉斯言。

十七、反虛入渾、氣韻生動與意境表現主義

偉大的中國畫家，第一，須「搜盡名山打草圖」，重閱歷，重寫生，臥遊天地，澄懷味象，「外師造化」，是要從第一自然裏發現、見到第二自然，見到「道之文」。第二，同等重要的，是師法古人，好古敏求。臨摹古人，是要從歷代留傳的優秀文化符號、藝術作品裏看到真正的自然，從第二自然重新發現第一自然。「孔子曰：我非生而知之者，好古敏求之者也。夫好古敏求，則變化出矣。」（石濤《畫語錄》〈變化章〉）第三，最後，「仁者樂山，智者樂水」，「唯樂（繪事亦是）不可以為偽。」（《樂記》）「夫畫者，從於心者也。」（石濤《畫語錄》〈一畫章〉）故須「中得心源」，下筆自然能「應目會心」，「應會感神，神超理得。」（宗炳〈畫山水序〉）是其實無所謂第一自然、第二自然或第三自然。而「外師造化」、「好古敏求」、「中得心源」三者，亦正是「繼之者善也，成之者性也。」亦是以「精神的意義化」和「意義的實現」為目的之意義生態，轉為以「意義的隱蔽」、攝義歸境、攝活動於秩序、攝神於形為目的、而並無目的之藝術生態的三大法門。即此而言，中國畫無論工筆寫意都可以統稱謂為意境表現主義。

稱中國畫為意境表現主義，只為區別中國畫於所有寫實主義和所有西方繪畫中的表現主義 —— 如表現恐懼、渴望、愛、秩序、理法、結構、無序、斷裂、荒謬……等有意向、意義、目的方向之表現主義。凡有所表現，皆涉及破裂和力的銷耗，愈緊張的表現，破裂和銷耗愈大，生命周期愈短。個體性之表現如是，就整體繪畫史而言，亦如是。有人因此發現西方藝術通史裏一個奇怪通例，就是每次新流派藝術運

動都不是前進的而是逆退的:「藝術史呈現着一幅痛苦的、令人不安的景象,因為它的一般進程似乎並非前進而是後退。在科學和哲學方面,同一部分中的相繼的工作者,通常只要他們工作良好,總是向前進展的;而倒退的運動,就往往暗含着持續發展的中斷。然而,在藝術方面,一度正常興起的派別,當它繼續存在下去時,卻漸漸地衰落了。一個新興的派別往往以驚人的爆發力登上它的頂峰,其行動之迅捷,使得歷史學家來不及仔細觀察。他無法闡明這樣的運動,也無法把他的真實情況告訴我們。但當這個派別一旦獲得成就,衰微之感即隨之而來。已經獲得的成就不但沒有培育和淨化後一代的趣味,反而加以破壞。……就藝術通史中任何值得注意的規律來說,它也如同藝術家個人的生命規律一樣,永遠不是前進的而是逆退的。」[22] 中國藝術通史裏雖亦有大量的逆退現象,但無論從中國水墨畫之培育和淨化後一代的趣味和心靈,或畫家個人的持續發展(年事愈高成就愈大)而言,中國畫一如中國哲學,既表現一種深沉的精神意義化、意向化、目的手段化之追求活動,而不惜動之愈出,剝之愈深,但又能收、能藏、能復、能淵、能轉,體現一種反哺的、周而復始的,悠久生命的智慧。中國畫之為意境表現主義與西方表現主義之最大不同,是從不會以暴露/表現生命的破裂、驚怖、渴望、追求,或幻覺之個人主觀情意而未經反省、揚棄者,為繪畫的意識或動力。這不是說中國畫家不食人間煙火,而是每當磨墨展紙,握筆在手,他不能不斂氣屏息,經歷一次虛靜。

這經歷一次虛靜,「嗒然若喪」,不是選擇遺忘,或繼續逃避語言。他固已放棄抽象的概念語言,寧願寄意於筆墨。既寄意於筆墨,他須解除他作為言說者、概念運用者身分,又須放下他的行動者、意志者的身分。但當他展紙提筆,他將涉及非言說之言說、非行動之行動,

---

22　柯林・伍德 (Robin George Collingwood):《知識的地圖》,轉引自赫伯特・里德撰,李長俊譯:《現代繪畫史》(台北:大陸書店出版,1976 年)。

非意志之意志。他須在即將開始的筆墨活動中，含藏這非意志之意志、非行動之行動、非言說之言說，含藏一切超越性於筆墨活動自身之中，並在自身內建構它們。這時，攝玄學所示之三層存在世界（形而上之精神實存世界、自然現實世界、人文化成之世界）於三大法門（外師造化，好古敏求，中得心源）並通而為一氣之運行活動，為「意義之幾」與「存在之幾」之「寂然不動，感而遂通」，這時，「無聽之以耳，而聽之以心；無聽之以心，而聽之以氣」。中國畫家相信，天地自然之真氣無有不善，無不合目的。聽之以氣，自然任獨，就是藝術創作之真諦；而自然任獨，聽之以氣，生命縱有破裂、驚怖，亦已經超越，純粹化並歸復為精神存在生態之自我觀照，而超臨之，無需另作期望、追求。故謝赫「六法」以「氣韻生動」為首法。「意境表現主義」之「意境」便是山水人物花鳥、篆隸楷行草之「無聽之以心，而聽之以氣」之「氣韻生動」，實即畫家精神與自我與自然與人文之相忘同化生態亦即經歷外師造化、好古敏求，而中得心源而生出之蒼茫鬱勃之氣所傾注之境（如山水、如人物、如梅蘭菊竹）；「表現」便是表現這「自然任獨」（郭象註莊語）之「氣」。故可曰是氣運筆揮毫，不知然而然也。「夫運思揮毫，自以為畫，則愈失於畫矣。運思揮毫，意不在於畫，故得於畫矣。不滯於手，不凝於心，不知然而然。」（《歷代名畫記》第二卷，張彥遠〈論顧、陸、張、吳用筆〉）

中國書畫創作遂可以石濤自題畫竹之語喻之：「未出土時先有節，到凌雲處本無心。」常言「意在筆先」、「胸有成竹」，說是畫家下筆前狀態；既下筆則無意無心、無竹無人，只餘凌雲之節之意境。

中國畫該算是繪畫世界裏最重視音樂性和詩性者。中國畫選擇的視覺語言以線條為主，用筆則分勾勒、皴、擦、點、染，每筆每墨，須表現所曾經歷的重重辯證的否定、超越，始壯究，成住壞滅，而終表現為如是如是之一筆一墨以及整幅筆墨之對比結構，此有如一樂章既有旋律節奏，又須調子與每音之音質音色配比吻合之美。筆墨以後，再而云「象形」、「賦彩」、「位置」種種。每筆每墨所表現所曾經歷之否

定與超越愈密愈強,而所成之綜和(如每線每苔點)卻愈潔淨精微,則筆墨之品質愈高。能否分辨筆墨之高低,公認是能否進入中國書畫品鑒的門檻。

由視覺之線條勾勒、皴、擦、點、染所表現之存在之幾,牽引出意義之幾,觸發精神活動之整體生態。空間視象固因此而意義化和活動化,且動之愈出,出之愈密。空間視象轉而表現時間存在之密度和張力,亦即本來二維之空間視象,因其含藏極深之精神辯證張力與超越在其自身之中,並在自身內建構它們,從而逼使我們的想像力同時呈現當前畫面之「過去 —— 現在 —— 未來」三態,或說得真實些,是畫面之「現在 —— 過去 —— 未來」三態或「未來 —— 過去 —— 現在」三態,而呈現為一意向性的整體運動,如一氣之迴蕩沉吟。故曰「氣韻生動」。此實中國書畫鑒賞所依之存有論特質。由此第一法「氣韻生動」之詮釋,可說到謝赫「六法」第二法「骨法用筆」之理解。

十八、骨法用筆與中國書畫之美學特質

就中國畫創作而言,「骨法用筆」不能只理解為筆法技巧,而應從「氣韻生動」之傳神論的意境表現主義對繪畫語言的根本要求,來領會此法,此即:最後呈示的視覺語言,須是能負載、表現生命存在之「氣」感、「超越」感(謝赫「筆迹超越」)、「歷落」感(謝赫「筆迹歷落」)、「古梗」感(謝赫「用筆古梗」)、「筋骨」感(笪重光「墨以筆為筋骨,筆以墨為精華」)、「生死剛正」感(衛夫人「生死剛正論之骨」)、「氣」感(布顏圖「筆有氣謂之活筆」)、「蒼勁」感(唐志契「立壑奇峭易之,筆墨之蒼勁難揮。……若筆不蒼勁,縱使模他人丘壑,那能動得鑒賞。」)、「參差歷落」感(石濤「參差歷落,一味不近人情,偏能令深情者徘徊不能去。」)……等各種精神生命特質者。此種種須由視覺語言(在中國畫即筆墨)表現之內在生命實情(孟子之「乃若其情」),在中國畫之創作意識中(同時即是中國畫之品鑒意識中),如上所述引,竟都與「骨」感相關。

　　意味深長的是，中國書畫對此種種與「骨」感相連之筆墨性格的品鑒要求，其實正來自人倫鑒識對「理想人格」的精神生活之基本要求。「骨」感的最直接意義，是代表有此表現者「有體、有理、有力」（借用牟宗三先生語）。漢代王充有〈骨相篇〉，謂人的「骨相」與性情、命運有一一對應之關係，是決定論的。魏晉玄談中的「骨」，則常與「風神」、「神氣」結合而為「風骨」、「骨氣」，是為活動論的、生態學的人格論。《世說新語》有「羲之風骨清華」、「阮思曠骨氣不及右軍」等語，此為人物品評的。文論則有鍾嶸《詩品》的「骨氣奇高」、「真骨凌雲」，劉勰《文心雕龍》直設〈風骨篇〉，以人的精神學養為其文章之體性骨髓：「昔潘勗錫魏，思摹經典，群才韜筆，乃其骨髓峻也。」及言「結言端直，則文骨成焉。」則逕以「直」說文骨之成。「天地生萬物，聖人應萬事，直而已矣！」天地如是，聖人如是，文章如是，書畫亦當如是，筆墨亦當如是。直而有風，謝赫遂說「觀其（指曹不興）風骨，名豈虛哉！」更立「骨法用筆」為「六法」之第二法。人格、畫格、筆格通而為一，同化為視覺語言之骨感。

　　謝赫六法，若「氣韻生動」是總說書畫藝術之體性學原則，或超越之「存在之理」（之所以為書畫藝術），則「骨法用筆」是總說書畫藝術之體相學原則，或實現之理（實現氣韻生動之存在相）。「骨法用筆」上本「氣韻生動」，下攝「應物象形」、「隨類賦彩」、「經營位置」、「傳移模寫」諸法，而居於關鍵地位；即居於將「氣韻生動」之神，與物形、類形、位置結構、摹擬之技法等等，同化於「骨法用筆」之筆墨。唯這種表現「骨感」「骨氣」的筆墨，能夠使中國書畫成為書畫家生命之「所過者化，所存者神」之「在現 —— 現在」，同時即是所寫景物之「存在之理」之「現在 —— 在現」—— 此即「傳神」！

　　「骨法」之為「骨法」，即經歷重重偶然性、否定性，損之又損之最後剩餘。那致命的「有 —— 無」之緊張，使筆墨由平面空間的延宕墨漬，躍入時間／歷史／傳承／意志／家法／典故／暗示／情懷／名教／門道／，以及「虛空」（無），而抉擇之軌迹，每一吋展現，都彷彿

跌入而重新躍出此重重意義之深淵，澄之可清而不可測，擾之可渾而不可濁。筆墨使中國書畫註定為意境表現主義、為人格表現主義；筆墨使中國書畫成為中國書畫。

十九、結語：關於中國書畫

中國書畫可以失去一切，但不能失去意境，正如不能失去筆墨。除非進入高度精神性；除非這精神經歷如此深切之自我揚棄而玄學化，並有不容已的一一表現之之要求，而諸義諸境並現齊立；除非他選擇視覺語言與形式以總持同化諸識諸境，並自覺他必須藉賴此空間語言底形式生態，含藏一切超越與可能，逼現時間三相，又周而復始：因為精神的表現就是時間、生命就是時間，證現時間就是證現「目的 —— 歷程」，就是證現生命、證現精神；除非他意識筆墨作為視覺語言，其意不在由二度空間而力構為三度空間之造形藝術（至少在視覺之錯覺上），而根本意在由視覺而觸發諸識諸境（如石濤說「聽畫」）並一一超越、剝復、還原，而物我兩忘，同化於一意境，同化於一既熟悉又陌生的精神故鄉；除非他明白中國書畫在視覺上的策略，既是依仗視覺，又鍛鍊視覺超越視覺，不縱容視覺耽於五光十色（老子曰「五色令人目盲，五音令人耳聾，五味令人口爽。」），使精神受困，而倡骨法用筆，突顯精神「窮理盡性，事絕言象」（謝赫語），視覺之展現被置為目的論反思之對象，再由目的論反思中的自然秩序回到當前視覺所展現，而有視覺之自我揚棄，損之又損，剝落種種偶然性、累贅性，形銷骨立，故云「骨法」；雖然，骨而有氣，骨而有風，而云「骨氣」、「風骨」；要言之，中國書畫之為藝術，與其說為空間造形藝術、造象藝術，不若說為人的精神生命所體會之宇宙生命及自然秩序其強度與韻律的視覺語言的表現，本質是時間性的，詩性的，而今選擇為空間的，視覺的，因此她不惜自我揚棄，自我還原到視覺之後（後設學的後），銷用歸體，而無體，即寂即照，即寂即感，而回到現象，如實

觀之，而知境由心生、畫為心畫，畫如其人，書如其人；除非明白這一切、體會這一切、性具這一切，性起這一切，並同化這一切、含藏這一切、隱蔽這一切，因而涉入哲學和詩 —— 否則，中國書畫將是最貧乏，一無所有；因為中國書畫已經選擇成為藝術、成為中國書畫而不是任何其他（如宗教、政治以至個人主觀情欲之奴婢或反抗者）。

（2004 年 6 月，講於杭州國立中國美術學院學術報告廳，2005 年 5 月改定。刊於許江主編：《人文生態》〔「湖畔講壇」系列叢書之五〕〔杭州：中國美術學院出版，2008 年〕。）

第二十章

無為廣闊新天地，擊壤之歌彌足珍
—— 徐康教授《子雲集》代序兼論「詩言志」與「自律的自由」

一

有認為人對人在宇宙中自我定位，是一切人的問題之發生的根源，因而亦是一切問題性質區分之根據。人或認為人唯存在於自然物質世界，或認為存在於上帝創造和安排的世界，或認為人存在於社會關係、人際世界，或存在於後世人之評論，或認為性成命定，無可逃於命運；以上種種，又可歸結轉回來認為人唯存在於自我定位之意識之中。對此，教育家蔡元培有「意志」之說。其言曰：

> 世界之涯渙也，而吾人乃其中只有數尺之地位；世界無終始也，而吾人乃於其中佔有數十年之壽命；世界之遷流，如是其繁變也，而吾人乃於其中佔有少許之歷史。以吾人之一生較之世界，其大小久暫之相去既不可以數量計，而吾人一生，又決不能有幾微遁出於世界以外，則吾人非先有一世界觀，決無所容啄於人生觀。（……）吾

人為世界一分子，凡吾人意識所能接觸者，無一非世界之
分子，研究吾人之意識，而求其最後之原素，為物質及形
式。物質及形式猶相對待也。超物質形式之畛域而自在
者，惟有意志。於是吾人得以意志為世界各分子之通性，
而即以是為世界之本性。(《蔡元培哲學論集》〈世界觀與
人生觀〉)

　　意志一名，在德國觀念論，是與知性、情感相區分的人的心靈機
能。德哲康德知、情、意三分，在中國則以「心」之一名總攝之，如孟
子「四端之心」，墨子之知識心、度量心，莊子之「道心」、「人心」、「靈
台心」，荀子之「主宰心」、「知道心」，是各家所發現之不同意義的心，
由此不同意義之心，則可得知各家所選擇的存在的自我定位之性 ——
由「心之生」言性。後之宋儒張橫渠言「為天地立心」，是將心之意志
義推擴瀰漫到本體論宇宙論，然與由「心之生」言性而「天道性命相貫
通」之舊義寸步不離。由人的生命存在的超越的還原，求其最後之原
素，為物質為形式，再向物質形式之後追溯，是超物質形式之畛域，
或說是物質之被說為物質、形式之被思為形式，並能統一兩者、區分
兩者的根據、最後存在者，只能是可作各方向活動之意志：自由意志。
蔡元培所言，雖借用德國觀念論之概念，而根本是心性論的發揮。

　　　　　　　　　　　　二

　　人之存在之超物質形式之畛域而自在者，古人曰心，今蔡元培曰
意志。心之義深而廣，意志則偏就存在之自在自為之自覺及其存在目
的的發現而言，雖曰超越，而其所寓之生命又「決不能有幾微遁出於
世界以外」，故「吾人得以意志為世界各分子之通性，而即以是為世界
之本性。」孔子不言以意志為世界各分子之通性，而以「仁」為通性，
而仁以感通為性；意志在感通中作自我定位，方得其正。故仁當為意

志之體，意志為仁之用。

在感通中，人與天地鬼神，古今萬物、已在與未在，實然與應然，我與非我，存在與空無，再無隔閡可言，而得言大我。在莊子則言無我而謂「恢恑憰怪，道通為一」。由是觀之，人在世界之存在，其地位亦原不可限定，唯在感通中之意志之強度廣度以及其自我定位之有所向或無所向而已矣！正所謂「舒之瀰綸六合，卷之退藏於密」。而詩歌在人的存在中之地位，則亦當在人的存在意識中尋找。

孔子曰：「興於詩，立於禮，成於樂。」以詩為表現主觀精神之躍起。主觀精神與主觀精神並立相待，互為主觀而客觀化，則為禮之立，此即客觀精神。互為主觀而異工同曲地歸向於終極目的，共享自在自由，是謂成於樂，為絕對精神之實現。德哲黑格爾以藝術為絕對精神之始，宗教為絕對精神之壯，哲學為絕對精神之究。蔡元培則提倡美育，以藝術代替宗教，是以藝術精神為始壯而終究直達於哲學（教化）。唐君毅的「心靈九境」，以客觀境界為始，主觀境界為壯，絕對境界（超主客觀境界）為究；而其經學思想則以《詩經》為五經之首，是仍以主觀精神之躍起為始，唯在心靈生命之自我超越轉進中，將「已成之我」推出去並與之為對，而為客觀境界之始；「當下之我」為超越之反省活動之中心，而為主觀境界之壯；「已成之我」（客）與「將在之我」（主）在終極目的之性原則要求中合一，而為超主客觀境界之究。無論何種說法，三家皆認定「興於詩」在人的自我存在意識中之地位至關重要。或者可以說，以本文所引蔡元培之「意志說」，「興於詩」乃人存在為超物質形式之畛域，存在為自在者、為意志、底最自由無待之宣言，而其所涉，又必關乎「世界各分子之通性，而即以是為世界之本性」者。

三

劉勰《文心雕龍》〈原道〉說「道之文」實源自「人文之元」：「仰觀吐曜，俯察含章。高卑定位，故兩儀生矣。惟人參之，性靈所鍾，是

謂三才，為五行之秀，實天地之心。心生而言立，言立而文明，自然之道也。」此即以詩文本生於天地之心、性靈所鍾，仰觀吐曜，俯察含章，心生而言立，言立而文明。亦即人的存在意識凌虛躍起，而返觀其自身與自身所在世界莫不一一表現其存在之理，莫不一一表現凡存在皆合目的之天地秩序者。「人文之元，肇自太極」，心生而言立，言立而文明，故曰「詩言志」，「詩者，志之所之」。詩可謂最不受外在條件限制、最能直接表現心志之存在，同時又是無一不可涵蓋者（其他形式如雕塑繪畫音樂則受外部條件限制而有不能涵蓋者）。故黑格爾視詩為藝術精神表現之最高形式。亦因此，詩應是人人皆能之「言志」（宣示理想，自由）之道，以詩不落於任何外部材質（青銅白石絲弦水墨丹青）之特殊機括而需要特殊知識配合之之故。於是古人明志莫不援詩。

　　中國文化不喜立一人格神為宗以施教，而喜以心為地（心地）為宗（宗的）以施教，所謂「反身而誠，樂莫大焉」、「盡其心，則知其性，知其性，則知天矣！」。此即以啟發人的善意志為教，啟發人的善意志即啟發人成為自由自律者。意志之為意志，一面是自由，即自發肇始一存在狀態；另一面則是自律，即遵從自由意志所立之法則，實現自我於一存在狀態。若無自律，則亦無自由可言。善意志則是具普遍性之自由意志。此即中國人所言之「道之德」簡稱「道德」。「道之文」與「道之德」正是一表一裏，平常說的「道德文章」。

　　以「詩言志」還檢中國的詩的歷史，正是作為文心的意志藉語言文字在自律中作種種表現。由詩三百、楚辭、漢賦，發展為律詩、為詞，是在文字形式上自律的進一步形式化、客觀化，或曰他律化。相應者以這種自擇自由的他律等同於自律，甚至說形式的限制有時更能激發意志之自覺，深化文字之張力。而所謂相應，在這裏只不過就是對一規則的認受以及同化。這種對一文化活動規則的自由認同，並在其規範中表現各自的創造力，原是各種文化共同體的共同模式，唯律詩最表現這種自律的形式性與內容的自由性。「不學詩，無以言」，中國語

言得到這種詩性的長期滲透，使用者須首先成為自覺的語言者，並在運用語言時，同時體會一種自由的自律與自律的自由 —— 無論在內容或在形式上。直至近現代，中國詩曾助成多少代文化人這種自由自律的人格，又曾如何凝塑了一個民族的意志。

四

友人徐康教授乃三十多年前在報館工作時志同道合的朋友。離開月刊社後我回研究所唸書，醉心於哲學，而徐兄則堅持文學與教學研究，近年研究電影，喜寫古體詩，常在朋友網上發表新作。詠嘆所及，講學、遊歷、學人雅集、同行酬答，無不有詩存照。所寄者或家國情懷、時代裂痕，或政經風雨、人間情誼。辭氣時莊時諧，時苛時泛，亦史亦文，隨手成句，接韻成篇。我自愧不通音韻格律，對於有這方面才能者總是羨慕。近日接徐兄電郵，謂正將其所作詩詞結集出版，囑我為之寫序。我即覆謂本人完全外行，豈敢置一辭。不料徐兄應機說正想有不從行家處的看法，隨即將其所作數十首詩詞傳送過來。當晚瀏覽一過，遂想起孔子那句「詩可以興，可以觀，可以群，可以怨」，徐康的詩可是全對上了。結集中，第一卷各詩近乎興，第二、三卷近乎觀，第四、五卷近乎群，第六卷為「詞作廿二首」，近乎怨。徐康似更擅長於長短句。我唯有本着自知之明，不從行家處看徐兄的詩，另從人的存在之自我定位，看詩文化在人的存在中之定位；從詩的興、觀、群、怨，看詩的體性與體用；從徐康和他的詩友之酬答唱和，看律詩在今天的生命與生態；由之而生律詩在今日之衰微與國民放失其心同步之感慨；而中國詩之復興，亦將與中國精神之回復「博大、深刻、單純、精緻」（辜鴻銘所言）同步。有詩才者，實應珍重其才；疏瀹五臟，澡雪精神，鍛煉文字，馳騁神思，為言立心，為心鑄言。「子規夜半猶啼血，不信春風喚不回」。凡此皆徐兄厚愛之命及其詩作所啟我者。倉促記下，以答盛意。知徐兄素仰蔡元培先生，遂從蔡先生

的「意志為世界之本性」說起，且截得徐兄詩二句為題，借玉拋磚，泥砂俱下，只為疏理出「詩言志」三字，望徐兄及諸友教正。

2016 年 1 月，寫於九龍農圃道新亞研究所

附錄

為了懷念的記念

── 憶與唐師母在一起的日子

　　唐師母的追思會在星期六上午舉行。我那天在中大有課，預先向學生說提早下課，但仍是去晚了。唐師母的遺像已經除下，人們陸續散去，留下輓聯花圈擺滿了整個大堂，一直擺到通道。我只能在心裏向師母告別，並且感覺到她老人家已經和唐先生在一起。雖然過去二十二年，唐師母在精神上從未離開過唐先生。

　　我所認識的唐師母，是完全自覺承擔作為一位文化意識之巨人與偉大哲學家身旁的伴侶、知己和永遠的支持者，眾弟子心目中這樣一位永遠的師母，在唐先生逝後，繼志述事，延續並擴大先夫的哲學和文化功德，無愧為儒林學案裏一位最傑出的師母。

一

　　1978 年唐先生逝世，同時即要求為他的思想言說作一次結集。以唐先生思想的波瀾壯闊，深厚精微而著述宏富，這次集結可是一項龐

大的文字觀念組編工程。啟動這工程，並努力不懈，多次召集，主事以畢全功的，便是唐師母。我想，早在唐師母嫁給唐先生那天開始，《唐君毅全集》就已經在師母心中籌劃了。

唐先生幾十年來所寫字稿，整篇或片斷，凡未發表者，師母皆鄭重保藏；已發表但未入書，包括記者訪問，則剪貼成冊。唐先生所寫書信，師母在寄出前都謄寫一遍，一字不易的抄寫在學生用的練習簿上。唐先生講演前寫的大綱、隨手寫的字條、開會簡記、審查學生論文的評語，即使片語隻字，師母都保存下來。當我接過師母交給我的這些多年「字紙」時，我想我真領略了「珍惜」二字之意。於是想：唐先生真有福氣，是幸福，也是道福。擴大而言，師母一生為《唐君毅全集》準備，亦正是中國學界的大福氣。

沒有幾位當代中國學者有這份福氣，也不配有這福氣。舉目二十世紀中國哲學界，能夠對寫過的每句話負責的，我們幾位老師最當之無愧，唐先生是最當之無愧最早有全集的。而唐師母則是最早認識到唐先生是要有全集的，並終生為此。

二

我向唐師母說這個意思，說唐先生真該有這福氣。師母非常謙虛，反說：「唐先生有福氣，最後晚年還有你這個學生。」我說：「唐先生還要不斷有學生。」事後回想，卻也感到如牟宗三師常喜言：師生緣分不可思議，又似全在意料之中。我在中國內地唸中學，數、理、化感覺全不費力，課餘全讀文科方面的書。父親家教嚴肅，逢週日召集開家庭會議，孩子們逐個三省其身。但父親很快做了「右派」，被隔離了，故我又似在無人管教中長大。我的房間在天台閣樓，四面臨空，最宜「天問」，思入風雲；春溫秋肅，感染者唯破裂與孤獨，念天地之悠悠。我在學校作文不慎流露這種悵惘，被認為「思想落後」、「對現實不滿」。父親是右派，我又不懂討好共產黨員的政治老師兼班主任，

最後，又被發現看《紅樓夢》，「文革」前一年已被下放農場。對處於窒息狀態的人們而言，文革的爆發有似巴士底獄不知何故突然被打開。學生青年以至老人小孩，所有人都走上街頭，湧往廣場。二年多無政府主義的下場，是 1968 年秋天開始的「秋後算帳」和到處張貼的「革命死了，革命萬歲！」大標語。我深解其中因果，但仍迷惘。我出走香港，尋找真理，直接投到唐、牟、徐門下，一切便都像上天的安排了。初來香港，坊間的文字完全不能觸動我。那些所謂政論尤令我厭惡。把一切作權勢的解釋和權謀的頭腦，我至今不能接受。幾年間只發現兩個人，一個是弗洛姆，一個是唐君毅。弗洛姆的心理學，其預設部（本體論）其實是孟子性善論的濫觴。唐先生則是「最有思想和洞識的中國人」（我當時說的話）。牟宗三先生的哲學書、徐復觀先生的思想史是入新亞研究所後才讀的。記得台灣《中國時報》記者訪問我，我說我的老師有李璜、唐君毅、牟宗三、徐復觀。她瞪大眼，「都是大師！」我為讀書不顧一切，竟一下子讀到幾位大師門下，這不是上天安排是甚麼？—— 我至今感覺幸運。但這「感覺幸運」再不好說是上天安排了。去年秋天，友人從法國回來，梁瑞明先生宴請，聚談間說到唐先生的最後一課，是講評我讀《禮記》〈鄉飲酒義〉之報告。岑詠芳說我「三生修到」，我說「是呵！似乎是預定論的」。

　　說到預定論，我一直對唸高一時湯一如老師的名字有特別的感覺。直到四十多年後找到到湯老師，果然她是湯用彤的姪女。湯用彤沒有女兒，很想有個女兒，便從小留她在身邊。唸哲學的人都知道湯用彤，我的碩士論文寫《言意之辨與魏晉名理》，首先看的書就是湯用彤的《魏晉玄學論稿》。想不到多年前他的姪女就是我的班主任。那時湯一如老師才二十來歲，清秀大方。我因為父親是右派，在學校總低着頭，近乎自閉，或因此書唸得還好，引起了湯老師的注意。她找我談話借書給我看，更向學校推薦我去聽華羅庚的課。華羅庚是世界有名的數學家，那年暑假來廣州講學，每所大學、中學選幾名學生去聽課。我於是「廣義」地做了華羅庚的學生，算是第一次上到真正大師的

課。確是不同凡響，讓我憶記至今。湯老師是從湯用彤家裏出來的，畢竟留着有老家庭最後的家教家風，擋住了政治黑暗，保護了我。但新學年開始，湯老師被撤換了。讓我感念的還有教語文課的李小松老師，他是當地有名的文史作家。讓我感念的不是他把我每次作文貼堂，而是畢業四散後，一個燠悶的下午，他一個人找到我家，來看我，與我道別。他進到我的臥室書房，看那滿架子的舊書，若有所思。一年後文革爆發，有一天經過校門，看見他被掛大黑牌在打掃操場。他看到我，顫顫巍巍的老遠向我走來。我不知何故，想是怕承受不了吧，怕被警衛發現吧，竟轉身跑開了。這就是我見他的最後一面。我好想告訴他，我永遠記得他高瘦桀梗的身軀爬上四樓找我的情景。我也永遠記得那次他拿着我的作文，追問我受誰的影響。那篇作文被接替湯老師的新班主任拿了去，當作「不滿現實」的證據，開始對我整治。我在學校最後那年過得像在地獄。其實那只是篇傷逝的文字，以及「當我沉默着的時候，我覺得充實；我將開口，同時感到空虛」之類腔調的東西。這就注定我以後不能唸科學，也不能唸文學，也不能唸父親要我們唸的醫學（父親以為最能在人無助時助人的是醫生）。我只能唸哲學，並且對整治學生和整治老師深惡痛絕。

唐師母多次問我：「你認為編唐先生全集對學問有幫助麼？」我每次都答：「大有幫助。亦是我的幸運。」師母的意思是怕佔用我太多時間，耽誤了我的甚麼計劃。其實我哪來甚麼計劃。我喜唸書，喜歡把存在腦裏的問題反覆想下去，喜歡懷念，喜歡與人對話；此外，我壓根兒不懂計劃自己的生活。來香港後，除了有一段時間靠畫油畫、賣畫維生外，後來的每份工作都是別人替我安排的。1982 年我離開雜誌社，專心回研究所唸書，唐師母正在召集門生弟子籌編唐先生全集，大概是霍韜晦先生的提議，讓我在研究所半工半讀，負擔具體的編輯工作。唐先生生前沒有發表的文稿、書信（唐先生致友人書信多由師母抄錄保存，唯致徐復觀先生之舊函，徐先生悉數保留）、日記、扎記、訪問稿、授課錄音、照片等的整理、謄寫、編定入書；唐先生

已發表舊文之收集，佚文之確定、訂正；各有關唐先生的文字材料、紀念文的發現、收集、甄選；更重要的是，全集的結構、編制，各書之分類入卷，版本之對勘、新結集各書之命名入卷、以至個別章句文字之重訂；專書由各編輯委員校讀，每卷書後之索引，須由台灣黃振華教授指導學生編制；然各卷校讀後須有一重檢、說明，等等；都是馬上意識到的工作。此外，全集封面的設計、題字、扉頁、插圖、目錄……，雖不重要，又很重要，因為想到是唐先生的全集呵！

那兩年，平日到研究所上班，上課，星期日則到九龍塘和域道唐府，助唐師母重檢、登記唐先生的遺稿文物，一邊聽師母講述每件物事的來歷。唐府大廳向西北是落地大窗和小陽台，種了幾盆植物，不很繁茂。有一株曇花，師母說倒是常結花苞，作如是綻放。鐘點工人事先燒好午飯，師母到時熱一熱。川菜卻少辣而偏甜，也不油不燥，很合我口味。我是極不考究飲食之人，師母問到，便隨意說了，不想師母都記住了。午飯後，師母回房小息，我則觀看掛在廳壁的字畫。溥心畬繪贈的漁翁圖，筆簡意遠，百看不厭。另有一幅竹禪和尚的寫意僧人圖，灑脫得很。那時候師母自己手繪的蒼松圖還沒有裱掛，而地板仍是舊木地板，彷彿還可以聽到唐先生拖沓的腳步聲。

傍晚，抱着大堆文稿和聽到的唐先生的故事向師母告辭。師母每次送到樓梯口。

<h1 style="text-align:center">三</h1>

然而多奇怪，我除了編全集時翻過《致廷光書》和《愛情的福音》，至今並未眞讀過唐先生這方面的寫作。一位弄語言分析的朋友向我稱讚唐先生的《人生的體驗》是鉅著，我自己亦視唐先生幾篇回憶童年故鄉、少年朋友的自傳性文字為瑰寶，然而為何不看唐先生上述方面的文字，現在回想，恐怕因我生性太偏於思辨，而又太感性的緣故。又或因我的生活體驗，早已承受不了任何「輕」。死亡，在思想性活動

中尚且不覺其有獨立之地位，餘更不足論。貪嗔痴固可憫，然對治之道，我以為學問仍在忽忘。事既無聊則必乏味，只宜還它個無事。前年赴台開紀念孔子會議，中央大學的朱建民、李瑞全二教授宴請韓國兩位學者，還來了位台大哲學系的教授，另加一個我。席間有人講到人事。朱建民教授說：「當年唐先生來台養病，台大很多先生同學去探望。有人講起人事，唐先生插話說：我們能否看淡這些事，不談它，把眼光看高遠些，也就沒事了。唐先生這一說，空氣馬上暢和。那天大家心情非常愉快。」這故事讓我知道唐先生也是用的忽忘的辦法。但唐先生寫了好幾本談論這些病痛的書，則顯是應機之作。以唐先生思想學問之深沉廣大與情志之純正，固可作這工作，亦唯唐先生可以有這番「看得透，忍不過」的菩薩心腸。唐先生致友人的舊信中，有一封談到牟先生為某君謀事；唐先生在信中有些無奈，說此君竟放言說唐先生不懂哲學。現在牟先生去世了，此君最近又放言說牟先生不做工夫。他難道全不懂當年為他謀事的牟先生做的正是「放長線釣大魚」（牟先生語）忽忘以存真的工夫？知道事情始末的我，真替兩位老師不值。

　　至今師母逝世，我一直未曾全讀師母當年送我的初版單行本《致廷光書》，實在對不起師母。在整理唐先生舊文稿時，我喜歡的純理論文，如〈三論宗與勃拉得策比較〉、〈意味的世界〉諸篇，都令我讚嘆不已。唐先生關於文化與時代問題的大規模的徹法源底的反省，令人感佩。致友人書信中講學問，辨理入微處尤可喜。中國哲學之論述，文化哲學之提煉，唐先生自己哲學體系的建構，則如大海汪洋，澄之不清，擾之不濁，最教我臨海興嘆。我奇怪有人把唐書讀成渾淪欠精嚴。唐先生行文甚堅定精嚴。校讀唐書，有錯落處一目了然，即明證。故我極力反對改動任何唐著原有字句，除非一目了然是手民錯落者。因淺解者以為不妥處，其實甚妥。我又奇怪有人把唐書讀成心理治療，不敢正視唐君毅哲學乃當代最大的唯心論、形上學，與牟宗三哲學並稱為兩大典範者。世稱「唐牟」，非僅以兩人深交之故也。

四

師母每隔一段時間，便召集編輯委員會共進晚飯，一面談全集的事。論輩分，在座都是唐先生早期學生，且多是我在研究所的老師，我卻常堅持己見。現在回想，亦覺無禮。師母從不責怪，每次只說：「看大家意見。怎麼辦嘛！」我於是在實際操作時繼續堅持己見。我尤不耐任何有欠嚴肅學術意識的意見。全集的序，只有唐先生本人可以寫，既然唐先生沒有寫下，則無人可以寫。至於時賢的序，唯牟先生能寫。唐師母於是叫我請牟先生寫序。牟先生答應了，但第二天回研究所，說：「你們算不算得是唐先生的門人，很難說。唐先生的書你們看了多少？懂了多少？我還在想這個問題。」再隔一天，牟先生把寫好的序帶來研究所給我，有點自得地說：「我寫了一個時辰，一下寫好了。」並展開，每句唸給我聽，還講解。唸到「阿修羅場」，老師遲疑了一下，「這阿修羅場，等於是魔道。」但歇了一會，最後改為「屠場」，全段為：「時代之症結是自由與奴役之爭，是文化意識之沉落。人類一方面陷於物質文明之痴迷中而放縱恣肆，一方面即有陷於嫉恨之邪妄之中而期毀之者。此一帶有普遍性之纏夾源於西方而倒映於中國，如是中國遂不幸而落於嫉恨心特重之徒之手中，而成為一大屠場。」

師母說：唐先生常說，學問上的事，有兩個人總有自己的獨特見解，一個是牟先生，一個是錢（穆）先生。

師母繼續將唐先生舊著寄贈在中國內地的朋友，並請他們作文。最難得的是九十多歲高齡梁漱溟先生寫的紀念唐先生的文章。師母還幫助唐先生的故友發表學術著作，有一次給我一包手稿，內容關於中國文化，是許思園先生的遺稿，「這個人有早慧，很年輕就著書、跟愛恩斯坦通信論學。唐先生讚他聰明。這部手稿是他太太託我找地方發表。你看有冇有辦法？」我把書稿分成獨立專文，分別在相熟的兩家雜誌上發表了。唐師母還每次設法把稿費寄回去。那年，賀麟先生來香港，唐師母在泮溪酒樓設宴。本來請牟先生一起，牟先生要我帶話

說「牟先生不在香港」。此見牟先生嚴峻但又體諒故人的一面。賀麟以講黑格爾唯心哲學聞名，曾著文譏評所謂辯證唯物論，又在書中稱讚唐、牟為當代唯心論的新代表。1949 年後即自我批判，長期轉作馬氏唯物論解說者。無論他本人或師生故友，幾十年後相見，情何以堪！換是別人，牟先生早已斷然拒見，改說「不在香港」，實在意味深長。牟先生覆當年老學生的信，拿給我看，信末是莊子那句「不如相忘於江海」。足見牟先生是深情之人，不能作態。唐師母之宴請賀麟，亦正合唐先生之風格，溫厚、念舊。席間，唐師母一如往常，藹然從容。賀先生八旬高齡，食欲奇佳，到我們都停箸了，老先生仍不斷從盤中找東西，旁邊一位上了年紀的女士幫着挾到老先生碗裏。心裏為老人加勁：多吃一點。第二天，牟先生一見面就問我賀麟的情形。我說：「身體、精神都很好、很能吃。身旁一位女士很照顧老先生，也懂一點哲學，似是秘書。」牟先生把頭一側，說：「當該是後來的太太。」牟先生其實很念舊。牟先生跟着講他當年聽賀麟課的趣事：有一次賀來晚了，牟從學生席走上講台，大講辯證法。賀來到，坐到學生席，說：「你繼續，講得很好。」多熟悉的故事，我想起自己亦有相同的往事，很多人都有。牟先生其實很深情。不久，收到賀麟老先生寫的述唐先生早期哲學之文，剛好趕得及收入全集之紀念集。

　　唐師母自己有〈憶先夫唐君毅先生〉一長文，女兒安仁也有一篇〈伯伯〉。師母向我解釋：宜賓稱父親作伯伯。我一點不奇怪，因我鄉下稱父親作「阿叔」，稱母親作「阿嫂」，與宜賓鄉俗剛好成對。文章刊在《書目季刊》，我看後覺得很好，以《書目季刊》讀者不多，提議讓《鵝湖》轉載。師母不反對，但說已經刊登過了。我附了一信寄去，意思大概說唐師母此文意義重大，等於是唐先生最後託師母寫的關於「世界無窮願無盡 —— 儒者生命的終結與永生」之大文章。後來好像也沒有轉載。

五.

　　師母知我在研究所收入微薄，常想方法送我東西。一次托同學跟我說：師母有隻錶，無人合用，放着可惜，你就要了吧！我說好。幾天後同學把錶給我，有盒子裝着，裏面還有保用書，才知道是新錶。我確是沒有手錶，讓師母看到了。同學直笑我愚笨。師母又把唐先生生前用的兩部舊相機送給我，還讓我在唐府挑合穿的衣服。照相機至今仍是我唯一的相機，另外一部給了兒子；衣服仍經常穿着。一件淡啡色的毛背心，仍是每年秋冬穿着最多的，已經二十年了，有很多小洞了。

　　自小在家裏得父母慣縱，在學校得老師偏護（高中政治老師例外），又總是朋輩的好友，因此，進研究所後，得幾位老師、師母關愛、趙先生照拂、研究所同學維護，全不覺有異，以為理當如此，常放言縱論，指點激揚。所幸對老師長輩是由衷的感佩和尊敬，故亦守禮，然亦無熱心追隨某師之意。幾位老師中，牟師率性，罵人不拘前後，然亦常喜在背後稱讚人；講到學問，有時不免兇猛；其實最易相處、最單純。牟師母則只跟同學話家常。同學可以隨意到牟師家吃飯，師母擺上滿桌小菜，半數是昨天吃剩的，很高興我們來幫忙把小菜吃掉。徐復觀師也不討好學生，就我所知，曾拒做學生的指導教授，又曾對以前指導過的學生表示失望。我考入研究所不久，徐師把我叫到休息室，要我從他作近代思想研究。我不知何故，竟拒絕徐師（大半是因為我聽不懂徐師的口音），說是哲學組的，歸牟師指導。徐師很有點生氣，用濃重的湖北話講了很久。我至今仍感很對不住徐師。徐師母則非常慈祥，完全就是一位傳統老太太。在徐師逝世後，徐師母回香港，我們同學去探她，她竟然還操心買衣服給我的小兒。徐師母曾細說當年認識徐師的往事，惜沒有記下。一次我和牟師講到徐師母，牟師嚴肅的說：「徐太太有智慧。」一般的說法，唐師最善待學生。但我知道唐先生有很不高興的時候。唐先生帶病講課，常逾時下堂。課室就那十個八個研究生，有學生看已超過半小時，因有事悄悄離開，唐先生

即很不高興。每逢這時候，唐師母便走到課室門口站一會，提醒唐先生該下課了。唐師逝後，師母在研究所授書法和古琴。與學生談話，話題都是琴法、書法、修辭，我從來沒聽到過唐師母談生活瑣事。唐先生各書的書名，都採用唐師母的法書，全集也是師母的題字，隸書體，雄渾、凝聚、蒼潤，字字如商周寶鼎，全不沾巾幗氣。全集扉頁的篆書題字，也是師母的書法。我說喜歡，師母於是題「超以象外，得其環中」送我。落款時，師母說：「吳明，你要起個號，不然不好落款。」我便隨意說：「叫子明吧。」師母便在印行的《毅光集》的序裏，稱我為「子明」。師母平常則自署「方回」，取意效方顏回，聽說是唐先生給起的。每次向牟師討字，牟師落款時也問我有沒有字號，我說直寫我姓名好了，牟師便搖頭。1992 年冬那次牟師病危，恢復後返港，已過了農曆新年很久了，一次我陪老師去飯館，車上牟師忽然問牟師母：「今年過年有沒有給唐太太拜年？」牟師母說因身體不好，沒有去。牟師不高興。人皆知牟師不拘禮，但不知牟師亦甚重禮。

六

與我同期考入研究所的廖寶泉，原是中大崇基哲學系畢業生，基督徒，立志將基督教中國化。他與我的思想性格不同，卻最相交，常激辯不休。他和女友徐珍妮（後來的太太）訪問唐師母，我把訪問稿拿去雜誌發表。他跟我講師母說唐先生晚年很失望，在香港教了幾十年書，教不出學生。唐先生自 1949 年與錢先生創辦新亞，堅守到最後，死在香港，卻寧歸葬台灣。廖寶泉以未能親炙唐先生為憾，便常跟我談論唐先生，甚至萌發從唐師母學書法古琴之意。寶泉的碩士論文寫天台宗山家山外的問題，他說弄懂佛教中國化是為思考基督教中國化作準備。他在英皇教書時，曾約李榮添、我和家人弟弟吳岷，在他學校宿舍陽台燒烤夜談。不料兩年後弟弟逝去，再兩年他亦逝世，嗚呼痛哉！寶泉病重期間，仍不斷作文，見證對死亡之哲學與宗教體會。

臨終，寫字條給我，筆跡顫抖，其時癌細胞已侵蝕全身，巨痛刺骨，仍諧稱我為「儒門珍稀僅存物事」，囑我要愛護身體，為中國文化奮鬥。唐師母對我弟弟和寶泉的早逝，十分痛心，兩次都不避俗諱，親臨弔唁。並應寶泉臨終請求為寶泉書「後其身而身先，外其身而身存」，掛在靈前。多年後在中大圖書館碰到徐珍妮，她說她至今仍在問為何失去寶泉。我則十多年來幾乎每晚臨睡或早上睜開眼睛，便在腦裏浮現弟弟的面容，亦仍在問為何我失去弟弟。而如今唐師母也逝去了呵！

我曾提議研究所圖書館門口該掛個像樣的木刻館名匾，於是請唐師母題字。一個平日寫所謂藝評的人，自薦刻字，不過要收錢。我問准趙潛先生，便把師母題字交他去做。不料沒有了下文。半年後催他，他滿口應承說只待平底就好了。再過半年，亦如此回答。我不知如何是好，不懂另找人做，亦不懂向唐師母解釋，就這樣圖書館的館名匾一直沒有做成，我亦一直沒有向唐師母解釋。現在回想，實在沒有禮貌至極。

那年，李璜老先生安排我為一家雜誌當特約撰稿。一年多後，居然存到兩萬元稿費，再向朋友借一萬，湊夠首期，買下所租住房子隔壁的空置屋子。唐師母知道後很高興，約同徐師母一道來我家吃晚飯慶賀。那天兩位師母摟着思嶷小兒拍了很多照片。如今孩子已經長大到倫敦唸書去了，而兩位師母相繼作古。現在是凌晨五時，外面正刮八號颱風。我翻看這些照片，卻出奇地平靜。僧肇謂：「昔物自在昔，不從昔以至今；今物自在今，不從今以至昔。故仲尼曰：回也見新，交臂非故。」存在之不在，一如存在之永在。幽明之隔或不隔，所賴亦唯一念之誠明。

七

有一年春祭，研究所師生都在靜候唐師母到來，這是不尋常的。約半個小時後，師母由親友陪同來了，如常舉行祭禮，並留在慈航淨

苑吃素。後來才知道，那天早上師母遲來，是因為到醫院看身體檢驗結果，得知患了癌。

　　1995年初冬，師母咳嗽氣喘，進了醫院。得國強兄通知，趕到醫院看師母。據安仁姊說病情有點急。我向師母討了醫生的診斷報告和所開的針劑、藥方，打電話給廣州的家兄，他是呼吸系統、特別是胸科的專家。家兄第二天傳眞過來滿滿一紙的醫療意見書，我即拿去給師母。據家兄電話中說，他看過診斷書和師母所服藥，醫生的治療很相應。那次，師母很快復元。師母要我兩週後到唐府吃飯。我心裏計算，知道是師母八十大壽。

　　師母剛復元，那天只有很少幾位親友在家賀師母大壽。師母坐在安樂椅上，我們隨意的圍着師母坐，安仁和夫婿、李國鈞先生和太太、梁琰倫、我。自助餐方式，大家很隨意。飯後，安仁和夫婿、梁琰倫還唱歌。談話間，師母說到唐先生的大妹唐至中的事，她一直還在校對已經出版了的唐先生全集裏面的錯字，以期將來再版時改正；她的丈夫，因看到全集的內容，很害怕，不許至中繼續校看，最後竟為此事與至中離了婚。我聽後驚愕嗟嘆不已。1988年我曾在香港見過唐至中先生一面，她和弟弟唐君實專為出席紀念唐先生逝世十週年學術會議來港數天。晚宴上，她一身泛白的舊藍布制服，瘦削、整潔、端正、專注。經介紹認識（唐師母或曾在家信裏提到我），她那種懇切、一見如故的親切誠摯之神態，我至今歷歷在眼前。散會後，我送她搭車回旅店，路上她一直緊握着我的手臂，似有千言萬語，惜只匆匆一見。後來收到她從內地寄到研究所給我的信，我馬上回信，覆她所詢之事。我哪會想到其時她正遭老年離異之變。她與唐先生兄妹之情，對大哥的忠誠和奉獻，其實亦是文化使命的。將來民國儒林傳，當不應忘記唐至中。大概又兩年後，師母告訴我，唐至中去世了。多年後，我仍收到唐君實先生的來信，內容都是有關他大哥的哲學成就。我回信說唐先生的哲學如日月經天，請他放心。唐先生的外甥王康，被稱為民間思想家，對中國近現代思想以至俄國思想，都很有研究，既透闢又

率直，曾在鳳凰衛視〈世紀大講堂〉作多次演講。數年前中文大學樹立唐君毅紀念銅像，在揭幕典禮與王康先生見面，亦一見如故。

　　寫至此，翻讀唐先生全集之紀念集裏唐至中悼大哥的文章、唐師母憶先夫的文章，那末深沉、無飾、晶瑩、堅摯。我不禁要摘引師母懷念唐先生的一段文字，亦就說出我們對師母、對唐先生應有的懷念：

> 　　當我望着你的遺像時，覺得你亦在望着我，似乎在對我說話，我當下即有一種躍然的心情。你說過死亡是永遠不能補償的悲痛，我要承擔這應有的悲痛，我要化悲痛為力量，我要加倍盡我應盡之責任，我要嚮往你由責任使命感出發作事的心情，我要學你生前盡其在我，死則視死如歸的精神。你常說苟且偷生是大大的恥辱，我亦永遠記得。

　　這就是唐師母。想到唐師母就想到唐先生，想到唐先生就想到唐先生的一家，想到新亞，想到新亞的老師同學，想到這個時代，想到這個時代的中國人和中國文化的命運，想到人類的命運，想到自己當下的責任。

　　願師母回到唐先生身旁，永遠看顧這無盡山河、綿延不絕之華族文化，「世界無窮願無盡，海天寥闊立多時」。

　　（2001 年 9 月，收入《懿範千秋 —— 唐君毅夫人謝廷光女史遺稿暨紀念集》，2002 年香港中文大學新亞書院出版，2014 年 8 月 28 日增補訂正。）

出原便遇打頭風，不與尋常逝水同
—— 我的哲學緣會與哲學的宿命和艱難

一

本書中的多篇長文，在寫作途中，曾想過依照這思路可以寫成一部書。後來沒有另寫書，原因亦是既已成為一思路，無謂再寫成一本書。在今日這個散文時代，時間向四面八方流走，留給縱深思想作表述的機會原就不多，若在思想表白的中途，又四方八面找材料，再次散文化自己，豈非有忘初衷。好在每次動筆，常寫個二、三萬字，以至五、六萬字，足夠完成一個思路，其實已算是部小書。

本書分四輯，可代表本人用思的四個定位（中心），亦可獨立為四部書。第一輯「唯心論與批判哲學」可名為《實證唯心論綱要》，第二輯「目的論與中國哲學」可名為《目的與存在 —— 中國哲學的「道德目的論」與「目的論道德」》，第三輯「軸心、普世與新外王」可名為《新儒學與內聖外王 —— 整體文化觀與中國文化之現代轉型》，第四輯「玄學與生命美學」可名為《生命美學 ——「存在之玄」與「美的契機」》。這樣說，意在表示本人還有多篇沒有收入此《選集》的論文，都圍繞和

深切介入以上四個論題，足以構成較完整的論述者；而《選集》本身，亦可以視為一獨立專著，名曰《意義與存在 —— 實證唯心論與新儒學論綱》。

二

初入新亞研究所唸哲學，適逢牟先生講魏晉玄學與康德哲學，我於是選擇寫魏晉玄學作學位論文。這影響我日後的思想在玄學論題訓練與康德批判哲學的基礎上開展。在《玄理與性理》（2002 年）的〈序論：理與心 —— 實證唯心論理學篇導言〉裏，我這樣回顧這段哲學緣會：

> 《玄理與性理》）是一部言理之書，雖所涉以魏晉玄學之論題為主，所論卻是普遍的理的問題。以魏晉玄學論題來展開，只因魏晉人最善談理，玄學時代為中國思想史中最哲學、最富方法學意識、湧現最多哲學範疇之時代。本書藉重構魏晉玄學之兩大課題：「言意之辨」（方法學）與「自然與名教」（中心論題），把道家玄理與儒家性理帶進現代哲學言說之域 —— 令人覺得意味深長的是，「言意之辨」、「自然（自由）與名教（道德倫理）」亦正是當代哲學的關注中心。
>
> 「玄理與性理」，非謂天地間自有各種理，道家揀個「玄理」，儒家挑個「性理」，今論二理之得失及其關連也。本書認為，天地間自有理，然皆不離人心之活動與作用；心動有向則理立，心照而明則理察，心靜而平則理直；非僅此也，本書更認為，人同此心，心一而理殊；然殊理同歸一心，殊途同歸一理，而理一分殊，分一命殊，故「聖人貴名教」。名教者，以名為教，以人之位分、理分之名，

責人之行為之實，亦即以倫理為道德之實現，不停留在抽象的普遍的道德程式也。以性分之不容已為理，此之謂性理；即心言性，即性言理。然心不僅可具眾理，且可容眾理、會眾理、平鋪眾理、寂化眾理；無以全有，有而能無；即活動即存在即不存在，玄之又玄，眾妙之門，此之謂玄理，故「老莊明自然」。自然者，自然而然，非他然也。唯無目的而自然合道德目的之行為，方為真人之行為；德為真德，人為真人。而真德無德，至人無己，神人無功，聖人無名，故道家以無名為教。「有心俱是實，無心俱是幻。無心俱是實，有心俱是幻。」有心而無心，無心而有心，此則是心之活動本身內在之「有──無──玄」之理。

因此，此書之內容，着重從心之活動及心之存在境態，所自顯之理，與由心之活動因涉及外在條件所限，而顯之理（由內而外之次序、本末、目的手段等）；互為主觀而見客觀之理；以及理之在言說中，言說之之理，受言者得理之理；各理之殊異及關連統一之可能之理；或縱或橫、即縱而橫、即橫而縱，以至非縱非橫，反復來回展示之；並不惜借西方觀念，如康德的、黑格爾的、存在哲學的、語言哲學的、美學的；然此書所論，從論題到資料，都是中國哲學。自中國哲學看，性理得儒家而徹明，玄理為道家所暢發。花爛映發，有魏晉一代；其後之宋明，為理學全盛期。中間的隋唐，是中國哲學展示其全無遮攔之德性，吸收和轉化外來的印度佛教，另開「空理」的時代。空理仍是一理，為眾理之平鋪歸寂之理，而空理亦空之理。從綜和的盡理的精神看，魏晉之花爛映發，實只是先秦之孔孟底剛健弘毅之文化生命與老莊底高卓深微之自然睿智之觀念提取和哲學化、玄學化。這是原始智慧的進一步自我觀照，同時即離其自己。雖然，魏晉仍有名士之任

性率真和清談之透脫謹嚴，後來的宋明仍有理學家之迂闊端肅和書院田陌之講學激揚。這些都是非凡的，哲學而超哲學的，而存在的，實證的，唯心的。

　　此書所言，卻畢竟只是哲學的，不能不是平凡的、觀念提取的、邏輯的、結構的。但願此書不是最蒼白的，至少，不是那種在純理提取中，喪失辯證因而乾枯的、沒心的、泛理的哲學；亦正因此，本人同樣深懼於那種假思辨的、泛心理學的，庸俗、觸景生情、昏沉渙散而云哲學。

　　此書只能是哲學的、不泛理，亦不泛心，一部即心言理、即理言覺、即理言性、即性言用、即心言玄、即理證心之哲學書。[1]

三

　　牟先生在其《才性與玄理》之〈序〉中，自述其為着展現玄學系統構成之關節，確定其形態之何所是，而採取的哲學策略：

　　　　試取西方哲學中諸大形上學系統，如柏拉圖、亞里士多德之系統，聖多瑪之系統，史賓諾沙、萊布尼茨之系統，康德、黑格爾之系統，以及近時布拉德雷之系統，懷特海之系統，胡賽爾、海德格之系統，而比觀之，則中國道家之玄理系統，甚至佛教之般若佛性系統，以及儒家之性理系統，其構成之進路與關節，以及其型態之何所是，皆可得而確定矣。此為生命之學問，未有如此之親切者也。（……）「玄」非惡詞也，深遠之謂也。生命之學問，

1　吳甿撰：《玄理與性理》，〈序論〉（香港：經要文化出版有限公司，2002 年）。

總賴真生命與真性情以契接。無真生命與性情，不獨生命
之學問無意義，即任何學問亦開發不出也。[2]

是見魏晉玄學是啟發真生命與真性情之學問，是可以通過其遺下
的言說，談言微中地觸動人心，而無分古今中外。牟先生之取西方哲
學中各大形上學系統與魏晉思想開展對話，不僅可以相互啟發，開闢
新理境，其浹洽真切處，亦只能歸於無言云。此玄學之為玄學也，是
真能達至深切而高遠之生命的學問也。我深幸能契接上魏晉此一段學
問，由玄學中心論題之「會通孔老」、「理想人格（聖人）是怎樣的？」
以及圍繞着此中心論題的才性論之九徵、九品說，迹本論，形神論，
體用論，才性四本，言意之辨，聖人有情，聖人體無，聖人可學不可
學、可至不可至，「三玄」之易學、老學、莊學之玄理，貴無論（崇本
息末）、獨化論，崇有論，以至「無以全有」論，「聲無哀樂論」，「神滅
論」、「神不滅論」，佛教般若學形成的「六家七宗」，以至《肇論》、《文
心雕龍》、《世說新語》，……其中所涉之道理、性理、玄理、空理、名
理、事理、物理，以及諸理相交之理，文理，諸理之根源、「統之有宗，
會之有元」之理；由此等玄學論題，上而契接先秦孔孟之儒家及荀子，
老莊之道家，墨辯與名家；消化漢代儒道法結合而建制化的儒家；下
而契接隋唐佛教之般若學、唯識學及佛性學，在中國形成的天台、華
嚴與禪宗，宋明理學諸子，特別是朱熹與王陽明以至民國諸子，唐，
牟二大家。亦因玄學論題，取西方哲學諸形上學系統以至近代之重要
思潮比觀之，而契接於柏拉圖與亞里士多德之超越的、或內在的理型
論，康德之批判哲學，特別是其哲學的人類學及判斷力之發現，黑格
爾的精神現象學、法哲學、歷史哲學、美學；近世歐陸存在主義諸子，
由齊克果、尼采，到海德格、雅斯培、沙特；英美邏輯實證論及語言
哲學之「語言轉向」，以至西方美學之諸說，卡爾・波柏的「開放的社

2　牟宗三撰：《才性與玄理》，〈序〉（香港：人生出版社，1971 年 6 月再版），頁 2 至 3。

會及其敵人」、漢娜‧葶蘭的極權主義批判；心理學方面，精神分析的佛洛依德、集體潛意識論、行為主義，以至人文主義者弗洛姆之剖析「逃避自由」，等等，皆在批判與對話中，在起作用。

「古之為學者為己，今之為學者為人。」我深幸能契接魏晉玄學這一段全幅開放開展的「為己之學」。若「為人之學」亦在所必須，尤其在今日，亦是性分不容已地自我要求者，則深契「為己之學」可使其「為人之學」不致乾枯虛偽，或徒為工具。無「為己之學」之契悟，只憑概念推演，或舊說串連，或技術主義地削平一切，或權威主義地搬弄他說，而漠視生命的學問，此現代學風之鄙陋，前輩學者早已痛心疾首。至近時似已稍斂，因其之為鄙陋，是連「今之為人之學者」亦日蒙羞云。

我更深幸能入新亞研究所親炙幾位大師。我在研究所一邊編《唐君毅全集》從學於唐先生，一邊聽牟先生、徐先生的課，從牟先生撰寫學位論文。黃振華教授說「牟先生的哲學思想對當代乃至未來中國哲學都將有深遠的影響。這種影響可分二方面來說：一是牟先生主張學習必須作到『一心開二門』，二是牟先生主張學習哲學必須講求中西哲學之會通。」[3] 本人從牟先生學習哲學，今重檢多年來所作，竟不期然暗合黃教授之所言，雖所得多少或逾越多少未可知，能證會黃教授之所言亦足見學問無私。

四

2009 年，台北有紀念唐牟誕生百週年國際學術大會，本人在發表論文時臨時附加〈唐牟百年感言〉，開篇曰：

3　黃振華撰：〈一位開拓中國文化新路的哲學家 —— 悼念牟宗三先生〉，收入《牟宗三先生紀念集》（台北：東方人文學術研究基金會，1996 年），頁 82。

　　黑格爾說：「情緒中不願承認任何未經思想認為正當的東西，這是使人類感到光榮的一種偉大的固執。」[4] 哲學家似就是人類這種偉大的固執之子，他須為「何為思想認為正當的東西」而思想，並以日漸遠離世俗生活為哲學家之特種光榮。在黑格爾所在的西方，「當哲學把它的灰色繪成灰色的時候（案：詩人歌德《浮士德》名言「理論是灰色的，生命之樹常青。」），這生命型態就變老了。對灰色繪成灰色，不能使生命型態變得年青，而只能作為認識的對象。密納發的貓頭鷹要等黃昏到來，才會起飛。」[5]

　　西方哲學家所自傲的「不願承認任何未經思想認為正當的東西」這種表現人類偉大固執的光榮，以及以「超世俗生活」為標識的哲學家的特種光榮，在中國哲人身上，竟都化為平淡無奇，成為生命本身。唐、牟的哲學，在把它的灰色繪成灰色的時候，卻注入了二先生莊嚴悲切的生命，在每點灰色處轉瞬蔥翠，生意盎然。因為唐、牟的哲學，正是最思辨、最理論，但又是為「惻怛之情之恆充塞於宇宙」、「自從一見桃花後，直至如今更不疑。」作說明和註腳的（唐先生）「實踐的智慧學」、「生命的學問」（牟先生），故能直接引發生命真幾。

　　黑格爾道出的是西方傳統哲學的宿命，在東方，毋寧視之為一場哲學的艱難。我們選擇一個更基本、更顯淺，又更切近的標準，審視這場哲學的艱難。本人曾借出席在武漢大學召開的第七屆當代新儒學國際學術大會的機會，發表對於這場哲學艱難的感慨：

4　黑格爾撰，范揚、張企泰譯：《法哲學原理》（北京：商務印書館，1982 年），頁 13。

5　同上註，頁 14。

　　哲學的艱難，在為人類思想樹立典範，突顯一貫性和系統性，但又須避免思想因系統性、一貫性而自行被系統地簡化、平面化，因而繁瑣化；人類精神亦因尋求思想而思想化、自囚於概念自律，喪失創造的熱情，喪失證示存在的智慧以及精神自證自明、自我光復的決心。

　　哲學的艱難，又既要維護人類精神的實存與自由，證顯精神的作用、精神如何在創造中證現自己、擁有自己，但又須為人類精神指引一條理性的光所照明的道路，確保精神通向存在、成為存在，為此維護生命、維護精神、維護存在，而不是否定精神、誹謗生命，將人類拖向唯物虛無之域。哲學因此不得不選擇在思想中、在言說中辯以示之，而不能只是交給歷史，太陽下山，思想才起飛。亦因此哲學不得不返回去而問：何謂精神？何謂存在與自由？何謂意義、目的？何謂言說？最後，哲學在顛覆者面前還須回答：哲學能知甚麼？哲學應該做甚麼？哲學可希望甚麼？哲學是甚麼？

　　哲學的艱難，在剛剛過去的二十世紀表露無遺。這一百年，是哲學最被高揚和凌辱、神聖化和魔化、實用化和歪理化、最思辨和最行動、最堅持和最無恥、上十字架和飛蛾撲火、最利用哲學而最反哲學的時代。這種情形，又以在中國發生的為最，以集團的方式來表現「言偽而辯，行僻而堅，記醜而博，心達而險」。牟宗三先生為《唐君毅全集》寫序，總說之曰：「時代之症結是自由與奴役之爭，是文化意識之沉落。人類一方面陷於物質文明之痴迷中而放縱恣肆，一方面即有陷於嫉恨之邪妄之中而期毀之者，此一帶有普遍性之纏夾源於西方而倒映於中國，如是中國遂不幸而落於嫉恨心特重之徒之手中，而成為一大屠

場。」[6] 以哲學的名義，在中國肇此惡端或推波助瀾者，不能逃其責。由是觀之，哲學的艱難，尤表現在哲學的良知與判斷力。[7]

「哲學的良知與判斷力」並非甚麼哲學人的特殊心靈機能，相反，正是哲學人毋忘初衷，時刻排除人為觀念的囚禁，一方「在理性安置其最高榮譽的地方」，昂然挺立，以「眺望天外的那種生命（人）所本有的眼睛」[8] 透視終極目的與存在之意義，一方深根於存在之唯一性、獨特性；合超越目的於內在目的，知行合一地自我實現為「人」，並且本此「大自然之最後目的者」與「目的王國之元首」之身分而擁有哲學，擁有以哲學申明這一切，守護這一切之能力和尊嚴。宋人有言：「莫以嗜欲殺身，莫以財貨殺子孫，莫以政事殺人，莫以學術殺天下後世。」生於今世自稱為人者，觀此語能不怵目驚心；自稱為學者能不三省其學，痛改前非。此熊十力先生常言為人艱難，為學不易也。知此艱難不易亦不易也。是故孔子曰「不安」、孟子曰「怵惕」。哲學唯學知此不安、怵惕之艱難不易也，是之謂哲學的良知與判斷力。亦無非乃若其情、歸根復命，大人者不失其赤子之心。若此之謂也！

五

多年前本人曾有一文題曰「天道有情，歷史無欺」。天道有情無情，歷史有欺無欺，只有「天知道」。而今日有情、曰無欺，其實只是

6　牟宗三：〈《唐君毅全集》序〉，《唐君毅全集》第一卷（台北：台灣學生書局，1984年），頁5。
7　2002年台北「第六屆當代新儒學國際學術會議」閉幕式上，本人曾以〈哲學的良知與判斷力〉為題，為座談會作引言。本人甚珍惜此題目。
8　康德撰，何兆武中譯：《歷史理性批判文集》（北京：商務印書館，1990年），頁166。

天道者，盡心知性知天者之天道；歷史者，究天人之際，通古今之變，成一己之言行者之歷史。歲月漸老，故國漸遠；所見仍是天道無情，歷史有欺；所知所信仍是天道有情，歷史無欺；此之謂「如實」、「一貫」、「知行合一」。

妙喜禪師有偈頌曰：「出原便遇打頭風，不與尋常逝水同；浩浩狂瀾翻到底，更無涓滴肯朝東。」唐先生於其最後鉅著《生命存在與心靈境界》之〈自序〉引用之以「自道其論述皆逆流上達，滴滴歸原」。今則借前二句為本序文標題。

此《選集》之成書，內子秀真擔任主要編輯工作，改正了許多錯誤，為此廢寢忘食。我仍堅持用「吳甿」這筆名，是紀念我的親弟吳岷。那年他從下放所在的粵北山區寫信給我，署名「岷」；我在下放所在的花縣覆信，於是署「甿」。「甿」，古義田民，又指失去土地的耕者。2016 年 7 月吳明自序於港島堅尼地城必照樓。

（本文原為應出版本人之《吳甿新儒學論文選集》而寫的〈後序〉。該選集至今未見出版。今檢出稍作刪削修正，放在這裏，再適切不過。2021 年 8 月。）